VfB STUTTGART – CHRONIK
Zahlen, Daten und Fakten

VfB STUTTGART – CHRONIK
Zahlen, Daten und Fakten

Piper München Zürich

KircherBurkhardt
Rotebühlstraße 81
70178 Stuttgart

Zahlen, bitte: jedes Spiel, jedes Ergebnis, jede Tabelle, jeder Titel, jeder Kader. Der Fußball auf das Wesentliche reduziert. Aber hinter jedem Resultat steckt eine Geschichte. Menschen, Tore, Emotionen. Immer wieder. Immer wieder VfB, seit 120 Jahren. Ein eindrucksvolles Jubiläum mit eindrucksvollen Episoden. Die Ergebnisse erschaffen Helden. Die Chronik weckt Erinnerungen, belebt Diskussionen: Weißt du noch …? Sie staubt ab, deckt auf und lädt ein. Zurück in die Zukunft des VfB.

Von dieser Zeitreise handelt dieses Buch.

Anmerkungen zur Chronik

Die Chronik gliedert sich in zwei Teile. Im ersten Abschnitt werden in elf Kapiteln die großen Helden des VfB in ihrer jeweiligen Zeit gewürdigt. Die Auswahl der Spieler und Funktionäre haben wir uns nicht leicht gemacht. Letztendlich haben wir uns für elf Protagonisten aus verschiedenen Epochen entschieden. Komplettiert wird jedes Kapitel mit einer Auswahl weiterer großer Spieler. Wie in so einem Fall üblich, darf und soll darüber natürlich diskutiert werden. Denn allen an dieser Chronik Beteiligten war immer klar: Der VfB hat in 120 Jahren viel mehr Helden hervorgebracht, als wir in diesem Buch würdigen können.

Im zweiten Teil der Chronik widmen wir uns den harten Fakten. Die 120 Jahre VfB haben wir in fünf Epochen eingeteilt. Komplettiert wird jede Epoche durch einen umfangreichen Statistikteil. Um die Suche und das Lesen der Tabellen zu erleichtern, haben wir an dieser Stelle einige Informationen zusammengestellt. Trotz sorgfältiger Recherchen ist es uns vor allem in den frühen Jahren nicht gelungen, alle Ergebnisse, Tabellen und Namen lückenlos zusammenzutragen. Wenn in Kaderlisten die Vornamen oder Geburtsdaten fehlen, so konnten wir diese leider nicht mehr eruieren. Das Gleiche gilt für einzelne Ergebnisse und Tabellen.

Stichtag für die Statistiken war der 18. Mai 2013. Das gilt auch für die Zahl der Länderspiele. Während bei den aufgeführten Bundesliga-Spielen jeweils nur die Partien gezählt wurden, die im VfB Trikot absolviert wurden, sind bei den Länderspielen alle internationalen Einsätze bis zum Stichtag berücksichtigt. Bei den Bundesliga-Kadern sind nur die jeweils in der Saison eingesetzten Spieler berücksichtigt. Wenn die Gesamtzahl der angegebenen Torschützen nicht mit den in der Tabelle erzielten VfB Toren übereinstimmt, profitierte der VfB von Eigentoren der Gegner.

Inhalt

Elf Legenden und viele Größen

Präsidenten | Von Dr. Walter bis Wahler 10
    Feuer fest | Gerhard Mayer-Vorfelder 12
    Dunkelrote Macher | 16
    Die unermüdlichen Präsidenten des VfB

Trainer | Von Wurzer bis Labbadia 20
    Wundermann im Armenhaus | Jürgen Sundermann 22
    Erfolgreiche 13 Jahre | 26
    Georg Wurzers unerreichter Rekord

Torhüter | Von Gabriel bis Ulreich 30
    Die Nummer eins, die nie die Eins trug | 32
    Günter Sawitzki
    Flieger, Hexer und Legenden | 36
    Die Torhüter des VfB sind viel – nur nicht gewöhnlich

Abwehr | Von Retter bis Tasci 40
    Das Bollwerk aus dem Odenwald | 42
    Bernd und Karlheinz Förster
    Unser „Diego" | Die Abwehr-Asse des VfB 46
    sind immer für Überraschungen gut

Mittelfeld | Von Schlienz bis Balakov 50
    Immer gerade(her)aus | Karl Allgöwer 52
    Geniale Lenker | Die VfB Köpfe in der 56
    Schaltzentrale – Ideengeber und Torschützen

Stürmer | Von Geiger bis Gomez 60
    Der Weltstar | Jürgen Klinsmann 62
    Mit Torriecher | Zur richtigen Zeit am richtigen 66
    Fleck – die Angreifer des VfB

Fans | Von Fritzle bis Ultra 70
    Gut erzogen | Michael Kehl 72
    Organisierte Freude | Die Begeisterung 76
    für den VfB hat viele Gesichter

80 **Funktionäre | Von Steimle bis Schmidt**
82   Der Macher | Ulrich Ruf
86   Lebenslang VfB | Tragende Rollen: Zwischen
      Ehrenamt und Vollzeitjob

90 **Große Spiele | Von Pelé bis Maradona**
92   Auge in Auge mit Maradona | UEFA-Cup-Finale
      gegen SSC Neapel
96   Gänsehaut pur | Der VfB erobert die
      Champions League im Sturm

100 **Die Titel | Von 1950 bis 2007**
102   Neue Helden | Die Meisterschaft 1950
106   Der Kessel kocht | Die Sternstunden des VfB – manchmal
      überraschend, aber immer wunderschön

110 **Abteilungen des VfB | Von Hockey bis Garde**
112   Läufer mit Fußballherz | Helmar Müller
116   Meister und Meistermacher | Auch sie sind
      der VfB – und wie

Epochen

120 **Gründerjahre | 1893 bis 1912**

128 **Auf und ab | 1912 bis 1933**
136   Statistiken

146 **Drittes Reich | 1933 bis 1945**
161   Statistiken

168 **Neubeginn | 1945 bis 1963**
176   Statistiken

212 **Bundesliga | 1963 bis 2013**
220   Statistiken

Zukunft braucht Herkunft

Der VfB ist ein Verein mit Tradition, mit Werten, mit Symbolen, mit Helden und mit Erfolgen. Der VfB ist aber auch ein Verein, der in der Gegenwart bestehen muss und dem die Zukunft gehört. Natürlich hat sich der Verein verändert und wird sich weiter verändern. Doch die Herkunft und das, was wir in den Jahren der Vergangenheit gelernt haben, werden uns auch in Zukunft begleiten. Deshalb sind wir in diesem Buch auf Spurensuche gegangen. Noch nie ist ein so umfassendes Werk vom VfB Stuttgart veröffentlicht worden wie zu diesem 120-Jahr-Jubiläum, zumal es neben diesem Chronikband auch noch ein aktuelles Fotobuch und ein Lesebuch gibt. Es ist eine Trilogie, die alles verbindet, wofür der VfB heute steht: Tradition, Leidenschaft und Emotion.

Wir haben uns im Archiv durch den Staub gewühlt und sind zurück zu den Anfängen gegangen. Wir haben in mühsamer Kleinarbeit Ergebnisse und Torschützen aus 120 Jahren recherchiert. Und wir haben diskutiert über die Menschen, die den Verein geprägt haben. Die erfolgreichsten Spieler, die wichtigsten Funktionäre, die erfolgreichsten Präsidenten. Natürlich waren wir uns nicht immer einig – und vielleicht werden auch Sie andere favorisieren. Aber wir sind sicher, dass Sie die Geschichten über die Helden der vergangenen 120 Jahre spannend und interessant finden werden. Viele VfBler, Zeitzeugen ihrer Zeit, haben wir besucht – und mit ihnen über ihre Erfolge bei unserem Verein geredet. Wir waren von vielen Aussagen überrascht – und es hat uns gefreut, dass doch alle die Zeit beim VfB nicht missen wollten.

Zur Aufarbeitung gehört auch die NS-Zeit. Wir wollen nichts beschönigen, nichts unter den Tisch fallen lassen. Harald Jordan, der Leiter unserer Historischen Abteilung, hat daher wertvolle Grundlagenarbeit geleistet und die geschichtlich schwierige Zeit zwischen 1933 und 1945 mit großer Sorgfalt dokumentiert. Ihm gilt unser besonderer Dank, wie natürlich auch allen anderen Autoren. Mit Nils Havemann hat anschließend auch ein anerkannter Historiker, der bereits die NS-Vergangenheit des Deutschen Fußball-Bunds (DFB) aufgearbeitet hat, die Zeit des VfB Stuttgart während des Dritten Reichs bewertet.

Der VfB Vorstand: Bernd Wahler, Ulrich Ruf und Fredi Bobic (von links)

Der VfB ist heute eine tragende Säule der Bundesliga. 1963 gehörte der Verein zu den Gründungsmitgliedern. Aber wir wollen uns in der Chronik nicht nur der wechselvollen, aber durchaus mit zahlreichen großen Erfolgen gespickten Bundesliga-Zeit widmen. Der VfB feiert 2013 seinen 120. Geburtstag. Bereits vor der Bundesliga hat der Verein also 70 Jahre Geschichte geschrieben. Dazu gehören die Anfänge im Jahr 1893 ebenso wie die Fusion zwischen dem FV Stuttgart 1893 und dem Kronenklub Cannstatt im Jahr 1912. Wir möchten zeigen, wie der VfB wurde, was er heute ist: der mit Abstand größte Sportverein in Baden-Württemberg, ein wichtiger Kulturträger der gesamten Region und deren sportliches Aushängeschild.

Der eine wird die Chronik vom Anfang bis zum Ende verschlingen. Manche werden darin ab und zu stöbern. Wir sind sicher, dass sich ab sofort manche Diskussion am Stammtisch durch einen Blick in die Statistiken klären lässt. Vor allem hoffen wir, dass wir mit dieser Chronik der Bedeutung unseres VfB gerecht werden: 120 Jahre Tradition. Denn darauf setzen wir auch in den nächsten Jahren.

Zukunft braucht Herkunft.

Bernd Wahler
Präsident VfB Stuttgart

Ulrich Ruf
Vorstand Finanzen

Fredi Bobic
Vorstand Sport

Präsidenten

1 Erwin Staudt
2 Gerd E. Mäuser
3 Gerhard Mayer-Vorfelder
4 Manfred Haas
5 Dr. Fritz Walter
6 Bernd Wahler

Von Dr. Walter bis Wahler

Die Präsidenten des VfB zwischen Leiden und Leidenschaft

Die Vereinsfusion, zwei Weltkriege, sportliche Erfolge trotz schwieriger Rahmenbedingungen, extreme finanzielle Situationen, Abstieg und Aufstieg, Trainerentlassungen – die Präsidenten des VfB haben außergewöhnliche Herausforderungen gemeistert. Ein wichtiges Kriterium, um stets die richtigen, zukunftsfähigen Entscheidungen zu treffen: Ihre Leidenschaft für den Verein und den Fußball müssen die Macher an der Vereinsspitze manchmal für kurze Zeit abschalten.

4

5

6

Gerhard Mayer-Vorfelder
Geboren: 3. März 1933
in Mannheim. VfB Präsident
von 1975 bis 2000.

Gerhard Mayer-Vorfelder
Feuer fest

Von Horst Walter

„Meine Erfüllung habe ich immer darin gefunden, etwas bewegen zu können. Ich brauche das. Das ist faszinierend. Das ist toll."
Gerhard Mayer-Vorfelder

„Vorstand raus", brüllten die Fans in der Cannstatter Kurve – und als der Präsident Erwin Staudt oben in der VfB Loge bei einem Heimspiel unruhig auf seinem Sitz hin und her rutschte, schaute Gerhard Mayer-Vorfelder seinen Nach-Nachfolger nur kopfschüttelnd an. „Erwin", sagte MV zu Staudt, „das würde mich jetzt auch furchtbar aufregen. Die kennen ja nicht mal deinen Namen. Zu meiner Zeit haben sie noch ‚Vorfelder raus' gerufen."

Gestatten: Vorfelder. Mayer-Vorfelder. MV. Jahrgang 1933. 25 Jahre Präsident beim VfB Stuttgart, sechs Jahre Präsident beim Deutschen Fußball-Bund. Ehrenmitglied im Weltfußballverband FIFA, Ehrenmitglied in der europäischen Vereinigung UEFA. Wahrscheinlich gibt es nichts im Fußball, was dieser Mann nicht miterlebt hat. Deutsche Meisterschaft (1984 und 1992), den DFB-Pokalsieg 1997, das UEFA-Pokalfinale 1989, das Finale im Europapokal der Pokalsieger (1998) – und den Abstieg aus der Fußball-Bundesliga (1975).

„Am Freitagabend wurde ich von der Mitgliederversammlung zum Präsidenten gewählt, am Samstag sind wir durch ein 2:2 gegen Bremen abgestiegen", sagt Mayer-Vorfelder. Das war im April 1975. Im Oktober 2000 hat ihn der Aufsichtsrat durch einen Misstrauensantrag abgewählt. Heute ist er Ehrenpräsident beim VfB.

Stürmische Zeiten heißt der Titel seiner Autobiografie – und selbst seine kritischsten Wegbegleiter sind sich einig: Ein anderer hätte diesen Tornado über 25 Jahre nicht ausgehalten. „Ich habe jede Nacht gut schlafen können", sagt MV, der sowohl als Politiker als auch als Fußballfunktionär trotz aller Widerstände seinen Weg ging. „Es hat mich gereizt, Gebiete zu betreten, von denen ich wusste, dass es dort Zoff gibt."

So ist er 1975 VfB Präsident geworden – in einer hektischen Mitgliederversammlung im Gewerkschaftshaus in der Theodor-Heuss-Straße. Als die Mitglieder immer lauter und der amtierende Präsident, Senator Hans Weitpert, immer leiser wurde, haben ein paar Freunde unten im Saal den damaligen Verwaltungsratsvorsitzenden an einem Biertisch überredet zu kandidieren. „Ich hatte das eigentlich nicht vor", erzählt MV, der mit seiner unnachahmlichen Rhetorik die VfB Gemeinde schnell beruhigte. Und das einen Tag vor dem Sturz des Vereins in die Zweitklassigkeit.

So hat er auch sofort gegen alte Strukturen und die Ansichten des neuen Verwaltungsrats gekämpft. „Ich habe gesehen, dass bei diesem Verein auch die Organisation im Argen lag", sagt der Expräsident, der sich noch genau erinnert, dass er nicht nur Kämpfe wegen der Einstellung eines Geschäftsführers (Ulrich Schäfer), sondern auch wegen einer zweiten Sekretärin ausfechten musste. Er wollte den Verein für die Zukunft rüsten – und das in einer Zeit, in der er in der Zweiten Liga Platz elf belegte und vor 1.200 Zuschauern im damaligen Neckarstadion mit 2:3 gegen den SSV Reutlingen verlor. Erst als er mit Wundermann Sundermann den richtigen Trainer zum richtigen

Entschlossen, beim VfB etwas zu bewegen: Gerhard Mayer-Vorfelder beim Amtsantritt 1975

Zeitpunkt verpflichtete (obwohl er zum Vertragsabschluss nicht mal wusste, wie er den Sekt zum anschließenden Anstoßen bezahlen sollte), kam die Wende.

So hat er sich – wie kein anderer Präsident – in die Transfergeschäfte eingemischt. Und sich durch seine Alleingänge bei Presse und Fans angreifbar gemacht. „Ich habe selbst mit Spielern wie Sigurvinsson und Balakov verhandelt – und sie zum VfB geholt", sagt Mayer-Vorfelder, der am Würstchenstand mit den Fans über Vor- und Nachteile von Spielern diskutierte. Und nachts um zwei an der Bar, eingenebelt in Roth-Händle-Qualm, den Journalisten erklärte, warum er Joachim Löw als Trainer nicht weiter beschäftigen kann. Er sagt, dass er solche Auseinandersetzungen von der Politik her gewohnt war und dass sie in einem solch emotionalen Geschäft wie dem des Fußballs schon zwangsläufig dazugehören. Mayer-Vorfelder: „Die Logik einer Demokratie ist es, dass nicht immer alle gleicher Meinung sind. Sonst lebten wir in einer Diktatur."

Wahrscheinlich war Gerhard Mayer-Vorfelder in jener Zeit ein Glücksfall für den Verein. Weil er Ziele hatte, an sie glaubte, sie vertreten konnte und an ihnen gegen alle Widerstände festhielt. Und weil er als Kultus- und später als Finanzminister von Baden-Württemberg die notwendige Erfahrung mit der Öffentlichkeit hatte. „Du musst dich zur Wehr setzen, du darfst nicht empfindlich sein, und du musst es ertragen, wenn es Feuer gibt", sagt er – und das galt für seine beiden Jobs: für den Politiker wie für den Fußballpräsidenten. Und doch machte er einen Unterschied aus: „Die Politik ist emotional. Dieses Geschäft ist aber weit emotionaler. Es gibt wenig Bereiche, die so von der Emotionalität getragen werden wie der Fußball", sagt der Präsident im Ruhestand, der es wie kein anderer verstand, diese Klaviatur zu spielen. Weil er mit allen über Fußball reden konnte. Angefangen bei FIFA-Chef Sepp Blatter über den Mercedes-Vorstandsvorsitzenden Jürgen Schrempp bis zu den Ultras im Fanblock. Die Zeit dafür fand er immer – sehr zum Leidwesen seines Chauffeurs, der ihn tagtäglich durch das 24-Stunden-Leben mit Politik und Fußball fuhr. „Einmal habe ich ihn morgens um fünf nach irgendeiner heftigen Präsidiumssitzung beim VfB zu Hause abgeliefert. Und als ich ihn um acht wieder holen musste, stand er auf dem Gerüst an seinem Haus und diskutierte mit den Bauarbeitern schon wieder über den VfB", erzählt er.

Fußball war sein Leben. Und so gesehen waren vielleicht die 24 Jahre beim VfB seine schönste Zeit. Erst im 25. Jahr überwarf er sich mit seinen langjährigen Freunden aus dem Aufsichtsrat. „Es gab schwere Momente, aber es waren alles schöne Momente", sagt er heute – und wenn man ihn dann auf ein paar Fehleinkäufe oder Trainerentlassungen anspricht, lächelt er nur nachdenklich zurück. „Wissen Sie, mit den Jahrhunderten verklärt sich vielleicht alles."

Gerhard Mayer-Vorfelder hat zu viel erlebt, um sich an alles erinnern zu können. Aber drei Spiele nagen doch noch an ihm. Da ist zum einen das UEFA-Pokalfinale gegen Neapel, als Maradonas Hand die Italiener zum Sieger machte und danach selbst der in dieser Hinsicht doch sehr zurückhaltende europäische Verband den griechischen Schiedsrichter lebenslang sperrte. Da ist zum anderen das Finale im Europapokal der Pokalsieger, das der VfB gegen Chelsea London unglücklich mit 0:1 verlor. „Ich sehe heute noch, wie erst Bobic und dann Balakov vor dem Tor

„Es gibt wenig Bereiche, die so von der Emotionalität getragen werden wie der Fußball."

standen, den Ball auf dem richtigen Fuß – und doch nicht ins Tor trafen", erzählt MV, der nur zu gerne einen internationalen Titel „auf dem Briefkopf des Vereins" gehabt hätte.

Und da ist natürlich das Duell gegen Leeds United in der Champions-League-Qualifikation 1992. 3:0 gewann der VfB zu Hause, 1:4 verlor er in Leeds – und eigentlich wäre er durch das Auswärtstor an den großen Geldtöpfen gewesen. Doch weil der Trainer Christoph Daum einen vierten Ausländer eingewechselt hatte, wurde das Spiel mit 0:3 verloren gewertet, in einem dritten Entscheidungsspiel in Barcelona schied der Verein aus. „Das hätte uns finanziell auf andere Beine gestellt", sagt Mayer-Vorfelder, der die Vorwürfe gegen Daum aber nicht verstehen will. Er hat sich den damaligen Manager Dieter Hoeneß zur Brust genommen: „Ein Trainer ist während eines Spiels im Ausnahmezustand. Warum aber sitzt ein Manager auf der Bank? Um solche Fehler zu verhindern."

Das Fußballgeschäft ist ein anderes geworden, das weiß der Exfunktionär. Bei jedem Heimspiel des VfB sitzt er in der Loge („Eine Liebe kann man sich nicht einfach aus der Brust reißen"), bei der „Sportschau" und fast jedem Live-Spiel vor dem Fernseher. „Mein Fußballwahn hat sich ja Gott sei Dank auf die ganze Familie übertragen. Deshalb kann ich ihn ausleben", sagt Gerhard Mayer-Vorfelder, der durchaus weiß, was er dem Fußball zu verdanken hat. Und deshalb erzählt er auch gerne die Geschichte der zwei kleinen Jungs, die ihn in der Schule auf dem Pausenhof erkannten. „Das ist der VfB Präsident", sagt der eine. „Nein, das ist der Kultusminister", sagt der andere. „Das kann nicht sein", sagt der eine, „das muss der VfB Präsident sein. Der Kultusminister ist doch ein Arschloch."

Ein fast väterliches Verhältnis: Gerhard Mayer-Vorfelder und Stürmerstar Jürgen Klinsmann

16 Präsidenten

1 Erwin Staudt, Gerhard Mayer-Vorfelder, Gerd E. Mäuser (v. li.)
2 Bernd Wahler
3 Dr. Fritz Walter
4 Hans Weitpert
5 Gerhard Mayer-Vorfelder nach dem Pokalsieg 1997
6 Erwin Staudt nach dem Titelgewinn 2007 (mit Fernando Meira)
7 Manfred Haas

Dunkelrote Macher

Die unermüdlichen Präsidenten des VfB Stuttgart

Wilhelm Hinzmann Geburtsdatum unbekannt, gestorben: Juli 1937. VfB Präsident von 1912 bis 1914.

Ob eine Fusion gelingt, liegt häufig an den handelnden Personen. Wilhelm Hinzmann gelingt dieser Balanceakt, denn er repräsentiert sowohl den FV Stuttgart 1893 als auch den Kronenklub Cannstatt. Dabei hat er nicht viel Zeit für seine richtungsweisende Funktionärsarbeit. Zwei Jahre nach dem offiziellen Zusammenschluss muss Hinzmann, den alle nur den „Papa" nennen, in den Krieg. Am Nachmittag des 1. August 1914 trifft sich die Mannschaft zum letzten Mal auf dem Platz am Karl-Olga-Krankenhaus zu einem Freundschaftsspiel. Die Abschiedsfeier findet anschließend in der „Altdeutschen Bierstube" statt. Von den 357 Mitgliedern des Vereins werden drei Viertel zum Heeresdienst eingezogen, darunter auch Hinzmann.

Dr. Fritz Walter Geboren: 15. März 1900, gestorben: 5. Januar 1981. VfB Präsident von 1944 bis 1969.

Von den ersten Spielen wenige Tage nach dem Ende des Zweiten Weltkriegs gibt es weder Spielberichte noch Protokolle. Sicher ist aber, dass der VfB stets eine komplette Mannschaft gestellt hat – auch dank Dr. Fritz Walter. Der Vorsitzende sorgt in einigen Fällen höchstpersönlich dafür, dass eine Elf auf dem Platz steht. Er schnürt nämlich kurzerhand selbst die Kickstiefel. Der Mann, der bereits während der letzten Kriegsmonate praktisch die Geschäfte des VfB geführt hat, ist zwar kein großes Fußballtalent. Aber der Mann mit dem Fußballernamen ist immer da, wenn der Verein ihn braucht. Und der Verein braucht ihn sehr. Dr. Walter kommt bereits in den 20er-Jahren zum VfB. Er spielt in der dritten Mannschaft. „Zu mehr hat es bei mir nicht gereicht", erzählte er. Er entdeckt seine Leidenschaft für die Organisation und übernimmt früh Verantwortung. Dr. Walter ist Schriftführer, dann stellvertretender Vorsitzender und Vorsitzender. 1941 kommt er aus dem Krieg zurück und führt von 1944 an die Geschäfte für Hans Kiener, der bei einem Bombenangriff auf Stuttgart verletzt wird. Durch seinen unermüdlichen Einsatz gelingt es ihm, dass bereits im Herbst 1945 der Ligabetrieb startet. Er übernimmt eine Vorreiterrolle bei der überregionalen Organisation der Süddeutschen Oberliga, die Vorbild für ganz Deutschland wird. Er wird der erste Vorsitzende der neuen Spielklasse – und der VfB sichert sich auf Anhieb die Meisterschaft. Es ist der Beginn einer erfolgreichen Präsidentschaft mit zwei deutschen Meistertiteln als Höhepunkt. Dr. Walter steht für eine enorme Kontinuität im Verein. Der VfB ist sein Leben – und dementsprechend ordnet er alles andere dem Verein unter. Ideale wie Fairness und Kameradschaft sind für ihn das höchste Gut. Er ist ein Traditionalist. Am Ende jeder Hauptversammlung wird das VfB Lied angestimmt. Mit den Veränderungen, die durch die Einführung der Bundesliga und die Professionalisierung notwendig sind, freundet sich Dr. Walter nur schwer an. 1969 endet seine Ära nach 25 Jahren. Noch heute erinnert der Fritz-Walter-Weg zwischen Mercedes-Benz Arena und dem VfB Gelände an den Ehrenpräsidenten.

Präsidenten

Hans Weitpert Geboren: 15. August 1905, gestorben: 28. März 1993. VfB Präsident von 1969 bis 1975.

Mit einem neuen Mann an der Spitze soll sich beim VfB alles ändern. Am 7. August 1969 gewinnt Hans Weitpert im Gewerkschaftshaus Stuttgart das Duell gegen Eberhard Haaga mit 280:165 Stimmen. Nach dem Ende der Ära Dr. Fritz Walter hoffen die Mitglieder mit dem wohlhabenden Großverleger auf einen Kurswechsel. Hans Weitpert will den Klub reformieren, modernisieren und „ganz nach oben" bringen. Doch die großen Erwartungen erfüllt er nicht. Weitpert manövriert den VfB in eine der schlimmsten sportlichen Krisen seiner Geschichte. Leistungsträger müssen aus finanziellen Gründen verkauft werden. Als 1971 jedes Mitglied 100 Mark Umlage bezahlen soll, bringt er auch die letzten Treuen gegen sich auf. In der legendären „Nacht der langen Messer" vom 18. auf den 19. April 1975 beschließt der Spielausschuss um den damaligen Minsterialdirigenten Gerhard Mayer-Vorfelder, den Präsidenten zu stürzen. Samstagmorgen um 0.53 Uhr hat der VfB einen neuen Chef: MV.

Manfred Haas Geboren: 27. Juli 1940. VfB Präsident von 30. Oktober 2000 bis 26. Juni 2003.

Am Ende ist der Bart ab. Nachdem sich der VfB 2002/2003 als Vizemeister erstmals für die Champions League qualifiziert hat, fällt noch in der Kabine der markante Schnurrbart von Manfred Haas einer Wette zum Opfer. Der Einzug in die Königsklasse und die damit verbundene Entspannung der wirtschaftlichen Situation markieren für den VfB am Ende seiner Präsidentschaft den Aufbruch in eine neue Zeitrechnung. Es ist der erfolgreiche Abschluss einer knapp dreijährigen Amtszeit, in der Haas den VfB durch eine der schwierigsten Phasen der Vereinsgeschichte führt. Der damalige Vorstandsvorsitzende der SV-Versicherung agiert in stürmischen Zeiten mit ruhiger Hand. „Ja, die Sanierung des Vereins ist eine nach wie vor anspruchsvolle Aufgabe", sagt Haas gebetsmühlenartig mit einem Schmunzeln. Und meint damit, dass der VfB kurz vor der Zahlungsunfähigkeit steht. Die Kirch-Krise bringt die Bundesliga in existenzbedrohende Schwierigkeiten – auch den VfB. Zudem schwebt der VfB in Abstiegsgefahr. Haas lässt Taten sprechen. Mit großer Professionalität gelingt ihm die Sanierung. Als letzter ehrenamtlicher Präsident leitet er zudem wichtige Strukturreformen im Verein ein.

Erwin Staudt Geboren: 25. Februar 1948. VfB Präsident von 26. Juni 2003 bis 17. Juli 2011.

Mit Erwin Staudt beginnt beim VfB eine neue Ära. Der ehemalige IBM-Manager wird am 26. Juni 2003 der erste hauptamtliche Präsident des VfB. Neben den sportlichen Erfolgen (Vize-Meister 2003, Einzug in die Champions League und Meister 2007) vollzieht Staudt den Umbau des Vereins in ein mittelständisches Wirtschaftsunternehmen. Der VfB erhält ein Leitbild, die Mitgliederzahl wächst auf über 40.000, der Verein bekommt klare Strukturen in der Führungsebene – und Staudt setzt Visionen in die Tat um. Neben Carl Benz Center, Jugendakademie, Reha-Welt und Neugestaltung des Klubhauses zählt dazu vor allem der Umbau des Stadions in eine reine Fußballarena. Mit der Mercedes-Benz Arena erfüllt sich der leidenschaftliche Fußballfan Staudt selbst, vor allem aber allen Anhängern des VfB, einen Traum. „Was wir unter meiner Führung als Team beim VfB gemacht haben, das war erste Sahne", sagt der heutige Ehrenpräsident Staudt.

Gerd E. Mäuser Geboren: 16. März 1958. VfB Präsident von 17. Juli 2011 bis 3. Juni 2013.

Der frühere Porsche-Manager wird am 17. Juli 2011 neuer VfB Präsident. Gerd E. Mäuser, der zwischen 2002 und 2011 bereits im Aufsichtsrat des VfB vertreten war, setzt vor allem auf die Jugend, mit dem Ziel, den maximal möglichen sportlichen Erfolg zu erreichen, ohne dabei die wirtschaftliche Existenz des Vereins zu gefährden. Zukunftsorientiert investiert der Verein in die Infrastruktur. Auf dem Klubgelände soll bis Herbst 2014 das neue Jugendzentrum als Heimat für die „Jungen Wilden" von morgen entstehen. Nach der Saison 2011/2012 wird der VfB Sechster und spielt wieder international. In der Bundesliga erlebt der VfB in der folgenden Saison stürmische Zeiten, erreicht aber das Pokalfinale. Am 3. Juni tritt Mäuser im Einvernehmen mit dem Aufsichtsrat als Präsident zurück.

Bernd Wahler Geboren: 24. Mai 1958. VfB Präsident seit 22. Juli 2013.

Ein ausgewiesener Fußballexperte, ein Mann, der den roten Brustring bereits seit Kindesbeinen in sich trägt, in der Jugend selbst für den VfB spielt und jetzt für den ersehnten Stimmungswechsel im Verein sorgen soll: Bernd Wahler wird vom Aufsichtsrat überraschend als Nachfolger von Gerd E. Mäuser benannt und am 22. Juli auf der Mitgliederversammlung mit überwältigender Mehrheit von 97,4 Prozent als Präsident gewählt. Der in Schnait im Remstal geborene Wahler arbeitete zuvor mehr als 25 Jahre für den Sportartikelhersteller Adidas, zuletzt als Senior Vice President für den Bereich Innovation. Sein Ziel beim VfB: „Hier muss wieder Ruhe einkehren. Wir wollen eine Aufbruchstimmung erzeugen." Die Schärfung der Marke VfB und der Identität des Klubs ist eines der zentralen Themen, die es anzugehen gilt, erklärt Wahler.

Präsidenten und Vorsitzende

FV Stuttgart 1893

1893 – 1894	1894 – 1908	1908 – 1910	1910 – 1911	1911 – 1912
Karl Kaufmann	Alexander Gläser	Julius Dempf	Fritz Hengerer	Wilhelm Hinzmann

Kronenklub Cannstatt

1897 – 1901	1901 – 1905	1905 – 1908	1909 – 1910	1910 – 1912
Hermann Schmid	Karl Hahn	Hans Bittner	Richard Reißner	Eugen Imberger

VfB Stuttgart

1912 – 1914	1914 – 1918	1919 – 1921	1921 – 1923	1923 – 1928
Wilhelm Hinzmann	Julius Lintz	Dr. Gustav Schumm	Egon Graf von Beroldingen	Dr. Adolf Deubler

1929 – 1931	1931 – 1944	1944 – 1969	1969 – 1975	1975 – 2000
Albert Bauer	Hans Kiener	Dr. Fritz Walter	Hans Weitpert	Gerhard Mayer-Vorfelder

2000 – 2003	2003 – 2011	2011 – 2013	Seit 22. Juli 2013
Manfred Haas	Erwin Staudt	Gerd E. Mäuser	Bernd Wahler

Von Wurzer bis Labbadia

Über Meistermacher und Feuerwehrmänner

Fast 13 Jahre sitzt Georg Wurzer in den goldenen 50er-Jahren des VfB Stuttgart zwischen 1947 und 1960 auf der Trainerbank. Vor allem seit Einführung der Bundesliga haben sich die Amtszeiten der Fußballlehrer dramatisch verkürzt. Denn wenn nichts mehr geht, geht oft der Trainer. In 50 Jahren Bundesliga gibt es beim VfB Stuttgart insgesamt 32 verschiedene Trainer, manche übernehmen das Amt sogar mehrmals.

1 Meistermacher 1984: Helmut Benthaus (links) und Willi Entenmann
2 Etabliert: Bruno Labbadia
3 Sensationscoup: Armin Veh führt den VfB 2007 zum Meistertitel
4 Motivator: Christoph Daum
5 Dauerbrenner und Erfolgscoach: Georg Wurzer
6 Senkrechtstarter: Joachim Löw

Jürgen Sundermann
Geboren: 25. Januar 1940 in
Mülheim an der Ruhr, VfB Trainer
vom 1. Juli 1976 bis 30. Juni 1979,
vom 1. Juli 1980 bis 30. Juni 1982 und
vom 25. April bis 30. Juni 1995.

Jürgen Sundermann

Wundermann im Armenhaus

Von Reiner Schloz

„Mein erster Dienstwagen war ein uralter Benz mit rekordverdächtigem Kilometerstand. Die Sitze waren durchgesessen und so schief, dass man sich am Lenkrad festhalten musste, um nicht wegzurutschen. Und wenn ich auf der Autobahn getankt habe, gab es auf der Geschäftsstelle immer Ärger, weil der Liter dort drei Pfennig teurer war."
Jürgen Sundermann über die finanzielle Lage des VfB bei seinem Dienstantritt 1976

Morgens um sechs ist Jürgen Sundermann schon wieder auf Achse. Die Pflicht ruft, die er noch heute mit Begeisterung erfüllt. Er macht sich auf den Weg von Leonberg nach Freiberg am Neckar. In der Oscar-Paret-Schule macht er die Bälle klar. Der Unterricht beginnt um 7.45 Uhr. Auf dem Stundenplan steht Fußball. Bis 9.15 Uhr. Den Jugendlichen zwischen zwölf und 17 Jahren, hoch talentierte Kicker aus den besseren Vereinen der Gegend, verabreicht er auf dem erhofften Weg zum Profi die tägliche Dosis Sundermann. Die da heißt: Spielfreude und -verständnis, Tricks und Kniffe, aber vor allem, wie man Verantwortung übernimmt. „Die Jungs kommen, wählen die Mannschaften, und dann wird gekickt. Es ist wie Straßenfußball." Trotzdem heißt die Maxime: Die Schule bleibt die Nummer eins. Die versäumten Unterrichtsstunden werden nachmittags nachgeholt. Geraten die Noten ins Wanken, schlagen die Lehrer Alarm. „In aller Regel", sagt der Trainer im Unruhestand, „werden die Jugendlichen in der Schule besser, entwickeln sich fußballerisch schneller weiter – und die Eltern sind glücklich."

Vor ein paar Jahren hat er die Idee für das Fußball-Ausbildungs-Centrum mit Freunden umgesetzt, mit der Oscar-Paret-Schule einen aufgeschlossenen Partner und im Deutschen Fußball-Bund (DFB) einen begeisterten Befürworter gefunden. „Wir bieten eine sinnvolle Ergänzung zur Vereinsarbeit. Der DFB verlangt von allen Profivereinen bis hinunter in die Dritte Liga zwar ein Jugend-Leistungszentrum", sagt Sundermann, „aber die Vorgaben beziehen sich hauptsächlich auf die Infrastruktur. Dabei ist doch entscheidend, dass die Jungen mehr Fußball spielen." Das können sie. Bei ihm. Das Verhältnis zu seinen Kickern, die alle seine Enkel sein könnten, sei super. „Die merken, dass ich da bin, um zu helfen und nicht um zu kritisieren." So, sagt der Ausbilder Sundermann, habe er das ja immer gehalten. Und er erzählt, wie anno 1976 der 17-jährige Karlheinz Förster von Waldhof Mannheim zum VfB kam und er ihm als Erstes eine Lehre als Automechaniker in der Schwabengarage besorgt habe. Ungerührt erschien Förster trotzdem zum morgendlichen Training. „Was machst du hier?", fragte Sundermann, „du musst doch zur Arbeit." Und Förster sagte: „Trainer, ich brauch keine Lehre. Ich werde Nationalspieler."

Ja, der Karlheinz. Einen unglaublichen Willen habe der gehabt. Aber damals war ja eh alles unglaublich. Nach dem Abstieg aus der Bundesliga 1975 war der VfB auch in Liga zwei hoffnungslos in die Bedeutungslosigkeit abgetaucht. Und dann kam Sundermann – und der VfB kam über Fußball-Deutschland wie ein Orkan. Helmut Roleder, Karlheinz Förster, Hansi Müller, Harald Beck und Dieter Hoeneß. Dragan Holcer, Ottmar Hitzfeld und Hermann Ohlicher. Bernd Martin, Markus Elmer und Klaus Jank. Helmut Dietterle und Erwin Hadewicz. Später noch

Bernd Förster, Roland Hattenberger, Walter Kelsch, Bernd Klotz und Georg Volkert. Die Hauptdarsteller auf dem grünen Rasen lieferten eine Fußballshow, wie sie in Stuttgart noch nie zu sehen war. „Die Jungs sind raus und wollten einfach alles niedermachen", sagt Sundermann. Und er, der Trainer, schürte das Feuer bis unters Tribünendach. Jürgen Sundermann, der Malocher aus Mülheim an der Ruhr und bei Amtsantritt ein 36-jähriger Nobody im Geschäft, hätte die Tore am liebsten selbst geschossen. Er rannte die Außenlinie rauf und runter (es gab noch keine Coachingzonen), und wenn der Ball danebenging, warf er sich auf den Grünstreifen und malträtierte Grund und Boden. „Sundermann, Wundermann", skandierten die Fans. Die Torfabrik legte Nachtschichten ein. Mit einem 8:0 gegen Regensburg (sechs Tore durch Hitzfeld) am zweitletzten Spieltag vollendete der VfB seinen 100-Tore-Sturm, feierte eine Woche später die Zweitliga-Meisterschaft und damit den Wiederaufstieg.

„Die Jungs sind raus und wollten einfach alles niedermachen."

Im Oberhaus ging der Wahnsinn gerade so weiter. Die Mannschaft, mehr vom Tatendrang als von Taktik geleitet, stürzte sich auf die großen Namen wie ein hungriger Löwe. Das ging zwar manchmal schief, störte aber niemanden. Denn der ungebremste Offensivdrang brachte Spiele hervor, die das Neckarstadion zum Tollhaus machten. So wie gegen den damaligen Vize-Meister Schalke 04. Halbzeit 0:1, Endstand 6:1.

So war der VfB, so war Sundermann. Der Aufsteiger belegte am Ende der Saison 1977/1978 sensationell Platz vier, Sundermann wurde von der Liga-Konkurrenz zum Trainer des Jahres gekürt, und nachdem alles zusammengerechnet war, kam der VfB auf einen unvorstellbaren Rekord von 56.000 Zuschauern im Schnitt. Zum Vergleich: Der Liga-Schnitt lag bei knapp 26.000. „Diese Begeisterung, diese Aufbruchstimmung – bis heute hat es so etwas in der Bundesliga nicht mehr gegeben", sagt Sundermann.

Der VfB hatte es dringend gebraucht. „Als ich nach Stuttgart kam", sagt Sundermann, „das war ja grausam." Tatsächlich war im Sommer 1976 vom großen Traditionsverein nicht mehr viel übrig. Der VfB hatte keine Mannschaft, keinen Erfolg – und vor allem keine müde Mark. Gerhard Mayer-Vorfelder, der den Verein erst ein Jahr zuvor – ein paar Tage vor dem endgültigen Abstieg aus der Bundesliga – als Präsident übernommen hatte, stand auf der Kippe. In Genf – Sundermann arbeitete bei Servette als Spielertrainer – fanden die entscheidenden Verhandlungen mit MV, Geschäftsführer Ulrich Schäfer und Sundermanns Mentor und Lehrmeister Hennes Weisweiler statt. Der orderte nach der Vertragsunterzeichnung Champagner. Sundermann: „Da ist der Uli Schäfer auf sein Zimmer geschlichen und hat das letzte Geld zusammengekratzt."

Die Zeiten waren trist. Als der Trainer in spe seine neue Mannschaft im Neckarstadion beobachten wollte, erschrak er angesichts des gähnend leeren Ovals. „Da waren 1.200 Zuschauer, ich dachte, hier ist doch kein Spiel." Und seine erste flammende Rede hielt der neue Trainer nicht vor der Mannschaft, sondern auf der VfB Mitgliederversammlung. Die Opposition gab danach Ruhe, der Präsident blieb im Amt. Sundermann: „Das hat mir MV nie vergessen." Seine Vorstellung vor der Mannschaft verlief weniger erfreulich. Denn der Präsident beendete seine Ansprache mit der Ankündigung: „Ab heute gibt es übrigens 20 Prozent weniger Gehalt für alle." Sein erster Dienstwagen war ein alter Benz mit rekordverdächtigem Kilometerstand. „Die Sitze waren so schief und durchgesessen, dass man sich am Lenkrad festhalten musste, um nicht wegzurutschen", erinnert sich Sundermann, „und wenn ich auf der Autobahn getankt habe, gab es immer Ärger, weil der Liter dort drei Pfennig mehr gekostet hat." Die Bedingungen für die Spieler waren auch nicht optimal. „Wo ist die Unterwassermassage?", fragte Sundermann beim Gang durchs alte brüchige Vereinsheim, „das sind Profis, die brauchen das, die kostet doch nur 12.000 Mark." 12.000? Uli Schäfer kamen fast die Tränen.

Der neue Trainer und seine junge Mannschaft mussten erst die Nebenwirkungen einer fatalen Durststrecke aus den Trikots schütteln. Dann sorgten sie für einen kollektiven Vollrausch. Doch wie das eben so ist mit emotional kaum erklärbaren Phasen, ihre Intensität kostet viel Kraft und bringt reichlich Reibungsverluste mit sich. Der VfB und sein Trainer spürten erste Anzeichen, dass sich der Zauber durch die Hintertür davonmachen könnte.

Anfang Juni 1979, der Vertrag lief eh aus, verabschiedete sich Jürgen Sundermann mit einem 7:1-Sieg in Darmstadt und der deutschen Vize-Meisterschaft. Dann ging er nach Zürich. Zurück blieb ein erneuerter VfB. Wundermann Sundermann hatte ganze Arbeit geleistet. Nicht nur auf dem Platz. Auf der Suche nach Geld hatte er gemeinsam mit dem Präsidenten den VfB Freundeskreis, eine Gruppe potenter Edelfans, ins Leben gerufen. „Ich kannte das aus Genf", sagt Sundermann.

Und seine Jungs auf dem Platz hatten in einer Zeit, in der das Fernsehen noch längst nicht die Werbetrommel für das Produkt Fußball rührte, schon eine Massenbewegung ausgelöst. Bereits im Aufstiegsjahr stieg der Zuschauerschnitt in der Zweiten Liga praktisch von null auf über 23.000 – eine Zahl, für die der VfB von vielen Erstligisten beneidet wurde. Und in der Saison 1978/1979 kamen immer noch 42.000 Besucher im Schnitt (der Bundesliga-Schnitt lag damals bei 24.000). Der Verein, der wie zu jener Zeit üblich noch hauptsächlich von den Zuschauereinnahmen lebte, hatte plötzlich wieder Geld – und der Präsident begann im wahrsten Sinne des Wortes mit den Umbauarbeiten. 1981 wurde das umstrittene neue Vereinsheim eingeweiht. Die Fans nannten es abschätzig „Palazzo Prozzo". Der Bau, bis heute mehrmals erweitert und modernisiert, gilt noch immer als Symbol des Wandels von Fußballverein hin zum modernen Profiklub. Sundermanns wilde Horde hatte das möglich gemacht.

Und der Trainer selbst? Der Optimist aus Mülheim an der Ruhr suchte das Abenteuer. Zürich, Stuttgarter Kickers, Schalke, Hertha, Unterhaching, Leipzig, Prag, Trabzon, Steyr – wohin es Jürgen Sundermann auch zog, er blieb immer der Wahlschwabe. In Leonberg lebt er bis heute mit seiner Frau Monica, die Söhne sind aus dem Haus. Und dem VfB ist er immer noch verbunden. Nachdem das Jahr eins nach Sundermann mit Nachfolger Lothar Buchmann eher freudlos verlaufen war, holte MV den Wundermann zurück. Von 1980 bis 1982 suchte Sundermann erneut den Zauber von einst. Er fand ihn nicht mehr. Die Spieler waren älter geworden. Selbst 1995, er kam gerade aus Prag zurück, folgte er dem Hilferuf des VfB. Der Verein hatte sich von Jürgen Röber getrennt, Sundermann übernahm die restlichen sieben Spiele.

Heute erzählt er bei Stadionführungen den Besuchern die unglaublichen Geschichten aus einer anderen Zeit. Dazu ist sein Fachwissen gefragt, wenn er für den VfB als Scout unterwegs ist. Auch da sucht er in erster Linie nach der Begeisterung, die ist sein Ding. Der Spaß am Kicken, so wie ihn seine Jungs in der Oscar-Paret-Schule jeden Morgen zelebrieren. „Mein Leben war immer Fußball", sagt Sundermann und lacht. Das Leuchten in seinen Augen überführt ihn einer kleinen Lüge. Denn jetzt, mit über 70, ist es der Fußball immer noch.

Auch der Trainer trägt Trikot: Jürgen Sundermann ist an der Seitenlinie nicht zu halten

26 Trainer

1 Rudi Gutendorf
2 Arie Haan
3 Giovanni Trapattoni
4 Lothar Buchmann
5 Felix Magath
6 Matthias Sammer
7 Kurt Baluses
8 Ralf Rangnick

Erfolgreiche 13 Jahre

Georg Wurzers unerreichter Rekord

Tom Hanney Geboren: 19. Januar 1889 in Reading, Großbritannien, gestorben: 8. Dezember 1964, VfB Trainer vom 1. Juli 1924 bis 31. Januar 1927.
Der Einstand geht kräftig daneben. Im ersten Pflichtspiel der Bezirksliga Württemberg-Baden verliert der neue VfB Trainer Tom Hanney beim Freiburger FC mit 1:7. Und dennoch ist der Engländer überzeugt, mit dem Wechsel an den Neckar den richtigen Schritt gemacht zu haben. „Die Erfolgsaussichten mit diesem Team sind nicht schlecht", sagt Hanney. „Wir müssen uns aber konditionell und spieltaktisch verbessern." Beim VfB geht er als erster hauptamtlicher Trainer in die Historie ein. Finanziert wird er durch Spenden. Hanney führt den VfB 1926 zur ersten Meisterschaft des Vereins in der damals höchsten Spielklasse, der Bezirksliga Württemberg-Baden. Nach der Rückkehr in seine Heimat arbeitet Tom Hanney als Wirt.

Georg Wurzer Geboren: 31. Januar 1907 in Fürth, gestorben: 8. August 1982, VfB Trainer vom 1. Juli 1947 bis 30. April 1960.
Er ist der Meistermacher, der Rekordtrainer und eine Seele von Mensch: Georg Wurzer hat den VfB 13 Jahre als Trainer geprägt. Die Meistertitel 1950 und 1952 sowie die Pokalsiege 1954 und 1958 sind die Höhepunkte der goldenen 50er-Jahre des VfB. Mehr noch. Der knorrige Schorsch ist durch die Region gereist und hat Talente gesichtet. Der Erfolg hat System. Er holt Rolf Blessing aus Wendlingen, Erich Retter aus Plüderhausen, Erwin Waldner aus Neckarhausen und viele mehr. Vor allem mit VfB Legende Robert Schlienz verbindet ihn ein väterliches Verhältnis.

Kurt Baluses Geboren: 30. Juni 1914 in Allenstein, gestorben: 28. März 1972, VfB Trainer vom 1. Mai 1960 bis 24. Februar 1965.
Aus zwei Gründen hat Kurt Baluses beim VfB Geschichte geschrieben. Dank eines furiosen Endspurts führt der Trainer den Klub in der Saison 1962/1963 in der Süddeutschen Oberliga doch noch auf Rang sechs nach oben und schafft damit die Qualifikation für die Bundesliga, ein Meilenstein in der sportlichen Historie des Vereins. Und Baluses ist am 24. Februar 1965 der erste Trainer des Vereins, der vorzeitig gehen muss.

Rudi Gutendorf Geboren: 30. August 1926 in Koblenz, VfB Trainer vom 8. März 1965 bis 13. Dezember 1966.
Teure Designer-Anzüge, ein Trainer mit Hang zur Selbstdarstellung, eine erfolglose Riegeltaktik und ein zerstrittenes Team – eine Mischung, die Rudi Gutendorf beim VfB scheitern lässt. Nach der 1:4-Niederlage beim Karlsruher SC rutscht der VfB in der Saison 1966/1967 auf einen Abstiegsplatz. Am 13. Dezember 1966 trennen sich die Wege des VfB und von Gutendorf.

Lothar Buchmann Geboren: 15. August 1936 in Breslau, VfB Trainer vom 1. Juli 1979 bis 30. Juni 1980.
Dass nicht immer der sportliche Misserfolg für eine vorzeitige Trennung verantwortlich ist, zeigt das Beispiel Lothar Buchmann, der sich nach nur einer Saison wieder aus Stuttgart verabschiedet. Und das, obwohl der VfB Dritter wird. Doch Buchmann kämpft von Beginn an um Anerkennung bei Spielern, Fans und Medien. Ihm gelingt es nicht, aus dem Schatten seines Vorgängers Jürgen Sundermann herauszutreten.

Helmut Benthaus Geboren: 5. Juni 1935 in Herne, VfB Trainer vom 1. Juli 1982 bis 30. Juni 1985.
Der Wahl-Schweizer ist der erste Fußballer, der als Spieler (1964 mit dem 1. FC Köln) und Trainer Deutscher Meister wird. 1983/1984 führt er den VfB zur Meisterschaft – der ersten seit 32 Jahren, der ersten in der Bundesliga überhaupt. „Es war eine schöne Zeit", sagt Benthaus, der 1988 den Trainerjob an den Nagel hängt und zu einer Versicherung wechselt.

Arie Haan Geboren: 16. November 1948 in Finsterwolde, Niederlande, VfB Trainer vom 1. Juli 1987 bis 26. März 1990.
Der lustige Holländer – oder: ein Trainer, der dem VfB das Lachen zurückbringt. Arie Haans gute Laune ist jedenfalls

ansteckend. Wie beflügelt stürmt der VfB 1989 ins Finale des UEFA-Pokals. Und auch in der Bundesliga etabliert sich das Team drei Jahre im oberen Drittel. „Dieser Mann tut der ganzen Liga gut", schreibt ein Nachrichtenmagazin. Nachdem der wichtige UEFA-Cup-Platz in Gefahr gerät, wird am 26. März 1990 aus dem lustigen ein fliegender Holländer.

Christoph Daum Geboren: 24. Oktober 1953 in Oelsnitz, VfB Trainer vom 20. November 1990 bis 10. Dezember 1993.
Ein Titel wie ein Daum: Ohne den exzentrischen Motivationskünstler Christoph Daum wäre der VfB vermutlich in der Saison 1991/1992 nicht Meister geworden. Wie ein Derwisch tobt der VfB Trainer an der Seitenlinie, sorgt mit reihenweisen Sprüchen und Parolen auch medial für großes Aufsehen und schweißt das Team um die Stars Guido Buchwald, Matthias Sammer und Fritz Walter zu einer verschworenen Einheit. Anfang vom Ende der Trainerära Daum ist die Affäre Leeds, als der VfB Coach im Europapokal mit Jovica Simanic unerlaubterweise einen vierten Ausländer aufs Feld schickt und im Wiederholungsspiel ausscheidet.

Joachim Löw Geboren: 3. Februar 1960 in Schönau, VfB Trainer vom 14. August 1996 bis 20. Mai 1998.
Nach dem Wechsel von Rolf Fringer zur Schweizer Nationalmannschaft zunächt Trainer auf Bewährung, 1997 gefeierter Pokalsieger und ein Jahr später gefeuerter Europapokal-Finalist: Joachim Löw geht beim VfB durch ein Wechselbad der Gefühle. Das „magische Dreieck" mit Krassimir Balakov, Giovane Elber und Fredi Bobic sowie das attraktive VfB Spiel unterstreichen Löws Spielphilosophie, die er auch als Bundestrainer vertritt: modern und attraktiv.

Ralf Rangnick Geboren: 29. Juni 1958 in Backnang, VfB Trainer vom 3. Mai 1999 bis 23. Februar 2001.
Er gilt als Taktikfuchs mit visionären Ideen. Als Ralf Rangnick jedoch zum VfB kommt, ist er zunächst als Feuerwehrmann gefragt. Denn im Mai 1999 droht der Abstieg. Nach dem Klassenverbleib setzt der langjährige A-Jugendtrainer des VfB (1990 bis 1994) auf das Kollektiv und die Viererkette. Rangnicks Ziel: Alle Jugend- und Amateurmannschaften sollten das gleiche System spielen. Der sportliche Erfolg bei den Profis hinkt aber den eigenen hohen Ansprüchen hinterher. Zudem gibt es immer wieder Probleme mit Stars wie Krassimir Balakov. Im zweiten Jahr wird der VfB mit Rangnick Achter. In der Saison 2000/2001 rutscht das Team in den Abstiegsstrudel. Nach dem Aus im UEFA-Cup gegen Celta Vigo reicht Rangnick noch in Spanien seinen Rücktritt ein.

Felix Magath Geboren: 26. Juli 1953 in Aschaffenburg, VfB Trainer vom 24. Februar 2001 bis 30. Juni 2004.
Er kommt als Retter und geht als einer der erfolgreichsten VfB Trainer: Felix Magath rettet den VfB 2001 vor dem Abstieg. Nach dem Gewinn der Vize-Meisterschaft 2002/2003 mischt das Team um die Jungstars Timo Hildebrand, Alexander Hleb und Kevin Kuranyi erstmals die Champions League auf. Magaths Abschied vom Feuerwehrmann-Image macht ihn interessant für andere: 2004 folgt er dem Lockruf des FC Bayern München.

Matthias Sammer Geboren: 5. September 1967 in Dresden, VfB Trainer vom 1. Juli 2004 bis 3. Juni 2005.
Als Spieler erwirbt sich Matthias Sammer beim VfB große Verdienste. Die Sammer-Time auf der Trainerbank wird dagegen eher zur Eiszeit. Sammers unbändiger Erfolgshunger führt zu einer unattraktiven Spielweise. Trotz des fünften Platzes in der Bundesliga trennen sich am Saisonende die Wege wieder.

Giovanni Trapattoni Geboren: 17. März 1939 in Cusano Milanino, Italien, VfB Trainer vom 1. Juli 2005 bis 9. Februar 2006.
„Iche wieder da", sagt Giovanni Trapattoni bei seiner Vorstellung. Der Kult-Trainer kehrt in die Bundesliga zurück. Doch irgendwie wird die Beziehung zu einem großen Missverständnis – sprachlich und taktisch. Nach knapp sieben Monaten ist der VfB unter Trapattoni Siebter – und der Maestro muss gehen.

Armin Veh Geboren: 1. Februar 1961 in Augsburg, VfB Trainer vom 10. Februar 2006 bis 23. November 2008.
Das Wortspiel lag nahe: Zauber-Veh. Ist es der graue Anzug, den Armin Veh in der Schlussphase der Saison gar nicht mehr wechseln will? Oder der Verzicht auf die tägliche Rasur? Oder gar das Ergebnis von Fußball mit Leidenschaft? Mit jedem Sieg tankt der VfB mehr Selbstvertrauen, der Verein für Begeisterung stürmt 2007 unter seiner Regie zum Titel. Und 300.000 Fans verwandeln Stuttgart in eine gigantische Party-Meile.

Bruno Labbadia Geboren: 8. Februar 1966 in Darmstadt, VfB Trainer seit dem 12. Dezember 2010.
Als Bruno Labbadia zum VfB kommt, steht der Verein im Dezember 2010 auf einem Abstiegsplatz. Erst im Endspurt sichert sich das Team durch vier Siege in Folge den Klassenverbleib. Im darauffolgenden Jahr erlebt der VfB unter Labbadia endlich wieder eine Saison ohne Abstiegsängste. In der vergangenen Spielzeit folgt ein Wellenbad der Gefühle. Mit dem Einzug ins Pokalfinale endet die Saison allerdings sportlich fulminant.

Die Trainer des VfB Stuttgart

	von	bis	Dauer der Amtszeit*	Titel, Erfolge und Qualifikation für internationale Wettbewerbe
Grünwald	1920	unbekannt		
Tom Hanney	01.07.1924	31.01.1927	31	1926 Württembergisch-Badischer Meister
Lajos Kovacs	Sept. 1927	31.12.1929	28	
Emil Fritz	01.01.1930	15.06.1930	6	1930 Württembergischer Meister
Karl Preuß	15.06.1930	April 1933	35	
Willi Rutz	Mai 1933	März 1934	11	
Emil Gröner	Juni 1934	April 1935	11	
Fritz Teufel	April 1935	31.03.1936	12	1935 Deutscher Vize-Meister
Lony Seiderer	01.07.1936	31.03.1939	33	1937, 1938 Württembergischer Meister
Karl Becker	01.04.1939	30.04.1939	1	
Josef Pöttinger	01.05.1939	Okt. 1939	6	
Fritz Teufel	01.07.1945	30.06.1947	24	1946 Meister der Süddeutschen Oberliga
Georg Wurzer	01.07.1947	30.04.1960	154	Deutscher Meister 1950, 1952; Pokalsieger 1954, 1958
Kurt Baluses	01.05.1960	24.02.1965	58	1963 Qualifikation für die Bundesliga, Messe-Pokal
Franz Seybold	25.02.1965	07.03.1965	2	
Rudi Gutendorf	08.03.1965	13.12.1966	22	Messe-Pokal
Albert Sing	14.12.1966	30.06.1967	7	
Gunther Baumann	01.07.1967	30.06.1969	24	Messe-Pokal
Franz Seybold	01.07.1969	30.06.1970	12	
Branko Zebec	01.07.1970	18.04.1972	22	
Karl Bögelein	19.04.1972	30.06.1972	3	
Hermann Eppenhoff	01.07.1972	01.12.1974	30	1974 UEFA-Cup-Halbfinale
Fritz Millinger	02.12.1974	13.12.1974	1	
Albert Sing	14.12.1974	30.06.1975	7	
István Sztani	01.07.1975	29.03.1976	9	
Karl Bögelein	29.03.1976	30.06.1976	4	
Jürgen Sundermann	01.07.1976	30.06.1979	36	1977 Aufstieg in die Bundesliga, 1979 Deutscher Vize-Meister, UEFA-Cup
Lothar Buchmann	01.07.1979	30.06.1980	12	UEFA-Cup
Jürgen Sundermann	01.07.1980	30.06.1982	24	UEFA-Cup
Helmut Benthaus	01.07.1982	30.06.1985	36	1984 Deutscher Meister, Europapokal der Landesmeister, UEFA-Cup
Otto Baric	01.07.1985	04.03.1986	9	
Willi Entenmann	05.03.1986	30.06.1986	4	1986 DFB-Pokalfinale, Europapokal der Pokalsieger
Egon Coordes	01.07.1986	30.06.1987	12	
Arie Haan	01.07.1987	26.03.1990	33	1989 UEFA-Cup-Finale
Willi Entenmann	26.03.1990	19.11.1990	9	
Christoph Daum	20.11.1990	10.12.1993	38	1992 Deutscher Meister, Europapokal der Landesmeister, UEFA-Cup
Jürgen Röber	15.12.1993	25.04.1995	17	
Jürgen Sundermann	25.04.1995	30.06.1995	3	
Rolf Fringer	01.07.1995	13.08.1996	14	
Joachim Löw	14.08.1996	20.05.1998	22	1997 DFB-Pokalsieger, Europapokal der Pokalsieger, UEFA-Cup
Winfried Schäfer	01.07.1998	04.12.1998	6	
Wolfgang Rolff	04.12.1998	31.12.1998	1	
Rainer Adrion	01.01.1999	02.05.1999	5	
Ralf Rangnick	03.05.1999	23.02.2001	22	UEFA-Cup
Felix Magath	24.02.2001	30.06.2004	41	Champions League, UEFA-Cup
Matthias Sammer	01.07.2004	03.06.2005	12	UEFA-Cup
Giovanni Trapattoni	01.07.2005	09.02.2006	8	
Armin Veh	10.02.2006	23.11.2008	34	2007 Deutscher Meister, DFB-Pokalfinale, Champions League, UEFA-Cup
Markus Babbel	23.11.2008	06.12.2009	14	Champions League
Christian Gross	06.12.2009	13.10.2010	11	Europa League
Jens Keller	13.10.2010	11.12.2010	3	
Bruno Labbadia	seit 12.12.2010		31**	Europa League

* auf Monate gerundet   ** Stichtag: 30. Juni 2013
■ Zeit vor der Bundesliga
■ Bundesliga

30 Torhüter

1 Meister 1992: Eike Immel
2 Aus der Zweiten Liga in die Bundesliga und 1984 zur Meisterschaft: Helmut Roleder
3 Mann mit der Mütze: Günter Sawitzki
4 Immer für eine Überraschung gut: Jens Lehmann
5 Junger Wilder: Sven Ulreich
6 Publikumsliebling nicht nur im Meisterjahr 2007: Timo Hildebrand

Torhüter 31

Von Gabriel bis Ulreich

Der VfB Stuttgart und seine außergewöhnlichen Schlussmänner

Sie sind die Handarbeiter im Fußball. Sie haben eine Sonderrolle – nicht nur auf dem Platz. Die Torhüter sind meistens ganz besondere Typen. Ein bisschen anders, manchmal sogar ein wenig verrückt – aber innerhalb einer erfolgreichen Mannschaft nicht wegzudenken. Denn wer anders ist, macht den Unterschied. Das ist auch beim VfB so. Beim Blick in die VfB Historie zeigt sich, dass Erfolge ohne die häufig charismatischen Torhüter meistens nicht möglich gewesen wären.

Günter Sawitzki
Geboren: 22. November 1932
in Holthausen. Beim VfB aktiv
von 1956 bis 1971, Spiele für den
VfB: 184 Oberliga, 146 Bundesliga, Erfolg: DFB-Pokalsieg 1958.

Günter Sawitzki

Die Nummer eins, die nie die Eins trug

Von Jürgen Zeyer

„Für mich war Jens Lehmann der beste Torhüter, der bisher für den VfB spielte. Und bei der Frage nach den besten Torhütern der Welt fällt mir vor allem Oliver Kahn ein. Als er in dem verlorenen WM-Finale 2002 vor dem Tor von Ronaldo den Fehler machte, war ich den Tränen nahe. Ausgerechnet er, nachdem er zuvor unglaublich gehalten hat. Aber Torhüter müssen ihre Fehler akzeptieren, ehrlich sein zu sich und dann mit sich ins Reine kommen."
Günter Sawitzki

Für besonders prägende Erinnerungen reichen Worte manchmal einfach nicht aus. Dann will der ganze Körper nacherzählen, was einst geschehen ist. Also geht Günter Sawitzki, Jahrgang 1932, leicht in die Knie, die Arme nach vorne gebeugt, die Hände offen. So hat das damals ausgesehen, als der „Sawi" im VfB Tor zum Sprung ansetzte. „Der Ball liegt vor mir im Fünfmeterraum im Schlamm", antwortet er auf die Frage nach dem kuriosesten Gegentor seiner Karriere. „Und ich rufe: ‚Weg, weg', weil ich den Ball aufnehmen will." Sawitzki bückt sich also nach dem imaginären Leder – aber urplötzlich blickt er sich um, als zische irgendwas an ihm vorbei. „Der Gerd Menne geht nicht aus dem Weg, sondern zieht durch – und schon ist der Ball im Netz. Wie das ging, ist mir immer noch ein Rätsel. So ein blödes Ding."

32.000 Zuschauer sind am 27. November 1965 im damaligen Neckarstadion Zeugen von Mennes Eigentor in der 37. Minute. Der VfB Stuttgart verliert 0:1 gegen den FC Bayern München,

unter anderen mit Maier, Beckenbauer, Müller. Und Günter Sawitzki wird vom Fachblatt *Kicker* trotz der Niederlage mit der Note „eins" geadelt.

Es waren aufregende Zeiten – Zeiten des Aufbruchs. Die „ARD-Sportschau" etabliert sich so langsam, das „Aktuelle Sportstudio" des ZDF ist seit August 1963 auf Sendung. Dem Jahr, als die Bundesliga gestartet ist. Das neue Fußball-Oberhaus ist aber noch weit entfernt vom Hochglanzprodukt heutiger Tage. Der VfB Stuttgart gehörte zu den 16 Gründungsmitgliedern. Vereinspräsident Dr. Fritz Walter schrieb zum Start euphorisch in den Vereinsnachrichten: „Wir dürfen voller Stolz sein, dass auch unser Name mit diesem bedeutsamen Schritt der deutschen Fußballgeschichte verbunden ist." Und Günter Sawitzki hatte seinen VfB als Kapitän in das neue Zeitalter geführt. Der Auftrag kam von Trainer Kurt Baluses: „Sawi, du machst das." Und der „Sawi" hat das eben gemacht.

Günter Sawitzki ist unangefochten die Nummer eins seiner Zeit in Stuttgart gewesen – von 1957 bis 1968. Insgesamt mehr als 300 Spiele für seinen VfB. „Der Torwart muss die Mannschaft im Griff haben, wir müssen dirigieren und zeigen, wo die Gefahr lauert", war sein Credo. Schon Ernst Schnaitmann, einer seiner unvergessenen Vorgänger im VfB Tor und später Spielausschussvorsitzender, lehrte ihn den Leitsatz: „Wir Torleute sind die Könige, wir lassen alle vor uns herlaufen."

Doch es zählt zu den Kuriositäten der Zeit, dass Sawitzki auch als unbestrittene Nummer eins nie die Eins getragen hat. Wie auch. Offizielle Torwart-Trikots gab's beim VfB noch nicht. Und auf den Wollpullovern, die „Sawi" zumeist trug, war nichts aufgedruckt. Selbst bei seinen zehn Einsätzen für die Nationalmannschaft war ihm die Eins nicht vergönnt. Denn in den offiziellen Einladungsschreiben des Deutschen Fußball-Bundes, so zitiert Sawitzki, sei unmissverständlich vermerkt gewesen, dass die Torleute ihre Einsatzkleidung bitte schön selbst mitzubringen haben.

„Als Torwart darfst du keine Angst haben. Nicht lange denken, handeln – sonst ist der Ball drin."

Sawitzkis Markenzeichen ist ohnehin viel individueller gewesen: die Mütze. Der „Schläger", wie er sie nennt, durfte in keinem Spiel fehlen. Die Schirmkappe bändigte die Haare, die, akurat nach hinten gekämmt, nicht auf die Stirn fallen sollten. „Das kitzelt so blöde und macht mich verrückt." Lediglich zwei bis drei Mützen habe er während der Karriere verschlissen. „Ich bin ja nicht draufgetreten", sagt er verschmitzt. Selbst auf dem Schwarz-Weiß-Foto der Jugendmannschaft des Rasensport 1927 Herne-Holthausen – seinem Heimatklub – posiert „Sawi" als 17-jähriger Hänfling bereits in Torwartkluft mit „Schläger". Das ist seine Bestimmung. Und so geht Günter Sawitzki als „Mann mit der Mütze" in die Geschichte ein.

Mitunter sogar in Großformat. Mit einem ganzseitigen Autogrammposter würdigte eine Sportillustrierte die damaligen Sportgrößen. Der superlative Titel der Serie lautete in großen Lettern: DIE KANONEN-TAPETE. Als Sportskanone Nummer sieben lächelte Günter Sawitzki von der vierfarbigen Seite. Doch „Sawi" blieb eher einer der stillen, der sachlichen Helden jener Tage. Während das Profitum Einzug hielt, die Bundesliga einen ersten Hype auslöste, der VfB gleich im Premierenjahr mit einem Zuschauerschnitt von mehr als 40.000 einen Rekord aufstellte, während Franz Beckenbauer in TV-Spots für Tütensuppe warb, ging Günter Sawitzki weiter ins Büro.

Die Verlockungen des Profifußballs waren ihm viel zu unsicher. „Was kommt danach …?", fragte sich Sawitzki und blieb als Antwort seinem Arbeitgeber Hahn&Kolb treu. Der Torwart war 1956 aus dem Ruhrgebiet, vom SV Sodingen, gekommen, aber er war zum Schwaben geworden. Ein Schaffer. Insgesamt 36 Jahre blieb Sawitzki beim Stuttgarter Werkzeugdienstleister angestellt. Und so prägte ein exakter Zeitplan den Alltag des Torwart-Idols: 6 Uhr aufstehen, 7.30 Uhr mit dem Zug von Cannstatt in die Innenstadt, „ins G'schäft" in die Königstraße, um 14 Uhr nach Hause. Dort wartete meist eine Butterbrezel, die Sporttasche wurde gepackt, die Schraubstollen der Kickschuhe waren geölt – und ab ins Training, dreimal pro Woche. Freitags nahm er die Sporttasche einfach mit ins Büro, um den anderen abends ins Trainingslager nachzufahren.

Der VfB war für Günter Sawitzki mehr als sein Verein. Er war seine Heimat. „Ich habe nie daran gedacht, woanders zu spielen." So war er nicht nur der erste Bundesliga-Torwart des Klubs. Er stand bereits beim DFB-Pokalsieg 1958 im VfB Tor. Er wurde mit dem legendären russischen Jahrhunderttorwart Lew Jaschin verglichen („Da bin ich schon ein wenig stolz darauf"), und er wurde nach einem famosen Auftritt gegen die Offenbacher Kickers in der Zeitung als „Panterkatze vom Bieberer Berg" gewürdigt. Er stand natürlich auch im VfB Tor, als der FC Santos im Frühsommer 1963 zum Freundschaftsspiel im Neckarstadion antrat. Der VfB verlor 1:3, und kein Geringerer als Pelé erzielte ein Elfmetertor – von dem der „Sawi" allerdings heute noch überzeugt ist, dass es irregulär war. Pelé hatte den Anlauf verzögert.

Der Mann mit der Mütze hebt ab:
Auf Günter Sawitzki ist stets Verlass

Und selbst als Günter Sawitzki 1968 von dem 20-jährigen Springinsfeld Gerhard Heinze im Tor des VfB abgelöst wurde, war noch lange nicht Schluss. Mit 38 Jahren half „Sawi" noch mal bei den Amateuren aus. Trainer Franz Seybold fragte an – und Sawitzki, der Zuverlässige, warf sich wieder ins Getümmel. „Als Torwart darfst du nur keine Angst haben. Immer mit dem Kopf voraus, Hände auf den Ball, dann passiert nix. Und bei hohen Bällen beide Fäuste dazwischen und drauf. Nicht lange denken, nur handeln – sonst ist der Ball drin." Das Erfolgsrezept ging noch mal auf. 9:1 Punkte in Folge holte der VfB und zog 1970 ins Finale um die Deutsche Amateurmeisterschaft ein. Dort gab's ein 0:1 gegen den SC Jülich, sodass Sawitzki die ersehnten Meisterehren verwehrt blieben, „weil uns der Schiri benachteiligt hat". Dennoch schenkte er nach dem Schlusspfiff seinem Jülicher Kontrahenten Werner Kemper zur Erinnerung „meine letzte Mütze". So dachte Sawitzki.

Aber im selben Jahr folgte bereits das nächste Comeback. Die Torwart-Not beim VfB war erneut groß – und Sawitzki zur Stelle. Beide Bundesliga-Schlussleute meldeten sich verletzt, also sprach Trainer Branco Zebec bei dem Torwart-Pensionär vor. „Plötzlich war ich wieder in der Bundesliga – mit 38!" Es gab eine 1:4-Niederlage bei Borussia Mönchengladbach und einen 2:1-Erfolg gegen Frankfurt. „Da habe ich sogar ganz gut gespielt, wenn ich mich richtig erinnere."

Es sind die Bilder im Kopf, aber auch die mit vielen Erlebnissen verbundenen Erinnerungsstücke, die Günter Sawitzki immer wieder an die großen Zeiten denken lassen. Wie der FC-Santos-Wimpel mit dem Pelé-Autogramm, der an der Wand in der Wohnung in Heumaden hängt. Wie die goldene Uhr, die Sawitzki vom VfB Stuttgart zum 35. Geburtstag bekam – und die, mit einem neuen Armband versehen, immer noch fleißig tickt. Und wie die Urkunde des VfB, die Sawitzki 2012 zur Ernennung zum Ehrenmitglied überreicht bekam. Sie hat einen besonderen Ehrenplatz bekommen.

Und wie die Autogrammwünsche, die ihn heute noch erreichen. Es ist sogar wieder einmal Post aus China angekommen. Die Schriftzeichen auf dem Umschlag bleiben zwar rätselhaft. Der rote Rand dürfte eine Reminiszenz an Chinas Staatsflagge sein, passt aber – mit etwas Wohlwollen – auch schön zum VfB Stuttgart. Um sicherzustellen, dass der Brief sein Ziel erreicht, wurde zumindest der Adressat mit Schreibmaschine und in lateinischer Schrift vermerkt: Günter Sawitzki. Weil sich offensichtlich weltweit herumgesprochen hat, dass Sawitzki gar keine Autogrammkarten besitzt, liegt dem Brief wie meist die Kopie eines Schwarz-Weiß-Fotos bei, das die Torwart-Legende während einer ihrer verwegenen Aktionen zeigt. Das möge er doch bitte unterschreiben. „Klar, dass ich das mache. Es ist doch toll, dass mich immer noch jemand kennt." Ihn, die Eins ohne Eins.

Strahlemann mit Bodenhaftung:
„Sawi" ist ein sachlicher Held

36 Torhüter

1 Werner Gabriel
2 Jens Lehmann
3 Eike Immel
4 Timo Hildebrand
5 Franz Wohlfahrt
6 Gerhard Heinze

Flieger, Hexer und Legenden

Die Torhüter des VfB sind viel – nur nicht gewöhnlich

Paul Mauch Geboren: 8. Mai 1897 in Stuttgart, gestorben: 15. Juli 1924. Beim VfB aktiv von 1921 bis 1923, 280 Liga-Spiele, ein Länderspiel für Deutschland.

Bekannt ist er für spektakuläre Flugeinlagen, berühmt für den VfB wird er aber wegen etwas anderem – Paul Mauch, 1921 vom SV Feuerbach gekommen, ist der erste Nationalspieler des Stuttgarter Vereins. Am 23. April 1922 hält der Mann mit der Schiebermütze beim schon damals brisanten Länderspiel gegen Österreich seinen Kasten sauber. Deutschland gewinnt vor 70.000 Zuschauern in Wien 2:0. Mauch bekommt zwar glänzende Kritiken, aber keinen zweiten Einsatz, da er nur als Ersatz für den verletzten Stammkeeper Heiner Stuhlfauth und den beruflich verhinderten Theodor Lohrmann ins Team kommt. Und so wird er der erste Nationalspieler des VfB.

Werner Gabriel Geboren: 20. August 1907 in Stuttgart, gestorben: 1998. Beim VfB aktiv von 1925 bis 1931, 86 Liga-Spiele.

Der Vater ist kein Freund des Fußballs, vorsichtig gesagt. Daher verschweigt der junge Werner Gabriel zu Hause lieber, dass er neben seinem Studium der Architektur auch das Tor des VfB hütet – und das ziemlich erfolgreich. 1930 wird Gabriel mit der Mannschaft Württembergischer Meister, obwohl er eigentlich gar keine Zeit für Sport hat. Werner Gabriel ist schon als Student ungeheuer fleißig und kreativ. Am Ende seiner beruflichen Karriere stehen mehr als 500 Projekte, an denen der Schüler des berühmten Paul Bonatz gearbeitet hat. Für seinen Verein plant er vor dem Krieg die Platzanlage auf dem Cannstatter Wasen und das Klubheim. Auch für den Neubau 1951 zeichnet Gabriel verantwortlich. Diese Bauten gibt es inzwischen nicht mehr, aber in Stuttgart hat Gabriels Schaffen auch an anderen Orten Spuren hinterlassen, die noch heute existieren. Das Höhenfreibad auf dem Killesberg geht ebenso auf einen Entwurf des langjährigen VfB Schlussmanns zurück wie das Leo-Vetter-Bad in Stuttgarts Osten. In sein Wohnhaus am Kräherwald fließen schließlich alle Ideen ein, die seinen Kunden dann doch zu revolutionär gewesen sind. Das Haus aus dem Jahr 1952 steht ebenfalls heute noch.

Gerhard Heinze Geboren: 30. November 1948 in Neu-Ulm. Beim VfB aktiv von 1967 bis 1975, 193 Bundesliga-Spiele.

Er ist so ein Typ, dem die Mütter dieser Welt gerne noch einen Extrateller vor die Nase stellen, damit er was wird, der Bub. Aber das ist nur die Optik. Der Neu-Ulmer ist zwar mit 1,76 Meter nicht gerade groß für einen Torhüter, dafür hechtet er sich umso spektakulärer durch die Strafräume. Durchgedrückter Rücken, die Knie elegant gewinkelt, fliegt Heinze Richtung Winkel, als hätte er einen kleinen Düsenantrieb unterm Trikot. Dafür lieben ihn die Fans. Die Trainer auch, meistens wenigstens. Denn ab und zu fliegt Heinze auch mal zu kurz, weshalb er intern immer mal wieder unter Druck steht. Dem Heinze aber standhält. Nachdem er 1968 Günter Sawitzki als Nummer eins beerbt hat, bleibt er das im Großen und Ganzen bis zu seinem Wechsel 1975 zum MSV Duisburg.

Helmut Roleder Geboren: 9. Oktober 1953 in Freital. Beim VfB aktiv von 1972 bis 1987, 280 Bundesliga-Spiele, 67 Zweitliga-Spiele, ein Länderspiel für Deutschland.

15 Jahre in der ersten Mannschaft eines Vereins – eine seltene Treue, die Helmut Roleder an den Tag legt. Langweilig ist es freilich nicht, der Mann hat die ganze Bandbreite an Emotionen erlebt, die der Fußball so bereithält. Den Abstieg 1975, den Wiederaufstieg 1977 und die Meisterschaft 1984 als Nummer eins im Tor. In dieses Jahr fällt auch sein einziges Länderspiel gegen die UdSSR. Dass es nicht mehr geworden sind, liegt wohl auch daran, dass Roleder wegen einer Hornhautverkrümmung beim Spiel Kontaktlinsen tragen muss. Was einmal zu einer kuriosen Situation führt: Weil die Linse im Auge verrutscht ist, muss sich Roleder von Physiotherapeut Francois Caneri helfen lassen. Die Spieler denken aber, der Keeper hätte die Sehhilfe verloren, und robben durch den Strafraum, um das winzige Ding zu suchen. Darüber hat man im Stadion noch lange gelacht.

Eike Immel Geboren: 27. November 1960 in Stadtallendorf. Beim VfB aktiv von 1986 bis 1995, 287 Bundesliga-Spiele, 19 Länderspiele für Deutschland.

32 Gegentore in einer Saison ist ein guter Wert für einen Torhüter, 66 eher nicht. Eike Immel hat beim VfB beides erlebt. Der Mann aus dem Westen, der mit 17 Jahren schon Profi in Dortmund geworden ist, spielt mit dem VfB 1991/1992 eine überragende Saison und wird Meister. Drei Jahre später muss er aber öfter hinter sich greifen, als ihm lieb ist, und sieht sich plötzlich auf der Bank wieder. Auf und ab – ein ständiger Begleiter im Leben des Eike Immel. Kurios: Erst 15 Jahre nach Ende seiner Karriere wird 2012 bekannt, dass Immel von Geburt an auf seinem linken Augen eine Sehfähigkeit von unter 20 Prozent hat. Dieses Manko hat er stets meisterlich kaschiert.

Franz Wohlfahrt Geboren: 1. Juli 1964 in St. Veit an der Glan, Österreich. Beim VfB aktiv von 1996 bis 2000, 118 Bundesliga-Spiele, 59 Länderspiele für Österreich.

Franz Wohlfahrt muss man einfach mögen. Vielleicht liegt das am österreichischen Schmäh. Vielleicht am sonnigen Gemüt. Veilleicht auch an seiner tadellosen Leistung im VfB Tor. Mit Austria Wien wird Wohlfahrt sechsmal Meister. Seinen sportlich größten Erfolg feiert er aber in Stuttgart. 1997 hat er maßgeblichen Anteil am DFB-Pokaltriumph des VfB. Auf dem Weg ins Finale benötigt der VfB drei Elfmeterschießen (gegen Fortuna Köln, Hertha BSC und SC Freiburg). Wohlfahrt wird mit seinen Paraden mehrfach zum Helden und erklärt anschließend unnachahmlich sein Geheimrezept: „Mir is vollkommen egal, wer schiaßt. Wenn sich der Ball vom Fuaß des Schützen wegbewegt, dann reagier i. Net früher. Wenn i spekulier'n wüi, dann kann i ins Kasino geh'n und auf Rot setz'n. Des wüi i net."

Timo Hildebrand Geboren: 5. April 1979 in Worms. Beim VfB aktiv von 1999 bis 2007, 221 Bundesliga-Spiele, sieben Länderspiele für Deutschland.

Der Ball ist drin, aber nur so gut wie. 33. Spieltag der Saison 2006/2007, 87. Minute im Bochumer Ruhrstadion. Christoph Dabrowski fällt der Ball fünf Meter vor dem Stuttgarter Tor vor die Füße. Ein Geschenk für den Gegner, ein Horror für jeden Torhüter. Aber Timo Hildebrand reagiert schneller, als die meisten schauen können, hält mit einer spektakulären Aktion und führt hinterher einen Freudentanz auf. Egal, Hildebrand hält in Bochum das 3:2 fest, der VfB erobert vor dem letzten Spieltag mit zwei Punkten Vorsprung die Tabellenspitze und ist eine Woche später zum fünften Mal Meister. Schöner konnte die Karriere des gebürtigen Wormsers im Trikot des VfB nicht enden. Deutscher Meister im letzten Bundesliga-Spiel, Abgang als Sympathie- und Leistungsträger, der in Stuttgart vom Jungen Wilden zum Nationalspieler wird.

Jens Lehmann Geboren: 10. November 1969 in Essen. Beim VfB aktiv von 2008 bis 2010, 65 Bundesliga-Spiele, 61 Länderspiele für Deutschland.

Wie heißt es so schön: Genialität und Wahnsinn liegen oft dicht beisammen. Wie wahr, Jens Lehmann ist ein Torhüter, der mit genialen Paraden, aber auch Aussetzern ein Spiel entscheiden kann. So oder so. Dem VfB tut er trotzdem gut, weil am Ende seiner zwei Stuttgarter Jahre seine Bilanz doch stimmt. Nach einem Ausraster im Dezember 2009 im Spiel gegen Mainz mit Roter Karte und Stadionflucht hält der „kontroverse Charakter" (Trainer Christian Gross) bei der besten Rückrundenmannschaft die Abwehr zusammen und seine Nerven im Griff.

Sven Ulreich Geboren: 3. August 1988 in Schorndorf. Beim VfB aktiv seit 2008, 117 Bundesliga-Spiele.

Ein Parade-Roter: Seit der E-Jugend im Verein, kämpft sich das Eigengewächs bis zum Stammtorhüter hoch. Aber nicht auf dem leichten Weg, sondern durch harte Arbeit. Unter Armin Veh spielt er erst für Raphael Schäfer, dann ist er wieder zweite Wahl. Bruno Labbadia setzt ebenfalls zunächst auf ihn, ehe doch Marc Ziegler das Vertrauen bekommt. Nach dessen unglücklicher Verletzung packt „Ulle" aber seine neuerliche Chance an und wird zu einem der besten Keeper der Liga.

Torhüter

Hildebrands Bundesliga-Rekord bleibt unerreicht
Saisonübergreifende Spielzeiten in Minuten ohne Gegentor

884 Minuten
Timo Hildebrand, VfB Stuttgart
Saison 2002/2003, 2003/2004

802 Minuten
Oliver Kahn, Bayern München
Saison 2002/2003

736 Minuten
Oliver Kahn, Bayern München
Saison 2002/2003

647 Minuten
Frank Rost, Schalke 04
Saison 2003/2004

641 Minuten
Oliver Reck, Werder Bremen
Saison 1987/1988

619 Minuten
Tim Wiese, Werder Bremen
Saison 2009/2010

Glanzparade

„Jung und erfahren gibt es im Fußball nicht. Das gibt es nur auf dem Straßenstrich."

Sven Ulreich

„Ich denke, Cola dürfen wir schon trinken – aber ohne Jack Daniels."

Franz Wohlfahrt

Elfmeterhelden

Jens Lehmann
lässt sich von Franck Ribérys Heber nicht überraschen. Beim Stand von 0:2 im Pokal-Achtelfinale ist der VfB Torhüter 2009 Sieger. Am Ende verliert Stuttgart allerdings mit 1:5.

Eike Immel
pariert 1989 im Viertelfinal-Rückspiel des UEFA-Cups bei Real San Sebastian im Elfmeterschießen zweimal – der VfB siegt mit 4:2 und zieht später sogar ins Finale ein.

Helmut Roleder
reagiert 1984 im Pokal-Achtelfinale beim Hamburger SV blitzschnell. Der VfB Torhüter wehrt Manfred Kaltz' Elfmeter ab. Der VfB siegt nach Verlängerung 4:3.

Die besten Saubermänner
Die Torhüter mit den meisten Bundesliga-Spielen ohne Gegentor

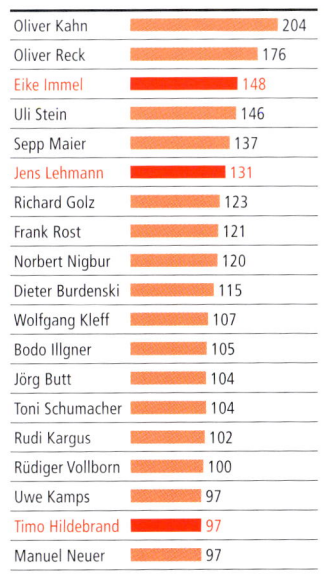

Oliver Kahn	204
Oliver Reck	176
Eike Immel	148
Uli Stein	146
Sepp Maier	137
Jens Lehmann	131
Richard Golz	123
Frank Rost	121
Norbert Nigbur	120
Dieter Burdenski	115
Wolfgang Kleff	107
Bodo Illgner	105
Jörg Butt	104
Toni Schumacher	104
Rudi Kargus	102
Rüdiger Vollborn	100
Uwe Kamps	97
Timo Hildebrand	97
Manuel Neuer	97

■ Torwart spielte unter anderem für den VfB.
Quelle: DFL, Stand: 30.06.2013

40 Abwehr

1 Günter Seibold
2 Thomas Berthold
3 Karlheinz Förster
4 Erich Retter
5 Guido Buchwald
6 Serdar Tasci

Abwehr **41**

Von Retter bis Tasci

Defensivkünstler des VfB mit der Null-Tore-Toleranz

Viererkette, Libero, Manndecker, Vorstopper, Läufer – viele Bezeichnungen und Positionen. Aber nur ein Ziel: Die Abwehr muss stehen. Am besten die Null. Denn die Defensive entscheidet nicht nur Spiele, sondern bekanntlich Meisterschaften. Und auf seine Hintermannschaft konnte sich der VfB stets verlassen.

Karlheinz Förster
Geboren: 25. Juli 1958 in Mosbach.
Beim VfB aktiv von 1975 bis 1986,
272 Bundesliga-Spiele, 17 Tore, 39 Zweitliga-Spiele, fünf Tore, 81 Länderspiele.

Bernd Förster
Geboren: 3. Mai 1956 in Mosbach.
Beim VfB aktiv von 1978 bis
1986, 222 Bundesliga-Spiele,
20 Tore, 33 Länderspiele.

Bernd und Karlheinz Förster

Das Bollwerk aus dem Odenwald

Von Reiner Schloz

„Die Försters im Doppelpack, das haben nicht immer alle gern gesehen. Nicht nur bei den Gegnern, auch beim VfB."
Bernd Förster über seine Führungsrolle und die von Bruder Karlheinz rund um die Meistersaison 1984.

Es gibt Käsekuchen. Mit Sahne. Eine standesgemäße Götter-Speise für die Verabredung mit der Vergangenheit. So oft treten Karlheinz und Bernd Förster ja heutzutage nicht mehr gemeinsam auf beim VfB Stuttgart. Auf der Sonnenterrasse im Klubheim ist die Stimmung so, wie sie sein muss unter Brüdern, die mehr zusammenhalten als nur eine Abwehr. Bei den gelegentlichen Treffen gehört der Statusbericht über die körperliche Verfassung zum familiären Ritual. Karlheinz spürt mal wieder sein Sprunggelenk. Bereits vor Jahren chirurgisch versteift, ist es die Problemzone, die Ärzte und Patient permanent beschäftigt. Und Bernd, der aus dem orthopädischen Ersatzteillager bereits eine künstliche Hüfte einbauen ließ, zwickt mal wieder das Knie – die lästige Erinnerung an den Kreuzbandriss, der einst das Ende der Profikarriere bedeutete. Mit Mitte 50 fällt das Sprinten schwer. Dafür haben die Förster-Brüder jahrelang für den Verein die Knochen hingehalten. Bis nichts mehr ging.

In den Achtzigern galt als Weichei, wer sich seinen Schmerzen und Verletzungen ergab. Jede Spritze, die einen spielfähig machte, war eine gute Spritze. „Aus heutiger Sicht", sagt Karlheinz, „war vieles falsch, was wir damals gemacht haben. Aber wir wollten eben immer einsatzbereit sein. Um jeden Preis." An das Morgen dachte keiner. Nur an den Erfolg. Und den genossen die Försters beim VfB Stuttgart vorzugsweise zusammen. Sie gehören zu dem illustren Kreis von vier Brüderpaaren, die seit der Einführung der Bundesliga im Duett in der Nationalmannschaft spielten (außerdem Erwin und Helmut Kremers, Karl-Heinz und Michael Rummenigge sowie Sven und Lars Bender). 1980 wurden sie zusammen Europameister (wobei Bernd ausgerechnet im Finale beim 2:1 über Belgien in Rom nur auf der Bank saß), 1982 in Spanien Vize-Weltmeister. 1982 wurde Karlheinz Fußballer des Jahres – in Deutschland eine seltene Ehre für einen Verteidiger.

Die Förster-Brüder, das Bollwerk aus dem Odenwald. „An uns kommt keiner vorbei" lautete einst der Titel ihres eigenen Buches. Sie haben ihn wegen „Großkotzigkeit" noch rechtzeitig einstampfen lassen. „Die Zwei aus Schwarzach" gefiel ihnen damals besser. Klingt bescheidener, ändert aber nichts: An den beiden kam tatsächlich keiner vorbei. Und wer es doch schaffte, so warnten sich die Bundesliga-Stürmer vorsichtshalber gegenseitig, ging nicht straffrei aus.

„Ja", sagt Karlheinz, „wir waren hart, aber nicht unfair." Und Bernd sagt: „Damals ging es anders zur Sache als heute. Die Gegner, die ins Neckarstadion kamen, hatten eine Mischung aus Angst und Respekt. Aber wenn wir auswärts angetreten sind, war das bei uns genauso." Sie haben trotzdem nicht zurückgezogen. Der VfB hat damit jahrelang gut gelebt. Aber, sagt Bernd: „Die Försters im Doppelpack, das haben nicht immer alle gern gesehen. Nicht nur bei den Gegnern, auch beim VfB."

Die Familienzusammenführung hatte Karlheinz aktiv betrieben. Der 17-jährige Bub, der aus Mannheim gekommen war, reifte unter Trainer Jürgen Sundermann zum gestandenen Profi, versuchte auch außerhalb des Spielfelds die Richtung mit anzugeben und sorgte dafür, dass sein älterer Bruder 1978 nach Stuttgart kam. Bernd hatte es in seinen Lehrjahren immerhin zum Weltpokal-Sieger gebracht. „Ja, ja", sagt Bernd heute und winkt ab, „Weltpokal-Sieger im Koffertragen." Und dann erzählt er, wie das so ist, wenn man als 18-jähriger Jungspund Mitte der 70er-Jahre – also in der erfolgreichsten aller Bayern-Zeiten – bei den Münchnern auf der Bank saß.

Europapokal-Finale der Landesmeister 1975 in Paris: Eine Viertelstunde vor Schluss führen die Bayern 1:0 gegen Leeds. Manager Robert Schwan fürchtet eine Verlängerung. „Wo sind die Getränke?", tobt das Nervenbündel und schickt den Jungprofi Förster auf die Suche, weil damals Jungprofis und noch kein Zeugwart für solche Dienste eingesetzt werden. „Ich war selbst nervös", erinnert sich Bernd, „kannte das Stadion nicht, und fragen konnte ich auch keinen. Ich also rein, organisier die Getränke, renn vollbepackt wieder raus. Ich bleibe am Steg der Trainingshose hängen – und flieg direkt vor der Bank voll auf die Schnauze. Etwas Peinlicheres kann dir als junger Spieler gar nicht passieren."

Bernd Förster hat's überstanden. Er wechselte später nach Saarbrücken und kam dann zum VfB. Dort starteten die Försters durch bis in die Nationalmannschaft. Sie gaben alles für den VfB, und sie sagten ihre Meinung. „Das war nicht immer jedem recht", sagt Bernd, „aber wir wollten nur das Beste für den Verein." Sie waren eine Macht und wussten sie zu nutzen. Karlheinz muss immer noch lachen, wenn er an die Vertragsverhandlungen 1982 denkt, die wie üblich in den Privatgemächern von Präsident Gerhard Mayer-Vorfelder im Cannstatter Muckensturm stattfanden. Sie hatten im Wohnzimmer gewartet, während Hansi Müller hinter verschlossenen Türen seinen Wechsel zu Inter Mailand bekannt gab. „Als er rauskam, gab uns Hansi ein Zeichen", sagt Karlheinz, „da wussten wir, dass er geht – was unsere Verhandlungsposition deutlich stärkte." Sie haben dann schön gezockt, so erfolgreich, dass Geschäftsführer Ulrich Schäfer später tobte: „Von mir hättet ihr nicht so viel bekommen."

Die Investition lohnte sich trotzdem. Die Förster-Brüder waren schließlich gemeinsam mit Asgeir Sigurvinsson und Hermann Ohlicher die Chefs, als der VfB 1984 im Herzschlagfinale gegen den hoch favorisierten Hamburger SV aufgrund des besseren Torverhältnisses die Deutsche Meisterschaft gewann. Eine schöne Überraschung. „Ein Erfolg, den ich über alles stelle", sagt Karlheinz. Dabei war der Kampf um den Titel nicht gerade von Harmonie geprägt. Mit den Förster-Brüdern als Wortführer gab es immer wieder heftige Diskussionen mit Trainer Helmut Benthaus über die taktische Ausrichtung. Die Erfolge entfernten Mannschaft und Trainer mehr voneinander, als dass sie zusammenschweißten. Und als der Titel gewonnen war, gingen die Verteidiger erst recht in die Offensive. Auf eigene Faust hat-

Den Gewinn der Deutschen Meisterschaft 1984 stellt Karlheinz Förster über alles.

ten sie Torjäger Klaus Fischer (Köln) und Cha Bum (Leverkusen) heiß auf den VfB gemacht, um für den Europapokal besser gerüstet zu sein. „Die wären gekommen", sagt Bernd Förster, „aber der VfB wollte alles mit jungen Leuten machen. Und das geht eben nicht."

Der Weg führte zurück ins Mittelmaß. Und das Schicksal schlug zu. Gegen Gladbach, bei einem Zweikampf mit Ewald Lienen, riss Bernd das Kreuzband. Monatelang kämpfte er um seine Rückkehr, die Zeit wurde knapp, der Vertrag lief aus, der VfB machte ihm kein neues Angebot. Enttäuscht beendete er mit 30 Jahren seine Karriere. Karlheinz sah beim VfB „keine Entwicklung mehr" und folgte dem Lockruf des Geldes: Olympique Marseille. Im Sommer 1986 fand die Ära Förster beim VfB über Nacht ein Ende.

Seither ist die Beziehung der beiden nicht weniger gut, aber eben nur noch rein privat. Denn der enttäuschte Bernd wollte vom Fußball nichts mehr wissen. Damals begann er das Geschäft mit Autowaschanlagen, die er bis heute betreibt, vertreibt und konzipiert. Es läuft gut, der Sohn arbeitet inzwischen mit. Karlheinz feierte in Marseille große Erfolge, wurde zwei Mal Französischer Meister und einmal Pokalsieger, ehe er 1990 nach einem komplizierten Mittelfußbruch ebenfalls die Karriere mit 32 beenden musste. Heute ist er Spielerberater. Mit Martin

Harnik, Tunay Torun, Tim Hoogland und Daniel Didavi gehören auch einige VfB Spieler zu seinen Klienten. Förster will, dass die Jungen von seinen Erfahrungen profitieren und „auf dem Teppich bleiben". Nicht ganz einfach, so verrückt, wie das Geschäft geworden ist. „Ich bin ja nur noch Beobachter", sagt Bernd, „und wenn der Karlheinz manchmal erzählt, was im Fußball heute so los ist, dann bin ich darüber auch ganz froh."

Nein, unzufrieden wirken die beiden wirklich nicht. Auch wenn die Karriere etwas früher endete, als es unbedingt hätte sein müssen. Es lässt sich gut leben. Gerade heute, an einem sonnigen Nachmittag auf der Terrasse im VfB Klubheim. „Karlheinz", sagt Bernd, „noch ein Stück Kuchen? Komm, einer geht noch." Natürlich geht noch einer. Jetzt aber ohne Sahne. Man will ja in Form bleiben. Vorsichtshalber.

Ein Qualitätsprodukt mit Brustring: die Förster-Brüder. Auf Karlheinz (links) und Bernd Förster war beim VfB Verlass

46 Abwehr

1 Frank Verlaat
2 Fernando Meira
3 Guido Buchwald (links)
4 Marcelo Bordon
5 Guido Buchwald (links), Erich Retter
6 Günther Schäfer
7 Serdar Tasci

Unser „Diego"

Von wegen Männer fürs Grobe: Die Abwehr-Asse des VfB sind immer für Überraschungen gut

Erich Retter Geboren: 17. Februar 1925 in Plüderhausen. Beim VfB aktiv von 1947 bis 1962, 385 Pflichtspiele, neun Tore, 14 Länderspiele für Deutschland.

Wenn Erich Retter von seinem Erlebnis im Wartezimmer des Karl-Olga-Krankenhauses erzählt, muss er schmunzeln. An jenem Apriltag im Jahr 1954 hätte er aber am liebsten geheult. Retter erinnert sich noch genau, wie man ihm in einem kleinen Becher einen Teil seines Meniskus unter die Nase gehalten hat. „Niemand wusste, wie ein Meniskus aussieht", erzählt Retter. „Ich konnte es jetzt allen zeigen." Auf die kleine medizinische Fortbildung hätte er aber gerne verzichtet. Denn eben die Tatsache, dass Retters Meniskus nun im Glas und nicht mehr in seinem Knie ist, kostet ihn die sichere Teilnahme an der Fußball-WM in der Schweiz. Während Jupp Posipal, sein Ersatzmann auf der rechten Verteidigerposition, mit dem deutschen Team das Wunder von Bern schafft, sitzt Retter beim Finale im Wankdorf-Stadion gegen Ungarn auf der Tribüne und traut sich anschließend nicht einmal zur Mannschaft. Deutschland feiert die WM-Helden, an den tragischen Helden denken die wenigsten. Die Verletzung hat sich Retter zehn Wochen zuvor am 25. April beim Einweihungsspiel des Basler St. Jakobs-Stadions zwischen Deutschland und der Schweiz zugezogen. Retter hat einige Zeit gebraucht, um den Schock zu verdauen. Heute ist er mit seiner Karriere dennoch zufrieden: „Ich habe das Beste aus meinem Leben gemacht." Sportlich gehört Retter zur VfB Generation der goldenen 50er-Jahre. Er wird 1950 und 1952 Deutscher Meister. Der euphorische Empfang in Stuttgart gehört zu seinen größten Erlebnissen. „Das war unglaublich. So etwas vergisst man nie", sagt Retter. 1954 gewinnt er mit dem VfB den DFB-Pokal. Auch vier Jahre später hätte er den Pott geholt. Aber erneut zwingt ihn eine Meniskusverletzung zum Zuschauen. 1962 beendet er seine sportliche Laufbahn. Er bleibt aber in Tuchfühlung zum VfB. Bis in die 80er-Jahre gehört ihm die Tankstelle in der Mercedesstraße.

Günter Seibold Geboren: 11. Dezember 1936 in Stuttgart, gestorben am 20. Juni 2013. Beim VfB aktiv von 1958 bis 1968, 122 Oberliga-Spiele, ein Tor, 133 Bundesliga-Spiele, drei Tore.

Hart, aber fair – für einen Verteidiger eine Auszeichnung. Auf Günter Seibold trifft das zu. Und manchmal ist er für seinen Gegenspieler auch sehr unangenehm. Kein Geringerer als die brasilianische Legende Pelé kann dies bestätigen. Im Juni 1963 bestreitet der VfB ein Testspiel gegen Peles FC Santos. Der VfB verliert zwar 1:3, aber Seibold hat von nun an ein Zweikampf-Fotomotiv mit Pelé als Autogrammkarte. Mit dem VfB wird Seibold 1958 Pokalsieger, in den ersten Bundesliga-Jahren ist er eine feste Größe in der Abwehr. Die Bundesliga-Qualifikation stuft Seibold als den größten Erfolg ein: „Wer weiß, wie es mit dem VfB weitergegangen wäre, wenn wir das damals nicht geschafft hätten." Bis zu seinem Tod war der Mitglied im Ehrenrat.

Günther Schäfer Geboren: 9. Juni 1962 in Waiblingen. Beim VfB aktiv von 1980 bis 1996, 331 Bundesliga-Spiele, neun Tore, von 2004 bis 2005 Co-Trainer, seit 2008 Leiter der VfB Fußballschule.

Manchmal reicht eine einzige Aktion, um sich einen Platz in den Geschichtsbüchern zu sichern. Günther Schäfer gelingt dies am 16. Mai 1992 im letzten Saisonspiel bei Bayer Leverkusen. In der 23. Minute schlägt der Abwehrspieler nach einem Heber von Andreas Thom mit einer akrobatischen Flugeinlage den Ball von der Linie. Alle staunen. Der Mann hat sich dabei nicht verletzt. Im Gegenteil. Letztendlich hat er dem VfB mit der Artistik-Nummer wahrscheinlich die Meisterschaft gerettet. Der Ausgang der Partie ist bekannt. Der VfB gewinnt am Ende mit 2:1 und wird zum vierten Mal Deutscher Meister. Schäfer bleibt dem VfB auch nach seiner aktiven Karriere verbunden, wird Fan-Beauftragter, unter Matthias Sammer Co-Trainer und leitet heute die erfolgreiche Fußballschule des VfB.

Guido Buchwald Geboren: 24. Januar 1961 in Berlin. Beim VfB aktiv von 1983 bis 1994, 325 Bundesliga-Spiele, 28 Tore, 76 Länderspiele für Deutschland, Weltmeister 1990.

Der Spitzname „Diego" ist ein außergewöhnlicher Ritterschlag. Guido Buchwald erhält ihn nicht zuletzt, weil er im WM-Finale 1990 den Argentinier Diego Armando Maradona an die Kette legt. Vor allem aber wegen seines Übersteigers und der anschließenden Flanke zuvor im Achtelfinale gegen die Niederlande, die Jürgen Klinsmann zum deutschen Führungstor nutzt. Kaum jemand hat ihm diese Technik und Cleverness zugetraut. Bezeichnend für die Karriere des Guido Buchwald, der häufig unterschätzt wird. Immerhin ist er bis heute der einzige deutsche Spieler, der während seiner Zeit als VfB Profi den WM-Titel gewonnen hat. Als Jungspund wechselt er von den Stuttgarter Kickers zu den Roten und wird bereits 1984 mit dem VfB Meister. 1989 begegnet er im UEFA-Cup-Finale gegen den SSC Neapel erstmals Maradona. Der VfB verliert das Endspiel. 1992 hält er die Meisterschale erneut in den Händen – diesmal als Kapitän und Schütze des entscheidenden Treffers.

Thomas Berthold Geboren: 12. November 1964 in Hanau. Beim VfB aktiv von 1993 bis 2000, 191 Bundesliga-Spiele, vier Tore, 62 Länderspiele für Deutschland, Weltmeister 1990.

Mit fünf Platzverweisen in sieben Jahren liegt Thomas Berthold hinter Fernando Meira (sechs) bei den Roten und Gelb-Roten Karten auf Platz zwei. Die Bilanz ist ein Spiegelbild des großen Einsatzes und Engagements auf dem Platz. Aber nicht nur dort. Berthold, der als Reservist von Bayern München zum VfB gewechselt ist, wird im Schwabenland zur Führungsfigur. Er ist kompromisslos auf dem Platz, ein streitbarer Kapitän, und gewinnt 1997 mit dem VfB den DFB-Pokal.

Frank Verlaat Geboren: 5. März 1968 in Haarlem, Niederlande. Beim VfB aktiv von 1995 bis 1999, 104 Bundesliga-Spiele, sechs Tore, ein Länderspiel für Niederlande.

Starkes Stellungsspiel, erstklassige Technik – Frank Verlaat ist der ruhende Pol in der Abwehr des VfB. Vier Jahre lang ist der Niederländer der große Rückhalt, während in der Offensive das magische Dreieck für Furore sorgt. Und er feiert mit dem VfB große Erfolge. 1997 führt er als Kapitän den VfB zum DFB-Pokalsieg, im Folgejahr scheitert das Team erst im Finale des Europapokals der Pokalsieger. Das Endspiel in Stockholm ist sicher einer der bittersten Momente seiner Karriere. Denn nach der zweiten Gelben Karte im Halbfinale muss Verlaat im Endspiel gegen den FC Chelsea (0:1) zuschauen.

Marcelo Bordon Geboren: 7. Januar 1976 in Ribeirão Preto, Brasilien. Beim VfB aktiv von 1999 bis 2004, 129 Bundesliga-Spiele, elf Tore, ein Länderspiel für Brasilien.

Der 1,89 Meter große Modellathlet kommt vom FC São Paulo zum VfB. Er ist kein Ballkünstler aus Brasilien, aber trotzdem ein Künstler am Ball. Nicht ohne Grund wird er beim VfB der „deutsche Brasilianer" genannt. Mit seinem Kopfballspiel, seiner Zweikampfstärke hält er die VfB Defensive auch in turbulenten Jahren – 2001 steht das Team kurz vor dem Abstieg in die Zweite Liga – zusammen. Zudem strahlt er auch vor dem gegnerischen Tor große Gefahr aus. Unvergessen bleibt der 28. März 2004, als er beim spektakulären 4:4 gegen Werder Bremen drei Treffer (darunter zwei direkt verwandelte Freistöße) erzielt.

Fernando Meira Geboren: 5. Juni 1978 in Guimarães, Portugal. Beim VfB aktiv von 2002 bis 2008, 173 Bundesliga-Spiele, elf Tore, 54 Länderspiele für Portugal.

Schon 2003 bei der Champions-League-Premiere des VfB gehört Fernando Meira zu den großen Stützen. Vor allem am Sensationscoup des VfB im Meisterjahr 2007 hat der Portugiese großen Anteil. Meira spielt eine überragende Saison. Kompromisslos in der Verteidigung, aber immer auch mit dem Blick Richtung Offensive. Viele erfolgreiche Angriffe beginnen mit einem langen Pass des Defensiv-Allrounders. „Keiner hat mit uns gerechnet. Ich bin stolz auf diese Mannschaft", sagt Meira nach dem Titelgewinn.

Serdar Tasci Geboren: 24. April 1987 in Esslingen. Beim VfB aktiv seit 2005, 180 Bundesliga-Spiele, neun Tore, 14 Länderspiele.

Den 19. Mai 2007 wird Serdar Tasci sicher nie mehr vergessen. Es ist der emotionale Höhepunkt seiner ersten Profisaison. Als Krönung gibt es an diesem Tag die Meisterschale. Selten hat beim VfB eine Karriere derart fulminant und erfolgreich begonnen. Denn erst wenige Monate zuvor rückt der Deutsch-Türke, der bereits seit 1999 in der Jugend und bei der U23 das VfB Trikot trägt, ins Bundesliga-Team. Der damalige Trainer Armin Veh bezeichnet ihn als „Ausnahmetalent". Tasci bestreitet in der Meistersaison 26 Spiele und erzielt zwei Tore. Aufgrund der abgeklärten, ruhigen und selbstbewussten Spielweise wird er schnell zum Führungsspieler, 2008 sogar zum deutschen Nationalspieler. 2010 gehört er zum DFB-Kader, der bei der WM in Südafrika Platz drei belegt. Tasci ist seit Januar 2012 Mannschaftskapitän des VfB. „Das ist eine Ehre für mich. Schließlich bin ich schon seit der D-Jugend beim VfB und war schon damals oft Kapitän. Ich bin ein Stuttgarter Junge", so Tasci.

Abwehr 49

Abgegrätscht

„Ich habe eine Oberschenkelzerrung im linken Fuß."

Guido Buchwald

„Ich hatte wahnsinnige Schmerzen nach dem Flug, weil ich mit der Hüfte auf die Torstange gefallen war."

Günther Schäfer nach seiner spektakulären Rettungstat 1992 auf der Linie

Hitliste der Platzverweise
Die Spieler mit den meisten Roten und Gelb-Roten Karten im VfB Trikot

- **6** Fernando Meira
- **5** Thomas Berthold
- **5** Marcelo Bordon
- **4** Marco Haber
- **4** Thomas Schneider

Groß und klein

Benedikt Röcker ist mit 1,97 Meter nicht nur der größte Abwehrspieler, der bisher für den VfB auf dem Feld stand, sondern auch insgesamt der größte Spieler. Auf Platz zwei rangiert Marco Streller (1,95). Kleinster Abwehrspieler ist Arthur Boka. Mit 1,64 Meter ist allerdings der Stürmer Ilyas Tüfekci der bisher kleinste VfB Profi.

Benedikt Röcker
1,97 m

Arthur Boka
1,66 m

Quelle: Kicker.de und transfermarkt.de.
Berücksichtigt wurden nur Bundesliga-Spieler.

Bundesliga-Spielzeiten des VfB mit den wenigsten Gegentoren*

1. Saison 2003/2004
24 Gegentore in 34 Spielen, Tabellenplatz vier

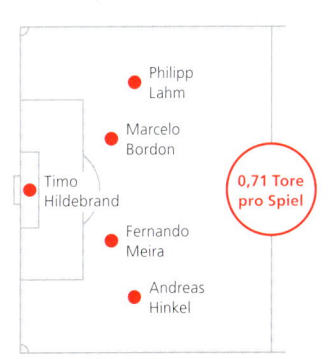

- Philipp Lahm
- Marcelo Bordon
- Timo Hildebrand
- Fernando Meira
- Andreas Hinkel

0,71 Tore pro Spiel

2. Saison 1991/1992
32 Gegentore in 38 Spielen, Meister

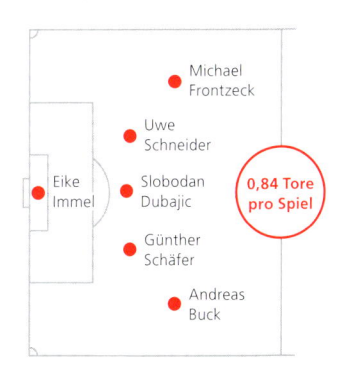

- Michael Frontzeck
- Uwe Schneider
- Eike Immel
- Slobodan Dubajic
- Günther Schäfer
- Andreas Buck

0,84 Tore pro Spiel

3. Saison 1983/1984
33 Gegentore in 34 Spielen, Meister

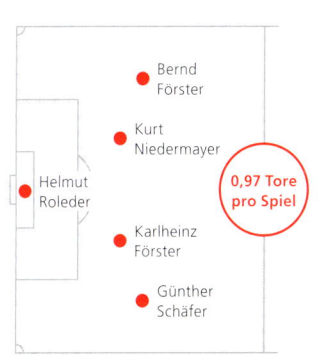

- Bernd Förster
- Kurt Niedermayer
- Helmut Roleder
- Karlheinz Förster
- Günther Schäfer

0,97 Tore pro Spiel

* Jeweils im Verhältnis zur Zahl der Spiele. Abgebildet ist für jede Saison die Stammformation in der Abwehr.

50   Mittelfeld

Von Schlienz bis Balakov

Die Strategen im Mittelfeld machen den Unterschied

Sie sind die Denker und Lenker. Ihnen reicht manchmal ein einziger Moment, ein genialer Pass – und die Partie ist entschieden. Der VfB hat viele dieser Ideengeber. Unvergessen ist vor allem Robert Schlienz, das Herz der erfolgreichen VfB Mannschaft aus den 50er-Jahren. Aber auch Krassimir Balakov hat in seiner Zeit dem Spiel seinen Stempel aufgedrückt wie kaum ein anderer. Die Liste der Regisseure ist allerdings lang.

1 Noch immer bei den Fans beliebt: Johann „Buffy" Ettmayer
2 Der Zauberer im Mittelfeld: Krassimir Balakov
3 Leitfigur der erfolgreichen 50er-Jahre: Robert Schlienz
4 Auf Karl Barufka ist stets Verlass
5 Auf dem Weg nach oben: Hermann Ohlicher (links) und Hansi Müller
6 Genialer Lenker: Asgeir Sigurvinsson

Karl Allgöwer
Geboren: 5. Januar 1957 in Geislingen. Beim VfB aktiv von 1980 bis 1991, 338 Bundesliga-Spiele, 129 Tore, zehn Länderspiele.

Karl Allgöwer

Immer gerade (her)aus

Von Jürgen Zeyer

„Ich sehe, wie der Mitspieler gefoult wird, höre den Pfiff – und weiß, das ist jetzt mein Ding. Die Leute rufen meinen Namen. Die Luft vibriert. Die Maschinerie läuft an, alles ist ritualisiert. Ich schnappe mir den Ball und platziere ihn so, dass zentral vor mir das Hersteller-Logo zu sehen ist. Genau hier muss ich ihn treffen, dann kommt der Ball ins Flattern. Darauf konzentriere ich mich. Gegner, Ergebnis, Stadion sind ausgeblendet. Drei bis vier Meter Anlauf ….“
Karl Allgöwer, der Freistoßspezialist

Karl Allgöwer hat immer noch einen ordentlichen Wumms. Der Schwung, die Technik, die Körperspannung – das passt alles. Der Ball ist kleiner geworden, das Ziel ebenso, aber dem grünen Untergrund bleibt er treu. Beim Abschlag auf dem Platz des Golf-Clubs Hetzenhof in der Nähe von Lorch, nur wenige Kilometer vom Wohnort Gingen an der Fils entfernt, drischt er den Golfball mit Holz 3 gut und gerne 200 Meter weit in die schwäbische Beschaulichkeit. Golfen ist sein Hobby, er spielt einige Turniere im Jahr, fast immer für einen guten Zweck. Allgöwer hat Handicap 15, was zweierlei verrät: Der Mann hat Talent, und er hat fleißig trainiert. Denn was Karl Allgöwer macht, das macht er mit aller Konsequenz.

„Ja, ja, ich weiß schon: Jetzt bin ich wieder Allgöwer, der Golfspieler", sagt er und lächelt. Das ist sein Los: Er wird in Schubladen gesteckt. Aber das entlockt ihm lediglich ein müdes Abwinken: Was soll's!? Da steht er drüber, auch wenn dieses Kastendenken den schwer Fassbaren auf Parolen reduziert – und ihm daher nie gerecht wird. Denn Karl Allgöwer ist nur seinen eigenen Weg gegangen. Stets geradlinig, nie angepasst. Aber: Wer nicht mit dem Strom schwimmt, löst eben mitunter Wellen aus.

Da lassen Zahlen weniger Spielraum zur Interpretation. Allgöwer ist der VfB Profi mit den meisten Spielen (338) und den meisten Toren (129) in der Bundesliga. In den Jahren zwischen 1980 und 1991, seinem VfB Jahrzehnt, hat jemand mal ausgerechnet, dass es überhaupt keinen Bundesliga-Spieler geben soll, der zusammengerechnet mehr Tore erzielte. Nicht Rudi Völler, nicht Klaus Allofs, nicht Jürgen Klinsmann. Er ist Deutscher Meister geworden (1984) und stand mit der Stuttgarter Mannschaft im legendären UEFA-Cup-Finale gegen Maradonas SSC Neapel (1989). In der ewigen Torschützenliste der Bundesliga wird Allgöwer auf Rang 21 geführt und ist im Top-Ranking der Mittelfeldspieler mit dem besten Torquotienten von 0,38 Treffer pro Spiel. Allgöwer, der Einzigartige.

Doch es gab ihn eigentlich in zwei Versionen. Den Karl, der außerhalb des Platzes mit offenem Visier keiner Diskussion aus dem Weg geht. Und den Allgöwer, der während der 90 Minuten die Maske aufsetzt. Fußball sei für ihn vor allem tricksen und täuschen, betont er und berichtet von der Widersprüchlichkeit der Parallelwelten. „In den 90 Minuten war ich ein anderer, das war ein anderes Leben. Auf dem Platz kann man sich austoben, den Maßstab setzen, Macht bekommen." Im Zweifel lässt er die Macht des Faktischen sprechen. Seine Freistöße: legendär. So hart geschossen, dass *Bild* die Schlagzeile

„Knallgöwer" erfindet. Damit kann sich der Schütze aber nie identifizieren. Zu viel Gewalt und pure Kraft schwingen mit. Schließlich steckt hinter der Freistoßfertigkeit jahrelanges akribisches Feilen an Technik, Körper- und Fußhaltung. Außerdem gehört zum Gesamtkunstwerk eine spezielle mentale Vorbereitung schon lange vor dem Anpfiff. In der Kabine versinkt Allgöwer in seine eigene Freistoßwelt. Fünf bis acht Minuten lang ist er nicht ansprechbar, vor dem geistigen Auge spielt sich ein Film ab: Ball platzieren, Anlauf, Schuss, Tor – und mit jedem Erfolg wächst das Selbstvertrauen. Sein gegnerischer Lieblingstorwart? Harald „Toni" Schumacher. Gegen ihn trifft er ausnehmend gerne, „weil ich weiß, dass er unglaublich ehrgeizig ist und ihm jedes Gegentor ganz besonders wehtut".

Wie am 23. August 1980 beim 3:0 des VfB gegen den 1. FC Köln. Allgöwer steuert sein erstes Bundesliga-Tor bei. Und Köln bleibt fortan ein besonderer Gegner. Auch am 24. November 1990. Köln kommt nach Stuttgart. Es ist Allgöwers letzte Saison. Sein VfB, dem er so viel verdankt, ist in höchster Abstiegsnot. Der Routinier leidet wie ein Hund. Die Angst verursacht körperliche Schmerzen. „Ich konnte den Gedanken an den Abstieg nicht ertragen. Mir ging's richtig schlecht." Zwei Tage zuvor ist Christoph Daum verpflichtet worden, und der schickt den Mittelfeldspieler ganz nach vorne – ab in die Spitze.

Lautstarker Regisseur: Karl Allgöwer gab auf dem Platz den Ton an

Mit „Knallgöwer" konnte sich der VfB Star nie identifizieren.

„Du machst das da vorne." Der VfB liegt 0:2 zurück, wendet das Blatt und gewinnt 3:2 – dank Allgöwers Siegtor in der 69. Minute. „Ich hätte alles für den Erfolg getan." Später folgt ein 7:0 gegen Dortmund – mit zwei Freistoßtoren von Karl, dem Großen. Als Daum den Unermüdlichen zum Dank auswechselt, erhebt sich die Gegengerade, und der VfB Chor singt vieltausendstimmig „Karle, Karle, noch einmal".

Die Fans haben ihn verehrt und adeln ihn mit dem ebenso liebewie respektvollen Titel des „Wasen-Karle". Eine Wertschätzung, die über das Karriereende hinaus Bestand hat. Noch Monate nach dem Abschied hört Allgöwer als Tribünengast die Zuschauer bei Freistößen seinen Namen rufen. „Das ist doch ein gutes Zeichen."

Andere hätten ihn mitunter am liebsten auf den Mond geschossen, um ihn loszuwerden. Oder wenigstens mit der Schubkarre an die Grenze gefahren, wie es Gerhard Mayer-Vorfelder mal in einen Jounalistenblock diktierte. Für den CDU-Politiker und VfB Präsidenten war der Mittelfeldspieler eher ein Linksaußen, und dessen politisches Engagement gegen Wettrüsten, Atomkraft und konkret bei „Sportler für den Frieden" entsprach ganz und gar nicht seiner persönlichen Einstellung. Ein Zwiespalt, den beide Seiten aushalten müssen.

Denn wenn Karl Allgöwer den Fußballplatz verlässt, ist es vorbei mit täuschen und taktieren. „Ich sage, was ich denke. Nicht, was andere hören wollen." Und so bekommen die Schubladen ihre Aufkleber: Querulant, Streithansel, Nestbeschmutzer – an Variationen mangelt es nicht.

Seine Grundregel – „ich stelle Fragen und akzeptiere nicht einfach Befehle" – verhindert wohl auch eine größere Nationalmannschaftskarriere. So zweifelt Allgöwer die Methoden von Berti Vogts an. Der Co-Trainer von Franz Beckenbauer will dem Stuttgarter partout das Kopfballspiel beibringen und drischt während einer Extraschicht Dutzende Bälle vors Tor, die Allgöwer dann per Flugeinlage und unter vollem Einsatz der Stirnplatte ins Tor rammen soll. Die Moral von der Geschichte? Allgöwer brummt abends mächtig der Schädel, und er legt fest: „Ich arbeite lieber an meinen Stärken. Das bringt mir und der

Mannschaft mehr." Dafür liefert er auch gerne Argumente für ein weiteres Etikett – den Sturkopf. Ein Leichtathletikexperte, den Willi Entenmann zur Unterstützung der Trainingsarbeit an den Wasen gebracht hat, verspricht Allgöwer: Ich kitzel mit Technikschulung noch ein paar Zehntel aus deiner Antrittsgeschwindigkeit raus. Doch plötzlich ist Entenmann entlassen, und Nachfolger Cordes gibt dem Sprinter-Coach den Laufpass: Betreten des VfB Geländes verboten. Allgöwer verstand Cordes und die Welt nicht – überzeugt von den Trainingsmaßnahmen engagierte er den Spezialisten auf eigene Rechnung und absolvierte abends auf der Tartanbahn in Feuerbach Sondereinheiten als Solist.

Am schlimmsten trifft ihn ein Vorwurf, der ebenfalls unter Trainer Egon Cordes kursiert: Simulant! Ein Muskelriss verhinderte einen Einsatz im UEFA-Cup gegen Moskau. Erst nach einer Aussprache im Wintertrainingslager weichen die Fronten auf. Und als habe er einen Gegenbeweis nötig, erzählt der Verunglimpfte die Geschichte vom Fiebertor am 1. März 1983. DFB-Pokal-Viertelfinale gegen Hertha BSC, es ist eiskalt, ein fürchterliches Schmuddelwetter – und Allgöwer hat hohes Fieber. Eigentlich gehört er ins Bett, doch Trainer Helmut Benthaus möchte ihn zumindest auf den Spielberichtsbogen schreiben. Allgöwer lässt sich überzeugen – nicht überreden. Damit hätte Benthaus keine Chance gehabt. Es steht 0:0, als sich der VfB Coach in der Halbzeit an Allgöwer wendet: „Stehe du einfach nur vorne rein, die anderen machen den Rest – das klappt schon." Allgöwer wird also eingewechselt und köpft in der 51. Minute nach Vorlage von Hermann Ohlicher das 1:0. Später lässt Peter Reichert noch das 2:0 folgen.

Heute kann Karl Allgöwer über die Anekdoten lachen. „Eigentlich habe ich ja selbst dazu beigetragen, in die Schubladen zu kommen", sagt er in einem Anflug von Altersmilde. „Unterm Strich wollte ich doch immer nur den Erfolg mit dem VfB." Und daran lässt der selbstständige Verkaufsberater auch heute noch keinen Zweifel. Trotz künstlicher Hüfte schwingt er nicht nur regelmäßig den Golfschläger, sondern tritt auch mit der VfB Traditionsmannschaft gegen den Ball. „Ich will ohne Sport nicht leben", sagt er, und dann muss er sich manchmal über sich selbst wundern, wie er sich beim lockeren Wettkampf immer wieder richtig reinhängt, beispielsweise noch heute bei einem Benefizspiel der VfB Oldies in Altdorf bei Ehningen. Allgöwer und sein Team liegen 6:7 zurück. „Aber wir wollten unter keinen Umständen verlieren. Und dann bricht mein Naturell immer wieder durch. Siegermentalität altert eben nicht", sagt er. In der Nachspielzeit gelingt das 7:7. Noch eine letzte Schublade? Wie wär's mit Karl, der Unbeugsame?

Karl Allgöwer nimmt Maß und zieht ab. Reihenweise Freistoßtore machen den Mittelfeldstar beim VfB zu einer Legende

56 Mittelfeld

1 Ernst Blum
2 Robert Schlienz
3 Hermann Ohlicher
4 Krassimir Balakov
5 Hansi Müller

Geniale Lenker

Die VfB Köpfe in der Schaltzentrale – Ideengeber und Torschützen

Ernst „Wenzel" Blum Geboren am 25. Januar 1904 in Stuttgart-Vaihingen, gestorben am 17. Mai 1980. Beim VfB aktiv von 1923 bis 1934, 125 Spiele, zwei Tore, ein Länderspiel.
Heute würde man zu ihm Junger Wilder sagen. Ernst Blum, den alle Welt nur „Wenzel" nennt, ist ein echtes Eigengewächs des VfB. Und ein robustes. Bevor er zum Fußball kommt, spielt er beim VfB Rugby und ist ein erfolgreicher Sprinter. Dann kommt der Fußball, und all das gegen den Willen seines Vaters, eines strengen Lehrers. Aber der Filius geht seinen Weg, wird unter Trainer Tom Hanney mit gerade 22 Jahren zum Stammspieler. Sein erstes und einziges Länderspiel bestreitet der Blondschopf 1927 gegen Dänemark – kurioserweise als Kapitän der Nationalmannschaft, weil Reichstrainer Otto Nerz gleich neun Debütanten für diesen Tag nominiert. Und Blum ist der Erfahrenste. 1934, mit 28 Jahren, zieht „Wenzel" Blum die Kickstiefel aus. Dem VfB bleibt Blum treu – als Zuschauer und als Mitglied der Garde.

Robert Schlienz Geboren am 3. Februar 1924 in Stuttgart-Zuffenhausen, gestorben am 18. Juni 1995. Beim VfB aktiv von 1945 bis 1960, 391 Spiele, 143 Tore, ein Länderspiel.
Es ist heiß an diesem 14. August 1948. Robert Schlienz ist spät dran, zu spät. Als er zum Treffpunkt der Mannschaft für das Pokalspiel in Aalen kommt, ist die schon weg. Der Mittelstürmer ist kein unzuverlässiger Bummler, seine Mutter ist am Tag zuvor gestorben, es gibt zu viel zu tun und zu organisieren. Und darüber hat er die Abfahrt verpasst, eine Verspätung mit fatalen Folgen. Schlienz eilt in einem geliehenen Auto der Mannschaft hinterher, den linken Arm lässt er dabei wegen der Hitze aus dem Fenster hängen. Plötzlich bricht der Wagen aus, ein Schlagloch bringt ihn aus der Bahn. Schlienz überschlägt sich, sein Arm wird so brutal zwischen Straße und Tür gequetscht, dass den Ärzten zwei Stunden später nur die Amputation knapp oberhalb des Ellenbogens bleibt. So endet eine vielversprechende Fußballerkarriere schon mit 24 Jahren – könnte man meinen. War aber nicht so, im Gegenteil. Schon vier Monate später steht der Mann wieder auf dem Platz. Schlienz ist ein Kämpfer, das hat er schon im Krieg bewiesen, als ihm eine Gewehrkugel den halben Kiefer weggerissen hat. Alleine hätte er es aber wohl nicht zurück geschafft. Zumindest nicht so schnell. VfB Trainer Georg Wurzer macht Schlienz Mut, schult den Mittelstürmer zum Außenläufer um, und der startet eine außergewöhnliche Karriere, die am Ende von Alfredo di Stefano nach einem Spiel des VfB gegen die spanische Nationalmannschaft geadelt wird. „Der Beste war der Einarmige", sagt der legendäre Spieler von Real Madrid. Und das über eine lange Zeit und in vielen Wettbewerben.

Robert Schlienz wird mit dem VfB zweimal Deutscher Meister und zweimal Pokalsieger. Schlienz gilt als der Mann, der oft den Unterschied ausmacht, der unbeugsame Kämpfer, über den sein Mitspieler Lothar Weise sagt: „Auf dem Platz war er ein Drecksack." Im Fußball ist das ein Lob. Schlienz wird vor seinem fatalen Unfall bereits zweimal Torschützenkönig der Oberliga Süd. Seine 46 Tore in 30 Spielen in der Saison 1945/1946 sind ein Rekord für die Ewigkeit. Schlienz ist eine sportliche Legende, die aber viel mehr erreicht hat als sportliche Erfolge. Schlienz gibt den Menschen zu Zeiten des Wiederaufbaus auch ein Stück Glauben zurück. Ein Mann, der seinem Schicksal die Stirn bietet und es sogar bis in die Fußballnationalmannschaft schafft. Und die Erinnerung an das Ehrenmitglied des VfB, das 1995 an einem Herzinfarkt gestorben ist, lebt noch. Nicht zuletzt im Robert-Schlienz-Stadion, der Heimstätte der VfB Jugendmannschaft.

Karl Barufka Geboren am 15. Mai 1921 in Gelsenkirchen, gestorben am 4. April 1999. Beim VfB mit einer kurzen Unterbrechung aktiv von 1945 bis 1954, 211 Oberliga-Spiele, 41 Tore, drei Länderspiele.
„Gegen wen spielen wir heute eigentlich?" Zeitzeugen schreiben Karl „Kalli" Barufka eine gewisse Distanz zu seinem Sport zu. Aber nur vor dem Spiel, nach dem Anpfiff weiß der

gebürtige Gelesenkirchener genau, was zu tun ist. Mit Schlienz und Erich Retter bildet Barufka die Läuferachse des VfB – der Garant für die Erfolge der 50er-Jahre. Der gelernte Kaufmann kommt 1945 vom FC Schalke 04 zum VfB, den er kurz darauf schon wieder verlässt. Für 20 Uhren und eine Wohnung, im Nachkriegsdeutschland ein Hammerangebot, geht er zum 1. FC Pforzheim. 1947 kehrt er aber wieder zum VfB zurück. Und so hat Barufka die Ehre, beim ersten Länderspiel nach dem Krieg gegen die Schweiz vor 103.000 Zuschauern als einziger VfB Spieler das Nationaltrikot zu tragen.

Johann „Buffy" Ettmayer Geboren am 23. Juli 1946 in Wien, Österreich. Beim VfB aktiv von 1971 bis 1975, 101 Bundesliga-Spiele, 33 Tore, 30 Länderspiele für Österreich.
Fußball als Showgeschäft – spätestens seit „Buffy" Ettmayer ist das kein Thema mehr. Ein Spieler als Gesamtkunstwerk. Österreichisches Schlitzohr gepaart mit schwäbischer Bruddelei, ein lässiger Typ mit begnadeter Technik. Ettmayer ist vieles, aber nie langweilig. Und natürlich zu schwer. „Ich bin der einzige Österreicher, der den Rucksack vorne trägt", hat er mal mit Blick auf seinen Bauch gesagt, den er aber gegen jeden Trainer verteidigt, schließlich sei er „Fußballer und kein Leichtathlet". Stimmt – und was für einer. Beim Sieg gegen Mönchengladbach 1974 klatscht beim Tor zum 6:1-Endstand sogar Gladbachs Keeper Wolfgang Kleff Beifall. Und der legendäre Sepp Maier lässt seine Bayern bei einem Freistoß von Ettmayer eine Mauer bilden, obwohl der Ball knapp 50 Meter entfernt in der Nähe der Mittellinie liegt. Ettmayer trifft den Pfosten.

Hansi Müller Geboren am 27. Juli 1957 in Stuttgart. Beim VfB aktiv von 1975 bis 1982, 143 Bundesliga-Spiele, 54 Tore, 43 Zweitliga-Spiele, elf Tore, 42 Länderspiele.
Manche Sterne gehen auf, andere explodieren förmlich und verglühen trotzdem nicht nach ein paar Sekunden. Bei Hansi Müller, der wahrscheinlich selbst vergessen hat, dass er eigentlich Hans-Peter heißt, ist es so. Es ist sein erstes Spiel in der Bundesliga. Der VfB ist 1977 aufgestiegen und empfängt zum Auftakt die Bayern aus München. Der junge Müller trifft bei seinem Debüt im Oberhaus zum 1:0 und 3:3 – jeweils per Elfmeter. Auf der anderen Seite schießt auch ein Müller zweimal ins Tor, Vorname Gerd. Aber den kennt man ja bereits, aber wer ist denn der schwarz gelockte Hansi aus Stuttgart-Rot? Deutschlands Neugier ist geweckt, die Fachjournaille sieht in dem 20-Jährigen den schwäbischen Overath, Gesellschaftsreporter entdecken den „schönen Hansi". Dem VfB ist er noch heute eng verbunden. Müller sitzt im Aufsichtsrat des Vereins.

Hermann Ohlicher Geboren am 2. November 1949 in Bruggen. Beim VfB aktiv von 1973 bis 1985, 318 Bundesliga-Spiele, 96 Tore, 71 Zweitliga-Spiele, 30 Tore.
Man redet ja gerne von Identifikationsfiguren. Hermann Ohlicher ist mit Sicherheit eine. Wenn die Fans „ein Klassemann, ein Rassemann ist Ohlicher" anstimmen, dann gilt das seinerzeit einem von ihnen. Geboren in Oberschwaben, einen anständigen Beruf (Ingenieur) gelernt und auf dem Platz ein Rackerer, der sich hinterher die Rasenstücke aus dem Schnäuzer kämmen muss. Besonders dieses Tor zum 2:1 in Bremen haben ihm alle gegönnt. Damit hat er den VfB in der 82. Minute des vorletzten Spieltags der Saison 1983/1984 zum Meister gemacht. Wichtige Tore hat er aber noch viele geschossen, auch mal in der 120. Minute, wie beim AC Turin im Europapokal 1979, als Ohlicher in der Verlängerung das 1:2 erzielt, das zum Weiterkommen reicht. Noch heute ist Ohlicher beim VfB aktiv als Ehrenrat.

Asgeir Sigurvinsson Geboren am 8. Mai 1955 in Vestmannaeyjar, Island. Beim VfB aktiv von 1982 bis 1990, 194 Bundesliga-Spiele, 38 Tore, 45 Länderspiele für Island.
Vom FC Bayern München ausgemustert, beim VfB gefeiert: Asgeir Sigurvinsson wird schnell zum umjubelten Publikumsliebling. Der „Eismeer-Zico" führt acht Jahre lang gekonnt Regie im VfB Mittelfeld, von seinen langen Traumpässen schwärmen noch heute viele Anhänger, und er ist ein Garant für die Meisterschaft 1984. „Siggi", wie der Fischersohn von der Vulkaninsel Vestmannaeyjar von vielen genannt wird, wird von den Profikollegen zum „Spieler des Jahres" gewählt. Selbst Bayern München schickt zähneknirschend ein Kompliment: „Der VfB verdankt diesen Titel Sigurvinsson."

Krassimir Balakov Geboren am 29. März 1966 in Tarnowo, Bulgarien. Beim VfB aktiv von 1995 bis 2003, 236 Spiele, 54 Tore, 92 Länderspiele für Bulgarien.
Das ist noch echte Kunst. Freistoß für den VfB, der Gegner stellt die Mauer, was den Mann mit der Nummer 10 im VfB Dress nicht weiter stört. Krassimir Balakov ist mit 1,76 Meter zwar nicht der Größte, aber er muss das Toreck auch nicht sehen, er spürt die Lage in seinem Fuß. Wunderbare Freistöße hat der Bulgare dem VfB beschert, gezirkelte Kunst ins lange Eck, Tore, die man hundertmal ansehen kann. „Bala" ist ein echter Zehner, ein Spielmacher, und in der Saison 1996/1997, als unter Trainer Joachim Löw das magische Dreieck geboren wird, kreiert er mit dem VfB 78 Tore. 13 macht er selbst, zusammen mit Giovane Elber und Fredi Bobic kommt das von Balakov spielerisch inspirierte Dreieck auf imposante 49 Tore.

Ewige Bundesliga-Torschützenliste
Die Spieler des VfB mit den meisten Treffern

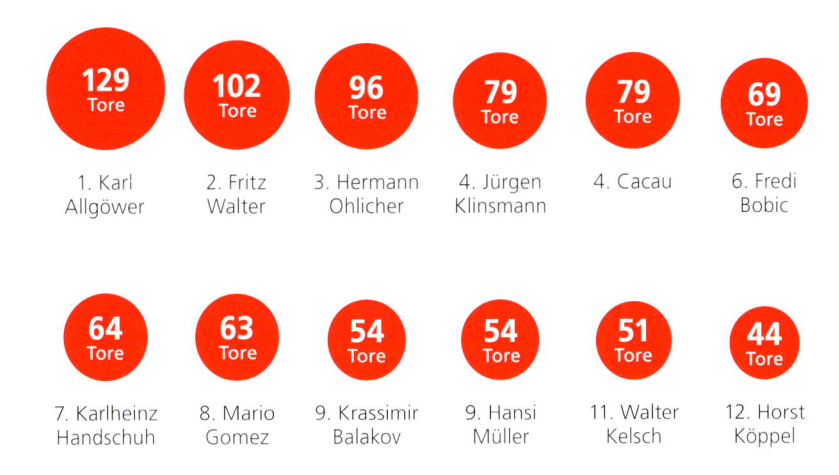

Rang	Spieler	Tore
1.	Karl Allgöwer	129
2.	Fritz Walter	102
3.	Hermann Ohlicher	96
4.	Jürgen Klinsmann	79
4.	Cacau	79
6.	Fredi Bobic	69
7.	Karlheinz Handschuh	64
8.	Mario Gomez	63
9.	Krassimir Balakov	54
9.	Hansi Müller	54
11.	Walter Kelsch	51
12.	Horst Köppel	44

Volltreffer

„Es stört mich nicht, dass in Deutschland ein paar Hunderttausend Wellensittiche Hansi heißen."

Hansi Müller über seinen Spitznamen

„Ein großes Filet, medium gebraten, mit so viel Sauce béarnaise darüber, dass man kein Fleisch mehr sehen konnte."

Johann „Buffy" Ettmayer über sein Lieblingsessen

Freistoßhelden

Karl Allgöwer

leitet am 19. Dezember 1985 die Wende im DFB-Pokal-Viertelfinale gegen Schalke 04 ein. Beim Stand von 0:2 drischt er einen indirekten Freistoß ins linke obere Toreck. Am Ende erzielt Allgöwer beim 6:2 insgesamt drei Treffer. Der VfB kämpft sich anschließend bis ins Finale. Dort gibt es aber ein 2:5 gegen Bayern München.

Carlos Dunga

setzt in seinem ersten Bundesliga-Spiel am 4. September 1993 für den VfB ein fulminantes Ausrufezeichen. Mit einem direkt verwandelten Freistoß trifft er gegen Dortmund in der 90. Minute zum 2:2-Endstand. Insgesamt erzielt der Brasilianer in 54 Bundesliga-Partien für den VfB sieben Treffer.

Antonio da Silva

und die VfB Fans werden den 12. Dezember 2007 sicher nicht vergessen. Im letzten Gruppenspiel der Champions League beim FC Barcelona nimmt da Silva in der dritten Minute Maß und trifft zum 1:0. Der VfB führt anschließend im Camp Nou 34 Minuten. Am Ende siegt Barcelona aber mit 3:1.

Torriecher

0,38

Treffer pro Spiel

lautet die Quote von Karl Allgöwer: 129 Treffer in 338 Partien – damit ist er der torgefährlichste Mittelfeldspieler der Bundesliga.

Von Geiger bis Gomez

Im Angriff des VfB herrscht immer Sturm

2.760 Tore hat der VfB in 48 Jahren Bundesliga erzielt. Und besonders in Erinnerung geblieben ist sicher der Treffer von Jürgen Klinsmann im Spiel gegen Bayern München 1987 – ein außergewöhnlicher Fallrückzieher. Aber auch viele andere Stürmer haben mit herrlichen Toren überzeugt – und mit ihrer Persönlichkeit.

Stürmer **61**

1 Jürgen Klinsmanns spektakuläres Fallrückziehertor 1987 gegen Bayern München
2 Giovane Elber 1997 mit der Pokaltrophäe
3 Otto Baitinger macht es mit Köpfchen
4 Mario Gomez wird 2007 mit dem VfB Deutscher Meister
5 Eiskalt im Abschluss: Rolf Geiger in der ersten Bundesliga-Saison 1963/1964
6 Torgarant: Vedad Ibisevic trifft in der Saison 2012/2013

Jürgen Klinsmann
Geboren: 30. Juli 1964
in Göppingen. Beim VfB
aktiv von 1984 bis 1989,
156 Bundesliga-Spiele,
79 Tore, 108 Länderspiele.

Jürgen Klinsmann
Der Weltstar

Von Michael Thiem

"Ich gebe den Fans was. Die Fans geben mir was. Ich registriere alles, was auf der Tribüne vorgeht. Ich höre Gesänge, und wenn sie anfangen zu tanzen, dann törnt mich das an."
Jürgen Klinsmann

Bis zum Anpfiff des Südderbys sind es noch zwei Tage. Die Bundesliga-Partie zwischen dem VfB Stuttgart und dem FC Bayern München elektrisiert im November 1987 die ganze Region. Wieder einmal. Aber Jürgen Klinsmann hat an diesem Donnerstag ganz andere Sorgen. Denn heute muss er mit seinem VW Käfer Cabrio zum TÜV. Und die Befürchtungen sind groß, dass die gemeinsame Beziehung schon bald ein jähes Ende auf dem Schrottplatz finden könnte. Zusammen mit Rolf Geissler hat Klinsmann zuvor viel Zeit in der Werkstatt verbracht. Dabei haben sich der Busfahrer des VfB und der Stürmerstar unter den in die Jahre gekommenen Käfer gelegt, geschraubt, geschweißt und einen neuen Auspuff eingebaut. Später wird Geissler immer wieder auf diese Anekdote angesprochen. Auf die Frage, ob dies wirklich so war, antwortet er stets: „Ja, das stimmt. Das musste sein. Der Auspuff hat sich gar nicht gut angehört." Hinterher schnurrt der Käfer wie ein Kätzchen – und Klinsmann strahlt nach der TÜV-Prüfung über die neue Plakette, als hätte er die Bayern bereits aus dem Stadion geschossen. Bis dahin dauert es aber noch einige Stunden.

Die Bayern kommen am 14. November 1987. Als Tabellenzweiter. Mit zwölf Saisonsiegen auf dem Konto und stolzgeschwellter Brust. So wie eigentlich meistens. Im Tor steht Jean-Marie Pfaff, Lothar Matthäus führt Regie, und Jupp Heynckes dirigiert auf der Trainerbank. Letztendlich übernehmen aber alle nur Nebenrollen. Die Bühne gehört ab 15.49 Uhr Klinsmann allein. Mit einer Aktion verändert sich das Leben des damals 23-jährigen Publikumslieblings. Die 72.000 Zuschauer frieren, es ist nasskalt, nur knapp fünf Grad zeigt das Thermometer. VfB Spielmacher Asgeir Sigurvinsson schlägt eine Flanke von links über den Bayern-Strafraum. Günther Schäfer befördert das Leder von der rechten Außenlinie volley mit viel Gefühl postwendend zurück vors Tor. Dort schraubt sich Klinsmann mit dem Rücken zum Tor nach oben und versenkt den Ball per Fallrückzieher mit dem rechten Fuß zur VfB Führung in den Winkel. Der Moment gefriert. Für einen Wimpernschlag scheint die Welt stillzustehen. Eine Schrecksekunde. Ein Zweifel. Es folgt die Gewissheit, dass alles wirklich passiert ist. Tor! Und was für eines. Jetzt gibt es kein Halten mehr – weder auf den Rängen noch auf dem Rasen. Klinsmann rast hinters Tor. Auf die Tartanbahn vor der Cannstatter Kurve. Er fällt fast in den Wassergraben. Dann sinkt er auf die Knie und schlägt die Hände vors Gesicht. Unfassbar! Das Tor des Monats und des Jahres 1987. Und später das Tor des Jahrzehnts. Der Treffer, der in Klinsmanns Karriere vieles verändern wird.

Alle, die dieses Tor im Stadion verfolgt haben, werden sich immer daran erinnern. Es sind diese Augenblicke, in denen jedem sofort klar ist: Hier wird Geschichte geschrieben. Das Tor bleibt unvergessen. Dass in diesen Tagen die Bee Gees mit „You win again" die Singlecharts anführen und im Kino soeben „Der letzte Kaiser" anläuft, alles schnell vergessen. Franz Beckenbauer auf der Tribüne findet nur ein Wort: „Weltklasse."

64 Stürmer

Wenn Jürgen Klinsmann nach einem Tor jubelt, ist das Ausdruck spontaner Freude

Tore hat Jürgen Klinsmann in seiner Karriere davor und danach viele erzielt. Allein für den VfB sind es in fünf Jahren in der Bundesliga beachtliche 79 Treffer. Wie bei kaum einem anderen Stürmer fokussiert sich aber beim blonden Angreifer vieles auf diesen einen Gänsehautmoment. „Das sind Gefühle, wo man schwer beschreiben kann", hat Klinsmann immer wieder herrlich schwäbelnd die Glücksmomente eines Stürmers beschrieben. Auf diesen Treffer trifft dies besonders zu. Selbst Klinsmann, eigentlich kein Typ, der sentimental in die Vergangenheit blickt, sagt über den Fallrückzieher gegen Bayern München: „Dieses Tor hat mir einen Schub gegeben."

Es ist die Initialzündung zu einer ganz großen Karriere. Es ist der Türöffner zu den Topklubs. Eine Karriere, die ohne die erfolgreichen fünf Jahre beim VfB vielleicht nie möglich gewesen wäre. Willensstärke, Disziplin, Ehrgeiz – alles Eigenschaften, die Klinsmann von seinem Vater Siegfried gelernt hat. Einem Bäckermeister. Dem Sohn imponiert dessen Lebensanschauung, „dass man das durchzieht, wofür man sich entschieden hat, dass man einen klaren Weg geht". Die große Fußballkarriere des Sohns beginnt im Winter 1972 wie bei so vielen späteren Stürmerstars: mit einem viel zu großen Trikot und überforderten Abwehrspielern. Mit achteinhalb Jahren bestreitet Klinsmann für die E-Jugend des TB Gingen sein erstes Spiel. Beim 20:0 gegen Aichelberg trifft er 16 Mal. Nach 18 Saisonspielen hat Klinsmann 106 Tore auf seinem Konto. 1974 wechselt er zum SC Geislingen. Der spätere VfB Profi Werner Gass wohnt nur wenige Meter von Klinsmanns Elternhaus in Gingen entfernt. Er überzeugt die Familie, dass der Sohn zu einem größeren Klub wechseln sollte. Im Sommer 1978 unterschreibt Klinsmann bei den Stuttgarter Kickers und bleibt dort fünf Jahre lang. Für 700.000 Mark wechselt er anschließend zum Lokalrivalen VfB. Im Sommer 1984 verzichtet er auf seinen Urlaub. Zusammen mit Horst Almann, dem Leichtathletiktrainer seines Bruders Horst, arbeitet er stattdessen an seiner Sprintfähigkeit und seinem Laufstil. „Ich bin nicht das überragende Talent, aber ich habe eine überdurchschnittliche Einstellung und habe immer sehr hart und konsequent an mir gearbeitet", erzählt Klinsmann.

Eben jener unbändige Einsatz auf dem Platz, das Kämpfen bis zum Umfallen honorieren die Fans. Sie erkennen schnell: Klinsmann ist glaubwürdig. „Mich macht es rasend, wenn einer nicht das Optimum bringt. Kämpfen bis zum Umfallen kann man in jedem Spiel, auch wenn es nicht läuft", sagt Klinsmann und lebt diese Einstellung auf dem Platz von der ersten bis zur 90. Minute vor. Klinsmann braucht auch keine Jubelchoreografien. Wenn er nach einem Treffer abdreht, als gäbe es kein Morgen, ist das allein Ausdruck spontaner Freude. Er ist authentisch. Er ist ein Strahlemann. Häufig ist er nach Treffern selbst von den Mitspielern kaum mehr einzufangen und genießt das Bad in der Menge. In Klinsmanns erstem Bundesliga-Heimspiel beim 6:1 gegen Eintracht Braunschweig erzielt er zwei Tore und bereitet drei weitere vor. Auch wenn der Schlaks noch viele Chancen anfängerhaft verstolpert, erobert er die VfB Fans im Sturm.

Klinsmann hat dem VfB viel zu verdanken. Wer weiß, welchen Weg seine Karriere ohne die Zeit auf dem Wasen genommen hätte. „Es ging jedes Jahr bergauf, aber es gab auch jedes Jahr Rückschläge. Ich hatte Glück, dass man mir in Stuttgart immer genug Zeit gegeben hat", sagt Klinsmann. „Selbstverständlich ist das nicht." Er jubelt sich 1987/1988 zum Bundesliga-Torschützenkönig und in die Nationalmannschaft. Einen Titel holt er mit dem VfB zwar nicht, 1989 zieht er aber ins UEFA-Cup-Finale gegen den SSC Neapel ein – der größte Erfolg im Trikot mit dem Brustring. Klinsmann wird beim VfB zum Star, dem die Fußballwelt offensteht. Auch der damalige VfB Präsident Gerhard Mayer-Vorfelder ahnt frühzeitig, was kommt. „Wenn zu mir ein Fußballer sagt, er gehe auch wegen der Sprache nach Italien, empfehle ich ihm einen Kurs an der Volkshochschule. Aber dem Jürgen, dem glaube ich das", so MV.

Der Abschied vom blonden Strahlemann hat die VfB Fans und die Verantwortlichen zwar geschmerzt, aber irgendwie haben sie es ihm auch gegönnt. Am 10. Juni 1989 sagt Klinsmann nach 156 Bundesliga-Spielen und einem 2:1-Sieg gegen Borussia Mönchengladbach mit Tränen in den Augen Tschüss – um richtig durchzustarten. Klinsmann wird zum Weltstar. Er komplettiert zunächst bei Inter Mailand das deutsche Trio mit Lothar Matthäus und Andreas Brehme. 1990 wird er mit Deutschland in Italien Fußball-Weltmeister. Nach drei Jahren zieht es den Globetrotter zum AS Monaco, dann zu Tottenham Hotspurs in die englische Premier League. Erst als „Diver" verspottet, jubelt er sich auch auf der Insel schnell in die Herzen der Fans. 1995 wird er als zweiter Deutscher (nach Bert Trautmann 1956) zu Englands Fußballer des Jahres gewählt. Ein Ritterschlag. Es folgen die weiteren Profistationen Bayern München und Sampdoria Genua (kurzzeitig wieder ausgeliehen zu Tottenham), ehe er bei den Orange County Blue Stars in der US-Soccer-League seine Karriere als Spieler beendet.

Ohne Klinsmann hätte es 2006 kein Sommermärchen gegeben.

Die USA sind zu dieser Zeit längst seine Heimat geworden. 1995 hat Klinsmann die Amerikanerin Debbie Chin geheiratet. Seit 1998 lebt die Familie in Huntington Beach bei Los Angeles. Klinsmann hat einen Sohn und eine Tochter. Dem fast väterlichen Verhältnis zum früheren VfB Präsidenten Gerhard Mayer-Vorfelder ist es zu verdanken, dass Klinsmann für eine ganz besondere Mission zurück nach Deutschland kommt. Als Teamchef soll er die Heim-WM 2006 retten, nachdem die deutsche Mannschaft bei der desaströsen EM 2004 in eine sportliche Krise geschlittert ist. Klinsmann ergreift die Chance und gibt das Ziel aus: „Wir wollen 2006 Weltmeister werden." Es ist der Anfang des Sommermärchens. Deutschland spielt so wie früher Klinsmann: voller Leidenschaft. Der dritte Rang ist ein grandioser Erfolg. Typisch Klinsmann, er sieht die Mission als beendet an und widersteht allen Überredungsversuchen, als Teamchef weiterzumachen. Es folgt 2008 ein weniger glückliches Engagement als Trainer beim FC Bayern München, ehe er 2011 als Coach des US-Nationalteams erneut die WM-Teilnahme anpeilt. Auch wenn Klinsmann inzwischen mit der amerikanischen Staatsbürgerschaft liebäugelt, bleibt er mit dem Herzen immer Stuttgarter und dem VfB verbunden – selbst wenn es den VW Käfer hier längst nicht mehr gibt. Klinsmann: „Es ist ein verdammt gutes Gefühl, zu wissen, dass sich die Leute freuen, wenn ich komme."

Wie Vater und Sohn: der damalige VfB Präsident Gerhard Mayer-Vorfelder (rechts) und Jürgen Klinsmann

66 Stürmer

1 Rolf Geiger
2 Fritz Walter
3 Giovane Elber (li.) und Fredi Bobic
4 Erwin Waldner
5 Didier Six
6 Horst Köppel

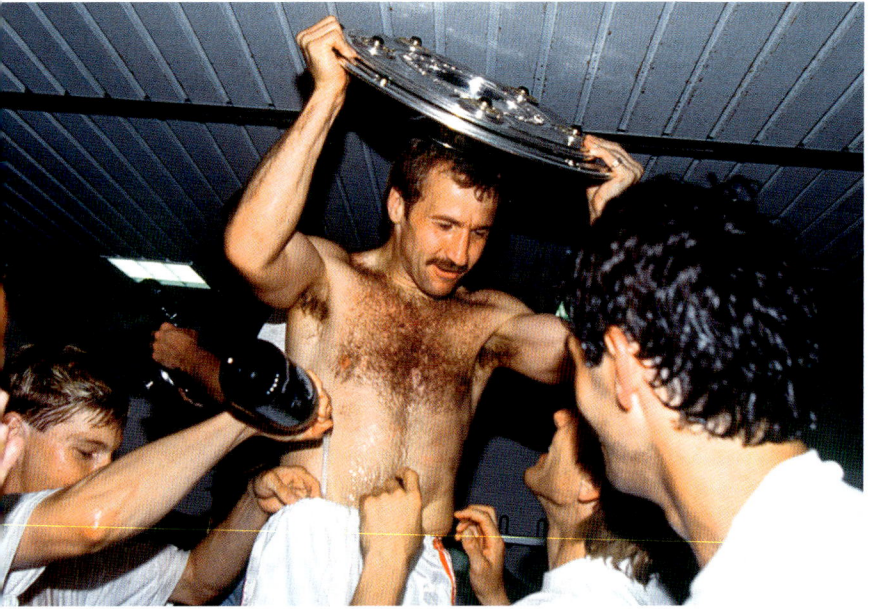

Mit Torriecher

Zur richtigen Zeit am richtigen Fleck – die Angreifer des VfB

Otto Baitinger Geboren am 27. Oktober 1926 in Stuttgart. Beim VfB aktiv von 1949 bis 1955, 174 Oberliga-Spiele, 78 Tore.
Ein filigraner Techniker, schnell, mit überragender Sprungkraft – und die eine Hälfte der „Zwillinge". Denn so werden Otto Baitinger und Rolf Blessing genannt. Beide verstehen sich nicht nur auf dem Platz, sondern auch privat bestens. Zusammen sind sie wichtige Säulen der erfolgreichen VfB Mannschaft in den 50er-Jahren. Nicht zuletzt durch seine beiden Tore im Finale um die Deutsche Meisterschaft 1952 zählt der Flügelstürmer Baitinger zu den VfB Legenden. Sein Vater hat ihm übrigens nie verziehen, dass er mit 22 Jahren den damaligen Landesligisten SpVgg Feuerbach verlassen hat. Doch Baitinger sorgt von Beginn an in der Süddeutschen Oberliga für Furore. In der Saison 1952/1953 erzielt er mit 21 Saisontreffern fast ein Drittel der VfB Tore.

Erwin Waldner Geboren am 24. Januar 1933 in Nürtingen. Beim VfB aktiv von 1952 bis 1960 und von 1963 bis 1967, 214 Oberliga-Spiele, 85 Tore, 63 Bundesliga-Spiele, zwölf Tore, 13 Länderspiele.
Als Jungspund hat sich Erwin Waldner schnell einen Stammplatz gesichert – in einer Mannschaft, die das Maß der Dinge ist und zuletzt in drei Jahren zweimal Meister wurde. Keine Frage: Waldner ist ein Ausnahmetalent. Gleich in der ersten Saison erzielt der Mann, dessen Markenzeichen der stets bandagierte Oberschenkel des Schussbeins ist, sieben Treffer. Er erreicht mit dem VfB das Finale um die Deutsche Meisterschaft (1:4 gegen den 1. FC Kaiserslautern). 1954 im Pokalfinale gegen den 1. FC Köln erzielt Waldner in der Verlängerung den 1:0-Siegtreffer. Nach dem Wechsel zum FC Zürich und SPAL Ferrara kehrt er zum Bundesliga-Start zum VfB zurück. Bis 1967 erzielt Waldner in 63 Partien zwölf Tore. Nach Beendigung seiner Karriere betreibt er das Restaurant Burrenhof auf der Schwäbischen Alb, das er 2008 an seinen Sohn Erwin Waldner jr. übergibt. Bereits seit vielen Jahren ist Waldner an Parkinson erkrankt.

Rolf Geiger Geboren am 16. Oktober 1934 in Marbach. Beim VfB aktiv von 1957 bis 1962 und von 1963 bis 1967, 116 Oberliga-Spiele, 59 Tore, 70 Bundesliga-Spiele, 19 Tore, acht Länderspiele.
Acht Minuten ist das erste Heimspiel des VfB in der Bundesliga alt. Dann erzielt Rolf Geiger am 31. August 1963 gegen Hertha BSC das Führungstor. Es ist der erste VfB Treffer in der neuen Spielklasse. Nicht nur deshalb hat sich der Schwabenpfeil einen Platz in der Vereinschronik gesichert. Geiger ist ein ausgefuchstes Kerlchen. Als einer der Ersten erkennt er die Chance, die ihm der Fußball bietet: Er wittert das große Geld. 1962 wechselt er zum AC Mantua nach Italien, kehrt aber rechtzeitig zum Bundesliga-Start zurück. „Ich war ledig, hatte einen schönen Urlaub, und ich hab eine Sprache gelernt", sagt Geiger. Sein größter Erfolg im VfB Trikot ist 1958 der DFB-Pokalsieg. Im Endspiel gelingt ihm das 2:2 beim 4:3-Erfolg nach Verlängerung gegen Fortuna Düsseldorf. Das Geld aus der Profizeit hat Geiger schwäbisch-solide angelegt. Der gelernte Maurer macht nach seiner Karriere mit einer Baufirma Millionen.

Horst Köppel Geboren am 17. Mai 1948 in Stuttgart. Beim VfB aktiv von 1966 bis 1968 und von 1971 bis 1973, 124 Bundesliga-Spiele, 44 Tore, elf Länderspiele.
Horst Köppel ist ein Torelieferant. In vier Spielzeiten erzielt „Horschtle", wie der treffsichere Angreifer in Stuttgart genannt wird, für den VfB 44 Treffer. Doch für mindestens ebenso große Aufregung sorgen seine beiden Transfers zu Borussia Mönchengladbach. 1968 entscheidet sich der damals 20-Jährige für den Wechsel zu den „Fohlen". Der VfB und Borussia streiten, ob für einen rechtskräftigen Vertrag auch die Unterschrift von Köppels Vater notwendig ist. Denn volljährig wird man zu dieser Zeit erst mit 21 Jahren. Letztendlich einigen sich die Klubs auf eine Ablösesumme. Schon 1971 kehrt Köppel aber nach Stuttgart zurück. Als die Kassen beim VfB leer sind, muss der Außenstürmer zwei Jahre später zum zweiten Mal nach Mönchengladbach – obwohl er eigentlich gar nicht will.

Ottmar Hitzfeld Geboren am 12. Januar 1949 in Lörrach. Beim VfB aktiv von 1975 bis 1978, 22 Bundesliga-Spiele, fünf Tore, 55 Zweitliga-Spiele, 33 Tore.

Stürmer werden an ihren Toren gemessen. Das Problem daran: Wer einmal sechs Treffer in einer Partie erzielt, wird ständig nur an dieses eine Spiel erinnert. Bei Ottmar Hitzfeld ist dies häufig der Fall – zumindest solange er Spieler ist. Denn sein Tor-Sixpack am 13. Mai 1977 beim 8:0 gegen Jahn Regensburg ist noch heute Rekord für die Zweite Liga. Und irgendwie ist es dem bescheidenen, sympathischen Wahlschweizer noch immer peinlich. Hitzfeld ist Mitglied des 100-Tore-Sturms des VfB, zu dem unter anderen noch Hermann Ohlicher und Dieter Hoeneß gehören. 1977 marschiert er mit dem VfB zurück in die Bundesliga. „Wir hatten eine tolle Zeit", erinnert sich Hitzfeld, der nach Beendigung der aktiven Karriere einer der weltweit erfolgreichsten Trainer geworden ist. Seit 2008 ist er Schweizer Nationaltrainer.

Didier Six Geboren am 21. August 1954 in Lille, Frankreich. Beim VfB aktiv von 1981 bis 1983, 59 Bundesliga-Spiele, 23 Tore, 52 Länderspiele für Frankreich.

Didier Six ist ein Künstler am Ball, ein unberechenbarer Wirbelwind und ein dribbelstarker Egoist – manchmal. Trainer Helmut Benthaus sagt über den Franzosen: „Six, mal alles, mal nix." Konstanz wird zum großen Problem des Franzosen, der bei den Fans aufgrund seiner spektakulären Dribblings durchaus beliebt ist. Sein Einstand in der Bundesliga ist fulminant: drei Tore in den ersten vier Partien. Nach zwei Jahren trennen sich allerdings die Wege wieder – trotz großer Proteste der Fans.

Fritz Walter Geboren am 21. Juli 1960 in Heidelberg. Beim VfB aktiv von 1987 bis 1994, 216 Bundesliga-Spiele, 102 Tore.

In diesem Moment hat Fritz Walter nur einen Wunsch: „Wo isch mei Kanon?" Mit 22 Treffern sichert sich der 1,72 Meter große Vollblutstürmer in der Saison 1991/1992 die Torjägerkanone in der Bundesliga. Außerdem wird er in diesem Jahr mit dem VfB Meister. Für Trainer Christoph Daum ist er der „Mann mit der eingebauten Torgarantie". Mit seinen Treffern sorgt er dafür, dass er nicht nur einen großen Fußballernamen trägt, sondern selbst einen festen Platz in der VfB Historie hat.

Giovane Elber Geboren am 23. Juli 1972 in Londrina, Brasilien. Beim VfB aktiv von 1994 bis 1997, 87 Bundesliga-Spiele, 41 Tore, 15 Länderspiele für Brasilien.

Seine Fröhlichkeit ist ansteckend. Irgendwie ist Giovane Elber immer gut gelaunt. Während seiner aktiven Zeit liegt dies sicher auch am sportlichen Erfolg. Der Brasilianer schießt Tore am Fließband. Und vor allem gelingen ihm teilweise traumhaft schöne Treffer. Mit Krassimir Balakov und Fredi Bobic mischt er im „magischen Dreieck" des VfB die Liga auf. Seine letzten beiden Treffer im VfB Trikot erzielt er am 14. Juni 1997 im Pokalfinale gegen Energie Cottbus (2:0). Heute ist Elber als Rinderzüchter in Brasilien ein erfolgreicher Geschäftsmann.

Fredi Bobic Geboren am 30. Oktober 1971 in Maribor, Jugoslawien. Beim VfB aktiv von 1994 bis 1999, 148 Bundesliga-Spiele, 69 Tore, 37 Länderspiele, seit 2010 Sportdirektor des VfB, seit 2013 Vorstand Sport.

Von den „Blauen" zu den „Roten": Wie viele erfolgreiche Profis vor ihm wechselt auch Fredi Bobic vom Lokalrivalen Stuttgarter Kickers zum VfB. In seinem ersten Bundesliga-Spiel gegen den Hamburger SV wird Bobic eingewechselt und trifft in der Schlussminute zum 2:1-Sieg. Bobic wird zum Publikumsliebling, der immer für einen Spruch gut ist. Unvergessen: Als er nach einer Gelben Karte den Unparteiischen Hans-Jürgen Kasper als „blinde Bratwurst" bezeichnet, muss er ein Spiel pausieren. Größter Erfolg im VfB Trikot ist der Pokalsieg 1997 und 1998 das Erreichen des Endspiels im Europapokal der Pokalsieger gegen den FC Chelsea (0:1).

Mario Gomez Geboren am 10. Juli 1985 in Riedlingen. Beim VfB aktiv von 2004 bis 2009, 121 Bundesliga-Spiele, 63 Tore, 58 Länderspiele.

0,5 Tore pro Spiel – die Trefferquote von Mario Gomez im VfB Trikot ist außergewöhnlich. Trotz vieler Verletzungen schießt der Angreifer, der von den eigenen Amateuren in den Profikader gerückt ist, im Meisterjahr 2007 bei 25 Einsätzen 14 Tore und wird zum Nationalspieler. Wie Jürgen Klinsmann nutzt auch Gomez den VfB als Sprungbrett. 2009 wechselt er für eine Rekordablöse zum FC Bayern München.

Vedad Ibisevic Geboren am 6. August 1984 in Vlasenica, Jugoslawien. Beim VfB seit 2012, 45 Bundesliga-Spiele, 23 Tore, 45 Länderspiele für Bosnien-Herzegowina.

Er ist der Mann für die wichtigen Tore. Ein Knipser. Die Versicherung des VfB. Nicht ohne Grund liegt Vedad Ibisevic in der Wertung der effizientesten Fußballer der Bundesliga-Saison 2012/2013 in der Spitzengruppe. Berücksichtigt werden hier nur Tore, die dem VfB direkt auch Punkte gesichert haben. Und der Bosnier, der im Januar 2012 aus Hoffenheim kam, trifft oft unspektakulär, aber regelmäßig. 2012 hat er großen Anteil daran, dass sich der VfB noch für die Europa League qualifiziert.

Außergewöhnliche Volltreffer
Bestleistungen in der VfB Offensive

24
Mario Gomez
Mehr Tore für den VfB in einer einzigen Bundesliga-Saison hat bislang kein Angreifer erzielt: Mario Gomez trifft in der Spielzeit 2008/2009 24 Mal und hat damit maßgeblichen Anteil, dass der VfB Dritter wird.

7:0
Jürgen Klinsmann
Am 15. März 1986 feiert der VfB beim 7:0 in Düsseldorf den höchsten Bundesliga-Auswärtssieg. Großen Anteil daran hat Jürgen Klinsmann, der allein fünf Tore erzielt. Für die weiteren Treffer sorgen Michael Spies und Karl Allgöwer.

Michael Nushöhr
Elfmeterkönig
Der Bundesliga-Rekord von Michael Nushöhr bleibt bisher unerreicht. Der Verteidiger des VfB verwandelt am 8. Februar 1986 im Bundesliga-Spiel gegen Hannover 96 (7:0) gleich drei Elfmeter. Torhüter ist übrigens Jürgen Rynio.

6 Tore
Ottmar Hitzfeld
Der Blick auf die Anzeigetafel des Neckarstadions dokumentiert fast Unglaubliches. Sechsmal steht dort der Name Ottmar Hitzfeld. Am 13. Mai 1977 erzielt der Angreifer beim 8:0-Erfolg im Zweitliga-Spiel gegen den TV Jahn Regensburg sechs Treffer. Ein bis heute unerreichter Rekord.

Zwölf
Ioan Viorel Ganea
Er kommt und trifft. Und das in Serie. Der rumänische Stürmer Ioan Viorel Ganea erzielt in 32 Spielen für den VfB zwölf Tore nach Einwechslungen. Insgesamt bestreitet Ganea zwischen 1999 und 2003 für den VfB 107 Spiele und erzielt dabei 34 Treffer.

Verwandelt

„Der Druck entlädt sich beim Torschuss – ein Wahnsinnsfeeling. So ähnlich wie beim Sex."

Jürgen Klinsmann

Torschützenkönige des VfB in der Bundesliga

	Tore	Saison
Jürgen Klinsmann	19	1987/1988
Fritz Walter	22	1991/1992
Fredi Bobic	17	1995/1996

Die Kanone als Trophäe für den Torschützenkönig der Bundesliga geht dreimal nach Stuttgart. Fritz Walter hat den VfB damit sogar zum Titel geschossen.

70 Fans

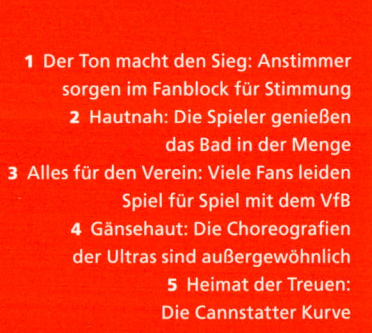

1 Der Ton macht den Sieg: Anstimmer sorgen im Fanblock für Stimmung
2 Hautnah: Die Spieler genießen das Bad in der Menge
3 Alles für den Verein: Viele Fans leiden Spiel für Spiel mit dem VfB
4 Gänsehaut: Die Choreografien der Ultras sind außergewöhnlich
5 Heimat der Treuen: Die Cannstatter Kurve

Vom Ultra bis zum Fritzle

Wenn das Herz ein Leben lang Weiß-Rot schlägt

Der VfB Stuttgart ist für viele die wichtigste Nebensache der Welt. Ob organisiert oder spontan, ob im Offiziellen Fan-Club und bei den Ultras, ob im VfB Fritzle-Club oder daheim vor dem Fernseher – die Begeisterung kennt weder Alter noch Grenzen. Der VfB hat die Gewissheit: Er kann sich auf seine Fans verlassen.

Michael Kehl
Geboren: 14. September 1953 in Schorn-
dorf. VfB Fan, Mitglied des Fan-Clubs
Schorndorf, langjähriger Vorsitzender der
Interessengemeinschaft VfB Stuttgart
und ehemaliger Fanbeauftragter.

VfB Fan Michael Kehl

Gut erzogen

Von Michael Thiem

„Es ist nicht entscheidend, wo man im Stadion steht oder was man trägt. Wenn einer heute Firmenchef ist und viel Geld für einen Business-Seat oder einen Logenplatz bezahlt, unterstreicht das doch, welchen Stellenwert der VfB für ihn immer noch hat."
Michael Kehl

Noch sechseinhalb Stunden bis zum Anpfiff. Aber eigentlich hat das Spiel für Michael Kehl schon längst begonnen. Es ist Samstagmorgen, kurz vor neun Uhr. Kehl trifft sich in der Schorndorfer Kneipe „Semiramis" mit den anderen Mitgliedern des VfB Fan-Clubs Schorndorf. Die Vorbereitung auf jedes Heimspiel des VfB Ende der 70er-Jahre startet hier. Kehls Gedanken drehen sich ausschließlich um die heutige Partie. Alles andere ist unwichtig. Stolz trägt er seine Kutte mit dem Schriftzug des Fan-Clubs. Um den Hals hängt ein VfB Schal. Kehl bestellt einen Kaffee. Er ist nervös. Er schaut ständig auf die Uhr. Noch ein Kaffee. Die Nervosität steigt. In 20 Minuten fährt die S-Bahn. Er nimmt immer die gleiche. Aus Aberglauben. Immer die S2 zur gleichen Zeit. In 32 Minuten fährt er von Schorndorf bis zum Bahnhof Bad Cannstatt. Kehl kennt jeden Halt, jeden Bahnsteig. Er weiß, welche anderen VfB Fans wo zusteigen. Viele haben die gleichen Rituale wie er. Und die gleiche Endstation Sehnsucht: 15.30 Uhr. Anpfiff im Neckarstadion. Gänsehaut. „Jedes Spiel war ein Erlebnis", erinnert sich Kehl. Zu den geliebten Gewohnheiten gehört seinerzeit auch das Hissen eines großen Banners hinter dem A-Block. Kehl hat den Schlüssel für den Masten. „Wenn sich die Fahne im Wind bewegte, wurde das als gutes Ohmen gewertet, und wir hatten Hoffnung, dass ein Tor für den VfB fällt", sagt Kehl. „Darauf haben wir immer großen Wert gelegt." Mit Erfolg. Im Sturm kehrt das Team von Trainer Jürgen Sundermann 1977 in die Bundesliga zurück, und ebenso breitet sich die Begeisterung ausgehend vom Cannstatter Wasen in Heimspiel-Wellen alle 14 Tage von Neuem über die Region aus. 100 Tore erzielt der VfB in dieser Saison. Das Neckarstadion wird zum Hexenkessel. Und Kehl ist mittendrin. Sein Alltag, sein Privatleben, seine Freizeitaktivitäten, sein Freundeskreis, seine Gedanken – der VfB ist der emotionale Mittelpunkt. Wie Kehl entdecken in dieser Zeit viele ihre Leidenschaft für den VfB.

Große Momente hat Kehl anschließend im Stadion viele erlebt. Unzählige Siege, so manche bittere Niederlage. Der erste Bundesliga-Titel 1984 oder 1989 das UEFA-Cup-Finale gegen den SSC Neapel. Die Spiele, die der VfB Fan in den vergangenen 35 Jahren in Stuttgart verpasst hat, kann er an zwei Händen abzählen. Besonders nahe ist dem leidenschaftlichen Anhänger aus Schorndorf allerdings eine Szene gegangen, die für viele andere noch nicht einmal eine Randnotiz wäre. Als bei einem Heimspiel ein VfB Fan in einem Filmeinspieler auf der Videoleinwand erklärt, was der VfB für ihn bedeutet, schießen Kehl Tränen in die Augen. „Ich bin stolz, dass ich mein Kind so erzogen habe, dass es VfB Fan geworden ist", lautet dessen Botschaft. Dass dies ein Erfolg der Erziehung ist, sei natürlich etwas übertrieben, gibt Kehl zu. Wenige Augenblicke später korrigiert er sich. „Nein, das hat durchaus etwas mit Erziehung zu tun", erzählt der heutige Geschäftsmann, der die Anfänge der organisierten Fanszene des VfB viele Jahrzehnte in verschiedenen Funktionen aktiv begleitet hat. „Man kann Kinder dazu erziehen, dass sie für etwas stehen und dafür eintreten, auch wenn es manchmal eine Sache ist, mit der man nicht automatisch auf der Siegerstraße steht", sagt Kehl. Diese Einstellung sei durchaus ein Wert, an dem ein Kind wachse. Bayern-Fan zu werden sei natürlich viel einfacher. „Aber so etwas wäre mir im Traum nicht eingefallen. Der VfB ist mein Verein und wird das immer bleiben."

„Der Bessere soll gewinnen. Ich hoffe natürlich, dass der VfB der Bessere ist."

Auch auswärts ist Kehl viele Jahre lang Dauergast. So erinnert er sich noch heute an den 21. Mai 1977. Im letzten Saisonspiel der zweiten Bundesliga Süd steht es zwischen Eintracht Trier und dem VfB 0:0. Die Minuten verrinnen viel zu langsam. Das Unentschieden reicht zum Wiederaufstieg. Die mehrere Tausend mitgereisten Fans können den Abpfiff und die Rückkehr in die Bundesliga kaum erwarten. „Irgendwann sind wir dann auf den Platz gestürmt. Ich glaube, es waren eigentlich noch zehn Minuten zu spielen", erzählt Kehl. Diesen Glücksmoment hat er bis heute nicht vergessen. „Ich kann sagen: Ich war dabei, und es war geil."

Der Bundesliga-Aufstieg hat sich in seinem Gedächtnis eingebrannt. Das ist aber eine Ausnahme. Denn obwohl Kehl viele große Spiele im Stadion erlebt hat, zählen für ihn nicht nur Titel und Erfolge. „Wenn man so lange wie ich ins Stadion geht, dann erlebt man viele große Momente", erzählt Kehl. „Genau das ist der Grund, warum man das macht. Man lebt dafür, dass es viele Höhepunkte gibt." Fan zu sein bedeute gemeinsame Freude. Gemeinsam ärgern, feiern, schimpfen und diskutieren. Oft bis spät in die Nacht. Am Montag, Dienstag und Mittwoch. Wenn es sein muss jeden Tag. „Freude ist eine Gruppendynamik", sagt Kehl, „heute heißt das eben Public Viewing." Als Vorsitzender des Schorndorfer Fan-Clubs, der mit zeitweise 100 Mitgliedern einer der größten gewesen ist, begleitet Kehl die Anfänge der Interessengemeinschaft VfB Stuttgart. Als Geschäftsführer und später Vorsitzender ist er anschließend 15 Jahre ein wichtiges Sprachrohr für die Fans zum VfB. Zeitweise besteht die IG aus 3.500 Mitgliedern. Nur über die IG gibt es Tickets für den A- und B-Block. 50 Pfennig pro Karte wandern in die Kassen der Fan-Clubs, die damit Auswärtsfahrten

Startschuss für die Offiziellen Fan-Clubs. Beim Gruppenbild mit Manager Dieter Hoeneß war 1991 auch Michael Kehl (rechts) dabei

subventionieren, Fahnen anfertigen oder Fußballturniere veranstalten. „Die Organisation des Kartenverkaufs war für mich der Grundstein für die Selbstständigkeit", so Kehl.

Auch der Dialog mit dem Verein wird in der Zeit der IG VfB Stuttgart intensiviert. Müssen Zäune um die Fanblöcke sein? Wie laufen Personenkontrollen ab? Machen separate Stadioneingänge Sinn? Wer bekommt überhaupt Karten für die Fanblöcke? Wird Bier ausgeschenkt? Einige noch heutige gültige Standards werden seinerzeit entwickelt und festgelegt. „Für mich war die Organisation schon immer sehr wichtig. Ich wollte mich engagieren. Und dabei stand immer das Wohl des Vereins im Vordergrund. Uns interessierten nicht die Stars und welche Farbe ihre Unterhose hat", erinnert sich Kehl. Wichtiger Ansprechpartner ist zu dieser Zeit der damalige VfB Geschäftsführer Ulrich Schäfer. Kehl ist als ehrenamtlicher Fanbetreuer und Organisator von Busreisen eine feste Größe. Und ein wichtiger Kontaktmann zur Fanbasis. Manchmal sogar noch viel mehr. Einmal wird er von Schäfer kurzfristig als offizieller Vereinsvertreter zum Flughafen Stuttgart geschickt. „Ziehe einen Anzug an, nimm einen Blumenstrauß mit und hole den Präsidenten des SSC Neapel ab", lautet Schäfers Auftrag. Kehl hat seinen Spaß – Neapels Präsident Corrado Ferlaino offenbar auch.

Kehl hat großen Anteil daran, dass der VfB in puncto Fans ein Vorzeigeverein wurde. Und wenn es doch kritisch ist, greift er ideenreich ein. Als im Olympiapark München eine Schlägerei zwischen VfB- und Bayern-Anhängern droht, macht er den schlichtenden Vorschlag: „Jeweils ein Fan klettert auf einen Baum. Wer höher kommt, hat gewonnen." Mit dem Ergebnis: Der FC Bayern gewinnt damals nicht nur das Bundesliga-Spiel.

Mehr als 30 Jahre später sitzt Kehl in Schorndorf in einem Straßen-Café. Keine 100 Meter entfernt blickt er auf sein Reisebüro. Besondere Spezialität: Karten für Sportveranstaltungen aller Art. Auch Tickets für die Heimspiele des VfB hat er nach wie vor im Angebot. Doch der Alltag ist längst nicht mehr nur weißrot geprägt. Der Verein steht nicht mehr im Mittelpunkt. Das Ehrenamt schon. Kehl hat sich zeitweise als Jugendleiter beim SV Plüderhausen engagiert, war mehrere Jahre Präsident eines Eishockey-Vereins. Im früheren Kinderzimmer seiner Tochter Stephanie hängen eine VfB Fahne und ein Trikot. Aber ins Stadion geht er heute in neutraler Kleidung. Die Gelassenheit bei Spielen ist größer geworden, das Privatleben wichtiger. Aber Kehl ist dem VfB treu geblieben. Denn im Herzen hat er von seiner Leidenschaft für den Verein nichts eingebüßt. „Warum auch? Das

Die Kutte als Erkennungsmerkmal:
Der VfB Fan bekennt sich zu seiner Leidenschaft

Herzblut bleibt", sagt Kehl, der wie viele andere Weggefährten aus der Fanszene der 70er-Jahre mit dem VfB älter geworden ist. „Wir alle haben im A-Block angefangen und sind dann in der Bestuhlung aufgestiegen. Viele sind heute Firmenchefs, Rechtsanwälte oder Ärzte. Einige von ihnen investieren heute in den VfB, indem sie Karten für den Business-Bereich kaufen." Auch Kehl hat noch eine Dauerkarte. Heute verfolgt er die Heimspiele auf der Haupttribüne, Block 15A, Reihe 16, Platz 2. Neben ihm viele Freunde und Bekannte, die diese Entwicklung mitgemacht haben. „Ich kenne noch viele von früher. Einige stellen mir heute im Stadion voller Stolz ihre Enkelkinder vor. Das ist eine Fangemeinde in der dritten Generation", schmunzelt Kehl, der zugibt, dass die Leidenschaft mit 60 Jahren etwas anders aussieht als damals. „Heute sage ich schon mal, der Bessere soll gewinnen. Ich hoffe natürlich immer, dass der VfB der Bessere ist", sagt Kehl.

Als vor mehr als 34 Jahren Kehls Tochter Stephanie geboren wird, steckt er sie in einen selbst gestrickten VfB Strampelanzug. Die Fan-DNA wird also früh vererbt. Und offenbar hat er auch anschließend bei der Erziehung vieles richtig gemacht. Denn die VfB Leidenschaft wird inzwischen bereits an den Enkel weitergegeben. Vor Kurzem hat Kehls Tochter Stephanie ihrem Sohnemann eine besondere Lektion erteilt. Als dieser im Bayern-Trikot nach Hause kommt, klärt sie ihn auf: „Das geht nicht. Wir sind hier VfB Fan." Gut erzogen.

76 Fans

Organisierte Freude

Die Begeisterung für den VfB hat viele Gesichter

Fanbeauftragter Ralph Klenk, geboren: 24. Januar 1965, seit 1983 Mitglied im Fan-Club Stuttgarter Treue 1980, seit 1998 hauptamtlicher Fanbeauftragter des VfB.
Auf den ersten Blick hat Ralph Klenk einen Traumjob. Er ist VfB Fan – aus Beruf und Berufung. Doch das Aufgabenfeld des studierten Sportfachwirts als offizieller Fanbeauftragter beschränkt sich nicht allein auf die Betreuung der Anhänger rund um Spiele. Büroarbeit gehört ebenso dazu wie ständige Erreichbarkeit. Im Prinzip ist Klenk eine Art Sozialarbeiter in der Fanszene. „Nein", betont Klenk, „das ist kein 08/15-Job. Es kommt schon vor, dass Fans auch spät in der Nacht noch anrufen und ihre Sorgen vortragen." Aber der 48-Jährige, der von allen nur „Klenky" gerufen wird, sieht sich und die Arbeit der VfB Fanbetreuung im Dialog mit den Fans. „Ich bin der Anwalt der Fans und transportiere deren Meinung in den Verein. Wir diskutieren mit den Fans, nicht über die Fans", sagt Klenk, der sich die Arbeit mit seinen Kollegen Christian Schmidt und dem ehemaligen Profi Peter Reichert teilt.

Vielleicht ist es deshalb kein Traumjob, weil Klenk die VfB Spiele nicht so verfolgen kann, wie er es vielleicht gerne möchte. Nicht in seinem Lieblingsblock, nicht im Fan-Outfit. Ruhe und Besonnenheit sind stets oberste Tugenden. Der Leidenschaft für den VfB schadet das allerdings nicht. Und um erst gar keine Zweifel aufkommen zu lassen, stellt er klar: „Ein Fan wechselt den Verein nicht. Nie. Einmal infiziert, immer Fan. Das hat auch was mit Verbundenheit mit der Region zu tun."

Zu seinen Aufgaben gehört die Betreuung der Offiziellen Fan-Clubs des VfB ebenso wie der Kontakt zu den Ultras. Bei Heimspielen kümmert er sich um die Gäste-Fans und kommt oft erst nach Spielbeginn zu seinem eigentlichen Platz im Oberrang der Cannstatter Kurve. Bei Auswärtsspielen begleitet er die VfB Anhänger ins Stadion. „Manchmal geht es hitzig zu, da braucht man schon etwas Gelassenheit", sagt der zweifache Familienvater, „nach rund 1.000 Pflichtspielen hat man das." Klenk ist seit 2003 auch Bundessprecher der Fanbeauftragten und er

1 Gemeinsame Liebe: der VfB verbindet
2 Karawane Cannstatt: der Marsch der Ultras zum Saisonstart
3 Fester Bestandteil der Fans: die Rollstuhlfahrer
4 Abschied einer „Legende": Mit einer großen Choreografie erinnern die Ultras an die frühere Cannstatter Kurve
5 Großer Star: das Maskottchen Fritzle
6 Frust: Auch Niederlagen gehören zum Fanleben
7 Hautnah: Profis wie Martin Harnik suchen die Nähe zu den Fans

gehört der Stadion-Verbots-Komission an. Fälle, in denen er zwischen dem zur Einhaltung der Gesetze verpflichteten Verein und den Fans vermitteln muss, gibt es immer wieder. „Es gibt klare Regeln. Aber wir hauen nicht mit der Keule drauf, es wird diskutiert, es gibt auch Bewährungen. Jeder Fall wird abgewogen und erst dann entschieden", betont Klenk. Eine wichtige Aufgabe ist auch die Zuteilung von Kartenkontingenten. Zehn Prozent der jeweiligen Stadionkapazität stehen den Gäste-Fans zu. Der VfB Stuttgart ist neben Borussia Mönchengladbach und dem 1. FC Köln der einzige Bundesligist, der eine Auswärts-Dauerkarte anbietet. Da diese auf 400 Tickets begrenzt ist, gibt es allerdings eine lange Warteliste. Mit einer Auswärtsreise verbindet Klenk auch eines seiner schönsten VfB Erlebnisse. Zum Europapokal-Finale 1998 nach Stockholm organisierte er die Fahrt mit einer Dampflok. Dreieinhalb Tage waren die Fans unterwegs. „Das war geil", sagt Klenk. Irgendwie also doch ein Traumjob.

Fanausschuss Gegründet 2001, die 13 Vertreter der verschiedenen Fangruppierungen werden demokratisch für drei Jahre gewählt.

Im Fanausschuss des VfB finden alle Gehör. Unter der Leitung von Christian Schmidt trifft sich das Gremium regelmäßig. Es fungiert als repräsentatives Bindeglied zwischen den einzelnen Fangruppen und dem Vorstand. Zuletzt wurden am 16. Januar 2012 die 13 Vertreter für drei Jahre demokratisch gewählt. Das gilt auch für die drei Repräsentanten der Ultra-Vereinigungen. Außerdem gehören dem Gremium noch Vertreter von Offiziellen Fan-Clubs an, darunter auch Rollstuhlfahrer, eine Frauen-Vertreterin und ein Mitglied der Stuttgarter Junxx. Der am 24. Oktober 2004 gegründete Fan-Club war der damals dritte schwul-lesbische Fan-Club in der Bundesliga.

Offizielle Fan-Clubs (OFC) Die Organisationsstruktur wurde am 11. Juli 1990 gegründet, heute gibt es 370 Vereine mit weltweit rund 16.000 Mitgliedern.

Viele Fans haben immer ein Auswärtsspiel. Denn wenn der VfB in Stuttgart spielt, reisen die Anhänger teilweise mehrere Hundert Kilometer an. Vom Bodensee, aus der Schweiz oder aus Heilbronn – das Einzugsgebiet des größten Vereins im Südwesten ist enorm. Seit einigen Jahren gibt es sogar einen leichten Zuwachs der VfB Fangemeinde außerhalb Baden-Württembergs. Die 370 Offiziellen Fan-Clubs haben insgesamt 16.000 Mitglieder. Um vom VfB anerkannt zu werden, muss ein Club allerdings bestimmte festgelegte Kriterien erfüllen: Mindestens zehn Mitglieder, eine Satzung, ein Bekenntnis zur Gewaltfreiheit, Verzicht auf Pyrotechnik, jeglicher Form von Diskriminierung und eine demokratische Struktur. Der VfB Stuttgart unterstützt die Fanleidenschaft durch Informationen aus erster Hand, Einladungen zu Veranstaltungen und den regelmäßigen Fan-Club-Besuch von VfB Profis. Zum aktiven Clubleben gehört fast immer auch ein großes soziales Engagement, beispielsweise durch Spendenaktionen oder Fußballturniere für einen guten Zweck. Regelmäßig finden eine Mitgliederversammlung und Fan-Club-Veranstaltungen statt. Bei den OFC-Regionalversammlungen werden neue Clubs aufgenommen. Sieben Fan-Clubs feierten 2012 ihr 35-Jahr-Jubiläum.

Ultras Vorreiter war das Commando Cannstatt '97, gegründet am 12. März 1997, insgesamt gibt es rund 1.000 Ultras.

Dieser Moment geht allen im Stadion unter die Haut. Am 5. Mai 2012 organisieren die Ultras des Commando Cannstatt '97 eine einzigartige Kurven-Choreografie mit Wende-Optik. „Tradition bewahren und an Helden ihrer Zeit erinnern" steht dort auf einem überdimensionalen Spruchband. Dazu sind das historische Vereinswappen und die VfB Legende Robert Schlienz zu sehen. „Ultras sorgen für Stimmung, sie sind verantwortlich dafür, dass das Stadion brodelt", sagt der VfB Fanbeauftragte Ralph Klenk. Rund 1.000 Arbeitsstunden stecken in der Wende-Choreografie. Der VfB unterstützt die Ultra-Vereinigungen, so gut es geht, und hilft beispielsweise bei der Umsetzung von solchen großen Aktionen im Stadion. „Bei uns wird nicht nur eine Papptafel hochgehalten, da stecken großes Engagement und viele Ideen dahinter", betont Klenk. „Auch wenn wir in einigen Punkten unterschiedlicher Meinung sind: Jeder, der ins Stadion geht, ist VfB Fan."

VfB Fritzle-Club Gegründet 2005, für Kinder und Jugendliche im Alter zwischen vier und 16 Jahren, 4.000 Mitglieder.

Er nennt sich selbst Chef-Animateur oder Partykanone und ist vermutlich das fußballerisch begabteste Krokodil aller Zeiten: Seit 1992 ist Fritzle das offizielle VfB Maskottchen und längst ein großer Sympathieträger. Neben Auftritten bei den Heimspielen des VfB hat Fritzle einen prall gefüllten Terminkalender. Für 33 Euro im Jahr haben sich 4.000 Kinder und Jugendliche die Mitgliedschaft im VfB Fritzle-Club und damit exklusive Vergünstigungen oder Einladungen zu Veranstaltungen wie Kinotag, Weihnachtsfeier und VfB Opening gesichert. Fritzle kann auch für Geburtstagsfeiern oder Hochzeiten gebucht werden. Das Krokodil macht Hausbesuche.

Offizielle Fan-Clubs des VfB Stuttgart
Die Clubentwicklung seit 2002

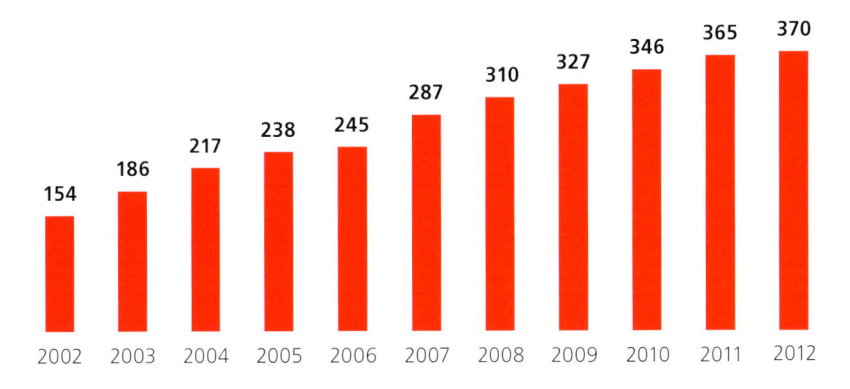

2002	2003	2004	2005	2006	2007	2008	2009	2010	2011	2012
154	186	217	238	245	287	310	327	346	365	370

Entfernung zu den Auswärtsspielen des VfB
Bundesliga-Saison 2012/2013 (Luftlinie, einfach)

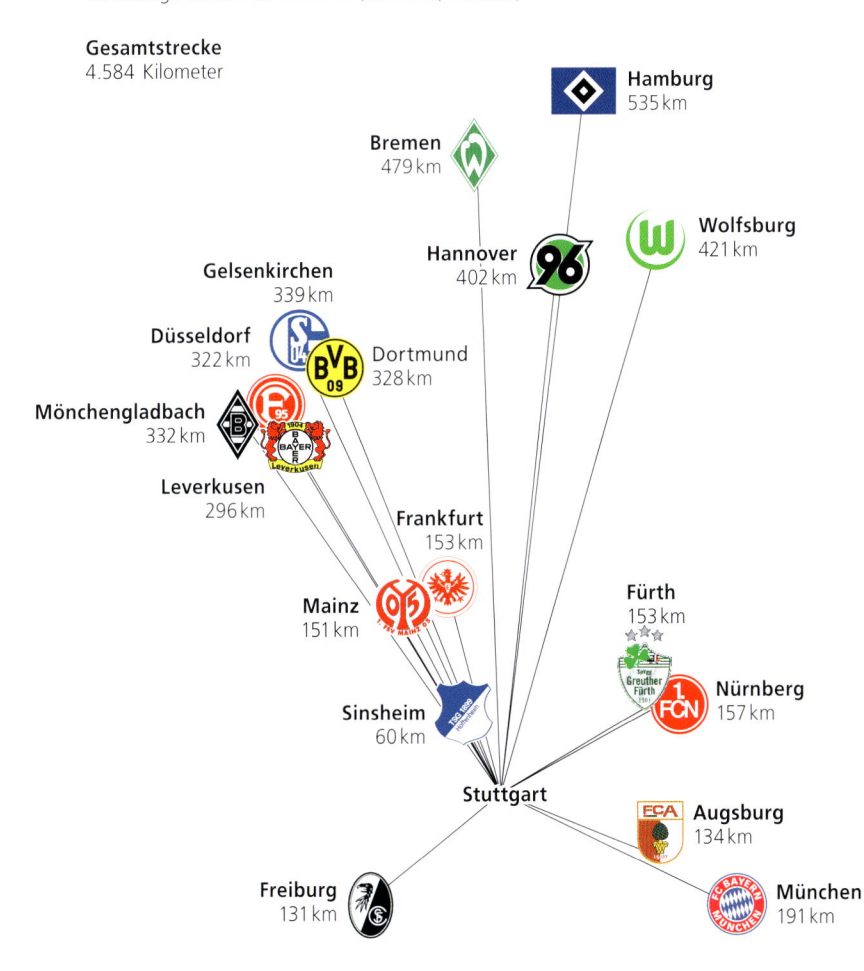

Gesamtstrecke
4.584 Kilometer

- Hamburg 535 km
- Bremen 479 km
- Wolfsburg 421 km
- Hannover 402 km
- Gelsenkirchen 339 km
- Mönchengladbach 332 km
- Dortmund 328 km
- Düsseldorf 322 km
- Leverkusen 296 km
- München 191 km
- Nürnberg 157 km
- Frankfurt 153 km
- Fürth 153 km
- Mainz 151 km
- Augsburg 134 km
- Freiburg 131 km
- Sinsheim 60 km

Stuttgart

Besondere Fans

1976

wurde der VfB Fan-Club Leonberg gegründet. Genauer gesagt am 18. September. Der momentan älteste Offizielle Fan-Club des Vereins hat insgesamt 40 Mitglieder. Der am 15. März 2013 gegründete Fan-Club Weekend Warriors aus Stuttgart ist der jüngste.

852

Mitglieder hat der Fan-Club Rot-Weiße Schwaben in Berkheim. Damit ist der Verein im Esslinger Teilort der momentan größte aktive Fan-Club des VfB Stuttgart. Im Jahr 2012 feierten die Rot-Weißen ihr 35-Jahre-Jubiläum mit einer Gala. Der langjährige Fan-Club-Vorsitzende Joachim Schmid erhielt im Oktober 2008 als erster VfB Fan überhaupt vom damaligen Präsidenten Erwin Staudt die Verdienstmedaille des Vereins in Silber überreicht.

9.627

Kilometer liegen zwischen Stuttgart und Santiago de Querétaro. Die 1,4-Millionen-Einwohner-Stadt im mexikanischen Bundesstaat Querétaro ist die Heimat des Fan-Clubs Azteca Rot-Weiss. Weiter entfernt von Stuttgart liegt kein VfB Fan-Club. Mit Pavel Pardo und Ricardo Osorio spielten im Meisterjahr 2007 erstmals zwei Mexikaner überhaupt für den VfB.

80 Funktionäre

1 Nicht nur stark am Ball: Ulrich Ruf wird 1990 Direktor für Finanzen, Recht, Verwaltung und Organisation
2 Dr. Joachim Schmidt übernimmt 2013 den Vorsitz im Aufsichtsrat
3 Stratege im Hintergrund: Der ehemalige Aufsichtsratschef Prof. Dr. Dieter Hundt auf der Mitgliederversammlung 2012
4 Multifunktionär: Franz Seybold trainiert 1963 die Amateur-Mannschaft
5 Leidenschaftlicher Macher: Ulrich Schäfer im Jahr 1999
6 Richard Steimle ist ein Mann mit vielen Ämtern: In der Saison 1977/1978 ist er Betreuer bei den VfB Profis

Von Steimle bis Schmidt

Männer im Hintergrund – Funktionäre und Ehrenamtliche des VfB

Was wäre ein Verein ohne die vielen Frauen und Männer im Hintergrund? Die Macher. Die Fußball-Verrückten. Hinter jedem Ehrenamtlichen, jedem Funktionär und jedem Angestellten beim VfB stecken große Leidenschaft und viel emotionale Bindung zum Verein und Arbeitgeber. Große Männer gab es in der Historie viele. Denn auch schon vor den Bundesliga-Zeiten war es der oft grenzenlose Einsatz vieler Mitglieder, die den VfB in schwierigen Zeiten aufbauten und letztendlich zu dem machten, was er heute ist: der mit Abstand größte Verein Baden-Württembergs.

Ulrich Ruf
Geboren: 29. Dezember 1955 in Stuttgart, beim VfB seit 1. April 1980, seit September 1990 Direktor für Finanzen, Recht, Verwaltung und Organisation, seit Oktober 2000 Mitglied des Vorstands.

Ulrich Ruf

Der Macher

Von Horst Walter

„Jede erfolgreiche Mannschaft ist auf Dauer teuer. Aber nicht jede teure Mannschaft ist auf Dauer erfolgreich."
Ulrich Ruf

M ittagessen mit Ulrich Ruf. Der Kollege von der VfB Geschäftsstelle wünscht süffisant lächelnd „viel Vergnügen". Keiner, sagt er, leide in Situationen wie diesen so extrem wie sein Chef. 0:3 gegen Hoffenheim. Nach fünf Spielen noch ohne Sieg. Vorletzter in der Fußball-Bundesliga. Ein total verkorkster Start in die Saison 2012/2013 – aber was, bitte schön, kann der Finanzvorstand dafür? Er erstellt Bilanzen, kämpft um die besten Verträge für den Verein, verhandelt mit Politikern und Funktionären – und hat als großen Erfolg für den Verein den Umbau des Daimler-Stadions bis zum Fußballstadion vorangetrieben. „Wissen Sie", sagt der Finanzvorstand und bestellt sich ein Glas Sprudel, „in unserem Geschäft lesen Fans und Medien die Arbeit eines jeden von uns an der Tabelle ab – von Spieltag zu Spieltag."

Die Fußball-Bundesliga ist sein Geschäft, seit über 30 Jahren. Und das, obwohl sich Ulrich Ruf in dem schillernden Zirkus öfter wie ein Fremdkörper vorkommt. 95 Prozent der Beteiligten, so behaupten Journalisten, brauchen die Plattform und das öffentliche Schaufenster, fünf Prozent arbeiten lieber im Hintergrund für ihren Verein. Ruf gehört zu den fünf Prozent. „Ich bin nicht der VfB", sagt er. Oder: „Ich bin Diener meines Klubs." Oder: „Ich bin ein Vereinssoldat." Eigentlich ist er Bankkaufmann, besser: Er war es. Der jüngste in Deutschland, weil er nach 20 Monaten Ausbildung und ohne Abi einen Angestelltenvertrag bekam. „Schreiben Sie lieber: einer der jüngsten", sagt er. „Ich liebe diese Superlative nicht."

Er liebt den VfB.

Sein Herz schlägt für diesen Verein – und weniger für das Business, in dem er sich behaupten muss. Jede Aussage wird zur Schlagzeile. Und prominente Trainer oder Spieler können Aussagen besser streuen und nutzen. Ruf ist keiner, der das Licht der Öffentlichkeit sucht. Lieber knipst er nachts um eins an seinem Schreibtisch die Stehlampe an, um noch ein paar Akten abzuarbeiten. Und so wird ihm von den Fans schnell Geiz vorgeworfen, wenn er die paar Millionen nicht von der Volksbank leiht, die der neue Stürmer nun mal kostet. „Der VfB investiert in Steine statt in Beine", lautete die Kritik nach dem Gewinn der Deutschen Meisterschaft 2007. Und das, obwohl die Gehaltsausgaben im Anschluss bis 2009 von 48 Millionen Euro auf 67 Millionen Euro hochschnellten.

67 Millionen Euro Personalkosten. 146 Millionen Umsatz.

Sein erstes Büro hatte Ulrich Ruf noch in einer Vier-Zimmer-Wohnung in der Martin-Luther-Straße in Bad Cannstatt. Zusammen mit Heinz Schwemmle. Am 1. April 1980 hat Ruf in der Geschäftsstelle des VfB Stuttgart als Assistent angefangen. Personalkosten damals: fünf Millionen D-Mark. Umsatz damals: neun bis zehn Millionen D-Mark. Aber sonst? „Die Stimmung bei uns und den Fans war genauso abhängig vom Erfolg oder Misserfolg der Mannschaft wie 2012", sagt der heutige

Vom Bankkaufmann zum VfB Vorstand:
Ulrich Ruf 1991 bei der Arbeit auf der Geschäftsstelle

VfB Vorstand, der sich nur zu gut an sein Vorstellungsgespräch am 16. Februar 1980 bei den Aufsichtsräten Heinz Bandke und Gerd Renz erinnert – nach dem DFB-Pokalspiel gegen Eintracht Frankfurt. „Ich habe die Gesichter in der Halbzeit gesehen, als der VfB 0:2 zurücklag, und mir war klar, da brauchst du nachher erst gar nicht um den Job anzutreten." Endergebnis 3:2 für den VfB. Alle strahlten – und feierten. Der Aufsichtsrat stellte den von Präsident Gerhard Mayer-Vorfelder und Geschäftsführer Ulrich Schäfer vorgeschlagenen Kandidaten ein.

Der erste VfB Sieg, der auch für Ruf wichtig war.

Er hat schnell erkannt, warum das Samstag für Samstag mehr ist als nur ein Spiel. Damals hingen vielleicht acht Mann auf der Geschäftsstelle davon ab, wie erfolgreich die elf Fußballer auf dem Rasen waren. Heute sind es über 200, deren Zukunft damit verbunden ist, ob der VfB gegen Hoffenheim 3:0 gewinnt oder 0:3 verliert. „Das muss man wissen, wenn man bei einem Bundesliga-Verein arbeitet", sagt Ruf, der vom Assistenten zum Direktor für Finanzen, Recht, Verwaltung und Organisation und später zum Finanzvorstand wurde, aber auch immer für das Personal zuständig war und ist. Vielleicht leidet er deshalb „wie ein Hund", wenn sein Verein in Rückstand liegt und der teure Stürmer aus elf Metern das leere Tor nicht trifft. „Manchmal ist es unglaublich, was von einem Fehlschuss alles abhängt", sagt der ehemalige Bankkaufmann, der es gewohnt war, Kalkulationen mit festen Größen bis ins letzte Detail zu planen. Bis er zum VfB kam – und eigentlich gleich wieder gehen wollte. „Ich musste eine Aktennotiz nach einer Verhandlung mit einem Bierlieferanten für das neue Klubzentrum schreiben – und habe gedacht: Willst du das wirklich dein Leben lang machen?"

Es ist sein Leben geworden. Allerdings ging es weniger um Verträge über Flaschenpfand als vielmehr um Millionen bei Fernsehrechten, Stadionbauten und Spielertransfers. „Wenn ich wusste, dass Ulrich Ruf einen Vertrag akzeptiert hatte, konnte ich ihn blind unterschreiben", sagt der Expräsident Erwin Staudt über den Vorstand, der bei allen Vorsitzenden für Zuverlässigkeit, Kontinuität und Solidität steht und stand. „Ich kann doch nicht auf gut Glück 20 Millionen für einen Spieler ausgeben – und wenn er nicht trifft, habe ich den Verein versenkt", sagt Ruf, der Chance und Risiko immer abwägt und in die Vorstandssitzungen einbringt. Er hat den Blick für das finanziell Machbare – und hält den Verein so in Sachen Wirtschaftlichkeit seit Jahrzehnten ganz oben in der Tabelle. Und den Schuh, dass mit mehr Risiko der VfB auch sportlich erfolgreicher sein könnte, will er sich nicht anziehen. Erstens hat er nur seine Meinung gesagt, wenn er für den Aufsichtsrat Ausgaben und Einnahmen gegenübergestellt hat – und zweitens: „Jede erfolgreiche Mannschaft ist auf Dauer teuer. Aber nicht jede teure Mannschaft ist auf Dauer erfolgreich."

So denken Schwaben. Und Ruf und der VfB sind bisher nicht schlecht damit gefahren.

Fußballfans denken manchmal anders, auch wenn sie Schwaben sind. Ulrich Ruf hat die „Wutbürger" schon erlebt, als es den Begriff „Stuttgart 21" noch gar nicht gab. Sie haben an Zäunen gerüttelt, „Vorstand raus" gebrüllt, und die oberste Führungsetage brauchte Polizeischutz, um das Stadion verlassen zu können. „Da bist du schnell der Schuldige, weil du mit dem Geld, das du nicht hast, den Stürmer, der sowieso woanders hinwollte, nicht verpflichtet hast", sagt Ruf, und man hört heraus, dass er es oft nicht verstand, wenn er am Pranger stand. Aber wahrscheinlich versteht er auch nicht, warum ihm wildfremde Menschen 2007 um den Hals gefallen sind und ihm gratuliert haben. „Das sind Emotionen, die mit Geld nicht zu bezahlen sind", sagt Ruf, der drei Meisterschaften und einen

Pokalsieg mit dem VfB feiern durfte. Und wenn er vom Autokorso oder den Meisterbanketts erzählt, leuchten seine Augen. Wie bei einem VfB Fan.

„Die Wahrheit darf man nur in den seltensten Fällen erzählen."

Aber Fans kennen nur schwarz und weiß. Ruf kennt die Zwischensummen – und weiß, was hinter Erfolg und Misserfolg steckt. Für ihn ist das nicht immer das Geld. „Ich könnte ein Buch schreiben über das Geschäft – und selbst die Experten würden sich wundern", sagt er. Und man glaubt es ihm. Man glaubt ihm aber auch, dass er keines schreiben und nichts über die Hintergründe erzählen wird. Zum Beispiel darüber, wie er neben dem Kampf um das reine Fußballstadion auch die Verhandlungen mit der Stadt um die Werberechte im Stadion führte („Wir waren ja damals noch Gast im eigenen Stadion"). Und so wird all das, was der Macher im zweiten Glied für den Verein leistet, auch kaum in den Geschichtsbüchern auftauchen. „Die Wahrheit in den vielen Verhandlungen darf man in den seltensten Fällen erzählen", sagt Ruf. Loyalität ist eine seiner Stärken. Und schon damit steht er ziemlich einsam in der Bundesliga, wo jeder Schuss zählt. Und jeder in der Öffentlichkeit angezählt wird.

Für Ulrich Ruf zählen Daten und Fakten. Nicht mehr und nicht weniger.

Der Wirt im Stuttgarter Lokal will mit ihm über den VfB reden, über gestern Abend, über die Hoffnung, dass bald alles besser wird. Nach zwei Sätzen wendet sich der VfB Vorstand wieder seinen Spaghetti zu. „Ich mag das nicht. Selbst im Freundeskreis halte ich mich zurück, wenn mich die Leute auf den VfB ansprechen", sagt Ruf. Damit ist er seit über 30 Jahren gut gefahren. Was soll er ihnen auch erzählen? Wie der VfB am Samstag spielt? Wenn er das wüsste, wüsste er auch, wo er den Samstagabend verbringt – mit seiner Frau im Restaurant oder allein auf der Couch. „Nach einer Niederlage brauche ich erst einmal Ruhe und Abstand", gibt er zu und erzählt vom vorletzten Spieltag in der Saison 2000/2001, als es um den Klassenverbleib gegen den Titelaspiranten Schalke 04 ging. Als Krassimir Balakov in der 90. Minute das 1:0 erzielte, schlug Ruf vor Begeisterung mit der Faust gegen die Betonwand wie ansonsten nur Klitschko gegen den Sandsack. Mit dem Ergebnis: Auch nach einem Sieg musste der Familienabend gestrichen werden. Ruf kühlte den ganzen Abend die rechte Schlaghand. Es ist ein Privatleben der besonderen Art, das der VfB Vorstand pflegt. Und seine Familie hat sich inzwischen daran gewöhnt. Hoffentlich, sagt er. Denn er weiß, was er seiner Frau so alles zumutet. Während der Auswärtsspiele ist er zu Hause kaum ansprechbar, geht nicht ans Telefon und sorgt dafür, dass kein Radio läuft. Bei Heimspielen bleibt er nach der Partie oft noch zehn Minuten allein auf seinem Logenplatz sitzen, erst dann wagt er sich zu den VfB Gästen. „Nach einem 0:2 gegen Bayern München wäre es fatal, wenn ich im VIP-Bereich gleich auf andere Gäste stoßen würde. Als Dienstleister muss ich immer freundlich sein – und dafür brauche ich die Minuten für mich." Der Mann kämpft an verschiedenen Fronten. Seit über 30 Jahren. Und das erfolgreich. Nur einem Kampf hat er sich in all der Zeit nicht gestellt. „Ich habe bis heute keinen Computer – und mein Handy benutze ich nur zum Telefonieren", sagt der Topmanager eines Profifußballvereins, der seine Mitarbeiter jeden Morgen mit einem Handschlag begrüßt.

Ulrich Ruf ist nicht nur deshalb eine rühmliche Ausnahme im Bundesliga-Geschäft.

Lohn der Arbeit: 2007 hält Ulrich Ruf zum dritten Mal die Meisterschale in den Händen

Funktionäre

1 Franz Seybold
2 Prof. Dr. Dieter Hundt, Ulrich Ruf und Erwin Staudt (von links)
3 Ulrich Schäfer
4 Gerhard Mayer-Vorfelder (links) und Richard Steimle
5 Heinz Bandke
6 Dr. Joachim Schmidt (links) und Bernd Wahler

Lebenslang VfB

Tragende Rollen: Zwischen Ehrenamt und Vollzeitjob

Eberhard Haaga Geboren: 6. Oktober 1907, gestorben: 9. April 1987, elf Liga-Spiele, stellvertretender Vorsitzender, Schatzmeister, Spielausschuss-Vorsitzender.
Wer in den Namenslisten der VfB Gremien blättert, findet immer wieder einen Namen: Eberhard Haaga. Der Multifunktionär. Der Alleskönner. Er ist Spieler, schlägt aber schon in den 30er-Jahren eine Funktionärslaufbahn ein. 1934 ist er Spielausschuss-Vorsitzender und Platz-Obmann, nach dem Krieg wird er 1953 Spielausschuss-Obmann und bleibt dies bis zum Jahr 1969. Haaga ist zeitweise stellvertretender Vorsitzender des VfB, Schatzmeister und Schriftführer. Er ist eine Autorität im Verein. Doch es gibt noch mehr Haagas. Bruder Erwin gehört zum VfB Team, das 1935 Deutscher Vize-Meister wird. Eberhard Haagas Sohn Werner absolviert zwischen 1968 und 1972 insgesamt 41 Bundesliga-Spiele. Doch im Sommer 1969 erlischt die Liebe zwischen VfB und Eberhard „Waggele" Haaga. Nach dem Ende der Ära von VfB Präsident Dr. Fritz Walter streiten sich die Mitglieder um den künftigen Kurs des Vereins. Haaga vertritt die Anhänger der kontrollierten Offensive, Senator Hans Weitpert will den VfB reformieren und modernisieren. Haaga verliert den Machtkampf und verlässt daraufhin den VfB für immer.

Franz Seybold Geboren: 9. April 1912, gestorben: 22. September 1978, 189 Liga-Spiele, 1935 Deutscher Vize-Meister als Spieler, 1963 als Trainer Deutscher Amateur-Meister mit dem VfB.
Der VfB hat bereits einen Kaiser Franz – und zwar lange bevor Münchens Legende das Licht der Welt erblickt. Das VfB Urgestein Franz Seybold hat viele wichtige Phasen des Vereins aktiv mitgestaltet. Der rechte Verteidiger trägt in fast 200 Liga-Spielen das VfB Trikot. Er gehört zur Mannschaft, die 1935 erst im Endspiel um die Deutsche Meisterschaft an Schalke scheitert. Seybold kehrt erst spät aus dem Krieg zurück – engagiert sich aber sofort wieder für „seinen" VfB. Im Jahr 1963 feiert er seinen größten Erfolg als Trainer. Mit den VfB Amateuren wird er Deutscher Meister. Viele Generationen von Nachwuchsspielern führt er an die Oberliga, später an die Bundesliga heran. Zweimal hilft er als Bundesliga-Coach (1965 und 1969) aus. Seybold übernimmt anschließend zeitweise die Rolle eines Geschäftsführers. Nach einem Streit mit VfB Präsident Hans Weitpert verlässt er Anfang der 70er-Jahre den Verein, schickt Mitgliedsbuch, Ehrenring und VfB Nadel per Einschreiben zurück. Erst Gerhard Mayer-Vorfelder glättet die Wogen und tilgt den vorübergehenden Austritt aus den Annalen. Seybold bleibt der „Kaiser Franz" des VfB.

Richard Steimle Geboren: 18. Dezember 1923, gestorben: 18. März 2000, 269 Liga-Spiele, Deutscher Meister 1950 und 1952, Präsidiumsmitglied von 1975 bis 1995, Mannschaftsbetreuer von 1976 bis 1987.
Er ist das Sprachrohr zum VfB Präsidenten. Denn die Profis vertrauen ihm. Richard Steimle ist viele Jahre Mannschaftsbetreuer der Bundesliga-Mannschaft. Denn als Meister-Held von 1950 und 1952 macht ihm keiner etwas vor. Und er ist 20 Jahre Präsidiumsmitglied. Denn sein Wort hat Gewicht. Steimle ist bodenständig, bescheiden, ein ruhiger Typ. Ein Sportskamerad, der mit allen gut auskommt und der sich nie in den Vordergrund drängt. Mit leisen Tönen hat er aber großen Erfolg – fast ein Leben lang. Bereits mit 17 Jahren spielt der gelernte Stürmer in der Gauliga Württemberg. 1945 wechselt er zum VfB – und wird linker Verteidiger. Er gewinnt nicht nur die ersten beiden Deutschen Meisterschaften mit dem VfB, sondern wird 1954 auch Pokalsieger. Bereits 1945 hat sich Steimle mit Gelbsucht angesteckt. Auf dringenden Rat seiner Ärzte beendet er neun Jahre später seine aktive Karriere – mit nur 31 Jahren. Dank der Hilfe des Vereins findet Steimle eine Arbeitsstelle bei Daimler. Er kümmert sich dort gewissenhaft um die Zentrallogistik. Als Gerhard Mayer-Vorfelder 1975 neuer VfB Präsident wird, erinnert er sich an die VfB Legende. Steimle kehrt als Präsidiumsmitglied zum Verein zurück. Ein Jahr später wird er zudem Mannschaftsbetreuer. Er sitzt

neben Jürgen Sundermann auf der Trainerbank und ist das Bindeglied zwischen Profis und Präsidium. In dieser Funktion hält er 1984 zum dritten Mal die Meisterschale in den Handen. 1987 hört er zwar als Mannschaftsbetreuer auf, aber bis 1995 gehört er weiter dem Präsidium an. Ein Jahr zuvor ist er zum Ehrenmitglied des VfB ernannt worden.

Ulrich Schäfer Geboren: 15. Dezember 1940, zwischen 1976 bis 1990 Geschäftsführer, bis 2000 geschäftsführendes Vorstandsmitglied.

Wer einmal in einer Schublade steckt, kommt nur schwer wieder heraus. Bei Ulrich Schäfer ist das der Fall. Der langjährige Geschäftsführer steht für eine grundsolide, sparsame und rationale Vereinspolitik. Er gilt als Mann mit Prinzipien, der innerlich die Fäuste ballt, wenn er mit windigen Spielerberatern um Gehälter feilschen muss. Er ist derjenige, der abends im Klubhaus das Licht ausschaltet. Er zählt jeden Tag die Telefoneinheiten der einzelnen Apparate auf der Geschäftsstelle und kontrolliert den Verbrauch der klubeigenen Büroklammern. Schäfer überwacht die Tankrechnungen der Mitarbeiter und protokolliert den pünktlichen Trainingsbeginn. Schäfer steht dazu. „Dieses Image stört mich nicht", sagt er. Ein Blick auf die sportliche und wirtschaftliche Entwicklung des Vereins während seiner fast 25-jährigen Tätigkeit beim VfB spricht eine klare Sprache. Mit Schäfer gelingt die Rückkehr in die Bundesliga. Die Weichen dafür werden unter anderem durch erfolgreiche Verhandlungen mit Trainer Jürgen Sundermann gestellt. Nach der Unterschrift teilen sich Schäfer und Präsident Gerhard Mayer-Vorfelder in einem Züricher Hotel ein Doppelbett, um noch Geld für eine zweite Flasche Champagner zu haben. In Schäfers Amtszeit gelingt dem VfB der Aufstieg zu einer festen Größe im Oberhaus, die Meistertitel 1984 und 1992 sowie das zweimalige Erreichen eines europäischen Finales. Bis 1990 ist der ehemalige Bürgermeister der Gemeinde Heiningen/Waldrems Geschäftsführer, anschließend zieht er zehn Jahre als geschäftsführendes Vorstandsmitglied die Fäden auf dem Wasen. Mit dem Ende der Ära MV scheidet auch Schäfer im Jahr 2000 aus dem VfB Vorstand aus.

Heinz Bandke Geboren: 22. August 1930, von 1970 bis 1975 Präsidiumsmitglied, von 1975 bis 1996 Vorsitzender des Verwaltungsrats, von 1996 bis 2002 Vorsitzender des Aufsichtsrats.

In schwierigen Zeiten übernimmt Heinz Bandke Verantwortung. Als der Schuldenberg des Vereins immer größer wird und die umstrittene Transferpolitik von Präsident Gerhard Mayer-Vorfelder für Verärgerung im Aufsichtsrat sorgt, zieht Bandke die Notbremse. Unter seinem Vorsitz spricht der Verwaltungsrat im Juni 1999 MV das Misstrauen aus. Im Jahr 2000 unterstützt Bandke dann seinen bisherigen Aufsichtsratskollegen Manfred Haas bei der Wahl zum neuen Vereinschef. Nach 27 Jahren tritt Bandke im Jahr 2002 nicht mehr zur Wahl an. Das Ehrenmitglied bleibt aber bis heute als Stammgast im Stadion dem VfB verbunden.

Prof. Dr. Dieter Hundt Geboren: 30. September 1938, von 2002 bis 2013 Vorsitzender des Aufsichtsrats.

Die Arbeit des Aufsichtsratsvorsitzenden erfolgt meistens im Verborgenen. In diesem Fall ist dies durchaus ein Qualitätsmerkmal. Aber wenn sich Dieter Hundt zu Wort meldet, gibt es häufig sportliche oder finanzielle Probleme im Verein. Für den erfahrenen Unternehmer und Arbeitgeberpräsidenten sind dies Herausforderungen, denen er sich gerne stellt. Auch mit Kritik kann Hundt umgehen: „Wer Probleme mit der Hitze hat, sollte nicht Koch werden." Hundt ist niemand, der sich in Krisenzeiten versteckt. Im Gegenteil. Gerade in schwierigen Zeiten zeigt sich wahre Größe. Daher hat er 2002 auch nicht lange gezögert und beim VfB das Amt des Aufsichtsratsvorsitzenden übernommen. Für den Mann, der dem VfB seit Jahrzehnten mit Herzblut verbunden ist und schon zu Zeiten eines Robert Schlienz auf der Tribüne saß, ist dies eine Selbstverständlichkeit. Dazu gehört auch die Tatsache, stets zum Wohle des Vereins zu entscheiden. Als Gerd E. Mäuser am 3. Juni 2013 als Präsident zurücktritt, macht am 11. Juni 2013 auch Hundt den Weg für einen Neuanfang frei und legt sein Mandat nieder.

Dr. Joachim Schmidt Geboren: 7. September 1948, seit 18. Juni 2013 Vorsitzender des Aufsichtsrats.

Ein Ziel steht für Dr. Joachim Schmidt bei seiner Amtsübernahme fest. „Gemeinsam müssen wir dafür sorgen, dass der VfB möglichst schnell in ruhigeres Fahrwasser kommt und das zweifelsohne vorhandene große Potenzial ausgeschöpft wird", sagt der neue Aufsichtsratsvorsitzende nach seiner Wahl am 18. Juni 2013. Um den VfB dauerhaft in der Spitze zu etablieren, müsse man dazu von Fall zu Fall auch ein vertretbares Risiko eingehen. Die erste Aufgabe löst der Vertriebs- und Marketingchef von Mercedes-Benz Cars mit Erfolg. Mit Bernd Wahler präsentiert er zusammen mit seinen Aufsichtsratskollegen einen unerwarteten, aber sehr hochkarätigen Präsidentschaftskandidaten, der den Neuanfang des VfB auch in der Führungsriege dokumentiert.

Das VfB Organigramm

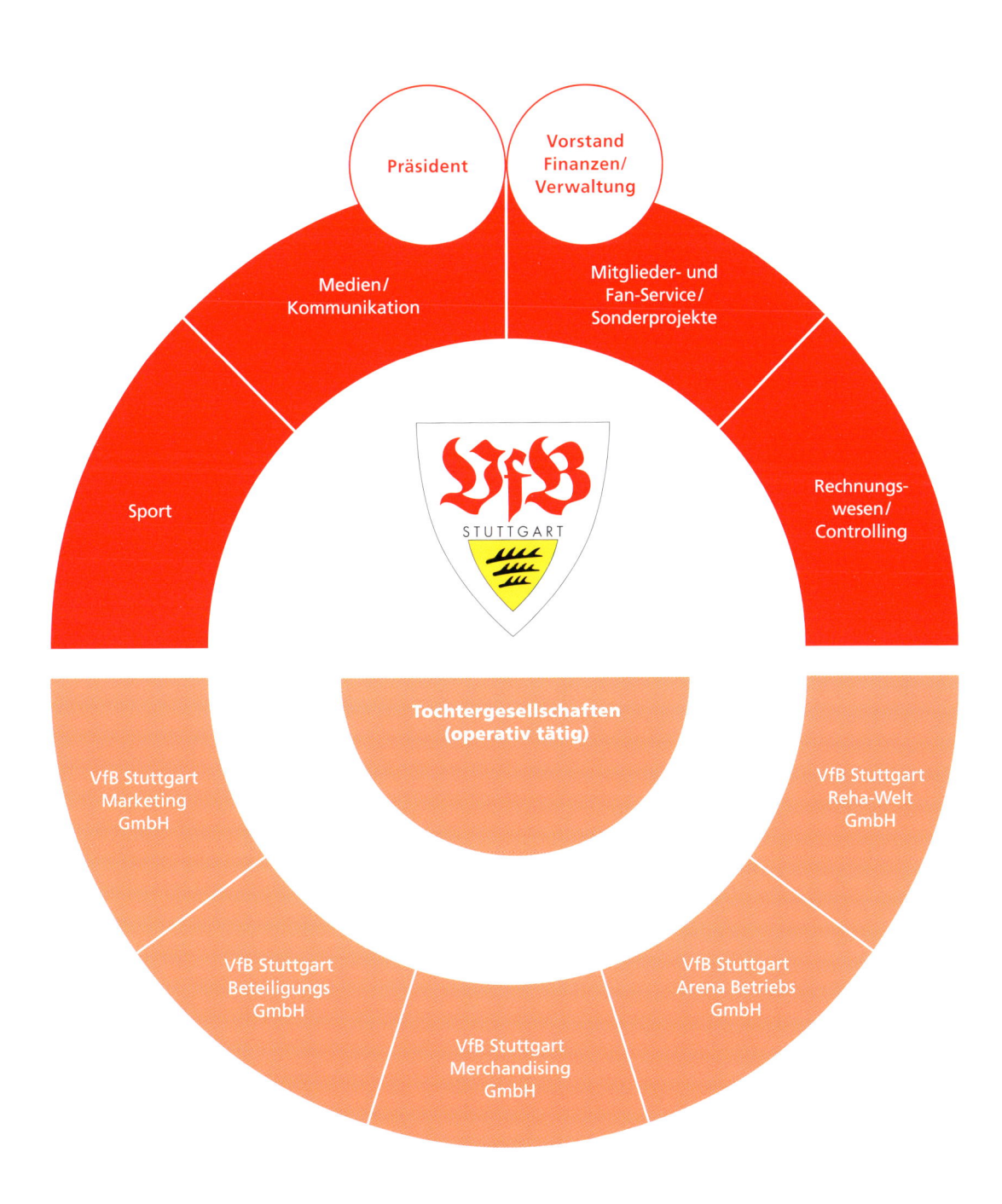

- Präsident
- Vorstand Finanzen/Verwaltung
- Medien/Kommunikation
- Mitglieder- und Fan-Service/Sonderprojekte
- Sport
- Rechnungswesen/Controlling

Tochtergesellschaften (operativ tätig)

- VfB Stuttgart Marketing GmbH
- VfB Stuttgart Reha-Welt GmbH
- VfB Stuttgart Beteiligungs GmbH
- VfB Stuttgart Arena Betriebs GmbH
- VfB Stuttgart Merchandising GmbH

Von Pelé bis Maradona

Der VfB ist eine feste Größe auf der europäischen Bühne

58 internationale Spiele absolvierte Zvonimir Soldo für den VfB. Öfter als der Kroate trug keiner das Trikot mit dem roten Brustring auf der europäischen Fußballbühne. 1998 waren Soldo und der VfB ganz nah dran am ersten europäischen Titel. Doch das Finale des Europapokals der Pokalsieger gewann der FC Chelsea. Begeisternde Spiele des VfB gab es aber auch noch viele andere auf dem internationalen Parkett.

Große Spiele **91**

1 Drama in Turin: 1979 reicht Hermann Ohlichers Last-Minute-Tor zum Einzug in die zweite Runde
2 Sternstunde: 2003 besiegt der VfB im ersten Heimspiel der Champions League Manchester United mit 2:1
3 Cacau köpft das 1:0 gegen den FC Barcelona. Im Hinspiel des Champions-League-Achtelfinales erkämpft sich der VfB 2010 ein 1:1
4 1998 verlieren Krassimir Balakov und der VfB im Europapokal-Finale gegen den FC Chelsea mit 0:1
5 1989 zieht der VfB im UEFA-Cup-Finale gegen Diego Maradona und den SSC Neapel nur hauchdünn den Kürzeren
6 Duell mit einem Weltstar: Günter Seibold (rechts) 1963 im Zweikampf mit dem Brasilianer Pelé

Guido Buchwald
Geboren: 24. Januar 1961 in Berlin.
Beim VfB aktiv von 1983 bis 1994,
325 Bundesliga-Spiele, 28 Tore,
76 Länderspiele für Deutschland,
Weltmeister 1990.

VfB STUTTGART

»furchtlos und treu«

UEFA-Cup-Finale gegen SSC Neapel
Auge in Auge mit Maradona

Von Reiner Schloz

„Ich kann das Gefühl kaum beschreiben. Es ist einfach irre. Ich hatte einen Traum, und er ist in Erfüllung gegangen. Das hat der liebe Gott so gemacht."
Maurizio Gaudino über „sein" UEFA-Cup-Finale 1989 mit dem VfB gegen den SSC Neapel und Diego Maradona

Die Sache war gegessen. Don Antonio ließ Hummer auffahren, nahm das Vieh in die Zange und philosophierte über Völkerfreundschaft, Fußball und das Genie, das die Götter Neapel geschenkt hatten. Dass Diego Maradona seine Dienstreise nach Stuttgart mit Glanz und Gloria bestehen würde, war längst beschlossen. Der Chef des „Vesuvio" auf der Waldau brodelte wie ein Vulkan. Vitorio Raio notierte eifrig, was der euphorische Restaurantbesitzer zum Besten gab. Im UEFA-Cup-Finale war Halbzeit. Der Journalist von Neapels Fachblatt *Sport Sud* hatte die Pause für einen Kulturtrip nach Stuttgart genutzt und sich auf die Spurensuche nach den ausgewanderten Landsleuten gemacht. Den ganzen Tag pilgerte er von Ristorante zu Pizzeria, genoss den Wein und traf viele nette Menschen. Stuttgarts Neapolitaner würden den Schwaben mal zeigen, wo der Barthel den Most holt. Die Stadt stand kopf.

Im Mai 1989 betrat der VfB Stuttgart erstmals die Beletage des europäischen Fußballs – und traf auf Bella Napoli. Im Finale um den UEFA-Cup ging es plötzlich gegen die berühmte Zaubertruppe des SSC Neapel, gespickt mit Weltstars. Und es ging gegen den Besten von allen: Diego Maradona. Sicher, der VfB hatte im Lauf der Jahre im UEFA-Cup schon manche Schlacht geschlagen, aber er war immer rechtzeitig ausgeschieden. Bevor es ernst wurde. Das Flair des Weltfußballs kannte die Mannschaft nur aus den Erzählungen von Trainer Arie Haan. Der zweifache Vize-Weltmeister aus Holland hatte in den frühen Siebzigern mit Ajax Amsterdam Europapokal-Geschichte geschrieben. Und anlässlich einer Sightseeingtour durch Barcelona während eines Trainingslagers ließ der Weltmann seine Mannschaft an seinen Erfahrungen teilhaben. Als der Bus die Schüssel Camp Nou passierte, griff der Trainer zum Mikrofon: „Hier ein Tor zu schießen", hob der fliegende Holländer ab, „ist das Allergrößte." Auf den hinteren Bänken meldete sich der Jungspund Gerhard Poschner mit einer nicht ganz unberechtigten Frage: „Trainer, für oder gegen Barcelona?"

Haan mochte es, wenn seine Spieler frech wurden. Frechheit siegt meistens. Vielleicht hat das ja geholfen. Tatabánya, Dinamo Zagreb, FC Groningen, San Sebastián und Dynamo Dresden – es waren zwar nicht die Top-Adressen, gegen die sich der VfB bis in dieses Finale gedribbelt hatte, aber bei der Tour durch Europa hatten sich die Spieler unter Haans Anleitung ein paar Dinge angeeignet, die mehr als nur den Glauben stärkten.

Da war dieser 3:1-Erfolg im Hexenkessel von Zagreb an dem Tag, als VfB Profi Srecko Katanec vom Tod seines Vaters erfuhr und vor Spielbeginn Hals über Kopf abreiste. Da war dieses Tor von Karl Allgöwer in Groningen, ein Hammer fast von der Mittellinie, als den Spielern Flaschen, Gaspatronen und Schirme um die Ohren flogen. Und da war Torwart Eike Immel, der im Elfmeterkrimi von San Sebastián plötzlich fünf Arme zu haben schien und zum Matchwinner wurde. Der VfB biss sich durch, Haan grinste, und Allgöwer, eher der besonnene Typ, wunderte sich: „Der Trainer hat uns auf jeden Gegner richtig eingestellt, hundertprozentig. Was er uns sagte, traf jedes Mal ein."

Und dann dieses Durcheinander. Beim Hinspiel zum Empfang in Neapel musste die Stuttgarter Delegation so ziemlich alles über sich ergehen lassen, was die süditalienische Seele so zu bieten hat – von gestenreicher Gastfreundschaft bis hin zu liebevoller Arroganz. „Arie Haan ist ein gefährlicher Trainer", rang sich Neapels Kollege Ottavio Bianchi in Ermangelung weiterer Kenntnisse über den Gegner ab. Maradona, meldeten die Gazetten, solle von einem gewissen Jürgen Hartmann bewacht werden. Hartmann? In Neapel konnten sie nicht mal den Namen aussprechen. Für Menschen und Medien bestand die Mannschaft eh nur aus einem Spieler: Maurizio Gaudino.

Gaudino ist in Brühl aufgewachsen, entsprechend streng ist sein Dialekt – ebenso wie sein südlicher Zungenschlag im Italienischen, der ihn für einen gestandenen Mailänder kaum verständlich macht. Papa Antonio hatte einst von Neapel aus über die Alpen gemacht. Jetzt kam der Sohn des Gastarbeiters als deutscher Fußballstar zurück. Eine Wahnsinnsgeschichte, an der Arie Haan seinen Anteil hatte. Der Holländer hatte den seelenverwandten Bruder Leichtfuß und sensiblen Ballkünstler derart auf Erfolg gebürstet, dass Gaudino seinen Trainer selbst im Poolbillard bezwang. Und das wagte sonst keiner.

Ein Traum wird wahr: Ausgerechnet Gaudino bringt den VfB im Hexenkessel in Führung.

Jetzt, in der Heimat, nahmen sie ihm vor Begeisterung die Luft zum Atmen. Umringt von Medien, Massen und der gesamten Familie einschließlich des dritten Verwandtschaftgrads taumelte Gaudino seinem Spiel entgegen. Im Urlaub hatte er schon

Jürgen Klinsmann gewinnt das Kopfballduell, nach den beiden Endspielen jubelt allerdings Neapel

oft seine Brüder hier besucht. Sie waren dann ins Stadion gegangen, um Maradona anzufeuern. Jetzt war er selbst dran: gegen seinen Maradona, in seinem Hexenkessel.

San Paolo: Das Stadion war in Rauch und bengalische Feuer gehüllt. Die Fans schmetterten Arien von Verdi und Puccini. Trommler gaben den Takt vor. Man verstand sein eigenes Wort nicht mehr. Karl Allgöwer gab später zu Protokoll: „Ich habe ein völlig neues Gefühl erlebt. Ich habe mich von dieser phantastischen Atmosphäre mitreißen lassen." Es war unfassbar, wie das Spiel. Verdammt noch mal, es hätte anders laufen können. Nach diesem Traumstart. Die komische Oper auf den Rängen wollte kein Ende nehmen. Dann ging der VfB in Führung. Nach 18 Minuten. Durch Gaudino. Ausgerechnet Gaudino.

Die Tifosi sangen unbeirrt weiter. Aber die mitgereisten VfB Fans begannen zu träumen: War die Sensation möglich? Von wo droht jetzt die Gefahr? Maradona? Careca? Carnevale? Alemão? Oder De Napoli? Der VfB rechnete mit allem – nur nicht Gerassimos Germanakos. Der griechische Schiedsrichter feierte seinen Abschied von der internationalen Bühne. Und der sollte harmonisch verlaufen. Da drückt man schon mal ein Auge zu. Als der Druck der Gastgeber immer größer wurde, übersah er im VfB Strafraum großzügig Maradonas „Hand Gottes". Nicht aber zwei Sekunden später die schwäbischen

Noch ein Nadelstich: Gelb für Buchwald, er war für das Rückspiel gesperrt.

Griffel von Günther Schäfer. Elfmeter. 1:1. Eine schreiende Ungerechtigkeit. Und es kam noch dicker. Germanakos zeigte zum Ensetzen aller Stuttgarter Defensiv-Chef Guido Buchwald die Gelbe Karte. Damit war er fürs Rückspiel gesperrt. Dass sich Buchwald ein Jahr später „rächen", Maradona im WM-Finale von Rom gegen Argentinien ausschalten, damit maßgeblichen Anteil am deutschen WM-Triumph haben und von Franz Beckenbauer zum Dank den Spitznamen „Diego" erhalten würde, konnte zu diesem Zeitpunkt noch niemand wissen. Die Realität im San Paolo hatte Schlimmeres vorgesehen. Kurz vor Schluss machte Careca das 2:1 für Neapel. Trotzdem: Damit war für das Rückspiel ja noch nichts verloren. Allerdings: Die Begegnung ist

Chef-Sache: VfB Kapitän Karl Allgöwer und Diego Maradona vor dem Final-Rückspiel

schnell erzählt. Im seit Wochen ausverkauften Neckarstadion empfing der nicht italienische Teil der Zuschauer Maradona angesichts des Handgemenges aus dem ersten Spiel mit einem Pfeifkonzert. Aber der Unmut hielt nicht lange an. Das Warmlaufen beendete der Superstar schon nach zwei Minuten. Er blieb am Mittelkreis stehen und stemmte die Hände in die Hüften. Er beobachtete den Ballkünstler, der als Vorspiel zur Volksbelustigung engagiert worden war. Maradona spendete Applaus – und bat den Artisten um den Ball. Dann zauberten sie zusammen. Varieté in Vollendung. Zehn Minuten vor dem Finale. Das Stadion tobte. Maradona hatte alle im Sack. Die ganze Arena. Und den VfB auch. Neapel machte eine halbe Stunde lang ernst und führte schnell mit 3:1. Maradona, noch angestochen vom artistischen Vorspiel, schlug Pässe wie von einem anderen Stern: hintenrum, über Kopf, mit der Hacke. Am Ende stand es 3:3. Neapel hatte den Pott und der VfB die Gewissheit, sich Auge in Auge mit dem Superstar achtbar geschlagen zu haben. Jürgen Hartmann, der in 180 Minuten gegen Maradona sehr gut gespielt und trotzdem manchen Ball nicht gesehen hatte, schüttelte den Kopf: „Dem springt kein Ball vom Fuß, und man kann nur ahnen, was dieser Mann im nächsten Moment macht."

Maurizio Gaudino hatte derweil endgültig Frieden mit seinem Beruf geschlossen, der ihm zuvor jahrelang so zu schaffen gemacht hatte. „Ich kann", sagte er, „mein Gefühl kaum beschreiben. Es ist einfach irre. Ich hatte einen Traum. Und er ist in Erfüllung gegangen. Das hat der liebe Gott so gemacht." Und Maradona. Natürlich.

96 Große Spiele

1 Krassimir Balakov im Europapokal-Finale 1998 gegen Chelsea
2 Fritz Walter trifft beim historischen Sieg gegen Bayern München am 9. November 1989, dem Tag des Mauerfalls
3 Zvonimir Soldo vor dem Champions-League-Triumph 2003 gegen Manchester United
4 Georg Volkert (links) und Karlheinz Förster jubeln 1979 nach dem Coup von Turin
5 Nach dem Weiterkommen des VfB bricht 1979 in Turin das Chaos aus
6 Alexander Hleb und das Duell 2010 gegen den FC Barcelona

Gänsehaut pur

Der VfB erobert die Champions League im Sturm

VfB Stuttgart – FC Santos 1:3 (1:0) Samstag, 8. Juni 1963, Freundschaftsspiel. Aufstellung: Günter Sawitzki – Hans Eisele, Günter Seibold – Rudi Entenmann, Klaus-Dieter Sieloff, Eberhard Pfisterer, Friedrich Zipperer, Theodor Hoffmann, Gerhard Wanner, Dieter Höller, Manfred Reiner. VfB Tor: 1:0 Reiner (19.).
Wenn bei einem Freundschaftsspiel das Stadion aus allen Nähten platzt, muss es sich um eine ganz besondere Paarung handeln. Als vor dem Bundesliga-Start 1963 der FC Santos im Neckarstadion seine Visitenkarte abgibt, steht ganz Stuttgart kopf. Denn bei den brasilianischen Ballkünstlern zaubert kein Geringerer als Superstar Pelé. Keine Frage: Der Auftritt gegen das Glamour-Team gehört wahrscheinlich zu den bedeutendsten Testspielen der VfB Historie. Vor 51.000 Zuschauern führt der VfB nach einem abgefälschten Schuss von Manfred Reiner sogar mit 1:0. Doch nach der Pause drehen die Brasilianer auf. Pelé verwandelt einen Foulelfmeter, ehe Dorval und Coutinho in der Schlussphase für einen 3:1-Sieg des FC Santos sorgen. Für die Fans und auch die Spieler des VfB ist die Partie aber ein einzigartiges Erlebnis. Vor allem für Rudi Entenmann. Er kümmert sich auf dem Feld leidenschaftlich um Pelé.

AC Turin – VfB Stuttgart 2:1 (1:0) nach Verlängerung Mittwoch, 3. Oktober 1979, UEFA-Cup, 1. Runde, Rückspiel: Aufstellung: Helmut Roleder – Bernd Martin, Dragan Holcer, Karlheinz Förster, Bernd Förster, Roland Hattenberger – Hermann Ohlicher, Hansi Müller – Walter Kelsch, Bernd Klotz, Georg Volkert. VfB Tor: 2:1 Ohlicher (120.).
Der Hauptdarsteller in der Hölle von Turin kommt aus Aserbaidschan. Schiedsrichter Eldar Asim Zade sorgt mit reihenweise Fehlentscheidungen für Stürme der Entrüstung im VfB Lager. Und doch rennen der Schiedsrichter und die Stuttgarter Spieler am Ende gemeinsam um ihr Leben. Begünstigt durch zahlreiche fragwürdige Entscheidungen, holt der AC Turin zunächst das 0:1 aus dem Hinspiel auf, geht in der Verlängerung sogar mit 2:0 in Führung und wähnt sich bereits in der nächsten Runde. Doch der Fußballgott zeigt in letzter Sekunde sein weiß-rotes Herz. Denn in der 120. Minute erkennt der Unparteiische einen Treffer von Hermann Ohlicher an, obwohl diesem ein klares Handspiel vorausgeht. Aufgrund der Auswärtsregel ist der VfB weiter. Das Geschehen gerät nun völlig aus den Fugen. „Wer redet hier noch von Fußball? Das war Krieg", stellt Präsident Gerhard Mayer-Vorfelder fest. VfB Spieler werden von

Ordnern tätlich angegriffen, mitgereiste Journalisten werden mit Steinen und Früchten beworfen, und im Stadion setzen die Carabinieri Tränengas ein, um die aufgebrachten italienischen Anhänger zu bändigen. Rund um das Stadion werden die Stuttgarter Anhänger vom Turiner Mob durch die Stadt gejagt. Autos mit deutschen Kennzeichen werden demoliert. Bei der Abfahrt aus dem Stadion wird der VfB Bus trotz Polizeieskorte attackiert, rund um das Mannschaftshotel herrscht die ganze Nacht Belagerungszustand. Auf den Zimmern wird trotz tränender Augen kräftig gefeiert.

VfB Stuttgart – FC Chelsea 0:1 (0:0) Mittwoch, 13. Mai 1998, Europapokal der Pokalsieger, Finale. Aufstellung: Franz Wohlfahrt – Murat Yakin – Thomas Schneider, Thomas Berthold, Marco Haber – Zvonimir Soldo – Gerhard Poschner, Krassimir Balakov, Matthias Hagner – Fredi Bobic, Jonathan Akpoborie.

Gianfranco Zola benötigt nur 30 Sekunden auf dem Platz, um den Traum des VfB vom ersten internationalen Titel zu zerstören. Der Italiener wird in der 71. Minute eingewechselt und trifft bereits bei seiner ersten Ballberührung ins Tor. Wie 1989 gegen den SSC Neapel scheitert der VfB auch diesmal im Finale. In Stockholm hat der VfB gegen den FC Chelsea nur in der ersten Hälfte eine Chance. Am Ende muss auch Trainer Joachim Löw in seinem letzten Spiel auf der VfB Bank zugeben: „Mit unseren hohen Bällen standen wir gegen diese Chelsea-Deckung auf verlorenem Posten."

VfB Stuttgart – Manchester United 2:1 (0:0) Mittwoch, 1. Oktober 2003, 2. Gruppenspiel Champions League. Aufstellung: Timo Hildebrand – Andreas Hinkel, Fernando Meira, Marcelo Bordon, Philipp Lahm – Zvonimir Soldo – Jurica Vranjes, Alexander Hleb – Horst Heldt – Kevin Kuranyi, Imre Szabics. VfB Tore: 1:0 Imre Szabics (50.), 2:0 Kevin Kuranyi (52.).

Es gibt Ereignisse, die man nie vergisst. Dazu gehört für VfB Anhänger der erste Heimauftritt des Vereins in der Champions League. Jeder Fan weiß, wo er diesen grandiosen Abend erlebt hat. Vor allem die 50.348 Besucher im Stadion bekommen vermutlich noch heute allein beim Gedanken daran Gänsehaut. Der damalige Präsident Erwin Staudt hat später erzählt, wie sich am Tag nach dem Spiel eine Frau bei ihm gemeldet hat. Am Telefon schwärmte sie vom Gemütszustand ihres Mannes: „Herr Staudt, mein Mann war so glücklich, so habe ich ihn noch nie gesehen. Könnten Sie das wiederholen?" Dem heutigen VfB Ehrenpräsidenten geht es wie dem guten Mann: „Wer dabei war, wird diesen Abend nie vergessen." Zu überraschend schwappen die Emotionen über die Fans. Zu sensationell ist der Erfolg gegen eine der seinerzeit stärksten Vereinsmannschaften Europas. Zu begeisternd ist der erste Heimauftritt des VfB in der Königsklasse. Zu beeindruckend ist die Geburtsstunde der „Jungen Wilden" um Timo Hildebrand, Andreas Hinkel, Philipp Lahm, Alexander Hleb und Kevin Kuranyi.

45 Minuten hat sich der VfB Zeit gelassen. Mit jeder Spielminute wird der Respekt vor dem vermeintlich übermächtigen Gegner von der Insel allerdings kleiner. Immerhin stehen für Manchester Weltstars wie Rio Ferdinand, Roy Keane, Ryan Giggs, Cristiano Ronaldo und Ruud van Nistelrooy auf dem Platz. Doch nach der Pause erlebt Stuttgart außergewöhnliche 120 Sekunden. Zunächst stürmt der Ungar Imre Szabics auf und davon und trifft per Flachschuss zum 1:0. Während die Fans noch tanzen, erhöht Kevin Kuranyi mit einem Schuss aus 18 Metern unter die Latte auf 2:0. Doch der VfB muss zittern, da Ruud van Nistelrooy per Elfmeter verkürzt (67.) und Fernando Meira für den VfB einen Strafstoß verschießt (79.). Aber am Ende reicht es zu einem historischen 2:1-Erfolg. Der VfB ist in der Königsklasse angekommen – und wie. Mit vier Siegen zieht das Team von Trainer Felix Magath anschließend auf Anhieb ins Achtelfinale ein. Dort ist aber gegen den FC Chelsea Endstation.

VfB Stuttgart – FC Barcelona 1:1 (1:0) Dienstag, 23. Februar 2010, Champions League, Achtelfinale, Hinspiel. Aufstellung: Jens Lehmann – Stefano Celozzi, Serdar Tasci, Matthieu Delpierre, Cristian Molinaro – Timo Gebhart, Christian Träsch, Sami Khedira, Alexander Hleb – Cacau, Pavel Pogrebnyak. VfB Tor: 1:0 Cacau (25.).

Timo Gebhart flankt. Cacau gewinnt das Luftduell gegen Carles Puyol – und der Ball landet im rechten Eck. Der VfB führt überraschend, aber hochverdient gegen den scheinbar übermächtigen FC Barcelona (25.). Gegen die Katalanen spielt der VfB anschließend wie entfesselt. Zweimal wird dem VfB ein klarer Elfmeter verweigert. Cacau, Christian Träsch und Pavel Pogrebnyak haben weitere hochkarätige Chancen. Zeitweise wird Barcelona durch das aggressive Spiel mit hoher Laufbereitschaft aller Stuttgarter förmlich an die Wand gespielt. Doch Barcelona rettet sich in die Kabine und demonstriert nach der Pause höchste Effizienz. Zlatan Ibrahimovic scheitert zunächst an Torhüter Jens Lehmann, den Abpraller verwandelt er aber zum 1:1-Endstand (52.). Ein denkwürdiger Abend. Auch wenn der mögliche Sieg letztendlich doch verpasst wird.

Große Spiele **99**

Der erste Sieg in der Champions League
Die nachgestellten Tore beim 2:1-Triumph des VfB am 1. Oktober 2003 gegen Manchester United

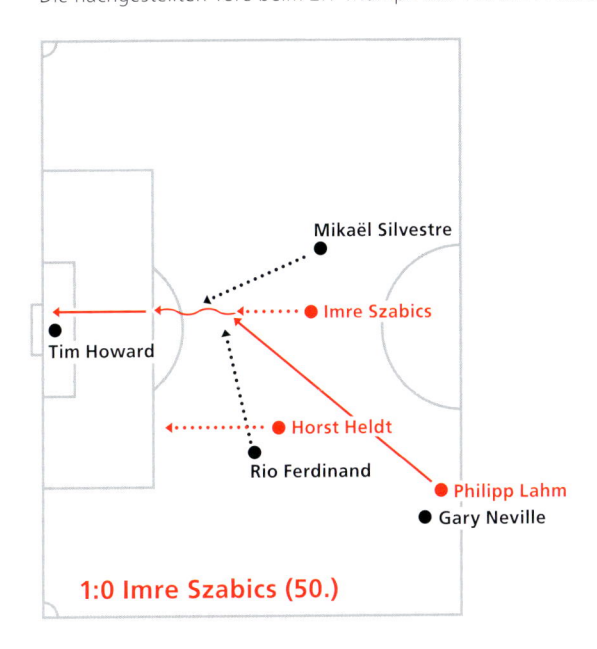

1:0 Imre Szabics (50.)

2:0 Kevin Kuranyi (52.)

— Pass oder Schuss   ···· Laufweg ohne Ball   ～ Laufweg mit Ball

Nach einer Kopfball-Vorlage von Philipp Lahm schaltet Imre Szabics am schnellsten und trifft flach zum 1:0.

Imre Szabics leitet einen Pass von Alexander Hleb in den Lauf von Kevin Kuranyi weiter, der den Ball unter die Latte setzt.

Historischer Pokalsieg

09.11.1989

Am Tag, als in Berlin die Mauer fällt, schreibt auch der VfB Stuttgart Geschichte. Den bisher einzigen Pokalsieg gegen Bayern München feiert der Verein ausgerechnet an jenem historischen Donnerstagabend des 9. November 1989. 67.800 Besucher im damaligen Neckarstadion können die Frage, wo sie den Mauerfall erlebt haben, klar beantworten: beim 3:0-Erfolg des VfB gegen Bayern München. Fritz Walter bringt Stuttgart mit einem Kopfballtreffer in Führung (43.). Jürgen Hartmann (64.) und erneut Fritz Walter (77.) besiegeln die Bayern-Pleite. Von den Ereignissen in Berlin bekommen viele Fans im Stadion wenig mit. Die Partie beginnt mit Verspätung, und erst nach und nach sickert der Grund dafür durch. Zwölf Millionen Fernsehzuschauer verfolgen den Pokaltriumph, da die ARD nicht darauf verzichtet, die Live-Partie aus dem Programm zu nehmen. Viele warten auf Neuigkeiten aus Berlin und bekommen Stuttgarter Traumtore serviert. Der VfB hat die große Bühne genutzt und eine furiose Partie hingelegt. Der Bayern-Trainer heißt übrigens Jupp Heynckes.

Europa-Tour

27 Mal hat der VfB seit 1963 an einem europäischen Wettbewerb teilgenommen – dreimal davon in der Champions League, zweimal im Europapokal der Landesmeister. Zwei Starts im Pokalsieger-Wettbewerb stehen 20 in der Europa League beziehungsweise dem UEFA-Cup gegenüber.

9:0 gegen Olympiakos Nicosia – der Hinspiel-Erfolg im UEFA-Cup am 20. September 1973 ist der bislang höchste Europapokal-Sieg des VfB. Die höchste Niederlage setzte es am 17. März 2010 im Achtelfinal-Rückspiel der Champions League beim 0:4 gegen den FC Barcelona.

100 Die Titel

1 Fritz Walter präsentiert 1992 die Meisterschale
2 Erich Retter klärt beim Triumph 1952 in höchster Not
3 Trainer Joachim Löw nach dem Pokal-Coup 1997
4 Der erste Bundesliga-Titel 1984
5 Die Pokalhelden von 1954
6 Meistermacher Georg Wurzer wird nach dem Titelgewinn 1950 auf Schultern durch Stuttgart getragen
7 Der zweite Coup im Cup: 1958 feiert der VfB erneut
8 Jubelkorso nach dem Titelgewinn 2007

Die Titel **101**

Von 1950 bis 2007

Die Meisterschaften und Pokalsiege des VfB werden zu Feier-Tagen

In der Glasvitrine im Eingang des Klubheims an der Mercedesstraße stehen die beiden wichtigsten Trophäen, die es im deutschen Fußball zu gewinnen gibt: die Meisterschale und der DFB-Pokal. Sie stehen stellvertretend für die stolze Erfolgsbilanz des VfB Stuttgart: Fünfmal Deutscher Meister, dreimal davon in der Bundesliga. Und dreimal wurde der Verein Pokalsieger.

Deutscher Meister 1950
Endspiel in Berlin:
VfB – Offenbacher Kickers 2:1 (2:0).
Aufstellung: Otto Schmid – Erich Retter (Foto), Richard Steimle, Ernst Otterbach, Josef Ledl, Karl Barufka, Erwin Läpple, Robert Schlienz, Walter Bühler, Otto Baitinger und Rolf Blessing. VfB Tore: 1:0 Erwin Läpple (17.), 2:0 Walter Bühler (27.).

Die Meisterschaft 1950

Neue Helden

Von Michael Thiem

„Wie ich es geschafft habe, das zweite VfB Tor im Endspiel gegen Offenbach zu schießen, musste ich oft erzählen. Alle wollten wissen: Mensch Walter, wie hast du den denn mit deinem schwachen linken Fuß reingemacht? Sie hatten recht. Von Natur aus war ich eigentlich ein Rechtsfüßler. Aber diesen Ball habe ich mit links erwischt, und er ist in die Dreiangel geflogen. Hinterher habe ich nicht mehr so richtig gewusst, wie das eigentlich ging. Aber Hauptsache, er war drin, und wir waren Meister."
Walter Bühler

Der Stuttgarter Hauptbahnhof ist hoffnungslos verstopft. Am 26. Juni 1950 herrscht bereits kurz nach sieben Uhr morgens Ausnahmezustand. Die Eisenbahnverwaltung hat besondere Einlasskarten ausgegeben. Aus allen Fenstern rund um den Bahnhof beugen sich Köpfe, die Menschen hocken auf Treppen, Gerüsten und Dächern. Da viele auf die Strommasten klettern, wird aus Sicherheitsgründen der Strom abgeschaltet. Die Straßenbahn steht still. Auf ihren Dächern stehen jubelnde VfB Anhänger. Mit einer Sondermaschine der American Overseas Airlines sind die Spieler zuvor von Berlin nach Frankfurt geflogen. Von dort geht es mit der Bahn weiter. Je näher der geschmückte Sonderzug mit den VfB Spielern Stuttgart kommt, desto größer wird die Begeisterung entlang der Strecke. Im Schritttempo fährt der Zug in den Bahnhof. Einen Tag wie diesen hat es in der Stadt bis dahin noch nie gegeben. Mit unzähligen Transparenten werden die Spieler, die am Vortag in Berlin erstmals Deutscher Meister geworden sind, empfangen. Zur begeisterten Menge, die schon auf dem Bahnsteig den Helden zujubelt, gehören auch die Jugendspieler des VfB im weiß-roten Dress, der Vereinsvorstand und die Endspiel-Mannschaft von 1935. Sie hatte damals das Finale gegen den FC Schalke 04 mit 4:6 verloren und feiert nun ihre Nachfolger mit Tränen in den Augen.

Unter tosendem Applaus werden die Helden auf Schultern zu den bereitstehenden Fahrzeugen getragen. Alle Spieler erhalten Nelkensträuße und tragen Lorbeerkränze um den Hals. Einen besonderen „Schmuck" trägt Walter Bühler: Er präsentiert die Meisterschale. Zusammen mit Mannschaftskapitän Otto Schmid sitzt er in einem geöffneten Mercedes Cabrio. Zu den Gratulanten gehören Stuttgarts Oberbürgermeister Dr. Arnulf Klett und Friedrich Strobel, der Vorsitzende des Württembergischen Fußballverbands. Aus dem Hahn & Kolb-Haus auf der Königstraße ergießt sich ein Konfettiregen – vor allem für Erwin Läpple. Der Außenstürmer wird von seinen Arbeitskollegen gefeiert. Über den Schloßplatz hallen Böllerschüsse. Der Korso mit den neuen Fußballhelden zieht sich wie ein Gaudiwurm im Schneckentempo vom Hauptbahnhof über den Hindenburgplatz, über die Königstraße, durch die ganze Stadt, dann auf der Neckarstraße über die Brücke nach Cannstatt. Vor der Brauerei Wulle gibt es noch einen außerplanmäßigen Halt. Ein Silberpokal wird gefüllt und kreist in der Runde, die Maßkrüge klappern. Prost! Immer wieder lässt die Menge die VfB Spieler hochleben. Die Fahrt durch die Stadt wird zur Via triumphalis. „Wir hatten unwahrscheinlich Durst", erinnert sich Walter Bühler an die scheinbar nicht enden wollende Sause. Besiegelt wird der Abend in der Gaststätte „Herza-Bäck", dem Vereinstreff des VfB an der König-Karls-Brücke. Acht Tage später findet die

„Stuttgarts Spiel imponierte. Wir können uns mit diesem Meister überall sehen lassen."

offizielle Siegesfeier im Cannstatter Kursaal statt. Die Spieler erhalten eine Prämie von 2.000 Mark, eine Uhr, einen Hut, ein Erinnerungsfoto und eine 14-tägige Reise nach Altensteig. Als Erster überhaupt bekommt der VfB das von Bundespräsident Theodor Heuss neu gestiftete Silberne Lorbeerblatt überreicht. Der VfB ist die Nummer eins – in der Region, in Deutschland.

Mehr als ein halbes Jahrhundert später erleben die VfB Fans noch einmal die Begeisterung dieses außergewöhnlichen Tages. Auf der Hauptversammlung des VfB Stuttgart in der Stuttgarter Liederhalle werden im Jahr 2005 zur Einstimmung Schwarz-Weiß-Aufnahmen einer Dokumentation vom Titelgewinn gezeigt. Der „Wochenschau"-Film verursacht Gänsehaut. Denn es beginnt eine emotionale Zeitreise. Sie macht Station bei den entscheidenden Spielszenen und zeigt die erste große Feier in einer Stadt, die noch immer spürbar unter den Kriegsfolgen leidet. Der Triumph stellt sich zu einer Zeit ein, in der die Menschen darum kämpfen, die Hoffnung auf eine bessere Zukunft nicht zu verlieren. Der VfB Sieg sorgt in der Region für eine ähnliche Initialzündung wie vier Jahre später der Gewinn der Weltmeisterschaft beim Wunder von Bern in ganz Deutschland. Der VfB hat den Titel geholt. Der erste große Vereinstitel. Und der VfB hat damit vor allem Stuttgart zum Sieger gemacht. Die Bilder des anschließenden Empfangs von 300.000 begeisterten Anhängern bewegen die Mitglieder auch mehr als 50 Jahre später in der Liederhalle. Einige haben den historischen Moment selbst erlebt. Die meisten sehen die Ausschnitte von Spielszenen und dem überbordenden Jubel aber das erste Mal überhaupt. Als sich anschließend der damalige Präsident und heutige Ehrenpräsident Erwin Staudt an die Fans richtet, ist es mucksmäuschenstill. „Stuttgart liegt 1950 noch immer in Trümmern. Das Wunder von Stuttgart hat den Menschen Mut gemacht und vor Augen geführt, dass man aus eigener Kraft auch wieder Erfolg haben kann", so Staudt.

Um zu begreifen, was dieser Titelgewinn 1950 bedeutet hat, genügt ein Blick auf die Kulissen des Triumphzugs, auf den sich die Stuttgarter Fußballhelden nach dem 2:1-Finalsieg gegen die Offenbacher Kickers begeben. Viele Gebäude sind fünf Jahre nach dem Kriegsende noch immer Ruinen. Auch das Neue Schloss. Entblößte Kellermauern rund um den Stuttgarter Hauptbahnhof, in Behelfsbauten bieten einige Geschäfte auf der Königstraße ihre Waren an. Die Militärregierung der Sieger ist zwar 1949 zurückgetreten, aber noch immer gibt es ein Besatzungsstatut. Die Unfreiheit der Stadt Stuttgart ist in vielen Bereichen spürbar. Und über allem thront der Birkenkopf. Bis Oktober 1953 sind die Trümmer teilweise mit der Straßenbahn auf den sogenannten Monte Scherbelino gekarrt worden. Die Wohnungsnot ist enorm, teilweise hausen die Menschen in notdürftigen Baracken. Die Wunden, die 20.000 Spreng- und 1,3 Millionen Brandbomben bei 53 Fliegerangriffen auf Stuttgart verursacht haben, sind stille Zeugen des Triumphzugs durch die Stadt. Aber nicht nur Stuttgart, sondern die ganze Region huldigt den Helden, die durch den Titelgewinn einer ganzen Generation neue Hoffnung gegeben haben. Die Anerkennung der Massen ist verdient, aber hart erarbeitet. Hinter Meister SpVgg Fürth qualifiziert sich der VfB als Zweiter der

Triumph in Trümmern: Die Kriegsfolgen sind beim rauschenden Empfang der VfB Helden noch unübersehbar

Süddeutschen Oberliga für die Endrunde. Auf dem Weg ins Finale räumt der VfB dann den VfL Osnabrück (2:1), den 1. FC Kaiserslautern (5:2) und die SpVgg Fürth (4:1) aus dem Weg. Beim Endspiel im Berliner Olympiastadion vor mehr als 90.000 Anhängern hängt der sportliche Erfolg aber am seidenen Faden. Den Grundstein für den Triumph legt der VfB in der ersten

300.000 Menschen feiern den VfB. Die Meisterschaft macht Stuttgart zum Sieger.

Hälfte. Das 1:0 fällt nach 17 Minuten. Robert Schlienz passt auf Erwin Läpple, der aus 30 Metern flanken möchte. Doch das Vorhaben missglückt. Zum Glück für den VfB senkt sich der Ball ins obere rechte Toreck. Nur zehn Minuten später fasst sich Walter Bühler ein Herz, zieht mit links ab und trifft unhaltbar zum 2:0. Doch im zweiten Abschnitt ist weniger die spielerische Klasse der Stuttgarter gefordert, sondern Kampfkraft. Die Offenbacher Kickers verkürzen durch ein Abstaubertor von Horst Buhtz schnell auf 1:2 (47.). Das Stadion brodelt. Der VfB steht mit dem Rücken zur Wand. In der Sonderausgabe zum Finale beschreibt die *Sport-Illustrierte* die zweiten 45 Minuten. „Der VfB rührte keinen Beton an, sondern Hart-Gummi." Mit der Anspielung ist Otto Schmid gemeint. Der Torhüter, den alle nur „Gummi-Schmid" nennen, da er wie ein Gummi durch den Strafraum springt, macht vielleicht das Spiel seines Lebens. Er hechtet, faustet, fliegt durch den Strafraum. Der VfB Torwart bringt die Offenbacher Angreifer zur Verzweiflung. Aber alle arbeiten nun nach hinten. Am Ende ist es ein Sieg des Willens.

In diesem Moment werden Helden geboren. Neben „Gummi-Schmid" gehören dazu die Verteidiger Richard Steimle und Erich Retter, Publikumsliebling Karl Barufka, der Rechtsaußen Erwin Läpple und das Herz der Mannschaft, Robert Schlienz. Außenläufer Ernst Otterbach, Stopper Josef Ledl und die Stürmer Walter Bühler, Rolf Blessing und Otto Baitinger – eine Elf, die am 25. Juni 1950 VfB Geschichte schreibt. Nicht zu vergessen Georg Wurzer. Der Sepp Herberger des VfB, ein Taktikfuchs mit großem Sachverstand und eine Seele von Mensch. Es ist die Mission des erfolgreichsten Trainers der VfB

Der Größte: Robert Schlienz wird nach dem Titelgewinn auf Schultern vom Platz getragen

Historie, Schlienz nach seinem folgenschweren Autounfall und dem Verlust des linken Unterarms wieder auf den Platz zurückzubringen. Wurzer sitzt tagelang am Krankenbett und absolviert monatelang mit Schlienz ein Sondertraining. Er stellt den VfB Star auf die Position des Halbstürmers, damit dieser weniger Zweikämpfe bestreiten muss. Im Finale wirft sich Schlienz wie alle anderen aufopferungsvoll in jeden Schuss. Nach dem Abpfiff wird er auf Schultern vom Platz getragen. Er wird zum Symbol des Mythos VfB. „Es war das schönste Endspiel, das ich erlebt habe", stellt Dr. Peco Bauwens, Präsident des Deutschen Fußball-Bunds, fest. Und die *Sport-Illustrierte* bilanziert: „Stuttgarts Spiel imponierte. Wir können uns mit diesem Deutschen Meister überall sehen lassen."

106 Die Titel

1 Karl Bögelein hält im Finale 1952 bravourös
2 Völlig losgelöst: Die VfB Profis bejubeln den Titelgewinn 2007
3 Matthias Sammer 1992 mit der Meisterschale
4 Stuttgart steht still. Auf dem Schlossplatz feiern 300.000 Fans den Titelgewinn 2007
5 Trainer Helmut Benthaus fällt 1984 Hermann Ohlicher nach dessen Siegtor in Bremen um den Hals. Eine Woche später macht der VfB den ersten Bundesliga-Titel perfekt

Der Kessel kocht

Die Sternstunden des VfB – manchmal überraschend, aber immer wunderschön

Deutscher Meister 1952 Endspiel in Ludwigshafen: VfB – 1. FC Saarbrücken 3:2 (2:1). Aufstellung: Karl Bögelein – Rolf Krauß, Richard Steimle – Robert Schlienz, Erich Retter, Karl Barufka – Otto Baitinger, Leo Kronenbitter, Roland Wehrle, Peter Krieger, Rolf Blessing. VfB Tore: 1:1 Robert Schlienz (18.), 2:1 Otto Baitinger (43.), 3:2 Otto Baitinger (73.).

Ruhender Pol, Torschütze und große Persönlichkeit – ohne Robert Schlienz wäre der VfB vermutlich 1952 nicht Deutscher Meister geworden. Während der Kapitän im entscheidenden Spiel um den Einzug ins Finale gegen den VfL Osnabrück (3:1) noch verletzt zuschauen muss, führt er zwei Wochen später den VfB im Endspiel gegen Saarbrücken zum zweiten Titelgewinn. Schlienz leitet mit dem 1:1 die Wende ein. Die beiden anderen VfB Treffer erzielt Otto Baitinger. Matchwinner ist auch Karl Bögelein. Der Torhüter rettet mit reihenweise Glanzparaden den Vorsprung. Wie zwei Jahre zuvor wird der VfB von den Anhängern in Stuttgart euphorisch empfangen. Wieder wirft sich die Stadt in ihr Festgewand und lässt die Meister-Elf nach allen Regeln der Kunst hochleben. Mehrere Hunderttausend Anhänger sind auf den Straßen und jubeln dem Autokorso zu.

DFB-Pokalsieger 1954 Endspiel in Ludwigshafen: VfB – 1. FC Köln 1:0 (0:0, 0:0) n.V. Aufstellung: Karl Bögelein – Erich Retter, Richard Steimle – Pit Krieger, Robert Schlienz, Karl Barufka – Ludwig Hinterstocker, Otto Baitinger, Walter Bühler, Rolf Blessing, Erwin Waldner. VfB Tor: 1:0 Waldner (94.).

Der Jüngste im Team sorgt für den ersten VfB Coup im Cup. Nach äußerst defensiv geprägten, torlosen 90 Minuten (Bundestrainer Sepp Herberger: „Die sin so defensiv. S's kee guts Spiel") wird Erwin Waldner in der Verlängerung des Pokalfinales vor 60.000 Zuschauern in Ludwigshafen gegen den 1. FC Köln zum Matchwinner. Der damals 21-Jährige nimmt nach einem Steilpass von Robert Schlienz den Ball im Strafraum geschickt an, schlägt einen Haken und verwandelt aus spitzem Winkel mit links zum 1:0 (94.). Frans de Munck, der Holländer im Kölner Tor, ist chancenlos. Es ist bereits nach vier Minuten der Verlängerung die Entscheidung. Denn auf die VfB Abwehr ist Verlass. Erfolgstrainer Georg Wurzer lobt seinen Youngster Waldner anschließend auf dem Bankett im „Ebertpark": „Fein, wie der Erwin nach seinem Tor hinten verteidigt hat – damit ihm keiner mehr sein 1:0 vermasseln konnte."

DFB-Pokalsieger 1958 Endspiel in Kassel: VfB – Fortuna Düsseldorf 4:3 (3:3, 1:0) n.V. Aufstellung: Günter Sawitzki – Rolf Eisele, Günter Seibold – Oskar Hartl, Rudolf Hoffmann, Robert Schlienz – Erwin Waldner, Rolf Geiger, Lothar Weise, Rolf Blessing, Dieter Praxl. VfB Tore: 1:0 Praxl (36.), 2:2 Geiger (62.), 3:2 Waldner (68., Elfmeter), 4:3 Weise (113.).

Wieder in der Verlängerung, wieder mit etwas Glück: Daher schnappt sich Robert Schlienz auf dem Bankett nach dem Endspielsieg gegen Fortuna Düsseldorf den DFB-Pokal, füllt ihn mit Sekt und lässt ihn durch die Reihen der Verlierer kreisen. Nach turbulenten 90 Minuten, in denen der VfB zweimal führt, aber kurz nach der Pause auch 1:2 zurückliegt, erzielt Lothar Weise sieben Minuten vor dem Ende der Verlängerung das Siegtor. Oder ist es Rolf Blessing gewesen? Oder doch Dieter Praxl? Gegen Spielende ist es im Auestadion in Kassel schon so dunkel, dass das Rätselraten um den Schützen des vierten VfB Tors erst in der Kabine gelöst wird. Dort kursieren viele Namen. Am Ende einigt man sich auf Weise. Der Mittelstürmer ist erst kurz zuvor aus der DDR in den Westen gekommen. Mit seinem Kopfballtor hat er VfB Geschichte geschrieben.

Deutscher Meister 1984 Entscheidendes Bundesliga-Spiel: Werder Bremen – VfB 1:2 (0:0). Aufstellung: Helmut Roleder – Günther Schäfer, Kurt Niedermayer, Karlheinz Förster, Bernd Förster – Guido Buchwald, Karl Allgöwer, Hermann Ohlicher, Asgeir Sigurvinsson – Peter Reichert, Dan Corneliusson. VfB Tore: 0:1 Sigurvinsson (62.), 1:2 Ohlicher (82.).

Endstation Sehnsucht. Das lange Warten auf den dritten Titel hat ein Ende: Nach 32 Jahren wird der VfB wieder einmal Deutscher Meister. Erstmals in der Bundesliga. Die Entscheidung fällt bereits am vorletzten Spieltag. Die Mannschaft von Trainer Helmut Benthaus gewinnt bei Werder Bremen mit 2:1. Den Siegtreffer erzielt Hermann Ohlicher acht Minuten vor dem Ende per Abstauber. Da der direkte Konkurrent Hamburger SV gegen Eintracht Frankfurt überraschend mit 0:2 verliert, kann sich der VfB am letzten Spieltag gegen den HSV sogar eine hohe Niederlage leisten. Es wird ein 0:1, eine der schönsten Niederlagen des VfB. Denn nach der Partie gegen die Hanseaten präsentiert VfB Kapitän Karlheinz Förster den Fans die Meisterschale. Anschließend startet der Jubelkorso auf die zehn Kilometer lange Fahrt zum Stuttgarter Rathaus. Dort wird gemeinsam mit 25.000 Fans gefeiert. „Auf diesen Titel haben wir lange gewartet. Jetzt kann ihn uns keiner mehr nehmen", freut sich VfB Präsident Gerhard Mayer-Vorfelder.

Deutscher Meister 1992 Entscheidendes Spiel: Bayer Leverkusen – VfB 1:2 (1:1). Aufstellung: Eike Immel – Slobodan Dubajic – Günther Schäfer, Uwe Schneider – Andreas Buck, Guido Buchwald, Matthias Sammer, Ludwig Kögl, Maurizio Gaudino, Michael Frontzeck – Fritz Walter. VfB Tore: 1:1 Walter (43., Elfmeter), 1:2 Buchwald (86.).

Mit nur 32 Gegentreffern in 38 Partien – die Bundesliga bestand nach der Wende ein Jahr lang aus 20 Teams – hat der VfB die beste Abwehr. Und mit Fritz Walter trägt der Bundesliga-Torschützenkönig (22 Tore) das Trikot mit dem Brustring. Aber für die Titelentscheidung sorgt Guido Buchwald. Nach einer Flanke von Ludwig Kögl köpft er vier Minuten vor dem Ende des letzten Saisonspiels bei Bayer Leverkusen zum 2:1 ein. Der VfB setzt sich dadurch im Schlussspurt vor die bis dahin punktgleichen Konkurrenten Frankfurt und Dortmund und wird zum vierten Mal Deutscher Meister. Und das, obwohl Matthias Sammer in der 79. Minute die Rote Karte gesehen hat. Jener Sammer, der als unermüdlicher Antreiber und Torschütze in der Saison großen Anteil am Triumph hat. Unvergessen bleibt seine Energieleistung in der Begegnung gegen den Lokalrivalen Stuttgarter Kickers. Die „Blauen" liegen bis zur 77. Minute mit 1:0 in Führung. Doch dann beginnt die Sammer-Time. Mit dem Ergebnis, dass der VfB das Spiel noch 3:1 gewinnt. Erfolgshunger strahlt auch Christoph Daum aus. Der Motivationskünstler wird beim VfB zum Meistermacher. „Die Mannschaft war immer Außenseiter, aber ich wusste, dass sie über sich hinauswachsen kann", sagt Daum.

DFB-Pokalsieger 1997 Endspiel in Berlin: VfB – Energie Cottbus 2:0 (1:0). Aufstellung: Franz Wohlfahrt – Frank Verlaat – Marco Haber, Thomas Berthold – Zvonimir Soldo, Gerhard Poschner – Matthias Hagner, Krassimir Balakov, Thorsten Legat – Giovane Elber, Fredi Bobic. VfB Tore: 1:0 Elber (18.), 2:0 Elber (52.).

Der letzte Auftritt des „magischen Dreiecks" beschert dem VfB den dritten Pokalerfolg seiner Geschichte. Ausgerechnet der Brasilianer Giovane Elber, der den Verein in Richtung Bayern München verlassen wird, sorgt mit zwei Treffern für die Entscheidung. Krassimir Balakov bereitet beide Tore vor und krönt mit dem Pokalsieg seine starke Saisonleistung. Fredi Bobic avanciert in dieser Saison unter Trainer Joachim Löw endgültig zur Identifikationsfigur im Team der Roten. Gemeinsam erzielen sie in der Bundesliga 49 Tore und sind dafür verantwortlich, dass der VfB zeitweise als „Verein für Ballzauber" bezeichnet wird. Einen Tag nach dem Pokalsieg verabschiedet sich Elber vor 20.000 Fans auf dem Stuttgarter Rathausplatz mit rot gefärbten Haaren und Tränen in den Augen. Auch Löw steht mit gemischten Gefühlen auf dem Podium. Nach dem Triumph rasiert ihm Gerhard Poschner die Haare ab.

Deutscher Meister 2007 **Entscheidendes Spiel: VfB – Energie Cottbus 2:1 (1:1). Aufstellung: Timo Hildebrand – Ricardo Osorio, Fernando Meira, Matthieu Delpierre, Ludovic Magnin – Pavel Pardo, Roberto Hilbert, Thomas Hitzlsperger, Sami Khedira – Cacau, Marco Streller. VfB Tore: 1:1 Hitzlsperger (27.), 2:1 Khedira (63.).**
Stuttgart steht nicht nur still. Nein, der Kessel der Landeshauptstadt droht förmlich überzulaufen. 300.000 Menschen, so die Schätzungen, verwandeln die Innenstadt in ein weiß-rotes Jubelmeer. Erinnerungen an die Fußball-WM ein Jahr zuvor werden wach. Nur ist es diesmal noch emotionaler, noch euphorischer. Irgendwie noch schöner. Spätestens seit 17.29 Uhr gibt es an diesem sommerlichen 19. Mai kein Halten mehr. Zu diesem Zeitpunkt hält VfB Kapitän Fernando Meira die Meisterschale in den Himmel. Verkehrt herum. Es bleibt der einzige Fauxpas eines perfekten Fußballtages. Der anschließende Korso mit den VfB Profis steckt schon in der Mercedesstraße im Stau. Erst kurz vor Mitternacht erreicht die Mannschaft den Schlossplatz, um mit den Fantastischen Vier auf der Bühne zu rocken. Auf einem der vielen Transparente der Fans steht: „Danke!!! Für die geilste Saison aller Zeiten."

Mit einem mühsamen, aber verdienten 2:1 gegen Energie Cottbus hat der VfB die fünfte Meisterschaft perfekt gemacht. Nach dem 0:1 behält das Team von Trainer Armin Veh im letzten Saisonspiel die Nerven – so wie schon in der gesamten Saison. Thomas Hitzlsperger und Sami Khedira sorgen für die Wende und geben den Startschuss zu ganz großen Emotionen. Arm in Arm spazieren Trainer Armin Veh und Manager Horst Heldt wie einst Franz Beckenbauer bei der WM 1990 in Rom gedankenversunken über den Platz. Sie haben den VfB vom letzten Tabellenplatz am ersten Spieltag auf Rang eins geführt. Durch gezielte Verstärkungen wie die Mexikaner Pavel Pardo und Ricardo Osorio und den Einbau von Jungen Wilden wie Sami Khedira, Mario Gomez und Serdar Tasci an die Spitze gebracht. Präsident Erwin Staudt sucht nach dem Triumph nach Worten: „Wir haben etwas geschafft, was niemand erwarten konnte." Mit Tränen in den Augen verabschiedet sich Torhüter Timo Hildebrand. „Ich werde diese Fans, diese Mannschaft und diesen Verein, dem ich alles in meiner Karriere zu verdanken habe, nie vergessen", schickt Hildebrand einen letzten Gruß in die Cannstatter Kurve und erntet dafür tosenden Applaus.

Kapitäne des VfB beim Titelgewinn
Die Ersten an der Meisterschale

1950
Otto Schmid
Geboren: 9. Januar 1922; gestorben: 16. März 1963. Der Torhüter bestreitet 189 Oberliga-Spiele für den VfB, einige davon als Feldspieler, in denen er zwei Tore erzielt. Sein größter Erfolg ist der Gewinn des Meistertitels 1950.

1952
Robert Schlienz
Geboren: 3. Februar 1924, gestorben: 18. Juni 1995. Zunächst als Stürmer, später als Abwehrspieler eingesetzt, bestreitet er für den VfB 391 Pflichtspiele und erzielt dabei 143 Tore. Er gehört zur goldenen Generation des VfB in den 50er-Jahren und gewinnt zwei Meisterschaften sowie zwei Pokalsiege.

1984
Karlheinz Förster
Geboren: 25. Juli 1958. Der Manndecker und Vorstopper absolviert 272 Bundesliga-Spiele für den VfB und erzielt 17 Tore. Größter Erfolg ist der Gewinn der Deutschen Meisterschaft. Förster bestreitet 81 Länderspiele, wird 1980 Europameister, 1982 und 1986 Vize-Weltmeister.

1992
Guido Buchwald
Geboren: 24. Januar 1961. Der defensive Mittelfeldspieler spielt 325 Mal für den VfB und erzielt dabei 28 Tore. Sein größter Erfolg ist neben dem zweimaligen Gewinn der Deutschen Meisterschaft der Weltmeistertitel mit Deutschland 1990 in Italien.

2007
Fernando Meira
Geboren: 5. Juni 1978. Der Portugiese absolviert 173 Spiele für den VfB und erzielt dabei elf Tore. Sein größter Erfolg ist der Gewinn der Deutschen Meisterschaft 2007.

Von Hockey bis Garde

Tradition und Erfolge gibt es auch beim „anderen" VfB

Die im Schatten sieht man nicht? Von wegen. Der VfB Stuttgart hat schon seit seiner Gründung nicht nur auf Fußball gesetzt. Vor allem die Leichtathleten trugen den Namen des Klubs in alle Welt – bis hin zu den Olympischen Spielen. Heute ist der Verein mit sechs Abteilungen neben dem Profifußball breit aufgestellt. Ob Jugendliche beim Tischtennis, Senioren beim Faustball, Schiedsrichter auf lokalen Plätzen, Mädchen und Jungs beim Hockey oder langjährige Mitglieder, die in der Garde Geselligkeit erleben und Traditionen am Leben erhalten – es findet sich für vieles ein Platz beim VfB.

Abteilungen des VfB 111

1 Aller Anfang ist Matsch: die Leichtathleten des VfB, als es noch keine Aschen-
bahnen gibt
2 Die Zukunft ist schnell: Tobias Unger setzt
die Sprintertradition im Verein fort
3 Den Ball immer im Blick: der Tischtennis-
Nachwuchs beim Training
4 Ein magischer Moment: Faustballer bejubeln
2012 den Weltmeistertitel in Brasilien
5 Fußball mit Pfiff: Die Schiedsrichter des VfB
sind eine starke Truppe
6 Die Hockey-Abteilung des VfB ist mit
370 Mitgliedern die größte Gruppe außerhalb des Fußballs
7 Geselligkeit wird groß geschrieben: 2003
feierte die Garde ihr 50-Jahre-Jubiläum

Helmar Müller
Geboren: 11. August 1939 in Sombor, Serbien. Seit 1. Januar 1957 beim VfB. Größter Erfolg: Bronzemedaille mit der deutschen 4x400-Meter-Staffel bei den Olympischen Spielen 1968 in Mexiko.

Helmar Müller
Läufer mit Fußballerherz

Von Jürgen Löhle

„Der olympische Endlauf in Mexiko war der aufregendste Moment meines Lebens. Ich war aber nie ein Kraftläufer. Sprinten war für mich etwas Federleichtes, kaum Bodenkontakt, schnelle Schritte, tack-tack-tack."
Helmar Müller

Die Tür geht auf, nein, sie fliegt einem eher entgegen. Helmar Müller eilt herbei, schneller Schritt, ein Stapel Papiere unterm Arm. Ein fester Händedruck, dann gleich weiter in den Besprechungsraum. Bloß keine Zeit verlieren, heute ist Spieltag in der Dritten Liga. 90 Minuten gibt sich der Mann, um über seine Erfolge und Erlebnisse seit 1957 beim VfB Stuttgart zu berichten. Nicht viel für einen, der in seiner „sportlichen Heimat" so ziemlich alles gemacht hat, was man in einem Verein tun kann. Und auch herzlich wenig für einen, der von den Olympischen Spielen 1968 in Mexiko mit einer Bronzemedaille in der 4x400-Meter-Staffel nach Hause gekommen war. Aber wenn man sitzt und schwätzt, kann man nicht schaffen – und dieser Zustand ist dem Mannschaftsbetreuer der zweiten Fußballmannschaft nahezu unbekannt. Auch wenn der Kirchheimer weit in den 70ern ist und nicht mal Schwabe. Müller wurde 1939 in Sombor im heutigen Serbien geboren. Angesichts der Dynamik des Mannes mit dem wehenden Haar muss gleich die Frage raus: „Machen Sie auch mal Urlaub?" Müller überlegt nur kurz: „Ja, klar, ich war in den vergangenen 25 Jahren eine Woche Ski fahren und drei Tage in Rom."

Nicht lange fackeln und schnell sein, das war und ist bei ihm Programm. Immer schon. 1957 kam die Familie Müller nach Stuttgart. Der 18-jährige Helmar schaute bei der A-Jugend des VfB zu. Viel war nicht los, maximal 13 Jungs kamen regelmäßig zum Kicken, und Trainer Otto Schmid war immer auf der Suche nach neuen Leuten. Dem Torhüter der Meisterelf von 1950 fiel auf, was Müller heute so erklärt: „Mit dem Kicken war es anfangs nicht so weit her bei mir, aber ich war sehr schnell." Und so flugs im Endspiel um die Württembergische Meisterschaft gegen den SSV Ulm. So ein Finale war damals das Höchste, was man im Jugendfußball erreichen konnte. Der VfB verlor zwar 0:2, aber das hätte Müllers Fußballkarriere kaum geschadet. Es waren die Umstände.

Deutschland erlebte in dieser Zeit das Wirtschaftswunder, Müller die Härte des Alltags, wenn man mit 50 Mark im Monat als Lehramtsstudent in Tübingen durchkommen musste. Inklusive Miete wohlgemerkt. Müller studierte Geschichte, Philosophie, Politik und Sport. Und das selbstverständlich akkurat und schnell, so wie es der strenge Vater wollte. Fußball war da eher ein Problem. Wenn er zum Training nach Cannstatt wollte, musste er morgens um halb fünf zum Zug und war um Mitternacht zurück. Das war zu viel, aber ohne Training würde er am Ball nicht besser werden, das war ihm klar. Diese Situation war nichts für den Mann, der „ständig alles abwägt und einordnet". Also Schluss mit Fußball.

Aber nicht mit dem Sport. Müller war ein Allrounder. Tennis, Ski, Volleyball, alles. Und wenn er lief, war er über sich selbst erstaunt, weil es so einfach ging. 100 Meter in Fußballschuhen auf der Aschenbahn in 11,2 Sekunden, in Spikes stand sogar die 10 vor dem Komma – „und das alles ohne Training", wie er

Leichtathlet Müller: Sein Markenzeichen war ein federleichter Laufstil

regelmäßigem Leichtathletik-Training. Der Erfolg kam prompt. Studentenweltmeister in der Staffel 1967 mit 28 Jahren, dann die Nationalmannschaft und schließlich 1968 das olympische Finale in der 4x400-Meter-Staffel in der Höhe von Mexico City. „Mein Gott, ist das lange her", sagt er heute. Aber immer noch präsent. Müller war der Startläufer, danach kamen Gerhard Hennige, Manfred Kinder und Martin Jellinghaus. Banges Warten im Ziel, es gab ein Fotofinish zwischen Deutschland und Polen um Platz drei hinter den USA und Kenia. Jellinghaus hatte die Schulter knapp vor dem Schlussläufer der Polen, Bronze in Europarekordzeit von 3:00,5 Minuten. „Das", sagt Helmar Müller, „war der aufregendste Moment meines Lebens." Die Betonung liegt auf aufregend, denn als „größten" Moment will er das olympische Finale nicht bezeichnen. Die Höhepunkte sind privat und bleiben es auch.

Mit seiner Bestzeit von 45,7 Sekunden über die 400 Meter wäre Helmar Müller heute noch ganz vorne mit dabei.

Nach Mexiko wurde Helmar Müller zum erfolgreichsten Leichtathleten im Trikot des VfB Stuttgart. Sechsmal Württembergischer Meister, zweimal Deutscher Hallenmeister, 13 Länderkämpfe, drei Deutsche Rekorde, drei Europarekorde, ein Weltrekord über 4 x 400 Meter in der Halle. Bei einem Länderkampf in Paris lief er 1968 in einem 400-Meter-Rennen die ersten 300 Meter mit Windunterstützung in 32,0 Sekunden – schneller war vorher noch keiner über die „krumme Strecke" gerannt. Im Ziel war es dann eine 46er Zeit, weil der Rückenwind der Gegengerade ihm die letzten 100 Meter mächtig ins Gesicht blies. Mit einer Bestzeit von 45,7 Sekunden über 400 Meter steht er in den Listen. Damit wäre er heute noch mit ziemlicher Regelmäßigkeit Deutscher Meister und auf europäischer Ebene Stammgast in den Finalläufen.

Hier könnte die Geschichte des Sportsmanns Helmar Müller und seiner Karriere beim VfB Stuttgart zu Ende sein. Ist sie aber nicht. Der VfB war und ist Müller eine „Herzensangelegenheit,

sagt. Ein Mann findet für sich das Tempo. Und seine Passion. „Ich war nie ein Kraftläufer", erzählt er. Jetzt strahlen seine Augen, das Ruhelose weicht. „Sprinten war für mich etwas Federleichtes, kaum Bodenkontakt, schnelle Schritte, tack-tack-tack." Müllers Hände malen Trippelschritte in die Luft. Heute findet er Kraftläufer wie den Jamaikaner Usain Bolt „faszinierend", aber sein Herz schlägt eher für Typen wie den Franzosen Christophe Lemaitre. Einer wie er früher. Müller wog damals 68 Kilogramm bei 1,80 Meter Größe. Im Studium drosch es ihn regelmäßig vom Reck, weil er die Stange nicht festhalten konnte. Aber auf der Aschenbahn kam keiner mit.

Und so entschloss sich der angehende Pädagoge und „Freizeitsportler", es doch mal richtig zu versuchen. Also mit

„Mit dem Kicken war es anfangs nicht so weit her bei mir, aber dafür war ich sehr schnell."

sonst würde ich das alles nicht machen", sagt er. „Das alles" war nach 1972 zunächst Trainer bei den Leichtathleten. Dabei hatte er unter anderem auch Europarekordler Karl Honz unter seinen Fittichen. 1975 wurde er ins Präsidium des VfB gewählt, und von 1977 an schlug sein Herz für die Fußballer. Genauer für die zweite Mannschaft, auch wenn er 1975 für sechs Monate unter István Sztani Co-Trainer bei den Profis war. Dabei kam aber selbst der umtriebige Müller an seine Grenze. Das Pendeln von Kirchheim/Teck nach Cannstatt und die Arbeit als Studiendirektor am Pädagogischen Fachseminar waren dann doch nicht vereinbar mit dem Profifußball.

Aber ein Leben ohne den Fußball war und ist für Müller eben keines. Und ohne den VfB geht es schon gar nicht. „Für mich ist der Verein wie eine Großfamilie", erklärt er, „jeder hat seine Aufgabe, und keiner ist zu wichtig." So was mag der Mann, der um seine Person am liebsten gar kein Aufsehen machen würde und es offenbar schafft, auch seine Frau und seinen erwachsenen Sohn von seiner Leidenschaft zu überzeugen. Denn eine ganz normale Familie hat Helmar Müller auch noch. Aber er ist halt ein Schaffer, der rausmuss. Und einer, der lieber seinen Weg geht, als sich an einen Stammtisch zu setzen. Müller nennt sich einen Individualisten. Fügen wir hinzu – der für die Gemeinschaft Gas gibt. Man hat ihn mal „Mädchen für alles" genannt. Aber das gefällt ihm nicht. Müller sagt lieber: „Ich kümmere mich um alles, was mit Organisation zu tun hat." Und das ist ein weites Feld. Früher hat er auch schon mal die Trikots zum Waschen mit nach Hause genommen, heute sind eher Laptop und Handy sein Rüstzeug. Aber nicht nur das – wenn die Mannschaft am Sonntag nach dem Spiel ausläuft, ist er natürlich da. Und wenn es in der Sommerpause ruhig wird rund um das Klubgelände, bereitet er schon mal die neue Saison vor. Wenn es läuft, ist er zufrieden. Müller freut sich natürlich, wenn die Mannschaft gewinnt, aber auf der Rückfahrt klappt er schon wieder den Laptop auf. Nach dem Spiel ist eben doch vor dem Spiel. Und der Fußball hat es ihm nun mal angetan. „Es gibt wohl wenige Menschen in meinem Alter, die mehr Fußballspiele gesehen haben als ich", sagt er. Auf drei in der Woche kommt er fast immer.

Und jetzt muss er los, der Termin ist beendet. Es hat ein wenig länger gedauert als geplant, aber Müller wird die Zeit aufholen, indem er an diesem Tag das Mittagessen weglässt. Natürlich nur seins. Im Klubrestaurant wird er abzählen, ob auch alle da sind und keiner zu viel am Tisch sitzt. Dann wird er die Tageszimmer für die Spieler im Hotel buchen, ins Stadion eilen und seinen Computer hochfahren. Später dann die Aufstellung online stellen und den Spielbericht bearbeiten. Zum Anpfiff sitzt er dann auf der Bank. Pause? „Nein", sagt er, „ich schreibe alle Spielszenen von Hand auf, falls mich hinterher ein Journalist etwas fragt."

Wenn es gut läuft und es sich auf der A8 gen Südosten nicht staut, wird Müller um elf Uhr abends zu Hause sein. Aber nur kurz, am nächsten Tag geht es weiter. Schnell genug ist er ja noch, der Läufer mit dem Fußballerherz. Alle zwei Tage geht er mindestens eine Stunde laufen. Der Mann ist fit, die Beine gesund. Nur die Daumengelenke streiken – zu viel Volleyball. Trotzdem hat er einen festen Händedruck, Helmar Müller rafft seinen Stapel Papiere zusammen und eilt zur Tür. Wir wollten noch fragen, wann er wieder mal ein bisschen durchschnaufen will, aber da ist er schon weg. Endlich wieder schaffen.

Fußballbetreuer Müller: Die Arbeit mit der Mannschaft hält ihn jung und fit

116 Abteilungen des VfB

Meister und Meistermacher

Auch sie sind der VfB Stuttgart – und wie

Leichtathletik

Lange Wege sind etwas für Läufer, kurze Sprints sowieso – auch auf diesen Gebieten setzt der VfB Zeichen. Und das schon lange. Die Leichtathletik gehört bereits seit 1894 zum Verein, das war kurz nach der Gründung. Damals lief man noch auf holprig-matschigen Wiesen, heute auf federndem Kunststoff. Unverändert ist aber das Engagement der etwa 230 Leichtathleten mit dem roten Brustring, das schon für so manches Spitzenresultat gesorgt hat.

Nehmen wir zum Beispiel Karl Honz, den schnellen Mann vom Bodensee. Ein Auszug aus seiner Erfolgsliste: Europameister 1974 über 400 Meter, zweifacher Deutscher Meister und Olympiateilnehmer 1972 in München. Für die Sommerspiele im eigenen Land schaffte er das Entrée am 21. Juli 1972. Deutsche Meisterschaften in München, Karl Honz startet im Trikot des VfB über die 400 Meter. Eine Runde in dem nagelneuen Stadion, in dem ein paar Wochen später um die Medaillen gelaufen wird. Und eine Runde, die das Leben des 21-Jährigen aus Bankholzen radikal verändert. Die Uhr bleibt bei 44,7 Sekunden stehen. Europarekord, der Jungspund aus der Provinz ist auf einmal der zweitschnellste Mann der Welt – und so kurz vor den Spielen im Zentrum des Interesses. „Das war ein perfekter Tag für mich", erinnert sich Honz, „es war warm, und ich lief auf meiner Lieblingsbahn fünf." A star is born – sechs Wochen vor Olympia. Gold würde nur über Honz gehen, hieß es überall. Doch es kam anders. Platz sieben in der Einzelkonkurrenz. Das ist achtbar, aber man hat sich mehr vom Europarekordler erhofft. Dann die Staffel: Honz geht als Schlussläufer des deutschen Quartetts ins Rennen – und er hat den Stab als Erster übernommen. Das Stadion tobt, Gold für Deutschland, was soll mit Honz als Schlussläufer noch passieren, zumal der den Vorsprung zunächst noch ausbaut? Auch nach der ersten Kurve ist er noch vorn, die letzten 50 Meter saugt es ihm aber mit aller Macht die Kraft aus den Beinen. Statt Gold Platz vier, statt Jubel enttäuschte Kollegen. Sechs Wochen vorher war er noch

1 Die Vereinsfahne des VfB

2 Schlussläufer Konrad Steinbach bejubelt 1962 die Deutsche Meisterschaft für die VfB Staffel

3 Schnell, schneller, Karl Honz: der 400-Meter-Europameister 1973 beim Länderkampf gegen die USA in München

4 Unparteiisch: die Schiedsrichter des VfB

5 Keine Abteilung, aber fester Bestandteil des VfB Sportangebots: Ehemalige Profis spielen in der Traditionsmannschaft

6 Breitensport pur: die Tischtennisabteilung

7 Die Hockey-Familie des VfB

Karl der Große, jetzt der Versager, auch wenn es keiner direkt sagt. Aber sie lassen es ihn spüren. „Nach meinem Rekord konnte ich mich vor Mikrofonen kaum retten, aber nach der Staffel war ich auf dem Weg ins olympische Dorf ganz allein", erklärt er. So brutal ein Rennen zu verlieren, kann eine Karriere beenden. Aber nicht die von Honz. Ein Jahr nach den Spielen wurde er zum zweiten Mal Deutscher Meister, 1974 in Rom Europameister. Mit seiner damaligen Zeit von 45,04 Sekunden wäre er in Deutschland heute noch konkurrenzfähig. Mit seinem Europarekord sowieso. Die 44,7 Sekunden bedeuten Platz vier in der ewigen Bestenliste des DLV.

In Bestenlisten findet sich auch noch der Name Herbert Wursthorn. Der große Blonde aus Würtingen wurde Hallen-Europameister 1981 über 800 Meter. In der Halle hat sich Wursthorn immer wohlgefühlt. Aber nicht wegen des Wetters, sondern wegen der lästigen Pollen. Herbert Wursthorn, 1979 vom SSV Reutlingen zum VfB Stuttgart gewechselt, litt im Frühsommer unter Heuschnupfen. Deshalb holte er seinen größten Erfolg 1981 auch unterm Dach im französischen Grenoble. Wursthorn hechtete dabei beherzt ins Ziel, verletzte sich am Ellenbogen, war dafür aber drei Hundertstelsekunden schneller als der Ungar Andras Paroczai.

Die heutige Generation der Spitzenleichtathleten verkörpert Tobias Unger. Der Hallen-Europameister 2005 über 200 Meter hat schon 14 nationale Titel in der Halle und im Freien über 60, 100 und 200 Meter gewonnen. Unger wohnt in Kirchheim, trainiert beim VfB und wird weitere Erfolge für die Leichtathleten des VfB erringen können.

Garde

Tradition ist wichtig in einem großen Verein. Seit dem 14. Mai 1953 kümmert sich die VfB Garde darum, dass die Vereinsmitglieder auch nach dem Ende ihrer sportlichen Karriere eine Heimat haben, Geselligkeit in vielerlei Art erleben können und historisch interessante Geschichten nicht vergessen werden. Die Garde sorgt auch dafür, dass verstorbene Mitglieder für ihre Verdienste gewürdigt werden. Die Garde ist also das gesellschaftliche Forum des VfB. Und konstant.

Faustball

Das Traditionsspiel mit Ball und Faust gibt es seit 1927 beim VfB. Heute spielen die knapp 50 Mitglieder in Seniorenklassen. Und das ganz schön erfolgreich. Am Anfang war es nur eine Schnapsidee, ein paar Wochen später, im April 2012, reckten Wolf-Dietrich Erhard und seine sechs Mitspieler den WM-Pokal in den Nachthimmel über Pomerode in Brasilien. Geschafft, das Team war 12.000 Kilometer von zu Hause entfernt Faustball-Weltmeister in der Klasse M 55 geworden, und Abteilungsleiter Erhard, seit 5. Juli 1968 im Verein, durfte den größten Erfolg der Abteilung feiern. 2015 soll der Titel verteidigt werden.

Hockey

Hockey wird beim VfB seit mehr als 90 Jahren gespielt, die Abteilung ist von den aktiven Mitgliedern her die größte des Vereins. Geschichte geschrieben in der Abteilung hat Liesel Gantzhorn. „Liesi" war mit dem Schläger aktiv, seit 1947 beim VfB Frauenhockey angeboten wurde. Auch mit 48 Jahren spielte sie noch, aber dann brauchte die Abteilung sie an anderer Stelle. Nachdem 1971 die ersten Mannschaften zu Rot-Weiß Stuttgart gewechselt waren, bestand Hockey beim VfB nur noch aus vier Jugendmannschaften. Und aus Liesel Gantzhorn, die Abteilungsleiterin wurde, Jugendspiele plante, die Mannschaften betreute und Kontakt zum Hauptverein hielt. Mehr geht nicht. 1977 hatte der VfB wieder zwei Erwachsenenteams. Heute nehmen von den 370 Mitgliedern etwa 130 in fünf Aktiventeams und 200 in acht Jugendmannschaften am Spielbetrieb teil.

Schiedsrichter

Große Vereine wie der VfB sind problematisch für junge Leute, die als Schiedsrichter die große Karriere machen wollen. Wer als Unparteiischer Mitglied bei einem Erstligisten ist, darf nicht in der Bundesliga eingesetzt werden. Umso erstaunlicher ist die Größe der 1923 gegründeten VfB Abteilung. 83 Schiedsrichter zwischen 15 und 67 Jahren zählt Alfred Schütter. Der VfB hat die zweitgrößte vereinseigene Schiedsrichterabteilung in ganz Deutschland und leistet damit vorbildliche Arbeit in der Organisation des Spielbetriebs. Dieter Walheim hat den VfB in den 70er- und 80er-Jahren in der Zweiten Liga vertreten.

Tischtennis

Eine noch relativ junge Abteilung des VfB – in vielerlei Hinsicht. Am 3. November 1949 im Hotel „Schwabenbräu" in Bad Cannstatt von 23 Gründungsmitgliedern ins Leben gerufen, kümmert sie sich engagiert um den Nachwuchs. Stets wurde der Zusammenhalt in der Abteilung durch die Organisation zahlreicher Freizeitaktivitäten gefördert. Heute zählt die Abteilung 89 Mitglieder. Die Tischtennisspieler des VfB haben auch fünf Herrenmannschaften gemeldet, die regelmäßig am Ligabetrieb teilnehmen.

Die „anderen" Abteilungen des VfB Stuttgart

Tischtennis
Gegründet: 3. November 1949
Mitglieder: 89,
davon 49 Aktive

Garde
Gegründet:
14. Mai 1953
Mitglieder: 123

Schiedsrichter
Gegründet:
2. Mai 1923
Mitglieder: 83,
davon
70 Aktive

Leichtathletik
Gegründet: 1894
Mitglieder: 213, davon
146 Aktive

Hockey
Gegründet:
1919
Mitglieder: 370,
davon
333 Aktive

Faustball
Gegründet:
1927
Mitglieder: 32,
davon
17 Aktive

1893 bis 1912
Gründerjahre

Meilensteine

1893 ▶ Am 9. September wird in der Gaststätte „Zum Becher" der FV Stuttgart 1893 gegründet. Spielgelände ist der Cannstatter Wasen.

1894 ▶ Neben Rugby- und Fußballspielern werden nun auch die Leichtathleten aufgenommen.

1896 ▶ Aus diesem Jahr stammt die älteste überlieferte Mitgliedskarte des FV Stuttgart 1893.

1897 ▶ Gründung des Kronenklub Cannstatt. Das Spielgelände ist ebenfalls der Cannstatter Wasen.

1898 ▶ Der FV Stuttgart 1893 siedelt auf den Stöckach-Platz um – ein städtisches Spielgelände beziehungsweise eine Eisbahn.

1900 ▶ Mit Hugo Betting wird erstmals ein Rugby-Spieler des FV 93 im Rahmen der Weltausstellung Paris in einem Länderspiel eingesetzt.

1901 ▶ Der FV 93 und der Kronenklub bestreiten Freundschaftsspiele im Rugby und im Fußball.

1902 ▶ Erstmals beteiligt sich der Kronenklub an Ligaspielen.

1904 ▶ Der Kronenklub steigt in die erste Klasse auf.

1907 ▶ Erster internationaler Auftritt des Vereins: Der FV Stuttgart 1893 trägt in Paris zwei Rugby-Spiele aus.

1908 ▶ Der Kronenklub Cannstatt zieht vom Wasen auf ein Freigelände beim Viadukt in Münster und baut es zum Sportplatz aus.

1912 ▶ Am 2. April schließen sich der FV Stuttgart 1893 und der Kronenklub Cannstatt zum VfB Stuttgart zusammen.

Epochen **121**

1 Rugby auf dem Platz beim Karl-Olga-Krankenhaus: 1909 besiegt der FV 93 den Universitätssportclub Paris
2 Rugby aus Sicht des Zeichners: Die Skizze entstammt den Erinnerungen von Philipp Heineken
3 Mit dem Stern auf der Brust: Das Rugby-Team des FV 93 im Jahr 1894
4 Das Finale um die deutsche Rugby-Meisterschaft findet 1909 in Stuttgart statt. Der FV 93 wird Vize-Meister

Erinnern und vergessen

FV Stuttgart 93 und Kronenklub Cannstatt vor der Fusion

Von Harald Jordan

Die ersten Jahre des hiesigen Fußballs liegen im historischen Dunkel. Die Anfänge des Fußballspiels auf dem Cannstatter Wasen sind fast völlig vergessen. Denn die Erinnerung an längst vergangene Zeiten hängt ab von der schriftlichen Überlieferung, die die Personen, Ereignisse, Spielorte und das Spielen überhaupt bezeugt. Es gibt keine ursprüngliche Kultur des Ballspiels in der berühmten Badestadt am Neckar. Eine Kultur, wie sie die moderne Entwicklung des Spiels in England an den Schulen von Eton oder Rugby besessen hat. Dort sind die rauen Volksspiele in eine geregelte Form gebracht worden. Und in dieser Form gelangen sie auf den Kontinent. Es gibt keine Organisation, keine Institution, keine Stelle, die sich hierzulande mit dem Reglement, der Dokumentation und der Vermittlung des Rugby-Fußballs beschäftigt hätte. Das englische Ballspiel ist ein Import in fertiger Fassung und wird von den ersten Spielern, da es oft keine fixierten Regeln gibt, in vielfacher Weise verändert.

Das Turnen ist die deutsche Form der Bewegungskultur, und es beherrscht auch die schulischen Leibesübungen. In Stuttgart und Cannstatt ist das sogenannte Jäger'sche Turnen mit dem Eisenstab bestimmend und ähnelt militärischem Exerzieren. Es diszipliniert, was die Begeisterung dafür in Grenzen hält. Wie anders sind die Aufwallung der Gefühle und der erfüllte Bewegungsdrang beim selbstbestimmten außerschulischen Spielen, mit seinem Charakter der Freiheit und der Erfahrung des Zusammenwirkens in einer Mannschaft!

**Aller Anfang ist schwer:
Der Fußball setzt sich nur langsam durch**

Die erste schriftliche Fassung der Spielregeln des englischen Ballspiels in deutscher Sprache erstellt der Braunschweiger Lehrer Konrad Koch im Jahr 1875. Koch holt es an seine Schule und wird Vorreiter des Fußballspiels in Deutschland. Seine Regeln machen unter der sportbegeisterten Jugend die Runde.

Zu dieser Zeit, so kann man es mit Recht annehmen, hat das englische Kampfspiel in Cannstatt schon eine kleine Tradition. Denn der spätere englische Rugby-Funktionär William Cail schreibt in seinen Erinnerungen, dass er im Jahr 1865 auf der großen Wiese am Cannstatter Neckar mit seinen Kameraden das von der Heimat mitgebrachte Rugby-Spiel pflegt. Wie kommt Cail ausgerechnet nach Cannstatt? Die Stadt am Neckarknie ist nicht nur Badestadt, sondern besitzt auch renommierte Privatschulen für beide Geschlechter. Darunter das Institut von Kleemann für Mädchen und die Klose'schen Anstalten für Knaben, wo William Cail mit weiteren englischen Jungen einen Teil seiner Schulausbildung absolviert und auf dem Cannstatter Wasen dem Spiel aus der Heimat frönt. Dies ist belegt und gilt als zeitlicher Ursprung der Sporttradition in Cannstatt und Stuttgart.

So kann Cannstatt mit anderen Regionen und Städten um die Rolle wetteifern, als Deutschlands erster Ort zu gelten, an dem Fußball gespielt worden ist. Doch die nächsten zweieinhalb Jahrzehnte nach William Cails Wasenauftritt sind weitgehend dem Vergessen anheimgefallen. Wie die Entwicklung in Cannstatt nach 1865 weitergegangen ist, wird Ende des 19. Jahrhunderts mündlich, aus der persönlichen Erinnerung einzelner Spieler, weitergetragen. Diese mündlichen Erzählungen erlauben die Annahme, dass das englische Ballspiel rasch von der männlichen Cannstatter Jugend aufgegriffen und mit Begeisterung an die jeweils Nachwachsenden weitergegeben worden ist als hohes Gut, um das sich mythische Erzählungen ranken. Erzählungen von starken, aber auch leichten und besonders flinken Akteuren, die auf den improvisierten Spielfeldern ihre sportlichen Heldentaten weitgehend unbeachtet von der städtischen Öffentlichkeit vollbrachten. Bis ins Jahr 1890, in dem als erste fortdauernde Organisation der Cannstatter Fußball-Club gegründet worden ist, im Wesentlichen von Schülern der Oberrealschule und des Gymnasiums.

Es sind männliche Jugendliche im Alter von 16, 17 Jahren, die den Ball mit frischem Schwung ins Rollen bringen. Einer von ihnen ist Philipp Heineken, Spieler und Schriftführer des Cannstatter Fußball-Clubs, der mit seinen Schriften der Erinnerung

Männer der ersten Stunde: Philipp Heineken (links) und Kapitän Paul Breckle

an die ersten Jahrzehnte des hiesigen Fußballs eine gesicherte und überdauernde Basis gelegt hat. Heineken gibt im Alter von 19 Jahren sein im Auftrag des Cannstatter Fußball-Clubs (CFC) verfasstes Buch *Die berühmtesten Rasenspiele* heraus, das 1892 bei Weise verlegt wird und als Standardwerk gilt, sowie im selben Jahr *Das Fußballspiel*, einen Auszug aus dem größeren Werk.

Heinekens Bücher und diverse andere Veröffentlichungen sind ein Fundus für das frühe Sporttreiben in der einstigen Oberamtsstadt und der benachbarten württembergischen Residenz. Heineken wechselt nach Streitereien wegen eines seiner Spielberichte von Cannstatt nach Stuttgart zum damaligen Fußballverein Stuttgart 1893. Er wird dort Lehrmeister und Mannschaftskapitän. Und ihm verdanken wir eine Darstellung der Anfänge des VfB Stuttgart, die – auch wenn sie knapp vier Jahrzehnte nach der Gründung aus der persönlichen Erinnerung verfasst worden ist – der vereinsgeschichtlichen Wahrheit am nächsten kommen dürfte. Sie sei in Auszügen, vor allem auch wegen der Fülle von Namen, die für die VfB Entwicklung eine Bedeutung besitzen und dem Vergessen entrissen sein sollen, wiedergegeben.

„Wie der FV Stuttgart entstanden ist" von Philipp Heineken (1931): *„Durch Vermittlung des Bürgervereins der unteren Stadt Stuttgart wurde der Eisplatz des Verschönerungsvereins im Stöckach für Jugend- und Volksspiele zur Verfügung gestellt und es gelang Lehrer Kaufmann, im Sommer 1893 junge Leute für das damals in Stuttgart beinahe unbekannte Associations-Fußball (Fußball ohne Hand im Ggs. zu Rugby) zu begeistern. Bei der gemeinschaftlichen Sitzung der Stuttgarter Spieler* und dem Cannstatter FC handelte es sich darum, ob man mit Cannstatt zusammengehen sollte oder nicht. Eine Partei unter Ingenieur Eggert war für Anschluss, eine andere unter Lehrer Kaufmann für Errichtung eines eigenen Vereins, welcher dann am 9. September 1893 in der Gaststätte „Zum Becher" in der Urbanstraße als FV Stuttgart ins Leben gerufen wurde.

Zu den Gründern des Vereins gehörten vor allen die Brüder Alexander, Alfred und Karl Glaeser, P. Frech, Maull, F. Meiß I, der ältere Betting (1. Kapitän), E. Ehmann, Riese, Salomon, Eggert.

Einige Wochen später kamen eine Menge junger Schüler von der „Arminia", einem kleinen Schülerklub, mit P. Breckle, Stahl, dem jüngeren Betting, Kercher, Diehl, Letsche, Fachtnacht, Zaiser, Kunz als Jugendmannschaft zu uns.

Kaufmann war für lange Jahre Vorstand … Ich selbst kam im Frühjahr 1894 zum Verein und trat, als kurz darauf Maull nach München verzog, wo er für die Fußball-Sache eifrig tätig war, an seine Stelle als Spielführer, welchem Amte ich mit kurzer Unterbrechung bis zum Ende von 1899 vorstand, von hier ab führte Paul Breckle die Mannschaft und Alexander Glaeser als Vorsitzender den Verein weiter.

Vom Cannstatter Fußball-Club kamen kurz nach mir noch mehrere Spieler, wie Pfander, Grupp, Kaufmann, Weißenburger, Ackermann, Hoffmann, Strasser, Meyer, Wetzel und Traunecker … mit Ausnahme von H. Kurtz sind dies die einzigen Cannstatter Spieler, welche sich meines Wissens dem FV 93 anschlossen.

Weitere Spieler aus diesem ersten Jahre, bei welchem ich aber nicht mehr sicher bin, wer zu den Gründern und wer zu den jüngeren Spielern gehörte, sind: Betz, Caspar, Frank, Grieshaber, Himmel, Laib, Maier, Meiß II, Melchinger, Rotfuß, Spandau und Wolmann.

Der Verein begann mit 20 aktiven Spielern, welche Zahl nach Jahresfrist auf etwa 30 stieg, zu diesen gesellten sich noch 59 passive Mitglieder, darunter viele Väter unserer Spieler. Für damalige Verhältnisse bedeutete dies einen ziemlich starken Verein.

Der FV 93 spielte zuerst Association auf der Stöckach-Eisbahn zwischen den Hydranten, nahm aber bereits im Frühjahr 1894 mit der Benützung des Wasens als Spielfeld den Rugby-Fußball auf. Die ersten Wettspiele fanden am 28. und 29. Oktober 1894 zu Heidelberg gegen das dortige College und am nächsten Tage in Frankfurt gegen den dortigen Fußball-Club statt; das erste Spiel verloren wir mit 0:16, das gegen Frankfurt mit 0:62 Punkten.

Nach Wiederherstellung der guten Beziehungen mit dem Cannstatter FC begannen die gemeinschaftlichen Spiele in Ludwigsburg und in den nächsten Jahren (Ende 1894 bis 1897) die freundschaftlichen Spiele in Rugby mit Cannstatt auf dem Wasen; daneben wurden auch um 1898 herum Association-Spiele gegen Pforzheim und Karlsruher FV ausgetragen; den letzteren schlugen wir im Retourspiel auf dem Degerlocher Exerzierplatz, was damals ein großes Aufsehen erregte.

Von 1897 ab spielten wir nicht mehr viel auf dem Wasen, dessen Benützung von der Militärverwaltung etwas später endgültig untersagt wurde. Die Stadtverwaltung hatte mittlerweile aus Anlass des Deutschen Sängerfestes die Kartoffelfelder im Stöckachplatze einebnen lassen, um Raum für die Sängerhalle zu gewinnen. Sie gab später die Fläche für einen Spielplatz frei und errichtete einen schönen Auskleideraum. Hier spielten wir bis ungefähr Ende 1907. In diesem Jahrzehnt war unsere Rugby-Mannschaft langsam, aber stetig, namentlich unter Paul Breckles Führung, zu einer der besten Deutschlands herangewachsen. Bis zum Jahre 1897 legte der Verein seinen Sitz nach Cannstatt, wo in dem Restaurant von Handschuh am Wasen die Monatsversammlungen abgehalten und die Räume

Leidenschaftliche Fußballpioniere: Der Kronenklub in den Gründerjahren

zugleich bei den Sonntagspielen als Umkleideplatz benützt wurden, die Hinterstube bei Schmidt am Bahnhof in Cannstatt war ein weiterer Treffpunkt der Mitglieder. Nach Übersiedlung in den Stöckachplatz diente zuerst Bettings Restaurant in der Calwerstraße und später das Kernerhaus für Jahrzehnte als Vereinslokal, und der Verein war wieder, was der Name ausdrückte, ein Stuttgarter Club geworden. Es braucht nicht besonders betont zu werden, dass wir überall schöne Zeiten erlebten und uns als spiel- und trunkfeste Leute unseres Lebens erfreuten. Der Beschluss, zu Anfang der 1900er Jahre nur noch Rugby zu spielen, war ein Akt der Selbsterhaltung. Neben uns spielten auf dem Stöckachplatz noch die Kickers und andere Vereine, welche immer versuchten, unsere jüngeren und besseren Spieler zu ziehen, und um diesem Unfug einen Riegel vorzuschieben, wurde eben obiger Beschluss gefasst. Die Glanzzeit des Vereins begann, als der FV Stuttgart 1893, wie er damals noch hieß, sich das Rugby-Feld unter großen Opfern 1907/1908 errichtete. Durch die nun ermöglichten Einnahmen konnten größere Reisen erfolgen, welche öfters nach Hannover, nach Paris und Bordeaux führten, dadurch kamen auch viele ausländische Mannschaften nach Stuttgart. Gleichzeitig stand dem Vereine eine ausgezeichnete schnelle Mannschaft zur Verfügung, deren Dreiviertelreihe die berühmte Stafettenmannschaft bildete; ich erinnere nur an Spieler wie Keppel, die beiden Krämer, Schumm, Breckle, Betting, Zehender, Fastnacht, Schwaiger, Deubler, Kurtz, von denen manche schon seit 1894 spielten. Auch eine gute zweite Rugby-Mannschaft und Jugendabteilung standen zur Verfügung …

Zu unserer Zeit begann die offizielle Spielsaison nach dem Volksfest und dauerte bis Ende November oder Anfang Dezember und von März bis Ostern, höchstens dass noch das eine oder andere Spiel etwas später stattfand. Der Sommer wurde für Leichtathletik und Tennis benützt."

Obwohl die 93er als führender württembergischer Rugby-Verein starke Geltung erringen und im Jahr 1909 mit dem Erreichen des deutschen Rugby-Endspiels (0:3 gegen Hannover) ihren größten Erfolg feiern, machen sich die Nachteile des reinen Rugby-Betriebs deutlich bemerkbar. Überall schießen die Fußballvereine aus dem Boden, und daher beschließt man im Jahr 1908, um nicht der Tradition des Vereins verlustig zu gehen, den Fußballsport wieder aufzunehmen. Intendantursekretär Wilhelm Hinzmann, Eisenbahner, 1911 zum Vorsitzenden gewählt, stellt die Weichen in die richtige Richtung und sorgt dafür, dass der Traditionsverein nicht auf ein Abstellgleis gerät.

Denn just als der FV 93 an die Tür zur Ersten Liga klopft – er hat sich als Meister seiner Klasse die Berechtigung zur Teilnahme an den Aufstiegsspielen zur Südkreisliga erkämpft –, stellt sich ein altes Problem wieder ein: die Platzfrage. Der Platz am Karl-Olga-Krankenhaus kann die Ansprüche der Rugby-Jünger und der Fußballer nicht erfüllen. Für die Doppelnutzung ist er nicht gemacht. Und schon gar nicht für die Erfordernisse des Spielbetriebs in der Südkreisliga, der obersten Spielklasse der Zeit. Die Vereinsführung streckt die Fühler aus, die Sportler suchen ihrerseits den Kontakt, und so wird bald Einigkeit über einen Zusammenschluss am 2. April 1912 mit dem Kronenklub Cannstatt erzielt.

Die ersten Rugby-Spiele des FV Stuttgart 93 auf dem Wasen finden im Jahr 1894 statt.

Der Kronenklub Cannstatt

In den Annalen des VfB Stuttgart, der sich anlässlich seines 40-Jahre-Jubiläums 1933 an eine Aufarbeitung der Vereinsgeschichte macht und die im Verein noch lebendige Erinnerung an den Kronenklub schriftlich fixiert und damit vor dem Vergessen rettet, findet sich zum Kronenklub folgende Schilderung:

„In der Hauptsache waren es ‚Fabriksträßler', die sich 1897 zur Ausübung des Fußballsports entschlossen hatten. Sie taten sich vorläufig ohne Vereinsgründungsabsicht zusammen. Dieser Zustand dauerte aber nur wenige Wochen, bis man einsehen musste, dass die richtige Ausübung des Fußballsportes Geld kostet. Es wurde deshalb ein Monatsbeitrag von 20 Pfennig festgesetzt. Je größer die Teilnahme an dieser losen Vereinigung wurde, desto größer wurde auch der Wunsch, einen Verein zu gründen. Nach langwieriger Debatte wurde das Kind, der „Kronenklub Cannstatt", geboren. Zuerst waren Platzschwierigkeiten zu überwinden. Von dem unteren Teil des Wasens wurde der Kronenklub unter Strafandrohung weggewiesen. Auf eine Reihe von Eingaben hin überließ die Stadtverwaltung dem Verein den Platz links von der Allee … Die tatkräftige Führung des Kronenklubs lag seit der Gründung in den Händen von Hermann Schmid. Das Frühjahr 1898 brachte

eine große sportliche Belebung in den Verein, seine Mitgliederzahl wurde immer größer, es waren meistens Schulkameraden aus der Cannstatter Realschule. Auch aus dem Cannstatter Fußball-Club wurden einige Spieler übernommen. Das erste Spiel im Frühjahr 1898 gegen den CFC brachte eine große Niederlage von 1:7. Aber diese Niederlage brachte die Erkenntnis, dass man ohne fleißiges Training nicht vorwärtskommen kann. Der Erfolg blieb auch nicht aus. Der Lokalrivale FC Stern musste die Überlegenheit des Kronenklubs mit 7:0 anerkennen. In die Zeit von 1898 bis 1901 fallen dann sehr gute Resultate gegen die Stuttgarter Kickers, 1. FC Pforzheim, Schwaben Stuttgart usw. … Die Jahre 1901 bis 1903 waren Jahre des Stillstands, aber nicht des Rückschritts. Wohl musste der Wettspielbetrieb ruhen, weil der größte Teil der Aktiven und Passiven, u.a. auch der Vorstand Hermann Schmid und der langjährige Spielführer Laderer, ihrer Militärpflicht nachkommen mussten. Aber an die Stelle des Wettspielbetriebs war die Erfassung und Ausbildung einer stattlichen Zahl Jugendlicher getreten, die besonders von Karl Hahn dem Verein zugeführt wurden. Die Leiter dieser stillen Arbeitsjahre waren Enßle und Karl Hägele. Umso stärker war der Aufschwung, als die Soldaten 1903 entlassen wurden und Hermann Schmid wieder das Steuer des Vereins in die Hand nahm. Die Jugendarbeit hatte sich gelohnt. Einige Fünfzehnjährige konnten bereits in die 1. Mannschaft eingestellt werden."

Hier zeigt sich bereits früh ein Charakteristikum des VfB Stuttgart: „Jugendarbeit", die sich auszahlt im sportlichen Fortschritt und im Überdauern des Vereins. Dieses Engagement ist sicher im Wesentlichen der sportlichen Ausbildung gewidmet, schließlich geht es um Sport, aber um die reine Körperübung herum gibt es eine Anzahl von Bildungsauswirkungen der „Jugendarbeit", sodass man mit Recht sagen kann, hier wird außerschulische Erziehung geleistet in charakterlicher Bildung und in der Vermittlung von Gemeinschafts- und

Das Wappen

1893
Vereinswappen des FV Stuttgart 93.

1897
Vereinswappen des 1897 gegründeten Kronenklub Cannstatt.

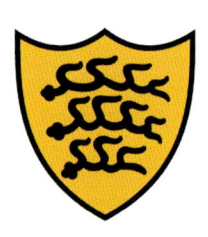

1912–1949
Erstes Vereinswappen des fusionierten VfB Stuttgart, angelehnt an das Wappen des Hauses Württemberg.

Körpererfahrung als sinnvolle Ergänzung zur pädagogischen Tätigkeit der Schulen. Das wurde zu einem Traditionsmerkmal im VfB.

Dennoch hat der Kronenklub stets mit den Behörden zu kämpfen. Trotz Bezirksmeisterschaften und steigendem Renommee zeigt man von staatlicher oder städtischer Seite kein Entgegenkommen in der Platzfrage. Es muss zur Selbsthilfe gegriffen werden. In Bad Cannstatts Nachbarort Münster wird von „Saylers Erben ein schöner Platz gepachtet", und sämtliche Arbeiten werden von Mitgliedern und Jugendlichen geleistet. Die Geometer des Vereins, die Landschaftsarchitekten und alle handwerklich geschulten Mitglieder bewegen Hunderte von Kubikmetern Erde, ebnen den Platz, säen Rasen, zimmern einen Begrenzungszaun, bauen Umkleideräume. Am 27. Juni 1909 wird der „Münsterplatz" eingeweiht, die große Mitgift des Kronenklubs bei der Vereinigung mit dem FV 93.

Idyll in Eigenarbeit: Der Sportplatz des Kronenklubs in Münster im Jahr 1909

1949–1993
Vereinswappen mit traditionellem VfB Schriftzug und der Jahreszahl 1893. Nach einem Mitgliederentscheid im Juli 2013 wird diese Variante von der Saison 2014/2015 an wieder das offizielle VfB Wappen.

1993–1998
Das umgestaltete Vereinswappen erhält einen vereinfachten Schriftzug, die Umrandung des Hirschgeweihs wird begradigt, der Rand wird von rot in schwarz geändert.

1998–2014
Der VfB Schriftzug wird überarbeitet, Öffnung des „V", Vereinfachung des Hirschgeweihs und Ersetzen der Jahreszahl 1893 durch den Stadtnamen Stuttgart. Zur Saison 2014/2015 kehrt der VfB zum traditionellen Wappen zurück.

1912 bis 1933
Auf und ab

Meilensteine

1912 ▶ Großer Erfolg im Fusionsjahr: Der VfB Stuttgart steigt in die oberste Spielklasse, die Südkreisliga, auf.

1914 ▶ Viele Sportler des VfB werden bei Kriegsbeginn eingezogen, der Platz am Karl-Olga-Krankenhaus wird dem Roten Kreuz überlassen.

1915 ▶ Der VfB bildet mit dem FV „Die Blauen Elf" eine Kriegsspielgemeinschaft.

1916 ▶ Der VfB hat wieder eine eigene Mannschaft. Gründung der Fußball-Jugendabteilung.

1917 ▶ Im Verein gibt es fünf Fußballmannschaften. Von 600 Mitgliedern sind 400 im Heeresdienst, viele davon an der Front.

1918 ▶ Bei Kriegsende beklagt der VfB insgesamt 90 gefallene Mitglieder.

1919 ▶ Der VfB bezieht mit dem „Platz bei den drei Pappeln" eine neue Spielstätte auf dem Cannstatter Wasen. Der VfB spielt in der württembergischen Oberliga. Die Hockey- und die Handball-Abteilung werden gegründet.

1923 ▶ Die Schiedsrichter-Abteilung wird gegründet.

1924 ▶ Am 1. Juli wird mit dem Engländer Edward Hanney der erste hauptamtliche Trainer verpflichtet. Am 13. September bestreitet der VfB auf dem Wasen ein Freundschaftsspiel gegen Slavia Prag (2:3).

1925 ▶ Der spätere VfB Präsident Dr. Fritz Walter beginnt seine Funktionärstätigkeit im Verein als 2. Schriftführer.

1926 ▶ Der VfB gewinnt die Württembergisch-Badische Meisterschaft.

1927 ▶ Die Faustball-Abteilung wird gegründet.

Epochen **129**

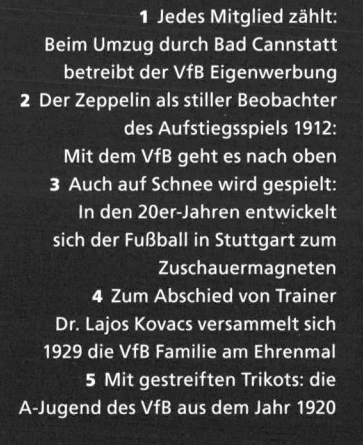

1 Jedes Mitglied zählt: Beim Umzug durch Bad Cannstatt betreibt der VfB Eigenwerbung
2 Der Zeppelin als stiller Beobachter des Aufstiegsspiels 1912: Mit dem VfB geht es nach oben
3 Auch auf Schnee wird gespielt: In den 20er-Jahren entwickelt sich der Fußball in Stuttgart zum Zuschauermagneten
4 Zum Abschied von Trainer Dr. Lajos Kovacs versammelt sich 1929 die VfB Familie am Ehrenmal
5 Mit gestreiften Trikots: die A-Jugend des VfB aus dem Jahr 1920

Werte im Wandel

Der Mythos schafft sich Symbole

Von Harald Jordan

Was ist dieser „Mythos VfB", diese große Erzählung des Vereins vom Cannstatter Wasen? Er ist ein seit der zweiten Hälfte des 19. Jahrhunderts aus vielen Geschichten gespeister Fluss, ein breites Wasser, nur ansatzweise zu messen. Denn die meisten dieser den Mythos schaffenden Geschichten sind nicht fixiert, nicht niedergeschrieben, sie kursierten mündlich, hatten ihre Zeit, und viele verschwanden im Dunkel des Vergessens, sind nicht mehr zugänglich, sind der Erinnerung des VfB entzogen. Andere lassen sich entdecken, wiederum andere erforschen und in ihrem Kern erschließen. So bleiben die großen Linien bewahrt.

Dazu gehört die in Symbolen verdichtete Geschichte. Auf dem ersten Briefpapier des VfB Stuttgart prangt ein stilisierter Rugby-Ball und zeigt an, welche sportliche Grundorientierung der Verein hat. Wenige Jahre später hat der Fußball Rugby an Bedeutung überholt. Allen Bemühungen zum Trotz wird Rugby nur noch am Rande betrieben. Der Rugby-Ball verschwindet vom Briefpapier. Der VfB Stuttgart ist Anfang der 1920er-Jahre in der öffentlichen Wahrnehmung hauptsächlich ein Fußballverein mit diversen anderen Abteilungen für Leichtathletik, Hockey, Handball, Rugby und Schiedsrichter. Sie alle arbeiten auf ihren jeweiligen Feldern am „Mythos VfB".

Neubeginn im Jahr 1919: die erste aktive Mannschaft des VfB nach dem Krieg. Stehend von links: Schiedsrichter Rossi, Haller, August Krämer, Emil Friz, Dr. Heinz (Torwart), Kirsch, Keim, Sauter, Dr. Schumm, Dempf. Sitzend von links: Äckerle, Fazler und Dörtenbach

Der VfB Stuttgart war von der Fusion im April 1912 im Cannstatter Hotel „Concordia" bis 1914 im Aufblühen und am Puls der Zeit. Im Fußball wurde die Klasse gehalten. Das soll nicht überspielen, dass die lokale Konkurrenz groß war. Die Stuttgarter Kickers, seit ihrer Gründung 1899 ausschließlich auf das Spiel mit dem runden Ball ausgerichtet, waren das Maß der Dinge. Der FV 93 war 1908 noch ein über Süddeutschland hinaus geachteter Rugby-Klub und schon Deutscher Vize-Meister. Erst nach mehr als zehnjähriger Abstinenz startete der Verein seine Fußballaufholjagd. In Stuttgart waren die „Sportfreunde" und der „Sportclub" die härtesten Fußballwidersacher der weiß-roten „Emporkömmlinge".

Einzig die Stuttgarter Kickers, deren Wurzeln ebenfalls in der frühen Sportgemeinschaft auf dem Cannstatter Wasen liegen, waren in gesellschaftlicher Hinsicht nach Ansicht vieler dem VfB enteilt. Spätestens seitdem der württembergische Thronfolger Herzog Ulrich die Schirmherrschaft über die seit 1906 in Degerloch beheimateten Kickers übernommen und damit „geadelt" hatte. Doch seit 1907 trug der VfB das Wappen des württembergischen Königshauses auf den Trikots. Das signalisierte das besondere Bewusstsein des VfB Stuttgart, in Tradition, Rang und Einstellung über Stuttgart hinaus ein gesamtwürttembergischer Verein zu sein. Und dazu: königstreu, staatstragend, ein sportliches Aushängeschild für das Land.

Das Verständnis, Württemberg zu repräsentieren, gehörte zu den propagierten Idealen – wie die Bewahrung von Kameradschaft, des Zusammenhalts und der immateriellen Einstellung zum Sport und der Antrieb, erstklassigen Sport zu bieten. Der Fußball und seine Vereine sahen sich bestens aufgestellt. Die Zuschauer nahmen in der Vorkriegszeit an Zahl zu, die Akzeptanz drang in immer breitere Schichten, die Gegnerschaft der Turner war eher auf eine Glaubensfrage herabgesunken, nicht mehr die Existenzbedrohung der ersten Jahre, die Presse wurde aufmerksam.

Man sah sich auf dem guten Weg materieller und sportlicher Absicherung durch eigene Plätze. Im gleichmäßigen Takt der Spielzeiten zeichnete sich ein steter Bedeutungszuwachs ab. Der Sport war ein gewichtiger Faktor geworden, dessen pädagogische Wirkung aufgrund der zunehmenden Zahl von „Zöglingen", sprich Jugendlichen, immer mehr Anerkennung fand. Im August 1914 brach etwas über diese positive Entwicklung herein, das ganz andere Kräfte als die des friedlichen sportlichen Wettbewerbs entfesselte: Attentat in Sarajevo, Bündnisverpflichtungen, Mobilmachung und Kriegserklärungen – die sich

Zum letzten Mal vereint: Wenige Tage nach dem Gartenfest werden viele VfB Spieler im Sommer 1914 eingezogen

überschlagenden Ereignisse sogen Deutschland nach 43 Jahren des Friedens in den Krieg. Der Traditionsverein VfB Stuttgart geriet binnen weniger Tage in der allseitigen Kriegsbegeisterung aus den Fugen. Die Reservisten wurden eingezogen, die meisten anderen Sportler meldeten sich als Freiwillige zum Dienst an der Waffe. Der geliebte Sport, der geliebte Verein – sie wurden mit einem Mal zweitrangig.

Ein Gartenfest am Rande des alten 93er-Platzes beim Karl-Olga-Krankenhaus führte Spieler und andere Mitglieder Anfang August 1914 noch einmal zusammen. Für eine Fotografie vereint, sieht man eine Gruppe VfBler, von denen die meisten binnen weniger Tage Stuttgart verlassen sollten. Darunter die Brüder Tonndorf, Max Buggle, der Torwart der ersten Mannschaft, und andere. Mack und Breckle, der alte Kapitän, kamen zur Marine, die anderen wurden einem württembergischen Regiment, den 121ern, den Olga-Grenadieren, den 119ern und vielen anderen, eingegliedert. Und sie konnten, wenn die Nachrichten stimmen, nicht erwarten, die Feuertaufe zu erhalten. Viele von ihnen starben binnen weniger Wochen an den Fronten im Westen. Die Berührung mit dem Krieg war keine Taufe, sondern ein martialisches Requiem. Unbeschwertes Sportlerleben endete – so jung! – im tödlichen Mechanismus des Krieges. Die traurige Bilanz: Von den 600 VfB Mitgliedern waren 400 ausgezogen, und rund ein Viertel davon kam nicht wieder. Der Erste Weltkrieg setzte zunächst das Sport- und Vereinsleben aus. Im Lauf der Zeit kam es zu Kriegsspielgemeinschaften, so tat sich der VfB mit „der Blauen Elf" aus Degerloch zusammen, doch ab 1916 erlaubten die Verhältnisse wieder eigene Mannschaften. Einer der jungen VfBler, die frohen Mutes ausgezogen waren, wurde Leutnant und verlor den rechten Arm. Erwin Gechter, seit 1906 ein 93er, ein passionierter Fußballer, kam als Invalide zurück und erweckte mit dem älteren „Vater Grimm", Inhaber einer Cannstatter Weinstube, der in Vertretung von Wilhelm Hinzmann als Kriegsvorsitzender fungierte, den VfB wieder zum Leben. Und als Ende 1918 der Übergang in die Friedenszeit bewerkstelligt werden musste, besaß der VfB eine funktionierende Vereinsführung. Es zeigt sich hier eine besondere Eigenart des VfB Stuttgart: die Fähigkeit zur Kontinuität. Ein knappes Viertel der Mitglieder war gefallen, viele andere waren damit beschäftigt, den Weg zur Normalität zu finden und der schlechten wirtschaftlichen Lage Herr zu werden. Die Überlebenden propagierten die einstigen Werte und schufen die Bedingungen für eine gute Zukunft. Ehemalige 93er und Kronenklub-Mitglieder setzten das Werk fort. Auf Wilhelm Hinzmann folgte Dr. Gustav Schumm und auf diesen der Kriegsheld Egon Graf von Beroldingen. Die Geschichten von einst wurden weitererzählt – von der Rugby-Hochzeit, dem guten Sport im VfB oder der Vereinstreue. Aus diesem Stoff entstand 1920 das VfB Lied. Bei allen wichtigen und geselligen Zusammenkünften sang man das Lied, das so bis in die Zeit der Bundesliga zum vereinigenden Symbol wurde und die Heimat „Verein" vertraut machte.

Durch die Abschaffung der Wehrpflicht war der Exerzierplatz auf dem Cannstatter Wasen überflüssig geworden. Nicht zuletzt das Renommee des Vorsitzenden Egon Graf von Beroldingen machte es möglich, dass sich der VfB auf traditionsreichem Grund einen Sportplatz baute. Ein finanzielles Wagnis, aber die Aussicht auf einen festen zentralen Ort für ein aufstrebendes Vereinsleben. Der „Platz bei den drei Pappeln" auf dem Cannstatter Wasen wurde für über ein Jahrzehnt zum Mittelpunkt des Vereins. Hier traf man sich zum Sport, hier traf man sich auch nach den Spielen. Familien verbrachten den größten Teil des Sonntags auf dem Platz, die Eltern im Vereinsrestaurant, die Kinder auf dem Grün und die ganz Kleinen beim Sandeln in der Weitsprunggrube.

Der Brustring

13. September 1925
Der markante rote Brustring ist ein Alleinstellungsmerkmal des VfB. Das Symbol ist im europäischen Fußball einzigartig. Der rote Brustring auf weißem Trikot soll ein äußeres Zeichen der Einheit, der Zusammengehörigkeit der Vereinsfamilie darstellen. Er ist quasi der rote Faden, der die Mannschaft und den Verein ohne Ende, also unendlich, zusammenhält. Erstmals ziert er in der Saison 1925/1926 das Trikot des VfB. Wie es dazu gekommen ist, ist nicht eindeutig geklärt. Die Idee dazu sollen Jugendspieler gehabt haben. Erster Auftritt mit dem Brustring ist in einem Ligaspiel am 13. September 1925 gegen den 1. FC Pforzheim (5:1). Im Vergleich zu heute ist der rote Streifen noch deutlich breiter. In der Mitte steht das damalige Vereinswappen, das württembergische Hirschgeweih.

1928
Warum ein Brustring, wenn auch zwei möglich sind? In der Saison 1928/1929 wird der rote Brustring auf dem VfB Trikot geteilt und deutlich schmäler. Er bildet den Rahmen für das weiterhin unveränderte, zentral angebrachte VfB Wappen.

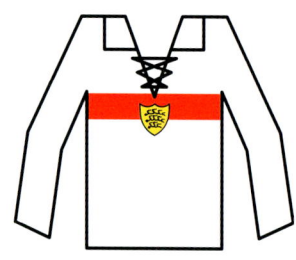

1945
Der rote Brustring ist wieder ein echter Ring. Denn auch nach dem Zweiten Weltkrieg geht der rote Streifen um das gesamte Trikot und ist nicht nur wie heute auf der Vorderseite abgebildet. Das VfB Wappen zentral in der Mitte rückt etwas nach unten.

Bitter spürte man den Bruch, den der Krieg verursacht hatte. Die Freunde von einst, die nicht mehr da waren, bildeten den Inhalt zahlreicher Geschichten. Die Erinnerung war die unsichtbare Brücke vom Jetzt zum Einst. Aus der Mitgliedschaft regte sich der Wunsch, dieser Brücke einen wahrnehmbaren Ausdruck zu geben. Einen Ausdruck, der im sich wieder festigenden Vereinsleben ein sichtbares Zeichen erhalten sollte: ein Denkmal. Die Stadt Stuttgart hatte schon 1923 mit dem Ehrenhain auf dem Waldfriedhof dem kollektiven Gedenken einen Ort des Erinnerns und der Mahnung geschaffen. Dem öffentlichen Beispiel folgend, beschloss der VfB, abseits des Spielfelds, dort, wo ein Baumbestand das Gelände gegen den Neckar hin idyllisch abgrenzte, ein Ehrenmal zu errichten, das die Namen der einstigen Freunde auflisten sollte. Eine eherne Tafel auf einem Stein, dessen künstlerischer Entwurf wiederum aus der Mitgliedschaft heraus gestaltet wurde. Man sammelte die Namen, rief zu Spenden auf, und das Projekt war binnen zweier Jahre realisiert.

Einer der ersten Titel mit Brustring: Der VfB wird 1926/1927 Württembergisch-Badischer Meister

1950
Der erste große Titel: Der VfB wird in Berlin Deutscher Meister – in Trikots mit dem roten Brustring. Als weiteres Symbol rückt das neue VfB Wappen mit Hirschgeweih, Schriftzug und Gründungsjahr auf die linke Brust der VfB Spieler.

1975
Erstmals spielt der VfB 1975 ohne den markanten Brustring – und erlebt als Elfter in der Zweiten Liga ein sportliches Desaster. Es bleibt ein einmaliger Sündenfall. Schon 1977 kehren der Brustring und der VfB zurück in die Bundesliga.

1976
Das Vereinswappen und der rote Brustring auf dem VfB Trikot bekommen im zweiten Zweitliga-Jahr Konkurrenz. Denn erstmals gibt es mit dem Textilunternehmen „Frottesana" einen Werbepartner auf dem Trikot der VfB Profis.

2012
Neben den Meisterstern für die drei Titel 1984, 1992 und 2007 kommt ein weiterer Stern auf das Trikot. Mit der Mercedes-Benz Bank präsentiert der VfB einen neuen Werbepartner, dessen Logo und Schriftzug innerhalb des roten Brustrings angebracht werden.

Bei der Umsetzung der Idee stieß man auf ein Problem, das auf eine Veränderung der Vereinsverhältnisse aufmerksam machte. Man hatte einige Mühe, die vollständigen Namen der Gefallenen zu recherchieren. Es dauerte Monate, bis die einstigen Kameraden erfasst waren. Mancher Name, einst so vertraut, so oft in geselligem Kreis und auf dem Platz genannt und gerufen, der zum festen Repertoire des Vereinslebens gehörte, war nicht mehr gegenwärtig. Er drohte dem Vergessen anheimzufallen. Die Erinnerung war an ihre Grenze gestoßen. Am 20. September 1925 wurde das Ehrenmal feierlich eingeweiht. Eine große Schar von Mitgliedern repräsentierte den VfB, ein Spiegelbild des gesamten Vereins. Festlich gekleidet, die Vereinsjugend angetreten im Vereinsdress, die Angehörigen der Gefallenen respektvoll platziert. Der Vorsitzende Dr. Alfred Deubler hielt die Ansprache, aus der die Bedeutung der Gedenkstätte für den Verein spricht, und zugleich entsteht eine Vorstellung von der Gedankenwelt, in die der VfB damals eingebettet war:

Die VfB Jugend wurde zum Synonym für sportliche Jugendbildung erster Güte.

„Seit dem Gründungsjahre unseres VfB, dem Jahre 1893, waren wir eine Gemeinschaft von Männern, verknüpft durch das Band begeisterten sportlichen Wollens. Die Freude am Wissen um unsere Kraft, am Auswirken unseres Körpers, am Messen unserer Fähigkeiten brachte uns zusammen und führte uns immer wieder Gleichgesinnte zu. Auf dem grünen Rasen schlugen wir friedliche Schlachten, die unsern Körper härteten und stählten durch die freiwillige und ernste Hingabe an den Sport, unseren Geist kämpferisch gestalteten, weil wir feige Müdigkeit verachten lernten, weil die Hergabe des Letzten mit kühlem Auge, mit zusammengebissenen Zähnen und heißem Herzen unser Bestreben war. Außerhalb des Spielfeldes verband uns treue Kameradschaft und engste, stets bewährte Freundschaft. Was soll uns diese schöne, schlichte Bronzetafel alles sagen? Was sie den Überlebenden sein? Sie soll in erster Linie eine Ehrung sein für unsere gefallenen Helden! …Doch das Denkmal, der Stein ist tot, und das Leben ist ewig. Ein Denkmal allein ist tote Erinnerung, die Tat nur adelt es zum Symbol. Wir können die Denkmalsenthüllung nicht besser feiern als durch sportliche Arbeit. Wir wissen, dass wir auf diese Art unsere Toten am besten ehren können. Denn wir bezeugen dadurch, dass wir uns gleich geblieben sind mit ihnen, und wir machen uns dadurch reif, es ihnen nachzutun …"

Der VfB Stuttgart, dessen Stammvereine von Anfang an Jugendliche betreuten und damit an ihren „Zöglingen" außerschulische Erziehungsarbeit leisteten, die besonders die Werte und Ideale des Sports betonte, profilierte sich im Nachkriegsjahrzehnt als Ausbildungsverein. Der Auftritt der Jugend bei der Einweihung des Ehrenmals symbolisierte den Zusammenhang der Generationen, die das Ballspiel übernahmen, weitertrugen und den nächsten übergaben. Gleichzeitig signalisierte er Zukunft, die Jugend war die Zukunft des Vereins. Ihr widmete man viele Stunden der sportlichen Förderung, deshalb galt es auch, sie über die Jahre ihrer sportlichen Aktivität in den eigenen Reihen zu halten. Dr. Gustav Schumm war hier der wegweisende Mann. 1902 in den FV 93 eingetreten, gehörte er zu den besten Rugby- und Fußballspielern des VfB und war auch allseits anerkannter Schiedsrichter. Er schuf eine altersgemäße Einteilung in A-, B- und C-Jugendliche und legte Wert auf eine umfassende Schulung: Fußball, Leichtathletik und gymnastische Übungen bildeten ein Ensemble. Eine frühe Spezialisierung war verpönt, der VfB Nachwuchs wurde vielseitig trainiert und zum Synonym für sportliche Jugendbildung erster Güte. Vermittelt wurden in ideeller Hinsicht Werte wie Kameradschaft, Vereinstreue und ein vom „Materialismus" freier Sport. Vor der Errichtung des Gefallenen-Ehrenmals ereignete sich im Fußball der Absturz in die Zweite Liga nach der Saison 1922/1923. Er brachte die Einsicht, dass notwendige Anpassungen – beispielsweise ein hauptamtlicher Trainer – vorgenommen werden mussten. So verpflichtete der VfB 1925 mit dem Engländer Edward Hanney erstmals einen Profitrainer. Von der internen Wirkung her betrachtet, war der Absturz von 1923 also eher ein positives Signal und förderte die Selbstvergewisserung des Vereins. Dies und die zeitgleich gemachte Erfahrung, dass das menschliche Gedächtnis seine Grenzen hat, mobilisierten die Orientierung an Symbolen.

Wer war der VfB? Wofür stand er? Drei Jahrzehnte nach Gründung drängten diese Fragen. Das Denkmal war eine Antwort. Andere wurden gesucht. So ist es kein Wunder, dass der rote Brustring zum ersten Mal auf den Trikots der Mannschaft von Edward Hanney prangt – im Sommer 1925. Der rote Brustring, der in Anlehnung an die Symbolhaftigkeit des Rings als ein Ding, das kein Ende hat, nun zu einem Ausdruck der seit 1893 in Ehren gehaltenen Vereinstreue wurde und den Aspekt „nie endender" kameradschaftlicher Gemeinschaft mittrug, drückte die Kontinuität der Vorstellungen über den Sinn des Vereinslebens aus. Um die gleiche Zeit erscheinen auch die ersten Ansätze einer Vereinsgeschichtsschreibung, die die überlieferten Geschichten der „Alten" zu bewahren suchte.

Der Verein war Mitte der 20er-Jahre mit sich im Reinen. Der Platz auf dem Wasen war das Zentrum, dort gab es Sport und Geselligkeit. Dort gedachte man der verstorbenen Mitglieder, dort sang man das Vereinslied, dort wehten die weiß-roten Fahnen. Man konnte sich auf den Sport konzentrieren. Sport hieß auch, dass die Jugend beim Stadtlauf mitmachte – und siegte, dass die Leichtathleten sich einen Namen machten, ebenso die Handballer, die Hockeyspieler, die Schiedsrichter und natürlich die Fußballer. Und schließlich entwarf man als Abschluss der Phase symbolischer Selbstfindung 1926 eine Vereinsfahne. Sie trägt als Zeichen der Vereinstreue die Wappen der Stammvereine, den gelben Stern des FV Stuttgart 93 und das schwarz-weiß-grün gestreifte Emblem des Kronenklubs, beide vereint mit dem schwarz-gelben württembergischen Schild.

Zum VfB Platz strömten die Massen. Es kam zu den großen Derbys gegen die Kickers und zu den raueren Spielen auf den Plätzen außerhalb Stuttgarts. Willy Rutz, zwischen 1925 und 1940 ein großer Stratege und zeitweiliger Trainer, erzählte bis ins Alter, wie ihm auf dem Böckinger Platz beim Eckstoß auf dem verschlammten Gelände ein einheimischer Zuschauer mit dem Spazierstock den Fuß wegangelte, sodass er mehrmals ansetzen musste. Eine andere Geschichte war die Freundschaft der ungleichen Spieler Molly Schauffele und Ernst „Wenzel" Blum: der eine ein Riese, der andere recht klein, aber harmoniert haben sie wie Zwillinge und dem VfB so manchen Sieg eingefahren. So reihten sich die Erfolge: Endspiel im Süddeutschen Pokal 1926, das erste überregionale Auftreten, Württembergisch-Badischer Meister 1926, Württembergischer Meister 1929, Süddeutscher Pokalmeister 1933. Gleichzeitig kamen aber auch materielle Begehrlichkeiten auf, vor denen die VfB Spieler genauso wenig gefeit waren wie die großen Akteure der Konkurrenz. Daraus erwuchsen Konflikte, die das Gesamtgefüge erschütterten. So gab es am Ende dieser Epoche schon ein Konzept für Berufsfußball. Als Trainer legte Hanney die Grundlagen, Dr. Kovacs baute darauf auf, Willy Rutz, Emil Gröner und Fritz Teufel setzten die Arbeit des Engländers fort. Der VfB gab in Württemberg mit den Ton an. Und er war eine Orientierung für die Fußballanhänger in Cannstatt und in Stuttgart. Der VfB war sportlich eine Größe geworden und hatte den Rückstand aus der Vorkriegszeit wettgemacht.

Es war üblich, dass sich die ersten Mannschaften im Fußball hauptsächlich aus Spielern rekrutierten, die aus der VfB Jugend stammten. Jahr um Jahr schöpften die Trainer aus dem großen Reservoir: die Wiederaufstiegsmannschaft 1923/1924, die Meistermannschaft Hanneys 1926 und die von Dr. Kovacs 1929. Der Nachwuchs war die Basis für den sportlichen Aufstieg dieser Jahre. Doch es gibt auch eine andere Seite. Der „Säbelesklub", wie der VfB seit den unruhigen Tagen Ende 1918, Anfang 1919 genannt wurde, als vom Felde zurückkehrende Sportler, allesamt militärisch ausgezeichnet und im Offiziers- oder Unteroffiziersrang, sich den Ordnungskräften der Stadt zur Verfügung stellten gegen revolutionären Aufruhr, war nicht nur eine bildhafte Bezeichnung, sondern auch Ausdruck einer konservativen bis reaktionären Haltung der führenden Schicht der Mitglieder. Nicht wenige waren in Opposition zur Republik und hofften auf ein wieder starkes „Vaterland". Wie es im Vereinslied auch heißt: „Damit es neu und stark ersteh, dafür spielt der VfB." Diese Haltung ist im Zusammenhang der Zeit zu sehen, ist aber ebenso Teil des „Mythos VfB" und darf nicht verschwiegen werden. Denn sie machte den VfB auch empfänglich für das, was da kommen sollte.

Die neue Vereinsfahne des VfB wird 1926 vorgestellt

Saison 1911/1912

B-Klasse Schwaben, Bezirk 1

Datum	Paarung	Ergebnis
08.10.1911	FV Stuttgart 93 – Ulmer FV 1894	0:3
15.10.1911	FV Stuttgart 93 – FC Krone Cannstatt	2:1
22.10.1911	Privater TV Ulm – FV Stuttgart 93	2:11
05.11.1911	FV Stuttgart 93 – FV Zuffenhausen	Sieg für 93
12.11.1911	FC Krone Cannstatt – FV Stuttgart 93	2:2
19.11.1911	FV Stuttgart 93 – Privater TV Ulm	15:1
26.11.1911	FV Zuffenhausen – FV Stuttgart 93	0:1
17.12.1911	FV Stuttgart 93 – Ulmer FV 1894	5:1
k. A.	FC Krone Cannstatt – Privater TV Ulm	unentschieden
k. A.	Ulmer FV 1894 – FC Krone Cannstatt	2:0
k. A.	FV Zuffenhausen – FC Krone Cannstatt	4:1
k. A.	FC Krone Cannstatt – Ulmer FV 1894	2:1
k. A.	Privater TV Ulm – FC Krone Cannstatt	0:3
k. A.	FC Krone Cannstatt – FV Zuffenhausen	1:3

Abschlusstabelle

1. FV Stuttgart 93	8	6	1	1	13:3
2. FV Zuffenhausen	8				10:6
3. Ulmer FV 1894	8				8:8
4. FC Krone Cannstatt	8	2	2	4	8:8
5. Privater TV Ulm	8				2:14

B-Meisterschaft von Schwaben

Datum	Paarung	Ergebnis
07.01.1912	Stern Cannstatt – FV Stuttgart 93	1:1
14.01.1912	FV Stuttgart 93 – Süddeutscher FC Stuttgart	9:1
21.01.1912	FV Stuttgart 93 – Schwaben Stuttgart	2:0
28.01.1912	FV Stuttgart 93 – Stern Cannstatt	3:1
04.02.1912	Süddeutscher FC Stuttgart – FV Stuttgart 93	4:7
25.02.1912	Schwaben Stuttgart – FV Stuttgart 93	9:2

B-Klasse Südkreismeisterschaft

Datum	Paarung	Ergebnis
03.03.1912	Pforzheimer BC – FV Stuttgart 93	1:1
17.03.1912	FV Stuttgart 93 – Donar Straßburg	2:1
24.03.1912	FV Stuttgart 93 – Pforzheimer BC	3:2
31.03.1912	Donar Straßburg – FV Stuttgart 93	1:2

Aufstiegsrunde zur Südkreisliga

Datum	Paarung	Ergebnis
25.08.1912	VfB Stuttgart* – FV Beiertheim	4:3
01.09.1912	VfB Stuttgart* – FC Mühlburg	1:0

* Am 2. April 1912 fusionierten der FV Stuttgart 93 und der FC Krone Cannstatt zum VfB Stuttgart.

Saison 1912/1913

Südkreisliga

Datum	Paarung	Ergebnis
15.09.1912	Stuttgarter Kickers – VfB Stuttgart	6:2
22.09.1912	VfB Stuttgart – Phönix Karlsruhe	3:1
29.09.1912	VfB Stuttgart – 1. FC Pforzheim	1:4
20.10.1912	VfB Stuttgart – Sportfreunde Stuttgart	5:1
27.10.1912	Union Stuttgart – VfB Stuttgart	3:0
03.11.1912	Freiburger FC – VfB Stuttgart	1:2
10.11.1912	VfB Stuttgart – Stuttgarter Kickers	3:2
17.11.1912	VfB Stuttgart – Freiburger FC	0:4
01.12.1912	Phönix Karlsruhe – VfB Stuttgart	0:0
08.12.1912	1. FC Pforzheim – VfB Stuttgart	2:1
22.12.1912	VfB Stuttgart – Union Stuttgart	3:1
29.12.1912	Sportfreunde Stuttgart – VfB Stuttgart	1:1
19.01.1913	Karlsruher FV – VfB Stuttgart	5:0
26.01.1913	VfB Stuttgart – Karlsruher FV	2:1*

* Wurde als Sieg für den Karlsruher FV gewertet.

Abschlusstabelle

1. Stuttgarter Kickers	14	7	4	3	24:11	18:10
2. 1. FC Pforzheim	14	8	2	4	37:28	18:10
3. FC Union Stuttgart	14	6	4	4	22:19	16:12
4. Karlsruher FV	14	6	3	5	27:18	15:13
5. Freiburger FC	14	5	2	7	27:25	12:16
6. VfB Stuttgart	14	5	2	7	23:32	12:16
7. Phönix Karlsruhe	14	3	5	6	13:25	11:17
8. Sportfreunde Stuttgart	14	3	4	7	15:30	10:18

Kader

Tor:	Max Buggle
Feldspieler:	Hans Bermanseder, Robert Eisenhardt, Max Efinger, Robert Endreß, Emil Friz, Willi Giersch, Kurt Hecht, E. Katzenmaier, Fritz Keppel, Richard Kirsch, Maher, Schaich, Eugen Schmid, Gustav Schumm, Wegele, Copé Wendling

Saison 1913/1914

Südkreisliga

Datum	Paarung	Ergebnis
14.09.1913	1. FC Pforzheim – VfB Stuttgart	4:2
21.09.1913	FC 05 Mühlburg – VfB Stuttgart	6:2
28.09.1913	VfB Stuttgart – Stuttgarter Kickers	0:3
05.10.1913	Freiburger FC – VfB Stuttgart	4:0
26.10.1913	VfB Stuttgart – Union Stuttgart	2:0
09.11.1913	VfB Stuttgart – FC 05 Mühlburg	1:3
14.12.1913	VfB Stuttgart – Karlsruher FV	2:1
21.12.1913	VfB Stuttgart – Freiburger FC	1:2
04.01.1914	Phönix Karlsruhe – VfB Stuttgart	2:1
18.01.1914	Karlsruher FV – VfB Stuttgart	1:1
25.01.1914	VfB Stuttgart – Phönix Karlsruhe	2:0
01.02.1914	VfB Stuttgart – 1. FC Pforzheim	2:3
07.02.1914	Stuttgarter Kickers – VfB Stuttgart	1:1
08.03.1914	Union Stuttgart – VfB Stuttgart	3:0

Abschlusstabelle

1. Stuttgarter Kickers*	14	10	3	1	25:6	23:5
2. 1. FC Pforzheim	14	11	1	2	40:14	23:5
3. Freiburger FC	14	7	4	3	20:14	18:10
4. Union Stuttgart	14	5	2	7	18:22	12:16
5. FC 05 Mühlburg	14	3	5	6	16:21	11:17
6. Phönix Karlsruhe	14	3	4	7	11:23	10:18
7. VfB Stuttgart	14	3	2	9	18:33	8:20
8. Karlsruher FV	14	2	3	9	16:31	7:21

* Entscheidungsspiel um Platz 1: Stuttgarter Kickers – 1. FC Pforzheim 4:0.

Kader

Tor:	Max Buggle, Dr. Eugen Heinz
Feldspieler:	Aeckerle, Karl Bechtle, Robert Eisenhardt, Robert Endreß, Emil Friz, Imberger, E. Katzenmaier, Otto Keim, Richard Kirsch, Karl Knödler, Max Sautter, Emil Reim, Gustav Schumm, Copé Wendling

Saison 1914/1915

Kein Ligaspiel-Betrieb aufgrund des Ersten Weltkriegs.

Saison 1915/1916

Bezirksliga Schwaben II, Abschlusstabelle

1. Schwaben Stuttgart	16	70:21	15:7
2. Union Stuttgart	16	60:17	23:9
3. VfB Stuttgart/Blauen Elf	16	53:20	23:9
4. FV Kornwestheim	16	32:22	18:14
5. Pfeil Gaisburg	16	28:20	17:15
6. Stern Cannstatt	16	22:15	17:15
7. Athletik Stuttgart	16	16:65	10:22
8. VfR Esslingen	16	19:61	7:25
9. Viktoria Feuerbach	16	20:79	7:25
10. FV Zuffenhausen zurückgezogen			

Saison 1916/1917

Bezirksliga Schwaben I, Abschlusstabelle

1. Stuttgarter Kickers	10	18:2
2. Schwaben Stuttgart	10	18:2
3. VfB Stuttgart	10	10:10
4. FV Blauen Elf Stuttgart	10	6:14
5. Stern Cannstatt	10	4:16
6. Viktoria Feuerbach	10	4:16

Entscheidungsspiel um Platz 1: Kickers – Schwaben 2:0.

Saison 1917/1918

Kein Ligaspiel-Betrieb aufgrund des Ersten Weltkriegs.

Saison 1918/1919

Kein Ligaspiel-Betrieb aufgrund des Ersten Weltkriegs bzw. Ligaspiele nicht mehr zu ermitteln.

Kader*

Tor:	Veigel
Feldspieler:	Albert Barth, Karl Bechtle, Burkhardt, Dennhardt, Otto Dörtenbach, Hans Förstner, Emil Friz, Glaser, Hägele, Ihle, Karl Ilg, Otto Keim, Karl Klenk, Kodweiß, Löhle, Maier, Ruf, Robert Rupp, Max Sautter, Eugen Schmid, Gustav Schumm, Hermann Vogt, Weiler

* Kader beinhaltet alle während der Kriegsjahre insgesamt eingesetzten Spieler.

Saison 1919/1920

Südkreisliga

Datum	Paarung	Ergebnis
28.09.1919	Stuttgarter Kickers – VfB Stuttgart	3:1
05.10.1919	VfR Heilbronn – VfB Stuttgart	0:0
12.10.1919	VfB Stuttgart – FV Zuffenhausen	3:0
19.10.1919	VfB Stuttgart – FV Kornwestheim	3:0
26.10.1919	SpVgg Tübingen 03 – VfB Stuttgart	2:4
09.11.1919	SV Feuerbach – VfB Stuttgart	2:1
16.11.1919	VfB Stuttgart – Stuttgarter SC	0:2
12.01.1920	VfB Stuttgart – SV Feuerbach	0:0
25.01.1920	VfB Stuttgart – VfR Heilbronn	3:2
01.02.1920	Sportfreunde Stuttgart – VfB Stuttgart	2:1
08.02.1920	VfB Stuttgart – SpVgg Tübingen 03	4:2
15.02.1920	VfB Stuttgart – Ulmer FV 1894	0:1
22.02.1920	Stuttgarter SC – VfB Stuttgart	3:2
29.02.1920	Ulmer FV 1894 – VfB Stuttgart	3:0
07.03.1920	VfB Stuttgart – Stuttgarter Kickers	1:2
14.03.1920	VfB Stuttgart – Sportfreunde Stuttgart	0:0
11.04.1920	FV Zuffenhausen – VfB Stuttgart	2:3
02.05.1920	FV Kornwestheim – VfB Stuttgart	0:2

Abschlusstabelle

1. Stuttgarter SC*	17	14	2	1	66:17	30:4
2. Stuttgarter Kickers	18	14	1	3	63:16	29:7
3. Sportfreunde Stuttgart	18	10	4	4	39:18	24:12
4. SV Feuerbach	18	8	3	7	31:34	19:17
5. VfB Stuttgart	18	7	3	8	28:26	17:19
6. Ulmer FV 1894	18	7	2	9	22:36	16:20
7. FV Zuffenhausen	18	6	3	9	28:42	15:21
8. VfR Heilbronn*	17	6	2	9	31:29	14:20
9. SpVgg Tübingen 03	16	4	0	12	28:65	8:24
10. FV Kornwestheim	18	1	2	15	16:69	4:32

* Die Partien SpVgg Tübingen 03 – Stuttgarter SC und SpVgg Tübingen 03 – VfR Heilbronn wurden nicht ausgetragen.

Kader

Tor:	Bethmann
Feldspieler:	Max Efinger, Feßler, Hermann Heß, Paul Heß, Richard Kirsch, August Krämer, Rudolf Mack, Richard Scheuffele, Josef Schmid, Dr. Gustav Schumm, Wäckerle

Saison 1920/1921

Kreisliga Württemberg

Datum	Paarung	Ergebnis
12.09.1920	Union Böckingen – VfB Stuttgart	0:2
19.09.1920	VfB Stuttgart – FV Zuffenhausen	7:0
26.09.1920	Stuttgarter SC – VfB Stuttgart	4:0
03.10.1920	VfB Stuttgart – SpVgg Cannstatt	0:1
17.10.1920	VfB Stuttgart – Sportfreunde Stuttgart	1:0
24.10.1920	VfR Heilbronn – VfB Stuttgart	0:1
31.10.1920	SpVgg Feuerbach – VfB Stuttgart	2:1
07.11.1920	Ulmer FV 1894 – VfB Stuttgart	1:1
14.11.1920	VfB Stuttgart – Stuttgarter Kickers	0:2
21.11.1920	VfB Stuttgart – Union Böckingen	11:0
05.12.1920	VfB Stuttgart – Stuttgarter SC	2:2
19.12.1920	FV Zuffenhausen – VfB Stuttgart	1:6
01.01.1921	Sportfreunde Stuttgart – VfB Stuttgart	2:1
16.01.1921	Stuttgarter Kickers – VfB Stuttgart	3:0
30.01.1921	SpVgg Cannstatt – VfB Stuttgart	1:0
06.02.1921	VfB Stuttgart – VfR Heilbronn	1:0
13.02.1921	VfB Stuttgart – SpVgg Feuerbach	1:0
27.02.1921	VfB Stuttgart – Ulmer FV 1894	3:2

Abschlusstabelle

1. Stuttgarter Kickers	18	15	1	2	46:9	31:5
2. Stuttgarter SC	18	11	4	3	37:22	26:10
3. SV Feuerbach	18	10	5	3	39:20	25:11
4. Sportfreunde Stuttgart	18	10	4	4	44:31	24:12
5. VfB Stuttgart	18	9	2	7	38:21	20:16
6. SpVgg Cannstatt	18	8	2	8	24:37	18:18
7. Ulmer FV 1894	18	5	2	11	27:40	12:24
8. FV Zuffenhausen	18	4	2	12	13:47	10:26
9. VfR Heilbronn*	18	4	1	13	26:28	9:27
10. Union Böckingen	18	2	1	15	10:49	5:31

* Dem VfR Heilbronn wurden sieben Punkte aberkannt.

Süddeutscher Pokal

Datum	Paarung	Ergebnis
20.02.1921	VfB Stuttgart – Adler Heilbronn	6:0
05.03.1921	VfB Stuttgart – Sportfreunde Stuttgart	0:2

Kader

Tor:	Frank, Löhle
Feldspieler:	Otto Dörenbach, Max Efinger, Otto Happold, Hermann Heß, Paul Heß, Otto Keim, Richard Kirsch, Kocher, August Krämer, Eugen Krämer, Rudolf Mack, Rieger, Richard Schauffele, Josef Schmid, Dr. Gustav Schumann, Zetsche
Trainer:	Grünwald

Saison 1921/1922

Kreisliga Württemberg

Datum	Paarung	Ergebnis
17.09.1921	VfB Stuttgart – Pfeil Gaisburg	3:2
24.09.1921	Stuttgarter Kickers – VfB Stuttgart	1:1
02.10.1921	TB 1846 Ulm – VfB Stuttgart	1:2
23.10.1921	VfB Stuttgart – FV Zuffenhausen	0:0
30.10.1921	VfB Stuttgart – SpVgg Tübingen 03	0:0
20.11.1921	VfB Stuttgart – Ulmer FV 1894	3:1
27.11.1921	FV Zuffenhausen – VfB Stuttgart	0:3
11.12.1921	SpVgg Tübingen 03 – VfB Stuttgart	1:5
25.12.1921	VfB Stuttgart – TB 1846 Ulm	2:1
01.01.1922	Pfeil Gaisburg – VfB Stuttgart	0:2
08.01.1922	VfB Stuttgart – Stuttgarter Kickers	1:0
15.01.1922	SpVgg Feuerbach – VfB Stuttgart	4:2
22.01.1922	Ulmer FV 1894 – VfB Stuttgart	0:3
29.01.1922	VfB Stuttgart – SpVgg Feuerbach	1:1

Abschlusstabelle

1. Stuttgarter Kickers	14	12	1	1	49:8	25:3
2. VfB Stuttgart	14	9	4	1	28:12	22:6
3. Ulmer FV 1894	14	8	2	4	32:21	18:10
4. SpVgg Feuerbach	14	7	3	4	30:24	17:11
5. TB 1846 Ulm	14	5	0	9	27:35	10:18
6. SpVgg Tübingen 03	14	4	2	8	16:34	10:18
7. Pfeil Gaisburg	14	3	0	11	13:35	6:22
8. FV Zuffenhausen	14	1	2	11	11:37	4:24

Süddeutscher Pokal

Datum	Paarung	Ergebnis
13.11.1921	VfB Stuttgart – FV Kornwestheim	3:0
18.12.1921	VfB Stuttgart – RSV Wacker Stuttgart	8:0

Der weitere Verlauf des Pokalwettbewerbs ist nicht mehr eruierbar.

Kader

Tor:	Paul Mauch
Feldspieler:	Burger, Otto Dörtenbach, Max Efinger, Hermann Heß, August Krämer, Eugen Krämer, Rudolf Mack, Rieger, Richard Schauffele

Saison 1922/1923

Kreisliga Württemberg

Datum	Paarung	Ergebnis
03.09.1922	Sportfreunde Stuttgart – VfB Stuttgart	1:1
10.09.1922	VfB Stuttgart – SpVgg Feuerbach	0:2
18.09.1922	VfB Stuttgart – Stuttgarter SC	0:0
24.09.1922	Ulmer FV 1894 – VfB Stuttgart	2:1
15.10.1922	Stuttgarter Kickers – VfB Stuttgart	3:1
29.10.1922	VfB Stuttgart – VfR 96 Heilbronn	3:1
27.11.1922	Eintracht Stuttgart – VfB Stuttgart	0:1
03.12.1922	VfB Stuttgart – Ulmer FV 1894	2:0
10.12.1922	VfB Stuttgart – Stuttgarter Kickers	0:0
31.12.1922	Stuttgarter SC – VfB Stuttgart	1:2
07.01.1923	VfB Stuttgart – Eintracht Stuttgart	4:0
21.01.1923	SpVgg Feuerbach – VfB Stuttgart	3:1
28.01.1923	VfR 96 Heilbronn – VfB Stuttgart	2:1
25.02.1923	VfB Stuttgart – Sportfreunde Stuttgart	2:2

Abschlusstabelle

1. Stuttgarter Kickers	14	10	1	3	40:13	21:7
2. SpVgg Feuerbach	14	8	1	5	22:20	17:11
3. VfR Heilbronn	14	7	2	5	32:20	16:12
4. Stuttgarter SC	14	7	2	5	24:21	16:12
5. Sportfreunde Stuttgart	14	5	5	4	20:18	15:13
6. VfB Stuttgart	14	5	4	5	19:17	14:14
7. Ulmer FV 1894	14	3	2	9	19:39	8:20
8. Eintracht Stuttgart	14	2	1	11	15:43	5:23

Süddeutscher Pokal

Datum	Paarung	Ergebnis
18.03.1923	TV 1860 Pforzheim – VfB Stuttgart	unbekannt
25.03.1923	VfB Stuttgart – TV 1860 Pforzheim	1:0
23.04.1923	VfB Stuttgart – Stuttgarter Kickers	3:2
30.04.1923	VfB Stuttgart – FC Bayern München	1:8

Kader

Tor:	Paul Mauch
Feldspieler:	Blessing, Ernst Blum, Max Efinger, Hermann Heß, August Krämer, Rudolf Mack, Rieger, Richard Schauffele, Otto Vollmer, Weiler

Saison 1923/1924

Kreisliga Cannstatt

Datum	Paarung	Ergebnis
09.09.1923	Göppinger SV – VfB Stuttgart	1:2
16.09.1923	VfB Stuttgart – Süddeutscher FC Stuttgart	1:1
23.09.1923	Normannia Gmünd – VfB Stuttgart	1:2
07.10.1923	FC Pfeil Gaisburg – VfB Stuttgart	1:1
21.10.1923	VfB Stuttgart – VfL Stuttgart	9:1
28.10.1923	VfB Stuttgart – SpVgg Cannstatt	0:1
04.11.1923	Süddeutscher FC Stuttgart – VfB Stuttgart	1:2
11.11.1923	VfB Stuttgart – Normannia Gmünd	0:2
18.11.1923	SpVgg Cannstatt – VfB Stuttgart	0:8
25.11.1923	VfB Stuttgart – Göppinger SV	1:1
16.12.1923	VfL Stuttgart – VfB Stuttgart	0:3
27.01.1924	VfB Stuttgart – FC Pfeil Gaisburg	5:0

Abschlusstabelle

1. VfB Stuttgart	12	7	3	2	34:10	17:7
2. FC Pfeil Gaisburg	12	7	2	3	18:12	16:8
3. Göppinger SV	12	7	2	3	18:13	16:8
4. Normannia Gmünd	12	6	2	4	19:12	14:10
5. SpVgg Cannstatt	12	4	3	5	12:21	11:13
6. Süddeutscher FC Stuttgart	12	2	3	7	15:22	7:17
7. VfL Stuttgart	12	0	3	9	7:33	3:31

Aufstiegsrunde zur Bezirksliga

Datum	Paarung	Ergebnis
02.03.1924	Eintracht Stuttgart – VfB Stuttgart	1:2
16.03.1924	Karlsruher FV – VfB Stuttgart	1:1
06.04.1924	SC Freiburg – VfB Stuttgart	3:0
13.04.1924	VfB Stuttgart – 1. FC Birkenfeld	3:0
27.04.1924	VfB Stuttgart – Eintracht Stuttgart	2:1
04.05.1924	1. FC Birkenfeld – VfB Stuttgart	1:2
11.05.1924	VfB Stuttgart – Karlsruher FV	0:1
01.06.1924	VfB Stuttgart – SC Freiburg	5:3

Abschlusstabelle Aufstiegsrunde

1. SC Freiburg	8	5	1	2	20:11	11:5
2. VfB Stuttgart	8	5	1	2	15:11	11:5
3. Karlsruher FV	8	3	3	2	11:8	9:7
4. 1. FC Birkenfeld	8	2	1	5	12:22	5:11
5. Eintracht Stuttgart	8	1	2	5	11:17	4:12

Süddeutscher Pokal

Datum	Paarung	Ergebnis
09.12.1923	TSV Esslingen – VfB Stuttgart	0:5
20.01.1924	VfB Stuttgart – Süddeutscher FC Stuttgart	6:0
03.02.1924	SpVgg Feuerbach – VfB Stuttgart	0:1
23.03.1924	1. FC Pforzheim – VfB Stuttgart	3:2

Kader

Tor:	Wilhelm Vollmer
Feldspieler:	Karl Becker, Ernst Blum, Max Böklen, Max Efinger, Rolf Glenk, Hermann Heß, August Krämer, Eugen Krämer, Rudolf Mack, Richard Schauffele, Schopf, Paul Schwarz, Otto Vollmer, Albert Ziegler

Saison 1924/1925

Bezirksliga Württemberg-Baden

Datum	Paarung	Ergebnis
07.09.1924	Freiburger FC – VfB Stuttgart	7:1
21.09.1924	VfB Stuttgart – Stuttgarter Kickers	1:0
28.09.1924	1. FC Pforzheim – VfB Stuttgart	2:1
05.10.1924	VfB Stuttgart – SC Freiburg	2:2
12.10.1924	VfR Heilbronn – VfB Stuttgart	3:1
26.10.1924	VfB Stuttgart – Stuttgarter SC	1:1
09.11.1924	VfB Stuttgart – Freiburger FC	3:1
16.11.1924	FC Mühlburg – VfB Stuttgart	0:1
23.11.1924	SC Freiburg – VfB Stuttgart	2:1
30.11.1924	Stuttgarter SC – VfB Stuttgart	0:4
07.12.1924	VfB Stuttgart – VfR Heilbronn	1:1
21.12.1924	VfB Stuttgart – 1. FC Pforzheim	0:1
28.12.1924	VfB Stuttgart – FC Mühlburg	2:1
04.01.1925	Stuttgarter Kickers – VfB Stuttgart	4:0

Abschlusstabelle

1. Stuttgarter Kickers	14	10	2	2	37:13	22:6
2. Freiburger FC	14	8	2	4	40:18	18:10
3. 1. FC Pforzheim	14	7	4	3	29:17	18:10
4. VfR Heilbronn	14	8	2	4	21:18	18:10
5. VfB Stuttgart	14	5	3	6	19:25	13:15
6. Stuttgarter SC	14	2	5	7	13:33	9:19
7. SC Freiburg	14	2	4	8	13:31	8:20
8. FC Mühlburg	14	2	2	10	10:27	6:22

Süddeutscher Pokal

Datum	Paarung	Ergebnis
11.01.1925	VfR Gaisburg – VfB Stuttgart	0:2
24.01.1925	VfB Stuttgart – Schramberg 08	2:1 n.V.
22.02.1925	VfR Heilbronn – VfB Stuttgart	1:1 n.V.
08.03.1925	VfB Stuttgart – VfR Heilbronn	2:1
10.05.1925	VfB Stuttgart – SpVgg Fürth	0:1

Kader

Tor:	Heinrich Maier, Wilhelm Vollmer
Feldspieler:	Aeckerle, Karl Becker, Ernst Blum, Max Böklen, Otto Dörtenbach, Rolf Glenk, Hermann Heß, August Krämer, Kronmüller, Rudolf Mack, Merz, Molsch, Richard Schauffele, Schopf, K. Schwarz, Paul Schwarz, Stelzenmüller, Otto Vollmer, Weber
Trainer:	Tom Hanney 01.07.1924 – 31.01.1927

Saison 1925/1926

Bezirksliga Württemberg-Baden

Datum	Paarung	Ergebnis
13.09.1925	VfB Stuttgart – 1. FC Pforzheim	5:1
27.09.1925	Stuttgarter Kickers – VfB Stuttgart	3:3
04.10.1925	VfB Stuttgart – Freiburger FC	3:2
11.10.1925	1. FC Birkenfeld – VfB Stuttgart	0:5
25.10.1925	VfB Stuttgart – VfR Heilbronn	1:0
01.11.1925	Karlsruher FV – VfB Stuttgart	5:1
15.11.1925	VfB Stuttgart – Stuttgarter SC	2:2
22.11.1925	VfB Stuttgart – 1. FC Birkenfeld	5:0
29.11.1925	VfB Stuttgart – Stuttgarter Kickers	6:0
06.12.1925	VfR Heilbronn – VfB Stuttgart	2:1
13.12.1925	Stuttgarter SC – VfB Stuttgart	1:0
20.12.1925	Freiburger FC – VfB Stuttgart	2:0
27.12.1925	VfB Stuttgart – Karlsruher FV	3:1
03.01.1926	1. FC Pforzheim – VfB Stuttgart	0:0

Abschlusstabelle

1. Karlsruher FV	14	10	2	2	52:22	22:6
2. VfB Stuttgart	14	7	3	4	34:19	17:11
3. Freiburger FC	14	8	0	6	52:35	16:12
4. Stuttgarter Kickers	14	7	2	5	30:29	16:12
5. VfR Heilbronn	14	8	0	6	29:29	16:12
6. Stuttgarter SC	14	5	5	4	26:25	15:13
7. 1. FC Pforzheim	14	4	2	8	29:45	10:18
8. 1. FC Birkenfeld	14	0	0	14	10:58	0:28

Süddeutscher Pokal

Datum		Paarung	Ergebnis
10.01.1926	1. Runde	Sportfreunde Esslingen – VfB Stuttgart	0:6
24.01.1926	2. Runde	VfB Stuttgart – Stuttgarter SC	1:0
21.02.1926	3. Runde	Schwaben Augsburg – VfB Stuttgart	1:4
21.03.1926	4. Runde	VfB Stuttgart – VfR Mannheim	2:1
09.05.1926	Viertelfinale	VfB Stuttgart – FV Saarbrücken	1:0
23.05.1926	Halbfinale	TSV 1860 München – VfB Stuttgart	2:3 n.V.
01.08.1926	Finale	SpVgg Fürth – VfB Stuttgart	3:2 n.V.

Kader

Tor:	Heinrich Maier, Werner Gabriel
Feldspieler:	Karl Becker, Ernst Blum, Otto Dörtenbach, Hermann Heß, Fritz Retter, Willi Rutz, Otto Vollmer, Erwin Gerlinger, Max Böklen, Karl Strehle, Rolf Glenk, Rudolf Mack, Paul Schwarz
Trainer:	Tom Hanney 01.07.1924 – 31.01.1927

Saison 1926/1927

Bezirksliga Württemberg-Baden

Datum	Paarung	Ergebnis
04.09.1926	VfB Stuttgart – Sportfreunde Stuttgart	2:1
12.09.1926	Freiburger FC – VfB Stuttgart	4:5
19.09.1926	VfB Stuttgart – Stuttgarter Kickers	4:1
26.09.1926	VfB Stuttgart – Stuttgarter SC	2:2
03.10.1926	VfB Stuttgart – SC Freiburg	3:1
17.10.1926	Union Böckingen – VfB Stuttgart	0:2
24.10.1926	Karlsruher FV – VfB Stuttgart	1:0
31.10.1926	VfB Stuttgart – Phönix Karlsruhe	3:1
07.11.1926	VfR Heilbronn – VfB Stuttgart	1:1
14.11.1926	Sportfreunde Stuttgart – VfB Stuttgart	0:4
28.11.1926	VfB Stuttgart – Freiburger FC	3:0
05.12.1926	Stuttgarter Kickers – VfB Stuttgart	1:4
12.12.1926	VfB Stuttgart – VfR Heilbronn	3:2
19.12.1926	SC Freiburg – VfB Stuttgart	2:3
02.01.1927	VfB Stuttgart – Union Böckingen	4:0
09.01.1927	VfB Stuttgart – Karlsruher FV	1:1
16.01.1927	Phönix Karlsruhe – VfB Stuttgart	1:2
23.01.1927	Stuttgarter SC – VfB Stuttgart	1:3

Abschlusstabelle

1. VfB Stuttgart	18	14	3	1	49:20	31:5
2. Karlsruher FV	18	14	1	3	69:22	29:7
3. Stuttgarter Kickers	18	13	0	5	52:29	26:10
4. Stuttgarter SC	18	6	6	6	30:32	18:18
5. SC Freiburg	18	8	1	9	49:44	17:19
6. Phönix Karlsruhe	18	6	4	8	29:40	16:20
7. VfR Heilbronn	18	5	5	8	29:35	15:21
8. Freiburger FC	18	4	6	8	36:52	14:22
9. Union Böckingen	18	3	4	11	24:44	10:26
10. Sportfreunde Stuttgart	18	1	2	15	24:73	4:32

Süddeutsche Endrunde

Datum	Paarung	Ergebnis
06.02.1927	VfB Stuttgart – 1. FC Nürnberg	0:3
13.02.1927	FSV Frankfurt – VfB Stuttgart	4:3
20.02.1927	VfB Stuttgart – SpVgg Fürth	3:3
27.02.1927	VfB Stuttgart – VfL Neckarau	6:0
13.03.1927	Mainz 05 – VfB Stuttgart	2:1
20.03.1927	VfB Stuttgart – FSV Frankfurt	4:1
27.03.1927	1. FC Nürnberg – VfB Stuttgart	5:1
03.04.1927	VfL Neckarau – VfB Stuttgart	6:1
10.04.1927	VfB Stuttgart – Mainz 05	5:0
17.04.1927	SpVgg Fürth – VfB Stuttgart	4:0

Abschlusstabelle Süddeutsche Endrunde

1. 1. FC Nürnberg	10	7	2	1	28:14	16:4
2. SpVgg Fürth	10	7	1	2	41:14	15:5
3. FSV Frankfurt	10	4	1	5	22:30	9:11
4. VfL Neckarau	10	4	0	6	23:28	8:12
5. VfB Stuttgart	10	3	1	6	24:28	7:13
6. Mainz 05	10	2	1	7	13:37	5:15

Süddeutscher Pokal

Datum	Paarung	Ergebnis
01.05.1927	VfB Stuttgart – ASN Nürnberg	5:1
15.05.1927	1. FC Nürnberg – VfB Stuttgart	7:1

Kader

Tor:	Heinrich Maier, Werner Gabriel	
Feldspieler:	Otto Vollmer, Ernst Blum, Max Vallendor, Willi Rutz, Otto Dörtenbach, Walter Wieczorek, Fritz Retter, Hermann Heß, Karl Strehle, Rolf Glenk, Karl Becker, Willi Reinhardt, Max Böklen, Paul Schwarz, Erwin Gerlinger, Erich Koch, Rudolf Mack, Max Häusler, Richard Schauffele	
Trainer:	Tom Hanney	01.07.1924 – 31.01.1927

Saison 1927/1928

Bezirksliga Württemberg

Datum	Paarung	Ergebnis
20.08.1927	VfB Stuttgart – FV Zuffenhausen	5:1
28.08.1927	Union Böckingen – VfB Stuttgart	3:2
04.09.1927	VfB Stuttgart – VfR Gaisburg	3:1
11.09.1927	Stuttgarter SC – VfB Stuttgart	2:1
18.09.1927	Sportfreunde Stuttgart – VfB Stuttgart	0:2
25.09.1927	VfB Stuttgart – VfR Heilbronn	7:3
09.10.1927	1. FC Birkenfeld – VfB Stuttgart	3:0
16.10.1927	Stuttgarter Kickers – VfB Stuttgart	3:1
23.10.1927	VfB Stuttgart – Stuttgarter SC	1:0
06.11.1927	FV Zuffenhausen – VfB Stuttgart	3:2
13.11.1927	VfB Stuttgart – Stuttgarter Kickers	3:3
27.11.1927	VfR Gaisburg – VfB Stuttgart	0:5
04.12.1927	VfB Stuttgart – Union Böckingen	5:2
12.12.1927	VfR Heilbronn – VfB Stuttgart	0:2
18.12.1927	VfB Stuttgart – Sportfreunde Stuttgart	3:0
26.12.1927	VfB Stuttgart – 1. FC Birkenfeld	10:0

Abschlusstabelle

1. Stuttgarter Kickers	16	11	4	1	57:22	26:6
2. Union Böckingen	16	10	2	4	46:24	22:10
3. VfB Stuttgart	**16**	**10**	**1**	**5**	**52:24**	**21:11**
4. Stuttgarter SC	16	9	3	4	28:16	21:11
5. Sportfreunde Stuttgart	16	4	7	5	21:24	15:17
6. VfR Heilbronn	16	6	2	8	29:38	14:18
7. 1. FC Birkenfeld	16	5	3	8	26:49	13:19
8. FV Zuffenhausen	16	4	2	10	28:53	10:22
9. VfR Gaisburg	16	0	2	14	18:55	2:30

Trostrunde der Zweiten/Dritten

Datum	Paarung	Ergebnis
08.01.1928	VfB Stuttgart – Phönix Karlsruhe	8:2
15.01.1928	VfR Fürth – VfB Stuttgart	2:2
22.01.1928	VfB Stuttgart – 1. FC Nürnberg	0:1
29.01.1928	Union Böckingen – VfB Stuttgart	4:2
12.02.1928	TSV 1860 München – VfB Stuttgart	2:4
19.02.1928	VfB Stuttgart – Wacker München	2:4
11.03.1928	SC Freiburg – VfB Stuttgart	3:3
18.03.1928	VfB Stuttgart – VfR Fürth	4:1
01.04.1928	1. FC Nürnberg – VfB Stuttgart	6:0
15.04.1928	VfB Stuttgart – TSV 1860 München	2:4
22.04.1928	VfB Stuttgart – Union Böckingen	2:0
14.05.1928	Wacker München – VfB Stuttgart	1:1
20.05.1928	Phönix Karlsruhe – VfB Stuttgart	2:3
03.06.1928	VfB Stuttgart – SC Freiburg	2:1

Abschlusstabelle Trostrunde

1. Wacker München	14	8	5	1	42:17	21:7
2. 1. FC Nürnberg	14	9	2	3	37:12	20:8
3. TSV 1860 München	14	8	1	5	28:29	17:11
4. VfB Stuttgart	**14**	**6**	**3**	**5**	**35:33**	**15:13**
5. SC Freiburg	14	5	5	4	25:29	15:13
6. Union Böckingen	14	4	2	8	22:29	10:18
7. VfR Fürth	14	3	3	8	23:29	9:19
8. Phönix Karlsruhe	14	2	1	11	17:51	5:23

Kader

Tor:	Werner Gabriel, Heinrich Maier	
Feldspieler:	Ernst Blum, Karl Becker, Walter Wieczorek, Max Vallendor, Willi Reinhardt, Erich Koch, Willi Rutz, Gustav Rebmann, Seitz, Otto Vollmer, Otto Dörtenbach, Fritz Retter, Hermann Heß, Karl Strehle, Fritz Grau, Max Häusler	
Trainer:	Lajos Kovacs	September 1927 – 31.12.1929

Saison 1928/1929

Bezirksliga Württemberg

Datum	Paarung	Ergebnis
19.08.1928	VfB Stuttgart – VfR Heilbronn	4:1
27.08.1928	Germania Brötzingen – VfB Stuttgart	3:1
02.09.1928	VfB Stuttgart – Stuttgarter SC	6:0
09.09.1928	Union Böckingen – VfB Stuttgart	2:0
15.09.1928	VfB Stuttgart – Sportfreunde Stuttgart	0:1
14.10.1928	VfB Stuttgart – Stuttgarter Kickers	0:0
21.10.1928	VfR Heilbronn – VfB Stuttgart	2:3
28.10.1928	VfB Stuttgart – Germania Brötzingen	0:0
04.11.1928	Stuttgarter SC – VfB Stuttgart	1:2
11.11.1928	VfB Stuttgart – Union Böckingen	2:2
25.11.1928	Stuttgarter Kickers – VfB Stuttgart	2:2
02.12.1928	Sportfreunde Stuttgart – VfB Stuttgart	1:3
16.12.1928	VfB Stuttgart – 1. FC Birkenfeld	3:1
25.12.1928	1. FC Birkenfeld – VfB Stuttgart	3:5

Saison 1929/1930

Abschlusstabelle

1. Germania Brötzingen	14	9	5	0	29:13	23:5
2. Stuttgarter Kickers	14	9	3	2	34:16	21:7
3. VfB Stuttgart	14	7	4	3	31:19	18:10
4. Union Böckingen	14	7	2	5	26:17	16:12
5. VfR Heilbronn	14	4	3	7	32:32	11:17
6. Sportfreunde Stuttgart	14	4	2	8	19:29	10:18
7. 1. FC Birkenfeld	14	3	1	10	20:44	7:21
8. Stuttgarter SC	14	2	2	10	15:36	6:22

Trostrunde der Zweiten/Dritten

Datum	Paarung	Ergebnis
06.01.1929	Stuttgarter Kickers – VfB Stuttgart	0:4
13.01.1929	ASV Nürnberg – VfB Stuttgart	3:2
20.01.1929	SpVgg Fürth – VfB Stuttgart	4:1
27.01.1929	Freiburger FC – VfB Stuttgart	3:1
10.03.1929	VfB Stuttgart – Stuttgarter Kickers	1:3
17.03.1929	Phönix Karlsruhe – VfB Stuttgart	4:0
24.03.1929	VfB Stuttgart – Freiburger FC	3:1
02.04.1929	VfB Stuttgart – TSV 1860 München	6:2
07.04.1929	Schwaben Augsburg – VfB Stuttgart	1:4
14.04.1929	VfB Stuttgart – SpVgg Fürth	4:5
21.04.1929	VfB Stuttgart – Schwaben Augsburg	0:1
28.04.1929	VfB Stuttgart – Phönix Karlsruhe	6:1
08.05.1929	VfB Stuttgart – ASV Nürnberg	6:2
09.06.1929	TSV 1860 München – VfB Stuttgart	2:0

Abschlusstabelle Trostrunde

1. SpVgg Fürth	14	13	0	1	71:18	26:2
2. Schwaben Augsburg	14	10	0	4	41:33	20:8
3. TSV 1860 München	14	6	3	5	41:41	15:13
4. Stuttgarter Kickers	14	6	1	7	22:27	13:15
5. VfB Stuttgart	14	6	0	8	38:32	12:16
6. Phönix Karlsruhe	14	4	2	8	26:49	10:18
7. ASV Nürnberg	14	3	3	8	30:45	9:19
8. Freiburger FC	14	3	1	10	29:53	7:21

Kader

Tor:	Werner Gabriel, Engelhardt
Feldspieler:	Karl Becker, Otto Vollmer, Walter Wieczorek, Franz Seybold, Gustav Rebmann, Erwin Gerlinger, Fritz Koch, Fritz Grau, Max Vallendor, Ernst Blum, Willi Reinhardt, Heinrich Buck, Oswald Thräne, Willi Rutz, Willy Stadelmann, Werner Pröfrock, Albert Brodbeck, Otto Dörtenbach, Seitz, Hermann Heß, Helmerich, Emil Nagel
Trainer:	Lajos Kovacs September 1927 – 31.12.1929

Bezirksliga Württemberg

Datum	Paarung	Ergebnis
18.08.1929	VfB Stuttgart – Union Böckingen	4:3
25.08.1929	Germania Brötzingen – VfB Stuttgart	1:0
01.09.1929	VfB Stuttgart – VfR Heilbronn	1:0
15.09.1929	VfB Stuttgart – 1. FC Birkenfeld	4:3
22.09.1929	Sportfreunde Stuttgart – VfB Stuttgart	0:5
06.10.1929	Stuttgarter Kickers – VfB Stuttgart	3:2
13.10.1929	VfB Stuttgart – 1. FC Pforzheim	2:1
20.10.1929	Union Böckingen – VfB Stuttgart	0:1
27.10.1929	VfB Stuttgart – Sportfreunde Stuttgart	4:1
03.11.1929	VfR Heilbronn – VfB Stuttgart	1:2
10.11.1929	1. FC Pforzheim – VfB Stuttgart	3:2
17.11.1929	VfB Stuttgart – Stuttgarter Kickers	0:2
24.11.1929	VfB Stuttgart – Germania Brötzingen	6:2
08.12.1929	1. FC Birkenfeld – VfB Stuttgart	1:3

Abschlusstabelle

1. VfB Stuttgart	14	10	0	4	36:21	20:8
2. VfR Heilbronn	14	7	3	4	28:26	17:11
3. Union Böckingen	14	7	3	4	22:23	17:11
4. Germania Brötzingen	14	6	2	6	26:26	14:14
5. 1. FC Pforzheim	14	4	5	5	31:22	13:15
6. Stuttgarter Kickers	14	6	1	7	22:22	13:15
7. 1. FC Birkenfeld	14	4	3	7	31:38	11:17
8. Sportfreunde Stuttgart	14	2	3	9	21:39	7:21

Süddeutsche Endrunde

Datum	Paarung	Ergebnis
05.01.1930	SpVgg Fürth – VfB Stuttgart	3:0
12.01.1930	VfB Stuttgart – Freiburger FC	9:3
19.01.1930	VfB Stuttgart – Bayern München	3:6
26.01.1930	FK Pirmasens – VfB Stuttgart	2:1
02.02.1930	VfB Stuttgart – SV Waldhof	4:4
09.02.1930	Wormatia Worms – VfB Stuttgart	2:4
16.02.1930	Eintracht Frankfurt – VfB Stuttgart	5:2
23.02.1930	VfB Stuttgart – Eintracht Frankfurt	1:3
10.03.1930	Bayern München – VfB Stuttgart	5:0
16.03.1930	Freiburger FC – VfB Stuttgart	2:2
23.03.1930	VfB Stuttgart – SpVgg Fürth	4:1
28.03.1930	VfB Stuttgart – Wormatia Worms	5:1
07.04.1930	SV Waldhof – VfB Stuttgart	2:4
28.04.1930	VfB Stuttgart – FK Pirmasens	3:0

Abschlusstabelle Süddeutsche Endrunde

1. Eintracht Frankfurt	14	11	2	1	45:26	24:4
2. SpVgg Fürth	14	8	1	5	45:20	17:11
3. Bayern München	14	8	0	6	55:30	16:12
4. FK Pirmasens	14	7	2	5	35:44	16:12
5. VfB Stuttgart	14	6	2	6	42:39	14:14
6. SV Waldhof	14	4	2	8	31:38	10:18
7. Wormatia Worms	14	5	0	9	23:39	10:18
8. Freiburger FC	14	2	1	11	29:69	5:23

Kader

Tor:	Werner Gabriel, Engelhardt	
Feldspieler:	Heinrich Buck, Erich Koch, Otto Vollmer, Otto Leonberger, Fritz Grau, Karl Becker, Gustav Rebmann, Walter Wieczorek, Willy Stadelmann, Erwin Gerlinger, Franz Seybold, Emil Nagel, Werner Pröfrock, Oswald Thräne, Schaible	
Trainer:	Lajos Kovacs	September 1927 – 31.12.1929
	Emil Fritz	01.01.1930 – 15.06.1930

Saison 1930/1931

Bezirksliga Württemberg

Datum	Paarung	Ergebnis
24.08.1930	Union Böckingen – VfB Stuttgart	0:1
07.09.1930	1. FC Birkenfeld – VfB Stuttgart	1:1
14.09.1930	VfB Stuttgart – FV Zuffenhausen	5:0
21.09.1930	VfR Heilbronn – VfB Stuttgart	3:5
28.09.1930	1. FC Pforzheim – VfB Stuttgart	2:1
12.10.1930	VfB Stuttgart – Stuttgarter Kickers	0:0
26.10.1930	VfB Stuttgart – Germania Brötzingen	4:2
02.11.1930	VfB Stuttgart – Union Böckingen	2:2
09.11.1930	Stuttgarter Kickers – VfB Stuttgart	0:2
16.11.1930	VfB Stuttgart – 1. FC Pforzheim	4:0
23.11.1930	VfB Stuttgart – VfR Heilbronn	2:3
30.11.1930	FV Zuffenhausen – VfB Stuttgart	1:3
07.12.1930	Germania Brötzingen – VfB Stuttgart	2:1
21.12.1930	VfB Stuttgart – 1. FC Birkenfeld	4:0

Abschlusstabelle

1. Union Böckingen	14	10	1	3	30:18	21:7
2. VfB Stuttgart	14	8	3	3	35:16	19:9
3. 1. FC Pforzheim	14	8	3	3	41:22	19:9
4. Stuttgarter Kickers	14	8	3	3	28:18	19:9
5. Germania Brötzingen	14	4	3	7	21:27	11:17
6. 1. FC Birkenfeld	14	2	5	7	18:26	9:19
7. FV Zuffenhausen	14	4	1	9	17:50	9:19
8. VfR Heilbronn	14	2	1	11	22:35	5:23

Entscheidungsspiele um die Plätze 2 bis 4

Datum	Paarung	Ergebnis
25.12.1930	1. FC Pforzheim – VfB Stuttgart	3:2 n.V.
28.12.1930	VfB Stuttgart – Stuttgarter Kickers	1:6

Kader

Tor:	Gerhard Vogelmann, Werner Gabriel, Engelhardt	
Feldspieler:	Heinrich Buck, Erich Koch, Otto Vollmer, Otto Leonberger, Fritz Grau, Karl Becker, Gustav Rebmann, Willy Stadelmann, Erwin Gerlinger, Franz Seybold, Werner Pröfrock, Oswald Thräne, Martin Hörtig, Ernst Blum, Bucher, Erwin Haaga, Richard Trompetter	
Trainer:	Karl Preuß	15.06.1930 – April 1932

Saison 1931/1932

Bezirksliga Württemberg

Datum	Paarung	Ergebnis
08.08.1931	VfB Stuttgart – SV Feuerbach	1:3
16.08.1931	1. FC Birkenfeld – VfB Stuttgart	2:3
23.08.1931	VfB Stuttgart – FV Zuffenhausen	6:1
30.08.1931	Sportfreunde Esslingen – VfB Stuttgart	1:0
06.09.1931	VfB Stuttgart – 1. FC Pforzheim	5:2
13.09.1931	VfB Stuttgart – VfR Heilbronn	7:2
20.09.1931	Germania Brötzingen – VfB Stuttgart	1:1
27.09.1931	VfB Stuttgart – Union Böckingen	1:1
04.10.1931	Stuttgarter Kickers – VfB Stuttgart	1:2
18.10.1931	1. FC Pforzheim – VfB Stuttgart	3:0
25.10.1931	VfB Stuttgart – Germania Brötzingen	2:0
01.11.1931	Union Böckingen – VfB Stuttgart	3:3
08.11.1931	FV Zuffenhausen – VfB Stuttgart	0:0
15.11.1931	VfB Stuttgart – Stuttgarter Kickers	2:1
29.11.1931	VfR Heilbronn – VfB Stuttgart	2:1
06.12.1931	VfB Stuttgart – 1. FC Birkenfeld	0:0
13.12.1931	SV Feuerbach – VfB Stuttgart	2:5
20.12.1931	VfB Stuttgart – Sportfreunde Esslingen	3:3

Abschlusstabelle

1. 1. FC Pforzheim	18	11	5	2	54:28	27:9
2. VfB Stuttgart	18	8	6	4	42:28	22:14
3. Sportfreunde Esslingen	18	9	3	6	48:37	21:15
4. SV Feuerbach	18	9	3	6	43:36	21:15
5. Germania Brötzingen	18	6	7	5	31:31	19:17
6. Union Böckingen	18	7	5	6	33:34	19:17
7. Stuttgarter Kickers	18	5	6	7	32:30	16:20
8. 1. FC Birkenfeld	18	5	4	9	28:39	14:22
9. FV Zuffenhausen	18	4	4	10	22:40	12:24
10. VfR Heilbronn	18	3	3	12	25:55	9:27

Süddeutsche Endrunde

Datum	Paarung	Ergebnis
03.01.1932	SpVgg Fürth – VfB Stuttgart	3:0
17.01.1932	VfB Stuttgart – FV Rastatt 04	0:1
24.01.1932	SV München 1860 – VfB Stuttgart	4:1
31.01.1932	VfB Stuttgart – Karlsruher FV	1:1
07.02.1932	Bayern München – VfB Stuttgart	5:2
14.02.1932	1. FC Nürnberg – VfB Stuttgart	6:2
21.02.1932	VfB Stuttgart – 1. FC Pforzheim	4:0
28.02.1932	VfB Stuttgart – SpVgg Fürth	1:0
06.03.1932	VfB Stuttgart – 1. FC Nürnberg	2:2
13.03.1932	VfB Stuttgart – SV München 1860	4:3
20.03.1932	Karlsruher FV – VfB Stuttgart	4:2
27.03.1932	VfB Stuttgart – Bayern München	2:3
10.04.1932	FV Rastatt 04 – VfB Stuttgart	3:2
17.04.1932	1. FC Pforzheim – VfB Stuttgart	4:3

Abschlusstabelle Süddeutsche Endrunde

1. Bayern München	14	10	1	3	36:17	21:7
2. 1. FC Nürnberg	14	8	4	2	48:17	20:8
3. Karlsruher FV	14	5	6	3	26:24	16:12
4. 1. FC Pforzheim	14	5	5	4	36:32	15:13
5. SpVgg Fürth	14	5	2	7	27:21	12:16
6. SV München 1860	14	4	2	8	26:29	10:18
7. FV Rastatt 04	14	4	2	8	12:55	10:18
8. VfB Stuttgart	14	3	2	9	26:42	8:20

Kader

Tor:	Gerhard Vogelmann, Maushardt, Engelhardt
Feldspieler:	Heinrich Buck, Erich Koch, Karl Becker, Otto Vollmer, Eugen Weidner, Karl Ellwanger, Franz Seybold, Werner Pröfrock, Ernst Blum, Erwin Haaga, Martin Hörtig, Willy Stadelmann, Zwiefele, Erwin Gerlinger, Willi Bluthardt, Max Hahn, Karl Häußermann, Oswald Thräne, Junginger, Otto Leonberger, Scheidle
Trainer:	Karl Preuß 15.06.1930 – April 1932

//

Saison 1932 / 1933

Bezirksliga Württemberg

Datum	Paarung	Ergebnis
14.08.1932	SV Feuerbach – VfB Stuttgart	2:5
21.08.1932	VfB Stuttgart – 1. FC Birkenfeld	5:1
28.08.1932	VfB Stuttgart – Union Böckingen	1:1
04.09.1932	Stuttgarter Kickers – VfB Stuttgart	5:1
10.09.1932	VfB Stuttgart – 1.FC Pforzheim	3:3
18.09.1932	Normannia Gmünd – VfB Stuttgart	1:3
24.09.1932	VfB Stuttgart – Stuttgarter SC	1:1
02.10.1932	Germania Brötzingen – VfB Stuttgart	2:3
09.10.1932	Sportfreunde Esslingen – VfB Stuttgart	1:2
16.10.1932	VfB Stuttgart – Germania Brötzingen	5:0
23.10.1932	VfB Stuttgart – SV Feuerbach	1:0
30.10.1932	Union Böckingen – VfB Stuttgart	3:3
06.11.1932	1. FC Pforzheim – VfB Stuttgart	0:1
20.11.1932	VfB Stuttgart – Stuttgarter Kickers	1:1
27.11.1932	1. FC Birkenfeld – VfB Stuttgart	2:1
04.12.1932	VfB Stuttgart – Sportfreunde Esslingen	4:1
11.12.1932	VfB Stuttgart – Normannia Gmünd	4:1
18.12.1932	Stuttgarter SC – VfB Stuttgart	2:2

Abschlusstabelle

1. Stuttgarter Kickers	18	12	3	3	58:24	27:9
2. Union Böckingen	18	11	5	2	64:34	27:9
3. VfB Stuttgart	18	10	6	2	46:27	26:10
4. 1. FC Pforzheim	18	9	5	4	49:33	23:13
5. SV Feuerbach	18	8	3	7	49:45	19:17
6. Germania Brötzingen	18	6	4	8	42:45	16:20
7. Stuttgarter SC	18	6	3	9	34:35	15:21
8. 1. FC Birkenfeld	18	6	1	11	26:49	13:23
9. Sportfreunde Esslingen	18	4	4	10	32:43	12:24
10. Normannia Gmünd	18	1	0	17	17:82	2:34

Süddeutscher Pokal

Datum		Paarung	Ergebnis
15.01.1933		SV Feuerbach – VfB Stuttgart	5:0
22.01.1933		Stuttgarter SC – VfB Stuttgart	3:2
29.01.1933		VfB Stuttgart – Frankonia Karlsruhe	6:2
05.02.1933		VfB Stuttgart – 1. FC Birkenfeld	10:1
12.02.1933		Germania Brötzingen – VfB Stuttgart	0:3
19.02.1933		VfB Stuttgart – VfB Karlsruhe	7:0
26.02.1933		VfB Stuttgart – SpVgg Schramberg	11:0
19.03.1933		VfB Stuttgart – SV Feuerbach	2:1
26.03.1933		VfB Stuttgart – FC Mühlburg	2:1
02.04.1933		VfB Stuttgart – SC Freiburg	3:0
08.04.1933	Halbfinale	VfB Stuttgart – VfR Alemannia-Olympia Worms	1:0
16.04.1933	Finale	VfB Stuttgart – Schweinfurt 05	2:1

Kader

Tor:	Gerhard Vogelmann
Feldspieler:	Heinrich Buck, Erich Koch, Otto Vollmer, Eugen Weidner, Karl Ellwanger, Franz Seybold, Werner Pröfrock, Ernst Blum, Erwin Haaga, Max Hahn, Karl Häußermann, Otto Böckle, Eberhard Haaga, Rolf Glenk
Trainer:	Willi Rutz Mai 1932 – 1934

//

1933 bis 1945
Drittes Reich

Meilensteine

1933 ▶ Am 23. Juli wird die Adolf-Hitler-Kampfbahn, die für das Deutsche Turnfest gebaut wurde, offiziell eröffnet.

1935 ▶ Dr. Fritz Walter wird stellvertretender Vorsitzender des VfB.

1935 ▶ Der VfB wird Deutscher Vize-Meister. Im Finale in Köln verliert das Team gegen Schalke 04 mit 4:6.

1936 ▶ Verpflichtung des achtfachen Nationalspielers Lony Seiderer als neuer VfB Trainer.

1937 ▶ Der VfB wird Dritter der Deutschen Meisterschaft. Zudem bezieht der Verein einen neuen Platz auf dem heutigen Klubgelände.

1938 ▶ Der VfB wird Württembergischer Meister.

1939 ▶ Lony Seiderer stirbt, neuer Trainer wird Josef Pöttinger. Der Zweite Weltkrieg bricht aus. Mehr als die Hälfte der Stammmannschaft muss sofort einrücken.

1944 ▶ Bei einem Bombenangriff auf Stuttgart wird der VfB Präsident Hans Kiener schwer verletzt. Ab sofort leitet Dr. Walter den Verein.

1945 ▶ In den Kriegsjahren bestreitet der VfB insgesamt 185 Spiele. Das letzte am 2. April 1945 gegen Untertürkheim. Es wird beim Stand von 5:2 wegen eines Fliegerangriffs abgebrochen.

1 Die Leichtathleten des VfB bei den Württembergischen Gaumeisterschaften 1939
2 Stuttgarts Oberbürgermeister Dr. Karl Strölin (Mitte) übergibt 1937 den neuen VfB Platz an den „Vereinsführer" Hans Kiener (links)
3 Ein Leistungsträger: Erwin Haaga 1937 im kleinen Finale um die Deutsche Meisterschaft gegen den Hamburger SV. Der VfB siegte 1:0
4 1937 belegt der VfB in der Endrunde um die Deutsche Meisterschaft den dritten Platz
5 Die VfB Abwehr steht: 1935 setzt sich Stuttgart im Halbfinale gegen den VfL Benrath mit 4:2 durch

148 Epochen

Nr. 23 — Deutsche Sport-Illustrierte — 30 Pfennig Einzelheftpreis

Leipziger Vorschlußrunde:
VfB. Stuttgart — VfL. Benrath 4:2

Von Verteidiger Henkel verfolgt, steuert der Internationale und Spiritus rector der Stuttgarter, Rutz, aufs Benrather Tor

Jahrgang 1935 — Erscheint wöchentlich — Stuttgart, 5. Juni

Auf dem Weg zum ersten großen Erfolg: Der VfB zieht 1935 durch ein 4:2 gegen den VfL Benrath ins Finale um die Deutsche Meisterschaft ein. Die Sport-Illustrierte berichtet ausführlich über den Triumph

Der VfB im Nationalsozialismus

Der Klub wird zur sportlichen Speerspitze des totalitären Regimes

Von Harald Jordan

Anlässlich des 60-jährigen Vereinsjubiläums 1953 brachte der VfB Stuttgart eine viel gelobte Vereinschronik von den Gründerzeiten bis in die Gegenwart heraus. Der Verfasser Erwin Gechter stützte sich auf die Darstellungen in den VfB Vereinsnachrichten und konnte darüber hinaus aus eigenem Erleben in wichtigen Funktionen des Vereins das Geschehen schildern. Die Chronik war somit in vielem authentisch.

In dem über 300 Seiten umfassenden Werk sind mehr als 40 Seiten den Jahren von 1933 bis 1945 gewidmet, die vor allem den sportlichen Werdegang des Vereins aufzeigen. Über die politischen Ereignisse des Jahres 1933 heißt es:

„Die Wellen der politisch bewegten Zeit erfassten und rüttelten auch die Sportbewegung und die Fußballvereine. Anstelle der bewährten Verbands- und Vereinsführer traten Sportkommissare. Der erste Vorsitzende des Vereins, Hans Kiener, wurde ‚von oben' mit kommissarischer Vollmacht ausgestattet; Albert Bauer war für den gesamten Spielbetrieb verantwortlich. Ein Reichs-Sportführer erließ Richtlinien für die Reorganisation der Vereine. Gelände- und Wehrsport wurden als neue Arbeitsgebiete ‚empfohlen'.

Die Auflösung des Süddeutschen Fußball-Verbands und später des DFB, die Gründung eines Reichsbundes für Leibesübungen, die Berufung von Sportkommissaren in allen Teilen des Reichs sollte das Neben- und Gegeneinander der Turn- und Sportverbände und -vereine beseitigen, den Sport aber unter die Direktive und in den Dienst der Partei stellen. Mit ihrem Totalitätsanspruch beabsichtigte die Partei ursprünglich sehr wahrscheinlich die Eingliederung der Vereine in ihre parteiliche Organisationen, insbesondere die Einreihung der Sportjugend in die Parteijugend. Fanatiker der Idee träumten wohl schon von SA-Runden und -Meisterschaftsspielen, von Fähnleins- und Bannmeisterschaften anstelle der bisherigen Verbandsspiele. Dass es nicht so weit kam, dass die Sportvereine nicht zerschlagen wurden, dass der Sport der Uniformierung entging, ist der starken Aktivität der Vereine zu danken, die sich ihr Eigenleben nicht nehmen lassen wollten und die sportliche Betreuung ihrer Aktiven und Jugendlichen in eigener Regie und auf bewährter Grundlage des Vereinslebens als einer in freiwilligem Zusammenschluss entstandenen Gemeinschaft zu bewahren wussten. ‚In das Eigenleben dieses meist gesunden und wertvollen Gemeinschaftslebens soll möglichst wenig eingegriffen werden.' Diese Anweisung des Reichssportkommissars, entsprungen wohl dem Respekt vor der von den Vereinen geschaffenen Substanz, durfte schließlich mit Beruhigung zur Kenntnis genommen werden." [1]

Diese wenigen Zeilen bilden die Auseinandersetzung des VfB Chronisten mit dem schlimmsten Abschnitt deutscher Geschichte. Der Autor übersieht, dass er hier offenbar nur von den bürgerlichen Vereinen spricht, von bürgerlichen Verbänden. Die kulturelle Leistung der Vereine des Arbeitersports und des Arbeitersports überhaupt gerät nicht in den Blick.

Einstimmung

Doch auch anderes gerät nicht in den Blick. Nur 20 Jahre zuvor, beim Jubiläum 1933, erklangen andere Töne. Auch damals wurde eine Festschrift herausgegeben. In diese schrieb der

[1] 60 Jahre Verein für Bewegungsspiele Stuttgart 1953, S. 93

Ehrenvorsitzende Egon Graf von Beroldingen: *„Der Verein für Bewegungsspiele Stuttgart hat zu allen Zeiten das deutsche Vaterland auf sein Panier geschrieben … lasst uns freudig und froh darüber sein, dass wir den nationalen Aufschwung Deutschlands miterleben dürfen, und lasst uns unermüdlich daran denken, dass auch wir mit allen unseren Kräften am Aufbau mitwirken müssen. Der Verein hat Deutschland auf sein Panier geschrieben!"*[2] Bei dieser Grundhaltung konnten die NS-Machthaber die Vereine, dieses „gesunde und wertvolle Gemeinschaftsleben" getrost sich selbst überlassen. Der Vorsitzende Hans Kiener ist an selber Stelle nicht weniger angetan von der neuen Zeit. *„Die schon jahrelang bekannte nationale Einstellung hat, in Verbindung mit der nationalen Erhebung des deutschen Volkes, den VfB veranlasst, als erster Sportverein den Wehrsport einzuführen. Unter fachkundiger Leitung wollen wir in erweitertem Maße unsere Mitglieder und Jugendlichen nicht nur zur Pflege der Körperertüchtigung, sondern auch zum Kameradschaftsgeist, zur Unterordnung und Disziplin erziehen."*[3]

„Jedem VfBler muss der Ruf des Vaterlandes zur Wehrhaftigkeit zur Selbstverständlichkeit werden."

Die „nationale Erhebung des deutschen Volkes" verspricht, eine Sehnsucht des VfB zu stillen. Seit 1921 singt man im VfB das Vereinslied bei allen geselligen und feierlichen Veranstaltungen. Das dreistrophige Lied thematisiert auch, wofür der Sportverein steht. In der dritten Strophe heißt es:

*„Die Parol heißt zum Wohl und aus Lieb zum Vaterland,
Ihm zur Ehr, immer mehr, stählen wir uns unverwandt!
Und bei jedem frischen, frohen Spiel,
denken wir an unser höchstes Ziel!
Dass es neu und stark ersteh', dafür spielt der VfB!"*

Wer dies über ein Jahrzehnt hinweg bei allen festlichen Anlässen singt, in dem nährt die braune Propaganda die Hoffnung auf neue Größe und die Revision politischer Folgen nach dem Ersten Weltkrieg, der zahlreichen Sportlern des Vereins den Tod brachte, die einst – so formulierte man es – für die Größe Deutschlands „begeistert" in den Krieg zogen und denen nun in geistiger Verbindung die Größe nach der Schmach des Versailler Friedens zurückgegeben werden konnte.

1932: NSDAP und VfB im Gleichschritt
Jetzt also die Erhebung. Berücksichtigt man den dumpfen Brei aus Assoziationen, Sehnsüchten, Revanchegelüsten, gespeist durch reaktionäre Reden und starre Gedenkrituale, so wird vielleicht nachvollziehbar, dass die Vereinsführung in fast selbstzerstörerischer Absicht 1932 den VfB Platz für eine Propagandaveranstaltung der NSDAP mit ihrem Wahlkämpfer Strasser zur Verfügung stellte.[4] Es war eine Grenzüberschreitung, sowohl gemäß der gültigen VfB Satzung, die in §2 festhielt: „Der Verein sieht sich politisch und religiös auf neutraler Grundlage"[5], als auch gemäß des in diesen aufgewühlten Tagen allen Sportvereinen des Landes mitgeteilten Beschlusses des Süddeutschen Fußball- und Leichtathletikverbandes, dass Sportplätze – in der Regel auf städtischem Grund – nicht für politische Veranstaltungen hergegeben werden dürften.[6] Bei Zuwiderhandlung musste mit einer Sperre des Platzes gerechnet werden. Nachdem nun im Juli 1932 eine „Völkerwanderung", so der *NS-Kurier*[7], von 40.000 Sympathisanten zum VfB Platz auf dem Cannstatter Wasen stattgefunden und Strasser der Masse seine Botschaft verkündet hatte, erhielt der Verein prompt die Kündigung durch die Stadt. Ein Sportverein ohne eigenen Platz, das war nicht möglich, das wusste in Stuttgart nach mehrmaligem Umzug in den Jahren 1897 bis 1919 kein anderer Sportverein wie der VfB. Wie borniert musste der Vorsitzende Hans Kiener sein, von Beruf Tapezierer und Gewerbelehrer, seinen Verein in eine solche Lage zu bringen! Dass wenige Monate später Hitler und mit ihm die Stuttgarter NS-Größen an die Macht kamen, war der Grund, dass die Platzkündigung im Sande verlief. Später konnte Kiener bei Verhandlungen mit der Stadt sein hochriskantes Verhalten sogar als starkes Argument einbringen.

Vielen, doch nicht allen Mitgliedern mag dieser Kurs zugesagt haben. Zwischen diesem Ereignis im Sommer 1932 und Dezember 1933 verzeichnet die überlieferte Vereinsstatistik einen historisch einmaligen Rückgang von 25 Prozent der Mitglieder. Nach gegenwärtiger Quellenlage lässt sich nicht sagen, was die Gründe waren. In den Vereinsunterlagen sind nur die Zahlen – ohne Erklärung von Zusammenhängen – zu finden. Es spricht vieles dafür, dass diese Mitglieder aufgrund der Identifikation der Führung mit der NSDAP ihrem Verein

---

2 40 Jahre Verein für Bewegungsspiele Stuttgart, S. 1
3 A.a.O., S. 3
4 Wenn hier – VfB spezifisch – die Vorstellung, was die NSDAP verheiße und bringe, betont wird, so muss an dieser Stelle zugleich auf die allgemeine wirtschaftliche Situation hingewiesen werden, unter der auch die Stuttgarter Bevölkerung litt und die als Motiv zur Hinwendung zur Partei Hitlers nicht vergessen sei.

Mit Siegerkranz: Der VfB wird 1937 Württembergischer Meister. Das erfolgreiche Team, von links:
Kiener, Seybold, Schäfer, Kapp, Kraft, Haaga, Rutz, Pröfrock, Lehmann, Koch, Hahn, Kotz und Bauer

den Rücken gekehrt haben. Forscht man nach Ausschlüssen, so werden nur relativ wenige Namen und als Grund „nichtbezahlter Mitgliedsbeitrag" genannt. Ausschlüsse können also kaum die Ursache sein. Ein Indiz für den Rückzug und eine Distanzierung vieler Mitglieder könnte eine mit Bezug auf die Stimmung bei der Einweihung des neuen VfB Platzes 1937 von Dr. Fritz Walter gebrauchte Formulierung sein: „Man hatte den Eindruck, wirklich an einem neuen Ausgangspunkt der Vereinsgeschichte zu stehen ... Unser Wunsch ist nur, dass dieser neue Ausgangspunkt alte Missverständnisse beseitigen und alte Wunden schließen möge. Es gibt einige wenige, die noch abseits stehen; sie mögen ihr Herz wieder öffnen für ihren Verein und den Weg wiederfinden auf die neue wunderschöne neue Sportstätte ihres unvergänglichen VfB."[8]

Jubiläum 1933

Drei Monate nach der Machtergreifung der NSDAP feierte der VfB Stuttgart vom 30. April bis 7. Mai sein 40-jähriges Bestehen. Zu einem „Herrenabend" traf man im Kursaal Cannstatt zusammen. Darüber und über die folgenden Tage ist ein Stimmungsbericht erhalten, aus dem die Verwobenheit des VfB mit den neuen Machthabern deutlich wird: *„Mit Jubel begrüßten alle Mitglieder unseren verehrten Ehrenvorsitzenden Herrn Graf v. Beroldingen, der es sich nicht nehmen ließ, diesen Festtag im Kreise seiner VfBler zu verbringen. Nach der Begrüßung der Gäste durch den 1. Vorsitzenden würdigte Herr Kiener die großen Verdienste der Männer, die vor ihm die Geschicke des Vereins leiteten, Graf v. Beroldingen, Dr. Deubler, Albert Bauer und andere ... Der Höhepunkt des Abends war zweifellos die ganz hervorragende Ansprache unseres Ehrenvorsitzenden Graf v. Beroldingen. Seine zündenden Worte lösten spontanen Beifall aus und endeten mit dem gemeinsamen Gesang des Deutschland-Liedes ...*

Für das Hauptspiel wurde als Jubiläumsgegner der Rheinmeister SpV Waldhof Mannheim 07 gewonnen. Vor Spielbeginn versammelten sich die Mitglieder, sämtliche aktiven VfBler, 2 SA-Stürme, und 1 SA-Kapelle am Gedenkstein. In kurzen gehaltvollen Worten gedachte der Graf v. Beroldingen unserer im Weltkrieg gefallenen Sportkameraden und legte einen prächtigen Kranz in den Vereinsfarben nieder. Mit dem Lied vom guten Kameraden, gespielt von der SA-Kapelle, endete diese kurze, eindrucksvolle Feier. Dann folgte der imposante Aufmarsch der Aktiven sämtlicher Sportabteilungen des VfB in ihrem schmucken Sportskleid, angeführt von SA-Kapelle und umrahmt von SA und SS ...

5 Satzung des VfB Stuttgart, 1929
6 *NS-Kurier*, 1. Juli 1932, *NS-Kurier*, 29. Juli 1931, S. 1, und 1. August 1932, S. 3
7 *NS-Kurier*, 29. Juli 1931, S. 1, und 1. August 1932, S. 3
8 *Nachrichten aus dem Leben des VfB Stuttgart*, Nr. 1/1937, S. 7

1933 wird die Adolf-Hitler-Kampfbahn fertiggestellt. Ab sofort spielt der VfB in der großen Arena

Dann sprach Landtagspräsident Minister des Inneren, Dr. Jonathan Schmid, und überbrachte im Namen der Württembergischen Regierung dem Jubilar herzliche Glückwünsche. Es war wohltuend, aus der Rede dieses Regierungsvertreters entnehmen zu dürfen, dass die nationale Einstellung des Jubilars sowie die großen Verdienste des VfB in der Jugendertüchtigung bei der Regierung vollste Würdigung gefunden hat. Mit dem Absingen des Horst-Wessel-Liedes fand diese eindrucksvolle Feier ihr Ende ..."[9]

„Einführung in das Gegebene"

Nach dem Jubiläum wurde der 1932 in die NSDAP eingetretene Hans Kiener turnusgemäß erneut VfB Vorsitzender. Hervorgegangen aus der Hockey-Abteilung und Mitglied seit 1924, wurde er aufgrund einer „Bestätigung des Sportkommissars Vorstand mit kommissarischer Gewalt". Er ernannte die bisher schon in verschiedenen Funktionen tätigen Mitglieder Oskar Bauer und Albert Bauer, Kieners Vorgänger im Amt des Vorsitzenden, zu „Unterkommissaren". Bei der Mitgliederversammlung im Mai nahmen die Mitglieder zur Kenntnis, wie von nun an die Leitung des Vereins verfahre: *„Die Mitglieder machen wohl ihre Vorschläge, aber die kommissarische Vereinsleitung bestimmt ... Die beliebte Opposition, die bisher jedem Vereinsführer und jedem Vereinsfunktionär das Leben schwermachte, ist ein für allemal ausgeschaltet."*[10] Faktisch bedeutete dies die Übernahme des Führerprinzips beim VfB Stuttgart. Auch der Sprachduktus lehnt sich der NS-Ausdrucksweise an. Die VfB „Kommissare" waren getreue Parteigenossen. Hans Kiener im September 1933: *„Die großen Aufgaben, die wir bei Übernahme unseres Amtes übernommen haben, sind uns voll bewusst. Durch das Führerprinzip soll der Wille des obersten Führers unverfälschlich auf kürzestem und sicherstem Wege überall durchgeführt und weitergeleitet werden. Der Wille, den Verein in den Dienst des nationalsozialistischen Staats zu stellen, gleichzeitig ihn zu einem gewissen Ziele zu führen, beseelt uns alle."*[11]

Wehr- und Geländesport

Wie schon erwähnt, wurde sofort der Wehr- und Geländesport eingeführt, wobei mit Karl Schickler ein Mitglied noch aus der Gründerzeit die Leitung der Schießübungen im Feuerbacher Tal übernahm, was zeigt, dass die Bereitschaft, sich dem neuen System zur Verfügung zu stellen, alle Generationen umfasste. Auch dass der Schöpfer des VfB Emblems aus dem Jahre 1923 mit der charakteristischen Schrift der VfB Buchstaben, Kunstmaler Hermann Stammler, eine Serie von Plakaten schuf mit dem Schriftzug „Treibt Wehrsport im VfB", um Mitglieder zu werben, ist ein Indiz dafür. Erhalten ist keines der Plakate.

Wehrsport war so rasch etabliert. Ein erster Bericht: *„Der erste Marsch ins Gelände fand für die Jugend am 20. Mai, für die Aktiven am 21. Mai statt."* Abmarsch war von da an allwöchentlich samstags um 14.45 Uhr. Rasch etabliert auch dadurch, *„dass sich einige ältere Mitglieder (alte Frontsoldaten) unserem Sportlehrer Fritz Teufel als Helfer zur Verfügung stellten, die mit den Jungen durch dick und dünn gingen und dadurch richtig als Vorbilder dienten."* Propagiert wurde: *„Jedem jungen VfBler muss der Ruf des Vaterlandes zur Wehrhaftigkeit zur Selbstverständlichkeit werden, denn Wehrsport ist Dienst am Vaterland."*[12]

Jugend

Da sich der Verein rasch auf die neue Zeit einstellte, passte sich auch die bis dahin vorbildliche VfB Jugendarbeit dem nationalsozialistischen Geist an. Sie schwenkte ein ins neue Reich, ausgerichtet an den neuen Zielen. Bald war es üblich, viele Monate vor der Eingliederung der Sportjugend in die Hitler-Jugend Ende November 1936, dass die zehn- bis 14-jährigen VfB Jugendlichen

---

9 *Nachrichten aus dem Leben des VfB Stuttgart*, Nr. 1/1933, S. 3 f.
10 *Nachrichten ...*, Nr. 1/1933, S. 6
11 *Nachrichten ...*, Nr. 3/1933, S. 5
12 *Nachrichten ...*, Nr. 1/1933, S. 17 f.

dem Deutschen Jungvolk angehörten. Der Führer der Jugendabteilung war Gustav Bluthardt, NSDAP-Mitglied seit Juni 1931, VfB Jugendleiter von 1931 bis 1934, danach Jugendleiter im Gau. Er richtete sich mit folgenden Worten, die für sich sprechen, an seine Schützlinge:

„Der Idealismus ist der Geist, von dem nun der Sport beherrscht wird. Diese Weltanschauung ist der Inhalt der nationalsozialistischen Bewegung. Idealismus ist Glaube und der unversiegbare Kraftspeicher im Kampfe um die Durchsetzung der Wahrheit, der Redlichkeit und der Ehrlichkeit in allen Lebensauffassungen der Menschen.

Jeder reife Junge wusste, dass der Sport ein kranker Mann geworden ist. Angefault und angefressen in seinen Fundamenten, wucherte das Schmarotzertum wie das Unkraut im reifenden Felde empor. Die Jugend, die doch eigentlich Inhalt und Träger des Sports ist, wurde einflusslos gemacht, sie wurde zum Aushängeschild erniedrigt. Die gesundheitlichen Werte des Sportes, seine Bedeutung für Volk und Vaterland, wurden überschattet vom Ungeist des Geldes, das den Sport beherrschte. Das wird nun anders. Der Jugend unverdorbener Geist hat gesiegt. Wahrheit leuchtet der Sportjugend nun voran. Adolf Hitler hat den Ungeist, das Undeutsche, verjagt. Der Sport schüttelte seine Fesseln ab. Er ist frei, seine Aufgabe kann er nun zum Wohle unseres Vaterlandes erfüllen. Ihr seid die Träger, liebe Jugend! Ihr tragt die Verantwortung für seine Reinheit ... Jugend, seid euch bewusst, dass ihr Verantwortung mittragen dürft, die schwer ist, aber von euch getragen werden kann, wenn ihr wisset, was ihr dem Vaterlande schuldig seid. Pflichterfüllung bis zum Letzten, Kampfbereitschaft und der Wille zur Mitgestaltung des deutschen Lebens muss aus euren Augen sprechen. Eure sportlichen Taten müssen ein Abbild der unbegrenzten Liebe zum Vaterlande sein. Getragen von einem unbändigen Willen, Deutschland zu dienen, muss euer sportliches Treiben sein. Kraft und Wille, Gesundheit der Seele und des Körpers gibt euch der Sport, wenn ihr ihn so auffasst und übt, wie es dem deutschen Wesen entspricht ..."[13]

1936, als der VfB Stuttgart mit der Stadt in Verhandlungen über eine neue Platzanlage stand, führte Kiener diese Art von Jugendarbeit als gewichtiges Merkmal an:

„Hervorzuheben ist die mustergültige und nachdrückliche Erziehungsarbeit an der Jugend. Der VfB hat nicht nur die größte Jugendabteilung unter den Sportvereinen Württembergs,

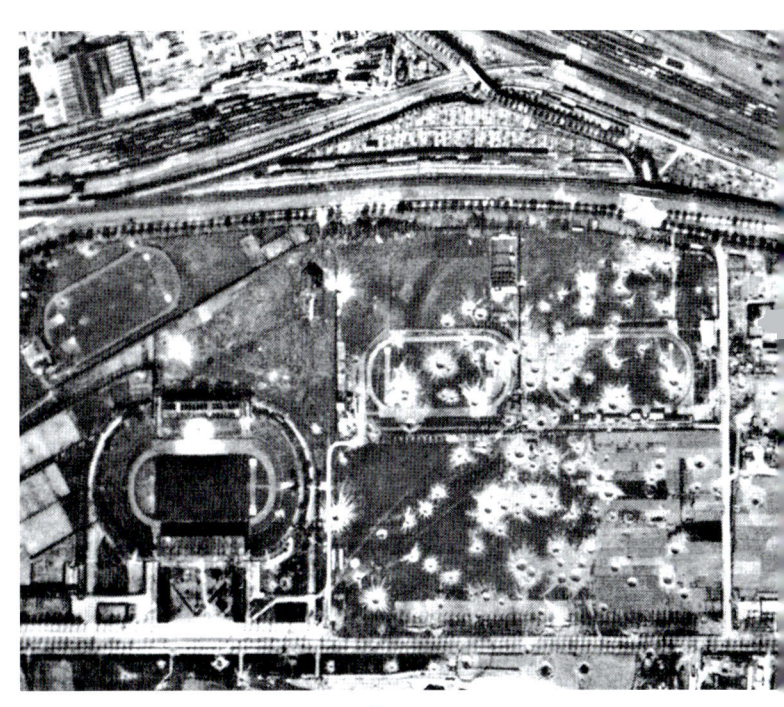

Im Zweiten Weltkrieg verwüsten 79 Bomben das VfB Sportgelände (rechts) völlig

sondern er hat auch dauernde und wichtige Erfolge auf sportlichem und erzieherischem Gebiete aufzuweisen. Jugendführer wie Dr. Schumm und Gustav Bluthardt, die heute als Gausportwart und Jugendsportwart dem Lande dienen, sind aus dem VfB hervorgegangen und haben dort in der Jugendarbeit eine Richtung gewiesen, die ganz im Sinne des Staates und der größten Jugendbewegung der Welt, der H.J., ist. Die wertvollen Aufsätze zur Jugenderziehung, die der VfB in seinen Vereinsnachrichten regelmäßig bringt, werden seit Jahren von führenden Sportblättern im günstigsten Sinne besprochen und haben in jüngster Zeit die Aufmerksamkeit und Anerkennung von Hitler-Jugend-Führern gefunden."[14]

Festigung und Ausbau
Bereits zu Beginn des Jahres 1934 konnte die VfB Führung konstatieren, dass der Verein mit all seinen Gliederungen im neuen Reich angekommen war:

„Wir haben uns im bejahenden Sinne an die neuen Aufgaben herangemacht und dank der tatkräftigen Mitarbeit aller Vereinsfunktionäre und Aktiven sind nicht nur auf sportlichem Gebiet große Erfolge erzielt worden, sondern auch

---
[13] *Nachrichten ...*, Nr. 3/1933, S. 14 f.
[14] Niederschrift zur Platzfrage des VfB Stuttgart, S. 2, Stadtarchiv Stuttgart, Bestand 13

verwaltungstechnisch war ein reibungsloses Arbeiten gewährleistet. Es muss für das neue Jahr unser Bestreben sein, das Errungene zu festigen und weiter auszubauen. Dazu ist aber weiterhin die Mitarbeit aller positiv Eingestellten notwendig; kleinliche und engherzige Menschen scheiden aus. Die Weiterentwicklung des Vereins ist letzten Endes nicht allein nur von den äußeren Geschehnissen des Vereins abhängig, sondern wir wollen uns zur Aufgabe machen, unsere Mitglieder zu nationalsozialistischem Geist zu erziehen ... Wenn wir uns in früheren Zeiten politisch nicht betätigen durften, so ist es uns heute zur Pflicht gemacht, uns positiv zur heutigen Bewegung einzustellen. Die inneren Zusammenhänge zwischen Nationalsozialismus und Sport sind so tief und eng miteinander verbunden, dass es nur noch eine Frage der Zeit sein wird, inwieweit ein Verein mit nationalsozialistischem Gedankengut durchdrungen ist ... Heil Hitler! Hans Kiener, Vereinsführer"*[15]*

Im März 1934 verfügte die Vereinsführung eine neue Satzung. §2 lautete nun: *„Zweck des Vereins. Der Zweck des Vereins ist, seinen Mitgliedern Gelegenheit zu umfassender sportlicher Tätigkeit zu geben, um dadurch am Aufbau des deutschen Vaterlandes mitzuwirken. Der körperlichen Ertüchtigung der Jugend widmet sich der Verein im Besonderen. §6 Erwerb der Mitgliedschaft. ... Nichtarier (im Sinne des Gesetzes zur Wiederherstellung des Berufsbeamtentums) können nicht aufgenommen werden ..."*[16]

Innerhalb von nur einem Jahr war der VfB vom „nationalsozialistischen Gedankengut durchdrungen" und im neuen System eingepasst. Seine Führung hatte es geschafft, den Verein als sportlichen Repräsentanten und willfährigen Unterstützer des Nationalsozialismus zu organisieren. In vielen Belangen war der VfB Stuttgart eine sportliche Speerspitze des totalitären Regimes. Personell zeigte sich die enge Verbindung von VfB und Partei auch dadurch, dass 1938 Kreisleiter Karl Autenrieth in den Vorstand berufen wurde. Die Propagierung der Parteiideologie hatte schon seit 1933 der SA-Standartenführer Reinhold Friz als Dietwart übernommen und war damit zuständig für Festgestaltung, Reden und Jugendbetreuung. Er injizierte sein verbales Gift mit Angriffen gegen *„die europäische Demokratie, ... das dahinterstehende Judentum und dessen internationale Freimaurerei"*.[17] So war es nur konsequent, wenn die im Dezember 1938 erfolgte Eingliederung des Sports in die NSDAP, seine Organisation hieß nun „Nationalsozialistischer Reichsbund für Leibesübungen", gefeiert wurde. Hans Kiener: *„Auch wir in unserem engeren Kreise des VfB haben die feste* Verankerung des Sportes in der Partei mit Genugtuung vernommen, da unser Verein schon vor der Machtergreifung den Kampf des Führers durch die Tat unterstützt hat und sich heute nun unter den Vorzeichen des Reichsbundes erst in seiner richtigen Heimat fühlt."[18]

Sportliche Überhöhung

Im VfB Stuttgart wurde gemäß den NS-Vorstellungen nunmehr eine Vielzahl von Sportarten betrieben. Neben den Traditionsabteilungen Fußball, Leichtathletik, Hockey, Schiedsrichter und Handball wollte man dem Wunsch des Führers nach sportlicher Vielfalt entsprechen und weitere Abteilungen für Boxen, Ringen und Gewichtheben einrichten. Auch Skifahrer schlossen sich dem VfB Stuttgart an.

Dieser Vielfalt zum Trotz wurde der VfB Stuttgart weiterhin hauptsächlich als Fußballverein wahrgenommen. Mit den Erfolgen der Jahre 1926 (Württembergisch-Badische Meisterschaft, Finale des Süddeutschen Pokals) und 1929 (Württembergische Meisterschaft) hatte der Verein im Fußball seinen Aufstieg in den Kreis der regional führenden Klubs erreicht. In der ersten Mannschaft herrschte mit Ausnahme der üblichen Fluktuation weitgehend personelle Kontinuität. So setzte sie in den Zusammenhängen des NS-Regimes diesen Aufstieg ungehemmt fort: 1933 Süddeutscher Pokalmeister, der erste überregionale Titel, 1935 erneut Württembergischer Meister. Anders als 1926 und 1929, als er in den weiteren Ausscheidungsspielen hängen blieb, setzte sich der VfB zur Begeisterung seiner zahlenmäßig gewachsenen Anhängerschaft Runde um Runde in den Endspielen zur Deutschen Meisterschaft durch und erreichte erstmals das deutsche Endspiel.

Das Spiel wurde in Köln ausgetragen, Gegner war der FC Schalke 04. Das Finale, und damit die Meisterschaft, ging mit einem Resultat von 6:4 an die Schalker. Dennoch war der Empfang in Stuttgart grandios. Eine große Zahl der Mitglieder, die Vorstandschaft und NS-Prominenz empfingen die Spieler und Begleiter auf dem Stuttgarter Hauptbahnhof. Der Reichssender machte Interviews, und vor dem Bahnhof stiegen Spieler und Offizielle in bereitgestellte Mercedes-Autos. Zum ersten Mal führte ein motorisierter Autokorso durch die Innenstadt zum „Peterhof", und an den Straßen standen Tausende und jubelten der Mannschaft zu. Das war neu, so massenbewegend hatte es in Stuttgart sportliche Begeisterung und Identifikation mit Fußballern im öffentlichen Raum außerhalb der Adolf-Hitler-Kampfbahn noch nicht gegeben.

---

15 *Nachrichten...*, Nr. 1/1934, S. 1 f.
16 Satzung des VfB Stuttgart vom 15. März 1934
17 *Nachrichten...*, Nr. 2/1938, S. 1
18 *Nachrichten...*, Nr. 3/1939, S. 3

Epochen **155**

4

1 Willi Rutz (links) und der VfB stürmen 1935 ins Finale um die Deutsche Meisterschaft
2 Die letzte Ehre für Egon Graf von Beroldingen: Der erste Vorsitzende des VfB stirbt 1933
3 Auf dem Weg ins Finale: Am 26. Mai 1935 gewinnt der VfB gegen die SpVgg Fürth mit 3:2

4 Die Tabelle der Württembergischen Gauliga 1937 aus Sicht des zeitgenössischen Illustrators: Der „Säbelesclub" VfB an der Spitze. Dahinter folgen die „Matrosen" der Union Böckingen, der Stuttgarter SC mit seinem Platz am Gaskessel, die Sportfreunde Stuttgart und der Degerlocher Aussichtsturm, der lange Arm der Stuttgarter Kickers, die nach oben möchten, die „Spatzen" des SSV Ulm, der „Hirte" des FV Zuffenhausen, der „Mondlöscher" der SpVgg Cannstatt, die Sportfreunde Esslingen als „Zwiebel" sowie der weinende Absteiger Göppinger SV am Sauerbrunnen

Es war ein Zeichen für den symbolischen Aufstieg, Überstieg, ja der Überhöhung gegenüber den Wettbewerbern. Der Sportlehrer des VfB, der die Mannschaft auch im Endspiel betreute, Fritz Teufel, wurde kurze Zeit später an die NS-Führernachwuchsschule Vogelsang in der Eifel berufen.

Der Erfolg war keine Eintagsfliege. 1937 errang die VfB Mannschaft erneut den Titel im Gau 15 (Württemberg) und erreichte bei der Deutschen Meisterschaft den dritten Platz durch einen 1:0-Sieg über den Hamburger SV. Nach der Württembergischen Meisterschaft 1938 und einem dritten Rang in den Gruppenspielen um die Deutsche Meisterschaft und der Württembergischen Vize-Meisterschaft 1939 hatte der VfB für die kommende Spielzeit wieder das ganz große Ziel im Visier, die Deutsche Meisterschaft, doch stülpten sich mit einem Mal die Begleiterscheinungen des Krieges über den Sport.

Auch VfB Spieler wurden an die Front geschickt. Hinfort war der planmäßige Spielbetrieb nicht mehr einzuhalten. Wechselnde Spieler, wechselnde Aufgebote, der Spielbetrieb gehorchte den äußeren Vorgängen, sportliche Großtaten wurden

Der VfB kämpft 1935 auf dem sportlichen Höhepunkt um einen neuen Sportplatz.

auf künftige Friedenszeiten verschoben. In den ersten Kriegsjahren lieferte sich der VfB das übliche Duell mit den Stuttgarter Kickers in neu organisierten Ligen und Klassen, nahm 1943 sogar noch an der Endrunde der Deutschen Meisterschaft und an den Spielen der Bereichsklasse Württemberg teil. Man spielte bis kurz vor der Übergabe der Stadt an die Franzosen im April 1945.

Ein neuer Platz
1934 bereits war die Nachricht zum VfB gedrungen, die Fläche seines Sportplatzes „bei den drei Pappeln" würde künftig für das Cannstatter Volksfest beansprucht. Tatsächlich war man bei der Stadtverwaltung entschlossen, dem VfB den Platz zu kündigen, um mehr Raum für das Festgelände zu erhalten. 1935 wurde das Vorhaben konkret, was zeitlich mit dem großen Erfolg der Deutschen Vize-Meisterschaft zusammenfiel. Der VfB sah sich am sportlichen Höhepunkt mit einer existenziellen Bedrohung konfrontiert. Man setzte alles in Bewegung, um, wenn schon nicht weiterhin den Platz, so doch adäquaten Ersatz zu erhalten.

Der VfB hatte in den 20er-Jahren für Platzausbauten und Ausstattungen erhebliche Beträge investiert und sich dabei in sechsstelliger Höhe verschuldet. Wie aus den im Stuttgarter Stadtarchiv lagernden Akten zur Platzangelegenheit hervorgeht, war diese Schuld 1935 durch die gewachsenen Spieleinnahmen bis auf 12.000 RM vermindert worden. Dennoch sah sich der Verein finanziell außerstande, Gelder für einen neuerlichen Platzausbau aufzubringen, und erwartete deshalb tatkräftige Unterstützung durch die Stadt, deren Räte dem VfB im Allgemeinen zugeneigt waren und gerne die Nähe des Vereins suchten.

Der VfB packte seine Position in eine „Niederschrift zur Platzfrage". Die Niederschrift ist nicht unterzeichnet. Sie hebt die Bedeutung des VfB hervor:

„Das Gedeihen eines Sportvereins ist ohne Platzanlage nicht denkbar ... Die Daseinsberechtigung unseres Vereins steht außer Zweifel. Einen Nachweis für diese zu führen, ist geradezu eine Freude, insbesondere im neuen Reiche. Der VfB steht nach vaterländischen und völkischen Gesichtspunkten beurteilt an erster Stelle unter den Sportvereinen in Stuttgart. Er ist von jeher ein Hort nationaler Gesinnung und eine Trutzburg gegen alles Undeutsche gewesen, wobei nicht große Worte und chauvinistischer Überschwang, sondern treue, unbeugsame Tatbereitschaft, lauterer Wille und Einsatz Richtschnur waren. Die 99 tapferen VfBler, die im Weltkriege dem Vaterland freudig ihr Leben opferten, sind die stummen Zeugen dafür, und die beständigen Mahner für die lebende VfB Gemeinschaft, nicht Sport um des Sportes willen zu treiben, sondern mit dem letzten Endziel, sich zu stählen und sich bereit zu machen für den Fall, dass das Vaterland seine Männer benötigt ... Wenn es gilt, dem Vaterland zu dienen, hat der VfB nie nach seinem eigenen Wohlergehen gefragt, sondern immer den eigenen Nutzen dem der guten Sache hintangestellt. Vor der nationalen Erhebung des deutschen Volkes hat der VfB seinen Platz der tragenden Bewegung dieser Erhebung, der NSDAP, überlassen und dafür die Strafe des Verbandes und die Platzkündigung der damaligen Stadtverwaltung eingesteckt ... Der VfB hofft auf eine neue, schöne Sportplatzanlage und gelobt, sie in echter sportsmännischer Gesinnung

**Der jüdische VfB Mannschaftsarzt
Dr. Richard Ney (1897 – 1970)**

zu benützen. Die VfBler wollen in treuer und zäher Arbeit mit ihrer langjährigen Erfahrung an der Körperertüchtigung und der Willenserstarkung des deutschen Menschen schaffen – nur zum Wohle unseres geliebten deutschen Vaterlandes."[19]

In den städtischen Protokollen ist nachzulesen, dass dem VfB als „altem Kämpfer für die nationale Sache" (Kiener) Unterstützung gewährt werden sollte, dass man aber mit den Kosten für die beabsichtigte Tribüne und das Klubhaus so seine liebe Mühe hatte. Die Verhandlungen zogen sich in die Länge, die Tribüne musste der VfB finanzieren, ansonsten war die Stadt kompromissbereit und forschte nach Mitteln und Möglichkeiten, dem VfB, aber auch den anderen Sportvereinen gerecht zu werden. 1937 war es so weit. Am 1. Juni wurde der alte VfB Platz geräumt. Der neue Platz, ganz nach den Vorstellungen des VfB errichtet, wurde am 7. August feierlich von Oberbürgermeister Strölin übergeben. Strölin, der einst als Stadtamtmann mit Kiener die bereits erwähnte Strasser-Kundgebung besprochen hatte, wurde zum Ehrenmitglied ernannt. Für die Nutzung des Platzes auf städtischem Grund

war eine Platzmiete vereinbart worden. Der Entrichtung kam der „alte Kämpfer" VfB nur ansatzweise nach. In den überlieferten Akten fehlt es nicht an Zahlungsaufforderungen und Mahnungen, die Absprachen einzuhalten. Der Ton dem VfB gegenüber wird rauer. Der Verein bezahlt kleinere Beträge, die die Stadtverwaltung nur vorübergehend zufriedenstellen. Als Grund für die geringe Zahlungsmoral gibt der Verein zunächst seine finanzielle Lage an, später zurückgehende Einnahmen. Aus den Unterlagen spricht ein zunehmender Ansehensverlust des VfB. Wiederholt wird nachverhandelt. Die Stadt kommt dem VfB entgegen, lässt aber von einer Mietforderung nicht ab. Schließlich droht der bislang dem VfB gegenüber sehr aufgeschlossene und bei allen Platzverhandlungen federführend beteiligte Rechtsrat Locher in seiner Verärgerung die Kündigung des Platzes an. Es ist eine Ironie der Vereinsgeschichte, dass der VfB damit nach sieben Jahren großer Geltung in den Reihen der braunen Herren wieder da angelangt war, wo er 1932 bei deren bürgerlichen Vorgängern schon einmal war. Diesmal rettete ihn das übergreifende Geschehen.

Durch den Kriegsausbruch bedingt, der den Sportvereinen nicht zu kompensierende Einnahmeverluste bereitet, wird schließlich die Angelegenheit auf die Zeit nach dem Krieg vertagt.

Vereinsarzt Dr. Richard Ney

Dr. Richard Ney war in den 20er-Jahren Hockey-Spieler und zeitweiliger Leiter der VfB Hockey-Abteilung. Seine Arztpraxis in der Hohenheimer Straße florierte. Wiederholt ergreift er im Verein das Wort zu sportlichen und medizinischen Themen. Er ist eine allseits respektierte Persönlichkeit des Vereins. Dr. Ney war der wahrscheinlich erste Sportarzt des VfB Stuttgart. Die Sportler vertrauten ihm, und sie gingen in seiner Praxis ein und aus. Das änderte sich Mitte der 30er-Jahre. Dr. Richard Ney war Jude und eine Behandlung bei ihm nicht mehr erlaubt. In seinem Entnazifizierungsverfahren führte Hans Kiener an, dass er Dr. Ney trotz Verbots bis 1938 als Vereinsarzt gehalten habe. Belegen lässt sich das nicht. Dr. Ney verliert im September 1938 seine Zulassung als Kassenarzt und wird im Oktober aus dem Württembergischen Arztregister gestrichen, wodurch seine Existenz auch finanziell bedroht ist.[20] In den VfB Annalen findet sich keine Erwähnung seines Schicksals im Nationalsozialismus. Dr. Ney gibt es nicht mehr. Bis 1961. Damals absolvierte der VfB eine Spielreise in den Vereinigten Staaten. Dr. Richard Ney, praktizierender Arzt in Gowanda, erfährt davon und reist zur Mannschaft. Es gibt ein herzliches Wiedersehen mit Dr. Walter und in der Folge davon einen

19 Niederschrift zur Platzfrage des VfB Stuttgart, S. 1, Stadtarchiv Stuttgart, Bestand 13
20 S. Rueß, *Stuttgarter jüdische Ärzte während des Nationalsozialismus*, S. 202 f.

Vorbereitung: Die VfB Spieler und die Betreuer 1935 bei der Platzbesichtigung vor dem Finale gegen Schalke 04

brieflichen Austausch mit Freunden von einst bis zu seinem Tod im Juli 1970. Aus dem leider nur spärlich überlieferten Briefverkehr spricht die ungebrochene Identifikation mit dem VfB, Freundschaft auch gegenüber Funktionären der 30er-Jahre, aber auch Unwissen aufseiten des VfB über sein Leben bis zu seiner Emigration. Es heißt unter anderem, dass Ney „Ende der 20er-Jahre" emigriert sei.

Es ist das Verdienst der Ärztin Susanne Rueß, die in ihrer Dissertation *Stuttgarter jüdische Ärzte während des Nationalsozialismus* Licht in die Vorgänge um den Arzt bringt, sodass über den Leidensweg von Dr. Ney im NS-Staat mehr bekannt ist. So war der ehemalige Vereinsarzt des VfB 1938/1939 wiederholt inhaftiert, gesundheitlich beeinträchtigt und wurde bei einer Verhandlung vor dem Landgericht Stuttgart wegen „gewerbsmäßiger Abtreibung", so die Anschuldigung der Stuttgarter Staatsanwaltschaft, freigesprochen. Um für den Lebensunterhalt Geld zu erhalten, arbeitete Dr. Ney bis 1941 als Bauarbeiter, landwirtschaftlicher Hilfsarbeiter und als Englischlehrer für jüdische Landgemeinden in Württemberg. Im Juni 1941 emigrierte er in die USA.[21] Im Nachruf des VfB 1970 schreibt Dr. Walter: „Im Wandel der Lebenszeiten und der Lebensformen setzen wertvolle Menschen wie unser Dr. Richard Ney immer wieder einen Maßstab idealer Lebensauffassung."[22] Dr. Ney ist bislang das einzige jüdische VfB Mitglied, über dessen Leben im NS-Staat aufgrund der vorhandenen Quellen etwas bekannt ist. Unter den 99 Gefallenen des Ersten Weltkriegs sind einige jüdische Sportler erwähnt. Herauszufinden, wer vom VfB Stuttgart nach 1933 „Weg und Schicksal der Stuttgarter Juden" mitgehen musste, bleibt eine herausragende Aufgabe der Vereinsgeschichtsschreibung.

Ausklang und Fortleben

Der Traum von der nationalen Erhebung endete in der Katastrophe. Im Großen wie im Kleinen. Die 1937 eingeweihte VfB Platzanlage wurde seit 1943 durch Fliegerangriffe zunehmend zerstört, 1945 war das Spielfeld eine Kraterlandschaft von 79 Bombentrichtern, die schöne Tribüne in Trümmern. Bombengeschädigt war Hans Kiener 1944 aus Stuttgart evakuiert worden, seine Rolle als Vorsitzender übernahm sein Stellvertreter Dr. Fritz Walter.

Was ist das Eigentümliche an der Geschichte des VfB im Dritten Reich? Was den VfB hervorhebt, ist die vorauseilende Art, sich die NS-Ideologie anzueignen und ihr zu dienen. Und damit

---

21 A.a.O., S. 206
22 *Nachrichten ...*, Dezember 1970, S. 20

Anteil zu haben an der Unterstützung eines verbrecherischen Systems. Ob der Strasser-Auftritt 1932, ob die Übernahme des Führerprinzips, die Einführung des Wehrsports, die Ausrichtung der Jugendarbeit, die Satzungsänderungen – der VfB ist wie der Igel im Märchen: Er ist immer schon da.

Die Beseitigung demokratischer Gepflogenheiten, die bereitwillige Öffnung von Tür und Tor für SA und SS, für NS-Symbolik und deren rituelle Formen, die Infiltrierung der Jugend, die man als „Erziehung" begriff – der VfB als NS-Musterschüler? So muss es heute, acht Jahrzehnte nach dem Geschehen, erscheinen. Handelnde Zeitzeugen leben nicht mehr. Motive, Taten, Sprache, Bilder können gedeutet und bewertet werden, die Rekonstruktion des Vereinsgeschehens der Jahre ab 1932, insbesondere das alltägliche Vereinsleben und seine kulturellen Aspekte – was haben die knapp 1.000 Mitglieder gemacht? –, ist bislang nur in groben Strichen möglich und stützt sich auf eine begrenzte Quellenlage. Das Klubhaus ist ausgebrannt, und vieles ist mit verbrannt.

Die Vereinsführung musste sich den Entnazifizierungsverfahren stellen. Die Akten im Staatsarchiv Ludwigsburg geben Auskunft, die Betroffenen hatten weiter Anteil am Vereinsleben.

Hans Kiener wird als „Mitläufer" eingestuft. Er erhält vom Württembergischen Landessportbund 1953 die Ehrennadel in Bronze, ist Mitglied des VfB Ältestenrates, bleibt Ehrenmitglied. Der Jugendabteilungsleiter Gustav Bluthardt gilt als „belastet", er zieht aus Stuttgart weg, erhält aber in der Jubiläumsschrift von 1953 Raum für seine Erinnerungen. Der ehemalige Gaufachsportwart Dr. Gustav Schumm, ebenfalls „Mitläufer", ist hoch geachtetes Vereinsmitglied, Gardegründungsmitglied 1953 und Ehrenspielführer des VfB Stuttgart und erhält 1953 vom Württembergischen Fußballverband die Verbandsehrennadel in Silber. Dr. Karl Strölin, Stuttgarter Oberbürgermeister 1933 bis 1945, Ehrenmitglied seit 1937, wird weiter als Ehrenmitglied geführt.[23]

Der Vereinsvorsitzende seit 1944, Dr. Fritz Walter, unbehelligt von NS-Anschuldigungen, attestiert früheren Funktionären eine sportlich einwandfreie Gesinnung und übernimmt im Fußball der Nachkriegszeit als Gründungsvorsitzender der Süddeutschen Oberliga eine überregional tragende Rolle. Ehemalige Parteigenossen beteiligen sich am Wiederaufbau des Platzes und finden dadurch Arbeit. Mancher erwirbt sich neue Verdienste und neue Ehrenzeichen.

Vor dem Anpfiff 1935 nimmt sich die Mannschaft Zeit für eine Stadtrundfahrt durch Köln

Quellen

Publikationen/Zeitungen
Nachrichten aus dem Leben des VfB Stuttgart,
Jg. 1933, 1934, 1935, 1936, 1937, 1938, 1939, 1970
NS-Kurier 7. Juli 1932, *NS-Kurier* 29. Juli 1932, *NS-Kurier* 1. August 1932

Literatur
Rueß, Susanne, *Stuttgarter jüdische Ärzte während des Nationalsozialismus*,
Königshausen & Neumann, Würzburg 2009,
daraus auch das Passfoto von Dr. Ney
Zelzer, Maria, *Weg und Schicksal der Stuttgarter Juden*, Klett, o.J.

Archivalien
Staatsarchiv Ludwigsburg
Spruchkammerakten
Kiener EL 902/20 BÜ 15124
Dr. Gustav Schumm EL 902/20 BÜ 40174
Gustav Bluthardt EL902/20 BÜ 31616
Konrad Rieker EL 902/20 BÜ 11 790

Stadtarchiv Stuttgart
Bestand 13 Hauptaktei Bürgermeisteramt/Platzangelegenheit VfB Stuttgart

Vereinsgeschichte
40 Jahre Verein für Bewegungsspiele Stuttgart, 1933
60 Jahre Verein für Bewegungsspiele Stuttgart, bearbeitet von Erwin Gechter, 1953
100 Jahre VfB Stuttgart, Hrsg VfB Stuttgart/Hans Blickensdörfer, 1992
Mythos VfB Stuttgart, 2005

Interviews mit Funktionären
Dr. Fritz Walter (1979), Konrad Rieker (1980), Willy Walter (1983)

Interviews mit Spielern der 30er-Jahre
Werner Pröfrock (1981), Willi Rutz (1992), Dr. Paul Kraft (2000)

23 1) Entnazifizierungsakten Kiener, Bluthardt, Dr. Schumm, Rieker
2) Biografische Daten der Historischen Abteilung des VfB Stuttgart

Ein Klub zwischen Anpassung und eifriger Unterstützung des NS-Regimes

Ein Kommentar von Nils Havemann

Das Kapitel über die Geschichte des VfB im Nationalsozialismus offenbart viele Gemeinsamkeiten mit anderen großen Vereinen jener Zeit. So gehörte das nationale, bisweilen ins Chauvinistische abgleitende Pathos, das viele offizielle Stellungnahmen der Klubführung durchzog, zu den wesentlichen Kennzeichen des bürgerlichen Sports seit der Kaiserzeit. Solche Verlautbarungen mussten im Frühjahr 1933, als die Nationalsozialisten ihre Herrschaft über Deutschland zu festigen begannen, nicht einmal Ausweis einer besonders ausgeprägten Sympathie für die neuen Machthaber sein. Das Bekenntnis zu Deutschland, zur Nation, zur „Volksgemeinschaft" war in den gesellschaftspolitischen Debatten eine Selbstverständlichkeit, der sich mit Ausnahme der extrem linken Gruppierungen nahezu alle wichtigen Parteien und Organisationen verpflichtet fühlten. Ebenso weitverbreitet waren die von Harald Jordan angesprochenen finanziellen Probleme des VfB zum Ende der Weimarer Zeit: Auch hier hat die historische Forschung festgestellt, dass alle großen Vereine unter dem Dach des DFB spätestens nach dem Ausbruch der Weltwirtschaftskrise im Herbst 1929 wirtschaftlich kaum noch existenzfähig waren. Die enorme Bedeutung der ökonomischen Katastrophe für den raschen Aufstieg der Nationalsozialisten und für die breiten Sympathien, die das NS-Regime vonseiten der großen Fußballvereine erfuhr, wird in nahezu allen Studien betont.

In gewisser Hinsicht eine Ausnahmestellung hatte der VfB aufgrund seines damaligen Präsidenten Hans Kiener. Unter den populären Fußballklubs jener Zeit gab es nicht viele, die ihren Verein derart konsequent auf die Vorstellungen des NS-Regimes ausrichteten. Darin war der VfB dem TSV 1860 München sehr ähnlich. Harald Jordan beschreibt sehr eindrücklich, wie schnell und bereitwillig sich der VfB in die neue Organisationsstruktur des Sports einfügte und somit zur „Speerspitze des totalitären Regimes" wurde. Die Umstellung auf das „Führerprinzip", die Einführung des Wehrsports und die ideologischen Schulungen durch das „Dietwesen" wurden hier ernster und strenger genommen, als dies anderswo zu beobachten war. Dies war nicht nur auf die Autorität Kieners zurückzuführen: Er wäre 1932 nicht VfB Präsident geworden, wenn nicht viele im Klub bis zu einem gewissen Grad auch seine politischen Überzeugungen geteilt hätten, die er mit seinem frühen Beitritt zur NSDAP bekundete. Harald Jordan betont in diesem Zusammenhang zu Recht, dass man behutsam sein sollte mit verallgemeinernden Aussagen über die innere Einstellung der Mitglieder zu den verheerenden Entwicklungen nach 1933. Die Eigenwelt des Sports war auch beim VfB derart ausgeprägt, dass sich ein Teil der Sportler weniger für die Politik als für den nächsten Spieltag interessierte.

Keine Ausnahme hingegen bildete der VfB im Umgang mit seinen jüdischen Kameraden. Was Harald Jordan über den Mannschaftsarzt Richard Ney zu erzählen weiß, war zum Beispiel auch beim FC Bayern München oder beim 1. FC Kaiserslautern zu beobachten. Die jüdischen Mitglieder, die sich in der Zeit der Weimarer Republik in ihren Vereinen zumeist eines großen Ansehens erfreuten, wurden nach 1933 zwar ausgeschlossen. Bei einigen Klubs kam es aber vor, dass sie bis Ende der 30er-Jahre zumindest geduldet waren. Ähnlich wie Ney hegten einige von ihnen keinen bleibenden Groll gegen ihren Verein und suchten nach dem Ende des Nationalsozialismus wieder den Kontakt zu ihren alten Kameraden. Diese starke Identifikation mit ihrer sportlichen Heimat macht den Ausschluss jüdischer Mitglieder nach 1933 indes keinen Deut besser – er war der erste Schritt der Entsolidarisierung und markierte für viele jüdische Sportler den Beginn eines langen Leidensweges, der in vielen Fällen mit ihrer Ermordung endete.

Nils Havemann,

Dr. phil., studierte Geschichte, Romanistik und Politische Wissenschaften in Bonn, Paris und Salamanca. Er promovierte 1996 an der Universität Bonn und arbeitet am Historischen Institut der Universität Stuttgart in der Abteilung Neuere Geschichte. Bekannt wurde er 2005 durch die DFB-Studie „Fußball unterm Hakenkreuz".

Saison 1933/1934

Gauliga Württemberg

Datum	Paarung	Ergebnis
10.09.1933	VfB Stuttgart – Union Böckingen	3:3
17.09.1933	SSV Ulm – VfB Stuttgart	2:2
24.09.1933	VfR Heilbronn – VfB Stuttgart	3:4
08.10.1933	VfB Stuttgart – SV Feuerbach	1:2
29.10.1933	Sportfreunde Stuttgart – VfB Stuttgart	1:3
19.11.1933	Stuttgarter Kickers – VfB Stuttgart	1:4
26.11.1933	VfB Stuttgart – Stuttgarter SC	6:0
17.12.1933	1. FC Birkenfeld – VfB Stuttgart	4:3
31.12.1933	VfB Stuttgart – Ulmer FV 1894	4:4
07.01.1934	Union Böckingen – VfB Stuttgart	2:3
21.01.1934	VfB Stuttgart – Stuttgarter Kickers	4:0
28.01.1934	Ulmer FV 1894 – VfB Stuttgart	4:4
04.02.1934	SV Feuerbach – VfB Stuttgart	2:1
11.02.1934	VfB Stuttgart – SSV Ulm	3:1
25.02.1934	VfB Stuttgart – 1. FC Birkenfeld	1:1
04.03.1934	Stuttgarter SC – VfB Stuttgart	3:1
10.03.1934	VfB Stuttgart – Sportfreunde Stuttgart	1:4

Abschlusstabelle

1. Union Böckingen	16	10	2	4	44:31	22:10
2. Stuttgarter Kickers	16	10	2	4	36:30	22:10
3. VfB Stuttgart	16	6	5	5	44:33	17:15
4. Sportfreunde Stuttgart	16	7	3	6	40:34	17:15
5. SV Feuerbach	16	6	4	6	33:28	16:16
6. SSV Ulm	16	5	3	8	35:47	13:19
7. Stuttgarter SC	16	5	3	8	26:37	13:19
8. Ulmer FV 1894	16	4	4	8	33:39	12:20
9. 1. FC Birkenfeld	16	4	4	8	32:43	12:20
10. VfR Heilbronn*	13	3	1	9	21:33	7:19

* Am 21.01.1934 ausgeschlossen, alle Spiele des VfR Heilbronn wurden aus der Tabelle herausgerechnet.

Kader

Tor:	Gerhard Vogelmann, Oskar Kapp	
Feldspieler:	Erwin Haaga, Erich Koch, Willi Rutz, Ernst Blum, Eugen Speidel, Eugen Weidner, Karl Becker, Martin Hörtig, Walter Kotz, Hermann Hahn, Otto Bökle, Paul Kraft, Franz Seybold, Otto Vollmer, Karl Ellwanger, Heinrich Buck, Theophil Bausch, Alfred Lehmann, Eberhard Haaga, Oswald Thräne	
Trainer:	Willi Rutz	Mai 1932 – 1934

Saison 1934/1935

Gauliga Württemberg

Datum	Paarung	Ergebnis
09.09.1934	VfB Stuttgart – Sportfreunde Esslingen	4:1
16.09.1934	Ulmer FV 1894 – VfB Stuttgart	1:0
23.09.1934	Stuttgarter SC – VfB Stuttgart	2:1
07.10.1934	Union Böckingen – VfB Stuttgart	5:3
14.10.1934	VfB Stuttgart – SSV Ulm	3:2
28.10.1934	VfB Stuttgart – Göppinger SV	7:2
04.11.1934	VfB Stuttgart – Stuttgarter Kickers	2:0
11.11.1934	SV Feuerbach – VfB Stuttgart	1:1
18.11.1934	Sportfreunde Stuttgart – VfB Stuttgart	2:2
09.12.1934	VfB Stuttgart – Union Böckingen	4:1
16.12.1934	Göppinger SV – VfB Stuttgart	1:2
22.12.1934	VfB Stuttgart – Stuttgarter SC	1:5
13.01.1935	Sportfreunde Esslingen – VfB Stuttgart	1:3
20.01.1935	VfB Stuttgart – Sportfreunde Stuttgart	3:2
10.02.1935	VfB Stuttgart – Ulmer FV 1894	2:2
24.02.1935	VfB Stuttgart – SV Feuerbach	7:1
10.03.1935	Stuttgarter Kickers – VfB Stuttgart	1:6
24.03.1935	SSV Ulm – VfB Stuttgart	1:3

Abschlusstabelle

1. VfB Stuttgart	18	11	3	4	53:31	25:11
2. SSV Ulm	18	10	3	5	47:32	23:13
3. Stuttgarter Kickers	18	10	3	5	40:37	23:13
4. SV Feuerbach	18	7	4	7	35:34	18:18
5. Sportfreunde Esslingen	18	6	5	7	41:38	17:19
6. Stuttgarter SC	18	7	3	8	44:42	17:19
7. Ulmer FV 1894	18	7	2	9	34:32	16:20
8. Sportfreunde Stuttgart	18	5	6	7	35:39	16:20
9. Union Böckingen	18	7	1	10	40:46	15:21
10. Göppinger SV	18	5	0	13	18:56	10:26

Endrunde Deutsche Meisterschaft

Datum	Paarung	Ergebnis
07.04.1935	Hanau 93 – VfB Stuttgart	3:0
14.04.1935	VfB Stuttgart – 1. SV Jena	1:2
28.04.1935	SpVgg Fürth – VfB Stuttgart	1:4
05.05.1935	VfB Stuttgart – Hanau 93	2:1
19.05.1935	1. SV Jena – VfB Stuttgart	2:3
26.05.1935	VfB Stuttgart – SpVgg Fürth	3:2

Abschlusstabelle Endrunde

1. VfB Stuttgart	6	4	0	2	13:11	8:4
2. SpVgg Fürth	6	3	0	3	11:9	6:6
3. Hanau 93	6	3	0	3	8:8	6:6
4. 1. SV Jena	6	2	0	4	5:9	4:8

02.06.1935	Halbfinale	VfB Stuttgart – VfL Benarth	4:2
23.06.1935	Finale	Schalke 04 – VfB Stuttgart	6:4

Kader

Tor:	Oskar Kapp, Eugen Dietz
Feldspieler:	Erwin Haaga, Erich Koch, Willi Rutz, Ernst Blum, Eugen Speidel, Eugen Weidner, Karl Baun, Martin Hörtig, Walter Kotz, Hermann Hahn, Otto Bökle, Franz Seybold, Otto Vollmer, Heinrich Buck, Alfred Lehmann, Gustav Rebmann
Trainer:	Emil Gröner — Juni 1934 – April 1935
	Fritz Teufel — April 1935 – 31.03.1936

Saison 1935/1936

Gauliga Württemberg

Datum	Paarung	Ergebnis
08.09.1935	Sportfreunde Esslingen – VfB Stuttgart	1:1
15.09.1935	SSV Ulm – VfB Stuttgart	0:4
20.10.1935	VfB Stuttgart – Ulmer FV 1894	5:1
27.10.1935	Sportfreunde Stuttgart – VfB Stuttgart	2:2
03.11.1935	VfB Stuttgart – SpVgg Cannstatt	2:3
10.11.1935	SV Feuerbach – VfB Stuttgart	1:3
17.11.1935	VfB Stuttgart – Stuttgarter Kickers	2:2
24.11.1935	FV Zuffenhausen – VfB Stuttgart	2:1
08.12.1935	VfB Stuttgart – Stuttgarter SC	2:3
15.12.1935	SpVgg Cannstatt – VfB Stuttgart	3:3
21.12.1935	VfB Stuttgart – Sportfreunde Esslingen	3:2
05.01.1936	VfB Stuttgart – SSV Ulm	2:2
19.01.1936	Ulmer FV 1894 – VfB Stuttgart	0:3
26.01.1936	VfB Stuttgart – FV Zuffenhausen	4:1
09.02.1936	VfB Stuttgart – SV Feuerbach	4:2
16.02.1936	Stuttgarter Kickers – VfB Stuttgart	4:1
01.03.1936	Stuttgarter SC – VfB Stuttgart	0:3
15.03.1936	VfB Stuttgart – Sportfreunde Stuttgart	3:4

Abschlusstabelle

1. Stuttgarter Kickers	18	11	5	2	51:23	27:9
2. Sportfreunde Stuttgart	18	8	6	4	41:31	22:14
3. VfB Stuttgart	18	8	5	5	48:33	21:15
4. SSV Ulm	18	10	1	7	45:31	21:15
5. Stuttgarter SC	18	8	4	6	38:34	20:16
6. Sportfreunde Esslingen	18	7	3	8	34:36	17:19
7. FV Zuffenhausen	18	6	5	7	28:33	17:19
8. SpVgg Cannstatt	18	6	5	7	24:35	17:19
9. Ulmer FV 1894	18	7	1	10	25:44	15:21
10. SV Feuerbach	18	0	3	15	19:53	3:33

Tschammer-Pokal

Datum		Paarung	Ergebnis
01.09.1935	Vorrunde	VfB Stuttgart – BC Augsburg	3:4 n.V.

Kader

Tor:	Ernst Schnaitmann, Oskar Kapp
Feldspieler:	Walter Kotz, Alfred Lehmann, Franz Seybold, Otto Bökle, Erwin Haaga, Erich Koch, Paul Kraft, Gustav Rebmann, Willi Rutz, Kurt Schäfer, Heinrich Buck, Karl Baun, Eugen Weidner, Hermann Hahn, Eugen Speidel, Bauer
Trainer:	Fritz Teufel — April 1935 – 31.03.1936

Saison 1936/1937

Gauliga Württemberg

Datum	Paarung	Ergebnis
27.09.1936	VfB Stuttgart – SpVgg Cannstatt	4:2
04.10.1936	Göppinger SV – VfB Stuttgart	0:1
11.10.1936	VfB Stuttgart – FV Zuffenhausen	3:2
18.10.1936	Sportfreunde Stuttgart – VfB Stuttgart	1:3
25.10.1936	VfB Stuttgart – Sportfreunde Esslingen	3:0
01.11.1936	Union Böckingen – VfB Stuttgart	4:3
08.11.1936	VfB Stuttgart – Stuttgarter SC	4:2
15.11.1936	SSV Ulm – VfB Stuttgart	5:2
29.11.1936	Stuttgarter Kickers – VfB Stuttgart	0:2
14.12.1936	VfB Stuttgart – Göppinger SV	4:2
20.12.1936	SpVgg Cannstatt – VfB Stuttgart	1:1
10.01.1937	FV Zuffenhausen – VfB Stuttgart	1:1
17.01.1937	VfB Stuttgart – Sportfreunde Stuttgart	5:2
24.01.1937	Sportfreunde Esslingen – VfB Stuttgart	0:2
31.01.1937	VfB Stuttgart – Union Böckingen	8:1
14.02.1937	Stuttgarter SC – VfB Stuttgart	0:0
20.02.1937	VfB Stuttgart – SSV Ulm	1:3
28.02.1937	VfB Stuttgart – Stuttgarter Kickers	3:1

Abschlusstabelle

1. VfB Stuttgart	18	12	3	3	50:27	27:9
2. SSV Ulm	18	9	2	7	50:34	20:16
3. Sportfreunde Stuttgart	18	8	4	6	28:28	20:16
4. Union Böckingen	18	8	4	6	31:34	20:16
5. Stuttgarter Kickers	18	8	3	7	44:32	19:17
6. Stuttgarter SC	18	7	5	6	41:38	19:17
7. Sportfreunde Esslingen	18	5	5	8	22:29	15:21
8. FV Zuffenhausen	18	6	3	9	21:34	15:21
9. SpVgg Cannstatt	18	5	4	9	25:36	14:22
10. Göppinger SV	18	3	5	10	25:45	11:25

Endrunde Deutsche Meisterschaft

Datum	Paarung	Ergebnis
04.04.1937	VfB Stuttgart – SV Kassel 06	3:0
11.04.1937	Dessau 05 – VfB Stuttgart	2:1
18.04.1937	VfB Stuttgart – Wormatia Worms	0:0
25.04.1937	VfB Stuttgart – Dessau 05	2:0
09.05.1937	Wormatia Worms – VfB Stuttgart	0:1
23.05.1937	SV Kassel 06 – VfB Stuttgart	1:5

Abschlusstabelle Endrunde

1. VfB Stuttgart	6	4	1	1	12:3	9:3
2. Wormatia Worms	6	4	1	1	11:3	9:3
3. SV Dessau 05	6	2	0	4	6:12	4:8
4. SV Kassel 06	6	1	0	5	7:18	2:10

06.06.1937	Halbfinale	Schalke 04 – VfB Stuttgart	4:2
20.06.1937	Spiel um Platz 3	VfB Stuttgart – Hamburger SV	1:0

Tschammer-Pokal

Datum		Paarung	Ergebnis
26.04.1936		SpVgg Freudenstadt – VfB Stuttgart	1:2
03.05.1936		SpVgg Schramberg 08 – VfB Stuttgart	1:2
17.05.1936		VfB Stuttgart – FV Zuffenhausen	3:0
13.06.1936	1. Runde	Wacker Marktredwitz – VfB Stuttgart	0:1
21.06.1936	2. Runde	Westmark Trier – VfB Stuttgart	0:1
06.09.1936	Achtelfinale	VfB Stuttgart – Schalke 04	0:0
20.09.1936	Wiederholungsspiel	Schalke 04 – VfB Stuttgart	6:0

Kader

Tor:	Ernst Schnaitmann, Oskar Kapp
Feldspieler:	Hermann Hahn, Paul Kraft, Erwin Haaga, Alfred Lehmann, Erich Koch, Willi Rutz, Kurt Schäfer, Eugen Weidner, Werner Pröfrock, Walter Kotz, Franz Seybold, Eugen Speidel, Otto Bökle, Otto Mattes, Kurz
Trainer:	Lony Seiderer 01.07.1936 – 31.03.1939

Saison 1937 / 1938

Gauliga Württemberg

Datum	Paarung	Ergebnis
03.10.1937	VfB Stuttgart – Sportfreunde Stuttgart	0:1
17.10.1937	FV Zuffenhausen – VfB Stuttgart	1:1
24.10.1937	VfB Stuttgart – Union Böckingen	5:1
07.11.1937	Sportfreunde Esslingen – VfB Stuttgart	0:1
21.11.1937	Stuttgarter SC – VfB Stuttgart	2:3
28.11.1937	VfB Stuttgart – Stuttgarter Kickers	0:0
05.12.1937	SSV Ulm – VfB Stuttgart	1:1
12.12.1937	VfB Stuttgart – Ulmer FV 1894	5:1
19.12.1937	VfR Schwenningen – VfB Stuttgart	0:5
26.12.1937	VfB Stuttgart – FV Zuffenhausen	5:2
02.01.1938	Sportfreunde Stuttgart – VfB Stuttgart	1:2
16.01.1938	Ulmer FV 1894 – VfB Stuttgart	0:2
23.01.1938	VfB Stuttgart – Sportfreunde Esslingen	10:1
30.01.1938	VfB Stuttgart – VfR Schwenningen	7:0
06.02.1938	VfB Stuttgart – SSV Ulm	2:1
13.02.1938	Stuttgarter SC – VfB Stuttgart	1:5
06.03.1938	Union Böckingen – VfB Stuttgart	1:2
13.03.1938	Stuttgarter Kickers – VfB Stuttgart	0:2

Abschlusstabelle

1. VfB Stuttgart	18	14	3	1	58:14	31:5
2. Stuttgarter Kickers	18	13	2	3	64:21	28:8
3. Union Böckingen	18	10	1	7	35:25	21:15
4. Stuttgarter SC	18	8	5	5	29:26	21:15
5. Sportfreunde Stuttgart	18	7	4	7	28:35	18:18
6. SSV Ulm	18	6	5	7	23:22	17:19
7. FV Zuffenhausen	18	4	6	8	23:38	14:22
8. Ulmer FV 1894	18	5	2	11	18:35	12:24
9. Sportfreunde Esslingen	18	3	5	10	16:42	11:25
10. VfR Schwenningen	18	3	1	14	22:58	7:29

Endrunde Deutsche Meisterschaft

Datum	Paarung	Ergebnis
20.03.1938	VfB Stuttgart – BC Hartha	1:1
27.03.1938	Fortuna Düsseldorf – VfB Stuttgart	3:0
03.04.1938	VfB Stuttgart – Vorwärts RaSpo Gleiwitz	7:1
10.04.1938	Vorwärts RaSpo Gleiwitz – VfB Stuttgart	0:5
24.04.1938	BC Hartha – VfB Stuttgart	2:1
08.05.1938	VfB Stuttgart – Fortuna Düsseldorf	0:2

Abschlusstabelle Endrunde

1. Fortuna Düsseldorf	6	4	2	0	14:4	10:2
2. BC Hartha	6	1	4	1	8:12	6:6
3. VfB Stuttgart	6	2	1	3	14:9	5:7
4. Vorwärts RaSpo Gleiwitz	6	1	1	4	9:20	3:9

Tschammer-Pokal

Datum		Paarung	Ergebnis
29.08.1937	1. Runde	ASN Nürnberg – VfB Stuttgart	0:1
19.09.1937	2. Runde	VfB Stuttgart – Planitzer SC	2:0
31.10.1937	Achtelfinale	VfB Stuttgart – Hannover 96	2:1
14.11.1937	Viertelfinale	Dresdner SC – VfB Stuttgart	3:1

Kader

Tor:	Ernst Schnaitmann, Oskar Kopp
Feldspieler:	Alfred Lehmann, Hermann Hahn, Paul Kraft, Werner Pröfrock, Franz Seybold, Walter Kotz, Willi Richt, Erich Koch, Kurt Schäfer, Otto Bökle, Karl Geiser, Eugen Weidner, Erwin Haaga, Willi Rutz, Otto Würtele
Trainer:	Lony Seiderer 01.07.1936 – 31.03.1939

Saison 1938/1939

Gauliga Württemberg

Datum	Paarung	Ergebnis
25.09.1938	VfB Stuttgart – SpVgg Cannstatt	1:1
02.10.1938	VfB Stuttgart – FV Zuffenhausen	4:1
16.10.1938	Union Böckingen – VfB Stuttgart	2:3
23.10.1938	SV Feuerbach – VfB Stuttgart	0:1
30.10.1938	VfB Stuttgart – SSV Ulm	2:0
13.11.1938	Stuttgarter Kickers – VfB Stuttgart	3:1
20.11.1938	Ulmer FV 1894 – VfB Stuttgart	1:1
27.11.1938	Sportfreunde Stuttgart – VfB Stuttgart	3:0
11.12.1938	VfB Stuttgart – Stuttgarter SC	1:0
08.01.1939	VfB Stuttgart – SV Feuerbach	5:1
15.01.1939	VfB Stuttgart – Ulmer FV 1894	2:1
29.01.1939	SpVgg Cannstatt – VfB Stuttgart	2:3
12.02.1939	FV Zuffenhausen – VfB Stuttgart	3:2
26.02.1939	SSV Ulm – VfB Stuttgart	1:1
05.03.1939	Stuttgarter SC – VfB Stuttgart	6:3
12.03.1939	VfB Stuttgart – Sportfreunde Stuttgart	2:1
19.03.1939	VfB Stuttgart – Stuttgarter Kickers	4:4
26.03.1939	VfB Stuttgart – Union Böckingen	2:0

Abschlusstabelle

1. Stuttgarter Kickers	18	15	1	2	67:23	31:5
2. VfB Stuttgart	18	10	4	4	38:30	24:12
3. SSV Ulm	18	9	4	5	40:28	22:14
4. Union Böckingen	18	8	3	7	36:36	19:17
5. Ulmer FV 1894	18	7	4	7	34:33	18:18
6. Stuttgarter SC	18	7	3	8	30:32	17:19
7. Sportfreunde Stuttgart	18	6	3	9	46:42	15:21
8. FV Zuffenhausen	18	6	2	10	29:47	14:22
9. SpVgg Cannstatt	18	5	3	10	22:37	13:23
10. SV Feuerbach	18	2	3	13	33:67	7:29

Tschammer-Pokal

Datum		Paarung	Ergebnis
11.09.1938	1. Runde	VfB Stuttgart – Phönix Karlsruhe	7:1
17.09.1938	2. Runde	VfB Stuttgart – Neumeyer Nürnberg	2:1
09.10.1938	Achtelfinale	VfB Mühlburg – VfB Stuttgart	2:1

Kader

Tor:	August Wöhrle, Susann, Kohler
Feldspieler:	Walter Kotz, Willi Richt, Franz Seybold, Alfred Lehmann, Kurt Schäfer, Otto Bökle, Paul Kraft, Otto Würtele, Erich Koch, Geiser, Werner Pröfrock, Kneer, Erwin Haaga, Hermann Hahn, Willi Rutz, Steinbrunner, Otto Mattes, Kurt Wurster
Trainer:	Lony Seiderer 01.07.1936 – 31.03.1939
	Karl Becker 01.04.1939 – 30.04.1939

Saison 1939/1940

Stuttgarter Stadtmeisterschaft

Datum	Paarung	Ergebnis
17.09.1939	Stuttgarter SC – VfB Stuttgart	2:2
24.09.1939	VfB Stuttgart – FV Zuffenhausen	3:0
01.10.1939	VfB Stuttgart – Allianz Stuttgart	3:0
08.10.1939	Stuttgarter Kickers – VfB Stuttgart	3:3
29.10.1939	VfB Stuttgart – Sportfreunde Stuttgart	6:1
05.11.1939	VfB Stuttgart – Stuttgarter SC	2:2
26.11.1939	VfB Stuttgart – Stuttgarter Kickers	3:0
25.12.1939	FV Zuffenhausen – VfB Stuttgart	2:3
31.12.1939	Sportfreunde Stuttgart – VfB Stuttgart	1:4

Gauklasse Württemberg, Staffel 1

Datum	Paarung	Ergebnis
10.12.1939	VfR Aalen – VfB Stuttgart	2:10
17.12.1939	SV Feuerbach – VfB Stuttgart	1:3
07.01.1940	FV Zuffenhausen – VfB Stuttgart	1:4
14.01.1940	VfB Stuttgart – SSV Ulm	1:0
21.01.1940	VfB Stuttgart – Stuttgarter SC	2:2
28.01.1940	VfB Stuttgart – SV Feuerbach	3:1
04.02.1940	VfB Stuttgart – VfR Aalen	4:2
11.02.1940	SSV Ulm – VfB Stuttgart	0:3
18.02.1940	VfB Stuttgart – FV Zuffenhausen	10:1
25.02.1940	Stuttgarter SC – VfB Stuttgart	1:4

Abschlusstabelle Staffel 1

1. VfB Stuttgart	10	9	1	0	43:12	19:1
2. Stuttgarter SC	10	6	1	3	28:22	13:7
3. SV Feuerbach	10	5	1	4	20:19	11:9
4. SSV Ulm	10	4	0	6	24:20	8:12
5. VfR Aalen	10	2	2	6	15:33	6:14
6. FV Zuffenhausen	10	1	1	8	16:40	3:17

Endrunde Württemberg

Datum	Paarung	Ergebnis
17.03.1940	VfB Stuttgart – Stuttgarter Kickers	5:4
30.03.1940	VfB Stuttgart – Sportfreunde Stuttgart	3:1
14.04.1940	VfB Stuttgart – Stuttgarter SC	1:1
21.04.1940	Sportfreunde Stuttgart – VfB Stuttgart	1:3
28.04.1940	Stuttgarter Kickers – VfB Stuttgart	3:1
02.05.1940	Stuttgarter SC – VfB Stuttgart	2:5

Abschlusstabelle Endrunde Württemberg

1. Stuttgarter Kickers	6	5	0	1	27:9	10:2
2. VfB Stuttgart	6	4	1	1	18:12	9:3
3. Sportfreunde Stuttgart	6	2	0	4	10:17	4:8
4. Stuttgarter SC	6	0	1	5	7:24	1:11

Tschammer-Pokal

Datum		Paarung	Ergebnis
16.04.1939	1. Runde	Luftwaffen-SV Göppingen – VfB Stuttgart	3:2

Kader

Tor:	Oskar Kapp	
Feldspieler:	Erich Koch, Willi Richt, Walter Kotz, Paul Kraft, Alfred Lehmann, Walter Luik, Erwin Haaga, Werner Pröfrock, Otto Bökle, Hermann Seitz, Karl Becker, Eberhard Haaga, Willi Rutz, Kurt Schäfer, Adolf Kneer, Karl Steinbrunner, Boß, Rädle, Kurt Wurster, Dachtler, Karl Geiser, Otto Würtele, Waldvogel	
Trainer:	Josef Pöttinger	01.05.1939 – Oktober 1939

//

Saison 1940/1941

Bereichsklasse Württemberg

Datum	Paarung	Ergebnis
08.09.1940	VfB Stuttgart – Sportfreunde Esslingen	3:1
29.09.1940	Union Böckingen – VfB Stuttgart	1:6
13.10.1940	VfB Stuttgart – VfR Aalen	2:2
20.10.1940	SpVgg Cannstatt – VfB Stuttgart	2:2
27.10.1940	VfB Stuttgart – Stuttgarter SC	2:0
10.11.1940	VfB Stuttgart – SSV Ulm	2:0
17.11.1940	SV Feuerbach – VfB Stuttgart	1:7
24.11.1940	SpVgg Untertürkheim – VfB Stuttgart	1:12
01.12.1940	VfB Stuttgart – Stuttgarter Kickers	1:1
08.12.1940	Sportfreunde Stuttgart – VfB Stuttgart	1:2
15.12.1940	TSG Ulm 1846 – VfB Stuttgart	1:3
26.01.1941	VfB Stuttgart – Union Böckingen	9:4
02.02.1941	VfB Stuttgart – SpVgg Untertürkheim	5:3
09.02.1941	SSV Ulm – VfB Stuttgart	3:3
16.02.1941	Sportfreunde Esslingen – VfB Stuttgart	1:10
23.02.1941	VfB Stuttgart – SV Feuerbach	4:2
02.03.1941	VfB Stuttgart – TSG Ulm 1846	3:0
09.03.1941	VfB Stuttgart – SpVgg Cannstatt	2:1
16.03.1941	Stuttgarter Kickers – VfB Stuttgart	1:0
23.03.1941	Stuttgarter SC – VfB Stuttgart	0:1
29.03.1941	VfB Stuttgart – Sportfreunde Stuttgart	2:2
06.04.1941	VfR Aalen – VfB Stuttgart	0:7

Abschlusstabelle

1. Stuttgarter Kickers	22	18	3	1	79:20	39:5
2. VfB Stuttgart	22	16	5	1	88:28	37:7
3. Sportfreunde Stuttgart	22	12	3	7	62:47	27:17
4. Stuttgarter SC	22	11	4	7	61:36	26:18
5. SSV Ulm	22	9	5	8	56:55	23:21
6. SV Feuerbach	22	11	1	10	50:57	23:21
7. VfR Aalen	22	9	4	9	62:59	22:22
8. TSG Ulm 1846	22	9	3	10	44:45	21:23
9. Union Böckingen	22	9	1	12	62:68	19:25
10. SpVgg Untertürkheim	22	8	2	12	46:64	18:26
11. SpVgg Cannstatt	22	2	3	17	29:73	7:37
12. Sportfreunde Esslingen	22	0	2	20	27:114	2:42

Tschammer-Pokal

Datum	Paarung	Ergebnis
16.06.1940	Gaugruppe, 1. Runde	VfB Oberesslingen – VfB Stuttgart	0:6
13.07.1940	Gaugruppe, 2. Runde	Ludwigsburg 07 – VfB Stuttgart	0:6
28.07.1940	Gaugruppe, 3. Runde	VfB Stuttgart – Union Böckingen	2:1
11.08.1940	1. Schlussrunde	SpVgg Fürth – VfB Stuttgart	3:0

Kader

Tor:	Ernst Schnaitmann	
Feldspieler:	Paul Kraft, Otto Schmid, Otto Bökle, Hermann Seitz, Werner Pröfrock, Erich Koch, Walter Koch, Willi Richt, Walter Luik, Alfred Lehmann, Karl Becker, Kurt Schäfer, Adolf Kneer, Müller, Karl Steinbrunner, Boß, Dachtler, Karch, Mohn, Karl Geiser, Rieger, Eckert, Ruf	
Trainer:	k. A.	

//

Saison 1941/1942

Bereichsklasse Württemberg

Datum	Paarung	Ergebnis
30.08.1941	VfB Stuttgart – SV Feuerbach	2:0
07.09.1941	VfB Friedrichshafen – VfB Stuttgart	1:3
21.09.1941	VfB Stuttgart – VfR Aalen	1:0
12.10.1941	Sportfreunde Stuttgart – VfB Stuttgart	1:3
19.10.1941	VfB Stuttgart – VfR Heilbronn	2:2
26.10.1941	SSV Ulm – VfB Stuttgart	0:5
02.11.1941	Stuttgarter SC – VfB Stuttgart	3:2
16.11.1941	VfB Stuttgart – TSG Ulm 1846	5:1
23.11.1941	Stuttgarter Kickers – VfB Stuttgart	1:3
07.12.1941	VfR Aalen – VfB Stuttgart	1:3
14.12.1941	VfB Stuttgart – VfB Friedrichshafen	2:1
04.01.1942	VfB Stuttgart – SSV Ulm	9:2
11.01.1942	SV Feuerbach – VfB Stuttgart	0:3
18.01.1942	Stuttgarter SC – VfB Stuttgart	1:5
22.02.1942	VfB Stuttgart – Sportfreunde Stuttgart	3:2
08.03.1942	VfB Stuttgart – Stuttgarter Kickers	1:2
29.03.1942	TSG Ulm 1846 – VfB Stuttgart	4:3
12.04.1942	VfR Heilbronn – VfB Stuttgart	2:3

Abschlusstabelle

1. Stuttgarter Kickers	18	17	0	1	99:15	34:2
2. VfB Stuttgart	18	14	1	3	58:24	29:7
3. Sportfreunde Stuttgart	18	11	1	6	51:40	23:13
4. VfR Heilbronn	18	7	3	8	45:44	17:19
5. TSG Ulm 1846	18	7	3	8	37:55	17:19
6. VfR Aalen	18	7	2	9	29:30	16:20
7. SV Feuerbach	18	6	3	9	26:46	15:21
8. VfR Friedrichshafen	18	5	3	10	26:44	13:23
9. SSV Ulm	18	4	4	10	25:48	12:24
10. Stuttgarter SC	18	1	2	15	18:68	4:32

Tschammer-Pokal

Datum	Paarung		Ergebnis
20.04.1941	Gaugruppe, 1. Runde	VfL Sindelfingen – VfB Stuttgart	0:2
11.05.1941	Gaugruppe, 2. Runde	VfB Oberesslingen – VfB Stuttgart	0:1 n.V.
08.06.1941	Gaugruppe, 3. Runde	VfB Stuttgart – FV Kornwestheim	6:0

Der weitere Pokalverlauf ist nicht mehr eruierbar.

Kader

Tor:	Ernst Schnaitmann, Otto Schmid
Feldspieler:	Otto Bökle, Eugen Freitag, Josef Janetzki, Erich Koch, Walter Kotz, Paul Kraft, Alfred Lehmann, Werner Pröfrock, Willi Richt, Kurt Schäfer, Fritz Walter, Adolf Kneer, Engel
Trainer:	k. A.

Saison 1942/1943

Bereichsklasse Württemberg

Datum	Paarung	Ergebnis
06.09.1942	SSV Reutlingen – VfB Stuttgart	1:4
13.09.1942	VfR Aalen – VfB Stuttgart	0:3
27.09.1942	VfB Stuttgart – VfB Friedrichshafen	11:2
04.10.1942	VfR Heilbronn – VfB Stuttgart	1:3
18.10.1942	Sportfreunde Stuttgart – VfB Stuttgart	5:0
08.11.1942	VfB Stuttgart – Stuttgarter Kickers	3:4
15.11.1942	TSG Ulm 1846 – VfB Stuttgart	1:5
22.11.1942	VfB Stuttgart – SV Feuerbach	5:0
29.11.1942	VfB Friedrichshafen – VfB Stuttgart	0:1
06.12.1942	VfB Stuttgart – Union Böckingen	5:1
20.12.1942	VfB Stuttgart – SSV Reutlingen 05	1:0
03.01.1943	SV Feuerbach – VfB Stuttgart	2:5
17.01.1943	Union Böckingen – VfB Stuttgart	3:1*
24.01.1943	VfB Stuttgart – TSG Ulm 1846	5:2
31.01.1943	VfB Stuttgart – VfR Heilbronn	6:2
21.02.1943	VfB Stuttgart – VfR Aalen	4:1
28.02.1943	VfB Stuttgart – Sportfreunde Stuttgart	0:1
07.03.1943	Stuttgarter Kickers – VfB Stuttgart	2:6

* Später als Sieg für den VfB gewertet.

Abschlusstabelle

1. VfB Stuttgart	18	15	0	3	67:25	30:6
2. Stuttgarter Kickers	18	15	0	3	74:32	30:6
3. Sportfreunde Stuttgart	18	12	2	4	69:25	26:10
4. SSV Reutlingen	18	9	2	7	38:35	19:17
5. Union Böckingen	18	7	2	9	44:49	16:20
6. SV Feuerbach	18	7	0	11	28:49	14:22
7. TSG Ulm 1846	18	5	2	11	33:46	12:24
8. VfR Aalen	18	5	1	12	24:49	11:25
9. VfR Heilbronn	18	5	1	12	29:68	11:25
10. VfB Friedrichshafen	18	5	0	13	36:64	10:26

Endrunde Deutsche Meisterschaft

Datum	Paarung	Ergebnis
02.05.1943	VfB Stuttgart – TSV 1860 München	0:3

Tschammer-Pokal

Datum	Paarung		Ergebnis
07.06.1942	Gaugruppe, 1. Runde	Göppinger SV – VfB Stuttgart	2:4
21.06.1942	Gaugruppe, 2. Runde	VfB Stuttgart – Sportfreunde Stuttgart	7:2
20.07.1942	1. Schlussrunde	VfB Stuttgart – TSG Ludwigshafen	6:1
09.08.1942	2. Schlussrunde	FC Mühlhausen 93 – VfB Stuttgart	0:2
30.08.1942	Achtelfinale	VfB Stuttgart – FV Stadt Düdelingen	0:2

Kader

Tor:	Ernst Schnaitmann, Otto Schmid, Jene, Kenner, Radtke
Feldspieler:	Karl Baun, Otto Bökle, Edmund Czaika, Eugen Freitag, Rudolf Gellesch, Erwin Haaga, Josef Janetzki, Erich Koch, Walter Kotz, Paul Kraft, Erwin Läpple, Alfred Lehmann, Franz Leitgeb, Ernst Otterbach, Walter Purhane, Willi Richt, Kurt Schäfer, Hermann Seitz, Braun, Häckler, Hofmann, Kneer, Mohn, Scherzer, Schöpfer
Trainer:	k. A.

Saison 1943/1944

Bereichsklasse Württemberg

Datum	Paarung	Ergebnis
05.09.1943	Union Böckingen – VfB Stuttgart	1:2
12.09.1943	Göppinger SV – VfB Stuttgart	3:1
19.09.1943	VfB Stuttgart – SSV Reutlingen 05	1:6
03.10.1943	VfR Aalen – VfB Stuttgart	0:0
17.10.1943	VfB Stuttgart – FV Zuffenhausen	3:4
24.10.1943	TSG Ulm 1846 – VfB Stuttgart	0:0
07.11.1943	VfB Stuttgart – Sportfreunde Stuttgart	3:3*
14.11.1943	SV Feuerbach – VfB Stuttgart	1:5
21.11.1943	VfB Stuttgart – Stuttgarter Kickers	0:1
05.12.1943	FV Zuffenhausen – VfB Stuttgart	4:3
09.01.1944	VfB Stuttgart – TSG Ulm 1846	0:0
23.01.1944	VfB Stuttgart – Göppinger SV	1:0
06.02.1944	Sportfreunde Stuttgart – VfB Stuttgart	0:8
20.02.1944	VfB Stuttgart – Union Böckingen	4:1
12.03.1944	Stuttgarter Kickers – VfB Stuttgart	2:3
25.03.1944	SSV Reutlingen 05 – VfB Stuttgart	4:1
02.04.1944	VfB Stuttgart – VfR Aalen	3:2
09.04.1944	VfB Stuttgart – SV Feuerbach	1:3

* Später als Sieg für den VfB gewertet.

Abschlusstabelle

1. Göppinger SV	18	12	2	4	53:26	26:10
2. Stuttgarter Kickers	18	11	3	4	65:35	25:11
3. TSG Ulm 1846	18	9	4	5	53:28	22:14
4. VfB Stuttgart	18	8	3	7	39:35	19:17
5. FV Zuffenhausen	18	7	4	7	41:53	18:18
6. VfR Aalen	18	6	4	8	35:41	16:20
7. Union Böckingen	18	8	0	10	37:50	16:20
8. SV Feuerbach	18	5	4	9	44:55	14:22
9. SSV Reutlingen 05	18	7	0	11	41:57	14:22
10. Sportfreunde Stuttgart	18	4	2	12	32:60	10:26

Tschammer-Pokal

Datum		Paarung	Ergebnis
06.06.1943	Gaugruppe, 1. Runde	VfB Stuttgart – Stuttgarter SC	5:3
20.06.1943	Gaugruppe, 2. Runde	VfR Heilbronn – VfB Stuttgart	3:6
18.07.1943	Gaugruppe, 3. Runde	VfB Stuttgart – VfR Aalen	3:1
01.08.1943	Gaugruppe, Finale	Stuttgarter Kickers – VfB Stuttgart	4:3 n.V.

Kader

Tor:	Ernst Schnaitmann, Groß
Feldspieler:	Karl Baun, Otto Bökle, Erich Koch, Paul Kraft, Erwin Läpple, Walter Luik, Ernst Otterbach, Willi Richt, Kurt Schäfer, Funke, Geiger, Heckeler, Kneer, Maile, Scherzer
Trainer:	k. A.

Saison 1944/1945

Bereichsklasse Württemberg, Staffel 3

Datum	Paarung	Ergebnis
k. A.	VfB Stuttgart – FV Mettingen	4:6
k. A.	VfB Stuttgart – MTV Stuttgart	10:0
k. A.	SSV Reutlingen – VfB Stuttgart	7:0
k. A.	KSG Untertürkheim-Wangen – VfB Stuttgart	2:0
k. A.	FV Mettingen – VfB Stuttgart	4:12
02.04.1945	VfB Stuttgart – KSG Untertürkheim-Wangen*	

*Beim Stand von 5:2 abgebrochen.

Abschlusstabelle

1. SSV Reutlingen	6	5	0	1	25:7	10:2
2. Sportfreunde Stuttgart	7	3	1	3	21:15	7:7
3. KSG Untertürkheim-Wangen	5	3	0	2	14:9	6:4
4. VfB Stuttgart	5	2	0	3	26:19	4:6
5. FV Mettingen	5	1	1	3	13:29	3:7
6. MTV Stuttgart	4	1	0	3	7:27	2:26
7. Stuttgarter SC*						

* Zog sich am 02.03.1945 zurück.

Tschammer-Pokal

Datum		Paarung	Ergebnis
18.06.1944	Gaugruppe, 1. Runde	VfB Stuttgart – TSG Ulm 1846	2:1
16.07.1944	Gaugruppe, 2. Runde	VfB Stuttgart – KSG Kickers/Spfr. Stuttgart	1:2 n.V.

Kader

Tor:	Ernst Schnaitmann
Feldspieler:	Otto Bökle, Erich Koch, Paul Kraft, Erich Langjahr, Paul Maier, Willi Rutz, Robert Schlienz, Doderer, Feyler, Knörzer, Kober, Reinhardt, Seeger, Seider, Schnee, Schunk
Trainer:	k. A.

1945 bis 1963
Neubeginn

Meilensteine

1945 ▶ Am 4. November bestreitet der VfB das erste Pflichtspiel nach dem Krieg. In der Oberliga Süd gewinnt Stuttgart vor 6.000 Zuschauern gegen den Karlsruher FV mit 3:1.

1946 ▶ Der VfB Stuttgart wird erster Meister der Süddeutschen Oberliga, eine Deutsche Meisterschaft wird noch nicht ausgespielt.

1948 ▶ Der VfB wird Württembergischer Pokalmeister.

1949 ▶ Die Tischtennis-Abteilung wird gegründet. Das Stadion wird offiziell in Neckarstadion umbenannt.

1950 ▶ Der VfB wird erstmals Deutscher Fußballmeister. Im Finale in Berlin siegt Stuttgart gegen Kickers Offenbach mit 2:1.

1951 ▶ Das Klubhaus ist fertig. Die offizielle Schlüsselübergabe für die neue Heimat auf dem heutigen Gelände findet im Juli statt.

1952 ▶ Der VfB jubelt erneut: In Ludwigshafen besiegt das Team im Endspiel um die Deutsche Meisterschaft den 1. FC Saarbrücken mit 3:2.

1953 ▶ Der VfB feiert sein 60-Jahre-Jubiläum mit zahlreichen Veranstaltungen gebührend. Die VfB Garde wird gegründet.

1954 ▶ Der VfB wird erstmals Deutscher Pokalsieger. Im Finale gewinnt das Team in Ludwigshafen gegen den 1. FC Köln mit 1:0.

1955 ▶ Im Neckarstadion werden die Cannstatter und Untertürkheimer Kurve erweitert.

1956 ▶ Mit Erwin Waldner, Robert Schlienz und Erich Retter stehen am 26. Mai erstmals drei VfB Spieler beim Länderspiel gegen England (1:3) auf dem Platz.

1958 ▶ Zum zweiten Mal geht der DFB-Pokal nach Stuttgart. Der VfB besiegt im Endspiel Fortuna Düsseldorf nach Verlängerung mit 4:3.

1960 ▶ Nach 13 Jahren verlässt Erfolgstrainer Georg Wurzer den Verein.

1963 ▶ Der VfB schafft den Sprung in die neu geschaffene Bundesliga.

Epochen **169**

1 Torhüter Otto Schmid hält im Endspiel 1950 bravourös
2 Das Meisterteam 1950
3 Das neue Klubhaus im Jahr 1951
4 VfB Präsident Dr. Fritz Walter (links) erhält 1954 den Wimpel für den Gewinn der Süddeutschen Meisterschaft
5 Das Meisterteam 1952

Die Lebens-Meister

Der Fußball spielt beim Wiederaufbau nach dem Krieg eine Vorreiterrolle

Von Michael Thiem

Ernst Schnaitmann lässt den Sack mit den Kartoffeln fallen. Der VfB Spieler dreht sich um und sieht, wie mehrere Russen die Verfolgung aufnehmen. „Haut ab", ruft er seinen beiden Begleitern zu. Jetzt zählt jede Sekunde. Eigentlich will die VfB Delegation die Kartoffeln gegen einen beschlagnahmten Satz Trikots, Hosen und Stutzen tauschen. Ein Himmelfahrtskommando. Das ist in diesem Moment allen klar. Aber es ist zu spät. Paul Seeger schaltet am schnellsten. Statt durch gegnerische Abwehrreihen springt der Fußballer des VfB über die Trümmer, die sich wenige Wochen nach Kriegsende auf der Straße von Obertürkheim Richtung Innenstadt stellenweise noch meterhoch türmen. Seeger rennt um sein Leben, hechtet vom Weg und verschwindet zwischen den Stein- und Schuttbergen. Ihm gelingt als Einzigem die Flucht. Schnaitmann und VfB Präsident Dr. Fritz Walter haben keine Chance. Auf dem Damm über den Neckar werden sie gestellt. Die 20 Russen kreisen die beiden Deutschen ein, die Waffen sind gezückt und entsichert. Die Geduld der ehemaligen Kriegsgefangenen ist gering. Schnaitmann wird wenig später freigelassen. Wegen seiner Baskenmütze halten ihn die Russen für einen Franzosen. Walter wird dagegen ins russische Lager geschleift, mit Fußtritten und Schlägen traktiert. Ihm droht wegen unerlaubten Eindringens in das Lager ein kurzer Prozess. Doch ein junger Russe rettet dem VfB Präsidenten das Leben. Immer wieder schaltet er sich als Dolmetscher in die Auseinandersetzung ein und beschwichtigt seine Kameraden. Wie sich später herausstellt, möchte sich der Russe auf diesem Weg dafür bedanken, dass es ihm während der Kriegs in Deutschland gut gegangen ist. Andere haben weniger Glück. Am gleichen Tag werden in einer Funkerkaserne drei deutsche Polizisten von den Russen getötet.

Der Wunsch nach Normalität ist im Frühsommer 1945 nur schwer zu erfüllen. Das Leben zu meistern stellt für die, die den Zweiten Weltkrieg überlebt haben, die größte Herausforderung dar. Die Stadt Stuttgart liegt in Trümmern. Der Alltag in ganz Deutschland ist grau. Doch der Wille und die Kraft der Menschen sind enorm. Wie groß, das unterstreicht die wagemutige Aktion der drei VfB Vertreter im Mai 1945. Sie haben für den Fußball wenige Tage nach der Übergabe der Stadt Stuttgart am 22. April 1945 an die Alliierten ihr Leben riskiert. Die weißen

Der VfB stellt einen Antrag auf Wiederzulassung: „Wir wollen doch nur Fußball spielen."

Trikots mit dem roten Brustring bleiben zwar in russischem Besitz. Aber trotzdem rollt in Stuttgart schon bald wieder der Ball. 68 Tage nach der deutschen Kapitulation findet am 15. Juli in Stuttgart das erste Fußballspiel der Nachkriegszeit statt. Cannstatt und Stuttgart trennen sich 4:4. Das erste Spiel als VfB Mannschaft steigt am 29. Juli gegen Göppingen. Der VfB gewinnt 3:1. Um den Fußball wieder zu beleben, stiftet Stuttgarts Oberbürgermeister Dr. Arnulf Klett einen Ehrenpreis. Im Endspiel gewinnt der VfB am 7. Oktober gegen die Stuttgarter Kickers 1:0. Zur Belohnung gibt es einen bronzenen Löwen.

Der Neubeginn ist mehr als holprig. Das unterstreicht ein Blick auf das Vereinsgelände des VfB im Sommer 1945. Wer den Rasenplatz betreten möchte, braucht gutes Schuhwerk.

Kommt als 19-Jähriger zum VfB: Erwin Waldner ist einer der Stars der Süddeutschen Oberliga

Bombenkrater reiht sich an Bombenkrater. Von Rasen keine Spur mehr. Die VfB Verantwortlichen stehen am Seitenrand und sind den Tränen nahe. Sie zählen die Einschläge. 76, 77, 78, 79 Bombentrichter, die in den weiß-roten Herzen der VfB Mitglieder Schmerzen hinterlassen. Einige Einschläge sind so groß, dass darin bequem ganze Häuser Platz gefunden hätten. Viele Vertiefungen sind mit Grundwasser gefüllt. Der Platz ist eine einzige Kraterlandschaft und wird aus Sicherheitsgründen notdürftig abgesperrt. Auf dem Gelände lagert eine Baufirma ihren Kies. Der Blick des VfB Präsidenten und seiner Helfer geht über den Platz hinaus. Der Langbau des Klubheims mit Umkleide- und Duschräumen sowie die Tribüne sind ebenfalls restlos zerstört. Allen ist spätestens jetzt klar: Der VfB liegt am Boden, muss ganz von vorne anfangen. Er muss sich neu gründen – sportlich und materiell.

So paradox es klingt: Trotz der vermeintlich trostlosen Aussichten hat der VfB unter diesen Umständen im Gegensatz zu vielen anderen Vereinen fast ideale Voraussetzungen. Denn er hat sofort nach dem Krieg eine spielbereite Mannschaft. Der spätere Star Robert Schlienz hat sich beispielsweise schon 1944 dem Verein angeschlossen. Und mit Walter hat der VfB einen erfahrenen Vorstand, der nicht nur beim Besuch im russischen Lager für den Verein sein Leben gegeben hätte. Er hat schon im August 1944 die Geschäfte des bei einem Bombenangriff aus Stuttgart evakuierten Hans Kiener übernommen und nach Spielern Ausschau gehalten. Und es gibt viele Vereinsmitglieder, die beim Wiederaufbau starken Willen beweisen. VfB Torwart Ernst Schnaitmann klopft beim Stuttgarter Stadtkommandanten, Major Charles Lincoln, an. Er überredet ihn dazu, dem VfB eine Spielgenehmigung zu erteilen. Im Antrag auf Wiederzulassung des VfB schreibt Walter: „Wir wollen doch nur Fußball spielen." Und genau das ist auch der Grund für das Bemühen, möglichst schnell einen geregelten Spielbetrieb auf die Beine zu stellen. Auch hier ist der VfB eine treibende Kraft – allen voran Gustav Sackmann. Das VfB Mitglied bereist auf einem Kohlewagen sitzend mit der Eisenbahn ganz Süddeutschland. Über die damaligen Zonengrenzen hinweg wirbt er für die überregionale Liga.

Am 13. Oktober 1945 ist es dann so weit. Im Nebenraum der Gaststätte „Krone" in Fellbach ist die Luft rauchgeschwängert. Lautstark wird diskutiert, doch am Ende hat Walter alle überzeugt. Unter entscheidender Mitwirkung des VfB Präsidenten wird die Süddeutsche Oberliga gegründet. Erster Vorsitzender ist der VfB Präsident. Die ersten Partien finden am 4. November statt. Der VfB bestreitet sein Heimspiel auf dem Platz der Stuttgarter Kickers in Degerloch. 6.000 Besucher bejubeln den 3:1-Sieg des VfB gegen den Karlsruher FV. Auch die Spieler freuen sich. Sie erhalten als Barentschädigung für den Erfolg 30 Reichsmark. Mit großem Einsatz gelingt es den VfB Mitgliedern, den eigenen Platz wiederherzurichten. Am 2. Dezember 1945 steht das eigene Stadion, das von den amerikanischen Besatzern in Century Stadium umbenannt wird, wieder zur Verfügung. In der Süddeutschen Oberliga besiegt der VfB an diesem Tag den FC Bayern München mit 5:0. Nach 30 Partien wird der VfB unter Leichtathletik-Trainer Fritz Teufel auf

Anhieb Süddeutscher Oberliga-Meister. Robert Schlienz ist mit 42 Treffern zugleich erster Torschützenkönig der neuen Liga. Die Deutsche Meisterschaft wird damals aufgrund der unterschiedlichen Bestimmungen in den verschiedenen Besatzungszonen noch nicht ausgetragen.

Welche Bedeutung der Fußball schon im ersten Oberliga-Jahr hat, zeigt ein Blick auf die Zuschauerzahlen. Allein das letzte VfB Heimspiel gegen den 1. FC Nürnberg bejubeln 50.000 Besucher. Die Oberliga ist beliebt. Der VfB bietet den Menschen Emotionen und Leidenschaft. Der Besuch der Heimspiele wird für viele zu einem festen Ritual am Sonntag. Frühstück, Gang in die Kirche, Mittagessen und anschließend ins Stadion. Nicht selten geschieht dies in Sonntagskleidung – mit Anzug und Krawatte. Die Stadionbesuche wirken für die meisten wie eine Art Lebenselixier. Der Fußball wird zum Symbol der Normalität, nach der sich in diesen Jahren alle zurücksehnen.

Immer mit vollem Einsatz: Robert Schlienz wird zu einer lebenden VfB Legende

Vereinsnachrichten des VfB

1924

Anfang des Jahres informiert der VfB erstmals seine Mitglieder schriftlich über aktuelle Ereignisse. „Nachrichten aus dem Leben des Vereins für Bewegungsspiele Stuttgart" lautet der Titel der Broschüre im DIN-A5-Format. Zwölf Seiten haben die ersten *Vereinsnachrichten*, die mit einer Auflage von rund 1.000 Exemplaren erscheinen. In den einleitenden Worten wird die Premiere als „ein neues Band um seine Mitgliederschar" bezeichnet. In den Folgejahren erscheint die Zeitschrift regelmäßig mehrmals im Jahr. Anfang der 30er-Jahre ändert sich das Layout, die Titelseite wird farbig. Nach dem Krieg wird das Heft 1948 wiederbelebt – mit zunächst unverändertem Erscheinungsbild. Es folgen aber zahlreiche Layout- und Formatveränderungen. Bisherige Endstation ist das Magazin *Dunkelrot*, das 2009 die *Vereinsnachrichten* ablöst. „Der Verein ist lebendiger, farbenfroher und interessanter denn je – und diese Eigenschaften verkörpert unser neues Mitgliedermagazin. Es spiegelt das Vereinsleben mit all seinen Facetten wider", schreibt der damalige VfB Präsident Erwin Staudt im Vorwort. *Dunkelrot* bietet exklusive Blicke hinter die Kulissen des VfB. Dazu gehören zum Beispiel auch aufwendig produzierte Fotostrecken mit den VfB Profis. Das Heft hat heute eine Auflage von 45.000 und erscheint viermal im Jahr.

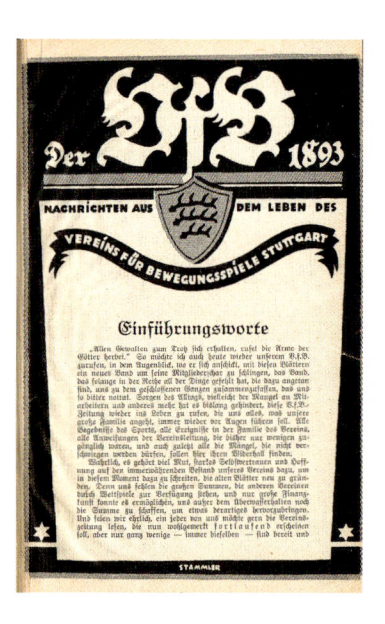

Und der VfB ist erfolgreich. Schon bald löst er in der Stadt die Stuttgarter Kickers als Nummer eins ab. Vor allem die Nachwuchsspieler zieht es in den Verein. Jugendliche graben mit bloßen Händen in den Schuttbergen der Stadt. Sie suchen Ziegelsteine. Denn wer beim VfB mittrainieren möchte, muss mindestens einen zu jeder Übungseinheit mitbringen – für den Neuaufbau. Der ist spätestens mit der Einweihung des neuen Klubheims im Juli 1951 abgeschlossen. Zu diesem Zeitpunkt hat der VfB das bisher erfolgreichste Jahrzehnt seiner Geschichte längst eingeleitet. Denn die Kontinuität an der Vereinsspitze und bei der Zusammenstellung der Mannschaft trägt 1950 erste Früchte. Vier Jahre vor dem „Wunder von Bern" und dem Gewinn der ersten Fußball-Weltmeisterschaft von Deutschland erlebt die Stadt das „Wunder von Stuttgart". Vor 95.051 Zuschauern im Berliner Olympiastadion besiegt der VfB im Finale um die Deutsche Meisterschaft Kickers Offenbach mit 2:1 (2:0). Als die Spieler nach dem Endspiel-Triumph mit dem Sonderzug am Stuttgarter Hauptbahnhof einfahren, ist die ganze Stadt ein Tollhaus. Die Freude ist grenzenlos. 300.000 scheinen auf diesen Moment nur gewartet zu haben. Die Spieler werden auf Schultern zu den Fahrzeugen getragen, der Jubelkorso durch die Innenstadt benötigt Stunden. Die Spieler werden schon zu Lebzeiten zu Legenden. Das gilt auch für Trainer Georg Wurzer, der im Juli 1947 von der TSG Ulm 1846 zum VfB gekommen ist und mit seiner ruhigen Art sowie seinem großen Fachwissen der Vater des Erfolgs ist. Und er steht für eine sportliche Konstanz, die der VfB bisher so nie wieder erreicht hat.

Pikante Note am Rand: Da die Textilproduktion im Nachkriegsdeutschland auch 1950 noch immer am Boden liegt, hat Walter mit viel Mühe Trikots aus Großbritannien organisiert. Daher steht auf den Etiketten der Meister-Trikots von 1950 auch „Made in Britain". Einfallsreichtum demonstriert aber nicht nur die Vereinsspitze. Auch die Anhänger denken

1948
Neubeginn: Die erste Ausgabe nach dem Zweiten Weltkrieg.

1969
Erstmals erscheinen die *Vereinsnachrichten* im DIN-A4-Format.

1976
Das Format wird wieder kleiner, aber die Bedeutung wächst immer mehr.

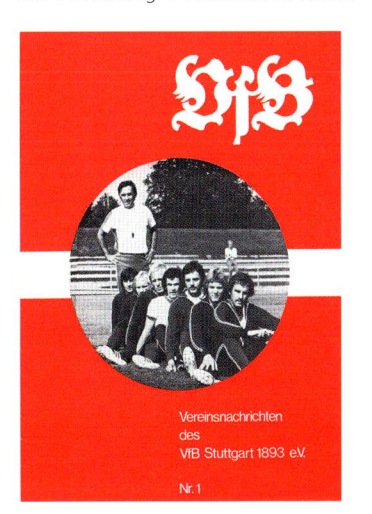

Der VfB und der Fußball werden zum Symbol der Normalität.

weiß-rot. Erst Jahrzehnte später gesteht eine Dame beim Besuch der VfB Mythos-Ausstellung über die Historie des Vereins, dass sie ihrem Sohn nach dem Titelgewinn ein Trikot genäht hat. Als Stoff für den roten Brustring verwendete sie damals eine Hakenkreuz-Fahne, die sie noch im Keller hatte.

Der Titelgewinn 1950 leitet die goldenen 50er-Jahre des Vereins ein. Schon zwei Jahre später wird in Stuttgart erneut gefeiert. Der VfB wird durch einen 3:2-Erfolg im Endspiel gegen den 1. FC Saarbrücken zum zweiten Mal Meister. Komplettiert wird die Erfolgsgeschichte dieser Epoche durch die Pokalsiege 1954 und 1958 sowie die Deutsche Vize-Meisterschaft 1953. Hier verliert der VfB im Endspiel gegen den 1. FC Kaiserslautern mit 1:4. Auf der Suche nach den Gründen für die Erfolge wird man schnell fündig. Kameradschaft, Kampfstärke und Siegeswille sind wichtige Faktoren. Aber der VfB kann nicht nur kämpfen, er begeistert auch durch seine Spielkunst. So verglichen die Berichterstatter beispielsweise 1950 nach dem 5:2 im Viertelfinale gegen den 1. FC Kaiserslautern das VfB Spiel mit einem „Orchester, das eine wunderbare Symphonie" geboten hätte.

Die Spieler sind Stars, aber sie sind Stars zum Anfassen. Obwohl alle Fußballer in den ersten zehn Jahren nach Einführung des Vertragsspielerstatus am 1. August 1948 monatlich 320 Mark erhalten, können sie davon nicht leben. Der VfB legt daher großen Wert darauf, dass die Spieler auch ein berufliches Standbein haben. Unter den Anhängern kursiert der Spruch:

Vereinsnachrichten

1988
Die Publikation bleibt wichtigstes Informationsmedium aller Abteilungen.

1997
Quantensprung: Die überarbeitete Zeitschrift erhält eine Titelstory.

1999
Mehr als nur ein Facelift: Die *Vereinsnachrichten* im neuen Layout.

„Sportartikel kannst du bei Robert kaufen, zum Viertele musst du zu Kalli laufen, und kommst du dann ins Wanken, kannst Schnaps bei Erich tanken!" Mit VfB Hilfe eröffnet Robert Schlienz am Cannstatter Wilhelmsplatz ein Sportgeschäft, Karl Barufka besitzt in Cannstatt ein Spirituosengeschäft, und Erich Retter führt eine Tankstelle in der Mercedesstraße. Wie sehr der VfB begeistert und wie groß die Bereitschaft ist, sich für den Verein seines Herzens zu engagieren, zeigt symbolisch für viele andere Otto Herz. Der Wirt der Gaststätte „Herza-Bäck" an der König-Karls-Brücke in Cannstatt riskiert sogar Gefängnis, als er unerlaubterweise immer wieder eine Sau schlachtet, damit die VfB Spieler gestärkt in die wichtigen Partien gehen können. Herz versteht es, die Spuren so gut zu beseitigen, dass die Polizei nie etwas findet. Aber die hat offenbar längst ein Herz für den VfB und warnt den Gastronomen rechtzeitig. Die Liebe für den VfB haben zu diesem Zeitpunkt auch noch viele andere entdeckt. Und fast immer hält sie ein Leben lang.

Der erste große Meistertitel: Die VfB Legenden von 1950

2004
Die Jungen Wilden sind beliebte Covermotive.

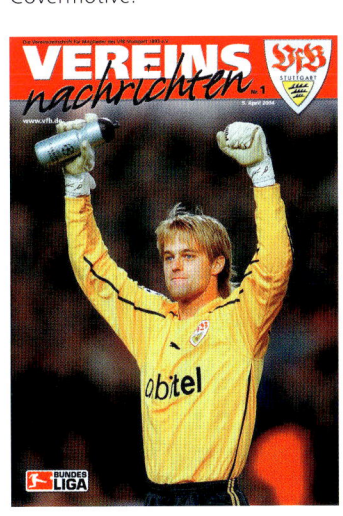

2008
Die letzte Ausgabe der *Vereinsnachrichten* erscheint Ende 2008.

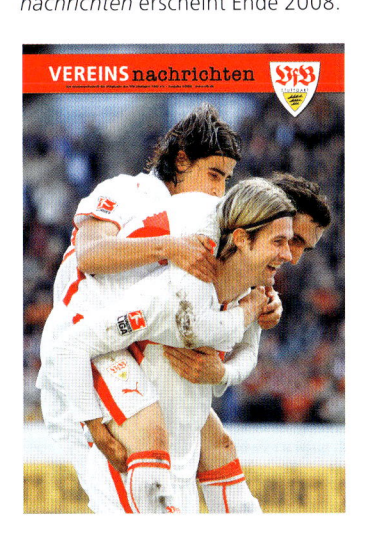

2009
Aus den *Vereinsnachrichten* wird das Magazin *Dunkelrot*.

Oberliga Süd

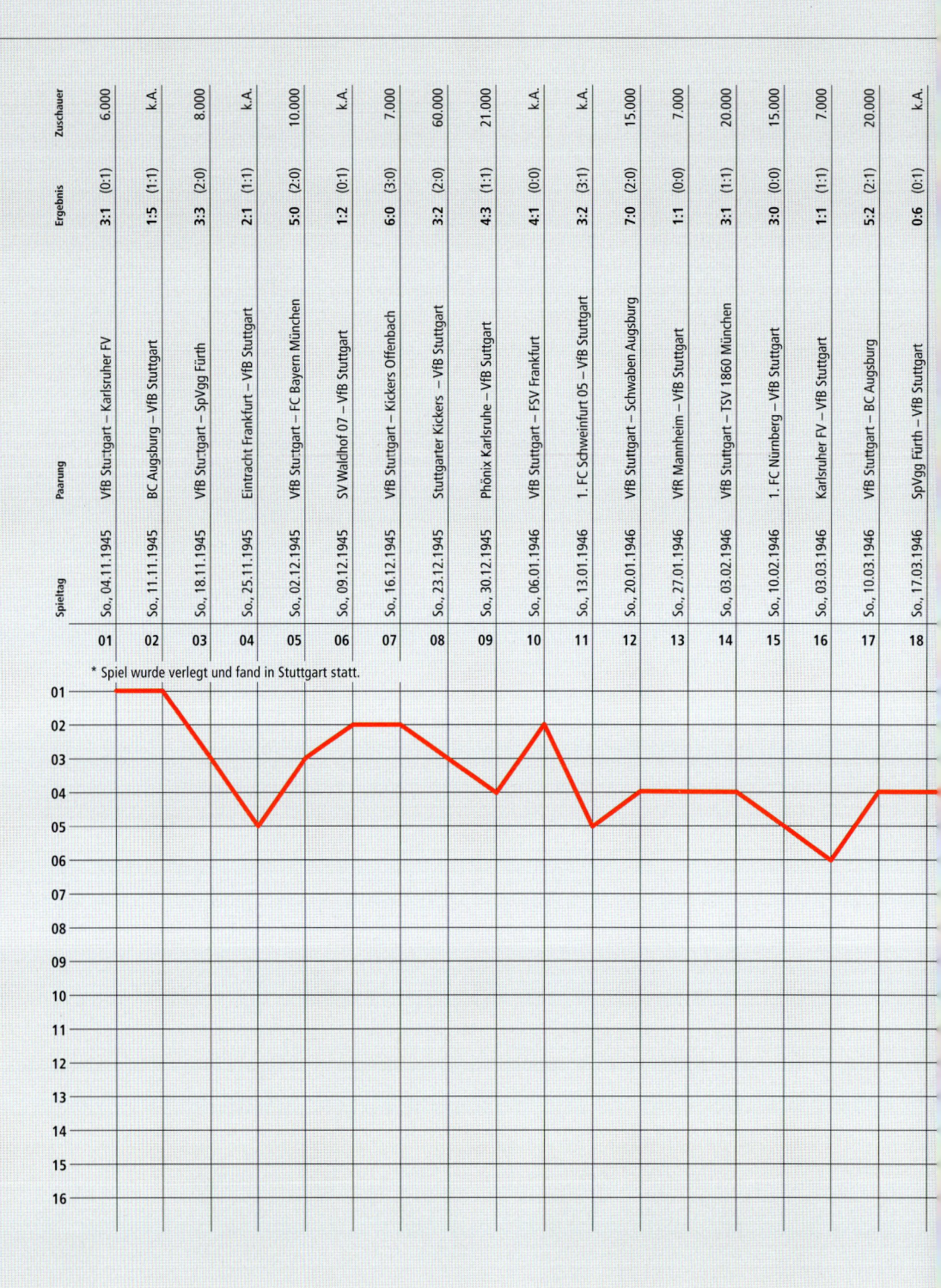

Spieltag	Paarung	Ergebnis	Zuschauer
So., 04.11.1945	VfB Stuttgart – Karlsruher FV	3:1 (0:1)	6.000
So., 11.11.1945	BC Augsburg – VfB Stuttgart	1:5 (1:1)	k.A.
So., 18.11.1945	VfB Stuttgart – SpVgg Fürth	3:3 (2:0)	8.000
So., 25.11.1945	Eintracht Frankfurt – VfB Stuttgart	2:1 (1:1)	k.A.
So., 02.12.1945	VfB Stuttgart – FC Bayern München	5:0 (2:0)	10.000
So., 09.12.1945	SV Waldhof 07 – VfB Stuttgart	1:2 (0:1)	k.A.
So., 16.12.1945	VfB Stuttgart – Kickers Offenbach	6:0 (3:0)	7.000
So., 23.12.1945	Stuttgarter Kickers – VfB Stuttgart	3:2 (2:0)	60.000
So., 30.12.1945	Phönix Karlsruhe – VfB Stuttgart	4:3 (1:1)	21.000
So., 06.01.1946	VfB Stuttgart – FSV Frankfurt	4:1 (0:0)	k.A.
So., 13.01.1946	1. FC Schweinfurt 05 – VfB Stuttgart	3:2 (3:1)	k.A.
So., 20.01.1946	VfB Stuttgart – Schwaben Augsburg	7:0 (2:0)	15.000
So., 27.01.1946	VfR Mannheim – VfB Stuttgart	1:1 (0:0)	7.000
So., 03.02.1946	VfB Stuttgart – TSV 1860 München	3:1 (1:1)	20.000
So., 10.02.1946	1. FC Nürnberg – VfB Stuttgart	3:0 (0:0)	15.000
So., 03.03.1946	Karlsruher FV – VfB Stuttgart	1:1 (1:1)	7.000
So., 10.03.1946	VfB Stuttgart – BC Augsburg	5:2 (2:1)	20.000
So., 17.03.1946	SpVgg Fürth – VfB Stuttgart	0:6 (0:1)	k.A.

* Spiel wurde verlegt und fand in Stuttgart statt.

Saison 1945/1946

Abschlusstabelle

Platz	Verein	Spiele	g.	u.	v.	Tore	Diff.	Punkte
1	VfB Stuttgart	30	21	4	5	91:34	57	46:14
2	1. FC Nürnberg	30	20	5	5	86:44	42	45:15
3	Stuttgarter Kickers	30	17	8	5	88:51	37	42:18
4	SV Waldhof 07	30	16	7	7	55:36	19	39:21
5	Schwaben Augsburg	30	16	7	7	68:45	23	39:21
6	FC Bayern München	30	12	10	8	67:48	19	34:26
7	1. FC Schweinfurt 05	30	14	5	11	55:40	15	33:27
8	BC Augsburg	30	9	10	11	49:64	−15	28:32
9	TSV 1860 München	30	10	7	13	52:44	8	27:33
10	FSV Frankfurt	30	8	10	12	44:62	−18	26:34
11	Eintracht Frankfurt	30	9	7	14	71:75	−4	25:35
12	Kickers Offenbach	30	10	4	16	60:72	−12	24:36
13	SpVgg Fürth	30	8	6	16	46:69	−23	22:38
14	VfR Mannheim	30	6	7	17	41:74	−33	19:41
15	Phönix Karlsruhe	30	6	6	18	54:90	−36	18:42
16	Karlsruher FV	30	3	7	20	33:112	−79	13:47

Kader

Position	Name	Nat.	Geb.datum	Einsätze	Tore
Torhüter	Helmut Jahn	D	20.10.1917	3	–
	Albert Pletsch	D		1	–
	Otto Schmid	D	09.01.1922	29	–
Feldspieler	Karl Barufka	D	15.05.1921	29	8
	Otto Bökle	D	17.02.1912	30	7
	Erich Koch	D	05.11.1907	11	2
	Walter Kotz	D	19.08.1911	4	2
	Paul Kraft	D	13.09.1914	26	–
	Erwin Läpple	D	26.03.1925	30	9
	Erich Langjahr	D	07.11.1920	28	6
	Alfred Lehmann	D	19.12.1911	30	11
	Walter Luik	D	20.06.1920	26	–
	Paul Maier	D	03.03.1928	3	–
	Werner Pröfrock	D	19.01.1911	2	1
	Willi Richt	D	09.09.1912	26	–
	Robert Schlienz	D	03.02.1924	30	42
	Richard Steimle	D	18.12.1923	22	–
	Helmut Unkel	D		2	–

				Amtszeit
Trainer	Fritz Teufel	D	06.02.1910	01.07.1945 – 30.06.1947

Spiele 19–30

Nr.	Datum	Begegnung	Ergebnis	Zuschauer
19	So., 31.03.1946	VfB Stuttgart – Eintracht Frankfurt	3:1 (1:1)	k.A.
20	So., 07.04.1946	FC Bayern München – VfB Stuttgart	0:0	15.000
21	So., 14.04.1946	VfB Stuttgart – SV Waldhof 07	1:0 (0:0)	k.A.
22	So., 21.04.1946	Kickers Offenbach – VfB Stuttgart	1:6 (1:5)	8.000
23	So., 28.04.1946	VfB Stuttgart – Stuttgarter Kickers	1:0 (0:0)	45.000
24	So., 05.05.1946	VfB Stuttgart – Phönix Karlsruhe	3:1 (1:0)	8.000
25	So., 12.05.1946	FSV Frankfurt – VfB Stuttgart	1:3 (0:1)	k.A.
26	So., 19.05.1946	VfB Stuttgart – 1. FC Schweinfurt 05	4:1 (1:0)	k.A.
27	So., 26.05.1946	Schwaben Augsburg – VfB Stuttgart	2:3 (0:2)	16.000
28	So., 02.06.1946	VfB Stuttgart – VfR Mannheim	4:0 (1:0)	20.000
29	So., 16.06.1946	TSV 1860 München – VfB Stuttgart	0:3 (0:2)	k.A.*
30	So., 23.06.1946	VfB Stuttgart – 1. FC Nürnberg	1:0 (0:0)	50.000

Meister

Oberliga Süd

Spieltag	Paarung	Ergebnis		Zuschauer
So., 29.09.1946	BC Augsburg – VfB Stuttgart	2:4	(2:2)	k.A.
So., 06.10.1946	VfB Stuttgart – TSV 1860 München	5:1	(2:0)	9.000
So., 13.10.1946	Phönix Karlsruhe – VfB Stuttgart	2:0	(0:0)	8.000
So., 27.10.1946	Eintracht Frankfurt – VfB Stuttgart	1:1	(0:0)	15.000
So., 03.11.1946	VfB Stuttgart – 1. FC Schweinfurt 05	1:0	(0:0)	20.000
So., 10.11.1946	Viktoria Aschaffenburg – VfB Stuttgart	1:2	(1:2)	8.000
So., 17.11.1946	VfB Stuttgart – SV Waldhof 07	2:1	(1:0)	12.000
So., 24.11.1946	VfB Stuttgart – TSG Ulm 1846	1:0	(0:0)	7.000
So., 01.12.1946	FC Bayern München – VfB Stuttgart	1:3	(0:1)	18.000
So., 08.12.1946	VfB Stuttgart – VfR Mannheim	4:0	(1:0)	12.000
So., 15.12.1946	SpVgg Fürth – VfB Stuttgart	3:0	(0:0)	11.000
So., 22.12.1946	VfB Stuttgart – Schwaben Augsburg	0:2	(0:2)	4.000
So., 29.12.1946	Stuttgarter Kickers – VfB Stuttgart	1:3	(0:1)	22.000
So., 05.01.1947	VfB Stuttgart – 1. FC Nürnberg	1:2	(0:0)	38.000
So., 16.02.1947	Kickers Offenbach – VfB Stuttgart	4:1	(1:0)	8.000
So., 19.01.1947	FSV Frankfurt – VfB Stuttgart	0:1	(0:0)	15.000
So., 26.01.1947	VfB Stuttgart – VfL Neckarau	5:1	(2:1)	4.500
So., 02.02.1947	Karlsruher SV – VfB Stuttgart	2:2	(2:2)	10.000
So., 09.02.1947	1. FC Bamberg – VfB Stuttgart	0:0		10.000
Do., 01.05.1947	VfB Stuttgart – BC Augsburg	3:1	(0:1)	12.000
Fr., 04.04.1947	TSV 1860 München – VfB Stuttgart	0:0		22.000
So., 09.03.1947	VfB Stuttgart – Phönix Karlsruhe	1:2	(1:1)	10.000

Der VfB Stuttgart war an den Spieltagen 4 und 24 spielfrei.

Saison 1946/1947

Abschlusstabelle

Platz	Verein	Spiele	g.	u.	v.	Tore	Diff.	Punkte
1	1. FC Nürnberg	38	28	6	4	108:31	77	62:14
2	SV Waldhof 07	38	22	5	11	74:54	20	49:27
3	Eintracht Frankfurt	38	16	14	8	72:50	22	46:30
4	TSV 1860 München	38	18	8	12	67:50	17	44:32
5	Kickers Offenbach	38	16	11	11	76:58	18	43:33
6	VfB Stuttgart	38	17	9	12	64:58	6	43:33
7	Stuttgarter Kickers	38	18	6	14	90:56	25	42:34
8	Schwaben Augsburg	38	17	7	14	75:51	24	41:35
9	1. FC Schweinfurt 05	38	14	12	12	56:46	10	40:36
10	SpVgg Fürth	38	14	10	14	56:57	−1	38:38
11	FC Bayern München	38	12	12	14	75:56	19	36:40
12	VfR Mannheim	38	16	3	19	50:62	−12	35:41
13	TSG Ulm 1846	38	13	8	17	56:80	−24	34:42
14	FSV Frankfurt	38	9	15	14	35:50	−15	33:43
15	Viktoria Aschaffenburg	38	14	5	19	68:111	−43	33:43
16	VfL Neckarau	38	12	8	18	74:83	−9	32:44
17	BC Augsburg	38	14	2	22	62:89	−27	30:46
18	1. FC Bamberg	38	12	4	22	44:75	−31	28:48
19	Karlsruher FV	38	10	7	21	48:84	−36	27:49
20	Phönix Karlsruhe	38	9	6	23	46:95	−49	24:52

Kader

Position	Name	Nat.	Geb.datum	Einsätze	Tore
Torhüter	Walter Gack	D	02.07.1924	2	–
	Otto Schmid	D	09.01.1922	30	–
	Ernst Schnaitmann	D	29.01.1915	2	–
Feldspieler	Karl Barufka	D	15.05.1921	1	–
	Lothar Bauer	D		1	–
	Herbert Binkert	D	03.09.1923	34	12
	Otto Bökle	D	17.02.1912	21	12
	Werner Feth	D	20.11.1910	7	–
	Erwin Haaga	D	03.02.1914	4	–
	Hans Hänle	D	1914	8	2
	Erich Koch	D	05.11.1907	1	–
	Walter Kotz	D	19.08.1911	2	–
	Paul Kraft	D	13.09.1914	26	–
	Erich Langjahr	D	07.11.1920	31	4
	Erwin Läpple	D	26.03.1925	33	9
	Alfred Lehmann	D	19.12.1911	24	5
	Walter Luik	D	20.06.1920	20	–
	Paul Maier	D	03.03.1928	14	–
	Werner Pröfrock	D	19.01.1911	5	–
	Willi Richt	D	09.09.1912	27	–
	Willi Scheer	D		1	–
	Robert Schlienz	D	03.02.1924	33	18
	Heinz Schwagerick	D	26.12.1923	5	–
	Richard Steimle	D	18.12.1923	34	–
	Willi Valentin	D	03.09.1929	3	–
	Fritz Ziegler	D	01.12.1918	4	–
					Amtszeit
Trainer	Fritz Teufel	D	06.02.1910		01.07.1945 – 30.06.1947

#	Spiel	Ergebnis	Zuschauer	Datum
26	1. FC Schweinfurt 07 – VfB Stuttgart	0:0	7.000	So., 30.03.1947
27	VfB Stuttgart – Viktoria Aschaffenburg	1:3 (1:0)	15.000	So., 13.04.1947
28	SV Waldhof 07 – VfB Stuttgart	6:0 (2:0)	14.000	Sa., 19.04.1947
29	TSG Ulm 1846 – VfB Stuttgart	1:1 (1:0)	10.000	So., 27.04.1947
30	VfB Stuttgart – FC Bayern München	3:2 (2:1)	12.000	So., 04.05.1947
31	VfR Mannheim – VfB Stuttgart	2:1 (1:0)	8.000	So., 11.05.1947
32	VfB Stuttgart – SpVgg Fürth	2:0 (1:0)	7.000	So., 18.05.1947
33	Schwaben Augsburg – VfB Stuttgart	3:0 (1:0)	12.000	So., 25.05.1947
34	VfB Stuttgart – Stuttgarter Kickers	1:0 (1:0)	22.000	So., 01.06.1947
35	1. FC Nürnberg – VfB Stuttgart	3:0 (1:0)	35.000	So., 08.06.1947
36	VfB Stuttgart – Kickers Offenbach	3:2 (1:0)	10.000	So., 15.06.1947
37	VfB Stuttgart – FSV Frankfurt	1:1 (0:0)	6.000	So., 22.06.1947
38	VfL Neckarau – VfB Stuttgart	2:0 (1:0)	5.000	So., 29.06.1947
39	VfB Stuttgart – Karlsruher FV	3:3 (2:2)	4.000	So., 06.07.1947
40	VfB Stuttgart – 1. FC Bamberg	1:1 (0:0)	5.000	So., 13.07.1947

Platz 6

Oberliga Süd

Spieltag	Paarung	Ergebnis	Zuschauer
So., 07.09.1947	TSG Ulm 1846 – VfB Stuttgart	2:2 (1:1)	10.000
Sa., 13.09.1947	VfB Stuttgart – Sportfreunde Stuttgart	3:1 (2:0)	22.000
So., 21.09.1947	VfL Neckarau – VfB Stuttgart	2:2 (0:1)	8.000
So., 28.09.1947	VfB Stuttgart – FC Wacker München	2:1 (1:1)	12.000
So., 05.10.1947	1860 München – VfB Stuttgart	2:1 (1:0)	18.000
Sa., 11.10.1947	VfB Stuttgart – FSV Frankfurt	4:2 (1:1)	11.000
So., 19.10.1947	Kickers Offenbach – VfB Stuttgart	3:1 (2:0)	10.000
So., 26.10.1947	VfB Stuttgart – VfB Mühlburg	3:2 (2:2)	12.000
So., 02.11.1947	SpVgg Fürth – VfB Stuttgart	0:4 (0:0)	12.000
So., 09.11.1947	VfB Stuttgart – SV Waldhof 07	4:0 (2:0)	40.000
So., 16.11.1947	1. FC Nürnberg – VfB Stuttgart	3:1 (1:0)	35.000
So., 23.11.1947	VfB Stuttgart – Eintracht Frankfurt	3:1 (2:0)	15.000
Sa., 29.11.1947	VfB Stuttgart – VfR Mannheim	6:3 (3:2)	8.000
So., 07.12.1947	Stuttgarter Kickers – VfB Stuttgart	3:4 (1:2)	35.000
So., 14.12.1947	Bayern München – VfB Stuttgart	2:1 (1:0)	30.000
Sa., 03.01.1948	VfB Stuttgart – Viktoria Aschaffenburg	1:2 (1:2)	12.000
So., 18.01.1948	1. FC Schweinfurt 05 – VfB Stuttgart	2:0 (1:0)	6.000
So., 25.01.1948	Rot-Weiss Frankfurt – VfB Stuttgart	1:2 (1:1)	10.000
So., 01.02.1948	VfB Stuttgart – Schwaben Augsburg	2:1 (1:1)	12.000
So., 08.02.1948	VfB Stuttgart – TSG Ulm 1846	1:0 (1:0)	9.000
So., 15.02.1948	Sportfreunde Stuttgart – VfB Stuttgart	0:4 (0:2)	12.000
Sa., 21.02.1948	VfB Stuttgart – VfL Neckarau	3:0 (0:0)	8.000

Der VfB Stuttgart war an den Spieltagen 16, 17, 19, 33 und 41 spielfrei.

Saison 1947/1948

Abschlusstabelle

Platz	Verein	Spiele	g.	u.	v.	Tore	Diff.	Punkte
1	1. FC Nürnberg	38	28	4	6	88:37	51	60:16
2	1860 München	38	23	6	9	77:63	14	52:24
3	Stuttgarter Kickers	38	23	4	11	113:58	55	50:26
4	Bayern München	38	21	8	9	72:38	34	50:26
5	**VfB Stuttgart**	38	21	3	14	96:60	36	45:31
6	SV Waldhof 07	38	19	7	12	77:59	18	45:31
7	FSV Frankfurt	38	17	9	12	66:50	16	43:33
8	VfR Mannheim	38	17	9	12	66:55	11	43:33
9	Kickers Offenbach	38	15	12	11	75:55	20	42:34
10	Eintracht Frankfurt	38	16	9	13	64:56	8	41:35
11	Schwaben Augsburg	38	15	11	12	66:59	7	41:35
12	TSG Ulm 1846	38	14	10	14	60:60	0	38:38
13	1. FC Schweinfurt 05	38	13	8	17	49:53	-4	34:42
14	VfB Mühlburg	38	13	7	18	53:59	-6	33:43
15	SpVgg Fürth	38	15	1	22	68:86	-18	31:45
16	VfL Neckarau	38	11	8	19	48:81	-33	30:46
17	Viktoria Aschaffenburg	38	8	9	21	46:88	-42	25:51
18	Rot-Weiss Frankfurt	38	9	4	25	50:99	-49	22:54
19	FC Wacker München	38	7	7	24	41:89	-48	21:55
20	Sportfreunde Stuttgart	38	4	6	28	30:100	-70	14:62

Kader

Position	Name	Nat.	Geb.datum	Einsätze	Tore
Torhüter	Walter Gack	D	02.07.1924	–	–
	Otto Schmid	D	09.01.1922	38	–
Feldspieler	Johannes Autenrieth	D	11.04.1921	1	–
	Karl Barufka	D	15.05.1921	16	4
	Herbert Binkert	D	03.09.1923	34	20
	Otto Bökle	D	17.02.1912	23	6
	Werner Feth	D	20.11.1910	16	–
	Johannes Herberger	D	09.11.1919	35	3
	Alfred Juert	D	16.01.1920	20	2
	Guido Klein	D	21.03.1923	3	2
	Paul Kraft	D	13.09.1914	20	1
	Erich Langjahr	D	07.11.1920	33	6
	Erwin Läpple	D	26.03.1925	37	9
	Alfred Lehmann	D	19.12.1911	16	10
	Paul Maier	D	03.03.1928	22	–
	Erich Retter	D	17.02.1925	20	–
	Robert Schlienz	D	03.02.1924	36	31
	Günter Schneider	D	02.08.1922	1	–
	Heinz Schwagerick	D	26.12.1923	10	–
	Richard Steimle	D	18.12.1923	37	–

				Amtszeit
Trainer	Georg Wurzer	D	31.01.1907	01.07.1947 – 30.04.1960

Spiele

Nr.	Datum	Begegnung	Ergebnis	(HZ)	Zuschauer
27	So, 07.03.1948	VfB Stuttgart – 1860 München	8:2	(4:1)	22.000
28	So, 14.03.1948	FSV Frankfurt – VfB Stuttgart	3:1	(0:1)	15.000
29	Sa, 20.03.1948	VfB Stuttgart – Kickers Offenbach	7:0	(3:0)	12.000
30	So, 04.04.1948	VfB Mühlburg – VfB Stuttgart	1:0	(1:0)	18.000
31	So, 11.04.1948	VfB Stuttgart – SpVgg Fürth	4:0	(3:0)	18.000
32	So, 18.04.1948	SV Waldhof 07 – VfB Stuttgart	2:3	(0:1)	18.000
34	So, 02.05.1948	Eintracht Frankfurt – VfB Stuttgart	3:2	(3:2)	15.000
35	Sa, 08.05.1948	VfR Mannheim – VfB Stuttgart	2:0	(1:0)	12.000
36	Sa, 15.05.1948	VfB Stuttgart – Stuttgarter Kickers	1:0	(0:0)	48.000
37	So, 23.05.1948	VfB Stuttgart – Bayern München	0:2	(0:0)	35.000
38	So, 30.05.1948	Schwaben Augsburg – VfB Stuttgart	3:1	(2:1)	8.000
39	Sa, 05.06.1948	VfB Stuttgart – 1. FC Nürnberg	1:2	(0:0)	35.000
40	So, 13.06.1948	Viktoria Aschaffenburg – VfB Stuttgart	1:1	(1:0)	6.000
42	So, 27.06.1948	VfB Stuttgart – 1. FC Schweinfurt 05	4:2	(3:0)	6.000
43	Sa, 03.07.1948	VfB Stuttgart – Rot-Weiss Frankfurt	9:3	(0:0)	5.000

Platz 5

Oberliga Süd

Spieltag	Paarung	Ergebnis		Zuschauer
So., 12.09.1948	VfB Stuttgart – Schwaben Augsburg	1:1	(1:0)	12.000
So., 19.09.1948	1860 München – VfB Stuttgart	4:1	(1:1)	20.000
So., 26.09.1948	VfB Stuttgart – Eintracht Frankfurt	1:1	(1:0)	12.000
So., 03.10.1948	SV Waldhof 07 – VfB Stuttgart	2:3	(2:2)	8.000
So., 24.10.1948	VfB Stuttgart – VfR Mannheim	3:1	(1:1)	10.000
So., 31.10.1948	Stuttgarter Kickers – VfB Stuttgart	2:1	(1:1)	35.000
So., 07.11.1948	VfB Stuttgart – VfB Mühlburg	1:0	(1:0)	8.000
So., 14.11.1948	1. FC Schweinfurt 05 – VfB Stuttgart	3:2	(2:0)	6.000
So., 21.11.1948	VfB Stuttgart – 1. FC Nürnberg	3:2	(1:1)	25.000
So., 28.11.1948	TSG Ulm 1846 – VfB Stuttgart	1:1	(1:1)	10.000
So., 05.12.1948	VfB Stuttgart – Bayern München	2:1	(1:1)	15.000
So., 12.12.1948	1. FC Rödelheim 02 – VfB Stuttgart	2:0	(1:0)	6.000
So., 19.12.1948	Kickers Offenbach – VfB Stuttgart	4:1	(3:0)	12.000
So., 09.01.1949	VfB Stuttgart – FSV Frankfurt	4:2	(3:1)	12.000
So., 16.01.1949	VfB Stuttgart – BC Augsburg	4:3	(2:1)	6.000
So., 23.01.1949	Schwaben Augsburg – VfB Stuttgart	3:2	(3:1)	8.000
So., 30.01.1949	VfB Stuttgart – 1860 München	2:0	(2:0)	15.000
So., 06.02.1949	Eintracht Frankfurt – VfB Stuttgart	0:0		7.000

Der VfB Stuttgart war an den Spieltagen 5 und 21 spielfrei.

Saison 1948/1949

Abschlusstabelle

Platz	Verein	Spiele	g.	u.	v.	Tore	Diff.	Punkte
1	Kickers Offenbach	30	21	7	2	79:29	50	49:11
2	VfR Mannheim	30	15	8	7	51:42	9	38:22
3	Bayern München	30	14	7	9	61:42	19	35:25
4	1860 München	30	13	8	9	61:41	20	34:26
5	SV Waldhof 07	30	12	10	8	54:45	9	34:26
6	**VfB Stuttgart**	30	13	5	12	56:51	5	31:29
7	Schwaben Augsburg	30	12	6	12	49:50	−1	30:30
8	Stuttgarter Kickers	30	11	8	11	53:65	−12	30:30
9	VfB Mühlburg	30	10	9	11	51:45	6	29:31
10	1. FC Schweinfurt 05	30	12	5	13	46:56	−10	29:31
11	1. FC Nürnberg	30	11	5	14	49:55	−6	27:33
12	FSV Frankfurt	30	11	5	14	40:53	−13	27:33
13	Eintracht Frankfurt	30	9	8	13	28:41	−13	26:34
14	BC Augsburg	30	9	4	17	46:66	−20	22:38
15	TSG Ulm 1846	30	9	4	17	43:53	−10	22:38
16	1. FC Rödelheim 02	30	7	3	20	40:73	−33	17:43

Kader

Position	Name	Nat.	Geb.datum	Einsätze	Tore
Torhüter	Erwin Deyhle	D	19.01.1914	2	–
Torhüter	Otto Schmid	D	09.01.1922	28	–
Feldspieler	Karl Barufka	D	15.05.1921	30	8
Feldspieler	Rolf Blessing	D	14.06.1929	26	9
Feldspieler	Otto Bökle	D	17.02.1912	11	2
Feldspieler	Johannes Herberger	D	09.11.1919	27	5
Feldspieler	Guido Klein	D	21.03.1923	18	8
Feldspieler	Paul Kraft	D	13.09.1914	5	–
Feldspieler	Bolduan Kuzan	k.A.	12.03.1922	9	2
Feldspieler	Erich Langjahr	D	07.11.1920	23	2
Feldspieler	Erwin Läpple	D	26.03.1925	27	4
Feldspieler	Josef Ledl	D	14.11.1918	25	–
Feldspieler	Alfred Lehmann	D	19.12.1911	7	2
Feldspieler	Paul Maier	D	03.03.1928	2	–
Feldspieler	Ernst Otterbach	D	26.06.1920	16	1
Feldspieler	Erich Retter	D	17.02.1925	28	–
Feldspieler	Robert Schlienz	D	03.02.1924	18	13
Feldspieler	Richard Steimle	D	18.12.1923	27	–
Feldspieler	Walter Wladek	D		1	–

				Amtszeit
Trainer	Georg Wurzer	D	31.01.1907	01.07.1947 – 30.04.1960

Spieltag	Begegnung	Ergebnis	Zuschauer	Datum
20	VfB Stuttgart – SV Waldhof 07	1:0 (1:0)	11.000	So., 13.02.1949
22	VfR Mannheim – VfB Stuttgart	4:1 (3:1)	8.000	So., 27.02.1949
23	VfB Stuttgart – Stuttgarter Kickers	2:3 (0:2)	22.000	So., 06.03.1949
24	VfB Mühlburg – VfB Stuttgart	0:0	15.000	So., 20.03.1949
25	VfB Stuttgart – 1. FC Schweinfurt 05	9:0 (2:0)	12.000	So., 27.03.1949
26	1. FC Nürnberg – VfB Stuttgart	3:2 (1:0)	30.000	So., 03.04.1949
27	VfB Stuttgart – TSG 1846 Ulm	3:1 (1:1)	8.000	So., 10.04.1949
28	Bayern München – VfB Stuttgart	0:1 (0:0)	30.000	Sa., 23.04.1949
29	VfB Stuttgart – 1. FC Rödelheim 02	3:1 (2:1)	6.000	So., 01.05.1949
30	VfB Stuttgart – Kickers Offenbach	0:1 (0:1)	30.000	So., 08.05.1949
31	FSV Frankfurt – VfB Stuttgart	2:0 (1:0)	4.000	So., 15.05.1949
32	BC Augsburg – VfB Stuttgart	4:2 (2:1)	9.000	So., 22.05.1949

Platz 6

Oberliga Süd

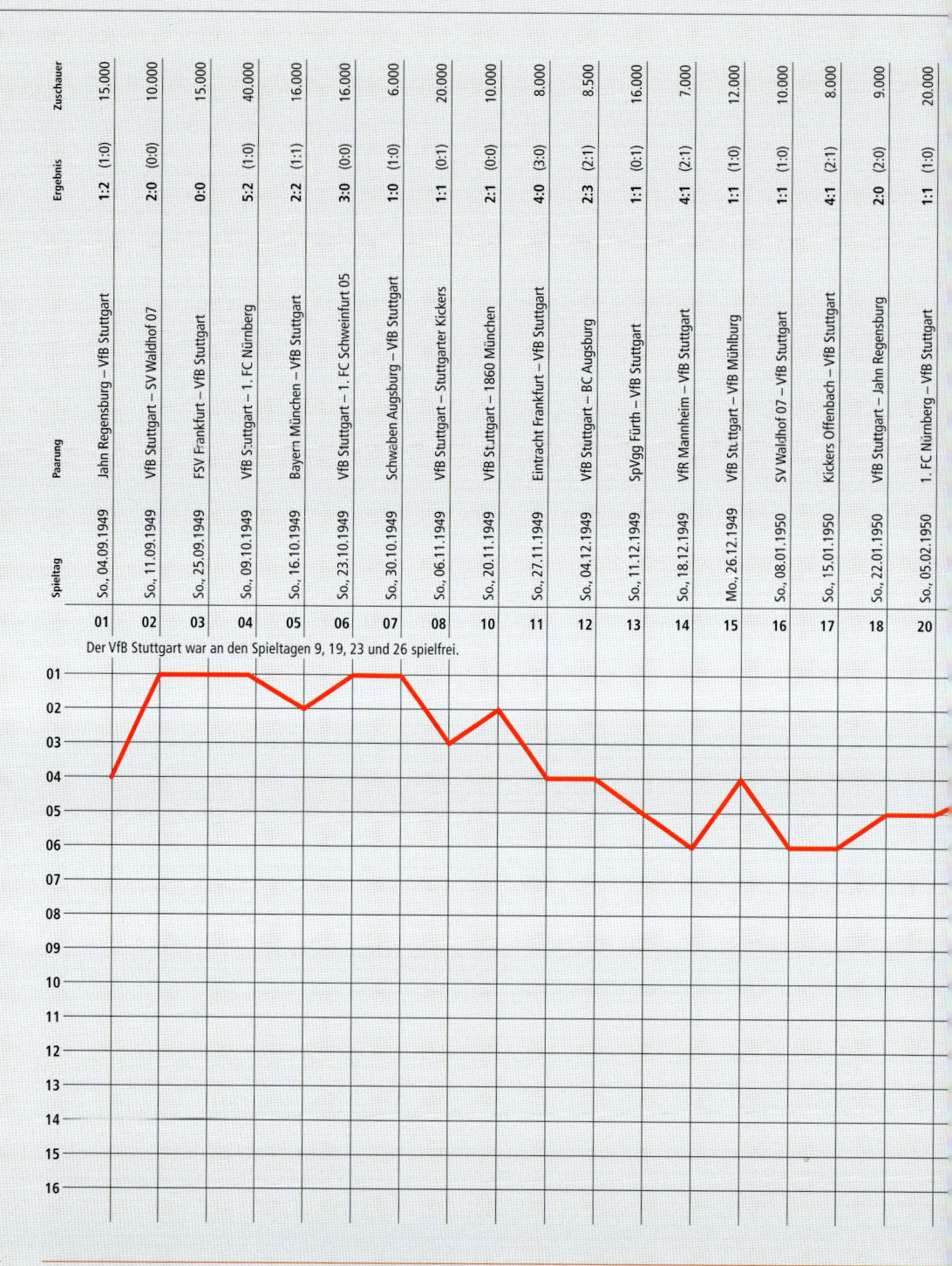

Spieltag	Paarung	Ergebnis	Zuschauer
01 So, 04.09.1949	Jahn Regensburg – VfB Stuttgart	1:2 (1:0)	15.000
02 So, 11.09.1949	VfB Stuttgart – SV Waldhof 07	2:0 (0:0)	10.000
03 So, 25.09.1949	FSV Frankfurt – VfB Stuttgart	0:0	15.000
04 So, 09.10.1949	VfB Stuttgart – 1. FC Nürnberg	5:2 (1:0)	40.000
05 So, 16.10.1949	Bayern München – VfB Stuttgart	2:2 (1:1)	16.000
06 So, 23.10.1949	VfB Stuttgart – 1. FC Schweinfurt 05	3:0 (0:0)	16.000
07 So, 30.10.1949	Schwaben Augsburg – VfB Stuttgart	1:0 (1:0)	6.000
08 So, 06.11.1949	VfB Stuttgart – Stuttgarter Kickers	1:1 (0:1)	20.000
10 So, 20.11.1949	VfB Stuttgart – 1860 München	2:1 (0:0)	10.000
11 So, 27.11.1949	Eintracht Frankfurt – VfB Stuttgart	4:0 (3:0)	8.000
12 So, 04.12.1949	VfB Stuttgart – BC Augsburg	2:3 (2:1)	8.500
13 So, 11.12.1949	SpVgg Fürth – VfB Stuttgart	1:1 (0:1)	16.000
14 So, 18.12.1949	VfR Mannheim – VfB Stuttgart	4:1 (2:1)	7.000
15 Mo, 26.12.1949	VfB Stuttgart – VfB Mühlburg	1:1 (1:0)	12.000
16 So, 08.01.1950	SV Waldhof 07 – VfB Stuttgart	1:1 (1:0)	10.000
17 So, 15.01.1950	Kickers Offenbach – VfB Stuttgart	4:1 (2:1)	8.000
18 So, 22.01.1950	VfB Stuttgart – Jahn Regensburg	2:0 (2:0)	9.000
20 So, 05.02.1950	1. FC Nürnberg – VfB Stuttgart	1:1 (1:0)	20.000

Der VfB Stuttgart war an den Spieltagen 9, 19, 23 und 26 spielfrei.

Endrunde Deutsche Meisterschaft

Sonntag, 21.05.1950
Achtelfinale
VfL Osnabrück – VfB Stuttgart
1:2 (1:1)

Sonntag, 04.06.1950
Viertelfinale
VfB Stuttgart – 1. FC Kaiserslautern
5:2 (2:0)

Sonntag, 11.06.1950
Halbfinale
VfB Stuttgart – SpVgg Fürth
4:1 (2:1)

Saison 1949/1950

Abschlusstabelle

Platz	Verein	Spiele	g.	u.	v.	Tore	Diff.	Punkte
1	SpVgg Fürth	30	18	7	5	77:39	38	43:17
2	**VfB Stuttgart**	30	15	8	7	50:39	11	38:22
3	Kickers Offenbach	30	15	7	8	62:48	14	37:23
4	VfR Mannheim	30	14	6	10	57:41	16	34:26
5	FSV Frankfurt	30	13	8	9	45:38	7	34:26
6	SV Waldhof 07	30	11	11	8	51:53	-2	33:27
7	VfB Mühlburg	30	11	10	9	44:42	2	32:28
8	1. FC Nürnberg	30	12	7	11	52:40	12	31:29
9	1860 München	30	14	3	13	46:42	4	31:29
10	BC Augsburg	30	10	6	14	50:74	-24	26:34
11	Schwaben Augsburg	30	10	6	14	39:60	-21	26:34
12	1. FC Schweinfurt 05	30	8	9	13	38:38	0	25:35
13	Bayern München	30	11	3	16	56:70	-14	25:35
14	Eintracht Frankfurt	30	8	8	14	45:52	-7	24:36
15	Jahn Regensburg	30	8	6	16	49:66	-17	22:38
16	Stuttgarter Kickers	30	5	9	16	45:64	-19	19:41

Kader

Position	Name	Nat.	Geb.datum	Einsätze	Tore
Torhüter	Herbert Effinger	D		3	–
Torhüter	Otto Schmid	D	09.01.1922	31	–
Feldspieler	Otto Baitinger	D	27.10.1926	34	7
Feldspieler	Karl Barufka	D	15.05.1921	31	4
Feldspieler	Rolf Blessing	D	14.06.1929	34	17
Feldspieler	Walter Bühler	D	29.06.1926	24	8
Feldspieler	Josef Janetzki	D		1	–
Feldspieler	Paul Kraft	D	13.09.1914	5	–
Feldspieler	Peter Krieger	D	30.11.1929	10	3
Feldspieler	Erwin Läpple	D	26.03.1925	32	9
Feldspieler	Josef Ledl	D	14.11.1918	28	–
Feldspieler	Alfred Lehmann	D	19.12.1911	3	1
Feldspieler	Paul Maier	D	03.03.1928	5	–
Feldspieler	Ernst Otterbach	D	26.06.1920	33	2
Feldspieler	Erich Retter	D	17.02.1925	32	–
Feldspieler	Robert Schlienz	D	03.02.1924	34	10
Feldspieler	Richard Steimle	D	18.12.1923	34	–

				Amtszeit
Trainer	Georg Wurzer	D	31.01.1907	01.07.1947 – 30.04.1960

Spielplan

Spieltag	Datum	Begegnung	Ergebnis	Zuschauer
21	So., 12.02.1950	VfB Stuttgart – FSV Frankfurt	3:1 (2:1)	9.500
22	So., 19.02.1950	VfB Stuttgart – Bayern München	5:3 (3:3)	20.000
24	So., 05.03.1950	VfB Stuttgart – Schwaben Augsburg	1:0 (0:0)	14.000
25	So., 12.03.1950	Stuttgarter Kickers – VfB Stuttgart	0:3 (0:1)	18.000
27	So., 26.03.1950	1860 München – VfB Stuttgart	1:2 (0:2)	22.000
28	So., 02.04.1950	VfB Stuttgart – Eintracht Frankfurt	1:0 (0:0)	10.000
29	So., 09.04.1950	1. FC Schweinfurt 05 – VfB Stuttgart	0:0	7.000
30	So., 16.04.1950	BC Augsburg – VfB Stuttgart	1:3 (1:2)	12.000
31	Sa., 22.04.1950	VfB Stuttgart – SpVgg Fürth	2:1 (1:1)	46.000
32	So., 30.04.1950	VfB Stuttgart – VfR Mannheim	1:0 (0:0)	35.000
33	Sa., 06.05.1950	VfB Mühlburg – VfB Stuttgart	3:1 (2:1)	32.000
34	So., 14.05.1950	VfB Stuttgart – Kickers Offenbach	1:2 (0:1)	10.000

Platz 2: Qualifikation für Endrunde, Meister 1950

Sonntag, 25.06.1950
Finale
VfB Stuttgart – Kickers Offenbach
2:1 (2:0)

Oberliga Süd

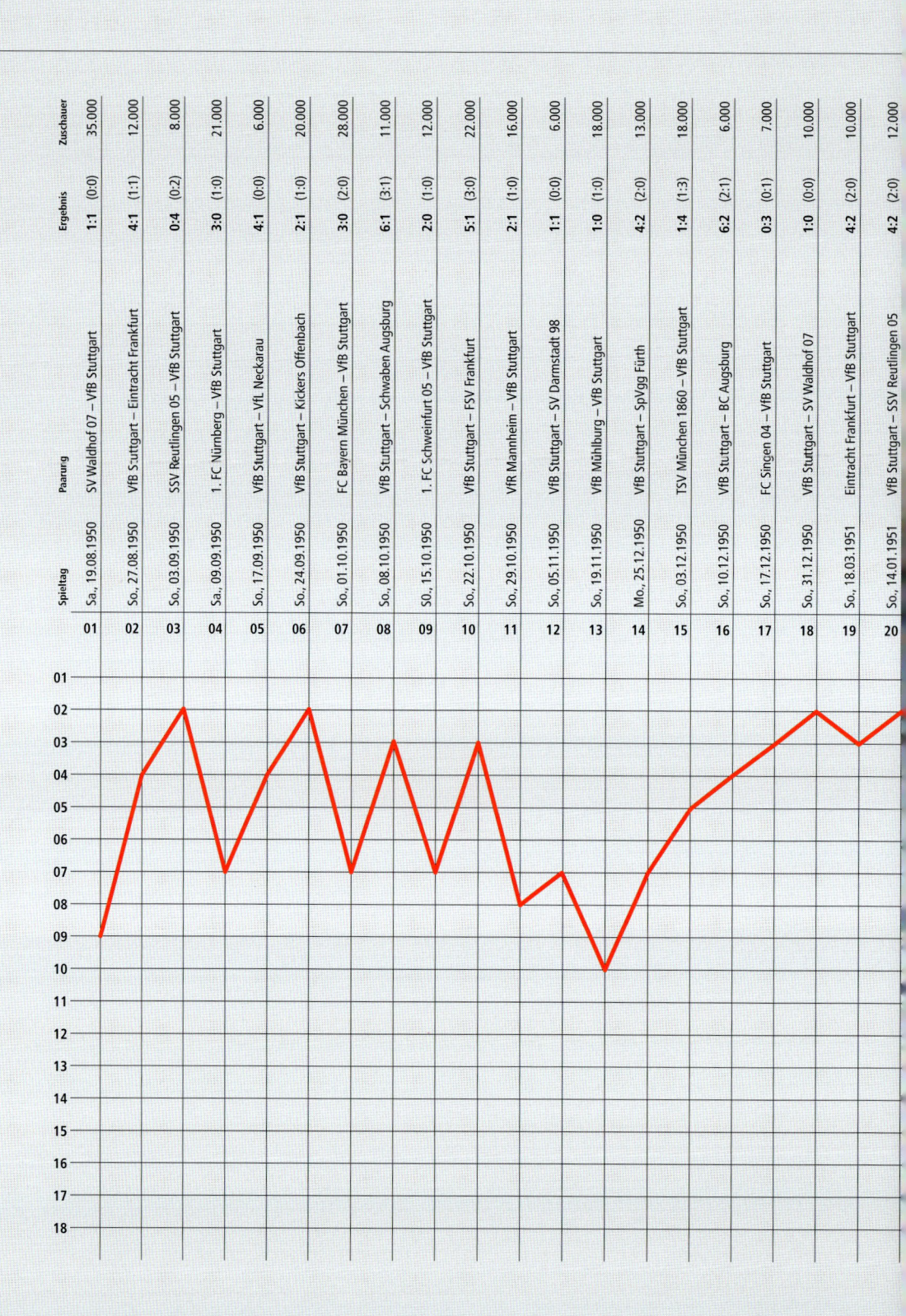

Spieltag	Paarung	Ergebnis	Zuschauer
Sa., 19.08.1950	SV Waldhof 07 – VfB Stuttgart	1:1 (0:0)	35.000
So., 27.08.1950	VfB Stuttgart – Eintracht Frankfurt	4:1 (1:1)	12.000
So., 03.09.1950	SSV Reutlingen 05 – VfB Stuttgart	0:4 (0:2)	8.000
Sa., 09.09.1950	1. FC Nürnberg – VfB Stuttgart	3:0 (1:0)	21.000
So., 17.09.1950	VfB Stuttgart – VfL Neckarau	4:1 (0:0)	6.000
So., 24.09.1950	VfB Stuttgart – Kickers Offenbach	2:1 (1:0)	20.000
So., 01.10.1950	FC Bayern München – VfB Stuttgart	3:0 (2:0)	28.000
So., 08.10.1950	VfB Stuttgart – Schwaben Augsburg	6:1 (3:1)	11.000
So., 15.10.1950	1. FC Schweinfurt 05 – VfB Stuttgart	2:0 (1:0)	12.000
So., 22.10.1950	VfB Stuttgart – FSV Frankfurt	5:1 (3:0)	22.000
So., 29.10.1950	VfR Mannheim – VfB Stuttgart	2:1 (1:0)	16.000
So., 05.11.1950	VfB Stuttgart – SV Darmstadt 98	1:1 (0:0)	6.000
So., 19.11.1950	VfB Mühlburg – VfB Stuttgart	1:0 (1:0)	18.000
Mo., 25.12.1950	VfB Stuttgart – SpVgg Fürth	4:2 (2:0)	13.000
So., 03.12.1950	TSV München 1860 – VfB Stuttgart	1:4 (1:3)	18.000
So., 10.12.1950	VfB Stuttgart – BC Augsburg	6:2 (2:1)	6.000
So., 17.12.1950	FC Singen 04 – VfB Stuttgart	0:3 (0:1)	7.000
So., 31.12.1950	VfB Stuttgart – SV Waldhof 07	1:0 (0:0)	10.000
So., 18.03.1951	Eintracht Frankfurt – VfB Stuttgart	4:2 (2:0)	10.000
So., 14.01.1951	VfB Stuttgart – SSV Reutlingen 05	4:2 (2:0)	12.000

Saison 1950/1951

Abschlusstabelle

Platz	Verein	Spiele	g.	u.	v.	Tore	Diff.	Punkte
1	1. FC Nürnberg	34	20	7	7	93:46	47	47:21
2	SpVgg Fürth	34	19	7	8	86:43	43	45:23
3	VfB Mühlburg	34	20	4	10	94:55	39	44:24
4	**VfB Stuttgart**	34	19	5	10	82:55	27	43:25
5	FSV Frankfurt	34	18	7	9	71:52	19	43:25
6	TSV München 1860	34	19	4	11	97:67	30	42:26
7	1. FC Schweinfurt 05	34	16	4	14	69:57	12	36:32
8	Eintracht Frankfurt	34	12	10	12	56:64	−8	34:34
9	FC Bayern München	34	14	5	15	64:53	11	33:35
10	Kickers Offenbach	34	14	4	16	69:64	5	32:36
11	VfL Neckarau	34	14	4	16	74:94	−20	32:36
12	VfR Mannheim	34	14	3	17	72:72	0	31:37
13	Schwaben Augsburg	34	10	9	15	46:67	−21	29:39
14	SV Waldhof 07	34	10	8	16	54:67	−13	28:40
15	SV Darmstadt 98	34	9	7	18	54:85	−32	25:43
16	BC Augsburg	34	10	4	20	59:82	−23	24:44
17	FC Singen 04	34	9	4	21	56:112	−56	22:46
18	SSV Reutlingen 05	34	8	6	20	49:109	−60	22:46

Kader

Position	Name	Nat.	Geb.datum	Einsätze	Tore
Torhüter	Herbert Effinger	D		1	–
Torhüter	Otto Schmid	D	09.01.1922	33	–
Feldspieler	Otto Baitinger	D	27.10.1926	34	11
Feldspieler	Karl Barufka	D	15.05.1921	32	4
Feldspieler	Rolf Blessing	D	21.07.1929	33	16
Feldspieler	Walter Bühler	D	29.06.1926	8	1
Feldspieler	Rolf Krauß	D	21.10.1930	9	–
Feldspieler	Leo Kronenbitter	D	08.03.1921	10	1
Feldspieler	Peter Krieger	D	30.11.1929	7	0
Feldspieler	Erwin Läpple	D	26.03.1925	33	9
Feldspieler	Josef Ledl	D	14.11.1918	22	0
Feldspieler	Paul Maier	D	03.03.1928	1	0
Feldspieler	Ernst Otterbach	D	26.06.1920	30	6
Feldspieler	Erich Retter	D	17.02.1925	33	0
Feldspieler	Robert Schlienz	D	03.02.1924	30	12
Feldspieler	Richard Steimle	D	18.12.1923	30	0
Feldspieler	Roland Wehrle	D	04.01.1927	28	22

				Amtszeit	
Trainer	Georg Wurzer	D	31.01.1907	01.07.1947 – 30.04.1960	

Spiele 22–34

Nr.	Datum	Begegnung	Ergebnis	Zuschauer
22	So., 28.01.1951	Kickers Offenbach – VfB Stuttgart	1:0 (0:0)	12.000
23	So., 03.02.1951	VfB Stuttgart – FC Bayern München	2:0 (0:0)	18.000
24	So., 11.02.1951	Schwaben Augsburg – VfB Stuttgart	0:2 (0:1)	15.000
25	So., 18.02.1951	VfB Stuttgart – 1. FC Schweinfurt 05	2:0 (0:0)	15.000
26	So., 25.02.1951	FSV Frankfurt – VfB Stuttgart	3:0 (2:0)	25.000
27	So., 04.03.1951	VfB Stuttgart – VfR Mannheim	4:1 (4:1)	14.000
28	So., 11.03.1951	SV Darmstadt 98 – VfB Stuttgart	3:3 (3:1)	11.000
29	Sa., 24.03.1951	VfB Stuttgart – VfB Mühlburg	3:2 (1:0)	25.000
30	Mo., 26.03.1951	SpVgg Fürth – VfB Stuttgart	4:1 (3:1)	18.000
31	So., 01.04.1951	VfB Stuttgart – TSV München 1860	1:1 (1:1)	20.000
32	So., 08.04.1951	BC Augsburg – VfB Stuttgart	0:2 (0:1)	8.000
33	So., 22.04.1951	VfL Neckarau – VfB Stuttgart	6:3 (2:3)	12.000
34	Sa., 28.04.1951	VfB Stuttgart – FC Singen 04	3:1 (1:0)	5.000

Platz 4: Qualifikation für die Endrunde verpasst

188 Statistik

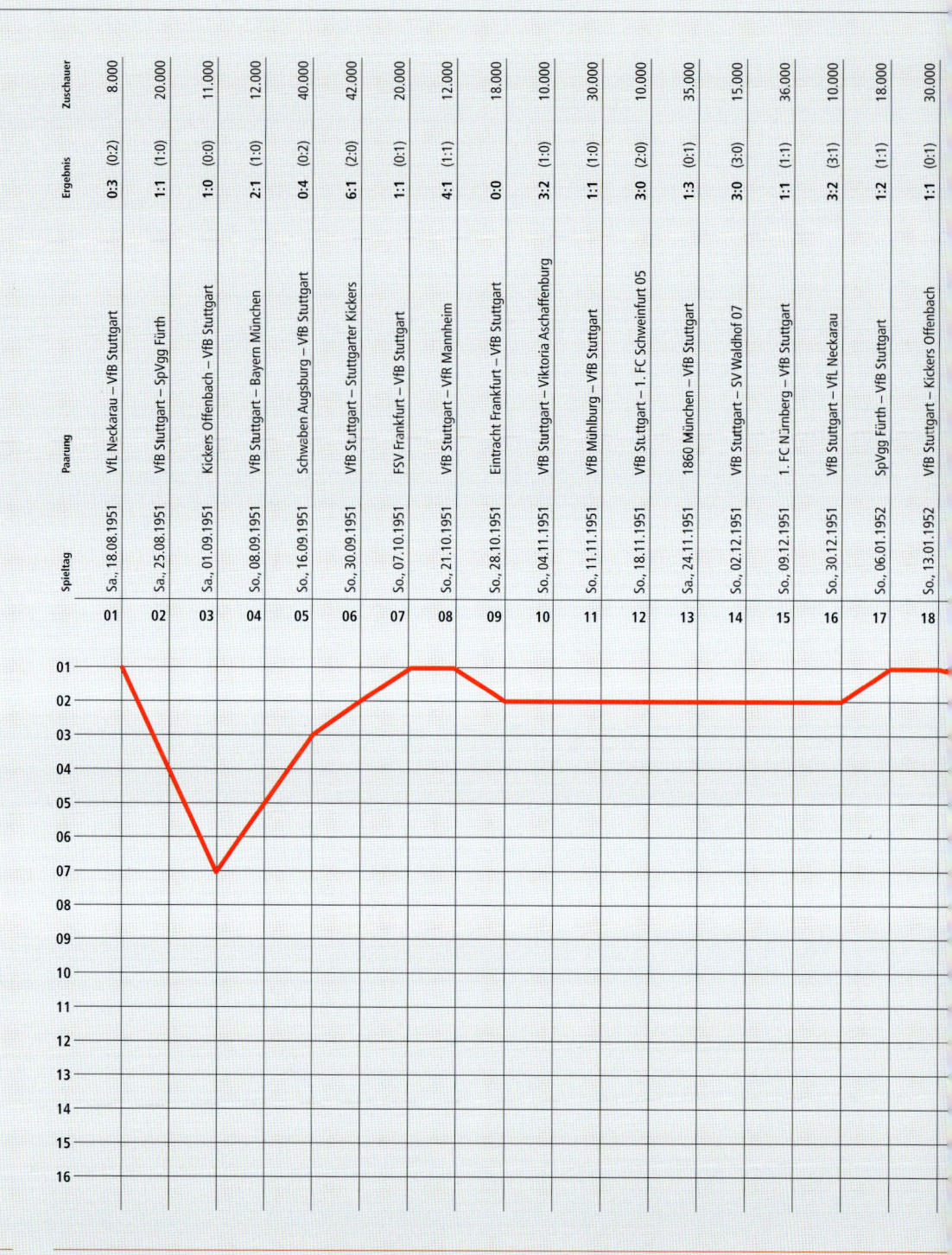

Oberliga Süd

Spieltag	Paarung	Ergebnis		Zuschauer
Sa., 18.08.1951	VfL Neckarau – VfB Stuttgart	0:3	(0:2)	8.000
Sa., 25.08.1951	VfB Stuttgart – SpVgg Fürth	1:1	(1:0)	20.000
Sa., 01.09.1951	Kickers Offenbach – VfB Stuttgart	1:0	(0:0)	11.000
So., 08.09.1951	VfB Stuttgart – Bayern München	2:1	(1:0)	12.000
So., 16.09.1951	Schwaben Augsburg – VfB Stuttgart	0:4	(0:2)	40.000
So., 30.09.1951	VfB Stuttgart – Stuttgarter Kickers	6:1	(2:0)	42.000
So., 07.10.1951	FSV Frankfurt – VfB Stuttgart	1:1	(0:1)	20.000
So., 21.10.1951	VfB Stuttgart – VfR Mannheim	4:1	(1:1)	12.000
So., 28.10.1951	Eintracht Frankfurt – VfB Stuttgart	0:0		18.000
So., 04.11.1951	VfB Stuttgart – Viktoria Aschaffenburg	3:2	(1:0)	10.000
So., 11.11.1951	VfB Mühlburg – VfB Stuttgart	1:1	(1:0)	30.000
So., 18.11.1951	VfB Stuttgart – 1. FC Schweinfurt 05	3:0	(2:0)	10.000
Sa., 24.11.1951	1860 München – VfB Stuttgart	1:3	(0:1)	35.000
So., 02.12.1951	VfB Stuttgart – SV Waldhof 07	3:0	(3:0)	15.000
So., 09.12.1951	1. FC Nürnberg – VfB Stuttgart	1:1	(1:1)	36.000
So., 30.12.1951	VfB Stuttgart – VfL Neckarau	3:2	(3:1)	10.000
So., 06.01.1952	SpVgg Fürth – VfB Stuttgart	1:2	(1:1)	18.000
So., 13.01.1952	VfB Stuttgart – Kickers Offenbach	1:1	(0:1)	30.000

Endrunde Deutsche Meisterschaft

Sonntag, 27.04.1952
1. Spieltag, Vorrunde
VfL Osnabrück – VfB Stuttgart
0:0

Sonntag, 11.05.1952
2. Spieltag, Vorrunde
VfB Stuttgart – Tennis Borussia Berlin
3:0 (3:0)

Sonntag, 18.05.1952
3. Spieltag, Vorrunde
VfB Stuttgart – Rot-Weiss Essen
5:3 (3:1)

Sonntag, 25.05.1952
4. Spieltag, Vorrunde
Tennis Borussia Berlin – VfB Stuttgart
1:1 (0:1)

Montag, 02.06.1952
5. Spieltag, Vorrunde
Rot-Weiss Essen – VfB Stuttgart
3:2 (2:1)

Sonntag, 08.06.1952
6. Spieltag, Vorrunde
VfB Stuttgart – VfL Osnabrück
3:1 (2:0)

Saison 1951/1952

Abschlusstabelle

Platz	Verein	Spiele	g.	u.	v.	Tore	Diff.	Punkte
1	VfB Stuttgart	30	17	10	3	60:24	36	44:16
2	1. FC Nürnberg	30	17	9	4	72:33	39	43:17
3	Kickers Offenbach	30	14	12	4	75:41	34	40:20
4	Eintracht Frankfurt	30	15	4	11	52:43	9	34:26
5	VfR Mannheim	30	10	12	8	64:60	4	32:28
6	SpVgg Fürth	30	10	10	10	46:42	4	30:30
7	FSV Frankfurt	30	10	10	10	45:58	−13	30:30
8	Bayern München	30	11	7	12	53:54	−1	29:31
9	VfB Mühlburg	30	11	6	13	67:47	20	28:32
10	SV Waldhof 07	30	10	8	12	49:61	−12	28:32
11	Viktoria Aschaffenburg	30	8	12	10	45:70	−25	28:32
12	Stuttgarter Kickers	30	11	5	14	61:63	−2	27:33
13	1860 München	30	9	9	12	46:54	−8	27:33
14	1. FC Schweinfurt 05	30	8	8	14	32:56	−24	24:36
15	Schwaben Augsburg	30	6	7	17	41:62	−21	19:41
16	VfL Neckarau	30	7	3	20	46:86	−40	17:43

Kader

Position	Name	Nat.	Geb.datum	Einsätze	Tore
Torhüter	Karl Bögelein	D	28.01.1927	37	–
Torhüter	Otto Schmid	D	09.01.1922	–	–
Feldspieler	Otto Baitinger	D	27.10.1926	37	16
Feldspieler	Karl Barufka	D	15.05.1921	34	6
Feldspieler	Otto Baumgart	D	19.11.1929	4	1
Feldspieler	Rolf Blessing	D	21.07.1929	37	13
Feldspieler	Walter Bühler	D	29.06.1926	9	–
Feldspieler	Rolf Krauß	D	21.10.1930	25	1
Feldspieler	Peter Krieger	D	30.11.1929	19	4
Feldspieler	Leo Kronenbitter	D	08.03.1921	34	1
Feldspieler	Helmut Kurz	D	11.08.1930	–	–
Feldspieler	Erwin Läpple	D	26.03.1925	27	7
Feldspieler	Josef Ledl	D	14.11.1918	–	–
Feldspieler	Paul Maier	D	03.03.1928	5	–
Feldspieler	Ernst Otterbach	D	26.06.1920	3	–
Feldspieler	Erich Retter	D	17.02.1925	37	2
Feldspieler	Robert Schlienz	D	03.02.1924	33	7
Feldspieler	Richard Steimle	D	18.12.1923	34	–
Feldspieler	Roland Wehrle	D	04.01.1927	32	18

				Amtszeit	
Trainer	Georg Wurzer	D	31.01.1907	01.07.1947 – 30.04.1960	

Spieltage 19–30

Nr.	Datum	Begegnung	Ergebnis	(HZ)	Zuschauer
19	So., 20.01.1952	Bayern München – VfB Stuttgart	1:1	(0:0)	25.000
20	So., 27.01.1952	VfB Stuttgart – Schwaben Augsburg	2:0	(1:0)	6.000
21	So., 03.02.1952	Stuttgarter Kickers – VfB Stuttgart	1:1	(1:1)	30.000
22	So., 10.02.1952	VfB Stuttgart – FSV Frankfurt	2:0	(1:0)	8.000
23	So., 17.02.1952	VfR Mannheim – VfB Stuttgart	2:1	(2:0)	10.000
24	So., 24.02.1952	VfB Stuttgart – Eintracht Frankfurt	2:0	(0:0)	12.000
25	So., 02.03.1952	Viktoria Aschaffenburg – VfB Stuttgart	1:1	(1:1)	17.000
26	So., 09.03.1952	VfB Stuttgart – VfB Mühlburg	3:1	(2:0)	23.000
27	So., 16.03.1952	1. FC Schweinfurt – VfB Stuttgart	0:0		14.000
28	So., 23.03.1952	VfB Stuttgart – 1860 München	4:2	(1:0)	10.000
29	So., 30.03.1952	SV Waldhof 07 – VfB Stuttgart	1:0	(0:0)	10.000
30	So., 06.04.1952	VfB Stuttgart – 1. FC Nürnberg	2:0	(0:0)	72.000

Platz 1
Qualifikation für die Endrunde, Meister 1952

Abschlusstabelle Vorrunde
1. VfB Stuttgart 6 14:8 8:4
2. Rot-Weiss Essen 6 14:15 6:6
3. VfL Osnabrück 6 9:9 5:7
4. Tennis Borussia Berlin 6 8:13 5:7

Sonntag, 22.06.1952
Finale
VfB Stuttgart – 1. FC Saarbrücken
3:2 (2:1)

Oberliga Süd

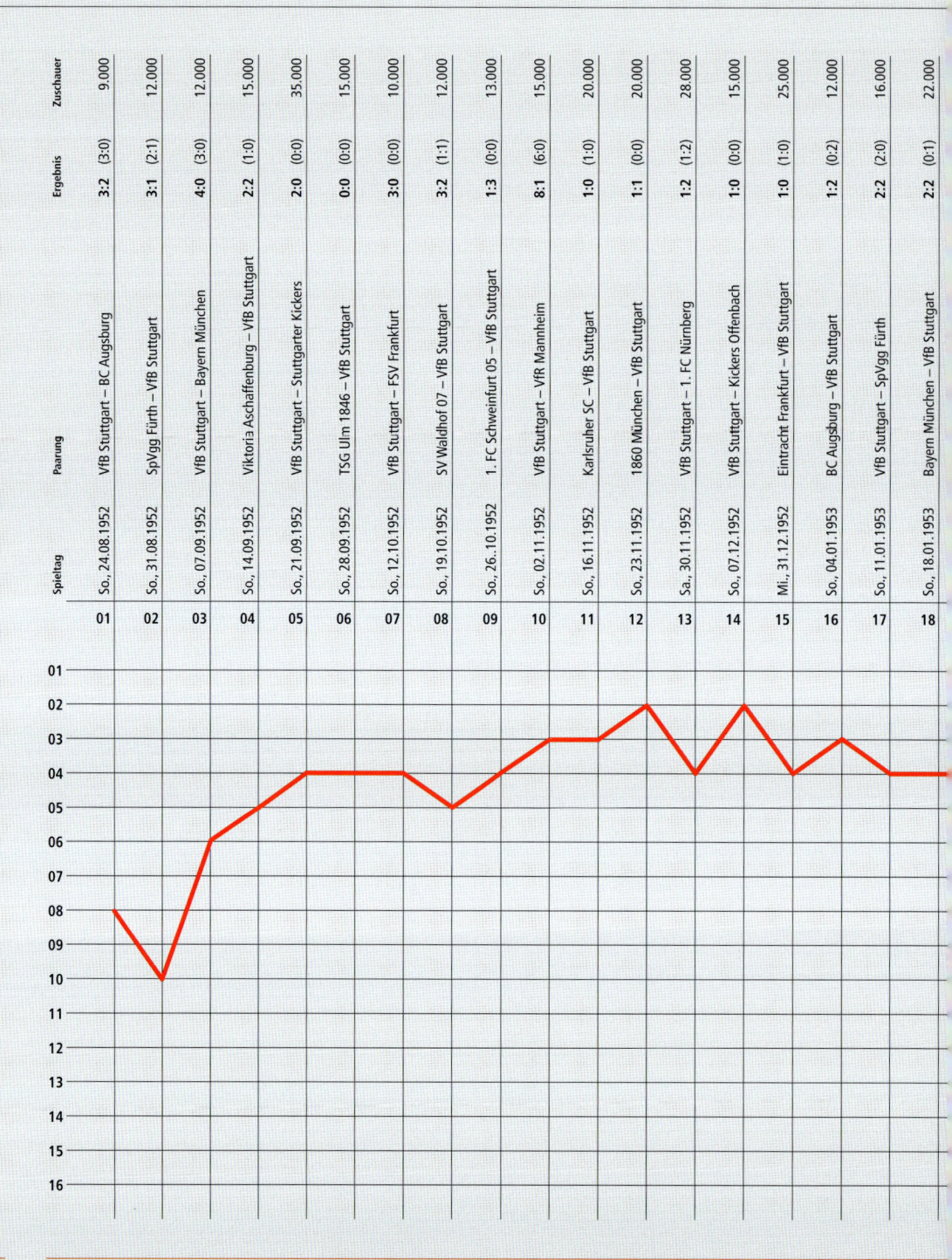

Spieltag	Paarung	Ergebnis	Zuschauer
So, 24.08.1952	VfB Stuttgart – BC Augsburg	3:2 (3:0)	9.000
So, 31.08.1952	SpVgg Fürth – VfB Stuttgart	3:1 (2:1)	12.000
So, 07.09.1952	VfB Stuttgart – Bayern München	4:0 (3:0)	12.000
So, 14.09.1952	Viktoria Aschaffenburg – VfB Stuttgart	2:2 (1:0)	15.000
So, 21.09.1952	VfB Stuttgart – Stuttgarter Kickers	2:0 (0:0)	35.000
So, 28.09.1952	TSG Ulm 1846 – VfB Stuttgart	0:0 (0:0)	15.000
So, 12.10.1952	VfB Stuttgart – FSV Frankfurt	3:0 (0:0)	10.000
So, 19.10.1952	SV Waldhof 07 – VfB Stuttgart	3:2 (1:1)	12.000
So, 26.10.1952	1. FC Schweinfurt 05 – VfB Stuttgart	1:3 (0:0)	13.000
So, 02.11.1952	VfB Stuttgart – VfR Mannheim	8:1 (6:0)	15.000
So, 16.11.1952	Karlsruher SC – VfB Stuttgart	1:0 (1:0)	20.000
So, 23.11.1952	1860 München – VfB Stuttgart	1:1 (0:0)	20.000
Sa, 30.11.1952	VfB Stuttgart – 1. FC Nürnberg	1:2 (1:2)	28.000
So, 07.12.1952	VfB Stuttgart – Kickers Offenbach	1:0 (0:0)	15.000
Mi, 31.12.1952	Eintracht Frankfurt – VfB Stuttgart	1:0 (1:0)	25.000
So, 04.01.1953	BC Augsburg – VfB Stuttgart	1:2 (0:2)	12.000
So, 11.01.1953	VfB Stuttgart – SpVgg Fürth	2:2 (2:0)	16.000
So, 18.01.1953	Bayern München – VfB Stuttgart	2:2 (0:1)	22.000

Endrunde Deutsche Meisterschaft

Sonntag, 03.05.1953
1. Spieltag, Vorrunde
Borussia Dortmund – VfB Stuttgart
2:1 (1:1)

Sonntag, 10.05.1953
2. Spieltag, Vorrunde
VfB Stuttgart – SC Union 06 Berlin
6:0 (2:0)

Sonntag, 17.05.1953
3. Spieltag, Vorrunde
VfB Stuttgart – Hamburger SV
2:1 (1:1)

Sonntag, 24.05.1953
4. Spieltag, Vorrunde
SC Union 06 Berlin – VfB Stuttgart
1:3 (1:2)

Sonntag, 31.05.1953
5. Spieltag, Vorrunde
Hamburger SV – VfB Stuttgart
1:2 (1:2)

Sonntag, 07.06.1953
6. Spieltag, Vorrunde
VfB Stuttgart – Borussia Dortmund
2:1 (0:0)

DFB-Pokal

Samstag, 16.08.1952
1. Runde
VfB Stuttgart – Kickers Offenbach
0:3 (0:1)

Saison 1952/1953

Abschlusstabelle

Platz	Verein	Spiele	g.	u.	v.	Tore	Diff.	Punkte
1	Eintracht Frankfurt	30	16	7	7	62:49	13	39:21
2	**VfB Stuttgart**	30	15	8	7	69:33	36	38:22
3	SpVgg Fürth	30	12	11	7	65:45	20	35:25
4	Karlsruher SC	30	15	4	11	68:52	16	34:26
5	1. FC Schweinfurt 05	30	12	8	10	40:51	−11	32:28
6	Kickers Offenbach	30	11	8	11	61:53	8	30:30
7	Bayern München	30	12	6	12	59:56	3	30:30
8	1. FC Nürnberg	30	11	7	12	67:61	6	29:31
9	SV Waldhof 07	30	13	3	14	56:62	−6	29:31
10	BC Augsburg	30	13	2	15	59:61	−2	28:32
11	FSV Frankfurt	30	9	10	11	38:44	−6	28:32
12	Viktoria Aschaffenburg	30	11	6	13	59:74	−15	28:32
13	VfR Mannheim	30	9	9	12	46:59	−13	27:33
14	Stuttgarter Kickers	30	10	6	14	65:69	−4	26:34
15	1860 München	30	6	12	12	46:58	−12	24:36
16	TSG Ulm 1846	30	7	7	16	41:74	−33	21:39

Kader

Position	Name	Nat.	Geb.datum	Einsätze	Tore
Torhüter	Karl Bögelein	D	28.01.1927	37	–
Feldspieler	Otto Baitinger	D	27.10.1926	37	27
	Karl Barufka	D	15.05.1921	34	5
	Rolf Blessing	D	21.07.1929	37	18
	Walter Bühler	D	29.06.1926	2	–
	Rolf Krauß	D	21.10.1930	1	–
	Peter Krieger	D	30.11.1929	31	10
	Leo Kronenbitter	D	08.03.1921	37	8
	Helmut Kurz	D	11.08.1930	4	–
	Erwin Läpple	D	26.03.1925	–	–
	Werner Liebschwager	D	02.05.1927	35	–
	Ernst Otterbach	D	26.06.1920	–	–
	Erich Retter	D	17.02.1925	31	2
	Robert Schlienz	D	03.02.1924	37	5
	Harry Stache	D		–	–
	Richard Steimle	D	18.12.1923	34	–
	Erwin Waldner	D	24.01.1933	30	7
	Roland Wehrle	D	04.01.1927	21	3

					Amtszeit
Trainer	Georg Wurzer	D	31.01.1907		01.07.1947 – 30.04.1960

Platz 2: Qualifikation für die Endrunde, Vize-Meister

	19	20	21	22	23	24	25	26	27	28	29	30
Zuschauer	8.000	14.000	8.000	10.000	15.000	21.000	15.000	12.000	64.000	29.000	30.000	30.000
Ergebnis	4:0 (1:0)	1:1 (0:0)	3:1 (1:0)	2:1 (1:0)	4:0 (2:0)	4:1 (0:0)	2:0 (1:0)	2:2 (0:1)	2:0 (1:0)	1:1 (0:0)	3:1 (0:0)	7:0 (5:0)
Spiel	VfB Stuttgart – Viktoria Aschaffenburg	Stuttgarter Kickers – VfB Stuttgart	VfB Stuttgart – TSG Ulm 1846	FSV Frankfurt – VfB Stuttgart	VfB Stuttgart – SV Waldhof 07	VfB Stuttgart – 1. FC Schweinfurt 05	VfB Stuttgart – 1860 München	VfR Mannheim – VfB Stuttgart	VfB Stuttgart – Karlsruher SC	1. FC Nürnberg – VfB Stuttgart	Kickers Offenbach – VfB Stuttgart	VfB Stuttgart – Eintracht Frankfurt
Datum	So, 25.01.1953	So, 01.02.1953	So, 08.02.1953	Sa, 14.02.1953	So, 22.02.1953	So, 01.03.1953	So, 08.03.1953	So, 15.03.1953	So, 29.03.1953	So, 12.04.1953	So, 19.04.1953	So, 26.04.1953

Abschlusstabelle Vorrunde

1. VfB Stuttgart 6 16:6 10:2
2. Borussia Dortmund 6 17:7 10:2
3. Hamburger SV 6 11:15 3:9
4. SC Union 06 Berlin 6 4:20 1:11

Sonntag, 21.06.1953
Finale
1. FC Kaiserslautern – VfB Stuttgart
4:1 (1:0)

Oberliga Süd

Spieltag	Paarung	Ergebnis	Zuschauer
So., 09.08.1953	FSV Frankfurt – VfB Stuttgart	2:3 (1:1)	20.000
So., 23.08.1953	VfB Stuttgart – Bayern München	4:0 (1:0)	12.000
So., 30.08.1953	SpVgg Fürth – VfB Stuttgart	2:2 (0:0)	13.000
So., 06.09.1953	VfB Stuttgart – 1. FC Schweinfurt	2:1 (0:0)	9.000
So., 13.09.1953	Viktoria Aschaffenburg – VfB Stuttgart	1:2 (1:1)	10.000
So., 20.10.1953	VfB Stuttgart – Stuttgarter Kickers	2:1 (2:0)	15.000
So., 27.09.1953	Jahn Regensburg – VfB Stuttgart	1:1 (0:1)	20.000
So., 04.10.1953	VfB Stuttgart – Eintracht Frankfurt	1:0 (1:0)	25.000
So., 18.10.1953	Hessen Kassel – VfB Stuttgart	1:5 (1:3)	30.000
So., 25.10.1953	VfB Stuttgart – 1. FC Nürnberg	5:2 (3:1)	30.000
So., 01.11.1953	BC Augsburg – VfB Stuttgart	2:1 (0:0)	15.000
So., 08.11.1953	VfB Stuttgart – VfR Mannheim	2:2 (0:2)	12.000
Sa., 15.11.1953	Karlsruher SC – VfB Stuttgart	2:0 (1:0)	20.000
So., 29.11.1953	VfB Stuttgart – Kickers Offenbach	3:1 (2:0)	20.000
So., 06.12.1953	SV Waldhof 07 – VfB Stuttgart	0:1 (0:1)	10.000
So., 20.12.1953	VfB Stuttgart – FSV Frankfurt	0:0	6.000
Sa., 26.12.1953	Bayern München – VfB Stuttgart	0:0	22.000
So., 03.01.1954	VfB Stuttgart – SpVgg Fürth	4:1 (2:1)	9.000

Endrunde Deutsche Meisterschaft

Sonntag, 09.05.1954
2. Spieltag, Vorrunde
Berliner SV 92 – VfB Stuttgart
0:3 (0:1)

Sonntag, 16.05.1954
3. Spieltag, Vorrunde
Hannover 96 – VfB Stuttgart
3:1 (2:0)

Abschlusstabelle
1. Hannover 96   3   5:2   4:0
2. VfB Stuttgart 3   4:3   2:2
3. Berliner SV 92 3   1:5   0:4

DFB-Pokal

Samstag, 01.08.1953
Viertelfinale
SC Berg. Gladbach – VfB Stuttgart
1:1 n.V.

Dienstag, 18.08.1953
Viertelfinale, Entscheidungsspiel
VfB Stuttgart – SC Berg. Gladbach
6:0 (3:0)

Sonntag, 13.12.1953
Halbfinale
VfB Stuttgart – TuS Neuendorf
2:2 n.V.

Saison 1953/1954

Abschlusstabelle

Platz	Verein	Spiele	g.	u.	v.	Tore	Diff.	Punkte
1	VfB Stuttgart	30	18	7	5	64:39	25	43:17
2	Eintracht Frankfurt	30	17	8	5	70:31	39	42:18
3	Kickers Offenbach	30	16	9	5	70:38	32	41:19
4	1. FC Nürnberg	30	15	8	7	71:44	27	38:22
5	Karlsruher SC	30	14	7	9	61:53	8	35:25
6	Jahn Regensburg	30	14	5	11	42:48	−6	33:27
7	FSV Frankfurt	30	11	8	11	60:56	4	30:30
8	1. FC Schweinfurt 05	30	12	4	14	53:50	3	28:32
9	Bayern München	30	9	10	11	42:46	−4	28:32
10	VfR Mannheim	30	9	9	12	62:71	−9	27:33
11	SpVgg Fürth	30	9	8	13	42:54	−12	26:34
12	BC Augsburg	30	11	3	16	52:66	−14	25:35
13	Hessen Kassel	30	9	5	16	54:74	−20	23:37
14	Stuttgarter Kickers	30	8	5	17	63:79	−16	21:39
15	SV Waldhof 07	30	6	9	15	47:66	−19	21:39
16	Viktoria Aschaffenburg	30	8	3	19	44:82	−38	19:41

Kader

Position	Name	Nat.	Geb.datum	Einsätze	Tore
Torhüter	Karl Bögelein	D	28.01.1927	32	–
Torhüter	Josef Haas	D	19.02.1933	–	–
Feldspieler	Otto Baitinger	D	27.10.1926	31	24
Feldspieler	Karl Barufka	D	15.05.1921	12	2
Feldspieler	Rolf Blessing	D	21.07.1929	13	6
Feldspieler	Walter Bühler	D	29.06.1926	31	5
Feldspieler	Ludwig Hinterstocker	D	11.04.1931	31	7
Feldspieler	Rolf Krauß	D	21.10.1930	2	–
Feldspieler	Peter Krieger	D	30.11.1929	31	3
Feldspieler	Leo Kronenbitter	D	08.03.1921	32	2
Feldspieler	Helmut Kurz	D	11.08.1930	–	–
Feldspieler	Werner Liebschwager	D	02.05.1927	3	–
Feldspieler	Erich Retter	D	17.02.1925	30	2
Feldspieler	Robert Schlienz	D	03.02.1924	32	4
Feldspieler	Wolfgang Simon	D	18.11.1933	2	–
Feldspieler	Harry Stache	D		–	–
Feldspieler	Richard Steimle	D	18.12.1923	22	–
Feldspieler	Erwin Waldner	D	24.01.1933	30	8
Feldspieler	Roland Wehrle	D	04.01.1927	18	5

				Amtszeit
Trainer	Georg Wurzer	D	31.01.1907	01.07.1947 – 30.04.1960

Spieltag	19	20	21	22	23	24	25	26	27	28	29	30
Zuschauer	6.000	10.000	33.000	7.000	28.000	12.000	31.000	12.000	12.000	33.000	28.000	20.000
Ergebnis	1:1 (1:0)	2:0 (1:0)	4:0 (0:0)	2:1 (1:1)	5:0 (2:0)	4:1 (2:1)	1:2 (1:1)	6:0 (4:0)	2:2 (1:0)	5:1 (3:0)	4:0 (1:0)	2:0 (0:0)
Spiel	1. FC Schweinfurt 05 – VfB Stuttgart	VfB Stuttgart – Viktoria Aschaffenburg	Stuttgarter Kickers – VfB Stuttgart	VfB Stuttgart – Jahn Regensburg	Eintracht Frankfurt – VfB Stuttgart	VfB Stuttgart – Hessen Kassel	1. FC Nürnberg – VfB Stuttgart	VfB Stuttgart – BC Augsburg	VfR Mannheim – VfB Stuttgart	VfB Stuttgart – Karlsruher SC	Kickers Offenbach – VfB Stuttgart	VfB Stuttgart – SV Waldhof 07
Datum	So, 10.01.1954	So, 17.01.1954	So, 24.01.1954	Sa, 31.01.1954	So, 07.02.1954	So, 14.02.1954	So, 21.02.1954	So, 27.02.1954	So, 07.03.1954	So, 14.03.1954	So, 21.03.1954	So, 04.04.1954

Platz 1: Qualifikation für die Endrunde

Donnerstag, 25.03.1954
Halbfinale, Entscheidungsspiel
TuS Neuendorf – VfB Stuttgart
0:2 (0:1)

Samstag, 17.04.1954
Finale
VfB Stuttgart – 1. FC Köln
1:0 n.V.

Oberliga Süd

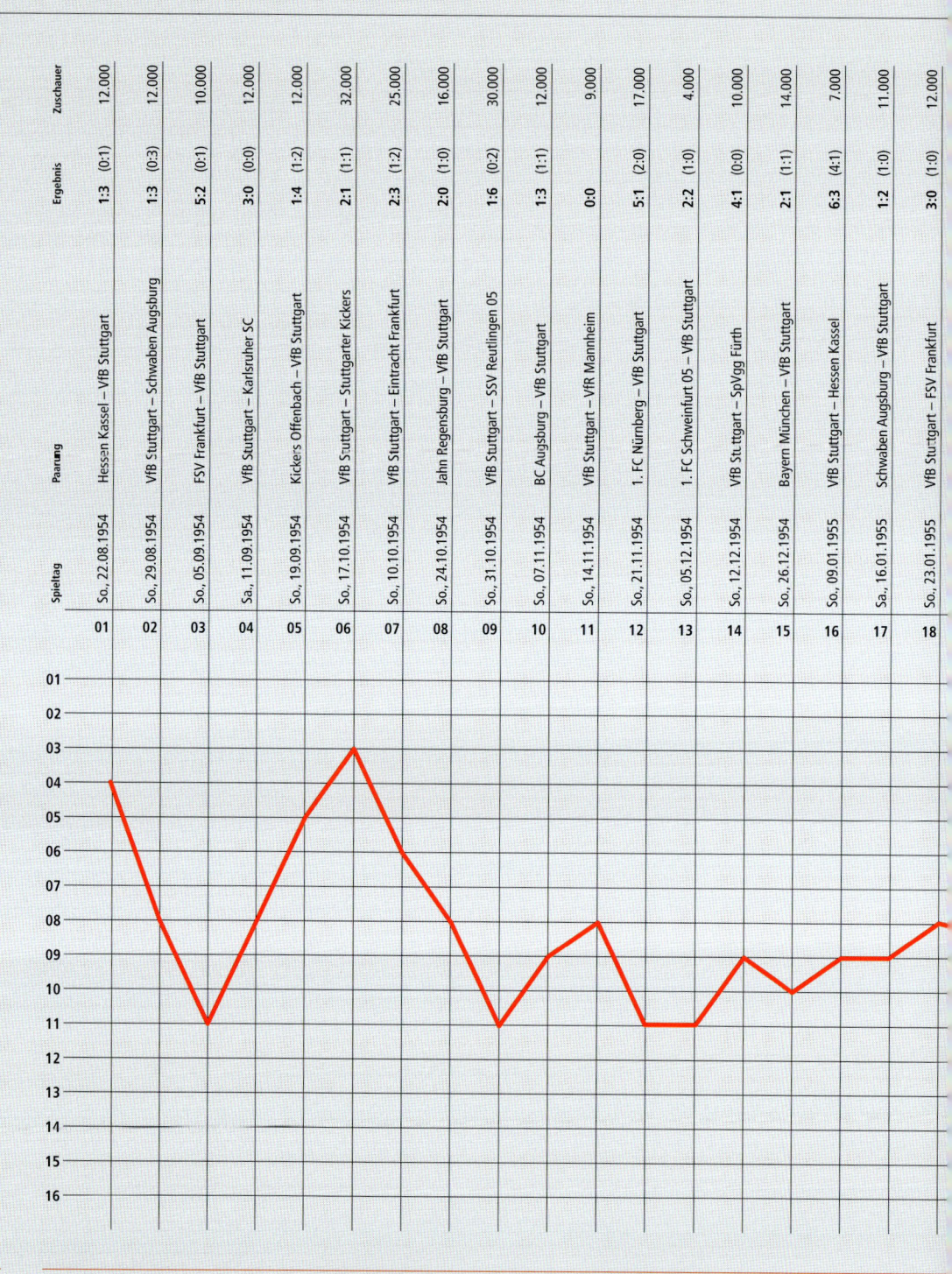

Spieltag	Paarung	Ergebnis	Zuschauer
So., 22.08.1954	Hessen Kassel – VfB Stuttgart	1:3 (0:1)	12.000
So., 29.08.1954	VfB Stuttgart – Schwaben Augsburg	1:3 (0:3)	12.000
So., 05.09.1954	FSV Frankfurt – VfB Stuttgart	5:2 (0:1)	10.000
Sa., 11.09.1954	VfB Stuttgart – Karlsruher SC	3:0 (0:0)	12.000
So., 19.09.1954	Kickers Offenbach – VfB Stuttgart	1:4 (1:2)	12.000
So., 17.10.1954	VfB Stuttgart – Stuttgarter Kickers	2:1 (1:1)	32.000
So., 10.10.1954	VfB Stuttgart – Eintracht Frankfurt	2:3 (1:2)	25.000
So., 24.10.1954	Jahn Regensburg – VfB Stuttgart	2:0 (1:0)	16.000
So., 31.10.1954	VfB Stuttgart – SSV Reutlingen 05	1:6 (0:2)	30.000
So., 07.11.1954	BC Augsburg – VfB Stuttgart	1:3 (1:1)	12.000
So., 14.11.1954	VfB Stuttgart – VfR Mannheim	0:0	9.000
So., 21.11.1954	1. FC Nürnberg – VfB Stuttgart	5:1 (2:0)	17.000
So., 05.12.1954	1. FC Schweinfurt 05 – VfB Stuttgart	2:2 (1:0)	4.000
So., 12.12.1954	VfB Stuttgart – SpVgg Fürth	4:1 (0:0)	10.000
So., 26.12.1954	Bayern München – VfB Stuttgart	2:1 (1:1)	14.000
So., 09.01.1955	VfB Stuttgart – Hessen Kassel	6:3 (4:1)	7.000
Sa., 16.01.1955	Schwaben Augsburg – VfB Stuttgart	1:2 (1:0)	11.000
So., 23.01.1955	VfB Stuttgart – FSV Frankfurt	3:0 (1:0)	12.000

DFB-Pokal

Sonntag, 15.08.1954
1. Runde
VfB Stuttgart – Arminia Hannover
4:2 (0:1)

Sonntag, 26.09.1954
Achtelfinale
VfB Stuttgart – VfB Lübeck
5:1 (0:1)

Sonntag, 28.11.1954
Viertelfinale
VfB Stuttgart – Karlsruher SC
2:5 (1:4)

Saison 1954/1955

Abschlusstabelle

Platz	Verein	Spiele	g.	u.	v.	Tore	Diff.	Punkte
1	Kickers Offenbach	30	17	5	8	67:38	29	39:21
2	SSV Reutlingen	30	16	5	9	62:44	18	37:23
3	1. FC Schweinfurt 05	30	14	9	7	52:44	8	37:23
4	Eintracht Frankfurt	30	15	6	9	56:36	20	36:24
5	Karlsruher SC	30	15	5	10	69:51	18	35:25
6	FSV Frankfurt	30	13	7	10	55:49	6	33:27
7	BC Augsburg	30	14	4	12	72:60	12	32:28
8	Schwaben Augsburg	30	12	8	10	46:45	1	32:28
9	1. FC Nürnberg	30	12	5	13	64:51	13	29:31
10	VfR Mannheim	30	12	5	13	77:79	−2	29:31
11	SpVgg Fürth	30	11	7	12	56:67	−11	29:31
12	Stuttgarter Kickers	30	10	7	13	48:56	−8	27:33
13	**VfB Stuttgart**	30	11	4	15	58:60	−2	26:34
14	Jahn Regensburg	30	11	4	15	47:85	−38	26:34
15	Hessen Kassel	30	6	6	18	37:67	−30	18:42
16	Bayern München	30	6	3	21	42:76	−34	15:45

Kader

Position	Name	Nat.	Geb.datum	Einsätze	Tore
Torhüter	Karl Bögelein	D	28.01.1927	24	–
Torhüter	Josef Haas	D	19.02.1933	6	–
Feldspieler	Otto Baitinger	D	27.10.1926	22	8
Feldspieler	Karl Barufka	D	15.05.1921	13	–
Feldspieler	Rolf Blessing	D	21.07.1929	27	11
Feldspieler	Walter Bühler	D	29.06.1926	24	5
Feldspieler	Heinz Dobler	D	12.11.1933	1	–
Feldspieler	Karl Dornhecker	D	07.04.1928	–	–
Feldspieler	Ludwig Hinterstocker	D	11.04.1931	29	10
Feldspieler	Rolf Krauß	D	21.10.1930	20	1
Feldspieler	Leo Kronenbitter	D	08.03.1921	24	3
Feldspieler	Helmut Kurz	D	11.08.1930	8	–
Feldspieler	Werner Liebschwager	D	02.05.1927	25	–
Feldspieler	Erich Retter	D	17.02.1925	23	2
Feldspieler	Robert Schlienz	D	03.02.1924	30	1
Feldspieler	Wolfgang Simon	D	18.11.1933	7	–
Feldspieler	Harry Stache	D		1	1
Feldspieler	Gerhard Strohmaier	D	17.09.1933	15	3
Feldspieler	Knut Tagliaferri	D	21.03.1935	–	–
Feldspieler	Erwin Waldner	D	24.01.1933	30	13
Feldspieler	Roland Wehrle	D	04.01.1927	1	–

				Amtszeit
Trainer	Georg Wurzer	D	31.01.1907	01.07.1947–30.04.1960

Spiel	Zuschauer	Ergebnis	Begegnung	Datum
19	8.000	3:0 (1:0)	Karlsruher SC – VfB Stuttgart	So, 30.01.1955
20	15.000	0:2 (0:0)	VfB Stuttgart – Kickers Offenbach	So, 06.02.1955
21	20.000	1:0 (0:0)	Stuttgarter Kickers – VfB Stuttgart	So, 13.02.1955
22	10.000	1:0 (0:0)	Eintracht Frankfurt – VfB Stuttgart	Sa, 19.02.1955
23	7.000	1:1 (1:1)	VfB Stuttgart – Jahn Regensburg	So, 27.02.1955
24	15.000	2:1 (2:1)	SSV Reutlingen 05 – VfB Stuttgart	So, 13.03.1955
25	8.000	2:2 (1:0)	VfB Stuttgart – BC Augsburg	So, 20.03.1955
26	8.000	5:2 (3:1)	VfR Mannheim – VfB Stuttgart	Sa, 26.03.1955
27	15.000	6:0 (2:0)	VfB Stuttgart – 1. FC Nürnberg	So, 03.04.1955
28	11.000	2:3 (2:2)	VfB Stuttgart – 1. FC Schweinfurt 05	So, 17.04.1955
29	5.000	2:1 (1:0)	SpVgg Fürth – VfB Stuttgart	So, 24.04.1955
30	4.000	3:1 (1:0)	VfB Stuttgart – Bayern München	So, 01.05.1955

Platz 13

Oberliga Süd

Spieltag	Paarung	Ergebnis	Zuschauer
01 So., 28.08.1955	VfB Stuttgart – SpVgg Fürth	7:0 (2:0)	12.000
02 So., 04.09.1955	Viktoria Aschaffenburg – VfB Stuttgart	2:1 (0:1)	15.000
03 So., 11.09.1955	VfB Stuttgart – FSV Frankfurt	0:4 (0:2)	12.000
04 Sa., 18.09.1955	SSV Reutlingen 05 – VfB Stuttgart	0:0	10.000
05 So., 02.10.1955	Kickers Offenbach – VfB Stuttgart	1:3 (1:2)	20.000
06 So., 09.10.1955	VfB Stuttgart – Stuttgarter Kickers	3:1 (0:0)	32.000
07 So., 16.10.1955	Eintracht Frankfurt – VfB Stuttgart	0:3 (0:1)	13.000
08 So., 23.10.1955	VfB Stuttgart – 1. FC Schweinfurt 05	3:0 (0:0)	20.000
09 So., 30.10.1955	1. FC Nürnberg – VfB Stuttgart	0:0	24.000
10 So., 06.11.1955	VfB Stuttgart – Jahn Regensburg	2:0 (0:0)	15.000
11 So., 20.11.1955	1860 München – VfB Stuttgart	2:3 (2:2)	30.000
12 So., 27.11.1955	VfB Stuttgart – Schwaben Augsburg	1:1 (0:1)	14.000
13 So., 04.12.1955	VfR Mannheim – VfB Stuttgart	3:1 (1:0)	15.000
14 So., 11.12.1955	VfB Stuttgart – Karlsruher SC	0:0	22.000
15 So., 18.12.1955	BC Augsburg – VfB Stuttgart	2:2 (1:1)	8.000
16 So., 08.01.1956	SpVgg Fürth – VfB Stuttgart	1:2 (0:1)	8.000
17 So., 15.01.1956	VfB Stuttgart – Viktoria Aschaffenburg	1:1 (0:0)	15.000
18 So., 22.01.1956	FSV Frankfurt – VfB Stuttgart	0:2 (0:1)	4.000

Endrunde Deutsche Meisterschaft

Sonntag, 13.05.1956
1. Spieltag, Vorrunde
Hamburger SV – VfB Stuttgart
0:0

Sonntag, 20.05.1956
2. Spieltag, Vorrunde
VfB Stuttgart – Borussia Dortmund
0:2 (0:1)

Mittwoch, 30.05.1956
3. Spieltag, Vorrunde
Viktoria 89 Berlin – VfB Stuttgart
3:3 (0:0)

Sonntag, 03.06.1956
4. Spieltag, Vorrunde
VfB Stuttgart – Hamburger SV
2:4 (0:2)

Sonntag, 10.06.1956
5. Spieltag, Vorrunde
VfB Stuttgart – Viktoria 89 Berlin
3:1 (2:0)

Sonntag, 17.06.1956
6. Spieltag, Vorrunde
Borussia Dortmund – VfB Stuttgart
4:1 (2:0)

Saison 1955/1956

Abschlusstabelle

Platz	Verein	Spiele	g.	u.	v.	Tore	Diff.	Punkte
1	Karlsruher SC	30	17	7	6	63:38	25	41:19
2	**VfB Stuttgart**	30	14	10	6	52:29	23	38:22
3	VfR Mannheim	30	17	2	11	73:45	28	36:24
4	Kickers Offenbach	30	16	4	10	66:51	15	36:24
5	Viktoria Aschaffenburg	30	13	9	8	61:45	16	35:25
6	Eintracht Frankfurt	30	13	5	12	56:49	7	31:29
7	1. FC Nürnberg	30	12	7	11	42:41	1	31:29
8	1. FC Schweinfurt 05	30	13	4	13	53:53	0	30:30
9	FSV Frankfurt	30	13	3	14	51:43	8	29:31
10	Jahn Regensburg	30	11	6	13	41:51	−10	28:32
11	BC Augsburg	30	9	8	13	48:53	−5	26:34
12	Schwaben Augsburg	30	10	6	14	43:57	−14	26:34
13	SpVgg Fürth	30	11	4	15	48:69	−21	26:34
14	Stuttgarter Kickers	30	11	2	17	33:43	−10	24:36
15	SSV Reutlingen 05	30	10	4	16	49:81	−32	24:36
16	1860 München	30	8	3	19	43:74	−31	19:41

Kader

Position	Name	Nat.	Geb.datum	Einsätze	Tore
Torhüter	Karl Bögelein	D	28.01.1927	37	–
Torhüter	Josef Haas	D	19.02.1933	–	–
Feldspieler	Rolf Blessing	D	21.07.1929	35	8
Feldspieler	Walter Bühler	D	29.06.1926	17	3
Feldspieler	Heinz Dobler	D	12.11.1933	–	–
Feldspieler	Karl Dornhecker	D	07.04.1928	37	–
Feldspieler	Rolf Eisele	D	27.12.1933	–	–
Feldspieler	Ludwig Hinterstocker	D	11.04.1931	20	5
Feldspieler	Rolf Krauß	D	21.10.1930	17	9
Feldspieler	Leo Kronenbitter	D	08.03.1921	4	2
Feldspieler	Werner Liebschwager	D	02.05.1927	36	–
Feldspieler	Erich Retter	D	17.02.1925	37	1
Feldspieler	Oscar Schallenmüller	D		–	–
Feldspieler	Robert Schlienz	D	03.02.1924	35	1
Feldspieler	Wolfgang Simon	D	18.11.1933	37	4
Feldspieler	Gerhard Strohmaier	D	17.09.1933	24	3
Feldspieler	Knut Tagliaferri	D	21.03.1935	18	5
Feldspieler	Erwin Waldner	D	24.01.1933	37	22
Feldspieler	Manfred Wallat	D	17.04.1933	16	4

					Amtszeit
Trainer	Georg Wurzer	D	31.01.1907		01.07.1947 – 30.04.1960

Platz 2: Qualifikation für die Endrunde

Spiel	Ergebnis	Zuschauer	Datum
VfB Stuttgart – SSV Reutlingen 05	1:0 (1:0)	20.000	So, 29.01.1956
VfB Stuttgart – Kickers Offenbach	2:4 (1:0)	12.000	So, 05.02.1956
Stuttgarter Kickers – VfB Stuttgart	0:0	13.000	So, 19.02.1956
VfB Stuttgart – Eintracht Frankfurt	3:0 (2:0)	11.000	So, 26.02.1956
1. FC Schweinfurt 05 – VfB Stuttgart	1:0 (1:0)	12.000	Sa, 31.03.1956
VfB Stuttgart – 1. FC Nürnberg	5:0 (3:0)	26.000	So, 11.03.1956
Jahn Regensburg – VfB Stuttgart	1:1 (0:1)	16.000	So, 18.03.1956
VfB Stuttgart – 1860 München	2:1 (1:1)	16.000	So, 25.03.1956
Schwaben Augsburg – VfB Stuttgart	1:0 (1:0)	14.000	So, 08.04.1956
VfB Stuttgart – VfR Mannheim	2:1 (1:0)	75.000	So, 15.04.1956
Karlsruher SC – VfB Stuttgart	2:2 (1:1)	52.000	So, 22.04.1956
VfB Stuttgart – BC Augsburg	0:0	21.000	So, 29.04.1956

Abschlusstabelle
1. Borussia Dortmund 6 19:4 9:3
2. Hamburger SV 6 14:10 9:3
3. VfB Stuttgart 6 9:14 4:8
4. Viktoria 89 Berlin 6 7:21 2:10

Oberliga Süd

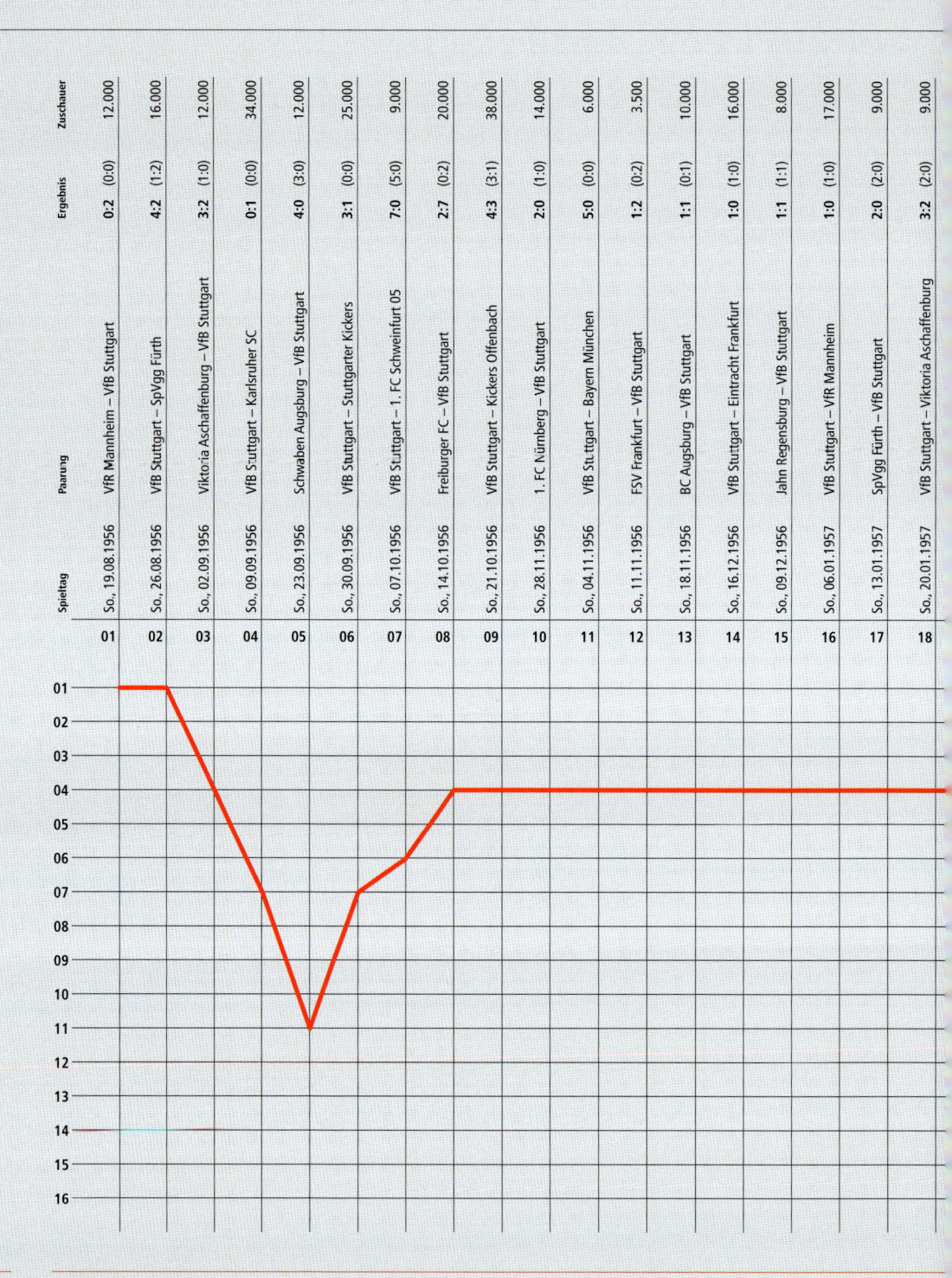

Spieltag	Paarung	Ergebnis	Zuschauer
So, 19.08.1956	VfR Mannheim – VfB Stuttgart	0:2 (0:0)	12.000
So, 26.08.1956	VfB Stuttgart – SpVgg Fürth	4:2 (1:2)	16.000
So, 02.09.1956	Viktoria Aschaffenburg – VfB Stuttgart	3:2 (1:0)	12.000
So, 09.09.1956	VfB Stuttgart – Karlsruher SC	0:1 (0:0)	34.000
So, 23.09.1956	Schwaben Augsburg – VfB Stuttgart	4:0 (3:0)	12.000
So, 30.09.1956	VfB Stuttgart – Stuttgarter Kickers	3:1 (0:0)	25.000
So, 07.10.1956	VfB Stuttgart – 1. FC Schweinfurt 05	7:0 (5:0)	9.000
So, 14.10.1956	Freiburger FC – VfB Stuttgart	2:7 (0:2)	20.000
So, 21.10.1956	VfB Stuttgart – Kickers Offenbach	4:3 (3:1)	38.000
So, 28.11.1956	1. FC Nürnberg – VfB Stuttgart	2:0 (1:0)	14.000
So, 04.11.1956	VfB Stuttgart – Bayern München	5:0 (0:0)	6.000
So, 11.11.1956	FSV Frankfurt – VfB Stuttgart	1:2 (0:2)	3.500
So, 18.11.1956	BC Augsburg – VfB Stuttgart	1:1 (0:1)	10.000
So, 16.12.1956	VfB Stuttgart – Eintracht Frankfurt	1:0 (1:0)	16.000
So, 09.12.1956	Jahn Regensburg – VfB Stuttgart	1:1 (1:1)	8.000
So, 06.01.1957	VfB Stuttgart – VfR Mannheim	1:0 (1:0)	17.000
So, 13.01.1957	SpVgg Fürth – VfB Stuttgart	2:0 (2:0)	9.000
So, 20.01.1957	VfB Stuttgart – Viktoria Aschaffenburg	3:2 (2:0)	9.000

DFB-Pokal

Sonntag, 27.01.1957
1. Runde
FC Singen 04 – VfB Stuttgart
4:1 (2:0)

Saison 1956/1957

Abschlusstabelle

Platz	Verein	Spiele	g.	u.	v.	Tore	Diff.	Punkte
1	1. FC Nürnberg	30	21	5	4	76:33	43	47:13
2	Kickers Offenbach	30	17	9	4	81:35	46	43:17
3	Karlsruher SC	30	18	5	7	74:41	33	41:19
4	**VfB Stuttgart**	30	17	5	8	69:44	25	39:21
5	Eintracht Frankfurt	30	15	5	10	60:42	18	35:25
6	SpVgg Fürth	30	12	5	13	61:57	4	29:31
7	VfR Mannheim	30	12	5	13	51:54	−3	29:31
8	Viktoria Aschaffenburg	30	11	5	14	44:54	−10	27:33
9	Jahn Regensburg	30	11	5	14	46:73	−27	27:33
10	Bayern München	30	12	2	16	52:62	−10	26:34
11	FSV Frankfurt	30	9	8	13	41:60	−19	26:34
12	1. FC Schweinfurt 05	30	9	6	15	41:68	−27	24:36
13	BC Augsburg	30	8	7	15	49:66	−17	23:37
14	Stuttgarter Kickers	30	9	4	17	46:50	−4	22:38
15	Schwaben Augsburg	30	9	4	17	35:64	−29	22:38
16	Freiburger FC	30	6	8	16	43:66	−23	20:40

Kader

Position	Name	Nat.	Geb.datum	Einsätze	Tore
Torhüter	Karl Bögelein	D	28.01.1927	22	–
Torhüter	Josef Haas	D	19.02.1933	–	–
Torhüter	Günter Sawitzki	D	22.11.1932	8	–
Feldspieler	Rolf Blessing	D	21.07.1929	22	7
Feldspieler	Karl Busch	D	17.08.1934	11	1
Feldspieler	Walter Bühler	D	29.06.1926	3	2
Feldspieler	Karl Dornhecker	D	07.04.1928	30	4
Feldspieler	Rolf Eisele	D	27.12.1933	6	–
Feldspieler	Oskar Hartl	D	24.04.1930	3	1
Feldspieler	Ludwig Hinterstocker	D	11.04.1931	27	8
Feldspieler	Erich Kaniber	D	29.01.1934	–	–
Feldspieler	Günter Kläger	D	06.06.1934	1	–
Feldspieler	Werner Liebschwager	D	02.05.1927	23	–
Feldspieler	Arno Loß	D	20.07.1935	8	1
Feldspieler	Dieter Praxl	D	12.12.1935	24	9
Feldspieler	Erich Retter	D	17.02.1925	30	–
Feldspieler	Robert Schlienz	D	03.02.1924	27	–
Feldspieler	Wolfgang Simon	D	18.11.1933	30	9
Feldspieler	Gerhard Strohmaier	D	17.09.1933	29	11
Feldspieler	Knut Tagliaferri	D	21.03.1935	1	–
Feldspieler	Erwin Waldner	D	24.01.1933	23	15
Feldspieler	Manfred Wallat	D	17.04.1933	2	–

Position	Name	Nat.	Geb.datum	Amtszeit
Trainer	Georg Wurzer	D	31.01.1907	01.07.1947 – 30.04.1960

Spiele (Rückrunde)

Nr.	Datum	Begegnung	Ergebnis	Zuschauer
19	So, 03.02.1957	Karlsruher SC – VfB Stuttgart	3:0 (1:0)	40.000
20	So, 10.02.1957	VfB Stuttgart – Schwaben Augsburg	5:1 (2:0)	10.000
21	So, 17.02.1957	Stuttgarter Kickers – VfB Stuttgart	1:5 (0:2)	30.000
22	So, 24.02.1957	1. FC Schweinfurt 05 – VfB Stuttgart	3:1 (2:0)	6.500
23	So, 17.03.1957	VfB Stuttgart – Freiburger FC	2:1 (1:1)	12.000
24	Sa, 23.03.1957	Kickers Offenbach – VfB Stuttgart	1:1 (0:1)	18.000
25	So, 07.04.1957	VfB Stuttgart – 1. FC Nürnberg	2:0 (0:0)	40.000
26	So, 14.04.1957	Bayern München – VfB Stuttgart	1:3 (1:2)	28.000
27	Sa, 27.04.1957	VfB Stuttgart – FSV Frankfurt	2:2 (1:2)	12.000
28	So, 05.05.1957	VfB Stuttgart – BC Augsburg	3:0 (2:0)	9.000
29	Sa, 11.05.1957	Eintracht Frankfurt – VfB Stuttgart	4:0 (1:0)	6.000
30	So, 19.05.1957	VfB Stuttgart – Jahn Regensburg	2:2 (1:1)	4.500

Platz 4

Oberliga Süd

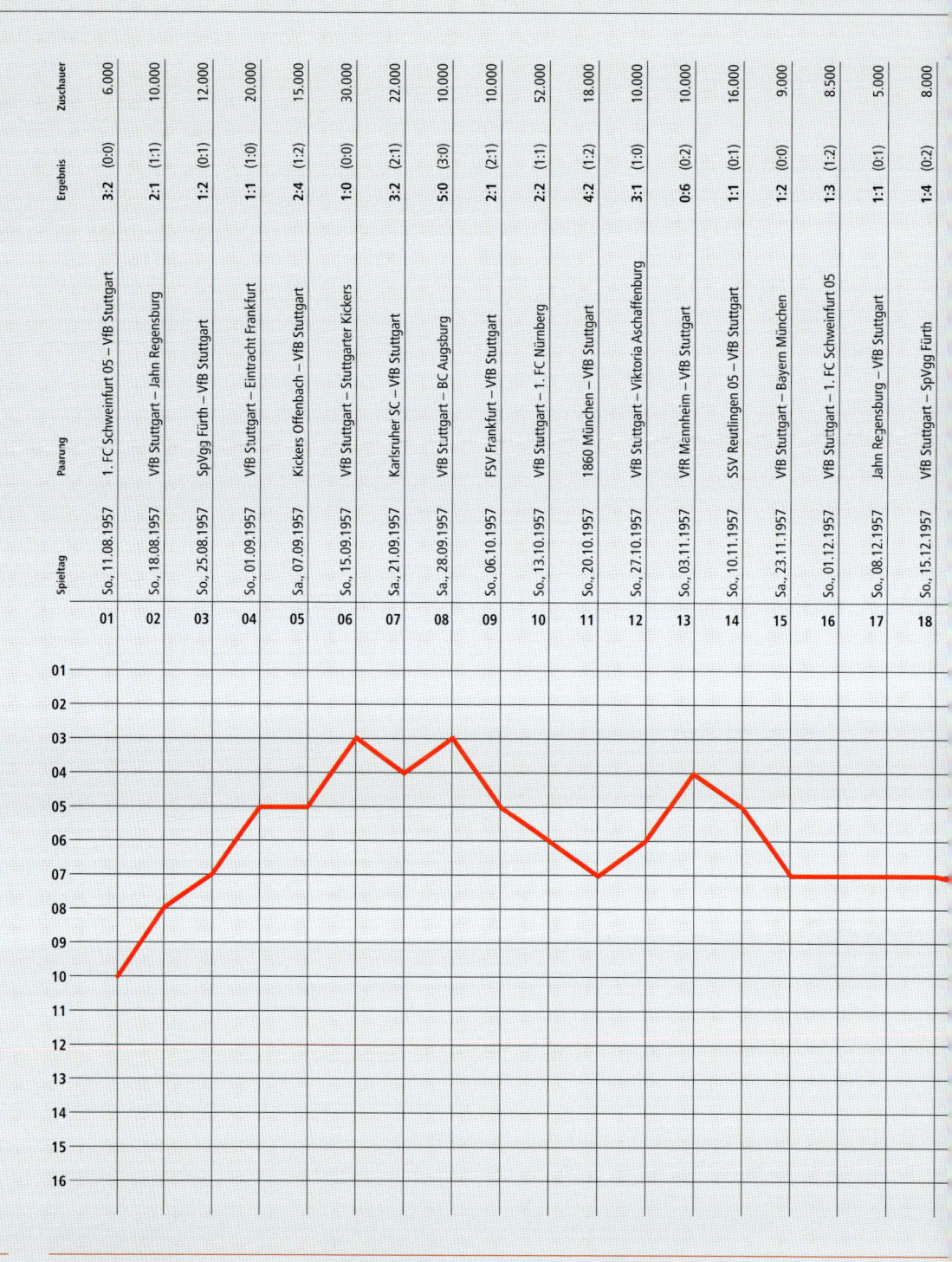

Spieltag	Paarung	Ergebnis	Zuschauer
So., 11.08.1957	1. FC Schweinfurt 05 – VfB Stuttgart	3:2 (0:0)	6.000
So., 18.08.1957	VfB Stuttgart – Jahn Regensburg	2:1 (1:1)	10.000
So., 25.08.1957	SpVgg Fürth – VfB Stuttgart	1:2 (0:1)	12.000
So., 01.09.1957	VfB Stuttgart – Eintracht Frankfurt	1:1 (1:0)	20.000
Sa., 07.09.1957	Kickers Offenbach – VfB Stuttgart	2:4 (1:2)	15.000
So., 15.09.1957	VfB Stuttgart – Stuttgarter Kickers	1:0 (0:0)	30.000
Sa., 21.09.1957	Karlsruher SC – VfB Stuttgart	3:2 (2:1)	22.000
Sa., 28.09.1957	VfB Stuttgart – BC Augsburg	5:0 (3:0)	10.000
So., 06.10.1957	FSV Frankfurt – VfB Stuttgart	2:1 (2:1)	10.000
So., 13.10.1957	VfB Stuttgart – 1. FC Nürnberg	2:2 (1:1)	52.000
So., 20.10.1957	1860 München – VfB Stuttgart	4:2 (1:2)	18.000
So., 27.10.1957	VfB Stuttgart – Viktoria Aschaffenburg	3:1 (1:0)	10.000
So., 03.11.1957	VfR Mannheim – VfB Stuttgart	0:6 (0:2)	10.000
So., 10.11.1957	SSV Reutlingen 05 – VfB Stuttgart	1:1 (0:1)	16.000
Sa., 23.11.1957	VfB Stuttgart – Bayern München	1:2 (0:0)	9.000
So., 01.12.1957	VfB Stuttgart – 1. FC Schweinfurt 05	1:3 (1:2)	8.500
So., 08.12.1957	Jahn Regensburg – VfB Stuttgart	1:1 (0:1)	5.000
So., 15.12.1957	VfB Stuttgart – SpVgg Fürth	1:4 (0:2)	8.000

DFB-Pokal

Sonntag, 20.04.1958
1. Runde, Südebene
1. FC Eislingen – VfB Stuttgart
1:7 (1:3)

Sonntag, 04.05.1958
2. Runde, Südebene
SV Wiesbaden – VfB Stuttgart
2:3 (1:1)

Sonntag, 18.05.1958
3. Runde, Südebene
VfB Stuttgart – Viktoria Aschaffenburg
4:1 (2:0)

Samstag, 31.05.1958
Viertelfinale, Südebene
VfB Stuttgart – TSG Ulm 1846
8:1 (4:1)

Samstag, 14.06.1958
Halbfinale, Südebene
VfB Stuttgart – 1. FC Nürnberg
2:0 (1:0)

Mittwoch, 25.06.1958
Finale, Südebene
VfB Stuttgart – 1. FC Schweinfurt 05
2:1 (0:1)

Saison 1957/1958

Abschlusstabelle

Platz	Verein	Spiele	g.	u.	v.	Tore	Diff.	Punkte
1	Karlsruher SC	30	19	4	7	60:38	22	42:18
2	1. FC Nürnberg	30	19	3	8	74:45	29	41:19
3	Eintracht Frankfurt	30	15	9	6	58:32	26	39:21
3	SpVgg Fürth	30	17	5	8	54:33	21	39:21
5	Kickers Offenbach	30	17	3	10	68:45	23	37:23
6	1860 München	30	14	8	8	50:48	2	36:24
7	Bayern München	30	12	6	12	66:56	10	30:30
8	1. FC Schweinfurt 05	30	11	7	12	51:48	3	29:31
9	**VfB Stuttgart**	30	11	6	13	55:46	9	28:32
10	VFR Mannheim	30	11	5	14	43:57	−14	27:33
11	Viktoria Aschaffenburg	30	10	6	14	51:54	−3	26:34
12	BC Augsburg	30	8	10	12	45:66	−21	26:34
13	FSV Frankfurt	30	10	5	15	33:46	−13	25:35
14	SSV Reutlingen 05	30	9	5	16	41:55	−14	23:37
15	Jahn Regensburg	30	5	7	18	29:79	−50	17:43
16	Stuttgarter Kickers	30	4	7	19	31:61	−30	15:45

Kader

Position	Name	Nat.	Geb.datum	Einsätze	Tore
Torhüter	Lorenz Fischer	D	02.11.1934	–	–
Torhüter	Günter Sawitzki	D	22.11.1932	30	–
Feldspieler	Dieter Ahrendt	D	16.02.1936	8	–
Feldspieler	Rolf Blessing	D	21.07.1929	28	5
Feldspieler	Karl Busch	D	17.08.1934	7	2
Feldspieler	Walter Bühler	D	29.06.1926	–	–
Feldspieler	Rolf Eisele	D	27.12.1933	3	–
Feldspieler	Rolf Geiger	D	16.10.1934	3	1
Feldspieler	Oskar Hartl	D	24.04.1930	6	1
Feldspieler	Ludwig Hinterstocker	D	11.04.1931	18	2
Feldspieler	Rodolf Hoffmann	D	11.02.1935	2	–
Feldspieler	Erich Kaniber	D	29.01.1934	25	1
Feldspieler	Günter Kläger	D	06.06.1934	1	–
Feldspieler	Werner Liebschwager	D	02.05.1927	25	–
Feldspieler	Arno Loß	D	20.07.1935	4	–
Feldspieler	Gerhard Marx	D	05.06.1935	–	–
Feldspieler	Dieter Praxl	D	12.12.1935	23	6
Feldspieler	Erich Retter	D	17.02.1925	30	–
Feldspieler	Robert Schlienz	D	03.02.1924	10	1
Feldspieler	Wolfgang Simon	D	18.11.1933	30	10
Feldspieler	Gerhard Strohmaier	D	17.09.1933	30	9
Feldspieler	Knut Tagliaferri	D	21.03.1935	17	11
Feldspieler	Erwin Waldner	D	24.01.1933	25	4
Feldspieler	Manfred Wallat	D	17.04.1933	3	–

Position	Name	Nat.	Geb.datum	Amtszeit
Trainer	Georg Wurzer	D	31.01.1907	01.07.1947 – 30.04.1960

Spielverlauf (Spieltage 19–30)

Spieltag	Datum	Zuschauer	Begegnung	Ergebnis
19	Sa., 04.01.1958	10.000	Eintracht Frankfurt – VfB Stuttgart	1:0 (0:0)
20	So., 12.01.1958	19.000	VfB Stuttgart – Kickers Offenbach	2:3 (2:2)
21	So., 19.01.1958	20.000	Stuttgarter Kickers – VfB Stuttgart	0:3 (0:0)
22	So., 26.01.1958	15.000	VfB Stuttgart – Karlsruher SC	1:2 (0:0)
23	So., 02.02.1958	9.000	BC Augsburg – VfB Stuttgart	1:0 (0:0)
24	So., 16.03.1958	9.000	VfB Stuttgart – FSV Frankfurt	0:1 (0:0)
25	So., 23.02.1958	17.000	1. FC Nürnberg – VfB Stuttgart	3:1 (1:0)
26	So., 09.03.1958	15.000	VfB Stuttgart – 1860 München	1:1 (1:1)
27	So., 23.03.1958	6.500	Viktoria Aschaffenburg – VfB Stuttgart	1:3 (0:2)
28	So., 30.03.1958	16.000	VfB Stuttgart – VfR Mannheim	3:0 (1:0)
29	Sa., 05.04.1958	20.000	VfB Stuttgart – SSV Reutlingen 05	1:0 (0:0)
30	So., 13.04.1958	17.000	Bayern München – VfB Stuttgart	2:2 (2:0)

Platz 9

Sonntag, 21.09.1958
Halbfinale, Bundesebene
1. FC Saarbrücken – VfB Stuttgart
1:4 (0:1)

Sonntag, 16.11.1958
Finale, Bundesebene
VfB Stuttgart – Fortuna Düsseldorf
4:3 (2:2, 1:0) n.V.

Oberliga Süd

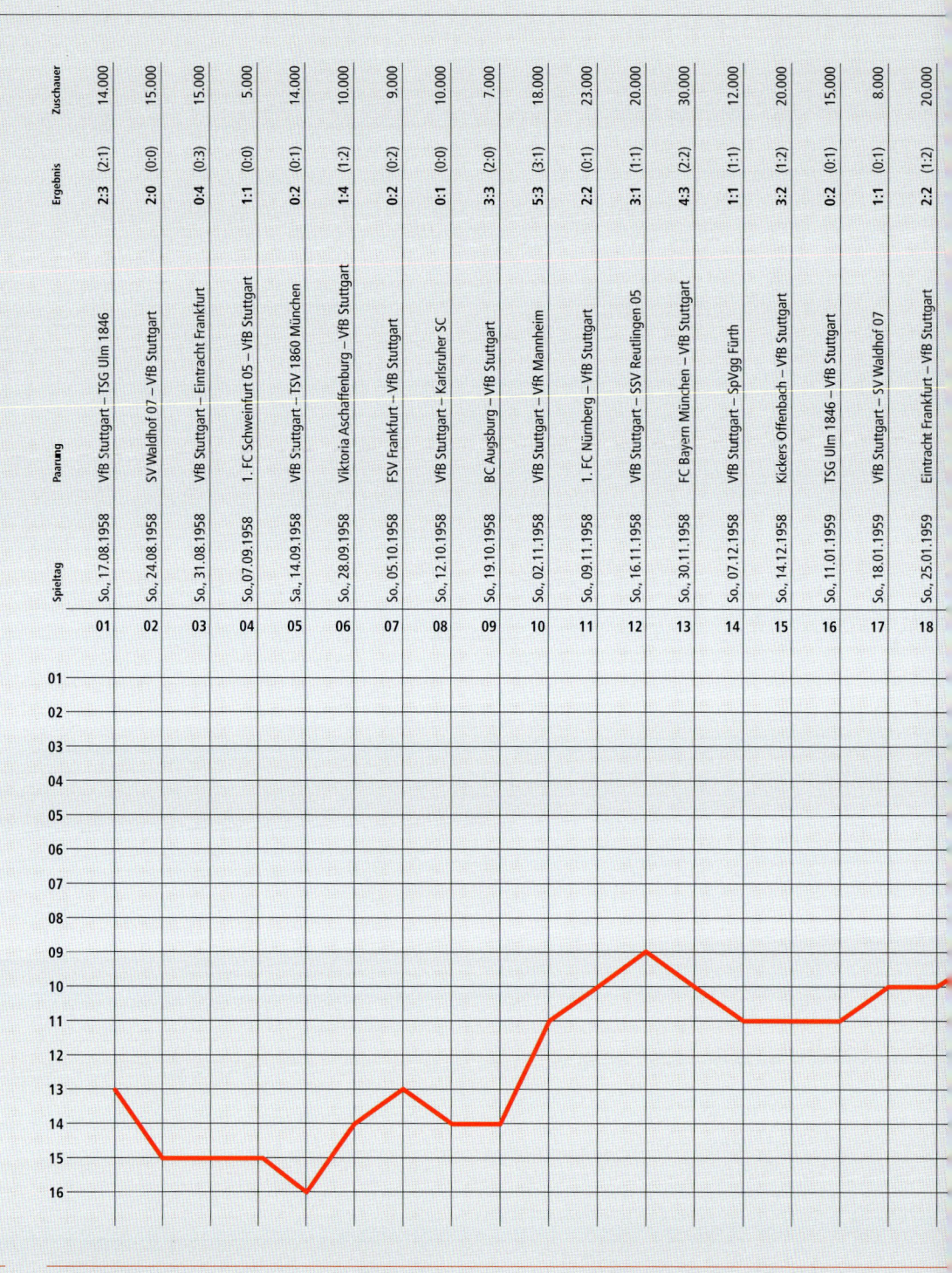

Spieltag	Paarung	Ergebnis	Zuschauer
So, 17.08.1958	VfB Stuttgart – TSG Ulm 1846	2:3 (2:1)	14.000
So, 24.08.1958	SV Waldhof 07 – VfB Stuttgart	2:0 (0:0)	15.000
So, 31.08.1958	VfB Stuttgart – Eintracht Frankfurt	0:4 (0:3)	15.000
So, 07.09.1958	1. FC Schweinfurt 05 – VfB Stuttgart	1:1 (0:0)	5.000
Sa, 14.09.1958	VfB Stuttgart – TSV 1860 München	0:2 (0:1)	14.000
So, 28.09.1958	Viktoria Aschaffenburg – VfB Stuttgart	1:4 (1:2)	10.000
So, 05.10.1958	FSV Frankfurt – VfB Stuttgart	0:2 (0:2)	9.000
So, 12.10.1958	VfB Stuttgart – Karlsruher SC	0:1 (0:0)	10.000
So, 19.10.1958	BC Augsburg – VfB Stuttgart	3:3 (2:0)	7.000
So, 02.11.1958	VfB Stuttgart – VfR Mannheim	5:3 (3:1)	18.000
So, 09.11.1958	1. FC Nürnberg – VfB Stuttgart	2:2 (0:1)	23.000
So, 16.11.1958	VfB Stuttgart – SSV Reutlingen 05	3:1 (1:1)	20.000
So, 30.11.1958	FC Bayern München – VfB Stuttgart	4:3 (2:2)	30.000
So, 07.12.1958	VfB Stuttgart – SpVgg Fürth	1:1 (1:1)	12.000
So, 14.12.1958	Kickers Offenbach – VfB Stuttgart	3:2 (1:2)	20.000
So, 11.01.1959	TSG Ulm 1846 – VfB Stuttgart	0:2 (0:1)	15.000
So, 18.01.1959	VfB Stuttgart – SV Waldhof 07	1:1 (0:1)	8.000
So, 25.01.1959	Eintracht Frankfurt – VfB Stuttgart	2:2 (1:2)	20.000

DFB-Pokal

Dienstag, 06.01.1959
1. Runde, Südebene
Union Böckingen – VfB Stuttgart 0:5 (0:4)

Sonntag, 08.02.1959
2. Runde, Südebene
Freiburger FC – VfB Stuttgart 0:2 (0:0)

Samstag, 28.03.1959
3. Runde, Südebene
BC Augsburg – VfB Stuttgart 1:5 (0:1)

Samstag, 16.05.1959
Viertelfinale, Südebene
VfB Stuttgart – SV Wiesbaden 3:2 (1:0)

Samstag, 01.08.1959
Halbfinale, Südebene
VfB Stuttgart – Eintracht Frankfurt 2:2 n.V. (2:2, 2:0)

Sonntag, 16.08.1959
Halbfinale, Südebene, Wiederholungsspiel
Eintracht Frankfurt – VfB Stuttgart 5:0

Saison 1958/1959

Abschlusstabelle

Platz	Verein	Spiele	g.	u.	v.	Tore	Diff.	Punkte
1	Eintracht Frankfurt	30	22	5	3	71:25	46	49:11
2	Kickers Offenbach	30	20	7	3	73:31	42	47:13
3	1. FC Nürnberg	30	19	5	6	80:38	42	43:17
4	FC Bayern München	30	17	5	8	79:49	30	39:21
5	**VfB Stuttgart**	30	11	8	11	61:49	12	30:30
6	TSV 1860 München	30	12	6	12	61:57	4	30:30
7	SpVgg Fürth	30	11	8	11	47:45	2	30:30
8	VfR Mannheim	30	12	5	13	65:71	-6	29:31
9	Karlsruher SC	30	12	4	14	73:69	4	28:32
10	1. FC Schweinfurt 05	30	8	9	13	47:59	-12	25:35
11	FSV Frankfurt	30	10	4	16	49:69	-20	24:36
12	SSV Reutlingen 05	30	9	6	15	44:71	-27	24:36
13	TSG Ulm 1846	30	8	6	16	39:57	-18	22:38
14	Viktoria Aschaffenburg	30	9	4	17	43:69	-26	22:38
15	BC Augsburg	30	9	2	19	53:85	-32	20:40
16	SV Waldhof 07	30	5	8	17	43:84	-41	18:42

Kader

Position	Name	Nat.	Geb.datum	Einsätze	Tore
Torhüter	Lorenz Fischer	D	02.11.1934	–	–
Torhüter	Günter Sawitzki	D	22.11.1932	30	–
Feldspieler	Dieter Ahrendt	D	16.02.1936	1	–
Feldspieler	Rolf Blessing	D	21.07.1929	28	11
Feldspieler	Rolf Eisele	D	27.12.1933	26	–
Feldspieler	Rolf Geiger	D	16.10.1934	28	16
Feldspieler	Oskar Hartl	D	24.04.1930	27	1
Feldspieler	Rodolf Hoffmann	D	11.02.1935	28	1
Feldspieler	Erich Kaniber	D	29.01.1934	4	–
Feldspieler	Günter Kläger	D	06.06.1934	1	–
Feldspieler	Arno Loß	D	20.07.1935	6	2
Feldspieler	Gerhard Marx	D	05.06.1935	4	–
Feldspieler	Dieter Praxl	D	12.12.1935	17	1
Feldspieler	Erich Retter	D	17.02.1925	–	–
Feldspieler	Robert Schlienz	D	03.02.1924	28	–
Feldspieler	Günter Seibold	D	11.12.1936	28	–
Feldspieler	Gerhard Strohmaier	D	17.09.1933	21	6
Feldspieler	Knut Tagliaferri	D	21.03.1935	3	1
Feldspieler	Erwin Waldner	D	24.01.1933	29	10
Feldspieler	Lothar Weise	D	06.09.1934	21	10

				Amtszeit	
Trainer	Georg Wurzer	D	31.01.1907	01.07.1947–30.04.1960	

	19	20	21	22	23	24	25	26	27	28	29	30
Datum	So, 01.02.1959	So, 15.02.1959	So, 22.02.1959	So, 01.03.1959	So, 08.03.1959	So, 15.03.1959	So, 22.03.1959	So, 05.04.1959	So, 19.04.1959	So, 26.04.1959	So, 03.05.1959	So, 10.05.1959
Spiel	VfB Stuttgart – 1. FC Schweinfurt 05	TSV 1860 München – VfB Stuttgart	VfB Stuttgart – Viktoria Aschaffenburg	VfB Stuttgart – FSV Frankfurt	Karlsruher SC – VfB Stuttgart	VfB Stuttgart – BC Augsburg	VfR Mannheim – VfB Stuttgart	VfB Stuttgart – 1. FC Nürnberg	SSV Reutlingen 05 – VfB Stuttgart	VfB Stuttgart – FC Bayern München	SpVgg Fürth – VfB Stuttgart	VfB Stuttgart – Kickers Offenbach
Ergebnis	3:1 (1:1)	0:2 (0:2)	7:2 (2:0)	6:1 (4:1)	2:1 (1:0)	3:1 (1:0)	3:0 (1:0)	0:0	1:0 (0:0)	2:2 (1:2)	1:0 (0:0)	4:1 (3:0)
Zuschauer	8.500	18.000	9.000	15.000	30.000	12.000	10.000	45.000	11.000	16.000	6.000	25.000

Platz 5

Oberliga Süd

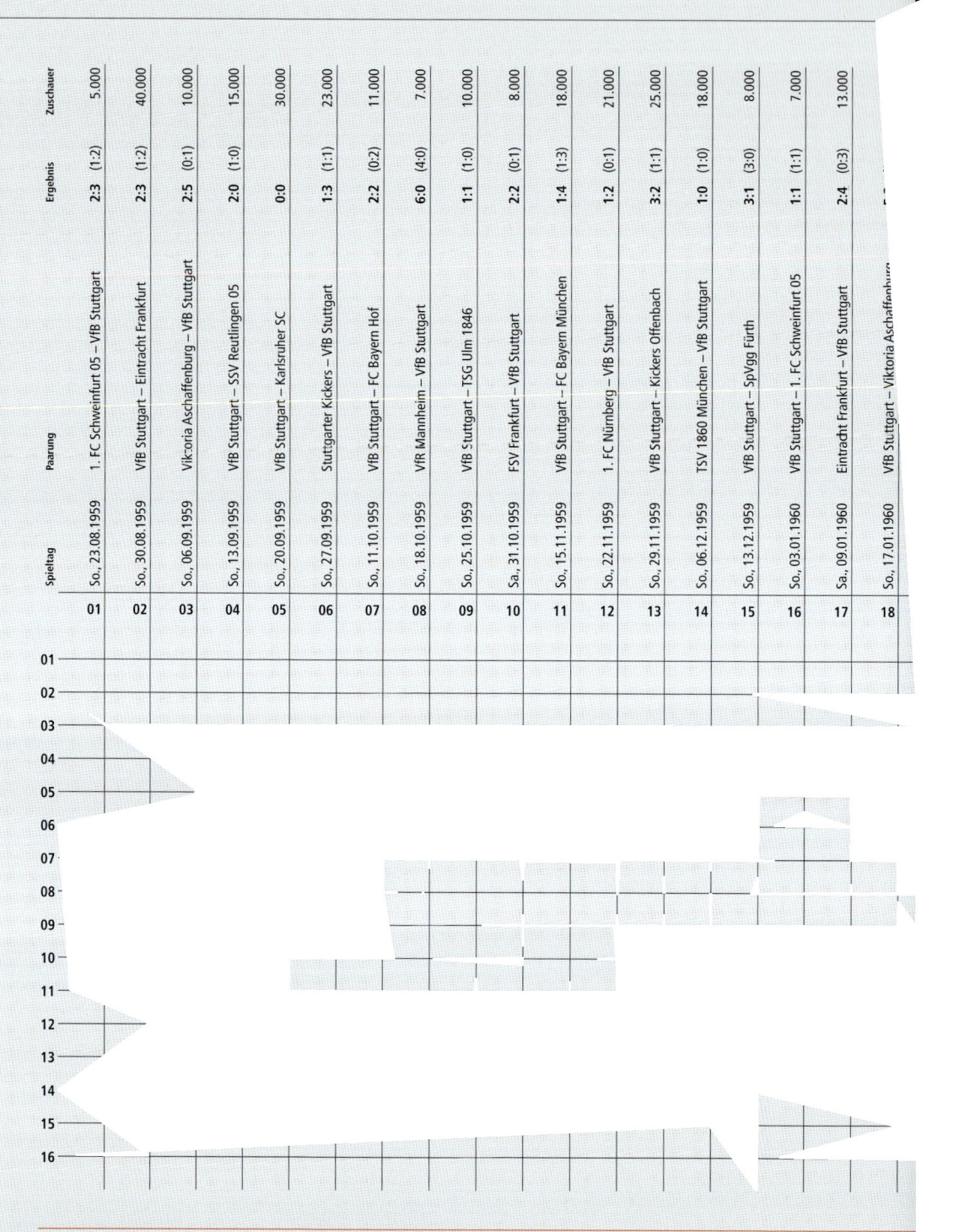

Spieltag	Paarung	Ergebnis	Zuschauer
01 So., 23.08.1959	1. FC Schweinfurt 05 – VfB Stuttgart	2:3 (1:2)	5.000
02 So., 30.08.1959	VfB Stuttgart – Eintracht Frankfurt	2:3 (1:2)	40.000
03 So., 06.09.1959	Viktoria Aschaffenburg – VfB Stuttgart	2:5 (0:1)	10.000
04 So., 13.09.1959	VfB Stuttgart – SSV Reutlingen 05	2:0 (1:0)	15.000
05 So., 20.09.1959	VfB Stuttgart – Karlsruher SC	0:0	30.000
06 So., 27.09.1959	Stuttgarter Kickers – VfB Stuttgart	1:3 (1:1)	23.000
07 So., 11.10.1959	VfB Stuttgart – FC Bayern Hof	2:2 (0:2)	11.000
08 So., 18.10.1959	VfR Mannheim – VfB Stuttgart	6:0 (4:0)	7.000
09 So., 25.10.1959	VfB Stuttgart – TSG Ulm 1846	1:1 (1:0)	10.000
10 Sa., 31.10.1959	FSV Frankfurt – VfB Stuttgart	2:2 (0:1)	8.000
11 So., 15.11.1959	VfB Stuttgart – FC Bayern München	1:4 (1:3)	18.000
12 So., 22.11.1959	1. FC Nürnberg – VfB Stuttgart	1:2 (0:1)	21.000
13 So., 29.11.1959	VfB Stuttgart – Kickers Offenbach	3:2 (1:1)	25.000
14 So., 06.12.1959	TSV 1860 München – VfB Stuttgart	1:0 (1:0)	18.000
15 So., 13.12.1959	VfB Stuttgart – SpVgg Fürth	3:1 (3:0)	8.000
16 So., 03.01.1960	VfB Stuttgart – 1. FC Schweinfurt 05	1:1 (1:1)	7.000
17 Sa., 09.01.1960	Eintracht Frankfurt – VfB Stuttgart	2:4 (0:3)	13.000
18 So., 17.01.1960	VfB Stuttgart – Viktoria Aschaffenburg		

DFB-Pokal

Samstag, 19.12.1959
1. Runde, Südebene
SV Spaichingen – VfB Stuttgart 0:2 (0:0)

Sonntag, 28.02.1960
2. Runde, Südebene
FC Singen 04 – VfB Stuttgart 1:3 (1:1)

Samstag, 16.04.1960
3. Runde, Südebene
VfB Stuttgart – SSV Reutlingen 05 4:1 (2:1)

Samstag, 14.05.1960
Viertelfinale, Südebene
FSV Frankfurt – VfB Stuttgart 2:0 (1:0)

Saison 1959/1960

Abschlusstabelle

Platz	Verein	Spiele	g.	u.	v.	Tore	Diff.	Punkte
1	Karlsruher SC	30	20	5	5	78:39	39	45:15
2	Kickers Offenbach	30	17	5	8	75:45	30	39:21
3	Eintracht Frankfurt	30	16	5	9	81:57	24	37:23
4	TSV 1860 München	30	14	7	9	65:56	9	35:25
5	FC Bayern München	30	17	4	9	81:55	26	34:26
6	1. FC Nürnberg	30	15	4	11	73:54	19	34:26
7	**VfB Stuttgart**	30	13	7	10	66:57	9	33:27
8	SSV Reutlingen 05	30	12	7	11	55:57	-2	31:29
9	FSV Frankfurt	30	11	6	13	59:53	6	28:32
10	VfR Mannheim	30	11	5	14	55:52	3	27:33
11	SpVgg Fürth	30	10	6	14	48:59	-11	26:34
12	1. FC Schweinfurt 05	30	10	5	15	48:64	-16	25:35
13	FC Bayern Hof	30	10	5	15	45:84	-39	25:35
14	TSG Ulm 1846	30	8	5	17	39:64	-25	21:39
15	Viktoria Aschaffenburg	30	7	7	16	43:73	-30	21:39
16	Stuttgarter Kickers	30	5	5	20	38:80	-42	15:45

Kader

Position	Name	Nat.	Geb.datum	Einsätze	Tore
Torhüter	Lorenz Fischer	D	02.11.1934	–	–
	Günter Sawitzki	D	22.11.1932	30	–
Feldspieler	Dieter Ahrendt	D	16.02.1936	18	–
	Rolf Blessing	D	21.07.1929	27	6
	Rolf Eisele	D	27.12.1933	16	–
	Rolf Geiger	D	16.10.1934	29	13
	Klaus Gullasch	D		–	–
	Oskar Hartl	D	24.04.1930	27	1
	Rodolf Hoffmann	D	11.02.1935	26	0
	Theodor Hoffmann	D	05.07.1940	–	–
	Erich Kaniber	D	29.01.1934	12	–
	Günter Kläger	D	06.06.1934	–	–
	Arno Loß	D	20.07.1935	7	4
	Gerhard Marx	D	05.06.1935	12	7
	Walter Portig	D		–	–
	Dieter Praxl	D	12.12.1935	13	4
	Egon Rauser	D	25.02.1935	–	–
	Erich Retter	D	17.02.1925	15	–
	Robert Schlienz	D	03.02.1924	–	–
	Günter Seibold	D	11.12.1936	13	–
	Gerhard Strohmaier	D	17.09.1933	30	10
	Knut Tagliaferri	D	21.03.1935	6	–
	Erwin Waldner	D	24.01.1933	26	13
	Lothar Weise	D	06.09.1934	23	8

				Amtszeit
Trainer	Georg Wurzer	D	31.01.1907	01.07.1947 – 30.04.1960

Nr.	Datum	Gegner	Ergebnis	Zuschauer
19	Sa., 23.01.1960	SSV Reutlingen 05 – VfB Stuttgart	3:1 (2:0)	12.000
20	So., 31.01.1960	Karlsruher SC – VfB Stuttgart	3:1 (1:1)	35.000
21	So., 07.02.1960	VfB Stuttgart – Stuttgarter Kickers	1:1 (1:0)	19.000
22	So., 14.02.1960	FC Bayern Hof – VfB Stuttgart	2:2 (1:2)	11.000
23	So., 21.02.1960	VfB Stuttgart – VfR Mannheim	2:3 (1:2)	5.000
24	So., 06.03.1960	TSG Ulm 1846 – VfB Stuttgart	3:2 (2:1)	8.000
25	So., 13.03.1960	VfB Stuttgart – FSV Frankfurt	1:0 (0:0)	7.500
26	So., 27.03.1960	FC Bayern München – VfB Stuttgart	5:3 (3:1)	15.000
27	So., 03.04.1960	VfB Stuttgart – 1. FC Nürnberg	2:3 (1:2)	15.000
28	So., 10.04.1960	SpVgg Fürth – VfB Stuttgart	1:2 (0:1)	6.000
29	So., 24.04.1960	Kickers Offenbach – VfB Stuttgart	0:5 (0:2)	12.000
30	Mi., 13.04.1960	VfB Stuttgart – TSV 1860 München	5:0 (1:0)	4.000

Platz 7

206 Statistik

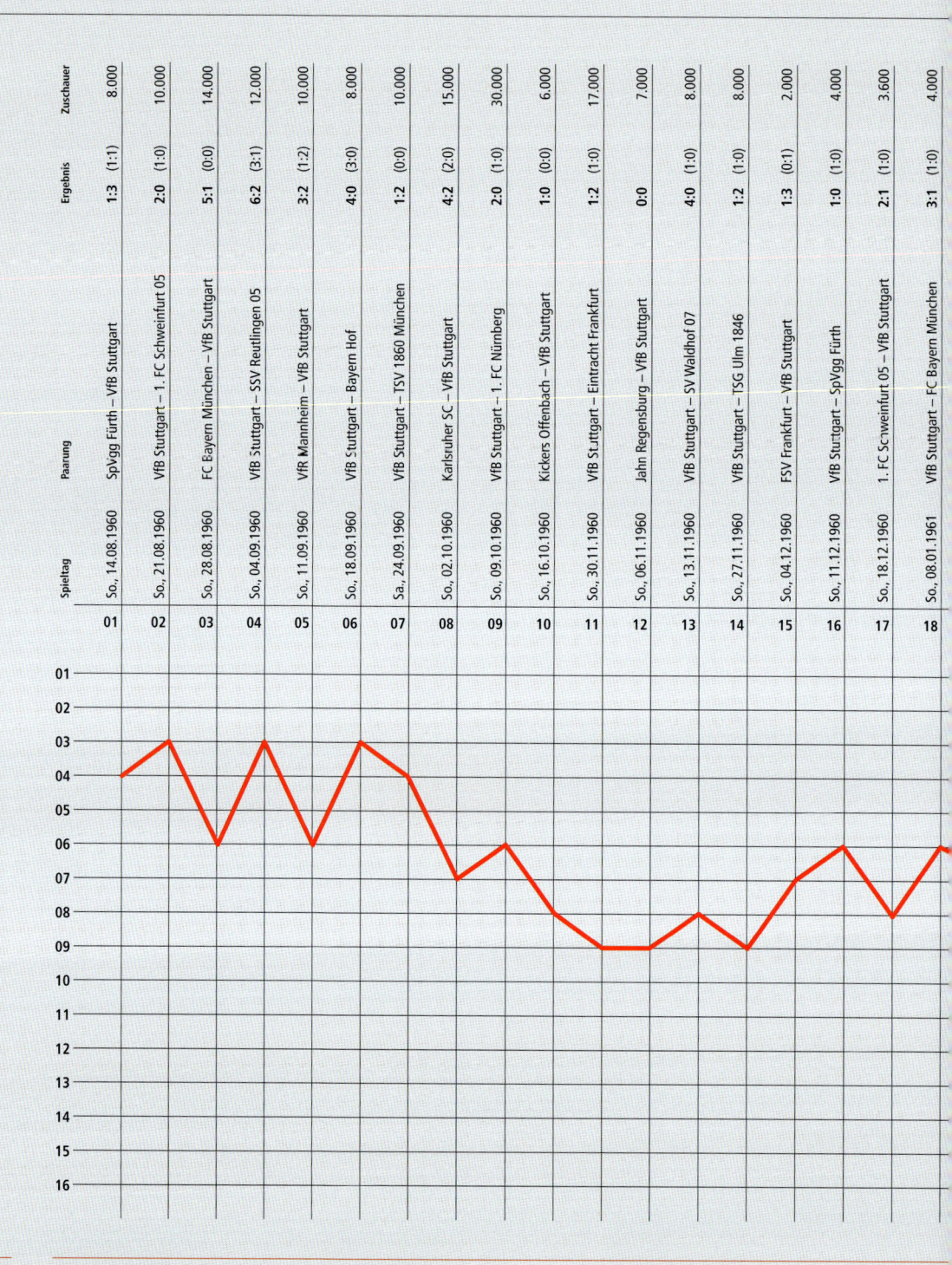

Oberliga Süd

Spieltag	Paarung	Ergebnis	Zuschauer
So., 14.08.1960	SpVgg Fürth – VfB Stuttgart	1:3 (1:1)	8.000
So., 21.08.1960	VfB Stuttgart – 1. FC Schweinfurt 05	2:0 (1:0)	10.000
So., 28.08.1960	FC Bayern München – VfB Stuttgart	5:1 (0:0)	14.000
So., 04.09.1960	VfB Stuttgart – SSV Reutlingen 05	6:2 (3:1)	12.000
So., 11.09.1960	VfR Mannheim – VfB Stuttgart	3:2 (1:2)	10.000
So., 18.09.1960	VfB Stuttgart – Bayern Hof	4:0 (3:0)	8.000
Sa., 24.09.1960	VfB Stuttgart – TSV 1860 München	1:2 (0:0)	10.000
So., 02.10.1960	Karlsruher SC – VfB Stuttgart	4:2 (2:0)	15.000
So., 09.10.1960	VfB Stuttgart – 1. FC Nürnberg	2:0 (1:0)	30.000
So., 16.10.1960	Kickers Offenbach – VfB Stuttgart	1:0 (0:0)	6.000
So., 30.11.1960	VfB Stuttgart – Eintracht Frankfurt	1:2 (1:0)	17.000
So., 06.11.1960	Jahn Regensburg – VfB Stuttgart	0:0	7.000
So., 13.11.1960	VfB Stuttgart – SV Waldhof 07	4:0 (1:0)	8.000
So., 27.11.1960	FSV Frankfurt – VfB Stuttgart	1:2 (1:0)	8.000
So., 04.12.1960	VfB Stuttgart – SpVgg Fürth	1:3 (0:1)	2.000
So., 11.12.1960	1. FC Schweinfurt 05 – VfB Stuttgart	1:0 (1:0)	4.000
So., 18.12.1960	VfB Stuttgart – FC Bayern München	2:1 (1:0)	3.600
So., 08.01.1961		3:1 (1:0)	4.000

DFB-Pokal

Sonntag, 23.10.1960
1. Runde, Südebene
Offenburger FV – VfB Stuttgart 0:4 (0:3)

Sonntag, 20.11.1960
2. Runde, Südebene
Viktoria Aschaffenburg – VfB Stuttgart 1:3 (1:2)

Samstag, 11.02.1961
3. Runde, Südebene
Stuttgarter Kickers – VfB Stuttgart 1:3 (1:2)

Sonntag, 05.03.1961
Viertelfinale, Südebene
Bayern Hof – VfB Stuttgart 1:3 n.V. (1:1, 1:0)

Samstag, 29.07.1961
1. Runde, Bundesebene
VfV Hildesheim – VfB Stuttgart 1:2 (0:1)

Mittwoch, 16.08.1961
Viertelfinale, Bundesebene
VfB Stuttgart – Karlsruher SC 0:1 (0:1)

Saison 1960/1961

Abschlusstabelle

Platz	Verein	Spiele	g.	u.	v.	Tore	Diff.	Punkte
1	1. FC Nürnberg	30	23	2	5	96:30	39	48:12
2	Eintracht Frankfurt	30	18	5	7	78:38	40	41:19
3	Karlsruher SC	30	17	4	9	75:51	24	38:22
4	Kickers Offenbach	30	16	4	10	57:46	11	36:24
5	SSV Reutlingen 05	30	15	2	13	65:55	10	32:28
6	TSV 1860 München	30	14	4	12	61:66	-5	32:28
7	VfB Stuttgart	30	14	2	14	57:53	4	30:30
8	FC Bayern München	30	12	6	12	57:54	3	30:30
9	VfR Mannheim	30	13	3	14	53:51	2	29:31
10	FC Bayern Hof	30	9	9	12	41:60	-19	27:33
11	SpVgg Fürth	30	9	8	13	40:47	-7	26:34
12	FSV Frankfurt	30	9	8	13	45:59	-14	26:34
13	SV Waldhof 07	30	10	5	15	47:56	-9	25:35
14	1. FC Schweinfurt 05	30	9	7	14	42:54	-12	25:35
15	TSG Ulm 1846	30	9	6	15	48:62	-14	24:36
16	Stuttgarter Kickers	30	3	5	22	27:107	-80	11:49

Kader

Position	Name	Nat.	Geb.datum	Einsätze	Tore
Torhüter	Lorenz Fischer	D	02.11.1934	3	–
	Günter Sawitzki	D	22.11.1932	27	–
Feldspieler	Dieter Ahrendt	D	16.02.1936	2	–
	Rolf Blessing	D	21.07.1929	18	10
	Hans Eisele	D	07.08.1940	2	1
	Rolf Eisele	D	27.12.1933	30	–
	Rolf Geiger	D	16.10.1934	28	15
	Oskar Hartl	D	24.04.1930	26	–
	Hubert Henzler	D	13.03.1938	1	–
	Dieter Höller	D	03.09.1938	20	11
	Theodor Hoffmann	D	05.07.1940	9	–
	Erich Kaniber	D	29.01.1934	–	–
	Günter Kläger	D	06.06.1934	–	–
	Gerhard Marx	D	05.06.1935	11	3
	Erich Neupert	D	09.11.1934	3	–
	Eberhard Pfisterer	D	05.01.1938	13	1
	Walter Portig	D		–	–
	Egon Rauser	D	25.02.1935	11	2
	Erich Retter	D	17.02.1925	18	–
	Robert Schlienz	D	03.02.1924	–	–
	Günter Seibold	D	11.12.1936	28	–
	Klaus-Dieter Sieloff	D	27.02.1942	7	–
	Gerhard Strohmaier	D	17.09.1933	25	7
	Werner Walter	D	19.03.1939	8	–
	Lothar Weise	D	06.09.1934	19	5
	Manfred Will	D	08.08.1938	11	2

					Amtszeit
Trainer	Kurt Baluses	D	30.06.1914		01.05.1960–24.02.1965

Spiele 19–30

Nr.	Datum	Zuschauer	Paarung	Ergebnis (Halbzeit)
19	So, 15.01.1961	9.000	SSV Reutlingen 05 – VfB Stuttgart	2:1 (0:0)
20	So, 22.01.1961	5.000	VfB Stuttgart – VfR Mannheim	2:1 (1:0)
21	So, 29.01.1961	7.000	FC Bayern Hof – VfB Stuttgart	1:4 (1:3)
22	So, 05.02.1961	6.000	TSV 1860 München – VfB Stuttgart	3:1 (2:1)
23	Sa, 18.02.1961	20.000	VfB Stuttgart – Karlsruher SC	0:4 (0:1)
24	So, 26.02.1961	26.000	1. FC Nürnberg – VfB Stuttgart	2:2 (1:2)
25	So, 12.03.1961	20.000	VfB Stuttgart – Kickers Offenbach	2:1 (0:0)
26	Sa, 18.03.1961	15.000	Eintracht Frankfurt – VfB Stuttgart	4:1 (3:0)
27	So, 09.04.1961	3.000	VfB Stuttgart – Jahn Regensburg	3:2 (0:1)
28	Sa, 15.04.1961	6.000	SV Waldhof 07 – VfB Stuttgart	4:1 (3:0)
29	So, 23.04.1961	11.000	TSG Ulm 1846 – VfB Stuttgart	0:2 (0:1)
30	So, 30.04.1961	6.000	VfB Stuttgart – FSV Frankfurt	2:3 (1:2)

Platz 7

Oberliga Süd

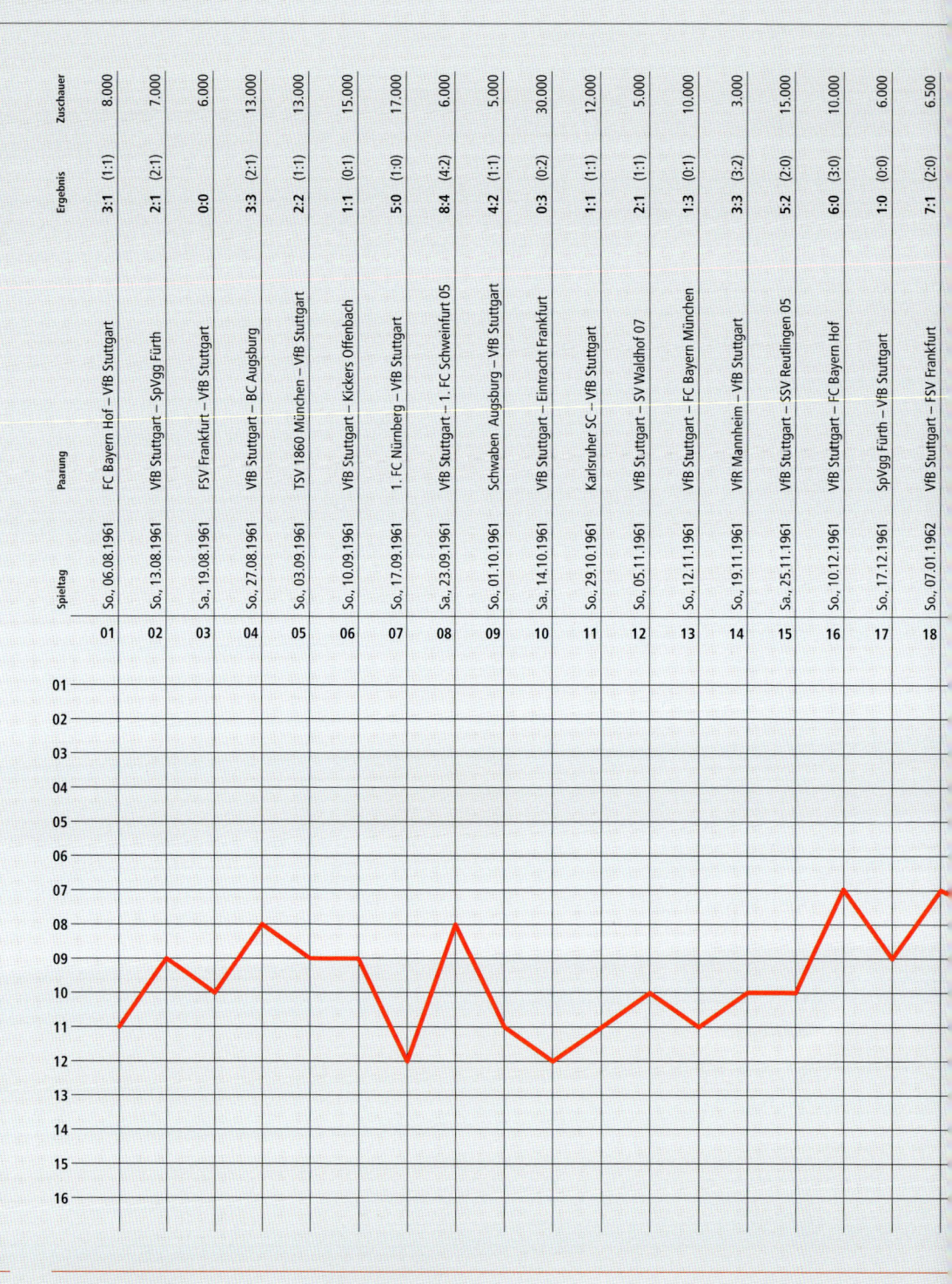

Spieltag	Paarung	Ergebnis	Zuschauer
01	So., 06.08.1961 — FC Bayern Hof – VfB Stuttgart	3:1 (1:1)	8.000
02	So., 13.08.1961 — VfB Stuttgart – SpVgg Fürth	2:1 (2:1)	7.000
03	Sa., 19.08.1961 — FSV Frankfurt – VfB Stuttgart	0:0	6.000
04	So., 27.08.1961 — VfB Stuttgart – BC Augsburg	3:3 (2:1)	13.000
05	So., 03.09.1961 — TSV 1860 München – VfB Stuttgart	2:2 (1:1)	13.000
06	So., 10.09.1961 — VfB Stuttgart – Kickers Offenbach	1:1 (0:1)	15.000
07	So., 17.09.1961 — 1. FC Nürnberg – VfB Stuttgart	5:0 (1:0)	17.000
08	Sa., 23.09.1961 — VfB Stuttgart – 1. FC Schweinfurt 05	8:4 (4:2)	6.000
09	So., 01.10.1961 — Schwaben Augsburg – VfB Stuttgart	4:2 (1:1)	5.000
10	Sa., 14.10.1961 — VfB Stuttgart – Eintracht Frankfurt	0:3 (0:2)	30.000
11	So., 29.10.1961 — Karlsruher SC – VfB Stuttgart	1:1 (1:1)	12.000
12	So., 05.11.1961 — VfB Stuttgart – SV Waldhof 07	2:1 (1:1)	5.000
13	So., 12.11.1961 — VfB Stuttgart – FC Bayern München	1:3 (0:1)	10.000
14	So., 19.11.1961 — VfR Mannheim – VfB Stuttgart	3:3 (3:2)	3.000
15	Sa., 25.11.1961 — VfB Stuttgart – SSV Reutlingen 05	5:2 (2:0)	15.000
16	So., 10.12.1961 — VfB Stuttgart – FC Bayern Hof	6:0 (3:0)	10.000
17	So., 17.12.1961 — SpVgg Fürth – VfB Stuttgart	1:0 (0:0)	6.000
18	So., 07.01.1962 — VfB Stuttgart – FSV Frankfurt	7:1 (2:0)	6.500

DFB-Pokal

Samstag, 23.12.1961
1. Runde, Südebene
Kickers Lauterbach – VfB Stuttgart 1:6 (0:5)

Samstag, 17.03.1962
2. Runde, Südebene
Normannia Gmünd – VfB Stuttgart 1:9 (0:4)

Sonntag, 29.04.1962
3. Runde, Südebene
VfB Stuttgart – TSG Ulm 1846 0:1 (0:0)

Saison 1961/1962

Abschlusstabelle

Platz	Verein	Spiele	g.	u.	v.	Tore	Diff.	Punkte
1	1. FC Nürnberg*	30	20	3	7	70:30	40	43:17
2	Eintracht Frankfurt*	30	19	5	6	81:37	44	43:17
3	FC Bayern München	30	17	6	7	67:55	12	40:20
4	Kickers Offenbach	30	16	5	9	65:50	15	37:23
5	**VfB Stuttgart**	**30**	**13**	**8**	**9**	**66:53**	**13**	**34:26**
6	FC Bayern Hof	30	12	8	10	55:56	−1	32:28
7	TSV 1860 München	30	11	8	11	64:57	7	30:30
8	SSV Reutlingen 05	30	12	5	13	57:51	6	29:31
9	Karlsruher SC	30	8	12	10	47:44	3	28:32
10	VfR Mannheim	30	9	10	11	47:59	−12	28:32
11	BC Augsburg	30	9	8	13	55:63	−8	26:34
12	SpVgg Fürth	30	6	12	12	31:39	−8	24:36
13	Schwaben Augsburg	30	10	3	17	43:78	−35	23:37
14	1. FC Schweinfurt 05	30	9	4	17	39:63	−24	22:38
15	FSV Frankfurt	30	7	7	16	35:65	−30	21:39
16	SV Waldhof 07	30	6	8	16	39:61	−22	20:40

* Aufgrund der besseren Torquote (2,3) gegenüber Frankfurt (2,19) sicherte sich der 1. FC Nürnberg bei Punktgleichheit den ersten Platz.

Kader

Position	Name	Nat.	Geb.datum	Einsätze	Tore
Torhüter	Lorenz Fischer	D	02.11.1934	–	–
	Günter Sawitzki	D	22.11.1932	30	–
Feldspieler	Dieter Ahrendt	D	16.02.1936	–	–
	Rolf Blessing	D	21.07.1929	8	3
	Josef Christ	D	16.12.1939	5	–
	Hans Eisele	D	07.08.1940	17	–
	Rolf Eisele	D	27.12.1933	5	–
	Rudi Entenmann	D	19.05.1940	8	2
	Dieter Fischer	D		–	–
	Rolf Geiger	D	16.10.1934	28	14
	Oskar Hartl	D	24.04.1930	11	–
	Dieter Höller	D	03.09.1938	23	17
	Theodor Hoffmann	D	05.07.1940	27	4
	Gerhard Marx	D	05.06.1935	3	1
	Erich Neupert	D	09.11.1934	13	1
	Eberhard Pfisterer	D	05.01.1938	16	4
	Manfred Reiner	D	16.09.1937	29	14
	Kurt Raubacher	D		–	–
	Egon Rauser	D	25.02.1935	1	–
	Erich Retter	D	17.02.1925	11	–
	Günter Seibold	D	11.12.1936	23	1
	Klaus-Dieter Sieloff	D	27.02.1942	14	1
	Gerhard Strohmaier	D	17.09.1933	25	11
	Werner Walter	D	19.03.1939	25	–
	Lothar Weise	D	06.09.1934	9	2
	Friedrich Zipperer	D	23.06.1939	1	–

				Amtszeit
Trainer	Kurt Baluses	D	30.06.1914	01.05.1960 – 24.02.1965

	19	20	21	22	23	24	25	26	27	28	29	30
Zuschauer	8.000	15.000	6.000	40.000	5.000	5.000	12.000	20.000	7.000	20.000	10.000	8.000
Ergebnis	4:1 (1:0)	1:1 (1:1)	2:0 (0:0)	1:2 (1:0)	2:3 (1:0)	4:0 (2:0)	1:2 (1:0)	1:1 (1:0)	1:3 (1:0)	1:2 (1:1)	3:1 (1:0)	0:1 (0:0)
Gegner	BC Augsburg – VfB Stuttgart	VfB Stuttgart – TSV 1860 München	Kickers Offenbach – VfB Stuttgart	VfB Stuttgart – 1. FC Nürnberg	1. FC Schweinfurt 05 – VfB Stuttgart	VfB Stuttgart – Schwaben Augsburg	Eintracht Frankfurt – VfB Stuttgart	VfB Stuttgart – Karlsruher SC	SV Waldhof 07 – VfB Stuttgart	FC Bayern München – VfB Stuttgart	VfB Stuttgart – VfR Mannheim	SSV Reutlingen 05 – VfB Stuttgart
Datum	Sa., 21.04.1962	So., 21.01.1962	So., 28.01.1962	So., 04.02.1962	So., 11.02.1962	So., 17.02.1962	So., 25.02.1962	Sa., 10.03.1962	So., 25.03.1962	So., 01.04.1962	Sa., 07.04.1962	Sa., 14.04.1962

Oberliga Süd

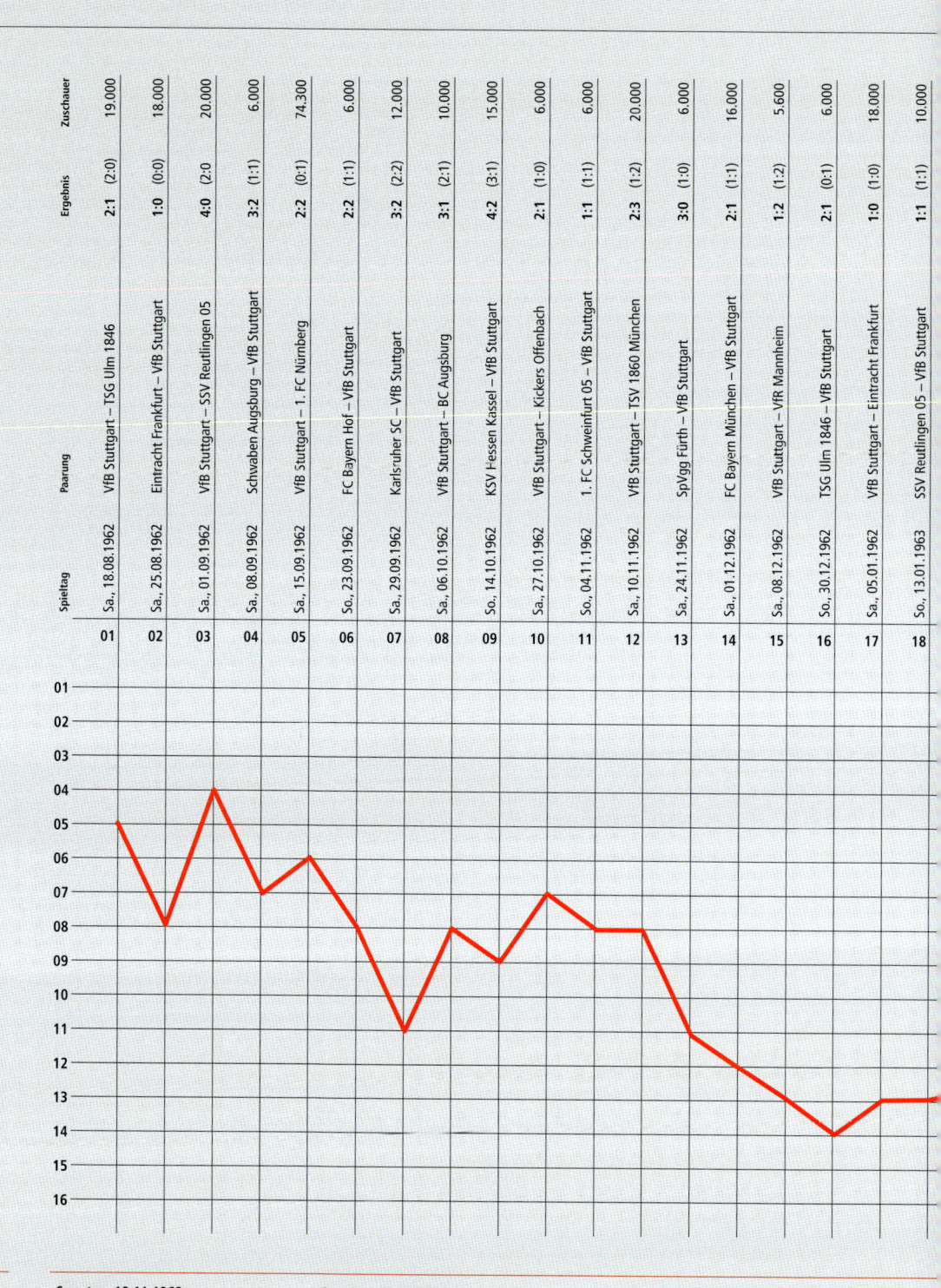

Spieltag	Paarung	Ergebnis	Zuschauer
Sa., 18.08.1962	VfB Stuttgart – TSG Ulm 1846	2:1 (2:0)	19.000
Sa., 25.08.1962	Eintracht Frankfurt – VfB Stuttgart	1:0 (0:0)	18.000
Sa., 01.09.1962	VfB Stuttgart – SSV Reutlingen 05	4:0 (2:0)	20.000
Sa., 08.09.1962	Schwaben Augsburg – VfB Stuttgart	3:2 (1:1)	6.000
Sa., 15.09.1962	VfB Stuttgart – 1. FC Nürnberg	2:2 (0:1)	74.300
So., 23.09.1962	FC Bayern Hof – VfB Stuttgart	2:2 (1:1)	6.000
Sa., 29.09.1962	Karlsruher SC – VfB Stuttgart	3:2 (2:2)	12.000
Sa., 06.10.1962	VfB Stuttgart – BC Augsburg	3:1 (2:1)	10.000
So., 14.10.1962	KSV Hessen Kassel – VfB Stuttgart	4:2 (3:1)	15.000
Sa., 27.10.1962	VfB Stuttgart – Kickers Offenbach	2:1 (1:0)	6.000
So., 04.11.1962	1. FC Schweinfurt 05 – VfB Stuttgart	1:1 (1:1)	6.000
Sa., 10.11.1962	VfB Stuttgart – TSV 1860 München	2:3 (1:2)	20.000
Sa., 24.11.1962	SpVgg Fürth – VfB Stuttgart	3:0 (1:0)	6.000
Sa., 01.12.1962	FC Bayern München – VfB Stuttgart	2:1 (1:1)	16.000
Sa., 08.12.1962	VfB Stuttgart – VfR Mannheim	1:2 (1:2)	5.600
So., 30.12.1962	TSG Ulm 1846 – VfB Stuttgart	2:1 (0:1)	6.000
Sa., 05.01.1963	VfB Stuttgart – Eintracht Frankfurt	1:0 (1:0)	18.000
So., 13.01.1963	SSV Reutlingen 05 – VfB Stuttgart	1:1 (1:1)	10.000

DFB-Pokal

Sonntag, 18.11.1962
1. Runde, Südebene
VfR Schwenningen – VfB Stuttgart 2:2 n. V. (2:2, 1:1)

Sonntag, 16.12.1962
1. Runde, Südebene, Wiederholungsspiel
VfB Stuttgart – VfR Schwenningen 3:0 (1:0)

Sonntag, 23.12.1962
2. Runde, Südebene
SV Oberkirch – VfB Stuttgart 0:8 (0:4)

Sonntag, 24.03.1963
3. Runde, Südebene
Freiburger FC – VfB Stuttgart 1:0 (0:0)

Saison 1962/1963

Abschlusstabelle

Platz	Verein	Spiele	g.	u.	v.	Tore	Diff.	Punkte
1	TSV 1860 München	30	19	6	5	72:38	34	44:16
2	1. FC Nürnberg	30	18	5	7	87:41	46	41:19
3	FC Bayern München	30	18	4	8	67:52	15	40:20
4	Eintracht Frankfurt	30	14	11	5	56:32	24	39:21
5	Karlsruher SC	30	13	8	9	59:48	11	34:26
6	VfB Stuttgart	30	12	8	10	49:40	9	32:28
7	Kickers Offenbach	30	11	10	9	57:49	8	32:28
8	TSG Ulm 1846	30	10	10	10	64:58	6	30:30
9	SpVgg Fürth	30	11	7	12	49:48	1	29:31
10	KSV Hessen Kassel	30	9	11	10	49:57	−8	29:31
11	1. FC Schweinfurt 05	30	10	6	14	43:53	−10	26:34
12	VfR Mannheim	30	9	8	13	49:62	−13	26:34
13	FC Bayern Hof	30	9	3	18	40:62	−22	21:39
14	SSV Reutlingen 05	30	6	9	15	48:75	−27	21:39
15	Schwaben Augsburg	30	7	5	18	49:73	−24	19:41
16	BC Augsburg	30	5	7	18	38:88	−50	17:43

Kader

Position	Name	Nat.	Geb.datum	Einsätze	Tore
Torhüter	Lorenz Fischer	D	02.11.1934	1	–
	Günter Sawitzki	D	22.11.1932	29	–
Feldspieler	Rolf Blessing	D	21.07.1929	–	–
	Hans Eisele	D	07.08.1940	30	–
	Rolf Eisele	D	27.12.1933	–	–
	Karl Ender	D	17.11.1938	2	–
	Rudi Entenmann	D	19.05.1940	29	–
	Oskar Hartl	D	24.04.1930	5	–
	Dieter Höller	D	03.09.1938	27	11
	Theodor Hoffmann	D	05.07.1940	20	–
	Jürgen Kaiser	D	10.04.1941	1	–
	Erich Neupert	D	09.11.1934	3	–
	Eberhard Pfisterer	D	05.01.1938	21	–
	Manfred Reiner	D	16.09.1937	26	12
	Kurt Raubacher	D		–	–
	Egon Rauser	D	25.02.1935	–	–
	Erich Retter	D	17.02.1925	–	–
	Peter Schäffler	D	16.11.1939	–	–
	Günter Seibold	D	11.12.1936	30	–
	Klaus-Dieter Sieloff	D	27.02.1942	19	–
	Gerhard Strohmaier	D	17.09.1933	7	–
	Werner Walter	D	19.03.1939	16	–
	Gerhard Wanner	D	27.03.1939	26	12
	Lothar Weise	D	06.09.1934	16	6
	Friedrich Zipperer	D	23.06.1939	22	7

				Amtszeit
Trainer	Kurt Baluses	D	30.06.1914	01.05.1960–24.02.1965

Spiele 19–30

Nr.	Datum	Begegnung	Ergebnis	Zuschauer
19	Sa., 19.01.1963	VfB Stuttgart – Schwaben Augsburg	3:1 (1:0)	6.000
20	So., 27.01.1963	1. FC Nürnberg – VfB Stuttgart	2:3 (0:2)	9.000
21	Sa., 02.02.1963	VfB Stuttgart – FC Bayern Hof	4:0 (1:0)	9.500
22	Sa., 09.02.1963	VfB Stuttgart – Karlsruher SC	2:1 (1:0)	35.000
23	So., 17.02.1963	BC Augsburg – VfB Stuttgart	0:0	7.000
24	Sa., 13.04.1963	VfB Stuttgart – KSV Hessen Kassel	0:0	13.500
25	Sa., 04.05.1963	Kickers Offenbach – VfB Stuttgart	1:1 (0:1)	15.000
26	So., 17.03.1963	VfB Stuttgart – 1. FC Schweinfurt 05	2:0 (1:0)	10.500
27	Sa., 30.03.1963	TSV 1860 München – VfB Stuttgart	1:0 (1:0)	30.000
28	Sa., 06.04.1963	VfB Stuttgart – SpVgg Fürth	0:0	13.000
29	Sa., 20.04.1963	VfB Stuttgart – FC Bayern München	1:0 (0:0)	35.000
30	Sa., 27.04.1963	VfR Mannheim – VfB Stuttgart	2:4 (1:3)	5.000

Platz 6

1963 bis 2013
Bundesliga

Meilensteine

1963 ▶ Der VfB Stuttgart ist Gründungsmitglied der neuen Bundesliga. Im gleichen Jahr wird der Verein Deutscher Amateurmeister.

1968 ▶ Der VfB feiert sein 75-Jahre-Jubiläum.

1973 ▶ Die A-Jugend des VfB Stuttgart wird erstmals Deutscher Meister. Bis heute folgen weitere neun Titel.

1975 ▶ Als Tabellen-16. muss der VfB aus der Bundesliga absteigen.

1977 ▶ Der VfB kehrt als Zweitliga-Meister ins Fußball-Oberhaus zurück.

1978 ▶ Der VfB stellt mit rund 900.000 Zuschauern (54.186 pro Spiel) einen bis 1994/1995 gültigen Besucherrekord für die Bundesliga auf.

1979 ▶ Der bis dahin größte Erfolg in der Bundesliga-Geschichte des VfB: Der Verein wird erstmals Deutscher Vize-Meister.

1981 ▶ Mit einem Tag der offenen Tür wird das neue Klubzentrum an der Mercedesstraße feierlich eröffnet.

1984 ▶ Das Warten auf den dritten Titel nach 1950 und 1952 hat ein Ende. Erstmals wird der VfB in der Bundesliga Deutscher Fußballmeister.

1986 ▶ Die B-Jugend des VfB holt den ersten von inzwischen insgesamt sieben Deutschen Meistertiteln.

1992 ▶ Mit Trainer Christoph Daum sichert sich der VfB in einem Herzschlag-Finale die Deutsche Meisterschaft. Danach erhält der Kader ungewöhnlichen Zuwachs. Das Maskottchen Fritzle wird geboren.

1993 ▶ Der VfB wird 100 Jahre alt.

1997 ▶ Mit Joachim Löw als Trainer wird der VfB zum dritten Mal DFB-Pokalsieger. Im Finale in Berlin gewinnt der VfB gegen Energie Cottbus 2:0.

2003 ▶ Überraschend sichert sich der VfB die Vize-Meisterschaft und qualifiziert sich erstmals überhaupt für die Champions League.

2007 ▶ Der VfB wird mit Trainer Armin Veh zum fünften Mal Deutscher Meister. Das Carl Benz Center wird offiziell eröffnet. Neben Veranstaltungsräumen ist dort die neue Heimat des VfB Sport Shops.

2011 ▶ Auf ein reines Fußballstadion hat der VfB lange gewartet. Am 4. August ist es so weit: Die Mercedes-Benz Arena wird eingeweiht.

Epochen 213

1 1984, 1992 und 2007 – dreimal hält der VfB in der Bundesliga die Meisterschale in den Händen
2 Grenzenloser Jubel: 1977 steigt der VfB wieder in die Bundesliga auf
3 Fulminant: Martin Harnik trifft im Pokalfinale 2013 zum 2:3. Die Aufholjagd wird nicht gekrönt. Der Titel geht an Bayern München
4 Traumhaft: Das „magische Dreieck" in der Saison 1995/1996 mit Giovane Elber, Krassimir Balakov und Fredi Bobic (von links)
5 Treffsicher: Rolf Geiger erzielt am 31. August 1963 das erste Bundesliga-Tor des VfB

Ein Stück Schwaben

Wie der VfB einer ganzen Region Identität gibt

Titelhelden: Kapitän Karlheinz Förster präsentiert 1984 die Meisterschale

Von Michael Thiem

Rund acht Millionen Menschen leben im Schwabenland. Geografisch genau abgrenzen lässt sich die Region zwar nur schwer, doch es gibt ein verlässliches Erkennungsmerkmal mit drei Buchstaben: großes V, kleines f und großes B. Vau, eff, Bee. Die Nebenwirkungen der grenzenlosen Verbundenheit mit dem sportlichen Aushängeschild einer ganzen Region sind klar definiert. Wer aufgeregt die Spiele des VfB Stuttgart vor dem Radio verfolgt, wer alle zwei Wochen voller Vorfreude auf den Cannstatter Wasen pilgert, den Kickern mit dem roten Brustring 90 Minuten im Stadion die Daumen drückt, wer nach VfB Niederlagen tagelang ungenießbar ist und wer nach Siegen am Montag noch euphorisiert zur Arbeit geht, ist mit hoher Wahrscheinlichkeit nicht nur VfB Fan, sondern auch Schwabe. Und er ist es gerne. Der Verein für Bewegungsspiele symbolisiert wie kein anderer Verein, keine andere Kultureinrichtung oder Organisation im Südwesten die Identifikation mit einer ganzen Region. Der VfB ist ein besonders leidenschaftliches Stück Schwaben. Er macht den Alltag weiß-rot. Er erhitzt die Gemüter. Er ist fester Bestandteil des Freizeitverhaltens der Region und verschafft allen, die sich dafür interessieren, unbezahlbare Erlebnisse. Was dies genau bedeutet, zeigt sich vielleicht am besten beim Blick auf die Nummernschilder der Fahrzeuge, die bei jedem Heimspiel auf den Parkplätzen rund um die Mercedes-Benz Arena stehen. Wangen/Allgäu, Ulm, Füssen, Tuttlingen, Freudenstadt, Böblingen, Aalen, Donauwörth und darüber hinaus – der Brustring ist bei den Anhängern im Umkreis von vielen Kilometern großflächig verankert. Nicht nur im Kopf, sondern vor allem im Herzen. Eine ähnlich identitätsstiftende Institution wie den VfB gibt es in der Region kein zweites Mal.

Auf dem Weg zur schwäbisch-emotionalen Verbundenheit ist der 6. Mai 1963 vielleicht sogar das wichtigste Datum in der jüngeren Historie des Vereins. Denn es markiert den Anfang einer Entwicklung, die Jahr für Jahr in neue Dimensionen vorstößt. An jenem Montag trifft ein Telegramm des Deutschen Fußball-Bundes in der Geschäftsstelle in der Martin-Luther-Straße in Cannstatt ein. Der knappe Wortlaut: „Ihrem Aufnahmeantrag Bundesliga wurde stattgegeben, DFB, gez. Passlack." Der Jubel ist groß. Der VfB gehört zum erlesenen Kreis der 16 Gründungsmitglieder, die am 24. August 1963 in die erste Saison der Bundesliga starten. Und das ist keinesfalls eine Selbstverständlichkeit. Die sportliche Qualifikation verläuft schleppend. Erst dank eines fulminanten Schlussspurts sichert sich der VfB in der Oberliga Süd den benötigten sechsten Tabellenplatz. Aufgrund eines komplizierten Punktesystems, das auch das Abschneiden der vergangenen Jahre berücksichtigt, erhält der VfB den Zuschlag. Zum Vergleich: Der FC Bayern München fehlt zunächst im neuen Fußball-Oberhaus und stößt erst zwei Jahre später dazu. Inzwischen ist die Bundesliga mehr als 50 Jahre alt. Neben dem Hamburger SV (50) und Werder Bremen (49) ist der VfB einer der Vereine, die am längsten erstklassig sind, nämlich 48 Jahre. Ein besonderes Gütesiegel.

Die Qualifikation für die neu geschaffene Bundesliga markiert für den VfB nicht nur sportlich eine Zäsur. Sie bedeutet auch den Abschied vom beschaulichen Regionalverein mit ausschließlich ehrenamtlichen Strukturen. Die Einführung der Bundesliga läutet in Riesenschritten den Übergang zum modernen Fußball ein. Der Grad der Professionalisierung steigt kontinuierlich an. So entschließt sich der DFB schon zum Start 1963 dazu, das Grundgehalt der Spieler anzuheben. Es beträgt in den Anfangsjahren zwischen 250 und maximal 1.200 Mark pro Monat. Die Höchstablöse wird auf 50.000 Mark festgelegt. In den Anfangsjahren gehen die Spieler nebenher einem Beruf nach, schon bald stehen aber nur noch Profis auf dem Platz. Für die Saison 1965/1966 verpflichtet der VfB in der Bundesliga mit Vladimir Popovic von Roter Stern Belgrad erstmals einen ausländischen Spieler.

Das Medieninteresse an der Bundesliga steigt und dadurch auch die Bedeutung von Werbepartnern. Die Spieler werden zu Stars. Profis wie beispielsweise Hansi Müller entwickeln sich Ende der 70er-Jahre zu lukrativen Werbeikonen für Gesichtscremes, und Horst Köppel vermarktet gekonnt sein Toupet. In der Saison 1976/1977 trägt das VfB Trikot erstmals nicht nur den Brustring und das Vereinswappen, sondern zusätzlich auch den Schriftzug des schwäbischen Textilunternehmens Frottesana. Die Verbundenheit der regionalen Industrie mit dem VfB zeigt sich auch bei vielen künftigen Trikotpartnern: Dinkelacker, Südmilch, Debitel,

Ehrennadeln des VfB

Ein Symbol der Zusammengehörigkeit: Die Ehrennadeln des VfB für langjährige Vereinsmitglieder. Anfang der 50er-Jahre wurden die ersten Nadeln verliehen (links). Je nach Dauer der Zügehörigkeit gab es dann besondere Auszeichnungen für 25, 40 und 50 Jahre Vereinstreue. Die drei abgebildeten Ehrennadeln (Mitte) stammen aus dem Besitz von Karl Barufka, Mitglied der VfB Meistermannschaften von 1950 und 1952. Rechts die aktuellen VfB Ehrenpins für langjährige Mitgliedschaften.

EnBW, Gazi oder aktuell die Mercedes-Benz Bank – allesamt Wirtschaftsunternehmen mit Stuttgarter Wurzeln. Nur Canon und die Göttinger Gruppe bildeten Ausnahmen.

Der VfB hat sich von Beginn an einen Teil des wirtschaftlich immer lukrativeren Fußballwerbekuchens gesichert. Doch dafür müssen sich die Vereinsstrukturen ändern. Mit Dr. Fritz Walter hat der VfB in den ersten Bundesliga-Jahren einen Präsidenten, der zunächst am Ehrenamt festhält und finanzielle Risiken scheut. Doch schnell wird deutlich, dass dieser Weg mittelfristig ins Abseits führt. Sich alleine auf Zuschauereinnahmen zu verlassen, entpuppt sich als nicht mehr zeitgemäß. Doch zunächst bleibt nichts anderes übrig, sodass sich die Lage zuspitzt. Strömen in den ersten Bundesliga-Spielzeiten die Zuschauer noch in Scharen herbei, bleiben sie in den Folgejahren aus. So wollen beispielsweise in der Saison 1971/1972 das Heimspiel gegen Fortuna Düsseldorf nur noch 1.200 Besucher sehen. Der Zuschauerschnitt sinkt von zunächst knapp 26.000 (Saison 1967/1968) über 18.600 (1970/1971) auf 15.000. Da die Fans im Stadion zu dieser Zeit die wichtigste Einnahmequelle sind, stürzt die Krise die Vereine in Existenznöte. Es läuft nicht rund für die Bundesliga und auch den VfB, den Schulden drücken. 1972 belaufen sich die Verbindlichkeiten auf 1,7 Millionen Mark. Professionelle Strukturen sind nicht nur im sportlichen Bereich notwendig, sondern vor allem auch im Management. Hans Weitpert, Walters Nachfolger als VfB Präsident, will den Verein zwar reformieren und modernisieren. Doch statt zurück an die Tabellenspitze manövriert er den VfB in eine der schlimmsten sportlichen Krisen seiner Historie. Am Ende der Saison 1974/1975 steigt der VfB in die Zweite Liga ab. Doch der schwärzeste sportliche Bundesliga-Moment des Vereins ist die Geburtsstunde für die Erfolgsgeschichte, die anschließend

50-Jahre-Bilanz des VfB*

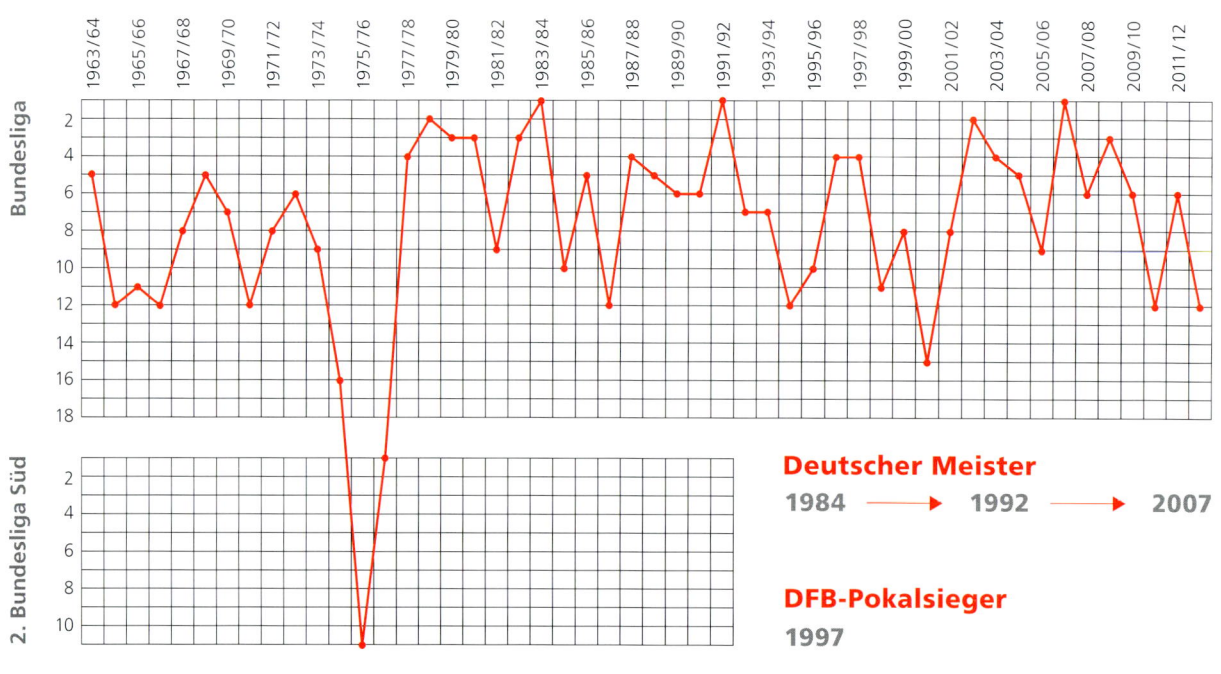

Deutscher Meister
1984 ⟶ 1992 ⟶ 2007

DFB-Pokalsieger
1997

* Platzierung jeweils am Saisonende.

geschrieben wird. Denn Weitperts Nachfolger Gerhard Mayer-Vorfelder gelingt der Kraftakt. Der VfB liegt am Boden, aber er steht wieder auf und startet zwei Jahre später schon wieder in der Bundesliga durch. Während seiner mehr als 25-jährigen Präsidentschaft lenkt Mayer-Vorfelder den VfB durch zahlreiche Stürme und etabliert die dringend benötigten professionellen Strukturen – manchmal eigenmächtig, häufig konsequent. Bei allen Entscheidungen hat er aber stets das Wohl des Vereins im Visier. Eine seiner ersten Amtshandlungen ist die Verpflichtung von Jürgen Sundermann als neuen Trainer. Keine Frage: Mayer-Vorfelder sorgt dafür, dass der VfB während seiner Amtszeit zu einem Aushängeschild des deutschen Fußballs wird. Dazu gehört beispielsweise auch der Bau des neuen Klubzentrums und des langjährigen Amateurstadions an der Mercedesstraße. 1981 bezieht der VfB die neue Heimat. Hier schlägt noch heute das sportliche Herz. Inzwischen hat sich das Trainingsgelände längst zu einem der modernsten seiner Art in der Liga entwickelt. Das 2007 eröffnete Carl Benz Center mit Reha-Welt und Sport Shop sowie die seit 2011 zum reinen Fußballstadion umgebaute Mercedes-Benz Arena runden die höchst professionellen Rahmenbedingungen ab. Der VfB kann sich sehen lassen.

Inzwischen beschäftigt der VfB rund 250 Mitarbeiterinnen und Mitarbeiter. Erwin Staudt ist 2003 der erste hauptamtliche Präsident des Vereins. Zudem werden die Verwaltungsstrukturen einem mittelständischen Unternehmen angepasst. Begleitet hat diese Entwicklung seit April 1980 Ulrich Ruf. Seit Oktober 2000 ist er Finanz-Vorstand. Ruf hat einen Grundsatz verinnerlicht: „Wer auf sportlichen Erfolg spekuliert, erleidet Schiffbruch." Der Verein wirtschaftet daher nach ökonomischen Grundregeln. Nur wenn er genügend Gewinne erzielt, kann ausreichend in die Mannschaft investiert werden. Managementmethoden in der Verwaltung – wie Business-Pläne, Leitbilder, Zielvereinbarungen oder Steuerungsmechanismen – halten Einzug unterm roten Dach. Denn die Qualität der kaufmännischen Führung hat einen großen Einfluss auf den sportlichen Erfolg.

Der VfB legt Jahr für Jahr die Umsatzzahlen eines Wirtschaftsunternehmens vor. Der bisherige Rekordumsatz datiert aus dem Jahr 2009 mit 145,8 Millionen Euro. Im Jahr 2011 beträgt der Umsatz 117 Millionen Euro. Zu den professionellen Strukturen gehört auch die Ausgliederung verschiedener Geschäftsbereiche in die fünf Tochtergesellschaften VfB Stuttgart Marketing GmbH, VfB Stuttgart Beteiligungs GmbH, VfB Stuttgart Merchandising GmbH, VfB Reha-Welt GmbH und VfB Stuttgart Arena Betriebs GmbH. Außerdem ist der VfB noch an weiteren

Einer der ersten Stars des VfB Stuttgart und der Bundesliga: Hansi Müller

sechs Gesellschaften beteiligt. Allein der Umsatz mit Lizenzwaren im Merchandising-Verkauf beträgt im Jahr zwischen vier und sieben Millionen Euro – je nach sportlichem Erfolg. Im Gegensatz zu vielen anderen Bundesliga-Klubs besitzt der VfB sämtliche Vermarktungsrechte.

Wichtigste Einnahmequelle sind die Fernsehgelder. In der Saison 2011/2012 schüttet die Deutsche Fußball-Liga (DFL) an alle 36 Profiklubs in der Bundesliga und der Zweiten Liga 410 Millionen Euro aus. Allein der VfB erhält aus diesem Topf 29,4 Millionen Euro. Zum Vergleich: 1989 werden 20 Millionen Euro an alle Vereine verteilt. Schon heute steht fest, dass bis zum Jahr 2017 die insgesamt ausgeschüttete Summe für die Übertragungsrechte auf 673 Millionen Euro wachsen wird. Die DFL erwirtschaftet Jahr für Jahr neue Bestmarken. Die 306 Bundesliga-Spiele der Saison 2011/2012 sehen im Schnitt 42.000 Besucher. Die Bundesliga ist die Fußball-Liga mit dem höchsten Zuschauerschnitt. 14,5 Millionen Zuschauer verfolgen pro Spieltag im Free-TV die Spiele. In der Saison 2011/12 stellt der VfB mit einem Besucherschnitt von 55.030 einen neuen Saisonrekord auf. Der VfB sorgt aber nicht nur in der Region für Aufsehen, auch darüber hinaus ist er eine feste Größe des Branchenriesen Bundesliga. Einer Umfrage des Instituts für Demoskopie Allensbach zufolge kennen von 65 Millionen Deutschen über 14 Jahre 58,06 Millionen den VfB. Der heutige VfB Ehrenpräsident Erwin Staudt hat die wirtschaftliche Entwicklung einmal folgendermaßen beschrieben: „Ein Bundesliga-Verein ist kein Verein in herkömmlichem Sinne. Man könnte sagen, er ist ein mittelständisches Unternehmen der Unterhaltungsindustrie."

Der Reiz des Fußballs ist allerdings das Schreckgespenst des Kaufmanns. Niemand weiß, wie ein Spiel ausgeht. Dies erschwert die Planbarkeit des Erfolgs um einen wesentlichen Faktor. Die Gleichung mit einer Unbekannten lautet: Ohne sportlichen Erfolg ist alles nichts. Zumindest vieles. Die sportliche Bilanz des VfB in der Fußball-Bundesliga ist in Zahlen einfach ausgedrückt: Dreimal wird der Verein Deutscher Meister

Hochburg der Emotionen: Der VfB besiegt den SC Freiburg mit 2:1 und zieht 2013 zum sechsten Mal ins Pokalfinale ein

Das Stadion

1933
Für das Deutsche Turnfest wird in Stuttgart eine neue Sportstätte gebaut. Am 23. Juli wird die Adolf-Hitler-Kampfbahn feierlich eingeweiht. Das Fassungsvermögen beträgt 40.000 Besucher.

1949
Stuttgarts größte Sportstätte wird in Neckarstadion umbenannt.

1950
Am 22. November besiegt Deutschland in Stuttgart im ersten Fußball-Länderspiel nach dem Krieg vor 103.000 Zuschauern die Schweiz mit 1:0.

1963
Das Neckarstadion erhält zum Start der Fußball-Bundesliga eine Flutlichtanlage.

1969
Erstmals erhält ein Stadion in Deutschland eine Kunststofflaufbahn.

1973
Im Vorfeld der Fußball-WM 1974 erhält das Neckarstadion eine neue Haupttribüne und eine alphanumerische Anzeigetafel. Das Fassungsvermögen beträgt 70.500 Besucher.

Der VfB ist ein Vorbild für ganze Generationen von Nachwuchskickern.

(1984, 1992 und 2007). 1997 gewinnt der VfB den DFB-Pokal. Zudem erreicht er zweimal das Finale eines europäischen Wettbewerbs. 1989 verliert der VfB das UEFA-Cup-Endspiel gegen den SSC Neapel, 1998 scheitert der Verein erst im Endspiel des Europapokals der Pokalsieger am FC Chelsea. In den bisher 50 Jahren Bundesliga nimmt der VfB 27 Mal an europäischen Wettbewerben teil. In den Jahren 2003, 2007 und 2009 tritt der VfB in der Champions League an. Was aber zumindest genauso wichtig ist: Die sportliche Bilanz des Traditionsvereins VfB lässt sich auch in anderen Werten ausdrücken. Er ist ein Vorbild für ganze Generationen von Nachwuchskickern in der Region. „Den Reiz der Marke VfB Stuttgart macht vieles aus", betont der ehemalige Präsident Gerd E. Mäuser. „Der VfB ist sowohl ein modern geführtes, gut aufgestelltes Unternehmen als auch ein originärer Mitgliederverein, der sich zu seiner Tradition bekennt und seine vereinseigenen Werte, wie zum Beispiel eine nachhaltige Jugendarbeit, lebt sowie aufgrund der konsequenten Eigenvermarktung unabhängig agieren kann."

Auch wenn es nicht jede Saison zu Titeln reicht, ist der VfB Stuttgart konstant erfolgreich. Denn er ist eine feste Größe in der Bundesliga. Mit rund 45.000 Mitgliedern ist der VfB inzwischen der größte Verein in Baden-Württemberg, doch tatsächlich bewegt er noch viel mehr. Im Schwabenland schlägt das weiß-rote Herz des Vereins für Bewegungsspiele. Oder wie sich der VfB Stuttgart selbst treffend bezeichnet: Verein für Begeisterung.

1993
Aus dem Neckarstadion wird das Gottlieb-Daimler-Stadion. Für die Leichtathletik-WM werden die Tribünen umgebaut und überdacht. Ins Stadion passen noch 53.400 Besucher.

2005
Im Vorfeld der Fußball-WM 2006 wird das Stadion modernisiert, insbesondere die Gegentribüne. Die jeweils 57.000 Fans sehen im Daimler-Stadion insgesamt sechs WM-Partien.

2011
Am 4. August wird die Mercedes-Benz Arena eingeweiht. Der Umbau in eine reine Fußballarena ohne Laufbahn kostet 60,8 Millionen Euro. Die Bundesliga-Partien können 60.441 Zuschauer sehen.

Bundesliga

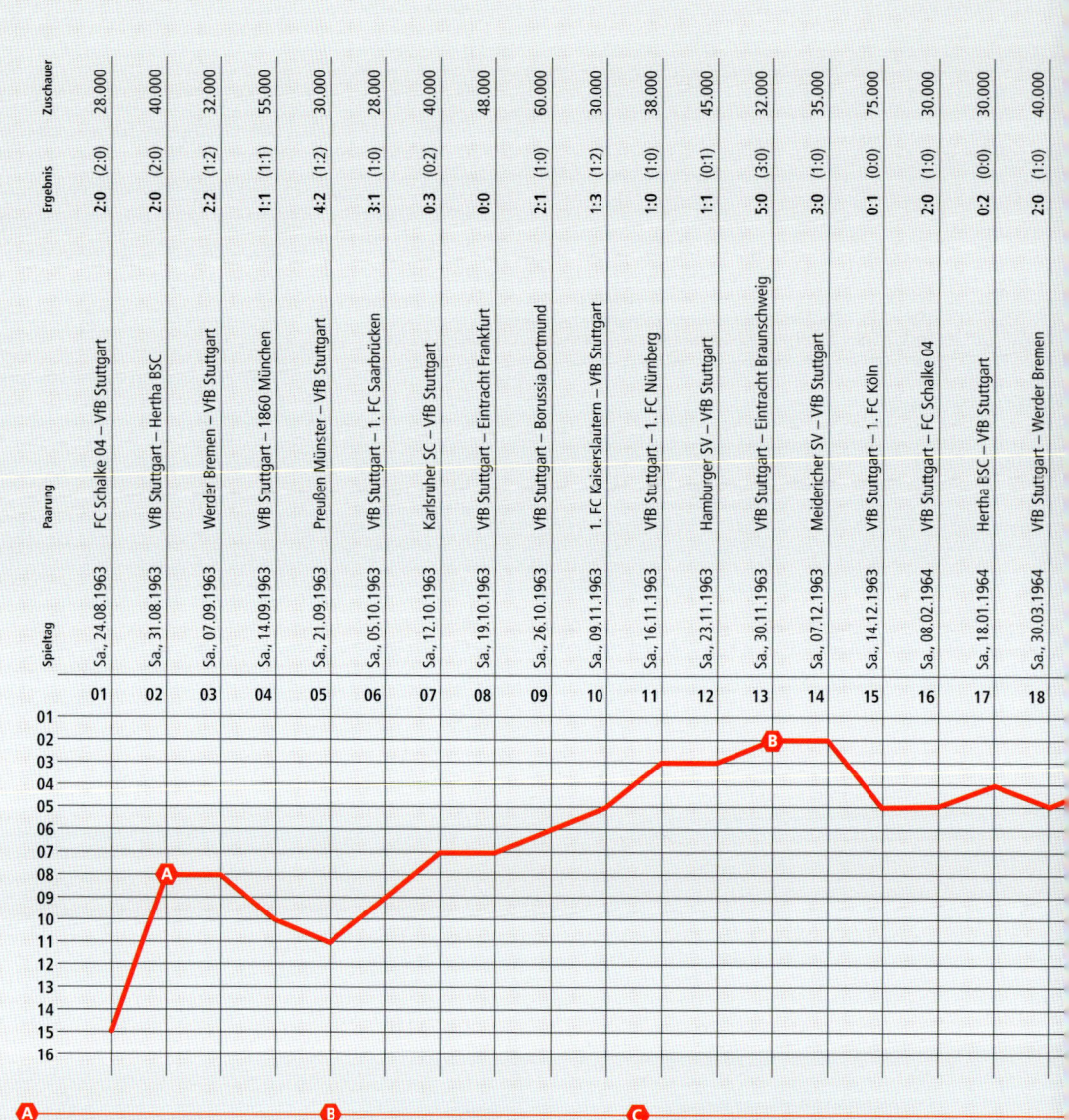

Spieltag	Paarung	Ergebnis	Zuschauer
Sa., 24.08.1963	FC Schalke 04 – VfB Stuttgart	2:0 (2:0)	28.000
Sa., 31.08.1963	VfB Stuttgart – Hertha BSC	2:0 (2:0)	40.000
Sa., 07.09.1963	Werder Bremen – VfB Stuttgart	2:2 (1:2)	32.000
Sa., 14.09.1963	VfB Stuttgart – 1860 München	1:1 (1:1)	55.000
Sa., 21.09.1963	Preußen Münster – VfB Stuttgart	4:2 (1:2)	30.000
Sa., 05.10.1963	VfB Stuttgart – 1. FC Saarbrücken	3:1 (1:0)	28.000
Sa., 12.10.1963	Karlsruher SC – VfB Stuttgart	0:3 (0:2)	40.000
Sa., 19.10.1963	VfB Stuttgart – Eintracht Frankfurt	0:0	48.000
Sa., 26.10.1963	VfB Stuttgart – Borussia Dortmund	2:1 (1:0)	60.000
Sa., 09.11.1963	1. FC Kaiserslautern – VfB Stuttgart	1:3 (1:2)	30.000
Sa., 16.11.1963	VfB Stuttgart – 1. FC Nürnberg	1:0 (1:0)	38.000
Sa., 23.11.1963	Hamburger SV – VfB Stuttgart	1:1 (0:1)	45.000
Sa., 30.11.1963	VfB Stuttgart – Eintracht Braunschweig	5:0 (3:0)	32.000
Sa., 07.12.1963	Meidericher SV – VfB Stuttgart	3:0 (1:0)	35.000
Sa., 14.12.1963	VfB Stuttgart – 1. FC Köln	0:1 (0:0)	75.000
Sa., 08.02.1964	VfB Stuttgart – FC Schalke 04	2:0 (1:0)	30.000
Sa., 18.01.1964	Hertha BSC – VfB Stuttgart	0:2 (0:0)	30.000
Sa., 30.03.1964	VfB Stuttgart – Werder Bremen	2:0 (1:0)	40.000

Im Fokus

A
2. Spieltag, 31.08.1963
Erstes Heimspiel, erster Sieg in der Bundesliga: Der VfB gewinnt gegen Hertha BSC durch Tore von Rolf Geiger (8.) und Erwin Waldner (29.) mit 2:0.

B
13. Spieltag, 30.11.1963
Nach acht Spielen ohne Niederlage klettert der VfB nach dem 5:0 gegen Braunschweig auf Platz zwei. Theodor Hoffmann schießt mit dem 3:0 das einzige Elfmetertor des VfB in dieser Saison.

C
24. Spieltag, 14.03.1964
Der VfB verliert bei Borussia Dortmund mit 1:7. Allein Timo Konietzka erzielt vier Treffer. Die Niederlage war nicht nur die höchste in dieser Saison, sondern ist noch heute die höchste in der VfB Historie.

DFB-Pokal

Dienstag, 07.04.1964
1. Runde
VfB Stuttgart – SSV Reutlingen
2:2 (1:1, 0:0) n.V.

Mittwoch, 15.04.1964
1. Runde, Wiederholungsspiel
SSV Reutlingen – VfB Stuttgart
0:4 (0:0)

Samstag, 02.05.1964
Achtelfinale
Karlsruher SC – VfB Stuttgart
2:1 (1:1)

Saison 1963/1964

Abschlusstabelle

Platz	Verein	Spiele	g.	u.	v.	Tore	Diff.	Punkte
1	1. FC Köln	30	17	11	2	78:40	38	45:15
2	Meidericher SV	30	13	13	4	60:36	24	39.21
3	Eintracht Frankfurt	30	16	7	7	65:41	24	39.21
4	Borussia Dortmund	30	14	5	11	73:57	16	33:27
5	VfB Stuttgart	30	13	7	10	48:40	8	33:27
6	Hamburger SV	30	11	10	9	69:60	9	32:28
7	1860 München	30	11	9	10	66:50	16	31:29
8	FC Schalke 04	30	12	5	13	51:53	−2	29:31
9	1. FC Nürnberg	30	11	7	12	45:56	−11	29:31
10	Werder Bremen	30	10	8	12	53:62	−9	28:32
11	Eintracht Braunschweig	30	11	6	13	36:49	−13	28:32
12	1. FC Kaiserslautern	30	10	6	14	48:69	−21	26:34
13	Karlsruher SC	30	8	8	14	42:55	−13	24:36
14	Hertha BSC	30	9	6	15	45:65	−20	24:36
15	Preußen Münster	30	7	9	14	34:52	−18	23:37
16	1. FC Saarbrücken	30	6	5	19	44:72	−28	17:43

Eingesetzte Spieler

Position	Name	Nat.	Geb.datum	Einsätze	Tore
Torhüter	Lorenz Fischer	D	02.11.1934	1	–
Torhüter	Günter Sawitzki	D	22.11.1932	29	–
Abwehr	Hans Eisele	D	07.08.1940	22	2
Abwehr	Theodor Hoffmann	D	05.07.1940	28	5
Abwehr	Gerd Menne	D	14.12.1939	2	–
Abwehr	Günter Seibold	D	11.12.1936	27	–
Abwehr	Klaus-Dieter Sieloff	D	27.02.1942	22	1
Abwehr	Werner Walter	D	19.03.1939	15	–
Mittelfeld	Hans Arnold	D	08.10.1941	26	3
Mittelfeld	Rudi Entenmann	D	19.05.1940	28	–
Mittelfeld	Eberhard Pfisterer	D	05.01.1938	29	–
Angriff	Siegfried Böhringer	D	26.10.1940	1	–
Angriff	Rolf Geiger	D	16.10.1934	27	9
Angriff	Dieter Höller	D	03.09.1938	28	15
Angriff	Manfred Reiner	D	16.09.1937	7	–
Angriff	Erwin Waldner	D	24.01.1933	20	5
Angriff	Gerhard Wanner	D	27.03.1939	16	3
Angriff	Friedrich Zipperer	D	23.06.1939	2	2

				Amtszeit	
Trainer	Kurt Baluses	D	30.06.1914	01.05.1960–24.02.1965	

Spieltage 19–30

Spieltag	Datum	Spiel	Ergebnis	Zuschauer
19	Do, 26.03.1964	1860 München – VfB Stuttgart	1:1 (1:0)	35.000
20	Sa, 15.02.1964	VfB Stuttgart – Preußen Münster	0:3 (0:1)	25.000
21	Sa, 22.02.1964	1. FC Saarbrücken – VfB Stuttgart	0:1 (0:0)	16.000
22	Sa, 29.02.1964	VfB Stuttgart – Karlsruher SC	4:1 (3:0)	22.000
23	Sa, 07.03.1964	Eintracht Frankfurt – VfB Stuttgart	3:2 (2:1)	20.000
24	Sa, 14.03.1964	Borussia Dortmund – VfB Stuttgart	7:1 (2:1)	28.000
25	Sa, 21.03.1964	VfB Stuttgart – 1. FC Kaiserslautern	4:0 (2:0)	15.000
26	Sa, 04.04.1964	1. FC Nürnberg – VfB Stuttgart	0:0	32.000
27	Sa, 11.04.1964	VfB Stuttgart – Hamburger SV	2:2 (1:1)	75.000
28	Sa, 18.04.1964	Eintracht Braunschweig – VfB Stuttgart	2:0 (2:0)	16.000
29	Sa, 25.04.1964	VfB Stuttgart – Meidericher SV	1:2 (1:2)	35.000
30	Sa, 09.05.1964	1. FC Köln – VfB Stuttgart	2:1 (0:1)	32.000

Platz 5: Qualifikation für den Messe-Pokal

D 26. Spieltag, 04.04.1964
Der Respekt vor Günter Sawitzki ist groß. Bei drei Elfmetern in dieser Saison ist der Torhüter des VfB nicht zu überwinden: Vorbei, drüber und im Spiel in Nürnberg (0:0) geht der Schuss an den Pfosten.

E 30. Spieltag, 09.05.1964
Der VfB beendet die erste Saison als Fünfter. Spitze ist der Verein bei den Zuschauern. Im Durchschnitt strömen 40.459 Fans ins Stadion – der beste Besuch aller 16 Bundesligisten.

222 Statistik

Bundesliga

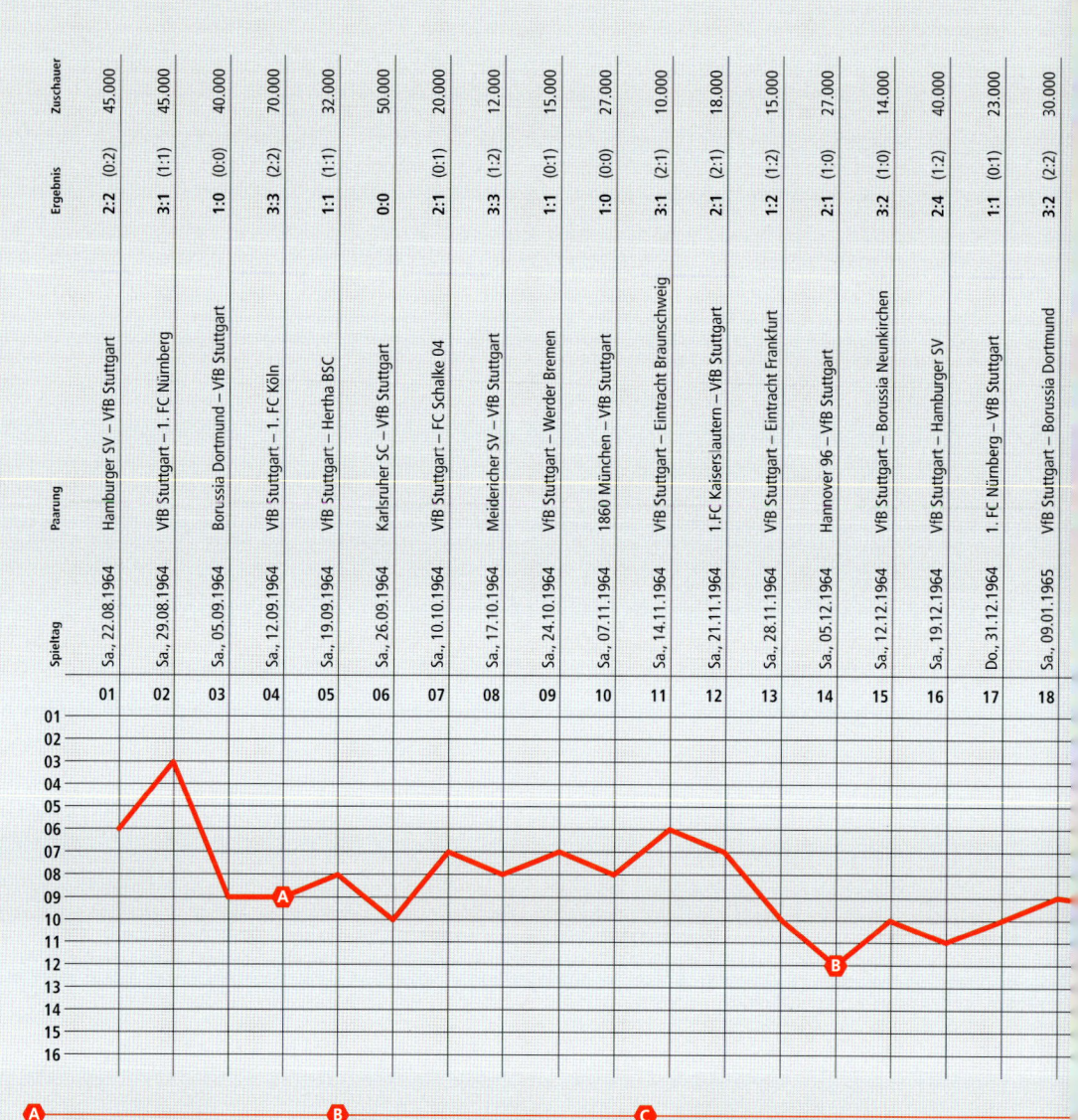

Spieltag	Paarung	Ergebnis	Zuschauer
01 Sa., 22.08.1964	Hamburger SV – VfB Stuttgart	2:2 (0:2)	45.000
02 Sa., 29.08.1964	VfB Stuttgart – 1. FC Nürnberg	3:1 (1:1)	45.000
03 Sa., 05.09.1964	Borussia Dortmund – VfB Stuttgart	1:0 (0:0)	40.000
04 Sa., 12.09.1964	VfB Stuttgart – 1. FC Köln	3:3 (2:2)	70.000
05 Sa., 19.09.1964	VfB Stuttgart – Hertha BSC	1:1 (1:1)	32.000
06 Sa., 26.09.1964	Karlsruher SC – VfB Stuttgart	0:0	50.000
07 Sa., 10.10.1964	VfB Stuttgart – FC Schalke 04	2:1 (0:1)	20.000
08 Sa., 17.10.1964	Meidericher SV – VfB Stuttgart	3:3 (1:2)	12.000
09 Sa., 24.10.1964	VfB Stuttgart – Werder Bremen	1:1 (0:1)	15.000
10 Sa., 07.11.1964	1860 München – VfB Stuttgart	1:0 (0:0)	27.000
11 Sa., 14.11.1964	VfB Stuttgart – Eintracht Braunschweig	3:1 (2:1)	10.000
12 Sa., 21.11.1964	1.FC Kaiserslautern – VfB Stuttgart	2:1 (2:1)	18.000
13 Sa., 28.11.1964	VfB Stuttgart – Eintracht Frankfurt	1:2 (1:2)	15.000
14 Sa., 05.12.1964	Hannover 96 – VfB Stuttgart	2:1 (1:0)	27.000
15 Sa., 12.12.1964	VfB Stuttgart – Borussia Neunkirchen	3:2 (1:0)	14.000
16 Sa., 19.12.1964	VfB Stuttgart – Hamburger SV	2:4 (1:2)	40.000
17 Do., 31.12.1964	1. FC Nürnberg – VfB Stuttgart	1:1 (0:1)	23.000
18 Sa., 09.01.1965	VfB Stuttgart – Borussia Dortmund	3:2 (2:2)	30.000

Im Fokus

A 4. Spieltag, 12.09.1964
Bereits nach vier Spieltagen ist Hans Arnold der große Pechvogel. Beim Stand von 2:2 verschießt er gegen den 1. FC Köln (Endstand 3:3) schon den zweiten Strafstoß der Saison.

B 14. Spieltag, 05.12.1964
Einstand nach Maß für Hartmut Weiß: Der von den eigenen Amateuren zu den Lizenzspielern gewechselte Stürmer steht in Hannover erstmals in der Startelf. Trotz seines Tors zum 1:2 (75.) verliert der VfB.

C 22. Spieltag, 20.02.1965
Der VfB verliert beim Schlusslicht Schalke 04 mit 1:3. Vier Tage später muss Kurt Baluses gehen. Es ist die erste Trainerentlassung in der Geschichte des VfB Stuttgart.

DFB-Pokal

Samstag, 16.01.1965
1. Runde
VfR Frankenthal – VfB Stuttgart
0:5 (0:0)

Samstag, 06.02.1965
Achtelfinale
VfR Wormatia Worms – VfB Stuttgart
0:2 (0:0)

Samstag, 27.02.1965
Viertelfinale
FC Schalke 04 – VfB Stuttgart
4:2 (1:0)

Messe-Pokal

Mittwoch, 09.09.1964
Qualifikation, Hinspiel
Odense BK 1913 – VfB Stuttgart
1:3 (1:2)

Mittwoch, 23.09.1964
Qualifikation, Rückspiel
VfB Stuttgart – Odense BK 1913
1:0 (0:0)

Mittwoch, 18.11.1964
1. Runde, Hinspiel
Dunfermline Athletic – VfB Stuttgart
1:0 (0:0)

Mittwoch, 02.12.1964
1. Runde, Rückspiel
VfB Stuttgart – Dunfermline Athletic
0:0

Saison 1964/1965

Abschlusstabelle

Platz	Verein	Spiele	g.	u.	v.	Tore	Diff.	Punkte
1	Werder Bremen	30	15	11	4	54:29	25	41:19
2	1. FC Köln	30	14	10	6	66:45	21	38:22
3	Borussia Dortmund	30	15	6	9	67:48	19	36:24
4	1860 München	30	14	7	9	70:50	20	35:25
5	Hannover 96	30	13	7	10	48:42	6	33:27
6	1. FC Nürnberg	30	11	10	9	44:38	6	32:28
7	Meidericher SV	30	12	8	10	46:48	−2	32:28
8	Eintracht Frankfurt	30	11	7	12	50:58	−8	29:31
9	Eintracht Braunschweig	30	10	8	12	42:47	−5	28:32
10	Borussia Neunkirchen	30	9	9	12	44:48	−4	27:33
11	Hamburger SV	30	11	5	14	46:56	−10	27:33
12	**VfB Stuttgart**	30	9	8	13	46:50	−4	26:34
13	1. FC Kaiserslautern	30	11	3	16	41:53	−12	25:35
14	Hertha BSC	30	7	11	12	40:62	−22	25:35
15	Karlsruher SC	30	9	6	15	47:62	−15	24:36
16	FC Schalke 04	30	7	8	15	45:60	−15	22:38

Eingesetzte Spieler

Position	Name	Nat.	Geb.datum	Einsätze	Tore
Torhüter	Günter Sawitzki	D	22.11.1932	30	–
Abwehr	Hans Eisele	D	07.08.1940	23	–
Abwehr	Theodor Hoffmann	D	05.07.1940	23	4
Abwehr	Gerd Menne	D	14.12.1939	18	1
Abwehr	Günter Seibold	D	11.12.1936	23	–
Abwehr	Klaus-Dieter Sieloff	D	27.02.1942	27	–
Abwehr	Werner Walter	D	19.03.1939	1	–
Mittelfeld	Hans Arnold	D	08.10.1941	14	2
Mittelfeld	Rudi Entenmann	D	19.05.1940	24	1
Mittelfeld	Helmut Huttary	D	28.02.1944	13	1
Mittelfeld	Eberhard Pfisterer	D	05.01.1938	21	3
Angriff	Siegfried Böhringer	D	26.10.1940	9	1
Angriff	Rolf Geiger	D	16.10.1934	28	9
Angriff	Dieter Höller	D	03.09.1938	28	7
Angriff	Hans Krauß	D	28.05.1943	1	–
Angriff	Manfred Reiner	D	16.09.1937	8	2
Angriff	Helmut Siebert	D	17.03.1942	7	2
Angriff	Erwin Waldner	D	24.01.1933	15	3
Angriff	Gerhard Wanner	D	27.03.1939	2	1
Angriff	Hartmut Weiß	D	13.01.1942	15	9

Trainer	Name	Nat.	Geb.datum	Amtszeit
Trainer	Kurt Baluses	D	30.06.1914	01.05.1960 – 24.02.1965
Trainer	Franz Seybold	D	09.04.1912	25.02.1965 – 07.03.1965
Trainer	Rudi Gutendorf	D	30.08.1926	08.03.1965 – 13.12.1966

Spiele (Rückrunde)

Nr.	Datum	Spiel	Ergebnis	(HZ)	Zuschauer
19	Sa., 23.01.1965	1. FC Köln – VfB Stuttgart	2:1	(1:0)	22.000
20	Sa., 30.01.1965	Hertha BSC – VfB Stuttgart	0:0		10.364
21	Sa., 13.02.1965	VfB Stuttgart – Karlsruher SC	1:2	(0:1)	25.000
22	Sa., 20.02.1965	FC Schalke 04 – VfB Stuttgart	3:1	(1:0)	18.000
23	Sa., 06.03.1965	VfB Stuttgart – Meidericher SV	4:2	(2:0)	15.000
24	Sa., 20.03.1965	Werder Bremen – VfB Stuttgart	1:0	(0:0)	25.000
25	Sa., 27.03.1965	VfB Stuttgart – 1860 München	3:0	(2:0)	60.000
26	Sa., 03.04.1965	Eintracht Braunschweig – VfB Stuttgart	2:1	(1:1)	23.000
27	Sa., 10.04.1965	VfB Stuttgart – 1. FC Kaiserslautern	1:0	(0:0)	35.000
28	Fr., 30.04.1965	Eintracht Frankfurt – VfB Stuttgart	2:3	(1:2)	13.000
29	Sa., 08.05.1965	VfB Stuttgart – Hannover 96	0:3	(0:2)	25.000
30	Sa., 15.05.1965	Borussia Neunkirchen – VfB Stuttgart	3:1	(2:0)	25.000

Platz 12

D 23. Spieltag, 06.03.1965
Ein Spiel, ein Sieg: Interimstrainer Franz Seybold kann nach dem 4:2 gegen den Meidericher SV eine makellose Bilanz vorweisen. Zwei Tage später wird Rudi Gutendorf neuer Chef-Coach.

E 27. Spieltag, 10.04.1965
Angreifer Rolf Geiger erzielt in der Rückrunde nur zwei Treffer. Den letzten beim 1:0-Sieg gegen Kaiserslautern. Mit neun Treffern ist er dennoch bester VfB Torschütze der Saison – zusammen mit Hartmut Weiß.

224 Statistik

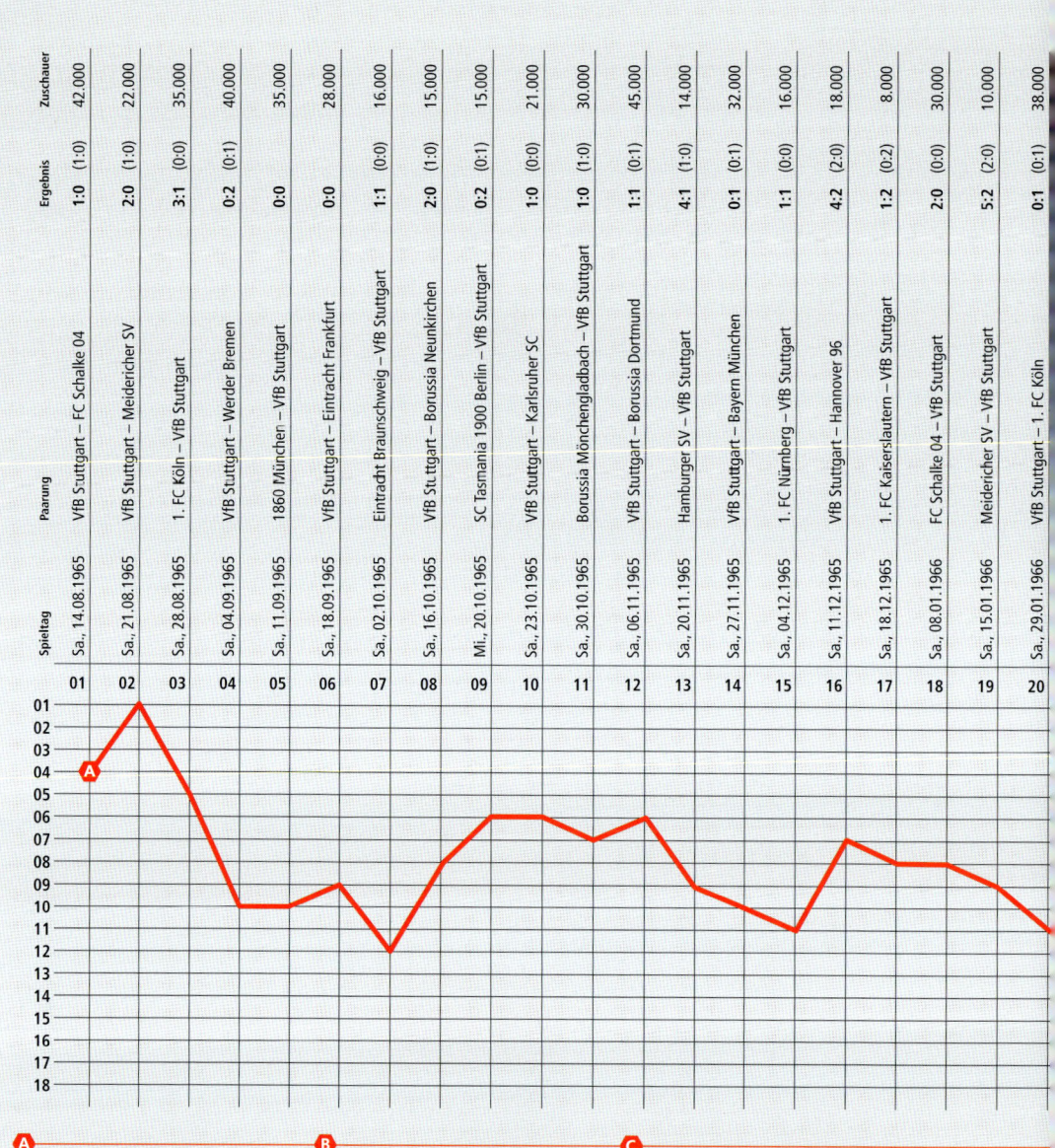

Bundesliga

Spieltag	Paarung	Ergebnis	Zuschauer
01 — Sa, 14.08.1965	VfB Stuttgart – FC Schalke 04	1:0 (1:0)	42.000
02 — Sa, 21.08.1965	VfB Stuttgart – Meidericher SV	2:0 (1:0)	22.000
03 — Sa, 28.08.1965	1. FC Köln – VfB Stuttgart	3:1 (0:0)	35.000
04 — Sa, 04.09.1965	VfB Stuttgart – Werder Bremen	0:2 (0:1)	40.000
05 — Sa, 11.09.1965	1860 München – VfB Stuttgart	0:0	35.000
06 — Sa, 18.09.1965	VfB Stuttgart – Eintracht Frankfurt	0:0	28.000
07 — Sa, 02.10.1965	Eintracht Braunschweig – VfB Stuttgart	1:1 (0:0)	16.000
08 — Sa, 16.10.1965	VfB Stuttgart – Borussia Neunkirchen	2:0 (1:0)	15.000
09 — Mi, 20.10.1965	SC Tasmania 1900 Berlin – VfB Stuttgart	0:2 (0:1)	15.000
10 — Sa, 23.10.1965	VfB Stuttgart – Karlsruher SC	1:0 (0:0)	21.000
11 — Sa, 30.10.1965	Borussia Mönchengladbach – VfB Stuttgart	1:0 (1:0)	30.000
12 — Sa, 06.11.1965	VfB Stuttgart – Borussia Dortmund	1:1 (0:1)	45.000
13 — Sa, 20.11.1965	Hamburger SV – VfB Stuttgart	4:1 (1:0)	14.000
14 — Sa, 27.11.1965	VfB Stuttgart – Bayern München	0:1 (0:1)	32.000
15 — Sa, 04.12.1965	1. FC Nürnberg – VfB Stuttgart	1:1 (0:0)	16.000
16 — Sa, 11.12.1965	VfB Stuttgart – Hannover 96	4:2 (2:0)	18.000
17 — Sa, 18.12.1965	1. FC Kaiserslautern – VfB Stuttgart	1:2 (0:2)	8.000
18 — Sa, 08.01.1966	FC Schalke 04 – VfB Stuttgart	2:0 (0:0)	30.000
19 — Sa, 15.01.1966	Meidericher SV – VfB Stuttgart	5:2 (2:0)	10.000
20 — Sa, 29.01.1966	VfB Stuttgart – 1. FC Köln	0:1 (0:1)	38.000

Im Fokus

A 1. Spieltag, 14.08.1965
1:0 gegen Schalke gewonnen, und dennoch wird das Team ausgepfiffen. Rudi Gutendorf platzt der Kragen. Der VfB Coach beschimpft das Publikum und wirft auf der Pressekonferenz eine Teetasse an die Wand.

B 28. Spieltag, 02.04.1966
Keine Chance für Jupp Heynckes, Günter Netzer und Berti Vogts: Der 5:0-Sieg gegen Borussia Mönchengladbach ist der höchste Saisonsieg. Für den VfB treffen Klaus-Dieter Sieloff (2), Erwin Waldner und Hartmut Weiß. Walter Wimmer unterläuft ein Eigentor.

C 30. Spieltag, 23.04.1966
Zum zweiten und letzten Mal trägt Vladimir Popovic beim 1:3 gegen den Hamburger SV das VfB Trikot. Der Stürmer ist zum Saisonbeginn mit großen Erwartungen von Roter Stern Belgrad gekommen, enttäuscht aber – und wechselt am Saisonende zu den Stuttgarter Kickers.

DFB-Pokal

Samstag, 22.01.1966
1. Runde
MSV Duisburg – VfB Stuttgart
2:0 (1:0)

Saison 1965/1966

Abschlusstabelle

Platz	Verein	Spiele	g.	u.	v.	Tore	Diff.	Punkte
1	1860 München	34	20	10	4	80:40	40	50:18
2	Borussia Dortmund	34	19	9	6	70:36	34	47:21
3	Bayern München	34	20	7	7	71:38	33	47:21
4	Werder Bremen	34	21	3	10	76:40	36	45:23
5	1. FC Köln	34	19	6	9	74:41	33	44:24
6	1. FC Nürnberg	34	14	11	9	54:43	11	39:29
7	Eintracht Frankfurt	34	16	6	12	64:46	18	38:30
8	Meidericher SV	34	14	8	12	70:48	22	36:32
9	Hamburger SV	34	13	8	13	64:52	12	34:34
10	Eintracht Braunschweig	34	11	12	11	49:49	0	34:34
11	**VfB Stuttgart**	34	13	6	15	42:48	−6	32:36
12	Hannover 96	34	11	8	15	59:57	2	30:38
13	Borussia Mönchengladbach	34	9	11	14	57:68	−11	29:39
14	FC Schalke 04	34	10	7	17	33:55	−22	27:41
15	1. FC Kaiserslautern	34	8	10	16	42:65	−23	26:42
16	Karlsruher SC	34	9	6	19	35:71	−36	24:44
17	Borussia Neunkirchen	34	9	4	21	32:82	−50	22:46
18	SC Tasmania 1900 Berlin	34	2	4	28	15:108	−93	8:60

Eingesetzte Spieler

Position	Name	Nat.	Geb.datum	Einsätze	Tore
Torhüter	Werner Pfeifer	D	09.09.1941	1	–
Torhüter	Günter Sawitzki	D	22.11.1932	33	–
Abwehr	Hans Eisele	D	07.08.1940	32	1
Abwehr	Willi Entenmann	D	25.09.1943	13	2
Abwehr	Theodor Hoffmann	D	05.07.1940	13	–
Abwehr	Gerd Menne	D	14.12.1939	24	1
Abwehr	Günter Seibold	D	11.12.1936	31	1
Abwehr	Klaus-Dieter Sieloff	D	27.02.1942	25	6
Mittelfeld	Hans Arnold	D	08.10.1941	26	–
Mittelfeld	Rudi Entenmann	D	19.05.1940	24	4
Mittelfeld	Helmut Huttary	D	28.02.1944	28	4
Mittelfeld	Eberhard Pfisterer	D	05.01.1938	4	–
Mittelfeld	Vladimir Popovic	YUG	17.03.1935	2	–
Angriff	Siegfried Böhringer	D	26.10.1940	5	–
Angriff	Rolf Geiger	D	16.10.1934	15	1
Angriff	Dieter Höller	D	03.09.1938	4	1
Angriff	Hans Krauß	D	28.05.1943	1	–
Angriff	Hans-Otto Peters	D	10.09.1941	25	6
Angriff	Manfred Reiner	D	16.09.1937	26	3
Angriff	Helmut Siebert	D	17.03.1942	3	1
Angriff	Erwin Waldner	D	24.01.1933	26	4
Angriff	Hartmut Weiß	D	13.01.1942	13	4

	Name	Nat.	Geb.datum	Amtszeit
Trainer	Rudi Gutendorf	D	30.08.1926	08.03.1965 – 13.12.1966

34. Spieltag, 28.05.1966
Die Saison endet mit einem 4:1-Heimsieg gegen den 1. FC Kaiserslautern versöhnlich. Die vier Tore polieren die schwache Torbilanz des VfB von 42 Treffern (davon drei Eigentore) wenigstens etwas auf. Nur vier Teams treffen in der ersten Saison mit 18 Mannschaften seltener.

Spieltag	22	23	24	25	26	27	28	29	30	31	32	33	34
Datum	Sa., 12.02.1966	Sa., 26.02.1966	Sa., 05.03.1966	Sa., 12.03.1966	Sa., 19.03.1966	Sa., 26.03.1966	Sa., 02.04.1966	Sa., 16.04.1966	Sa., 23.04.1966	Sa., 30.04.1966	Sa., 14.05.1966	Sa., 21.05.1966	Sa., 28.05.1966
Begegnung	VfB Stuttgart – 1860 München	Eintracht Frankfurt – VfB Stuttgart	VfB Stuttgart – Eintracht Braunschweig	Borussia Neunkirchen – VfB Stuttgart	VfB Stuttgart – SC Tasmania 1900 Berlin	Karlsruher SC – VfB Stuttgart	VfB Stuttgart – Borussia Mönchengladbach	Borussia Dortmund – VfB Stuttgart	VfB Stuttgart – Hamburger SV	Bayern München – VfB Stuttgart	VfB Stuttgart – 1. FC Nürnberg	Hannover 96 – VfB Stuttgart	VfB Stuttgart – 1. FC Kaiserslautern
Ergebnis	0:0	3:2 (3:2)	0:1 (0:1)	1:2 (1:1)	2:0 (0:0)	3:0 (1:0)	5:0 (3:0)	4:0 (1:0)	1:3 (0:1)	0:1 (0:1)	1:0 (1:0)	4:2 (1:0)	4:1 (3:1)
Zuschauer	50.000	12.000	15.000	20.000	10.000	25.000	15.000	18.000	30.000	24.000	18.000	10.000	7.000

Bundesliga

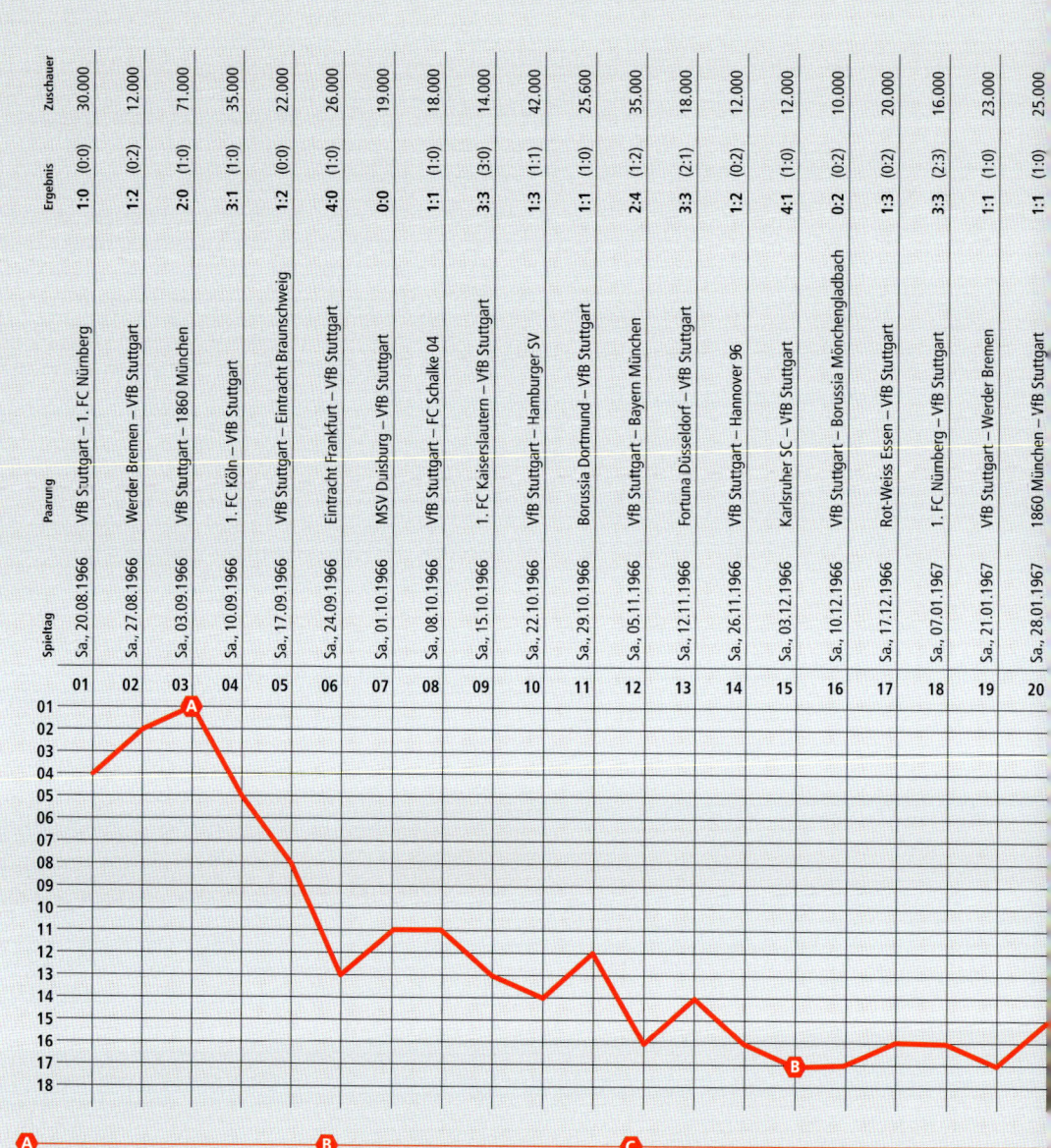

Spieltag	Paarung	Ergebnis	Zuschauer
Sa., 20.08.1966	VfB Stuttgart – 1. FC Nürnberg	1:0 (0:0)	30.000
Sa., 27.08.1966	Werder Bremen – VfB Stuttgart	1:2 (0:2)	12.000
Sa., 03.09.1966	VfB Stuttgart – 1860 München	2:0 (1:0)	71.000
Sa., 10.09.1966	1. FC Köln – VfB Stuttgart	3:1 (1:0)	35.000
Sa., 17.09.1966	VfB Stuttgart – Eintracht Braunschweig	1:2 (0:0)	22.000
Sa., 24.09.1966	Eintracht Frankfurt – VfB Stuttgart	4:0 (1:0)	26.000
Sa., 01.10.1966	MSV Duisburg – VfB Stuttgart	0:0	19.000
Sa., 08.10.1966	VfB Stuttgart – FC Schalke 04	1:1 (1:0)	18.000
Sa., 15.10.1966	1. FC Kaiserslautern – VfB Stuttgart	3:3 (3:0)	14.000
Sa., 22.10.1966	VfB Stuttgart – Hamburger SV	1:3 (1:1)	42.000
Sa., 29.10.1966	Borussia Dortmund – VfB Stuttgart	1:1 (1:0)	25.600
Sa., 05.11.1966	VfB Stuttgart – Bayern München	2:4 (1:2)	35.000
Sa., 12.11.1966	Fortuna Düsseldorf – VfB Stuttgart	3:3 (2:1)	18.000
Sa., 26.11.1966	VfB Stuttgart – Hannover 96	1:2 (0:2)	12.000
Sa., 03.12.1966	Karlsruher SC – VfB Stuttgart	4:1 (1:0)	12.000
Sa., 10.12.1966	VfB Stuttgart – Borussia Mönchengladbach	0:2 (0:2)	10.000
Sa., 17.12.1966	Rot-Weiss Essen – VfB Stuttgart	1:3 (0:2)	20.000
Sa., 07.01.1967	1. FC Nürnberg – VfB Stuttgart	3:3 (2:3)	16.000
Sa., 21.01.1967	VfB Stuttgart – Werder Bremen	1:1 (1:0)	23.000
Sa., 28.01.1967	1860 München – VfB Stuttgart	1:1 (1:0)	25.000

Im Fokus

A 3. Spieltag, 03.09.1966
Nach dem 2:0-Erfolg gegen 1860 München übernimmt der VfB die Tabellenspitze. 70.000 Zuschauer sehen den Sieg im Neckarstadion. Insgesamt strömen in der Saison 487.000 Fans zu den Spielen – so viele wie in keinem anderen Bundesliga-Stadion.

B 15. Spieltag, 03.12.1966
Nach dem 1:4 im Kellerderby gegen den Karlsruher SC muss Trainer Rudi Gutendorf gehen. Eigentlich. Im nächsten Spiel gegen Mönchengladbach sitzt er noch einmal auf der Bank. Sein Nachfolger Albert Sing ist verhindert. Der neue Coach kommt offiziell am 14. Dezember.

C 28. Spieltag, 15.04.1967
Das 1:0 gegen Titelaspirant Borussia Dortmund ist ein Schlüsselspiel auf dem Weg zum Klassenverbleib. Den Siegtreffer erzielt Klaus-Dieter Sieloff (70.). Ein Sonderlob verdient sich Gerd Menne, der Nationalspieler Lothar Emmerich an die Kette legt.

DFB-Pokal

Samstag, 14.01.1967
1. Runde
1. FC Saarbrücken – VfB Stuttgart
2:4 (0:1)

Freitag, 03.02.1967
Achtelfinale
VfB Stuttgart – Schalke 04
0:1 (0:1)

Messe-Pokal

Mittwoch, 21.09.1966
1. Runde, Hinspiel
VfB Stuttgart – FC Burnley
1:1 (0:1)

Dienstag, 27.09.1966
1. Runde, Rückspiel
FC Burnley – VfB Stuttgart
2:0 (2:0)

Saison 1966/1967

Abschlusstabelle

Platz	Verein	Spiele	g.	u.	v.	Tore	Diff.	Punkte
1	Eintracht Braunschweig	34	17	9	8	49:27	22	43:25
2	1860 München	34	17	7	10	60:47	13	41:27
3	Borussia Dortmund	34	15	9	10	70:41	29	39:29
3	Eintracht Frankfurt	34	15	9	10	66:49	17	39:29
5	1. FC Kaiserslautern	34	13	12	9	43:42	1	38:30
6	Bayern München	34	16	5	13	62:47	15	37:31
7	1. FC Köln	34	14	9	11	48:48	0	37:31
8	Borussia Mönchengladbach	34	12	10	12	70:49	21	34:34
9	Hannover 96	34	13	8	13	40:46	−6	34:34
10	1. FC Nürnberg	34	12	10	12	43:50	−7	34:34
11	MSV Duisburg*	34	10	13	11	40:42	−2	33:35
12	**VfB Stuttgart**	34	10	13	11	48:54	−6	33:35
13	Karlsruher SC	34	11	9	14	54:62	−8	31:37
14	Hamburger SV	34	10	10	14	37:53	−16	30:38
15	FC Schalke 04	34	12	6	16	37:63	−26	30:38
16	Werder Bremen	34	10	9	15	49:56	−7	29:39
17	Fortuna Düsseldorf	34	9	7	18	44:66	−22	25:43
18	Rot-Weiss Essen	34	6	13	15	35:53	−18	25:43

* Am 9. Januar 1967 wurde der Meidericher SV in MSV Duisburg umbenannt.

Eingesetzte Spieler

Position	Name	Nat.	Geb.datum	Einsätze	Tore
Torhüter	Werner Pfeifer	D	09.09.1941	3	–
Torhüter	Günter Sawitzki	D	22.11.1932	31	–
Abwehr	Hans Eisele	D	07.08.1940	20	1
Abwehr	Willi Entenmann	D	25.09.1943	19	1
Abwehr	Theodor Hoffmann	D	05.07.1940	18	1
Abwehr	Gerd Menne	D	14.12.1939	29	–
Abwehr	Günter Seibold	D	11.12.1936	34	1
Abwehr	Klaus-Dieter Sieloff	D	27.02.1942	22	6
Mittelfeld	Hans Arnold	D	08.10.1941	21	–
Mittelfeld	Rudi Entenmann	D	19.05.1940	3	–
Mittelfeld	Gilbert Gress	FRA	17.12.1941	34	3
Mittelfeld	Karlheinz Handschuh	D	31.11.1947	7	3
Mittelfeld	Helmut Huttary	D	28.02.1944	29	1
Mittelfeld	Bo Göran Larsson	SWE	05.05.1944	22	7
Angriff	Eberhard Pfisterer	D	05.01.1938	1	–
Angriff	Siegfried Böhringer	D	26.10.1940	1	–
Angriff	Horst Köppel	D	17.05.1948	27	8
Angriff	Hans-Otto Peters	D	10.09.1941	15	7
Angriff	Manfred Reiner	D	16.09.1937	11	1
Angriff	Erwin Waldner	D	24.01.1933	2	–
Angriff	Hartmut Weiß	D	13.01.1942	25	8

				Amtszeit
Trainer	Rudi Gutendorf	D	30.08.1926	08.03.1965–13.12.1966
Trainer	Albert Sing	D	07.04.1917	14.12.1966–30.06.1967

Spielverlauf (Rückrunde)

Spieltag	Datum	Paarung	Ergebnis (HZ)	Zuschauer
22	Sa., 18.02.1967	Eintracht Braunschweig – VfB Stuttgart	1:1 (1:0)	22.000
23	Sa., 25.02.1967	VfB Stuttgart – Eintracht Frankfurt	3:0 (2:0)	40.000
24	Sa., 04.03.1967	VfB Stuttgart – MSV Duisburg	1:3 (1:1)	26.000
25	Sa., 11.03.1967	FC Schalke 04 – VfB Stuttgart	2:0 (1:0)	21.000
26	Sa., 18.03.1967	VfB Stuttgart – 1. FC Kaiserslautern	0:1 (0:0)	11.000
27	Sa., 01.04.1967	Hamburger SV – VfB Stuttgart	1:1 (0:1)	11.000
28	Sa., 15.04.1967	VfB Stuttgart – Borussia Dortmund	1:0 (0:0)	45.000
29	Sa., 22.04.1967	Bayern München – VfB Stuttgart	1:1 (0:0)	13.000
30	Sa., 29.04.1967	VfB Stuttgart – Fortuna Düsseldorf	3:1 (1:0)	26.000
31	Sa., 13.05.1967	Hannover 96 – VfB Stuttgart	2:2 (1:2)	8.000
32	Sa., 20.05.1967	VfB Stuttgart – Karlsruher SC	2:0 (0:0)	43.000
33	Sa., 27.05.1967	Borussia Mönchengladbach – VfB Stuttgart	1:2 (1:2)	10.000
34	Sa., 03.06.1967	VfB Stuttgart – Rot-Weiss Essen	1:0 (1:0)	9.000

Platz 12

33. Spieltag, 27.05.1967
Gewinner einer missglückten Saison ist Horst Köppel. Das Eigengewächs hat sich einen Stammplatz erkämpft. Beim 2:1-Sieg in Mönchengladbach erzielt Köppel das letzte seiner acht Saisontore. Gemeinsam mit Hartmut Weiß ist er der beste Torschütze des VfB.

Bundesliga

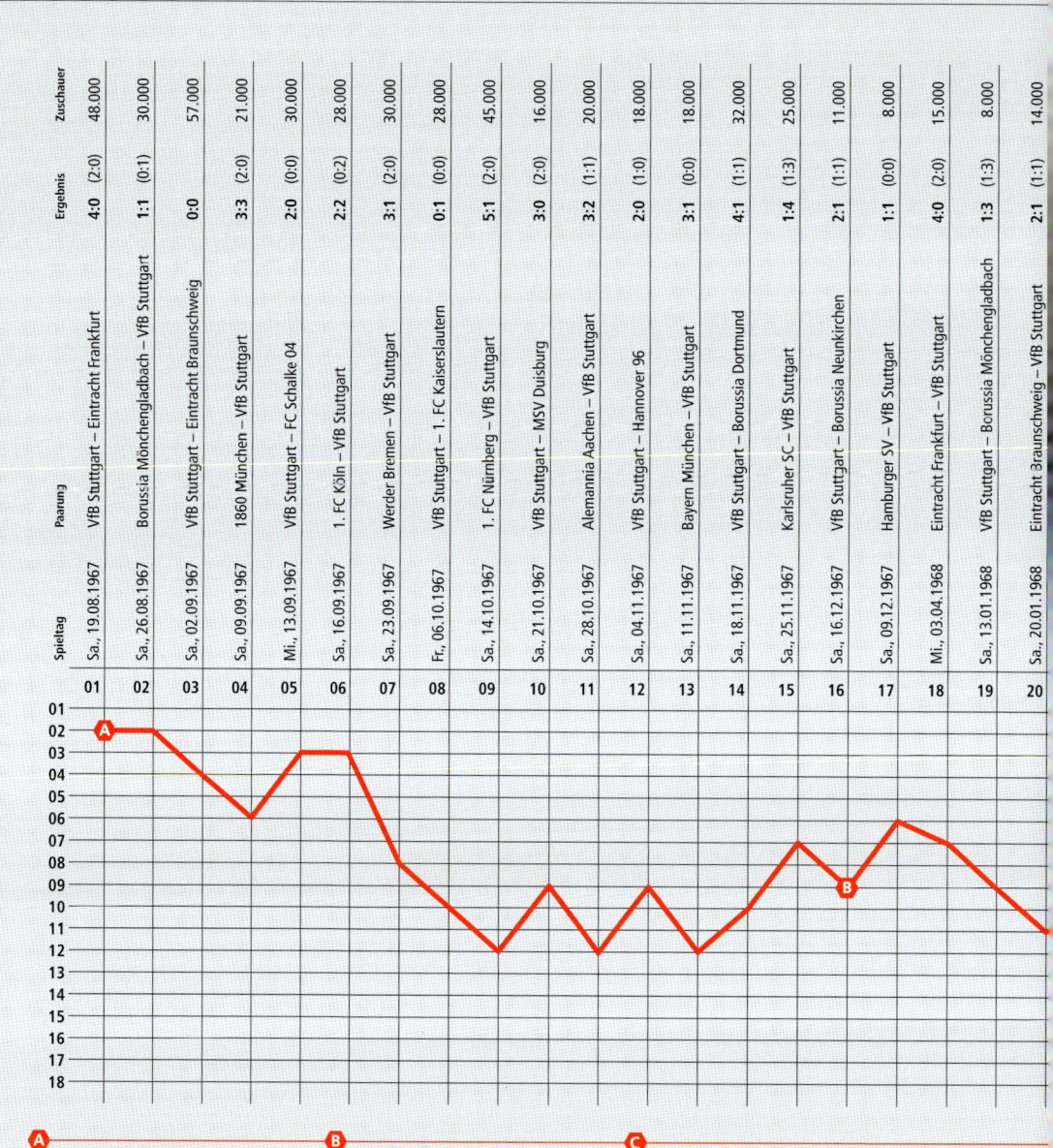

Spieltag	Paarung	Ergebnis	Zuschauer
01 Sa., 19.08.1967	VfB Stuttgart – Eintracht Frankfurt	4:0 (2:0)	48.000
02 Sa., 26.08.1967	Borussia Mönchengladbach – VfB Stuttgart	1:1 (0:1)	30.000
03 Sa., 02.09.1967	VfB Stuttgart – Eintracht Braunschweig	0:0	57.000
04 Sa., 09.09.1967	1860 München – VfB Stuttgart	3:3 (2:0)	21.000
05 Mi., 13.09.1967	VfB Stuttgart – FC Schalke 04	2:0 (0:0)	30.000
06 Sa., 16.09.1967	1. FC Köln – VfB Stuttgart	2:2 (0:2)	28.000
07 Sa., 23.09.1967	Werder Bremen – VfB Stuttgart	3:1 (2:0)	30.000
08 Fr., 06.10.1967	VfB Stuttgart – 1. FC Kaiserslautern	0:1 (0:0)	28.000
09 Sa., 14.10.1967	1. FC Nürnberg – VfB Stuttgart	5:1 (2:0)	45.000
10 Sa., 21.10.1967	VfB Stuttgart – MSV Duisburg	3:0 (2:0)	16.000
11 Sa., 28.10.1967	Alemannia Aachen – VfB Stuttgart	3:2 (1:1)	20.000
12 Sa., 04.11.1967	VfB Stuttgart – Hannover 96	2:0 (1:0)	18.000
13 Sa., 11.11.1967	Bayern München – VfB Stuttgart	3:1 (0:0)	18.000
14 Sa., 18.11.1967	VfB Stuttgart – Borussia Dortmund	4:1 (1:1)	32.000
15 Sa., 25.11.1967	Karlsruher SC – VfB Stuttgart	1:4 (1:3)	25.000
16 Sa., 16.12.1967	VfB Stuttgart – Borussia Neunkirchen	2:1 (1:1)	11.000
17 Sa., 09.12.1967	Hamburger SV – VfB Stuttgart	1:1 (0:0)	8.000
18 Mi., 03.04.1968	Eintracht Frankfurt – VfB Stuttgart	4:0 (2:0)	15.000
19 Sa., 13.01.1968	VfB Stuttgart – Borussia Mönchengladbach	1:3 (1:3)	8.000
20 Sa., 20.01.1968	Eintracht Braunschweig – VfB Stuttgart	2:1 (1:1)	14.000

Im Fokus

A **1. Spieltag. 19.08.1967**
Der Anfang ist vielversprechend, der Rest auch: Horst Köppel erzielt beim 4:0 gegen Eintracht Frankfurt zwei Tore – der erste von fünf Doppelpacks. Insgesamt trifft der Stürmer in der Bundesliga-Saison 17 Mal ins Tor.

B **16. Spieltag, 16.12.1967**
Dichter Nebel legt sich am 02.12. auf den Rasen des Neckarstadions. Nach 54 Minuten wird die Partie gegen Borussia Neunkirchen beim Stand von 0:0 dann abgebrochen. Das Nachholspiel zwei Wochen später gewinnt der VfB mit 2:1.

C **30. Spieltag, 20.04.1968**
Gerhard Heinze feiert einen Einstand nach Maß. Das damals 19-jährige Torwart-Talent aus der eigenen Jugend hält sein Tor im ersten Bundesliga-Einsatz beim 3:0 gegen Bayern München mit famosen Paraden sauber.

DFB-Pokal

Samstag, 27.01.1968
1. Runde
VfB Stuttgart – 1. FC Kaiserslautern
1:0 (0:0)

Samstag, 24.02.1968
Achtelfinale
VfL Bochum – VfB Stuttgart
2:1 (1:1)

Saison 1967/1968

Abschlusstabelle

Platz	Verein	Spiele	g.	u.	v.	Tore	Diff.	Punkte
1	1. FC Nürnberg	34	19	9	6	71:37	34	47:21
2	Werder Bremen	34	18	8	8	68:51	17	44:24
3	Borussia Mönchengladbach	34	15	12	7	77:45	32	42:26
4	1. FC Köln	34	17	4	13	68:52	16	38:30
5	Bayern München	34	16	6	12	68:58	10	38:30
6	Eintracht Frankfurt	34	15	8	11	58:51	7	38:30
7	MSV Duisburg	34	13	10	11	69:58	11	36:32
8	**VfB Stuttgart**	34	14	7	13	65:54	11	35:33
9	Eintracht Braunschweig	34	15	5	14	37:39	−2	35:33
10	Hannover 96	34	12	10	12	48:52	−4	34:34
11	Alemannia Aachen	34	13	8	13	52:66	−14	34:34
12	1860 München	34	11	11	12	55:39	16	33:35
13	Hamburger SV	34	11	11	12	51:54	−3	33:35
14	Borussia Dortmund	34	12	7	15	60:59	1	31:37
15	FC Schalke 04	34	11	8	15	42:48	−6	30:38
16	1. FC Kaiserslautern	34	8	12	14	39:67	−28	28:40
17	Borussia Neunkirchen	34	7	5	22	33:93	−60	19:49
18	Karlsruher SC	34	6	5	23	32:70	−38	17:51

Eingesetzte Spieler

Position	Name	Nat.	Geb.datum	Einsätze	Tore
Torhüter	Dieter Feller	D	01.12.1942	10	–
	Gerhard Heinze	D	30.11.1948	3	–
	Günter Sawitzki	D	22.11.1932	21	–
Abwehr	Günther Eisele	D	30.06.1946	2	–
	Hans Eisele	D	07.08.1940	18	–
	Willi Entenmann	D	25.09.1943	18	2
	Theodor Hoffmann	D	05.07.1940	33	–
	Hans-Dieter Koch	D	19.04.1944	6	–
	Gerd Menne	D	14.12.1939	16	2
	Günter Seibold	D	11.12.1936	18	–
	Klaus-Dieter Sieloff	D	27.02.1942	27	6
Mittelfeld	Hans Arnold	D	08.10.1941	18	–
	Rudi Entenmann	D	19.05.1940	6	1
	Manfred Gärtner	D	17.12.1939	4	–
	Gilbert Gress	FRA	17.12.1941	33	8
	Karlheinz Handschuh	D	30.11.1947	26	10
	Horst Haug	D	12.05.1946	14	4
	Helmut Huttary	D	28.02.1944	17	2
	Bo Göran Larsson	SWE	05.05.1944	33	5
	Roland Weidle	D	01.01.1949	1	–
Angriff	Horst Köppel	D	17.05.1948	34	17
	Manfred Weidmann	D	15.01.1945	15	2
	Hartmut Weiß	D	13.01.1942	21	2

				Amtszeit	
Trainer	Gunther Baumann	D	19.01.1921	01.07.1967 – 30.06.1969	

Spieltage

Spieltag	Datum	Paarung	Ergebnis	Zuschauer
22	Sa, 10.02.1968	FC Schalke 04 – VfB Stuttgart	2:1 (1:1)	18.000
23	Sa, 17.02.1968	VfB Stuttgart – 1. FC Köln	2:0 (2:0)	18.000
24	Sa, 02.03.1968	VfB Stuttgart – Werder Bremen	0:3 (0:1)	8.000
25	Sa, 09.03.1968	1. FC Kaiserslautern – VfB Stuttgart	2:0 (0:0)	10.000
26	Sa, 16.03.1968	VfB Stuttgart – 1. FC Nürnberg	1:1 (1:1)	55.000
27	Sa, 23.03.1968	MSV Duisburg – VfB Stuttgart	3:3 (3:1)	8.000
28	Sa, 30.03.1968	VfB Stuttgart – Alemannia Aachen	4:1 (1:0)	10.500
29	Sa, 06.04.1968	Hannover 96 – VfB Stuttgart	2:1 (1:1)	8.500
30	Sa, 20.04.1968	VfB Stuttgart – Bayern München	3:0 (1:0)	40.000
31	Sa, 27.04.1968	Borussia Dortmund – VfB Stuttgart	2:1 (0:1)	11.350
32	Sa, 11.05.1968	VfB Stuttgart – Karlsruher SC	3:2 (1:1)	5.000
33	Sa, 18.05.1968	Borussia Neunkirchen – VfB Stuttgart	0:5 (0:2)	3.500
34	Di, 28.05.1968	VfB Stuttgart – Hamburger SV	4:1 (3:0)	12.000

33. Spieltag, 18.05.1968
Nur drei Punkte sammelt der VfB in der Rückrunde auf des Gegners Platz. Das 5:0 beim Absteiger Borussia Neunkirchen ist der einzige Sieg. Insgesamt gewinnt Stuttgart überhaupt nur zwei Auswärtsspiele.

Bundesliga

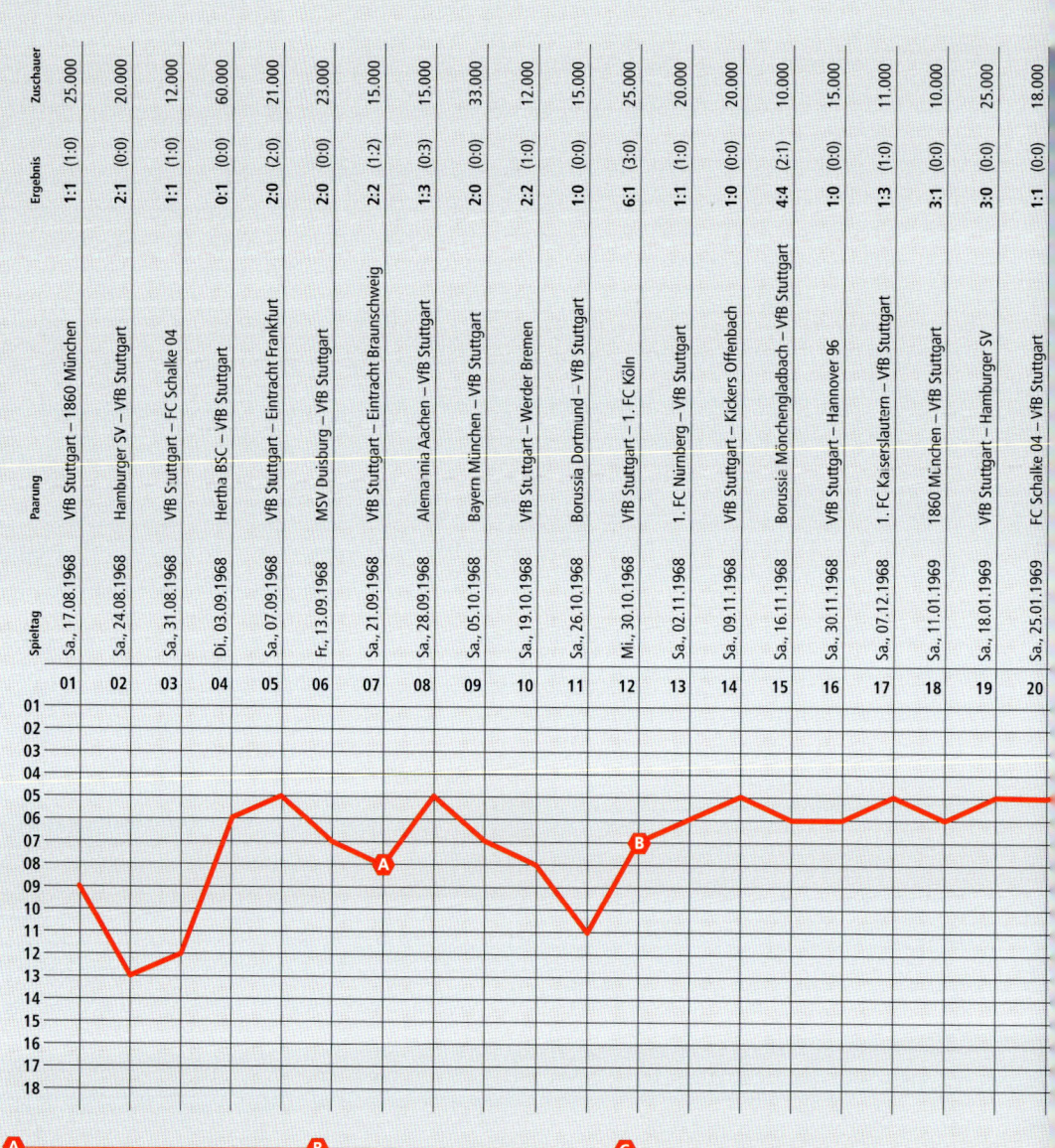

Spieltag	Paarung	Ergebnis	Zuschauer
Sa., 17.08.1968	VfB Stuttgart – 1860 München	1:1 (1:0)	25.000
Sa., 24.08.1968	Hamburger SV – VfB Stuttgart	2:1 (0:0)	20.000
Sa., 31.08.1968	VfB Stuttgart – FC Schalke 04	1:1 (1:0)	12.000
Di., 03.09.1968	Hertha BSC – VfB Stuttgart	0:1 (0:0)	60.000
Sa., 07.09.1968	VfB Stuttgart – Eintracht Frankfurt	2:0 (2:0)	21.000
Fr., 13.09.1968	MSV Duisburg – VfB Stuttgart	2:0 (0:0)	23.000
Sa., 21.09.1968	VfB Stuttgart – Eintracht Braunschweig	2:2 (1:2)	15.000
Sa., 28.09.1968	Alemannia Aachen – VfB Stuttgart	1:3 (0:3)	15.000
Sa., 05.10.1968	Bayern München – VfB Stuttgart	2:0 (0:0)	33.000
Sa., 19.10.1968	VfB Stuttgart – Werder Bremen	2:2 (1:0)	12.000
Sa., 26.10.1968	Borussia Dortmund – VfB Stuttgart	1:0 (0:0)	15.000
Mi., 30.10.1968	VfB Stuttgart – 1. FC Köln	6:1 (3:0)	25.000
Sa., 02.11.1968	1. FC Nürnberg – VfB Stuttgart	1:1 (1:0)	20.000
Sa., 09.11.1968	VfB Stuttgart – Kickers Offenbach	1:0 (0:0)	20.000
Sa., 16.11.1968	Borussia Mönchengladbach – VfB Stuttgart	4:4 (2:1)	10.000
Sa., 30.11.1968	VfB Stuttgart – Hannover 96	1:0 (0:0)	15.000
Sa., 07.12.1968	1. FC Kaiserslautern – VfB Stuttgart	1:3 (1:0)	11.000
Sa., 11.01.1969	1860 München – VfB Stuttgart	3:1 (0:0)	10.000
Sa., 18.01.1969	VfB Stuttgart – Hamburger SV	3:0 (0:0)	25.000
Sa., 25.01.1969	FC Schalke 04 – VfB Stuttgart	1:1 (0:0)	18.000

Im Fokus

A 7. Spieltag, 21.09.1968
Bis zum siebten Spieltag muss Bo Larsson auf sein erstes Saisontor warten. Beim 2:2 gegen Eintracht Braunschweig erzielt er das zwischenzeitliche 1:1. Am Ende trifft der Schwede in seiner dritten und letzten Saison beim VfB neun Mal.

B 12. Spieltag, 30.10.1968
Der 1. FC Köln hat keine Chance. Bereits zur Pause führt der VfB mit 3:0, am Ende heißt es 6:1 – der höchste Saisonsieg.

C 26. Spieltag, 15.03.1969
Ganz Stuttgart steht Kopf. Der VfB ist die Mannschaft der Stunde. Vor 74.000 Zuschauern im Neckarstadion wird der spätere Meister Bayern München durch Tore von Gerd Menne, Bo Larsson und Horst Haug förmlich vom Platz gefegt.

DFB-Pokal

Mittwoch, 22.01.1969
1. Runde
VfB Stuttgart – 1. FC Köln
1:0 (1:0)

Samstag, 15.02.1969
Achtelfinale
Hannover 96 – VfB Stuttgart
2:2 (2:2, 0:0) n.V.

Mittwoch, 05.03.1969
Achtelfinale, Wiederholungsspiel
VfB Stuttgart – Hannover 96
0:1 (0:0)

Saison 1968/1969

Abschlusstabelle

Platz	Verein	Spiele	g.	u.	v.	Tore	Diff.	Punkte
1	Bayern München	34	18	10	6	61:31	30	46:22
2	Alemannia Aachen	34	16	6	12	57:51	6	38:30
3	Borussia Mönchengladbach	34	13	11	10	61:46	15	37:31
4	Eintracht Braunschweig	34	13	11	10	46:43	3	37:31
5	**VfB Stuttgart**	34	14	8	12	60:54	6	36:32
6	Hamburger SV	34	13	10	11	55:55	0	36:32
7	FC Schalke 04	34	14	7	13	45:40	5	35:33
8	Eintracht Frankfurt	34	13	8	13	46:43	3	34:34
9	Werder Bremen	34	14	6	14	59:59	0	34:34
10	1860 München	34	15	4	15	44:59	−15	34:34
11	Hannover 96	34	9	14	11	47:45	2	32:36
12	MSV Duisburg	34	8	16	10	33:37	−4	32:36
13	1. FC Köln	34	13	6	15	47:56	−9	32:36
14	Hertha BSC	34	12	8	14	31:39	−8	32:36
15	1. FC Kaiserslautern	34	12	6	16	45:47	−2	30:38
16	Borussia Dortmund	34	11	8	15	49:54	−5	30:38
17	1. FC Nürnberg	34	9	11	14	45:55	−10	29:39
18	Kickers Offenbach	34	10	8	16	42:59	−17	28:40

Eingesetzte Spieler

Position	Name	Nat.	Geb.datum	Einsätze	Tore
Torhüter	Dieter Feller	D	01.12.1942	2	–
	Gerhard Heinze	D	30.11.1948	33	–
Abwehr	Günther Eisele	D	30.06.1946	2	–
	Hans Eisele	D	07.08.1940	19	1
	Willi Entenmann	D	25.09.1943	27	4
	Theodor Hoffmann	D	05.07.1940	31	–
	Hans-Dieter Koch	D	19.04.1944	4	–
	Gerd Menne	D	14.12.1939	32	4
	Klaus-Dieter Sieloff	D	27.02.1942	18	2
	Reinhold Zech	D	27.05.1948	4	–
Mittelfeld	Hans Arnold	D	08.10.1941	34	3
	Rudi Entenmann	D	19.05.1940	1	–
	Gilbert Gress	FRA	17.12.1941	31	6
	Karlheinz Handschuh	D	30.11.1947	22	7
	Horst Haug	D	12.05.1946	24	7
	Bo Göran Larsson	SWE	05.05.1944	33	9
	Hans Mayer	D	09.02.1945	27	1
	Roland Weidle	D	01.01.1949	3	–
Angriff	Werner Haaga	D	03.03.1947	21	2
	Manfred Weidmann	D	15.01.1945	27	11

				Amtszeit
Trainer	Gunther Baumann	D	19.01.1921	01.07.1967 – 30.06.1969

Spieltage 22–34

Spieltag	Paarung	Ergebnis	Zuschauer	Datum
22	Eintracht Frankfurt – VfB Stuttgart	3:0 (1:0)	10.000	Sa., 08.02.1969
23	VfB Stuttgart – MSV Duisburg	3:2 (0:0)	15.000	Sa., 22.02.1969
24	Eintracht Braunschweig – VfB Stuttgart	1:2 (0:1)	15.000	Sa., 01.03.1969
25	VfB Stuttgart – Alemannia Aachen	3:1 (0:0)	20.000	Sa., 08.03.1969
26	VfB Stuttgart – Bayern München	3:0 (2:0)	74.000	Sa., 15.03.1969
27	Werder Bremen – VfB Stuttgart	1:0 (1:0)	25.000	Sa., 22.03.1969
28	VfB Stuttgart – Borussia Dortmund	2:2 (1:0)	22.000	Sa., 29.03.1969
29	1. FC Köln – VfB Stuttgart	5:2 (3:1)	22.000	Mi., 09.04.1969
30	VfB Stuttgart – 1. FC Nürnberg	2:3 (1:3)	22.000	Sa., 26.04.1969
31	Kickers Offenbach – VfB Stuttgart	2:1 (1:1)	17.000	Sa., 17.05.1969
32	VfB Stuttgart – Borussia Mönchengladbach	0:3 (0:1)	10.000	Sa., 24.05.1969
33	Hannover 96 – VfB Stuttgart	1:0 (1:0)	9.000	Sa., 31.05.1969
34	VfB Stuttgart – 1. FC Kaiserslautern	4:3 (2:1)	2.500	Sa., 07.06.1969

Platz 5: Qualifikation für den Messe-Pokal

34. Spieltag, 07.06.1969
Nach sieben sieglosen Partien ist zumindest der Saisonabschluss versöhnlich. Den 4:3-Erfolg gegen den 1. FC Kaiserslautern sehen allerdings nur 2.500 Fans.

Bundesliga

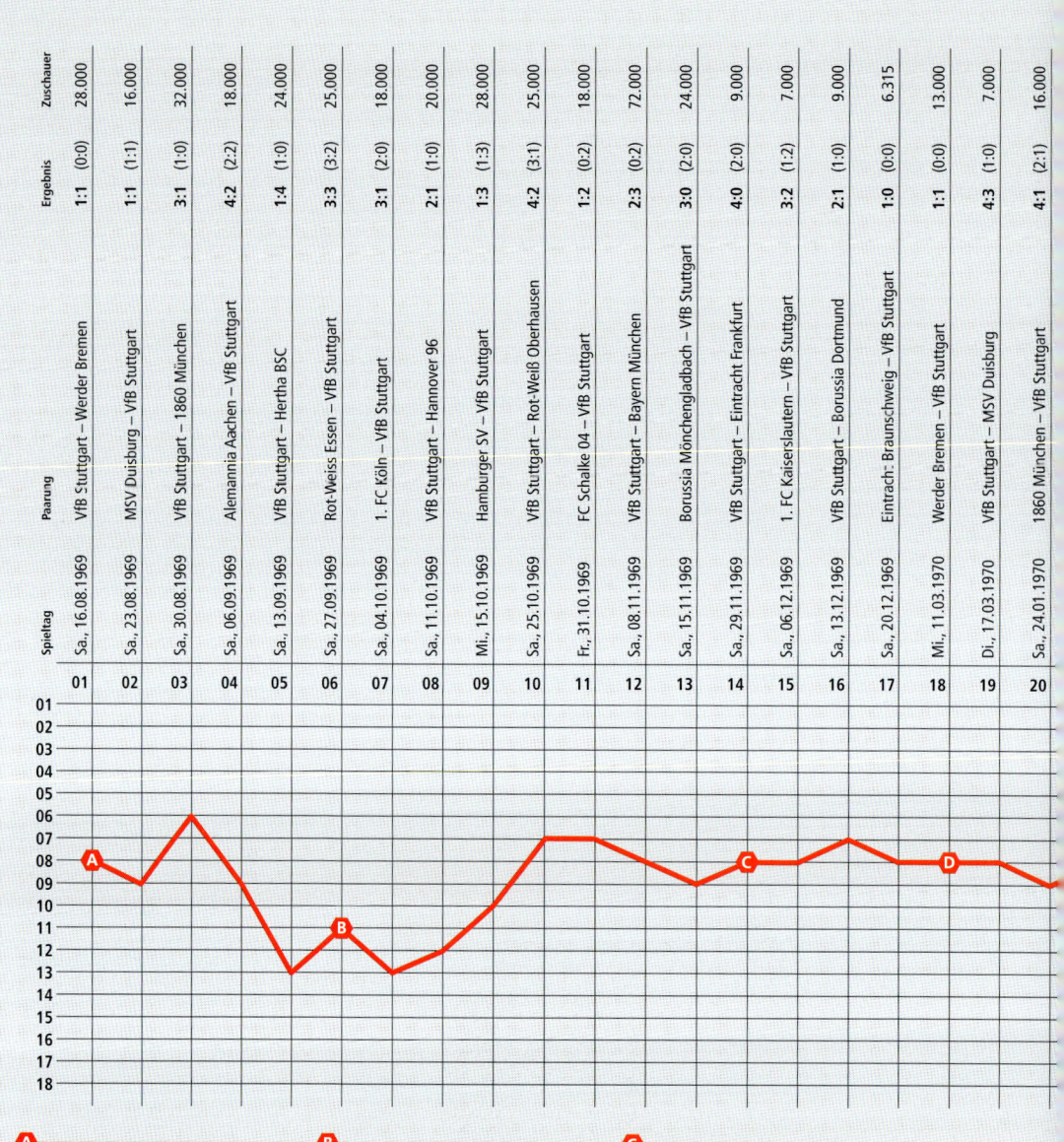

Spieltag	Paarung	Ergebnis	Zuschauer
01 Sa., 16.08.1969	VfB Stuttgart – Werder Bremen	1:1 (0:0)	28.000
02 Sa., 23.08.1969	MSV Duisburg – VfB Stuttgart	1:1 (1:1)	16.000
03 Sa., 30.08.1969	VfB Stuttgart – 1860 München	3:1 (1:0)	32.000
04 Sa., 06.09.1969	Alemannia Aachen – VfB Stuttgart	4:2 (2:2)	18.000
05 Sa., 13.09.1969	VfB Stuttgart – Hertha BSC	1:4 (1:0)	24.000
06 Sa., 27.09.1969	Rot-Weiss Essen – VfB Stuttgart	3:3 (3:2)	25.000
07 Sa., 04.10.1969	1. FC Köln – VfB Stuttgart	3:1 (2:0)	18.000
08 Sa., 11.10.1969	VfB Stuttgart – Hannover 96	2:1 (1:0)	20.000
09 Mi., 15.10.1969	Hamburger SV – VfB Stuttgart	1:3 (1:3)	28.000
10 Sa., 25.10.1969	VfB Stuttgart – Rot-Weiß Oberhausen	4:2 (3:1)	25.000
11 Fr., 31.10.1969	FC Schalke 04 – VfB Stuttgart	1:2 (0:2)	18.000
12 Sa., 08.11.1969	VfB Stuttgart – Bayern München	2:3 (0:2)	72.000
13 Sa., 15.11.1969	Borussia Mönchengladbach – VfB Stuttgart	3:0 (2:0)	24.000
14 Sa., 29.11.1969	VfB Stuttgart – Eintracht Frankfurt	4:0 (2:0)	9.000
15 Sa., 06.12.1969	1. FC Kaiserslautern – VfB Stuttgart	3:2 (1:2)	7.000
16 Sa., 13.12.1969	VfB Stuttgart – Borussia Dortmund	2:1 (1:0)	9.000
17 Sa., 20.12.1969	Eintracht Braunschweig – VfB Stuttgart	1:0 (0:0)	6.315
18 Mi., 11.03.1970	Werder Bremen – VfB Stuttgart	1:1 (0:0)	13.000
19 Di., 17.03.1970	VfB Stuttgart – MSV Duisburg	4:3 (1:0)	7.000
20 Sa., 24.01.1970	1860 München – VfB Stuttgart	4:1 (2:1)	16.000

Im Fokus

A 1. Spieltag, 16.08.1969
Nicht der ursprünglich als Trainer vorgesehene Frantisek Bufka, sondern Franz Seybold sitzt zum Saisonstart beim 1:1 gegen Werder Bremen auf der Bank. Bufka hat die Trainerprüfung nicht bestanden, sodass der Geschäftsführer einspringen muss.

B 6. Spieltag, 27.09.1969
Durch Tore von Horst Haug, Manfred Weidmann und Willi Entenmann macht der VfB bei Rot-Weiss Essen aus einem 0:3 noch ein 3:3. Am Ende gibt es Tumulte. VfB-Torhüter Dieter Feller sollen ein Eisstück, eine Flasche und drei bis vier Büchsen getroffen haben.

C 14. Spieltag, 29.11.1969
Beim 4:0-Sieg gegen Eintracht Frankfurt trumpft vor allem Hans-Jürgen Wittfoht groß auf. Der Neuzugang aus Lübeck hat in den ersten Saisonpartien gefehlt, da er erst seinen Wehrdienst beenden musste.

DFB-Pokal

Samstag, 03.01.1970
1. Runde
1. FC Nürnberg – VfB Stuttgart
1:0 (1:0)

Messe-Pokal

Mittwoch, 17.09.1969
1. Runde, Hinspiel
VfB Stuttgart – Malmö FF
3:0 (1:0)

Mittwoch, 01.10.1969
1. Runde, Rückspiel
Malmö FF – VfB Stuttgart
1:1 (0:1)

Mittwoch, 12.11.1969
2. Runde, Hinspiel
VfB Stuttgart – SSC Neapel
0:0

Mittwoch, 26.11.1969
2. Runde, Rückspiel
SSC Neapel – VfB Stuttgart
1:0 (0:0)

Saison 1969/1970

Abschlusstabelle

Platz	Verein	Spiele	g.	u.	v.	Tore	Diff.	Punkte
1	Borussia Mönchengladbach	34	23	5	6	71:29	42	51:17
2	Bayern München	34	21	5	8	88:37	51	47:21
3	Hertha BSC	34	20	5	9	67:41	26	45:23
4	1. FC Köln	34	20	3	11	83:38	45	43:25
5	Borussia Dortmund	34	14	8	12	60:67	-7	36:32
6	Hamburger SV	34	12	11	11	57:54	3	35:33
7	**VfB Stuttgart**	34	14	7	13	59:62	-3	35:33
8	Eintracht Frankfurt	34	12	10	12	54:54	0	34:34
9	FC Schalke 04	34	11	12	11	43:54	-11	34:34
10	1. FC Kaiserslautern	34	10	12	12	44:55	-11	32:36
11	Werder Bremen	34	10	11	13	38:47	-9	31:37
12	Rot-Weiss Essen	34	8	15	11	41:54	-13	31:37
13	Hannover 96	34	11	8	15	49:61	-12	30:38
14	Rot-Weiß Oberhausen	34	11	7	16	50:62	-12	29:39
15	MSV Duisburg	34	9	11	14	35:48	-13	29:39
16	Eintracht Braunschweig	34	9	10	15	40:49	-9	28:40
17	1860 München	34	9	7	18	41:56	-15	25:43
18	Alemannia Aachen	34	5	7	22	31:83	-52	17:51

Eingesetzte Spieler

Position	Name	Nat.	Geb.datum	Einsätze	Tore
Torhüter	Dieter Feller	D	01.12.1942	11	–
	Gerhard Heinze	D	30.11.1948	26	–
Abwehr	Günther Eisele	D	30.06.1946	17	–
	Hans Eisele	D	07.08.1940	33	–
	Willi Entenmann	D	25.09.1943	25	7
	Theodor Hoffmann	D	05.07.1940	14	–
	Hans-Dieter Koch	D	19.04.1944	2	–
	Reinhold Zech	D	27.05.1948	30	4
Mittelfeld	Hans Arnold	D	08.10.1941	32	1
	Gilbert Gress	FRA	17.12.1941	34	5
	Karlheinz Handschuh	D	30.11.1947	17	7
	Horst Haug	D	12.05.1946	26	10
	Herbert Höbusch	D	29.01.1949	11	–
	Hans Mayer	A	09.02.1945	21	–
	Jan Olsson	SWE	18.03.1944	30	12
	Roland Weidle	D	01.01.1949	10	1
	Hans-Jürgen Wittfoht	D	29.01.1948	11	–
Angriff	Werner Haaga	D	03.03.1947	13	1
	Manfred Weidmann	D	15.01.1945	34	9

				Amtszeit
Trainer	Franz Seybold	D	09.04.1912	01.07.1969–30.06.1970

Spieltage 22–34:

Spieltag	Datum	Zuschauer	Ergebnis	Begegnung
22	Mi., 22.04.1970	15.000	3:1 (2:0)	Hertha BSC – VfB Stuttgart
23	Sa., 14.02.1970	11.000	4:1 (2:0)	VfB Stuttgart – Rot-Weiss Essen
24	Sa., 21.02.1970	30.000	0:3 (0:2)	VfB Stuttgart – 1. FC Köln
25	Sa., 28.02.1970	13.000	2:0 (2:0)	Hannover 96 – VfB Stuttgart
26	Sa., 07.03.1970	20.000	1:1 (1:1)	VfB Stuttgart – Hamburger SV
27	Sa., 14.03.1970	18.000	3:0 (0:0)	Rot-Weiß Oberhausen – VfB Stuttgart
28	Sa., 21.03.1970	12.000	2:0 (0:0)	VfB Stuttgart – FC Schalke 04
29	Sa., 28.03.1970	13.000	1:2 (1:1)	Bayern München – VfB Stuttgart
30	Sa., 04.04.1970	40.000	0:0	VfB Stuttgart – Borussia Mönchengladbach
31	Sa., 11.04.1970	9.500	4:0 (1:0)	Eintracht Frankfurt – VfB Stuttgart
32	Sa., 18.04.1970	7.000	2:1 (2:0)	VfB Stuttgart – 1. FC Kaiserslautern
33	Do, 30.04.1970	5.000	0:0	Borussia Dortmund – VfB Stuttgart
34	So., 03.05.1970	5.000	3:2 (1:1)	VfB Stuttgart – Eintracht Braunschweig

D 18. Spieltag, 11.03.1970
Von den eigenen Amateuren zum Stammspieler: Auf Reinhold Zech ist von Anfang an Verlass. Beim 1:1 in Bremen rettet er mit seinem vierten Saisontreffer fünf Minuten vor dem Ende einen Punkt.

E 34. Spieltag, 03.05.1970
Bester VfB Torschütze der Saison ist Neuzugang Jan Olsson. Am letzten Spieltag gegen Eintracht Braunschweig erzielt der Schwede zwei Treffer und schraubt damit sein Torkonto auf zwölf.

Platz 7

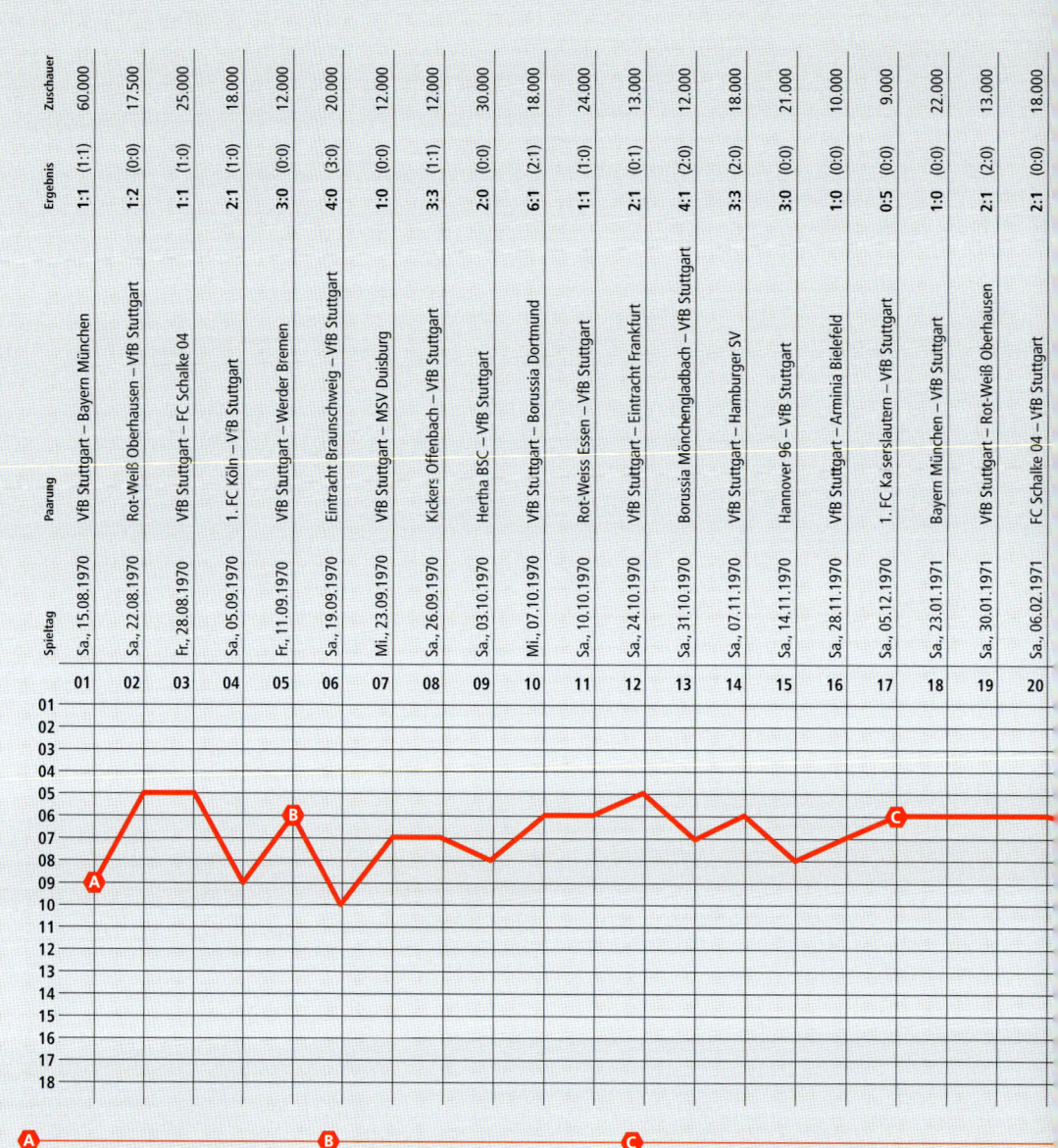

Bundesliga

Spieltag	Paarung	Ergebnis	Zuschauer
01 Sa., 15.08.1970	VfB Stuttgart – Bayern München	1:1 (1:1)	60.000
02 Sa., 22.08.1970	Rot-Weiß Oberhausen – VfB Stuttgart	1:2 (0:0)	17.500
03 Fr., 28.08.1970	VfB Stuttgart – FC Schalke 04	1:1 (1:0)	25.000
04 Sa., 05.09.1970	1. FC Köln – VfB Stuttgart	2:1 (1:0)	18.000
05 Fr., 11.09.1970	VfB Stuttgart – Werder Bremen	3:0 (0:0)	12.000
06 Sa., 19.09.1970	Eintracht Braunschweig – VfB Stuttgart	4:0 (3:0)	20.000
07 Mi., 23.09.1970	VfB Stuttgart – MSV Duisburg	1:0 (0:0)	12.000
08 Sa., 26.09.1970	Kickers Offenbach – VfB Stuttgart	3:3 (1:1)	12.000
09 Sa., 03.10.1970	Hertha BSC – VfB Stuttgart	2:0 (0:0)	30.000
10 Mi., 07.10.1970	VfB Stuttgart – Borussia Dortmund	6:1 (2:1)	18.000
11 Sa., 10.10.1970	Rot-Weiss Essen – VfB Stuttgart	1:1 (1:0)	24.000
12 Sa., 24.10.1970	VfB Stuttgart – Eintracht Frankfurt	2:1 (0:1)	13.000
13 Sa., 31.10.1970	Borussia Mönchengladbach – VfB Stuttgart	4:1 (2:0)	12.000
14 Sa., 07.11.1970	VfB Stuttgart – Hamburger SV	3:3 (2:0)	18.000
15 Sa., 14.11.1970	Hannover 96 – VfB Stuttgart	3:0 (0:0)	21.000
16 Sa., 28.11.1970	VfB Stuttgart – Arminia Bielefeld	1:0 (0:0)	10.000
17 Sa., 05.12.1970	1. FC Kaiserslautern – VfB Stuttgart	0:5 (0:0)	9.000
18 Sa., 23.01.1971	Bayern München – VfB Stuttgart	1:0 (0:0)	22.000
19 Sa., 30.01.1971	VfB Stuttgart – Rot-Weiß Oberhausen	2:1 (2:0)	13.000
20 Sa., 06.02.1971	FC Schalke 04 – VfB Stuttgart	2:1 (0:0)	18.000

Im Fokus

A 1. Spieltag, 15.08.1970
Mit Branko Zebec sitzt zum Saisonbeginn einer der schillerndsten Trainer der Bundesliga auf der Bank. Statt ganz oben mitzuspielen, ist das 1:1 im ersten Spiel gegen Bayern München aber der Beginn einer durchwachsenen Saison, die auf Platz zwölf endet.

B 5. Spieltag, 11.09.1970
So schnell lässt sich Willi Entenmann nicht vom Fußballspielen abhalten. Beim 3:0 gegen Werder Bremen läuft er trotz eines gebrochenen Handgelenks auf.

C 17. Spieltag, 05.12.1970
Beim 5:0-Sieg in Kaiserslautern bestreitet Gilbert Gress sein letztes Bundesliga-Spiel für den VfB. Kurz vor Weihnachten wechselt der Publikumsliebling zu Olympique Marseille.

DFB-Pokal

Samstag, 12.12.1970
1. Runde
SV Holstein Kiel – VfB Stuttgart
2:1 (1:0)

Saison 1970/1971

Abschlusstabelle

Platz	Verein	Spiele	g.	u.	v.	Tore	Diff.	Punkte
1	Borussia Mönchengladbach	34	20	10	4	77:35	42	50:18
2	Bayern München	34	19	10	5	74:36	38	48:20
3	Hertha BSC	34	16	9	9	61:43	18	41:27
4	Eintracht Braunschweig	34	16	7	11	52:40	12	39:29
5	Hamburger SV	34	13	11	10	54:63	−9	37:31
6	FC Schalke 04	34	15	6	13	44:40	4	36:32
7	MSV Duisburg	34	12	11	11	43:47	−4	35:33
8	1. FC Kaiserslautern	34	15	4	15	54:57	−3	34:34
9	Hannover 96	34	12	9	13	53:49	4	33:35
10	Werder Bremen	34	11	11	12	41:40	1	33:35
11	1. FC Köln	34	11	11	12	46:56	−10	33:35
12	**VfB Stuttgart**	34	11	8	15	49:49	0	30:38
13	Borussia Dortmund	34	10	9	15	54:60	−6	29:39
14	Arminia Bielefeld	34	12	5	17	34:53	−19	29:39
15	Eintracht Frankfurt	34	11	6	17	39:56	−17	28:40
16	Rot-Weiß Oberhausen	34	9	9	16	54:69	−15	27:41
17	Kickers Offenbach	34	9	9	16	49:65	−16	27:41
18	Rot-Weiss Essen	34	7	9	18	48:68	−20	23:45

Eingesetzte Spieler

Position	Name	Nat.	Geb.datum	Einsätze	Tore
Torhüter	Hans Hauser	D	17.05.1949	2	–
	Gerhard Heinze	D	30.11.1948	30	–
	Bodo Jopp	D	12.11.1952	1	–
	Günter Sawitzki	D	22.11.1932	2	–
Abwehr	Günther Eisele	D	30.06.1946	12	–
	Hans Eisele	D	07.08.1940	29	–
	Willi Entenmann	D	25.09.1943	29	2
	Gerd Regitz	D	03.05.1945	5	1
	Reinhold Zech	D	27.05.1948	34	–
Mittelfeld	Hans Arnold	D	08.10.1941	33	–
	Gilbert Gress	FRA	17.12.1941	17	2
	Karlheinz Handschuh	D	30.11.1947	24	8
	Horst Haug	D	12.05.1946	34	8
	Herbert Höbusch	D	29.01.1949	18	1
	Jan Olsson	SWE	18.03.1944	34	–
	Roland Weidle	D	01.01.1949	13	1
	Hans-Jürgen Wittfoht	D	29.01.1948	1	–
Angriff	Werner Haaga	D	03.03.1947	5	–
	Jürgen Martin	D	01.02.1949	3	–
	Manfred Weidmann	D	15.01.1945	34	3
	Hartmut Weiß	D	13.01.1942	34	15

					Amtszeit
Trainer	Branko Zebec	YUG	17.05.1929		01.07.1970–18.04.1972

Spielverlauf

	22	23	24	25	26	27	28	29	30	31	32	33	34
Datum	Sa., 27.02.1971	Sa., 06.03.1971	Di., 13.04.1971	Sa., 20.03.1971	Sa., 27.03.1971	Sa., 03.04.1971	Sa., 17.04.1971	Sa., 01.05.1971	Sa., 08.05.1971	Sa., 15.05.1971	Sa., 22.05.1971	Sa., 29.05.1971	Sa., 05.06.1971
Gegner	Werder Bremen – VfB Stuttgart	VfB Stuttgart – Eintracht Braunschweig	MSV Duisburg – VfB Stuttgart	VfB Stuttgart – Kickers Offenbach	VfB Stuttgart – Hertha BSC	Borussia Dortmund – VfB Stuttgart	VfB Stuttgart – Rot-Weiss Essen	Eintracht Frankfurt – VfB Stuttgart	VfB Stuttgart – Borussia Mönchengladbach	Hamburger SV – VfB Stuttgart	VfB Stuttgart – Hannover 96	Arminia Bielefeld – VfB Stuttgart	VfB Stuttgart – 1. FC Kaiserslautern
Ergebnis	3:1 (1:0)	1:1 (1:0)	1:0 (1:0)	1:0 (1:0)	1:1 (0:1)	3:1 (1:1)	5:1 (3:0)	1:0 (1:0)	1:1 (1:1)	1:0 (1:0)	1:2 (1:2)	1:0 (0:0)	2:0 (1:0)
Zuschauer	12.000	6.000	12.000	13.000	22.000	11.000	10.000	26.000	55.000	8.000	6.500	28.000	6.000

Platz 12

D – 33. Spieltag, 29.05.1971
Die 0:1-Niederlage des VfB bei Arminia Bielefeld hat ein bitteres Nachspiel. Die Stuttgarter Hans Arnold, Hans Eisele und Hartmut Weiß haben vor dem Spiel 45.000 Mark erhalten, damit der VfB verliert. Der Bundesliga-Skandal hat auch den VfB erreicht.

Bundesliga

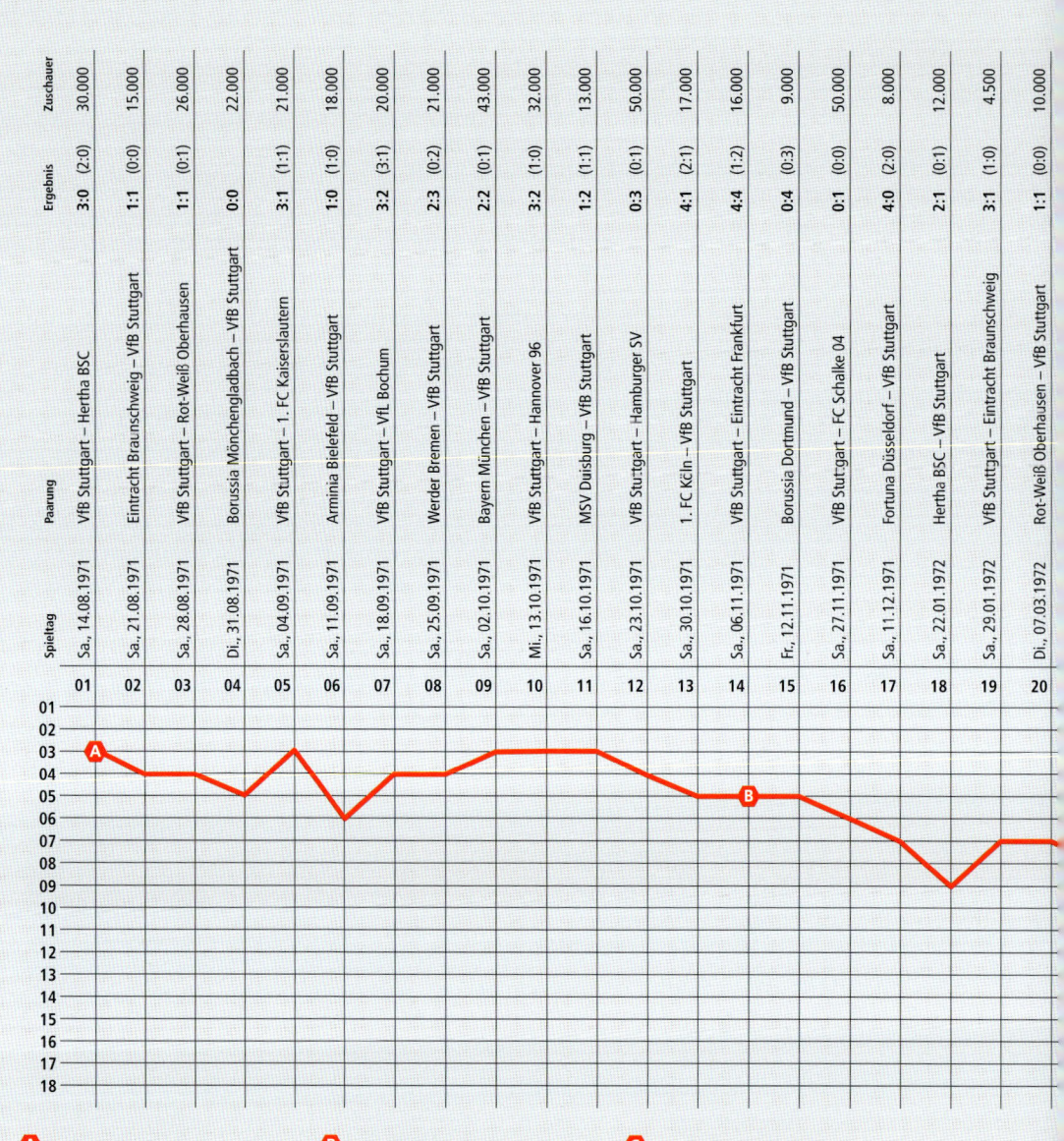

Spieltag	Paarung	Ergebnis	Zuschauer
01	Sa., 14.08.1971	VfB Stuttgart – Hertha BSC	3:0 (2:0)	30.000
02	Sa., 21.08.1971	Eintracht Braunschweig – VfB Stuttgart	1:1 (0:0)	15.000
03	Sa., 28.08.1971	VfB Stuttgart – Rot-Weiß Oberhausen	1:1 (0:1)	26.000
04	Di., 31.08.1971	Borussia Mönchengladbach – VfB Stuttgart	0:0	22.000
05	Sa., 04.09.1971	VfB Stuttgart – 1. FC Kaiserslautern	3:1 (1:1)	21.000
06	Sa., 11.09.1971	Arminia Bielefeld – VfB Stuttgart	1:0 (1:0)	18.000
07	Sa., 18.09.1971	VfB Stuttgart – VfL Bochum	3:2 (3:1)	20.000
08	Sa., 25.09.1971	Werder Bremen – VfB Stuttgart	2:3 (0:2)	21.000
09	Sa., 02.10.1971	Bayern München – VfB Stuttgart	2:2 (0:1)	43.000
10	Mi., 13.10.1971	VfB Stuttgart – Hannover 96	3:2 (1:0)	32.000
11	Sa., 16.10.1971	MSV Duisburg – VfB Stuttgart	1:2 (1:1)	13.000
12	Sa., 23.10.1971	VfB Stuttgart – Hamburger SV	0:3 (0:1)	50.000
13	Sa., 30.10.1971	1. FC Köln – VfB Stuttgart	4:1 (2:1)	17.000
14	Sa., 06.11.1971	VfB Stuttgart – Eintracht Frankfurt	4:4 (1:2)	16.000
15	Fr., 12.11.1971	Borussia Dortmund – VfB Stuttgart	0:4 (0:3)	9.000
16	Sa., 27.11.1971	VfB Stuttgart – FC Schalke 04	0:1 (0:0)	50.000
17	Sa., 11.12.1971	Fortuna Düsseldorf – VfB Stuttgart	4:0 (2:0)	8.000
18	Sa., 22.01.1972	Hertha BSC – VfB Stuttgart	2:1 (0:1)	12.000
19	Sa., 29.01.1972	VfB Stuttgart – Eintracht Braunschweig	3:1 (1:0)	4.500
20	Di., 07.03.1972	Rot-Weiß Oberhausen – VfB Stuttgart	1:1 (0:0)	10.000

Im Fokus

A **1. Spieltag, 14.08.1971**
Neuzugang Johann „Buffy" Ettmayer feiert einen Einstand nach Maß. Der Österreicher erzielt beim 3:0-Erfolg gegen Hertha BSC Berlin zwei Treffer. Das Sportmagazin „Kicker" titelt: „Kein lahmer Österreicher."

B **14. Spieltag, 06.11.1971**
Kein Spiel für schwache Nerven: Selbst eine 4:2-Führung und ein Mann mehr auf dem Platz reichen dem VfB am Ende nicht. Der eingewechselte Jürgen Kalb rettet Eintracht Frankfurt mit zwei Toren zum 4:4 einen Punkt.

C **28. Spieltag, 15.04.1972**
Branko Zebec hat genug. Nach dem 1:0-Erfolg gegen den MSV Duisburg wirft der umstrittene Coach hin. Vom 19. April an betreut Karl Bögelein das Team bis Saisonende.

DFB-Pokal

Samstag, 04.12.1971
1. Runde, Hinspiel
VfR Heilbronn – VfB Stuttgart
1:1 (1:0)

Dienstag, 14.12.1971
1. Runde, Rückspiel
VfB Stuttgart – VfR Heilbronn
4:0 (3:0)

Samstag, 12.02.1972
Achtelfinale, Hinspiel
VfB Stuttgart – 1. FC Kaiserslautern
4:3 (2:1)

Saison 1971/1972

Abschlusstabelle

Platz	Verein	Spiele	g.	u.	v.	Tore	Diff.	Punkte
1	Bayern München	34	24	7	3	101:38	63	55:13
2	FC Schalke 04	34	24	4	6	76:35	41	52:16
3	Borussia Mönchengladbach	34	18	7	9	82:40	42	43:25
4	1. FC Köln	34	15	13	6	64:44	20	43:25
5	Eintracht Frankfurt	34	16	7	11	71:61	10	39:29
6	Hertha BSC	34	14	9	11	46:55	−9	37:31
7	1. FC Kaiserslautern	34	14	7	13	59:53	6	35:33
8	**VfB Stuttgart**	34	13	9	12	52:56	−4	35:33
9	VfL Bochum	34	14	6	14	59:69	−10	34:34
10	Hamburger SV	34	13	7	14	52:52	0	33:35
11	Werder Bremen	34	11	9	14	63:58	5	31:37
12	Eintracht Braunschweig	34	8	15	11	43:48	−5	31:37
13	Fortuna Düsseldorf	34	10	10	14	40:53	−13	30:38
14	MSV Duisburg	34	10	7	17	36:51	−15	27:41
15	Rot-Weiß Oberhausen	34	7	11	16	33:66	−33	25:43
16	Hannover 96	34	10	3	21	54:69	−15	23:45
17	Borussia Dortmund	34	6	8	20	34:83	−49	20:48
18	Arminia Bielefeld *	34	6	7	21	0:0	0	0:0

* Alle Spiele von Arminia Bielefeld (41:75 Tore, 19:49 Punkte) wurden wegen Bestechung in der Saison 1970/71 nur für den Gegner gewertet.

Eingesetzte Spieler

Position	Name	Nat.	Geb.datum	Einsätze	Tore
Torhüter	Gerhard Heinze	D	30.11.1948	12	–
Torhüter	Zlatko Skoric	YUG	27.07.1943	24	–
Abwehr	Egon Coordes	D	13.07.1944	30	2
Abwehr	Günther Eisele	D	30.06.1946	17	–
Abwehr	Willi Entenmann	D	25.09.1943	31	4
Abwehr	Gerd Komorowski	D	18.06.1949	6	–
Abwehr	Gerd Regitz	D	03.05.1945	23	–
Abwehr	Reinhold Zech	D	27.05.1948	32	–
Mittelfeld	Johann Ettmayer	AUT	23.07.1946	24	8
Mittelfeld	Karlheinz Handschuh	D	30.11.1947	33	10
Mittelfeld	Horst Haug	D	12.05.1946	29	2
Mittelfeld	Herbert Höbusch	D	29.01.1949	34	1
Mittelfeld	Roland Mall	D	17.04.1951	2	–
Angriff	Karl Berger	D	13.06.1951	13	2
Angriff	Wolfgang Frank	D	21.02.1951	29	12
Angriff	Horst Köppel	D	17.05.1948	34	8
Angriff	Manfred Weidmann	D	15.01.1945	28	3

	Name	Nat.	Geb.datum	Amtszeit	
Trainer	Branko Zebec	YUG	17.05.1929	01.07.1970 – 18.04.1972	
Trainer	Karl Bögelein	D	28.01.1927	19.04.1972 – 30.06.1972	

Spiele 22–34

Spieltag	Datum	Begegnung	Ergebnis	Halbzeit	Zuschauer
22	Sa., 26.02.1972	1. FC Kaiserslautern – VfB Stuttgart	3:1	(1:1)	13.000
23	Sa., 04.03.1972	VfB Stuttgart – Arminia Bielefeld	2:2	(2:1)	3.500
24	Sa., 11.03.1972	VfL Bochum – VfB Stuttgart	1:1	(1:1)	10.000
25	Sa., 18.03.1972	VfB Stuttgart – Werder Bremen	1:0	(0:0)	12.000
26	Sa., 25.03.1972	VfB Stuttgart – Bayern München	1:4	(1:1)	45.000
27	Sa., 08.04.1972	Hannover 96 – VfB Stuttgart	3:0	(1:0)	15.500
28	Sa., 15.04.1972	VfB Stuttgart – MSV Duisburg	1:0	(1:0)	2.500
29	Sa., 22.04.1972	Hamburger SV – VfB Stuttgart	1:2	(0:1)	9.000
30	Sa., 06.05.1972	VfB Stuttgart – 1. FC Köln	1:1	(1:0)	7.000
31	Sa., 20.05.1972	Eintracht Frankfurt – VfB Stuttgart	4:1	(2:0)	11.000
32	Sa., 03.06.1972	VfB Stuttgart – Borussia Dortmund	2:0	(1:0)	4.000
33	Sa., 24.06.1972	FC Schalke 04 – VfB Stuttgart	2:1	(1:1)	17.000
34	Mi., 28.06.1972	VfB Stuttgart – Fortuna Düsseldorf	3:1	(1:1)	1.200

Platz 8

D 34. Spieltag, 28.06.1972
Den letzten Saisonsieg wollen nur 1.200 Fans sehen. Ein historischer Tiefstwert, der bis heute nicht mehr unterboten wird. Der VfB gewinnt gegen Fortuna Düsseldorf mit 3:1 und beendet die Spielzeit als Achter im Mittelfeld.

Dienstag, 22.02.1972
Achtelfinale, Rückspiel
1. FC Kaiserslautern – VfB Stuttgart
3:1 (0:0)

Bundesliga

Spieltag	Paarung	Ergebnis	Zuschauer
01 Sa, 16.09.1972	VfB Stuttgart – 1. FC Köln	3:1 (2:1)	17.000
02 Mi, 20.09.1972	MSV Duisburg – VfB Stuttgart	0:1 (0:0)	15.000
03 Sa, 23.09.1972	VfB Stuttgart – Hamburger SV	2:1 (1:1)	22.000
04 Sa, 30.09.1972	Hannover 96 – VfB Stuttgart	3:1 (2:1)	15.500
05 Mi, 04.10.1972	VfB Stuttgart – 1. FC Kaiserslautern	3:1 (1:1)	13.000
06 Sa, 07.10.1972	Fortuna Düsseldorf – VfB Stuttgart	6:1 (2:0)	30.000
07 Sa, 14.10.1972	VfB Stuttgart – VfL Bochum	4:0 (2:0)	12.000
08 Sa, 21.10.1972	Kickers Offenbach – VfB Stuttgart	1:3 (0:1)	16.000
09 Sa, 28.10.1972	VfB Stuttgart – Bayern München	0:1 (0:1)	59.500
10 Di, 31.10.1972	Rot-Weiß Oberhausen – VfB Stuttgart	2:2 (0:1)	6.000
11 Sa, 04.11.1972	VfB Stuttgart – Werder Bremen	2:1 (0:1)	13.000
12 Sa, 11.11.1972	Eintracht Braunschweig – VfB Stuttgart	1:0 (1:0)	9.000
13 Sa, 18.11.1972	VfB Stuttgart – Hertha BSC	4:0 (2:0)	8.000
14 Di, 21.11.1972	Wuppertaler SV – VfB Stuttgart	4:0 (3:0)	17.000
15 Sa, 25.11.1972	VfB Stuttgart – FC Schalke 04	6:2 (4:2)	9.000
16 Sa, 02.12.1972	Eintracht Frankfurt – VfB Stuttgart	2:1 (2:1)	10.500
17 Sa, 16.12.1972	VfB Stuttgart – Borussia Mönchengladbach	3:0 (1:0)	18.000
18 Sa, 20.01.1973	1. FC Köln – VfB Stuttgart	5:1 (0:1)	9.000
19 Sa, 27.01.1973	VfB Stuttgart – MSV Duisburg	3:4 (1:2)	4.800
20 Sa, 03.02.1973	Hamburger SV – VfB Stuttgart	2:0 (1:0)	14.000

Ligapokal

Vorrunde, Gruppe 8
Mittwoch, 02.08.1972
Bayern Hof – VfB Stuttgart 3:3

Mittwoch, 09.08.1972
VfB – TSV München 1860 5:1

Sonntag, 13.08.1972
VfB – FC Bayern München 2:3

Mittwoch, 16.08.1972
TSV München 1860 – VfB 0:0

Samstag, 19.08.1972
FC Bayern München – VfB 1:2

Mittwoch, 23.08.1972
VfB – Bayern Hof 2:2

Abschlusstabelle Gruppe 8
1. Bayern Hof   20:16   8:4
2. VfB Stuttgart   14:10   7:5
3. FC Bayern München 17:17 6:6
4. TSV München 1860 11:19   3:9

Bayern Hof qualifiziert sich für das Viertelfinale.

Im Fokus

A 6. Spieltag, 07.10.1972
Bereits im sechsten Spiel kassiert der VfB die höchste Saisonniederlage. Bei Fortuna Düsseldorf kommt das Team mit 1:6 unter die Räder. Das einzige VfB Tor erzielt Wolfgang Frank zum zwischenzeitlichen 1:3.

B 14. Spieltag, 21.11.1972
Dass die Saison nicht nach Wunsch verläuft, unterstreicht eine weitere peinliche Niederlage. Beim Wuppertaler SV – der Neuling belegt am Ende einen sensationellen vierten Platz – verliert der VfB mit 0:4.

C 15. Spieltag, 25.11.1972
Beim 6:2-Erfolg gegen Schalke 04 feiert Willi Entenmann sein Comeback. Der defensive Mittelfeldspieler wird in der Pause eingewechselt. Auf einer USA-Reise des VfB vor Saisonbeginn hat sich Entenmann eine Bänderverletzung zugezogen und muss fast die komplette Hinrunde pausieren.

DFB-Pokal

Samstag, 09.12.1972
1. Runde, Hinspiel
VfL Wolfsburg – VfB Stuttgart
2:2 (2:0)

Dienstag, 19.12.1972
1. Runde, Rückspiel
VfB Stuttgart – VfL Wolfsburg
3:2 (2:1)

Samstag, 03.03.1973
Achtelfinale, Hinspiel
VfB Stuttgart – 1. FC Kaiserslautern
2:1 (1:0)

Saison 1972 / 1973

Abschlusstabelle

Platz	Verein	Spiele	g.	u.	v.	Tore	Diff.	Punkte
1	Bayern München	34	25	4	5	93:29	64	54:14
2	1. FC Köln	34	16	11	7	66:51	15	43:25
3	Fortuna Düsseldorf	34	15	12	7	62:45	17	42:26
4	Wuppertaler SV	34	15	10	9	62:49	13	40:28
5	Borussia Mönchengladbach	34	17	5	12	82:61	21	39:29
6	**VfB Stuttgart**	34	17	3	14	71:65	6	37:31
7	Kickers Offenbach	34	14	7	13	61:60	1	35:33
8	Eintracht Frankfurt	34	15	4	15	58:54	4	34:34
9	1. FC Kaiserslautern	34	12	10	12	58:68	−10	34:34
10	MSV Duisburg	34	12	9	13	53:54	−1	33:35
11	Werder Bremen	34	12	7	15	50:52	−2	31:37
12	VfL Bochum	34	11	9	14	50:68	−18	31:37
13	Hertha BSC	34	11	8	15	53:64	−11	30:38
14	Hamburger SV	34	10	8	16	53:59	−6	28:40
15	FC Schalke 04	34	10	8	16	46:61	−15	28:40
16	Hannover 96	34	9	8	17	49:65	−16	26:42
17	Eintracht Braunschweig	34	9	7	18	33:56	−23	25:43
18	Rot-Weiß Oberhausen	34	9	4	21	45:84	−39	22:46

Eingesetzte Spieler

Position	Name	Nat.	Geb.datum	Einsätze	Tore
Torhüter	Gerhard Heinze	D	30.11.1948	29	–
Torhüter	Bodo Jopp	D	12.11.1952	1	–
Torhüter	Helmut Roleder	D	09.10.1953	5	–
Abwehr	Egon Coordes	D	13.07.1944	22	1
Abwehr	Willi Entenmann	D	25.09.1943	15	1
Abwehr	Gerd Komorowski	D	18.06.1949	10	–
Abwehr	Herward Koppenhöfer	D	25.05.1946	5	–
Abwehr	Norbert Siegmann	D	20.05.1953	22	–
Abwehr	Reinhold Zech	D	27.05.1948	34	–
Mittelfeld	Johann Ettmayer	AUT	23.07.1946	25	11
Mittelfeld	Karlheinz Handschuh	D	30.11.1947	24	13
Mittelfeld	Horst Haug	D	12.05.1946	8	1
Mittelfeld	Herbert Höbusch	D	29.01.1949	18	1
Mittelfeld	Roland Mall	D	17.04.1951	20	–
Mittelfeld	Eckhart Müller	D	12.08.1950	1	–
Angriff	Karl Berger	D	13.06.1951	16	2
Angriff	Dieter Brenninger	D	16.02.1944	27	9
Angriff	Wolfgang Frank	D	21.02.1951	26	11
Angriff	Horst Köppel	D	17.05.1948	29	11
Angriff	Hermann Lindner	D	16.01.1953	6	1
Angriff	Dieter Schwemmle	D	28.07.1949	33	6
Angriff	Manfred Weidmann	D	15.01.1945	34	2

				Amtszeit
Trainer	Hermann Eppenhoff	D	19.05.1919	01.07.1972–01.12.1974

6.000	12.000	10.000	12.000	33.000	6.000	6.000	9.000	27.000	8.500	30.000	9.000	8.200
2:1 (1:1)	2:2 (2:1)	3:1 (1:0)	4:2 (1:0)	5:1 (2:0)	3:0 (0:0)	0:2 (0:1)	4:0 (2:0)	5:1 (3:0)	4:2 (3:2)	2:0 (1:0)	2:2 (0:0)	3:4 (2:3)
1. FC Kaiserslautern – VfB Stuttgart	VfB Stuttgart – Fortuna Düsseldorf	VfL Bochum – VfB Stuttgart	VfB Stuttgart – Kickers Offenbach	Bayern München – VfB Stuttgart	VfB Stuttgart – Rot-Weiß Oberhausen	Werder Bremen – VfB Stuttgart	VfB Stuttgart – Eintracht Braunschweig	Hertha BSC – VfB Stuttgart	VfB Stuttgart – Wuppertaler SV	FC Schalke 04 – VfB Stuttgart	VfB Stuttgart – Eintracht Frankfurt	Borussia Mönchengladbach – VfB Stuttgart
Sa., 17.02.1973	Sa., 24.02.1973	Sa., 10.03.1973	Sa., 17.03.1973	Sa., 24.03.1973	Sa., 31.03.1973	Sa., 07.04.1973	Fr., 27.04.1973	Sa., 05.05.1973	Sa., 19.05.1973	Sa., 26.05.1973	Sa., 02.06.1973	Sa., 09.06.1973
22	23	24	25	26	27	28	29	30	31	32	33	34

Platz 6: Qualifikation für den UEFA-Cup

34. Spieltag, 09.06.1973
Große Nervenstärke beweist der VfB im letzten Saisonspiel. Um sich für den UEFA-Cup zu qualifizieren, ist ein Erfolg bei Borussia Mönchengladbach notwendig. Dieter Schwemmle, Karl-Heinz Handschuh (2) und Johann „Buffy" Ettmayer erzielen die Stuttgarter Tore zum versöhnlichen Abschluss der Saison.

Mittwoch, 14.03.1973
Achtelfinale, Rückspiel
1. FC Kaiserslautern – VfB Stuttgart
2:0 (1:0, 0:0) n.V.

240 Statistik

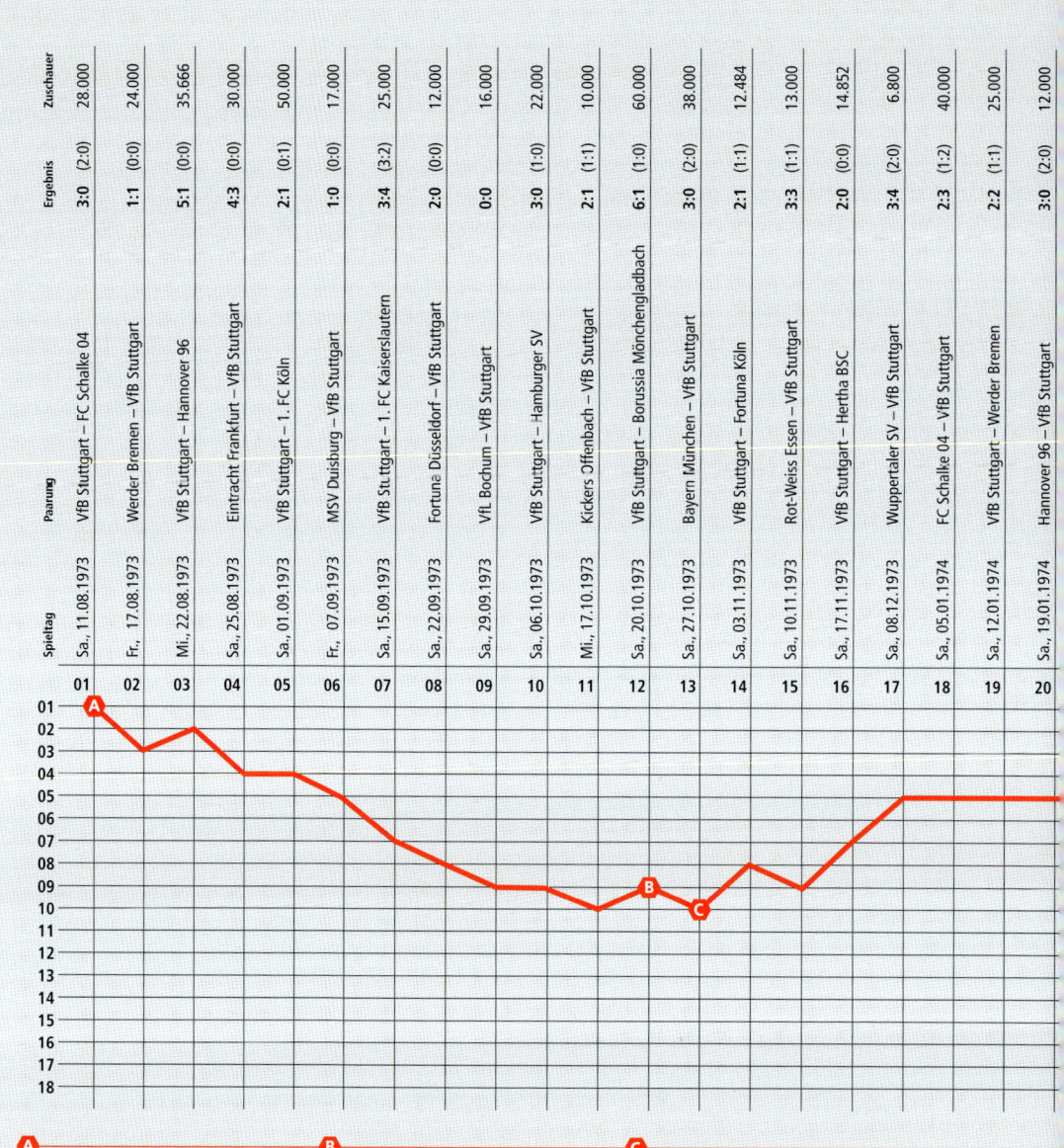

Bundesliga

Spieltag	Paarung	Ergebnis	Zuschauer
01 Sa., 11.08.1973	VfB Stuttgart – FC Schalke 04	3:0 (2:0)	28.000
02 Fr., 17.08.1973	Werder Bremen – VfB Stuttgart	1:1 (0:0)	24.000
03 Mi., 22.08.1973	VfB Stuttgart – Hannover 96	5:1 (0:0)	35.666
04 Sa., 25.08.1973	Eintracht Frankfurt – VfB Stuttgart	4:3 (0:0)	30.000
05 Sa., 01.09.1973	VfB Stuttgart – 1. FC Köln	2:1 (0:1)	50.000
06 Fr., 07.09.1973	MSV Duisburg – VfB Stuttgart	1:0 (0:0)	17.000
07 Sa., 15.09.1973	VfB Stuttgart – 1. FC Kaiserslautern	3:4 (3:2)	25.000
08 Sa., 22.09.1973	Fortuna Düsseldorf – VfB Stuttgart	2:0 (0:0)	12.000
09 Sa., 29.09.1973	VfL Bochum – VfB Stuttgart	0:0	16.000
10 Sa., 06.10.1973	VfB Stuttgart – Hamburger SV	3:0 (1:0)	22.000
11 Mi., 17.10.1973	Kickers Offenbach – VfB Stuttgart	2:1 (1:1)	10.000
12 Sa., 20.10.1973	VfB Stuttgart – Borussia Mönchengladbach	6:1 (1:0)	60.000
13 Sa., 27.10.1973	Bayern München – VfB Stuttgart	3:0 (2:0)	38.000
14 Sa., 03.11.1973	VfB Stuttgart – Fortuna Köln	2:1 (1:1)	12.484
15 Sa., 10.11.1973	Rot-Weiss Essen – VfB Stuttgart	3:3 (1:1)	13.000
16 Sa., 17.11.1973	VfB Stuttgart – Hertha BSC	2:0 (0:0)	14.852
17 Sa., 08.12.1973	Wuppertaler SV – VfB Stuttgart	3:4 (2:0)	6.800
18 Sa., 05.01.1974	FC Schalke 04 – VfB Stuttgart	2:3 (1:2)	40.000
19 Sa., 12.01.1974	VfB Stuttgart – Werder Bremen	2:2 (1:1)	25.000
20 Sa., 19.01.1974	Hannover 96 – VfB Stuttgart	3:0 (2:0)	12.000

Im Fokus

A **1. Spieltag, 11.08.1973**
Hermann Ohlicher feiert einen fulminanten Einstand. Der Stürmer vom FV Ravensburg schießt den VfB im Alleingang zum 3:0-Erfolg gegen den FC Schalke 04 und damit an die Tabellenspitze.

B **12. Spieltag, 20.10.1973**
Die Rückkehr nach Stuttgart hat sich Horst Köppel sicher anders vorgestellt. Mit seinem neuen Verein Borussia Mönchengladbach kommt der ehemalige VfB Torjäger im Neckarstadion mit 1:6 unter die Räder.

C **13. Spieltag, 27.10.1973**
Dieter Brenninger ist ein sicherer Elfmeterschütze. Ausgerechnet im Südgipfel bei Bayern München scheitert der Stuttgarter aber an Torhüter Sepp Maier. Zu diesem Zeitpunkt wäre es für den VfB der 1:1-Ausgleich gewesen. Am Ende gewinnt der FCB mit 3:0.

DFB-Pokal

Samstag, 01.12.1973
1. Runde
Fortuna Köln – VfB Stuttgart
3:2 (1:1, 1:0) n.V.

UEFA-Cup

Donnerstag, 20.09.1973
1. Runde, Hinspiel
VfB Stuttgart – Olympiakos Nikosia
9:0 (5:0)

Mittwoch, 03.10.1973
1. Runde, Rückspiel
Olympiakos Nikosia – VfB Stuttgart
0:4 (0:2)

Mittwoch, 24.10.1973
2. Runde, Hinspiel
VfB Stuttgart – Tatran Presov
3:1 (0:1)

Mittwoch, 07.11.1973
2. Runde, Rückspiel
Tatran Presov – VfB Stuttgart
3:5 (3:1, 1:1) n.V.

Mittwoch, 28.11.1973
Achtelfinale, Hinspiel
Dynamo Kiew – VfB Stuttgart
2:0 (1:0)

Mittwoch, 12.12.1973
Achtelfinale, Rückspiel
VfB Stuttgart – Dynamo Kiew
3:0 (1:0)

Saison 1973/1974

Abschlusstabelle

Platz	Verein	Spiele	g.	u.	v.	Tore	Diff.	Punkte
1	Bayern München	34	20	9	5	95:53	42	49:19
2	Borussia Mönchengladbach	34	21	6	7	93:52	41	48:20
3	Fortuna Düsseldorf	34	16	9	9	61:47	14	41:27
4	Eintracht Frankfurt	34	15	11	8	63:50	13	41:27
5	1. FC Köln	34	16	7	11	69:56	13	39:29
6	1. FC Kaiserslautern	34	15	8	11	80:69	11	38:30
7	FC Schalke 04	34	16	5	13	72:68	4	37:31
8	Hertha BSC	34	11	11	12	56:60	-4	33:35
9	**VfB Stuttgart**	34	12	7	15	58:57	1	31:37
10	Kickers Offenbach	34	11	9	14	56:62	-6	31:37
11	Werder Bremen	34	9	13	12	48:56	-8	31:37
12	Hamburger SV	34	13	5	16	53:62	-9	31:37
13	Rot-Weiss Essen	34	10	11	13	56:70	-14	31:37
14	VfL Bochum	34	9	12	13	45:57	-12	30:38
15	MSV Duisburg	34	11	7	16	42:56	-14	29:39
16	Wuppertaler SV	34	8	9	17	42:65	-23	25:43
17	Fortuna Köln	34	8	9	17	46:79	-33	25:43
18	Hannover 96	34	6	10	18	50:66	-16	22:46

Eingesetzte Spieler

Position	Name	Nat.	Geb.datum	Einsätze	Tore
Torhüter	Gerhard Heinze	D	30.11.1948	33	–
Torhüter	Helmut Roleder	D	09.10.1953	2	–
Abwehr	Egon Coordes	D	13.07.1944	24	2
Abwehr	Günther Eisele	D	30.06.1946	2	–
Abwehr	Markus Elmer	D	21.12.1952	9	–
Abwehr	Willi Entenmann	D	25.09.1943	33	4
Abwehr	Bernd Martin	D	10.02.1955	16	–
Abwehr	Arno Schäfer	D	31.08.1954	8	–
Abwehr	Norbert Siegmann	D	20.05.1953	6	–
Abwehr	Reinhold Zech	D	27.05.1948	34	–
Mittelfeld	Johann Ettmayer	AUT	23.07.1946	33	12
Mittelfeld	Karlheinz Handschuh	D	30.11.1947	32	6
Mittelfeld	Roland Mall	D	17.04.1951	31	–
Mittelfeld	Eckhart Müller	D	12.08.1950	15	–
Mittelfeld	Hermann Ohlicher	D	02.11.1949	33	17
Mittelfeld	Heinz Stickel	D	09.05.1949	32	12
Angriff	Dieter Brenninger	D	16.02.1944	34	5
Angriff	Klaus-Dieter Jank	D	23.11.1952	5	–
Angriff	Hermann Lindner	D	16.01.1953	1	–
Angriff	Manfred Weidmann	D	15.01.1945	32	–

	Name	Nat.	Geb.datum	Amtszeit
Trainer	Hermann Eppenhoff	D	19.05.1919	01.07.1972 – 01.12.1974

Spielverlauf

Spieltag	22	23	24	25	26	27	28	29	30	31	32	33	34
Datum	Sa., 02.02.1974	Sa., 09.02.1974	Sa., 02.03.1974	Sa., 09.03.1974	Sa., 16.03.1974	Sa., 23.03.1974	Sa., 30.03.1974	Sa., 06.04.1974	Sa., 20.04.1974	Sa., 27.04.1974	Sa., 04.05.1974	Sa., 11.05.1974	Sa., 18.05.1974
Gegner	1. FC Köln – VfB Stuttgart	VfB Stuttgart – MSV Duisburg	1. FC Kaiserslautern – VfB Stuttgart	VfB Stuttgart – Fortuna Düsseldorf	VfB Stuttgart – VfL Bochum	Hamburger SV – VfB Stuttgart	VfB Stuttgart – Kickers Offenbach	Borussia Mönchengladbach – VfB Stuttgart	VfB Stuttgart – Bayern München	Fortuna Köln – VfB Stuttgart	VfB Stuttgart – Rot-Weiss Essen	Hertha BSC – VfB Stuttgart	VfB Stuttgart – Wuppertaler SV
Ergebnis	5:2 (3:0)	0:1 (0:1)	4:0 (1:0)	0:0	2:0 (0:0)	1:0 (1:0)	4:0 (4:0)	3:1 (2:0)	1:1 (1:0)	1:0 (0:0)	0:3 (0:1)	1:0 (0:0)	2:2 (2:1)
Zuschauer	22.000	12.000	10.000	14.600	8.000	28.000	13.000	21.000	72.000	8.000	6.700	10.000	6.500

Platz 9

D 31. Spieltag, 27.04.1974
Drei Tage nach dem UEFA-Cup-Aus gegen Feyenoord Rotterdam verliert der VfB überraschend beim späteren Absteiger Fortuna Köln mit 0:1. In den drei verbleibenden Saisonpartien sammelt der VfB nur 1:5 Punkte und rutscht in der Tabelle auf Rang neun ab.

E 34. Spieltag, 18.05.1974
Auch wenn es im letzten Saisonspiel nur zu einem 2:2 gegen den Wuppertaler SV reicht, kommen die im Durchschnitt 25.533 Zuschauer im Neckarstadion dennoch auf ihre Kosten. In den 17 Partien erzielt die VfB Torfabrik 40 Treffer.

Dienstag, 05.03.1974
Viertelfinale, Hinspiel
VfB Stuttgart – Vitoria Setubal
1:0 (0:0)

Mittwoch, 20.03.1974
Viertelfinale, Rückspiel
Vitoria Setubal – VfB Stuttgart
2:2 (2:0)

Mittwoch, 10.04.1974
Halbfinale, Hinspiel
Feyenoord Rotterdam – VfB Stuttgart
2:1 (0:1)

Mittwoch, 24.04.1974
Halbfinale, Rückspiel
VfB Stuttgart – Feyenoord Rotterdam
2:2 (0:1)

Bundesliga

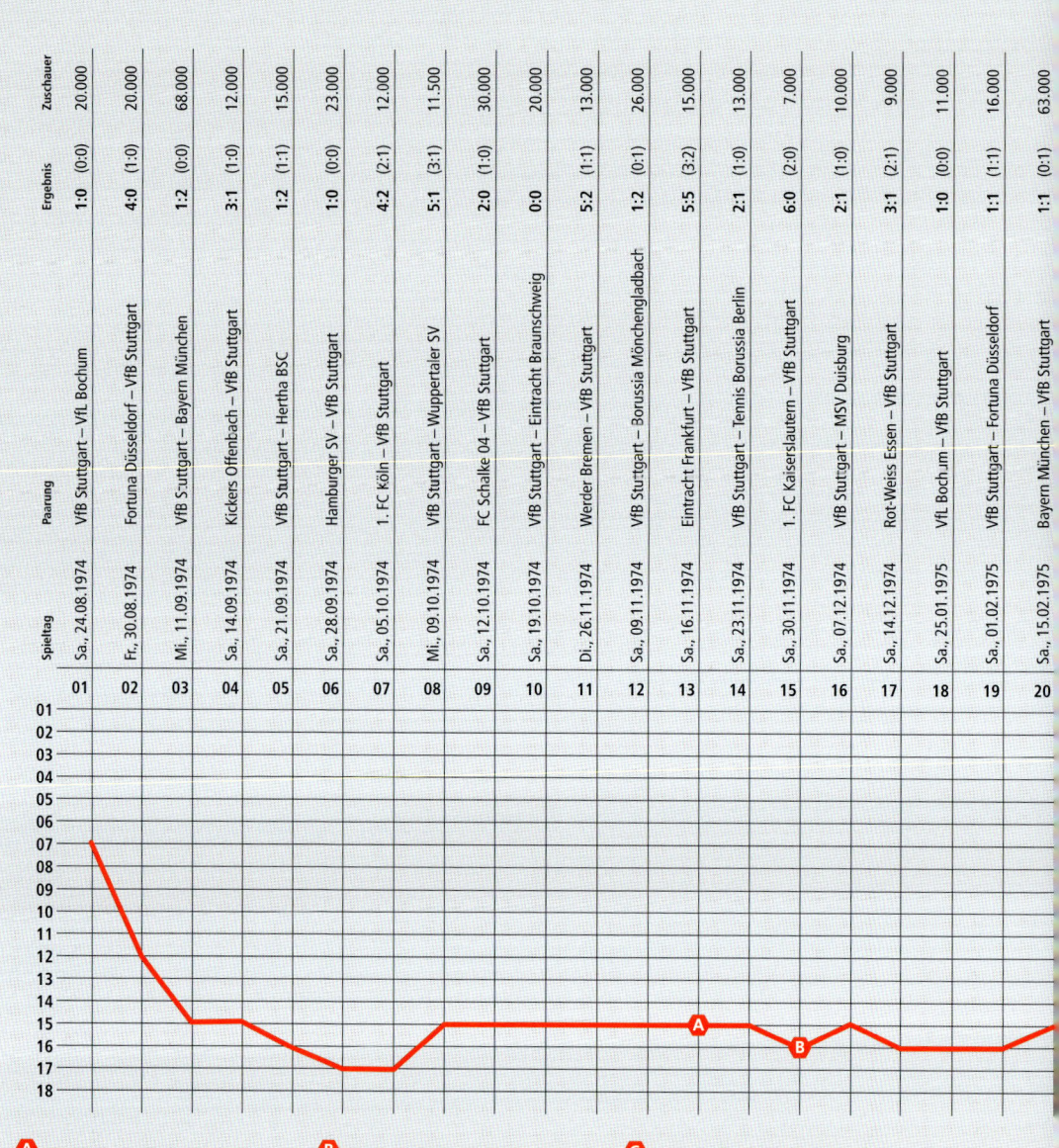

Spieltag	Paarung	Ergebnis	Zuschauer
Sa., 24.08.1974	VfB Stuttgart – VfL Bochum	1:0 (0:0)	20.000
Fr., 30.08.1974	Fortuna Düsseldorf – VfB Stuttgart	4:0 (1:0)	20.000
Mi., 11.09.1974	VfB Stuttgart – Bayern München	1:2 (0:0)	68.000
Sa., 14.09.1974	Kickers Offenbach – VfB Stuttgart	3:1 (1:0)	12.000
Sa., 21.09.1974	VfB Stuttgart – Hertha BSC	1:2 (1:1)	15.000
Sa., 28.09.1974	Hamburger SV – VfB Stuttgart	1:0 (0:0)	23.000
Sa., 05.10.1974	1. FC Köln – VfB Stuttgart	4:2 (2:1)	12.000
Mi., 09.10.1974	VfB Stuttgart – Wuppertaler SV	5:1 (3:1)	11.500
Sa., 12.10.1974	FC Schalke 04 – VfB Stuttgart	2:0 (1:0)	30.000
Sa., 19.10.1974	VfB Stuttgart – Eintracht Braunschweig	0:0	20.000
Di., 26.11.1974	Werder Bremen – VfB Stuttgart	5:2 (1:1)	13.000
Sa., 09.11.1974	VfB Stuttgart – Borussia Mönchengladbach	1:2 (0:1)	26.000
Sa., 16.11.1974	Eintracht Frankfurt – VfB Stuttgart	5:5 (3:2)	15.000
Sa., 23.11.1974	VfB Stuttgart – Tennis Borussia Berlin	2:1 (1:0)	13.000
Sa., 30.11.1974	1. FC Kaiserslautern – VfB Stuttgart	6:0 (2:0)	7.000
Sa., 07.12.1974	VfB Stuttgart – MSV Duisburg	2:1 (1:0)	10.000
Sa., 14.12.1974	Rot-Weiss Essen – VfB Stuttgart	3:1 (2:1)	9.000
Sa., 25.01.1975	VfL Bochum – VfB Stuttgart	1:0 (0:0)	11.000
Sa., 01.02.1975	VfB Stuttgart – Fortuna Düsseldorf	1:1 (1:1)	16.000
Sa., 15.02.1975	Bayern München – VfB Stuttgart	1:1 (0:1)	63.000

Im Fokus

A 13. Spieltag, 16.11.1974
Zehn Tore und doch kein Sieger: Beim fulminanten 5:5 bei Eintracht Frankfurt retten Hermann Ohlicher (84.) und Egon Coordes (89.) dem VfB am Ende wenigstens einen Punkt.

B 15. Spieltag, 30.11.1974
Einen Tag nach der 0:6-Pleite beim 1. FC Kaiserslautern muss VfB Trainer Hermann Eppenhoff gehen. Für eine Partie sitzt Fritz Millinger auf der Bank, ehe Albert Sing als Chefcoach zurückkehrt.

C 28. Spieltag, 19.04.1975
Es ist ein schicksalhafter Samstag. Morgens um 0.53 Uhr hat Gerhard Mayer-Vorfelder Hans Weitpert als VfB Präsident abgelöst. Wenige Stunden später reicht es gegen Werder Bremen nur zu einem 2:2 – eine Vorentscheidung im Abstiegskampf.

DFB-Pokal

Samstag, 07.09.1974
1. Runde
Bayern München – VfB Stuttgart
3:2 (1:0)

Saison 1974 / 1975

Abschlusstabelle

Platz	Verein	Spiele	g.	u.	v.	Tore	Diff.	Punkte
1	Borussia Mönchengladbach	34	21	8	5	86:40	46	50:18
2	Hertha BSC	34	19	6	9	61:43	18	44:24
3	Eintracht Frankfurt	34	18	7	9	89:49	40	43:25
4	Hamburger SV	34	18	7	9	55:38	17	43:25
5	1. FC Köln	34	17	7	10	77:51	26	41:27
6	Fortuna Düsseldorf	34	16	9	9	66:55	11	41:27
7	FC Schalke 04	34	16	7	11	52:37	15	39:29
8	Kickers Offenbach	34	17	4	13	72:62	10	38:30
9	Eintracht Braunschweig	34	14	8	12	52:42	10	36:32
10	Bayern München	34	14	6	14	57:63	−6	34:34
11	VfL Bochum	34	14	5	15	53:53	0	33:35
12	Rot-Weiss Essen	34	10	12	12	56:68	−12	32:36
13	1. FC Kaiserslautern	34	13	5	16	56:55	1	31:37
14	MSV Duisburg	34	12	6	16	59:77	−18	30:38
15	Werder Bremen	34	9	7	18	45:69	−24	25:43
16	**VfB Stuttgart**	**34**	**8**	**8**	**18**	**50:79**	**−29**	**24:44**
17	Tennis Borussia Berlin	34	5	6	23	38:89	−51	16:52
18	Wuppertaler SV	34	2	8	24	32:86	−54	12:56

Spieltage 22–34

Spieltag	Datum	Begegnung	Ergebnis	(HZ)	Zuschauer
22	Sa., 01.03.1975	Hertha BSC – VfB Stuttgart	4:0	(1:0)	30.000
23	Sa., 08.03.1975	VfB Stuttgart – Hamburger SV	1:2	(0:2)	40.000
24	Sa., 22.03.1975	VfB Stuttgart – 1. FC Köln	2:0	(2:0)	40.000
25	Sa., 12.04.1975	Wuppertaler SV – VfB Stuttgart	2:2	(0:1)	2.000
26	Di., 01.04.1975	VfB Stuttgart – FC Schalke 04	3:1	(1:0)	45.000
27	Sa., 05.04.1975	Eintracht Braunschweig – VfB Stuttgart	6:0	(4:0)	13.000
28	Sa., 19.04.1975	VfB Stuttgart – Werder Bremen	2:2	(1:0)	52.500
29	Sa., 03.05.1975	Borussia Mönchengladbach – VfB Stuttgart	5:1	(2:0)	15.000
30	Sa., 10.05.1975	VfB Stuttgart – Eintracht Frankfurt	3:4	(1:1)	23.000
31	Sa., 24.05.1975	Tennis Borussia Berlin – VfB Stuttgart	1:1	(0:1)	2.200
32	Sa., 31.05.1975	VfB Stuttgart – 1. FC Kaiserslautern	0:1	(0:0)	10.189
33	Sa., 07.06.1975	MSV Duisburg – VfB Stuttgart	3:3	(0:1)	5.000
34	Sa., 14.06.1975	VfB Stuttgart – Rot-Weiss Essen	3:2	(3:1)	5.000

Platz 16: Abstieg in die Zweite Bundesliga

D · 33. Spieltag, 07.06.1975
Auch im letzten Auswärtsspiel der Saison bleibt der VfB beim 3:3 in Duisburg sieglos. Null Siege, fünf Unentschieden und zwölf Niederlagen, dazu ein Torverhältnis von 19:56 und nur 5:29 Punkte: Die eklatante Schwäche auf des Gegners Platz ist ein Grund für den Abstieg des VfB.

E · 34. Spieltag, 14.06.1975
Hermann Ohlicher ist einer der wenigen Lichtblicke der Saison. Beim bedeutungslosen 3:2 gegen Rot-Weiss Essen erzielt er seinen 17. Saisontreffer. Damit ist er bester Torschütze des VfB.

Eingesetzte Spieler

Position	Name	Nat.	Geb.datum	Einsätze	Tore
Torhüter	Gerhard Heinze	D	30.11.1948	27	–
	Helmut Roleder	D	09.10.1953	7	–
Abwehr	Egon Coordes	D	13.07.1944	31	3
	Markus Elmer	D	21.12.1952	19	–
	Willi Entenmann	D	25.09.1943	27	1
	Bernd Martin	D	10.02.1955	19	1
	Arno Schäfer	D	31.08.1954	20	–
	Reinhold Zech	D	27.05.1948	29	–
Mittelfeld	Helmut Dietterle	D	02.06.1951	23	1
	Johann Ettmayer	AUT	23.07.1946	15	3
	Erwin Hadewicz	D	02.04.1951	18	3
	Michael Hütt	D	16.09.1953	1	–
	Roland Mall	D	17.04.1951	5	–
	Eckhart Müller	D	12.08.1950	6	1
	Georg Müllner	D	24.10.1953	3	1
	Hermann Ohlicher	D	02.11.1949	34	17
	Heinz Stickel	D	09.05.1949	33	4
	Heinz Tochtermann	D	22.01.1956	6	1
	Hans-Joachim Weller	D	02.07.1946	32	10
Angriff	Dieter Brenninger	D	16.02.1944	20	1
	Lorenz Hilkes	D	31.08.1950	8	1
	Klaus-Dieter Jank	D	23.11.1952	15	–
	Manfred Weidmann	D	15.01.1945	30	2

				Amtszeit
Trainer	Hermann Eppenhoff	D	19.05.1919	01.07.1972 – 01.12.1974
	Fritz Millinger	D	19.09.1935	02.12.1974 – 13.12.1975
	Albert Sing	D	07.04.1917	14.12.1974 – 30.06.1975

2. Bundesliga Süd

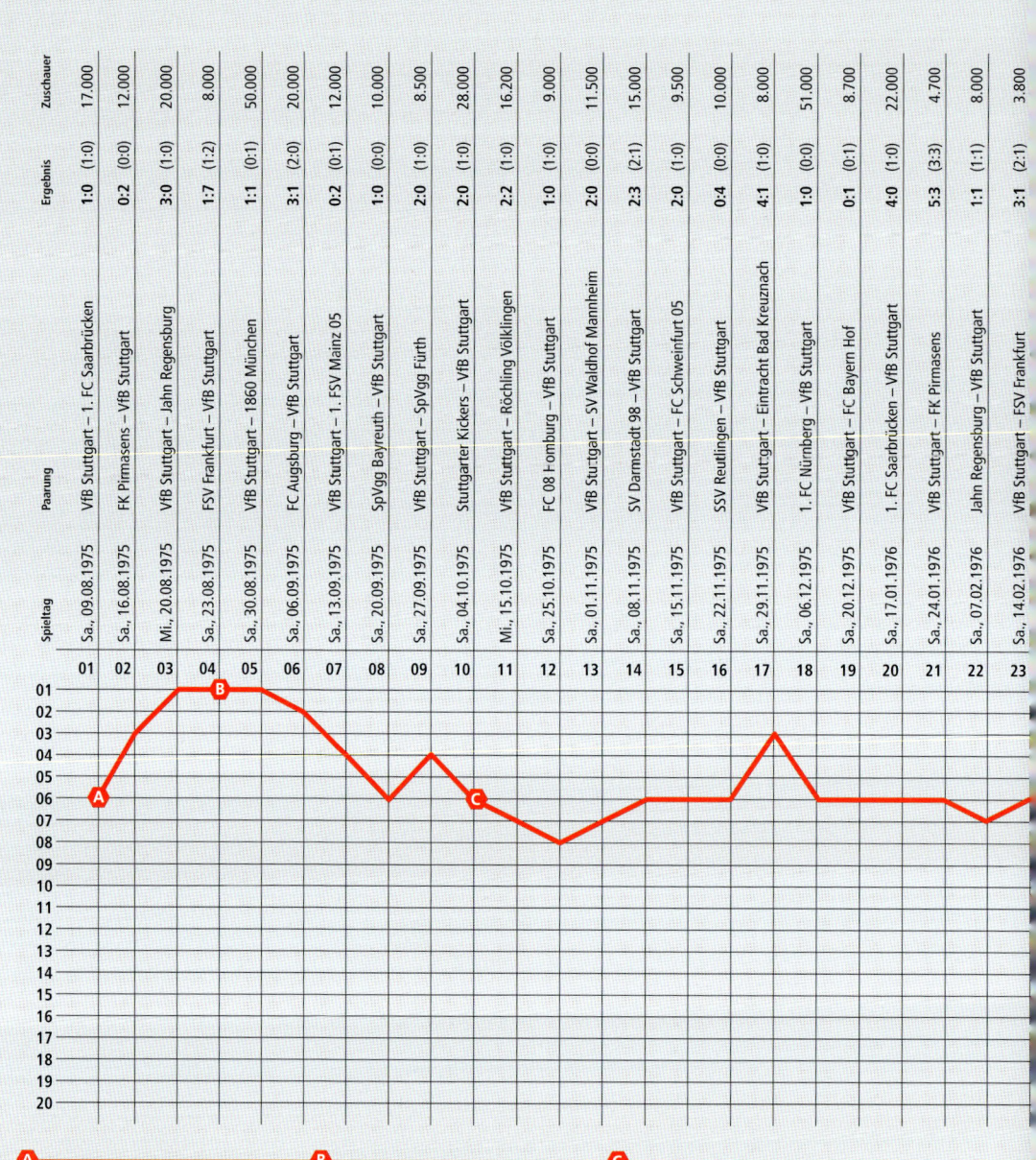

Spieltag	Paarung	Ergebnis	Zuschauer
Sa., 09.08.1975	VfB Stuttgart – 1. FC Saarbrücken	1:0 (1:0)	17.000
Sa., 16.08.1975	FK Pirmasens – VfB Stuttgart	0:2 (0:0)	12.000
Mi., 20.08.1975	VfB Stuttgart – Jahn Regensburg	3:0 (1:0)	20.000
Sa., 23.08.1975	FSV Frankfurt – VfB Stuttgart	1:7 (1:2)	8.000
Sa., 30.08.1975	VfB Stuttgart – 1860 München	1:1 (0:1)	50.000
Sa., 06.09.1975	FC Augsburg – VfB Stuttgart	3:1 (2:0)	20.000
Sa., 13.09.1975	VfB Stuttgart – 1. FSV Mainz 05	0:2 (0:1)	12.000
Sa., 20.09.1975	SpVgg Bayreuth – VfB Stuttgart	1:0 (0:0)	10.000
Sa., 27.09.1975	VfB Stuttgart – SpVgg Fürth	2:0 (1:0)	8.500
Sa., 04.10.1975	Stuttgarter Kickers – VfB Stuttgart	2:0 (1:0)	28.000
Mi., 15.10.1975	VfB Stuttgart – Röchling Völklingen	2:2 (1:0)	16.200
Sa., 25.10.1975	FC 08 Homburg – VfB Stuttgart	1:0 (1:0)	9.000
Sa., 01.11.1975	VfB Stuttgart – SV Waldhof Mannheim	2:0 (0:0)	11.500
Sa., 08.11.1975	SV Darmstadt 98 – VfB Stuttgart	2:3 (2:1)	15.000
Sa., 15.11.1975	VfB Stuttgart – FC Schweinfurt 05	2:0 (1:0)	9.500
Sa., 22.11.1975	SSV Reutlingen – VfB Stuttgart	0:4 (0:0)	10.000
Sa., 29.11.1975	VfB Stuttgart – Eintracht Bad Kreuznach	4:1 (1:0)	8.000
Sa., 06.12.1975	1. FC Nürnberg – VfB Stuttgart	1:0 (0:0)	51.000
Sa., 20.12.1975	VfB Stuttgart – FC Bayern Hof	0:1 (0:1)	8.700
Sa., 17.01.1976	1. FC Saarbrücken – VfB Stuttgart	4:0 (1:0)	22.000
Sa., 24.01.1976	VfB Stuttgart – FK Pirmasens	5:3 (3:3)	4.700
Sa., 07.02.1976	Jahn Regensburg – VfB Stuttgart	1:1 (1:1)	8.000
Sa., 14.02.1976	VfB Stuttgart – FSV Frankfurt	3:1 (2:1)	3.800

Im Fokus

A 1. Spieltag, 09.08.1975
In die erste Zweitliga-Saison startet der VfB, der erstmals ohne roten Brustring auf dem Trikot antritt, mit einem 1:0-Sieg gegen den 1. FC Saarbrücken.

B 4. Spieltag, 23.08.1975
Ein vielversprechender Saisonstart: Der VfB gewinnt beim FSV Frankfurt mit 7:1 und träumt nach 8:0 Zählern bereits wieder von der Bundesliga. Doch nach vier sieglosen Partien pendelt sich der VfB im Mittelfeld der Tabelle ein.

C 10. Spieltag, 04.10.1975
Ausgerechnet im Lokalderby bei den Stuttgarter Kickers enttäuscht der VfB auf ganzer Linie. Mit 2:0 gewinnen die „Blauen" gegen die „Weiß-Roten" das 135. Stuttgarter Stadtderby. Kleiner Trost: Der VfB revanchiert sich in der Rückrunde gegen die Kickers mit einem 5:0-Sieg.

DFB-Pokal

Freitag, 01.08.1975
1. Runde
SC Rapide Wedding – VfB Stuttgart
2:9 (2:6)

Samstag, 18.10.1975
2. Runde
Hertha BSC – VfB Stuttgart
4:2 (0:0)

Saison 1975/1976

Abschlusstabelle

Platz	Verein	Spiele	g.	u.	v.	Tore	Diff.	Punkte
1	1. FC Saarbrücken	38	23	11	4	66:28	38	57:19
2	1. FC Nürnberg	38	24	6	8	78:42	36	54:22
3	FC 08 Homburg	38	19	13	6	72:41	31	51:25
4	1860 München	38	19	9	10	78:55	23	47:29
5	SpVgg Bayreuth	38	18	11	9	71:55	16	47:29
6	Röchling Völklingen	38	18	9	11	72:65	7	45:31
7	SV Darmstadt 98	38	19	5	14	76:64	12	43:33
8	SV Waldhof Mannheim	38	16	10	12	64:55	9	42:34
9	FC Bayern Hof	38	18	5	15	60:56	4	41:35
10	SpVgg Fürth	38	17	3	18	64:52	12	37:39
11	**VfB Stuttgart**	**38**	**16**	**4**	**18**	**67:60**	**7**	**36:40**
12	1. FSV Mainz 05	38	12	12	14	81:92	-11	36:40
13	FSV Frankfurt	38	15	5	18	49:63	-14	35:41
14	FK Pirmasens	38	13	7	18	66:78	-12	33:43
15	FC Augsburg	38	12	8	18	57:56	1	32:44
16	Stuttgarter Kickers	38	13	6	19	57:70	-13	32:44
17	Jahn Regensburg	38	8	14	16	48:74	-26	30:46
18	FC Schweinfurt 05	38	9	8	21	50:72	-22	26:50
19	Eintracht Bad Kreuznach	38	8	7	23	49:83	-34	23:53
20	SSV Reutlingen	38	5	3	30	35:99	-64	13:63

Spieltage 24–38

Nr.	Datum	Begegnung	Ergebnis	(HZ)	Zuschauer
24	Sa., 21.02.1976	1860 München – VfB Stuttgart	3:0	(2:0)	18.000
25	Sa., 06.03.1976	VfB Stuttgart – FC Augsburg	0:1	(0:0)	4.600
26	Sa., 13.03.1976	1. FSV Mainz 05 – VfB Stuttgart	4:2	(1:1)	4.500
27	Sa., 20.03.1976	VfB Stuttgart – SpVgg Bayreuth	1:1	(0:0)	4.800
28	Sa., 27.03.1976	SpVgg Fürth – VfB Stuttgart	3:0	(3:0)	5.000
29	Sa., 03.04.1976	VfB Stuttgart – Stuttgarter Kickers	5:0	(3:0)	16.300
30	Sa., 10.04.1976	Röchling Völklingen – VfB Stuttgart	5:3	(2:1)	4.000
31	Sa., 17.04.1976	VfB Stuttgart – FC 08 Homburg	0:2	(0:1)	5.000
32	Sa., 01.05.1976	SV Waldhof Mannheim – VfB Stuttgart	1:0	(0:0)	8.000
33	Sa., 08.05.1976	VfB Stuttgart – SV Darmstadt 98	2:3	(0:2)	4.000
34	Sa., 15.05.1976	FC Schweinfurt 05 – VfB Stuttgart	2:3	(1:1)	2.800
35	Sa., 21.05.1976	VfB Stuttgart – SSV Reutlingen	2:3	(0:1)	2.000
36	Sa., 29.05.1976	Eintracht Bad Kreuznach – VfB Stuttgart	1:2	(1:0)	1.000
37	Sa., 05.06.1976	VfB Stuttgart – 1. FC Nürnberg	0:1	(0:1)	10.000
38	Sa., 12.06.1976	FC Bayern Hof – VfB Stuttgart	3:4	(1:0)	1.300

Platz 11

D – 28. Spieltag, 27.03.1976
Nach der 0:3-Niederlage bei der SpVgg Fürth muss Trainer Istvan Sztani gehen. Bis Saisonende sitzt Karl Bögelein auf der Trainerbank. Frühzeitig steht fest, dass in der neuen Saison Jürgen Sundermann zum VfB kommt.

E – 35. Spieltag, 21.05.1976
Wieder eine bittere Pille in einem Lokalderby: Gegen den SSV Reutlingen kassiert der VfB eine 2:3-Heimniederlage – der Tiefpunkt einer enttäuschenden Rückrunde.

Eingesetzte Spieler

Position	Name	Nat.	Geb.datum	Einsätze	Tore
Torhüter	René Deck	SUI	08.06.1945	5	–
Torhüter	Klaus Funk	D	21.02.1954	3	–
Torhüter	Helmut Roleder	D	09.10.1953	30	–
Abwehr	Egon Coordes	D	13.07.1944	20	–
Abwehr	Markus Elmer	D	21.12.1952	19	–
Abwehr	Willi Entenmann	D	25.09.1943	8	–
Abwehr	Karlheinz Förster	D	25.07.1958	5	–
Abwehr	Werner Gass	D	14.05.1954	23	1
Abwehr	Manfred Günther	D	04.09.1954	4	–
Abwehr	Dragan Holcer	YUG	19.01.1945	35	–
Abwehr	Arno Schäfer	D	31.08.1954	25	–
Abwehr	Manfred Weidmann	D	15.01.1945	34	1
Abwehr	Gerhard Wörn	D	27.01.1957	21	1
Mittelfeld	Helmut Dietterle	D	02.06.1951	10	4
Mittelfeld	Erwin Hadewicz	D	02.04.1951	21	4
Mittelfeld	Lorenz Hilkes	D	31.08.1950	4	–
Mittelfeld	Klaus-Dieter Jank	D	23.11.1952	4	–
Mittelfeld	Roland Mall	D	17.04.1951	7	–
Mittelfeld	Bernd Martin	D	10.02.1955	33	4
Mittelfeld	Hans Müller	D	27.07.1957	12	3
Mittelfeld	Bernd Schmider	D	03.05.1955	25	2
Mittelfeld	Hans-Joachim Weller	D	02.07.1946	37	11
Angriff	Harald Beck	D	29.07.1957	1	–
Angriff	Dieter Brenninger	D	16.02.1944	18	1
Angriff	Ottmar Hitzfeld	D	02.11.1949	21	11
Angriff	Dieter Hoeneß	D	07.01.1953	18	6
Angriff	Hermann Ohlicher	D	02.11.1949	34	15

	Name	Nat.	Geb.datum	Amtszeit
Trainer	Istvan Sztani	HUN	19.03.1937	01.07.1975–29.03.1976
Trainer	Karl Bögelein	D	28.01.1927	29.03.1976–30.06.1976

2. Bundesliga Süd

Trikot und Sponsor

FROTTESANA

Spieltag	Paarung	Ergebnis	Zuschauer
Sa., 14.08.1976	Stuttgarter Kickers – VfB Stuttgart	0:0	27.500
Sa., 21.08.1976	VfB Stuttgart – FSV Frankfurt	2:0 (1:0)	8.000
Mi., 25.08.1976	FK Pirmasens – VfB Stuttgart	0:4 (0:0)	3.500
Sa., 28.08.1976	VfB Stuttgart – SpVgg Bayreuth	0:0	11.000
Sa., 04.09.1976	SpVgg Fürth – VfB Stuttgart	0:0	15.000
Mi., 08.09.1976	VfB Stuttgart – SV Darmstadt 98	1:1 (0:1)	15.000
Sa., 11.09.1976	BSV Schwenningen – VfB Stuttgart	3:3 (3:1)	12.000
Sa., 18.09.1976	VfB Stuttgart – SV Waldhof Mannheim	4:3 (0:2)	8.600
Sa., 25.09.1976	FC Augsburg – VfB Stuttgart	1:4 (1:1)	15.000
Sa., 02.10.1976	VfB Stuttgart – Kickers Offenbach	2:2 (1:0)	45.000
Sa., 09.10.1976	VfB Stuttgart – FC 08 Homburg	5:1 (2:0)	23.000
Sa., 23.10.1976	Röchling Völklingen – VfB Stuttgart	0:3 (0:1)	4.500
Sa., 30.10.1976	VfB Stuttgart – 1860 München	3:2 (2:1)	50.000
Sa., 06.11.1976	FC Bayern Hof – VfB Stuttgart	2:1 (1:0)	6.000
Sa., 13.11.1976	VfB Stuttgart – 1. FC Nürnberg	4:0 (1:0)	48.500
Sa., 20.11.1976	FV Würzburg 04 – VfB Stuttgart	0:3 (0:2)	15.100
Sa., 27.11.1976	VfB Stuttgart – KSV 1964 Baunatal	3:1 (1:1)	15.000
Fr., 03.12.1976	Jahn Regensburg – VfB Stuttgart	3:0 (1:0)	6.000
Sa., 11.12.1976	VfB Stuttgart – Eintracht Trier	1:0 (1:0)	9.000
So., 26.12.1976	VfB Stuttgart – Stuttgarter Kickers	2:1 (1:0)	37.000
So., 02.01.1977	FSV Frankfurt – VfB Stuttgart	0:0	6.000
Sa., 15.01.1977	VfB Stuttgart – FK Pirmasens	7:2 (2:0)	8.000
Sa., 22.01.1977	SpVgg Bayreuth – VfB Stuttgart	3:2 (0:1)	5.800

Im Fokus

A) 1. Spieltag, 14.08.1976
Beim glanzlosen 0:0 im ersten Saisonspiel bei den Stuttgarter Kickers sorgt der VfB aus einem anderen Grund für Aufsehen: Erstmals treten die Stuttgarter mit einem Trikotsponsor an. Für eine sechsstellige Summe hat sich die Textilfirma Frottesana den Platz auf der Brust der VfB Kicker gesichert.

B) 7. Spieltag, 11.09.1976
Das 3:3 beim BSV Schwenningen ist ein Schlüsselspiel. Denn der VfB reißt eine beim Stand von 0:3 fast schon verloren geglaubte Partie durch unbändigen Einsatz noch aus dem Feuer.

C) 9. Spieltag, 25.09.1976
Mit der bisher jüngsten Startelf gewinnt der VfB beim FC Augsburg mit 4:1. Das Durchschnittsalter beträgt 22,1 Jahre. Jüngster im Team ist der 18-jährige Karlheinz Förster. Mit 31 Jahren ist Dragan Holcer der Oldie auf dem Platz.

DFB-Pokal

Freitag, 06.08.1976
1. Runde
VfB Stuttgart – SpVgg Fürth
3:0 (1:0)

Samstag, 16.10.1976
2. Runde
VfB Stuttgart – SG Union Solingen
2:0 (1:0)

Mittwoch, 15.12.1976
3. Runde
Bayern München (A) – VfB Stuttgart
2:1 (1:1)

Saison 1976/1977

Abschlusstabelle

Platz	Verein	Spiele	g.	u.	v.	Tore	Diff.	Punkte
1	**VfB Stuttgart**	38	24	9	5	100:36	64	57:19
2	1860 München	38	24	8	6	78:29	49	56:20
3	Kickers Offenbach	38	22	9	7	86:52	34	53:23
4	FC 08 Homburg	38	23	3	12	84:56	28	49:27
5	1. FC Nürnberg	38	18	13	7	77:51	26	49:27
6	SV Darmstadt 98	38	18	10	10	68:48	20	46:30
7	FSV Frankfurt	38	14	12	12	65:58	7	40:36
8	SpVgg Fürth	38	15	10	13	55:51	4	40:36
9	FC Augsburg	38	17	6	15	72:73	-1	40:36
10	Stuttgarter Kickers	38	16	7	15	59:53	6	39:37
11	SV Waldhof Mannheim	38	16	5	17	70:57	13	37:39
12	FC Bayern Hof	38	12	13	13	61:53	8	37:39
13	FV Würzburg 04	38	14	9	15	49:81	-32	37:39
14	SpVgg Bayreuth	38	12	10	16	60:64	-4	34:42
15	KSV 1964 Baunatal	38	11	11	16	64:82	-18	33:43
16	Röchling Völklingen	38	13	6	19	47:71	-24	32:44
17	Eintracht Trier	38	12	4	22	46:68	-22	28:48
18	FK Pirmasens	38	5	9	24	43:85	-42	19:57
19	Jahn Regensburg	38	7	5	26	42:87	-45	19:57
20	BSV Schwenningen	38	4	7	27	31:102	-71	15:61

Eingesetzte Spieler

Position	Name	Nat.	Geb.datum	Einsätze	Tore
Torhüter	Klaus Funk	D	21.02.1954	1	–
Torhüter	Helmut Roleder	D	09.10.1953	37	–
Abwehr	Markus Elmer	D	21.12.1952	36	11
Abwehr	Karlheinz Förster	D	25.07.1958	34	5
Abwehr	Werner Gass	D	14.05.1954	10	–
Abwehr	Dragan Holcer	YUG	19.01.1945	38	1
Abwehr	Arno Schäfer	D	31.08.1954	27	–
Mittelfeld	Helmut Dietterle	D	02.06.1951	16	–
Mittelfeld	Bernd Frick	D	20.03.1958	1	–
Mittelfeld	Erwin Hadewicz	D	02.04.1951	28	5
Mittelfeld	Bernd Martin	D	10.02.1955	32	7
Mittelfeld	Hans Müller	D	27.07.1957	31	8
Mittelfeld	Gerhard Wörn	D	27.01.1957	6	1
Angriff	Harald Beck	D	29.07.1957	15	1
Angriff	Ottmar Hitzfeld	D	12.01.1949	34	22
Angriff	Dieter Hoeneß	D	07.01.1953	23	13
Angriff	Klaus-Dieter Jank	D	23.11.1952	34	6
Angriff	Hermann Ohlicher	D	02.11.1949	37	15
Angriff	Bernd Schmider	D	03.05.1955	36	5

				Amtszeit	
Trainer	Jürgen Sundermann	D	25.01.1940	01.07.1976 – 30.06.1979	

Spieltage 24–38

Spieltag	Datum	Begegnung	Ergebnis	Zuschauer
24	Sa., 29.01.1977	VfB Stuttgart – SpVgg Fürth	3:0 (0:0)	8.500
25	Fr., 04.02.1977	SV Darmstadt 98 – VfB Stuttgart	2:1 (1:1)	12.000
26	Sa., 12.02.1977	VfB Stuttgart – BSV Schwenningen	6:0 (2:0)	10.000
27	Sa., 26.02.1977	SV Waldhof Mannheim – VfB Stuttgart	1:2 (0:0)	12.000
28	Sa., 05.03.1977	VfB Stuttgart – FC Augsburg	4:1 (0:0)	30.000
29	Sa., 12.03.1977	Kickers Offenbach – VfB Stuttgart	1:2 (1:0)	28.000
30	Sa., 19.03.1977	FC 08 Homburg – VfB Stuttgart	3:1 (2:1)	12.000
31	Sa., 26.03.1977	VfB Stuttgart – Röchling Völklingen	4:3 (1:2)	16.000
32	Fr., 01.04.1977	1860 München – VfB Stuttgart	0:0	77.000
33	Do., 07.04.1977	VfB Stuttgart – FC Bayern Hof	2:0 (1:0)	25.000
34	Sa., 16.04.1977	1. FC Nürnberg – VfB Stuttgart	0:4 (0:2)	37.000
35	Fr., 22.04.1977	VfB Stuttgart – FV Würzburg 04	4:0 (1:0)	26.000
36	Fr., 06.05.1977	KSV 1964 Baunatal – VfB Stuttgart	0:5 (0:3)	15.000
37	Fr., 13.05.1977	VfB Stuttgart – Jahn Regensburg	8:0 (5:0)	37.000
38	Sa., 21.05.1977	Eintracht Trier – VfB Stuttgart	0:0	18.000

Platz 1: Aufstieg in die Bundesliga

D — 29. Spieltag, 12.03.1977
Im Hexenkessel von Offenbach stellt der VfB endgültig die Weichen für die Rückkehr in die Bundesliga: Markus Elmer sichert sechs Minuten vor dem Ende den 2:1-Erfolg beim direkten Aufstiegskonkurrenten.

E — 37. Spieltag, 13.05.1977
Beim 8:0-Erfolg gegen Jahn Regensburg macht der VfB den Aufstieg praktisch perfekt, und Ottmar Hitzfeld sichert sich einen Platz in den Geschichtsbüchern. Der Stürmer erzielt sechs Tore.

Bundesliga

Spieltag	Paarung	Ergebnis	Zuschauer
01 Sa., 06.08.1977	VfB Stuttgart – Bayern München	3:3 (1:1)	71.000
02 Sa., 13.08.1977	Eintracht Braunschweig – VfB Stuttgart	3:1 (1:0)	24.000
03 Mi., 17.08.1977	VfB Stuttgart – 1. FC Saarbrücken	1:0 (1:0)	38.000
04 Sa., 27.08.1977	FC Schalke 04 – VfB Stuttgart	3:1 (0:0)	30.000
05 Mi., 31.08.1977	VfB Stuttgart – Hamburger SV	1:2 (0:1)	71.000
06 Sa., 03.09.1977	Borussia Dortmund – VfB Stuttgart	4:1 (2:0)	27.100
07 Sa., 10.09.1977	VfB Stuttgart – Borussia Mönchengladbach	2:0 (0:0)	68.000
08 Sa., 17.09.1977	Hertha BSC – VfB Stuttgart	1:1 (1:0)	19.000
09 Fr., 23.09.1977	VfB Stuttgart – MSV Duisburg	1:0 (0:0)	45.000
10 Sa., 01.10.1977	1860 München – VfB Stuttgart	1:2 (0:1)	40.000
11 Mi., 12.10.1977	VfB Stuttgart – Eintracht Frankfurt	2:1 (0:1)	68.000
12 Sa., 22.10.1977	1. FC Kaiserslautern – VfB Stuttgart	0:4 (0:3)	32.000
13 Sa., 29.10.1977	VfL Bochum – VfB Stuttgart	1:0 (1:0)	20.000
14 Sa., 05.11.1977	VfB Stuttgart – FC St. Pauli	1:0 (0:0)	37.000
15 Sa., 12.11.1977	Fortuna Düsseldorf – VfB Stuttgart	1:0 (0:0)	19.000
16 Sa., 26.11.1977	VfB Stuttgart – 1. FC Köln	3:0 (3:0)	71.000
17 Sa., 03.12.1977	Werder Bremen – VfB Stuttgart	0:1 (0:1)	16.500
18 Sa., 10.12.1977	Bayern München – VfB Stuttgart	2:0 (0:0)	37.000
19 Sa., 17.12.1977	VfB Stuttgart – Eintracht Braunschweig	5:0 (3:0)	43.000
20 Sa., 07.01.1978	1. FC Saarbrücken – VfB Stuttgart	1:1 (1:0)	27.000

Trikot und Sponsor

Frottesana

Im Fokus

A **6. Spieltag, 03.09.1977**
Nach sechs Spieltagen geht die Abstiegsangst um. Bei Borussia Dortmund verliert der VfB mit 1:4 und rutscht auf den 17. Platz. Doch nur sechs Partien später ist Stuttgart Siebter – und auf dem Weg nach oben nicht mehr zu stoppen.

B **21. Spieltag, 14.01.1978**
„Heiligs Blechle, was für ein VfB", schreibt das Magazin „Kicker" nach dem furiosen 6:1-Erfolg gegen Vize-Meister FC Schalke 04. Dabei liegt der VfB zur Pause noch mit 0:1 im Rückstand. Durch den Sieg klettert der VfB auf Platz zwei der Tabelle.

C **23. Spieltag, 28.01.1978**
Mit einem souveränen 4:1-Erfolg gegen Borussia Dortmund verscheucht der VfB endgültig alle Abstiegssorgen. Das ursprünglich ausgegebene Saisonziel Klassenverbleib ist bereits Anfang des Jahres erreicht.

DFB-Pokal

Freitag, 29.07.1977
1. Runde
VfB Stuttgart – TuS Eintracht Bremen
10:0 (4:0)

Freitag, 19.08.1977
2. Runde
MSV Duisburg – VfB Stuttgart
3:0 (1:0)

Saison 1977/1978

Abschlusstabelle

Platz	Verein	Spiele	g.	u.	v.	Tore	Diff.	Punkte
1	1. FC Köln	34	22	4	8	86:41	45	48:20
2	Borussia Mönchengladbach	34	20	8	6	86:44	42	48:20
3	Hertha BSC	34	15	10	9	59:48	11	40:28
4	**VfB Stuttgart**	34	17	5	12	58:40	18	39:29
5	Fortuna Düsseldorf	34	15	9	10	49:36	13	39:29
6	MSV Duisburg	34	15	7	12	62:59	3	37:31
7	Eintracht Frankfurt	34	16	4	14	59:52	7	36:32
8	1. FC Kaiserslautern	34	16	4	14	64:63	1	36:32
9	FC Schalke 04	34	14	6	14	47:52	–5	34:34
10	Hamburger SV	34	14	6	14	61:67	–6	34:34
11	Borussia Dortmund	34	14	5	15	57:71	–14	33:35
12	Bayern München	34	11	10	13	62:64	–2	32:36
13	Eintracht Braunschweig	34	14	4	16	43:53	–10	32:36
14	VfL Bochum	34	11	9	14	49:51	–2	31:37
15	Werder Bremen	34	13	5	16	48:57	–9	31:37
16	1860 München	34	7	8	19	41:60	–19	22:46
17	1. FC Saarbrücken	34	6	10	18	39:70	–31	22:46
18	FC St. Pauli	34	6	6	22	44:86	–42	18:50

Eingesetzte Spieler

Position	Name	Nat.	Geb.datum	Einsätze	Tore
Torhüter	Helmut Roleder	D	09.10.1953	34	–
Abwehr	Markus Elmer	D	21.12.1952	28	3
Abwehr	Karlheinz Förster	D	25.07.1958	34	1
Abwehr	Dragan Holcer	YUG	19.01.1945	34	–
Abwehr	Bernd Martin	D	10.02.1955	32	1
Abwehr	Arno Schäfer	D	31.08.1954	3	–
Mittelfeld	Helmut Dietterle	D	02.06.1951	19	1
Mittelfeld	Erwin Hadewicz	D	02.04.1951	33	3
Mittelfeld	Roland Hattenberger	AUT	07.12.1948	18	1
Mittelfeld	Hans Müller	D	27.07.1957	33	14
Mittelfeld	Hermann Ohlicher	D	02.11.1949	34	11
Mittelfeld	Bernd Schmider	D	03.05.1955	12	1
Angriff	Harald Beck	D	29.07.1957	9	–
Angriff	Ottmar Hitzfeld	D	12.01.1949	22	5
Angriff	Dieter Hoeneß	D	07.01.1953	32	9
Angriff	Klaus-Dieter Jank	D	23.11.1952	11	3
Angriff	Walter Kelsch	D	03.09.1955	26	3

				Amtszeit
Trainer	Jürgen Sundermann	D	25.01.1940	01.07.1976–30.06.1979

Platz 4: Qualifikation für den UEFA-Cup

D 32. Spieltag, 08.04.1978
Die Partie gegen Fortuna Düsseldorf (1:1) muss zwölf Minuten lang unterbrochen werden. Hansi Müller ist unabsichtlich mit Schiedsrichter Klaus Ohmsen zusammengeprallt. Dieser zieht sich dabei einen Unterarmbruch zu.

E 34. Spieltag, 29.04.1978
Es ist das Jahr von Hansi Müller. Der Mittelfeldstar erzielt beim 2:0 im letzten Saisonspiel gegen Werder Bremen sein 14. Tor. Lohn für die starke Leistung der vergangenen Monate ist die Nominierung für die WM in Argentinien, bei der Müller viermal eingesetzt wird.

Statistik

Bundesliga

Spieltag	Paarung	Ergebnis	Zuschauer
01 Sa., 12.08.1978	1. FC Kaiserslautern – VfB Stuttgart	5:1 (4:0)	38.000
02 Sa., 19.08.1978	VfB Stuttgart – 1. FC Nürnberg	4:0 (2:0)	54.000
03 Fr., 25.08.1978	Fortuna Düsseldorf – VfB Stuttgart	2:0 (2:0)	23.000
04 Sa., 02.09.1978	VfB Stuttgart – Hamburger SV	1:0 (1:0)	50.000
05 Sa., 09.09.1978	Borussia Dortmund – VfB Stuttgart	4:3 (2:2)	30.631
06 Sa., 16.09.1978	VfB Stuttgart – MSV Duisburg	2:0 (2:0)	25.000
07 Sa., 30.09.1978	FC Schalke 04 – VfB Stuttgart	2:3 (0:2)	20.000
08 Sa., 07.10.1978	VfB Stuttgart – Eintracht Frankfurt	3:1 (0:1)	42.000
09 Sa., 14.10.1978	Arminia Bielefeld – VfB Stuttgart	1:1 (1:1)	28.000
10 Sa., 21.10.1978	VfB Stuttgart – Bayern München	2:0 (0:0)	71.000
11 Sa., 28.10.1978	Borussia Mönchengladbach – VfB Stuttgart	0:0	23.700
12 Sa., 04.11.1978	VfB Stuttgart – Werder Bremen	1:1 (0:0)	27.000
13 Sa., 11.11.1978	VfL Bochum – VfB Stuttgart	1:2 (1:1)	30.000
14 Sa., 18.11.1978	VfB Stuttgart – Eintracht Braunschweig	3:0 (3:0)	29.000
15 Sa., 25.11.1978	Hertha BSC – VfB Stuttgart	0:0	16.500
16 Sa., 23.12.1978	1. FC Köln – VfB Stuttgart	1:2 (1:0)	33.000
17 Fr., 15.12.1978	VfB Stuttgart – SV Darmstadt 98	3:0 (1:0)	18.000
18 Sa., 13.01.1979	VfB Stuttgart – 1. FC Kaiserslautern	3:0 (2:0)	71.000
19 Sa., 20.01.1979	1. FC Nürnberg – VfB Stuttgart	1:0 (1:0)	36.000
20 Sa., 03.03.1979	VfB Stuttgart – Fortuna Düsseldorf	5:0 (3:0)	35.000

Trikot und Sponsor

Frottesana

Im Fokus

A – 13. Spieltag, 11.11.1978
Wegen Nachtretens sieht Hansi Müller in Bochum in der 16. Minute die Rote Karte. Pikante Note: Schiedsrichter ist ausgerechnet jener Klaus Ohmsen, der sich in der vergangenen Saison nach einem Zusammenprall mit Müller den Arm gebrochen hat.

B – 18. Spieltag, 13.01.1979
Durch Tore von Karlheinz Förster, Georg Volkert und Dieter Hoeneß gewinnt der VfB gegen den 1. FC Kaiserslautern mit 3:0 und steht erstmals seit dem 11. August 1973 wieder auf Platz eins in der Bundesliga.

C – 31. Spieltag, 12.05.1979
Das 2:2 bei Eintracht Braunschweig ist im Kampf um die Meisterschaft die Vorentscheidung. Spitzenreiter Hamburger SV hat jetzt zwei Zähler Vorsprung.

DFB-Pokal

Freitag, 04.08.1978
1. Runde
VfB Stuttgart – Spandauer SV
12:0 (5:0)

Samstag, 23.09.1978
2. Runde
FC Schalke 04 – VfB Stuttgart
3:2 (1:1)

UEFA-Cup

Mittwoch, 13.09.1978
1. Runde, Hinspiel
FC Basel – VfB Stuttgart
2:3 (1:1)

Mittwoch, 18.10.1978
2. Runde, Hinspiel
Torpedo Moskau – VfB Stuttgart
2:1 (1:1)

Dienstag, 21.11.1978
Achtelfinale, Hinspiel
VfB Stuttgart – Dukla Prag
4:1 (2:0)

Mittwoch, 27.09.1978
1. Runde, Rückspiel
VfB Stuttgart – FC Basel
4:1 (1:1)

Mittwoch, 01.11.1978
2. Runde, Rückspiel
VfB Stuttgart – Torpedo Moskau
2:0 (0:0)

Mittwoch, 06.12.1978
Achtelfinale, Rückspiel
Dukla Prag – VfB Stuttgart
4:0 (1:0)

Saison 1978/1979

	22	23	24	25	26	27	28	29	30	31	32	33	34
Zuschauer	33.000	22.000	40.000	52.000	26.000	77.573	63.000	30.000	34.000	24.000	35.000	56.000	18.000
Ergebnis	1:1 (1:0)	3:1 (1:0)	4:0 (3:0)	1:2 (0:0)	5:1 (3:0)	1:1 (0:0)	2:0 (1:0)	0:2 (0:2)	2:0 (1:0)	2:2 (2:1)	3:0 (1:0)	1:4 (0:2)	1:7 (0:3)
Spiel	VfB Stuttgart – Borussia Dortmund	MSV Duisburg – VfB Stuttgart	VfB Stuttgart – FC Schalke 04	Eintracht Frankfurt – VfB Stuttgart	VfB Stuttgart – Arminia Bielefeld	Bayern München – VfB Stuttgart	VfB Stuttgart – Borussia Mönchengladbach	Werder Bremen – VfB Stuttgart	VfB Stuttgart – VfL Bochum	Eintracht Braunschweig – VfB Stuttgart	VfB Stuttgart – Hertha BSC	VfB Stuttgart – 1. FC Köln	SV Darmstadt 98 – VfB Stuttgart
Datum	Sa., 10.03.1979	Fr., 16.03.1979	Sa., 24.03.1979	Mi., 04.04.1979	Sa., 07.04.1979	Do., 12.04.1979	Mi., 18.04.1979	Sa., 21.04.1979	Sa., 05.05.1979	Sa., 12.05.1979	Sa., 19.05.1979	Sa., 02.06.1979	Sa., 09.06.1979

Platz 2: Qualifikation für den UEFA-Cup

D 33. Spieltag, 02.06.1979
Ausgerechnet im letzten Heimspiel verliert der VfB gegen den 1. FC Köln mit 1:4 – die überragende Heimbilanz trübt dies aber nur wenig. Der VfB sammelt im Neckarstadion in 17 Partien 30:4 Punkte und 45:8 Tore. Besser ist selbst Meister Hamburger SV nicht.

E 34. Spieltag, 09.06.1979
Der VfB Stuttgart geht am letzten Spieltag noch einmal mächtig auf Torjagd. Mit 7:1 gewinnen die Stuttgarter beim SV Darmstadt 98. Trotz des verpassten Titels ist die Freude über die Vize-Meisterschaft groß.

Abschlusstabelle

Platz	Verein	Spiele	g.	u.	v.	Tore	Diff.	Punkte
1	Hamburger SV	34	21	7	6	78:32	46	49:19
2	**VfB Stuttgart**	34	20	8	6	73:34	39	48:20
3	1. FC Kaiserslautern	34	16	11	7	62:47	15	43:25
4	Bayern München	34	16	8	10	69:46	23	40:28
5	Eintracht Frankfurt	34	16	7	11	50:49	1	39:29
6	1. FC Köln	34	13	12	9	55:47	8	38:30
7	Fortuna Düsseldorf	34	13	11	10	70:59	11	37:31
8	VfL Bochum	34	10	13	11	47:46	1	33:35
9	Eintracht Braunschweig	34	10	13	11	50:55	–5	33:35
10	Borussia Mönchengladbach	34	12	8	14	50:53	–3	32:36
11	Werder Bremen	34	10	11	13	48:60	–12	31:37
12	Borussia Dortmund	34	10	11	13	54:70	–16	31:37
13	MSV Duisburg	34	12	6	16	43:56	–13	30:38
14	Hertha BSC	34	9	11	14	40:50	–10	29:39
15	FC Schalke 04	34	9	10	15	55:61	–6	28:40
16	Arminia Bielefeld	34	9	8	17	43:56	–13	26:42
17	1. FC Nürnberg	34	8	8	18	36:67	–31	24:44
18	SV Darmstadt 98	34	7	7	20	40:75	–35	21:47

Eingesetzte Spieler

Position	Name	Nat.	Geb.datum	Einsätze	Tore
Torhüter	Helmut Roleder	D	09.10.1953	34	–
Abwehr	Markus Elmer	D	21.12.1952	27	–
Abwehr	Bernd Förster	D	03.05.1956	29	4
Abwehr	Karlheinz Förster	D	25.07.1958	34	2
Abwehr	Dragan Holcer	YUG	19.01.1945	31	1
Abwehr	Bernd Martin	D	10.02.1955	29	2
Abwehr	Rainer Rühle	D	10.06.1956	4	–
Abwehr	Arno Schäfer	D	31.08.1954	2	–
Mittelfeld	Erwin Hadewicz	D	02.04.1951	28	–
Mittelfeld	Roland Hattenberger	AUT	07.12.1948	27	1
Mittelfeld	Hans Müller	D	27.07.1957	30	13
Mittelfeld	Hermann Ohlicher	D	02.11.1949	30	6
Mittelfeld	Bernd Schmider	D	03.05.1955	4	1
Angriff	Harald Beck	D	29.07.1957	5	1
Angriff	Dieter Hoeneß	D	07.01.1953	32	16
Angriff	Klaus-Dieter Jank	D	23.11.1952	3	–
Angriff	Walter Kelsch	D	03.09.1955	32	10
Angriff	Bernd Klotz	D	08.09.1958	7	1
Angriff	Georg Volkert	D	28.11.1945	33	14

	Name	Nat.	Geb.datum	Amtszeit	
Trainer	Jürgen Sundermann	D	25.01.1940	01.07.1976 – 30.06.1979	

252 Statistik

Bundesliga

Spieltag	Paarung	Ergebnis	Zuschauer
Sa., 11.08.1979	MSV Duisburg – VfB Stuttgart	1:1 (0:1)	20.000
Sa., 18.08.1979	VfB Stuttgart – 1. FC Kaiserslautern	3:1 (0:0)	43.000
Di., 28.08.1979	Eintracht Frankfurt – VfB Stuttgart	2:0 (0:0)	40.000
Sa., 01.09.1979	VfB Stuttgart – 1. FC Köln	3:0 (0:0)	48.000
Sa., 08.09.1979	Werder Bremen – VfB Stuttgart	2:3 (0:1)	21.000
Sa., 15.09.1979	VfB Stuttgart – Bayer 05 Uerdingen	2:0 (1:0)	25.000
Sa., 22.09.1979	1860 München – VfB Stuttgart	1:1 (1:0)	32.000
Sa., 06.10.1979	VfB Stuttgart – Borussia Dortmund	1:2 (1:1)	60.000
Sa., 20.10.1979	Fortuna Düsseldorf – VfB Stuttgart	6:2 (2:0)	21.000
Sa., 27.10.1979	VfB Stuttgart – VfL Bochum	1:3 (0:0)	23.000
Sa., 03.11.1979	VfB Stuttgart – Eintracht Braunschweig	2:0 (1:0)	20.000
Sa., 10.11.1979	Bayer Leverkusen – VfB Stuttgart	1:3 (1:3)	18.000
Sa., 17.11.1979	VfB Stuttgart – Schalke 04	0:0	37.000
Sa., 24.11.1979	Hamburger SV – VfB Stuttgart	3:2 (0:2)	56.000
Sa., 01.12.1979	VfB Stuttgart – Borussia Mönchengladbach	4:0 (2:0)	32.000
Sa., 08.12.1979	FC Bayern München – VfB Stuttgart	4:0 (3:0)	60.000
Sa., 15.12.1979	VfB Stuttgart – Hertha BSC Berlin	5:0 (1:0)	15.000
Sa., 19.01.1980	VfB Stuttgart – MSV Duisburg	2:0 (1:0)	19.000
Sa., 26.01.1980	1. FC Kaiserslautern – VfB Stuttgart	2:1 (0:0)	23.082
Sa., 02.02.1980	VfB Stuttgart – Eintracht Frankfurt	4:2 (0:1)	25.000

Trikot und Sponsor

Canon

Im Fokus

A 6. Spieltag, 15.09.1979
Sechs Spiele, nur eine Niederlage: Der VfB klettert nach dem dritten Heimsieg auf den zweiten Platz – die beste Saisonplatzierung. Hermann Ohlicher und Walter Kelsch erzielen die Tore beim 2:0 gegen Bayer 05 Uerdingen.

B 8. Spieltag, 06.10.1979
Bei einem unglücklichen Zusammenprall zieht sich Helmut Roleder eine schwere Nierenquetschung zu. Der VfB reagiert auf den längerfristigen Ausfall und verpflichtet Gerhard Welz.

C 10. Spieltag, 27.10.1979
Nach zwei Heimniederlagen steht Lothar Buchmann mächtig unter Druck. „In Stuttgart bekomme ich eine so dicke Haut, dass ich damit sogar in Kanada überwintern könnte", sagt Buchmann, der bis Saisonende Trainer bleibt.

DFB-Pokal

Samstag, 25.08.1979
1. Runde
VfL Wolfsburg – VfB Stuttgart
0:3 (0:1)

Freitag, 28.09.1979
2. Runde
VfB Stuttgart – SG Wattenscheid 09
10:2 (7:1)

Samstag, 12.01.1980
3. Runde
Eintracht Braunschweig – VfB Stuttgart
2:3 (2:2) n.V.

UEFA-Cup

Mittwoch, 19.09.1979
1. Runde, Hinspiel
VfB Stuttgart – AC Turin
1:0 (0:0)

Mittwoch, 03.10.1979
1. Runde, Rückspiel
AC Turin – VfB Stuttgart
2:1 (1:0) n.V.

Mittwoch, 24.10.1979
2. Runde, Hinspiel
SG Dynamo Dresden – VfB Stuttgart
1:1 (1:1)

Mittwoch, 07.11.1979
2. Runde, Rückspiel
VfB Stuttgart – SG Dynamo Dresden
0:0

Mittwoch, 28.11.1979
Achtelfinale, Hinspiel
Grasshoppers Zürich – VfB Stuttgart
0:2 (0:1)

Mittwoch, 12.12.1979
Achtelfinale, Rückspiel
VfB Stuttgart – Grasshoppers Zürich
3:0 (2:0)

Saison 1979/1980

Abschlusstabelle

Platz	Verein	Spiele	g.	u.	v.	Tore	Diff.	Punkte
1	Bayern München	34	22	6	6	84:33	51	50:18
2	Hamburger SV	34	20	8	6	86:35	51	48:20
3	**VfB Stuttgart**	**34**	**17**	**7**	**10**	**75:53**	**22**	**41:27**
4	1. FC Kaiserslautern	34	18	5	11	75:53	22	41:27
5	1. FC Köln	34	14	9	11	72:55	17	37:31
6	Borussia Dortmund	34	14	8	12	64:56	8	36:32
7	Borussia Mönchengladbach	34	12	12	10	61:60	1	36:32
8	FC Schalke 04	34	12	9	13	40:51	-11	33:35
9	Eintracht Frankfurt	34	15	2	17	65:61	4	32:36
10	VfL Bochum	34	13	6	15	41:44	-3	32:36
11	Fortuna Düsseldorf	34	13	6	15	62:72	-10	32:36
12	Bayer Leverkusen	34	12	8	14	45:61	-16	32:36
13	1860 München	34	10	10	14	42:53	-11	30:38
14	MSV Duisburg	34	11	7	16	43:57	-14	29:39
15	Bayer 05 Uerdingen	34	12	5	17	43:61	-18	29:39
16	Hertha BSC Berlin	34	11	7	16	41:61	-20	29:39
17	Werder Bremen	34	11	3	20	52:93	-41	25:43
18	Eintracht Braunschweig	34	6	8	20	32:64	-32	20:48

Eingesetzte Spieler

Position	Name	Nat.	Geb.datum	Einsätze	Tore
Torhüter	Uwe Greiner	D	08.08.1959	9	–
Torhüter	Helmut Roleder	D	09.10.1953	25	–
Torhüter	Gerhard Welz	D	01.02.1945	1	–
Abwehr	Markus Elmer	D	21.12.1952	22	1
Abwehr	Bernd Förster	D	03.05.1956	34	7
Abwehr	Karlheinz Förster	D	25.07.1958	31	2
Abwehr	Dragan Holcer	YUG	19.01.1945	28	–
Abwehr	Bernd Martin	D	10.02.1955	29	5
Abwehr	Rainer Rühle	D	10.06.1956	6	–
Mittelfeld	Erwin Hadewicz	D	02.04.1951	25	1
Mittelfeld	Roland Hattenberger	AUT	07.12.1948	30	3
Mittelfeld	Hans Müller	D	27.07.1957	32	14
Mittelfeld	Hermann Ohlicher	D	02.11.1949	34	10
Mittelfeld	Bernd Schmider	D	03.05.1955	25	1
Angriff	Harald Beck	D	29.07.1957	2	–
Angriff	Klaus-Dieter Jank	D	23.11.1952	10	1
Angriff	Walter Kelsch	D	03.09.1955	30	11
Angriff	Bernd Klotz	D	08.09.1958	25	7
Angriff	Georg Volkert	D	28.11.1945	27	12

				Amtszeit
Trainer	Lothar Buchmann	D	15.08.1936	01.07.1979–30.06.1980

Spieltage 22–34

Nr.	Datum	Spiel	Ergebnis	Zuschauer
22	Sa. 23.02.1980	VfB Stuttgart – Werder Bremen	5:1 (1:1)	18.000
23	Sa. 01.03.1980	Bayer 05 Uerdingen – VfB Stuttgart	4:2 (2:1)	11.000
24	Sa. 08.03.1980	VfB Stuttgart – 1860 München	1:1 (0:1)	28.000
25	Sa. 15.03.1980	Borussia Dortmund – VfB Stuttgart	2:4 (0:1)	30.000
26	Sa. 22.03.1980	VfB Stuttgart – Fortuna Düsseldorf	5:1 (1:0)	24.000
27	Sa. 29.03.1980	VfL Bochum – VfB Stuttgart	0:1 (0:1)	15.000
28	Sa. 12.04.1980	Eintracht Braunschweig – VfB Stuttgart	0:2 (0:1)	15.000
29	Sa. 19.04.1980	VfB Stuttgart – Bayer Leverkusen	3:2 (2:1)	18.000
30	Sa. 26.04.1980	Schalke 04 – VfB Stuttgart	0:4 (0:1)	10.000
31	Sa. 03.05.1980	VfB Stuttgart – Hamburger SV	2:2 (1:2)	75.500
32	Sa. 17.05.1980	Borussia Mönchengladbach – VfB Stuttgart	1:1 (1:1)	15.850
33	Sa. 24.05.1980	VfB Stuttgart – Bayern München	1:3 (0:1)	71.000
34	Sa. 31.05.1980	Hertha BSC Berlin – VfB Stuttgart	4:2 (3:1)	51.000

Platz 3: Qualifikation für den UEFA-Cup

D 18. Spieltag, 19.01.1980
Nach dem 2:0-Heimsieg gegen den MSV Duisburg verlängert Hansi Müller seinen Vertrag. Der Regisseur wird vom italienischen Klub Inter Mailand umworben, zu dem er dann aber zwei Jahre später wechselt.

E 31. Spieltag, 03.05.1980
Das Neckarstadion platzt aus allen Nähten. 75.500 Zuschauer verfolgen das Spitzenspiel gegen Hamburg. Hermann Ohlicher rettet mit dem 2:2 zwar einen Punkt. Um in den Titelkampf einzugreifen, ist der Punkt aber zu wenig.

Samstag, 16.02.1980
Achtelfinale
VfB Stuttgart – Eintracht Frankfurt
3:2 (0:2)

Mittwoch, 05.03.1980
Viertelfinale, Hinspiel
VfB Stuttgart – Lokomotive Sofia
3:1 (2:1)

Mittwoch, 19.03.1980
Viertelfinale, Rückspiel
Lokomotive Sofia – VfB Stuttgart
0:1 (0:1)

Samstag, 05.04.1980
Viertelfinale
Borussia Dortmund – VfB Stuttgart
3:1 (2:0)

Mittwoch, 09.04.1980
Halbfinale, Hinspiel
VfB Stuttgart – Borussia Mönchengladbach
2:1 (0:0)

Dienstag, 22.04.1980
Halbfinale, Rückspiel
Borussia Mönchengladbach – VfB Stuttgart
2:0 (1:0)

Bundesliga

Spieltag	Paarung	Ergebnis	Zuschauer
Sa., 16.08.1980	VfB Stuttgart – 1. FC Nürnberg	2:1 (2:0)	55.000
Mi., 20.08.1980	1. FC Kaiserslautern – VfB Stuttgart	1:0 (1:0)	36.000
Sa., 23.08.1980	VfB Stuttgart – 1. FC Köln	3:0 (1:0)	42.000
Mi., 03.09.1980	Eintracht Frankfurt – VfB Stuttgart	2:1 (1:0)	40.000
Sa., 06.09.1980	VfB Stuttgart – Borussia Mönchengladbach	4:2 (2:2)	32.000
Sa., 13.09.1980	Bayer 05 Uerdingen – VfB Stuttgart	3:3 (1:2)	7.500
Sa., 20.09.1980	VfB Stuttgart – Bayern München	1:2 (0:1)	71.500
Sa., 27.09.1980	Borussia Dortmund – VfB Stuttgart	3:3 (1:0)	36.500
Mi., 15.10.1980	VfB Stuttgart – Fortuna Düsseldorf	4:2 (2:2)	25.000
Sa., 18.10.1980	FC Schalke 04 – VfB Stuttgart	3:2 (1:0)	15.000
Sa., 25.10.1980	VfB Stuttgart – Arminia Bielefeld	2:1 (0:1)	23.000
Fr., 31.10.1980	Bayer Leverkusen – VfB Stuttgart	1:1 (1:1)	16.000
Sa., 08.11.1980	Karlsruher SC – VfB Stuttgart	0:0	35.000
Sa., 15.11.1980	VfB Stuttgart – Hamburger SV	3:2 (1:1)	53.000
Sa., 29.11.1980	1860 München – VfB Stuttgart	0:0	21.000
Sa., 06.12.1980	VfB Stuttgart – VfL Bochum	4:1 (2:1)	13.600
Sa., 13.12.1980	MSV Duisburg – VfB Stuttgart	0:3 (0:1)	8.000
Sa., 17.01.1981	1. FC Nürnberg – VfB Stuttgart	1:2 (0:2)	25.000
Sa., 24.01.1981	VfB Stuttgart – 1. FC Kaiserslautern	1:0 (0:0)	35.000
Sa., 07.02.1981	1. FC Köln – VfB Stuttgart	3:1 (2:1)	20.000

Trikot und Sponsor

Canon

Im Fokus

A 7. Spieltag, 20.09.1980
Der VfB verliert den Südgipfel gegen Bayern München mit 1:2. Das Anschlusstor durch Bernd Klotz kommt zu spät. Es ist die einzige Heimniederlage des VfB in dieser Saison. Mit 31:3 Punkten ist der VfB das heimstärkste Team.

B 8. Spieltag, 27.09.1980
3:3 nach 0:3 – der VfB hat bei Borussia Dortmund wieder einmal sein Kämpferherz gezeigt. Bernd Martin per Elfmeter (59.), Ilyas Tüfekci (82.) und Karl Allgöwer (86.) retten mit ihren Toren einen Punkt.

C 14. Spieltag, 15.11.1980
Beim 3:2-Heimsieg gegen den Hamburger SV steht ausnahmsweise kein VfB Profi im Rampenlicht. In der 46. Minute feiert Franz Beckenbauer sein Comeback nach der Rückkehr aus den USA.

DFB-Pokal

Samstag, 30.08.1980
1. Runde
VfB Stuttgart – Fortuna Köln
4:0 (1:0)

Samstag, 04.10.1980
2. Runde
SpVgg Bayreuth – VfB Stuttgart
1:3 (0:0)

Samstag, 22.11.1980
3. Runde
VfB Stuttgart – 1. FC Nürnberg
2:0 (1:0)

UEFA-Cup

Mittwoch, 17.09.1980
1. Runde, Hinspiel
VfB Stuttgart – Pezoporikos Larnaca
6:0 (4:0)

Mittwoch, 01.10.1980
1. Runde, Rückspiel
Pezoporikos Larnaca – VfB Stuttgart
1:4 (0:3)

Mittwoch, 22.10.1980
2. Runde, Hinspiel
VfB Stuttgart – Vorwärts Frankfurt/Oder
5:1 (2:0)

Mittwoch, 05.11.1980
2. Runde, Rückspiel
Vorwärts Frankfurt/Oder – VfB Stuttgart
1:2 (0:1)

Mittwoch, 26.11.1980
Achtelfinale, Hinspiel
VfB Stuttgart – 1. FC Köln
3:1 (2:1)

Mittwoch, 10.12.1980
Achtelfinale, Rückspiel
1. FC Köln – VfB Stuttgart
4:1 (3:1, 1:0) n.V.

Saison 1980/1981

Abschlusstabelle

Platz	Verein	Spiele	g.	u.	v.	Tore	Diff.	Punkte
1	Bayern München	34	22	9	3	89:41	48	53:15
2	Hamburger SV	34	21	7	6	73:43	30	49:19
3	**VfB Stuttgart**	**34**	**19**	**8**	**7**	**70:44**	**26**	**46:22**
4	1. FC Kaiserslautern	34	17	10	7	60:37	23	44:24
5	Eintracht Frankfurt	34	13	12	9	61:57	4	38:30
6	Borussia Mönchengladbach	34	15	7	12	68:64	4	37:31
7	Borussia Dortmund	34	13	9	12	69:59	10	35:33
8	1. FC Köln	34	12	10	12	54:55	−1	34:34
9	VfL Bochum	34	9	15	10	53:45	8	33:35
10	Karlsruher SC	34	9	14	11	56:63	−7	32:36
11	Bayer Leverkusen	34	10	10	14	52:53	−1	30:38
12	MSV Duisburg	34	10	9	15	45:58	−13	29:39
13	Fortuna Düsseldorf	34	10	8	16	57:64	−7	28:40
14	1. FC Nürnberg	34	11	6	17	47:57	−10	28:40
15	Arminia Bielefeld	34	10	6	18	46:65	−19	26:42
16	1860 München	34	9	7	18	49:67	−18	25:43
17	FC Schalke 04	34	8	7	19	43:88	−45	23:45
18	Bayer 05 Uerdingen	34	8	6	20	47:79	−32	22:46

Eingesetzte Spieler

Position	Name	Nat.	Geb.datum	Einsätze	Tore
Torhüter	Uwe Greiner	D	08.08.1959	15	–
Torhüter	Helmut Roleder	D	09.10.1953	19	–
Abwehr	Bernd Förster	D	03.05.1956	34	2
Abwehr	Karlheinz Förster	D	25.07.1958	30	2
Abwehr	Dragan Holcer	YUG	19.01.1945	13	–
Abwehr	Bernd Martin	D	10.02.1955	21	2
Abwehr	Günther Schäfer	D	09.06.1962	13	–
Abwehr	Alexander Szatmari	ROU	09.03.1952	12	2
Mittelfeld	Rainer Adrion	D	10.12.1953	2	–
Mittelfeld	Frank Elser	D	05.10.1958	2	–
Mittelfeld	Erwin Hadewicz	D	02.04.1951	31	–
Mittelfeld	Roland Hattenberger	AUT	07.12.1948	24	4
Mittelfeld	Dieter Kohnle	D	03.04.1957	2	–
Mittelfeld	Hans Müller	D	27.07.1957	32	11
Mittelfeld	Hermann Ohlicher	D	02.11.1949	33	6
Mittelfeld	Bernd Schmider	D	03.05.1955	8	1
Angriff	Karl Allgöwer	D	05.01.1957	32	10
Angriff	Harald Beck	D	29.07.1957	4	–
Angriff	Walter Kelsch	D	03.09.1955	31	11
Angriff	Bernd Klotz	D	08.09.1958	22	5
Angriff	Joachim Löw	D	03.02.1960	4	–
Angriff	Ilyas Tüfekci	TUR	03.02.1960	24	13

	Name	Nat.	Geb.datum	Amtszeit	
Trainer	Jürgen Sundermann	D	25.01.1940	01.07.1980 – 30.06.1982	

Spielverlauf

Spieltag	Datum	Begegnung	Ergebnis	Zuschauer
22	Fr., 24.04.1981	Borussia Mönchengladbach – VfB Stuttgart	1:3 (0:1)	30.700
23	Sa., 07.03.1981	VfB Stuttgart – Bayer 05 Uerdingen	3:2 (1:0)	16.000
24	Sa., 14.03.1981	Bayern München – VfB Stuttgart	1:1 (1:1)	61.000
25	Sa., 21.03.1981	VfB Stuttgart – Borussia Dortmund	3:1 (2:0)	30.000
26	Sa., 28.03.1981	Fortuna Düsseldorf – VfB Stuttgart	3:1 (1:1)	16.000
27	Sa., 04.04.1981	VfB Stuttgart – FC Schalke 04	3:0 (1:0)	25.000
28	Sa., 11.04.1981	Arminia Bielefeld – VfB Stuttgart	1:0 (0:0)	26.000
29	Sa., 18.04.1981	VfB Stuttgart – Bayer Leverkusen	2:1 (1:1)	18.000
30	Sa., 09.05.1981	VfB Stuttgart – Karlsruher SC	5:2 (4:1)	32.000
31	Sa., 16.05.1981	Hamburger SV – VfB Stuttgart	1:3 (0:2)	56.000
32	Sa., 30.05.1981	VfB Stuttgart – 1860 München	2:1 (0:1)	25.000
33	Sa., 06.06.1981	VfL Bochum – VfB Stuttgart	1:1 (0:1)	8.353
34	Sa., 13.06.1981	VfB Stuttgart – MSV Duisburg	2:0 (0:0)	16.500

Platz 3: Qualifikation für den UEFA-Cup

D 16. Spieltag, 06.12.1980
Es ist der Tag des Ilyas Tüfekci. Beim 4:1 gegen den VfL Bochum erzielt der Türke drei Tore. Insgesamt trifft der als Vertragsamateur spielende Stürmer in der Saison 13 Mal ins Schwarze und ist damit bester Torschütze des VfB.

E 34. Spieltag, 13.06.1981
Mit dem 15. Heimsieg beendet der VfB gegen den MSV Duisburg die Saison erneut als Dritter und qualifiziert sich zum vierten Mal in Folge für den UEFA-Cup.

Samstag, 31.01.1981
Achtelfinale
VfL Osnabrück – VfB Stuttgart
1:3 (0:2)

Samstag, 28.02.1981
Viertelfinale
Eintracht Frankfurt – VfB Stuttgart
2:1 (0:1)

Statistik

Bundesliga

Trikot und Sponsor

(Canon – VfB Stuttgart)

Spieltag	Paarung	Ergebnis	Zuschauer
01 Sa., 08.08.1981	VfB Stuttgart – Fortuna Düsseldorf	3:2 (2:1)	36.000
02 Sa., 15.08.1981	Karlsruher SC – VfB Stuttgart	0:2 (0:0)	40.000
03 Sa., 22.08.1981	VfB Stuttgart – Eintracht Braunschweig	2:0 (1:0)	33.000
04 Di., 25.08.1981	1. FC Kaiserslautern – VfB Stuttgart	3:2 (2:1)	32.438
05 Sa., 05.09.1981	VfB Stuttgart – Borussia Dortmund	0:2 (0:1)	30.400
06 Sa., 12.09.1981	1. FC Nürnberg – VfB Stuttgart	0:0	25.000
07 Sa., 19.09.1981	VfB Stuttgart – 1. FC Köln	1:1 (1:1)	30.000
08 Sa., 26.09.1981	Eintracht Frankfurt – VfB Stuttgart	4:1 (0:0)	25.000
09 Sa., 03.10.1981	VfB Stuttgart – Hamburger SV	1:2 (0:1)	37.600
10 Sa., 17.10.1981	MSV Duisburg – VfB Stuttgart	1:2 (0:0)	9.000
11 Sa., 24.10.1981	VfL Bochum – VfB Stuttgart	3:3 (1:1)	20.000
12 Sa., 31.10.1981	VfB Stuttgart – Borussia Mönchengladbach	2:2 (1:2)	33.000
13 Sa., 07.11.1981	Arminia Bielefeld – VfB Stuttgart	1:0 (1:0)	23.000
14 Sa., 14.11.1981	VfB Stuttgart – Bayern München	0:3 (0:1)	69.000
15 Sa., 28.11.1981	Bayer Leverkusen – VfB Stuttgart	0:0	6.000
16 Sa., 12.12.1981	VfB Stuttgart – SV Darmstadt 98	1:0 (1:0)	12.300
17 Sa., 19.12.1981	Werder Bremen – VfB Stuttgart	2:2 (1:0)	20.000
18 Sa., 16.01.1982	Fortuna Düsseldorf – VfB Stuttgart	2:3 (1:1)	8.500
19 Di., 16.03.1982	VfB Stuttgart – Karlsruher SC	5:1 (3:1)	28.000
20 Do., 08.04.1982	Eintracht Braunschweig – VfB Stuttgart	2:0 (0:0)	20.116

Im Fokus

A 5. Spieltag, 05.09.1981
Beim 0:2 gegen Dortmund wird Ilyas Tüfekci zum dritten Mal in der Saison eingewechselt und bleibt zum dritten Mal ohne Torerfolg. Es ist das letzte Spiel des Türken, der vier Tage später zum FC Schalke 04 wechselt.

B 10. Spieltag, 17.10.1981
Am 16. Oktober wird das neue Klubheim des VfB mit einem Tag der offenen Tür eingeweiht. Einen Tag später gewinnt das Team von Trainer Jürgen Sundermann beim MSV Duisburg mit 2:1.

C 21. Spieltag, 06.02.1982
Peter Reichert ist die Entdeckung der Saison. Der heutige Fanbeauftragte des VfB erzielt drei seiner insgesamt sieben Tore beim 4:0-Heimsieg gegen den 1. FC Kaiserslautern. Bester VfB Torjäger ist Dieter Müller, der gegen den Karlsruher SC (5:1) dreimal trifft.

DFB-Pokal

Freitag, 28.08.1981
1. Runde
VfB Stuttgart – FC Rastatt
5:0 (2:0)

Freitag, 09.10.1981
2. Runde
VfB Stuttgart – TuS Oberwinter
10:1 (4:1)

Freitag, 04.12.1981
3. Runde
VfB Stuttgart – Borussia M'gladbach
0:2 (0:1)

UEFA-Cup

Mittwoch, 16.09.1981
1. Runde, Hinspiel
Hajduk Split – VfB Stuttgart
3:1 (1:0)

Mittwoch, 30.09.1981
1. Runde, Rückspiel
VfB Stuttgart – Hajduk Split
2:2 (0:2)

Saison 1981/1982

Abschlusstabelle

Platz	Verein	Spiele	g.	u.	v.	Tore	Diff.	Punkte
1	Hamburger SV	34	18	12	4	95:45	50	48:20
2	1. FC Köln	34	18	9	7	72:38	34	45:23
3	Bayern München	34	20	3	11	77:56	21	43:25
4	1. FC Kaiserslautern	34	16	10	8	70:61	9	42:26
5	Werder Bremen	34	17	8	9	61:52	9	42:26
6	Borussia Dortmund	34	18	5	11	59:40	19	41:27
7	Borussia Mönchengladbach	34	15	10	9	61:51	10	40:28
8	Eintracht Frankfurt	34	17	3	14	83:72	11	37:31
9	**VfB Stuttgart**	34	13	9	12	62:55	7	35:33
10	VfL Bochum	34	12	8	14	52:51	1	32:36
11	Eintracht Braunschweig	34	14	4	16	61:66	–5	32:36
12	Arminia Bielefeld	34	12	6	16	46:50	–4	30:38
13	1. FC Nürnberg	34	11	6	17	53:72	–19	28:40
14	Karlsruher SC	34	9	9	16	50:68	–18	27:41
15	Fortuna Düsseldorf	34	6	13	15	48:73	–25	25:43
16	Bayer Leverkusen	34	9	7	18	45:72	–27	25:43
17	SV Darmstadt 98	34	5	11	18	46:82	–36	21:47
18	MSV Duisburg	34	8	3	23	40:77	–37	19:49

Eingesetzte Spieler

Position	Name	Nat.	Geb.datum	Einsätze	Tore
Torhüter	Helmut Roleder	D	09.10.1953	34	–
Abwehr	Bernd Förster	D	03.05.1956	34	2
Abwehr	Karlheinz Förster	D	25.07.1958	26	3
Abwehr	Werner Habiger	D	03.11.1957	9	–
Abwehr	Bernd Martin	D	10.02.1955	8	1
Abwehr	Günther Schäfer	D	09.06.1962	12	–
Abwehr	Alexander Szatmari	ROU	09.03.1952	20	1
Mittelfeld	Rainer Adrion	D	10.12.1953	20	–
Mittelfeld	Erwin Hadewicz	D	02.04.1951	29	2
Mittelfeld	Hans Müller	D	27.07.1957	16	2
Mittelfeld	Hermann Ohlicher	D	02.11.1949	34	5
Mittelfeld	Gunnar Weiß	D	15.04.1956	3	–
Mittelfeld	Karl Allgöwer	D	05.01.1957	31	3
Mittelfeld	Harald Beck	D	29.07.1957	12	3
Angriff	Etepe Kakoko	COD	22.11.1950	1	–
Angriff	Walter Kelsch	D	03.09.1955	31	7
Angriff	Dieter Müller	D	01.04.1954	30	14
Angriff	Peter Reichert	D	04.08.1961	23	7
Angriff	Didier Six	FRA	21.08.1954	30	12
Angriff	Ilyas Tüfekci	TUR	03.02.1960	3	–

				Amtszeit
Trainer	Jürgen Sundermann	D	25.01.1940	01.07.1980 – 30.06.1982

Spielverlauf

Spieltag	Datum	Begegnung	Ergebnis	Zuschauer
22	Sa., 13.02.1982	Borussia Dortmund – VfB Stuttgart	2:3 (1:2)	30.000
23	Sa., 27.02.1982	VfB Stuttgart – 1. FC Nürnberg	1:2 (0:1)	22.500
24	Sa., 06.03.1982	1. FC Köln – VfB Stuttgart	3:0 (1:0)	18.000
25	Sa., 13.03.1982	VfB Stuttgart – Eintracht Frankfurt	5:2 (2:1)	17.000
26	Mi., 31.03.1982	Hamburger SV – VfB Stuttgart	1:1 (1:0)	35.000
27	Sa., 03.04.1982	VfB Stuttgart – MSV Duisburg	4:1 (1:1)	17.500
28	Sa., 17.04.1982	VfB Stuttgart – VfL Bochum	3:0 (1:0)	17.000
29	Sa., 24.04.1982	Borussia Mönchengladbach – VfB Stuttgart	0:0	16.025
30	Mi., 28.04.1982	VfB Stuttgart – Arminia Bielefeld	2:3 (1:2)	14.500
31	Sa., 08.05.1982	Bayern München – VfB Stuttgart	1:0 (0:0)	35.000
32	Sa., 15.05.1982	VfB Stuttgart – Bayer Leverkusen	4:2 (2:2)	12.500
33	Sa., 22.05.1982	SV Darmstadt 98 – VfB Stuttgart	3:3 (1:0)	15.000
34	Sa., 29.05.1982	VfB Stuttgart – Werder Bremen	2:4 (1:2)	17.500

Platz 9

D 29. Spieltag, 24.04.1982
Im ersten Spiel, nachdem Hansi Müller seinen Wechsel zu Inter Mailand bekannt gegeben hat, muss sich der VfB bei Borussia Mönchengladbach mit einem torlosen Unentschieden zufriedengeben.

E 34. Spieltag, 29.05.1982
Passend zur eklatanten Heimschwäche verliert der VfB auch das letzte Saisonspiel im Neckarstadion. Das 2:4 gegen Werder Bremen ist die sechste Heimniederlage. Nur 20:14 Zähler sammelt der VfB auf eigenem Platz und rangiert damit in der Heimtabelle nur auf Platz 14.

Bundesliga

Spieltag	Paarung	Ergebnis	Zuschauer
Fr., 20.08.1982	Borussia Dortmund – VfB Stuttgart	1:1 (1:0)	30.000
Di., 24.08.1982	VfB Stuttgart – FC Schalke 04	2:1 (2:0)	30.000
Mi., 01.09.1982	1. FC Nürnberg – VfB Stuttgart	0:5 (0:4)	38.000
Sa., 04.09.1982	VfB Stuttgart – Werder Bremen	4:1 (2:0)	26.000
Sa., 11.09.1982	Fortuna Düsseldorf – VfB Stuttgart	1:1 (0:0)	8.000
Sa., 18.09.1982	VfB Stuttgart – Karlsruher SC	4:1 (2:0)	30.400
Sa., 25.09.1982	Bayer Leverkusen – VfB Stuttgart	0:3 (0:1)	6.000
Sa., 02.10.1982	VfB Stuttgart – Arminia Bielefeld	2:2 (1:2)	31.600
Sa., 09.10.1982	Eintracht Frankfurt – VfB Stuttgart	3:0 (1:0)	25.000
Sa., 23.10.1982	VfB Stuttgart – VfL Bochum	5:2 (3:0)	13.500
Sa., 30.10.1982	Bayern München – VfB Stuttgart	4:0 (1:0)	68.000
Sa., 06.11.1982	VfB Stuttgart – Hamburger SV	1:2 (0:2)	62.100
Sa., 13.11.1982	Borussia Mönchengladbach – VfB Stuttgart	1:4 (1:2)	12.100
Sa., 20.11.1982	VfB Stuttgart – Eintracht Braunschweig	4:0 (1:0)	18.000
Sa., 27.11.1982	Hertha BSC – VfB Stuttgart	1:0 (0:0)	15.000
Sa., 04.12.1982	1. FC Köln – VfB Stuttgart	1:2 (1:2)	25.000
Sa., 11.12.1982	VfB Stuttgart – 1. FC Kaiserslautern	1:1 (1:1)	27.500
Sa., 22.01.1983	VfB Stuttgart – Borussia Dortmund	2:1 (1:0)	26.600
Sa., 29.01.1983	FC Schalke 04 – VfB Stuttgart	1:3 (0:1)	25.000
Sa., 05.02.1983	VfB Stuttgart – 1. FC Nürnberg	3:0 (2:0)	15.800

Trikot und Sponsor

DINKEL ACKER

Im Fokus

A
11. Spieltag, 30.10.1982
Der VfB hat die Chance, durch einen Sieg im Südgipfel an Bayern München vorbeizuziehen. Doch daraus wird nichts. Durch Tore von Dieter Hoeneß (2) und Karl-Heinz Rummenigge (2) gewinnt der FCB mit 4:0.

B
18. Spieltag, 22.01.1983
Hans-Peter Makans Einstand in der Bundesliga findet mit Verzögerung statt. Erstmals steht der Libero beim 2:1-Sieg gegen Borussia Dortmund auf dem Platz. Makan hat sich vor der Saison im Testspiel am 14. August 1982 gegen Inter Mailand (1:2) den Knöchel gebrochen.

C
20. Spieltag, 05.02.1983
Der VfB gewinnt souverän gegen den 1. FC Nürnberg mit 3:0 – trotz Torhüter Rudi Kargus im Club-Gehäuse. Der Teufelskerl pariert sowohl von Hermann Ohlicher (41.) als auch von Asgeir Sigurvinsson (75.) einen Elfmeter.

DFB-Pokal

Freitag, 27.08.1982
1. Runde
VfL Osnabrück – VfB Stuttgart
0:2 (0:1)

Freitag, 15.10.1982
2. Runde
Fortuna Düsseldorf – VfB Stuttgart
0:2 (0:1)

Dienstag, 14.12.1982
Achtelfinale
VfR Wormatia Worms – VfB Stuttgart
0:4 (0:1)

Saison 1982/1983

Abschlusstabelle

Platz	Verein	Spiele	g.	u.	v.	Tore	Diff.	Punkte
1	Hamburger SV	34	20	12	2	79:33	46	52:16
2	Werder Bremen	34	23	6	5	76:38	38	52:16
3	VfB Stuttgart	34	20	8	6	80:47	33	48:20
4	Bayern München	34	17	10	7	74:33	41	44:24
5	1. FC Köln	34	17	9	8	69:42	27	43:25
6	1. FC Kaiserslautern	34	14	13	7	57:44	13	41:27
7	Borussia Dortmund	34	16	7	11	78:62	16	39:29
8	Arminia Bielefeld	34	12	7	15	46:71	−25	31:37
9	Fortuna Düsseldorf	34	11	8	15	63:75	−12	30:38
10	Eintracht Frankfurt	34	12	5	17	48:57	−9	29:39
11	Bayer Leverkusen	34	10	9	15	43:66	−23	29:39
12	Borussia Mönchengladbach	34	12	4	18	64:63	1	28:40
13	VfL Bochum	34	8	12	14	43:49	−6	28:40
14	1. FC Nürnberg	34	11	6	17	44:70	−26	28:40
15	Eintracht Braunschweig	34	8	11	15	42:65	−23	27:41
16	FC Schalke 04	34	8	6	20	48:68	−20	22:46
17	Karlsruher SC	34	7	7	20	39:86	−47	21:47
18	Hertha BSC	34	5	10	19	43:67	−24	20:48

Eingesetzte Spieler

Position	Name	Nat.	Geb.datum	Einsätze	Tore
Torhüter	Siegfried Grüninger	D	28.06.1959	5	–
Torhüter	Helmut Roleder	D	09.10.1953	30	–
Abwehr	Bernd Förster	D	03.05.1956	31	2
Abwehr	Karlheinz Förster	D	25.07.1958	32	2
Abwehr	Werner Habiger	D	03.11.1957	20	1
Abwehr	Thomas Kempe	D	17.03.1960	30	7
Abwehr	Hans-Peter Makan	D	01.01.1960	13	–
Abwehr	Günther Schäfer	D	09.06.1962	29	–
Abwehr	Horst-Werner Schlierer	D	29.061960	4	–
Mittelfeld	Erwin Hadewicz	D	02.04.1951	20	–
Mittelfeld	Arthur Jeske	D	12.09.1962	2	–
Mittelfeld	Kurt Niedermayer	D	25.11.1955	27	4
Mittelfeld	Hermann Ohlicher	D	02.11.1949	32	8
Mittelfeld	Asgeir Sigurvinsson	ISL	08.05.1955	23	4
Mittelfeld	Gunnar Weiß	D	15.04.1956	3	–
Angriff	Karl Allgöwer	D	05.01.1957	33	21
Angriff	Uwe Bialon	D	20.08.1963	1	–
Angriff	Walter Kelsch	D	03.09.1955	23	6
Angriff	Peter Reichert	D	04.08.1961	34	14
Angriff	Didier Six	FRA	21.08.1954	29	11

Position	Name	Nat.	Geb.datum	Amtszeit
Trainer	Helmut Benthaus	D	05.06.1935	01.07.1982–30.06.1985

Platz 3: Qualifikation für den UEFA-Cup

Spieltage 22–34

Spieltag	Datum	Begegnung	Ergebnis	Zuschauer
22	Sa., 26.02.1983	VfB Stuttgart – Fortuna Düsseldorf	1:1 (1:1)	14.000
23	Sa., 05.03.1983	Karlsruher SC – VfB Stuttgart	1:2 (1:1)	25.000
24	Sa., 12.03.1983	VfB Stuttgart – Bayer Leverkusen	5:3 (1:1)	15.000
25	Di., 03.05.1983	Arminia Bielefeld – VfB Stuttgart	2:2 (0:0)	13.000
26	Sa., 26.03.1983	VfB Stuttgart – Eintracht Frankfurt	4:1 (2:1)	15.000
27	Sa., 09.04.1983	VfL Bochum – VfB Stuttgart	2:2 (0:1)	18.000
28	Sa., 16.04.1983	VfB Stuttgart – Bayern München	1:1 (1:0)	72.000
29	Sa., 30.04.1983	Hamburger SV – VfB Stuttgart	2:0 (0:0)	33.000
30	Fr., 06.05.1983	VfB Stuttgart – Borussia Mönchengladbach	3:2 (1:0)	23.000
31	Sa., 14.05.1983	Eintracht Braunschweig – VfB Stuttgart	1:2 (1:0)	11.000
32	Fr., 20.05.1983	VfB Stuttgart – Hertha BSC	4:1 (2:0)	15.000
33	Sa., 28.05.1983	VfB Stuttgart – 1. FC Köln	2:1 (1:0)	34.000
34	Sa., 04.06.1983	1. FC Kaiserslautern – VfB Stuttgart	2:3 (1:1)	24.000

D 27. Spieltag, 09.04.1983
Für Helmut Roleder ist die Partie beim VfL Bochum in der 84. Minute zu Ende. Der VfB Schlussmann sieht nach einer Notbremse die Rote Karte. Für ihn kommt Siegfried Grüninger ins Tor, der bis zum 2:2 seinen Kasten sauber hält.

E 34. Spieltag, 04.06.1983
Der VfB Stuttgart ist mit 20:14 Zählern die zweitbeste Auswärtsmannschaft hinter Meister Hamburger SV. Im letzten Saisonspiel gewinnt der VfB durch Tore von Hermann Ohlicher und Peter Reichert (2) beim 1. FC Kaiserslautern mit 3:2.

Samstag, 12.02.1983
Viertelfinale
VfB Stuttgart – Hertha BSC
2:0 (0:0)

Montag, 04.04.1983
Halbfinale
1. FC Köln – VfB Stuttgart
3:2 (2:2, 1:1) n.V.

260 Statistik

Bundesliga

Trikot und Sponsor

Spieltag	Paarung	Ergebnis	Zuschauer
01 Sa., 13.08.1983	VfB Stuttgart – Eintracht Braunschweig	3:0 (1:0)	25.000
02 Fr., 19.08.1983	1. FC Kaiserslautern – VfB Stuttgart	2:2 (1:1)	28.000
03 Di., 23.08.1983	VfB Stuttgart – Waldhof Mannheim	0:0	55.000
04 Mi., 31.08.1983	Borussia Dortmund – VfB Stuttgart	0:3 (0:1)	22.000
05 Sa., 03.09.1983	VfB Stuttgart – VfL Bochum	4:2 (0:1)	19.000
06 Sa., 10.09.1983	Bayer 05 Uerdingen – VfB Stuttgart	3:2 (2:1)	20.000
07 Sa., 17.09.1983	VfB Stuttgart – Borussia Mönchengladbach	0:0	20.400
08 Sa., 24.09.1983	Bayer Leverkusen – VfB Stuttgart	1:1 (0:0)	12.800
09 Sa., 01.10.1983	VfB Stuttgart – 1. FC Köln	3:2 (1:0)	29.000
10 Sa., 15.10.1983	Arminia Bielefeld – VfB Stuttgart	0:0	19.800
11 Sa., 22.10.1983	VfB Stuttgart – Bayern München	1:0 (0:0)	70.896
12 Sa., 29.10.1983	Fortuna Düsseldorf – VfB Stuttgart	3:0 (3:0)	30.000
13 Sa., 05.11.1983	VfB Stuttgart – 1. FC Nürnberg	7:0 (3:0)	17.000
14 Sa., 12.11.1983	Kickers Offenbach – VfB Stuttgart	1:2 (1:0)	18.000
15 Sa., 26.11.1983	Eintracht Frankfurt – VfB Stuttgart	1:3 (1:1)	20.000
16 Sa., 03.12.1983	VfB Stuttgart – Werder Bremen	3:0 (0:0)	34.700
17 Mi., 07.12.1983	Hamburger SV – VfB Stuttgart	0:2 (0:0)	38.000
18 Sa., 21.01.1984	Eintracht Braunschweig – VfB Stuttgart	1:0 (0:0)	18.000
19 Sa., 28.01.1984	VfB Stuttgart – 1. FC Kaiserslautern	5:1 (2:0)	19.000
20 Sa., 04.02.1984	Waldhof Mannheim – VfB Stuttgart	2:2 (2:0)	35.000

Im Fokus

A
5. Spieltag, 03.09.1983
Spätestens beim 4:2-Erfolg gegen den VfL Bochum denkt kaum mehr jemand an Didier Six. Nachfolger Dan Corneliusson erzielt gleich drei Treffer. Der zweite Dreierpack gelingt dem Schweden am 19. Spieltag beim 5:1-Sieg gegen den 1. FC Kaiserslautern.

B
11. Spieltag, 22.10.1983
Ein Sieg wie eine Initialzündung für die ganze Saison: Erstmals nach fünf Jahren gewinnt der VfB wieder einmal gegen den FC Bayern München. Das Siegtor erzielt Walter Kelsch (56.). Aufgrund der Menschenkette, die Friedensaktivisten von Stuttgart nach Ulm organisieren, findet die Partie erst um 17 Uhr statt.

C
17. Spieltag, 07.12.1983
Mit einem 2:0-Erfolg beim direkten Konkurrenten Hamburger SV sichert sich der VfB die Herbstmeisterschaft. Die Tore erzielen Dan Corneliusson (68.) und Karl Allgöwer (88.).

DFB-Pokal

Dienstag, 16.08.1983
1. Runde
1. FSV Mainz 05 – VfB Stuttgart
0:1 (0:0)

Freitag, 07.10.1983
2. Runde
1. FC Köln (A) – VfB Stuttgart
1:8 (0:4)

Samstag, 14.01.1984
Achtelfinale, Hinspiel
VfB Stuttgart – Hamburger SV
1:1 (1:1, 0:1) n.V.

UEFA-Cup

Mittwoch, 14.09.1983
1. Runde, Hinspiel
VfB Stuttgart – Lewski Sofia
1:1 (0:0)

Mittwoch, 28.09.1983
1. Runde, Rückspiel
Lewski Sofia – VfB Stuttgart
1:0 (0:0)

Saison 1983/1984

Abschlusstabelle

Platz	Verein	Spiele	g.	u.	v.	Tore	Diff.	Punkte
1	VfB Stuttgart	34	19	10	5	79:33	46	48:20
2	Hamburger SV	34	21	6	7	75:36	39	48:20
3	Borussia Mönchengladbach	34	21	6	7	81:48	33	48:20
4	Bayern München	34	20	7	7	84:41	43	47:21
5	Werder Bremen	34	19	7	8	79:46	33	45:23
6	1. FC Köln	34	16	6	12	70:57	13	38:30
7	Bayer Leverkusen	34	13	8	13	50:50	0	34:34
8	Arminia Bielefeld	34	12	9	13	40:49	-9	33:35
9	Eintracht Braunschweig	34	13	6	15	54:69	-15	32:36
10	Bayer 05 Uerdingen	34	12	7	15	66:79	-13	31:37
11	Waldhof Mannheim	34	10	11	13	45:58	-13	31:37
12	1. FC Kaiserslautern	34	12	6	16	68:69	-1	30:38
13	Borussia Dortmund	34	11	8	15	54:65	-11	30:38
14	Fortuna Düsseldorf	34	11	7	16	63:75	-12	29:39
15	VfL Bochum	34	10	8	16	58:70	-12	28:40
16	Eintracht Frankfurt	34	7	13	14	45:61	-16	27:41
17	Kickers Offenbach	34	7	5	22	48:106	-58	19:49
18	1. FC Nürnberg	34	6	2	26	38:85	-47	14:54

Eingesetzte Spieler

Position	Name	Nat.	Geb.datum	Einsätze	Tore
Torhüter	Armin Jäger	D	19.09.1962	6	–
Torhüter	Helmut Roleder	D	09.10.1953	29	–
Abwehr	Guido Buchwald	D	24.01.1961	34	3
Abwehr	Bernd Förster	D	03.05.1956	31	2
Abwehr	Karlheinz Förster	D	25.07.1958	29	2
Abwehr	Thomas Kempe	D	17.03.1960	13	1
Abwehr	Hans-Peter Makan	D	01.01.1960	24	1
Abwehr	Günther Schäfer	D	09.06.1962	26	2
Abwehr	Rainer Zietsch	D	21.11.1964	10	–
Mittelfeld	Rudi Lorch	D	20.01.1966	1	–
Mittelfeld	Andreas Müller	D	13.12.1962	20	5
Mittelfeld	Kurt Niedermayer	D	25.11.1955	27	3
Mittelfeld	Hermann Ohlicher	D	11.11.1949	32	8
Mittelfeld	Asgeir Sigurvinsson	ISL	08.05.1955	31	12
Angriff	Karl Allgöwer	D	05.01.1957	29	12
Angriff	Dan Corneliusson	SWE	02.10.1961	28	12
Angriff	Achim Glückler	D	10.08.1964	1	–
Angriff	Walter Kelsch	D	03.09.1955	29	3
Angriff	Peter Reichert	D	04.08.1961	31	13

				Amtszeit	
Trainer	Helmut Benthaus	D	05.06.1935	01.07.1982 – 30.06.1985	

D – 33. Spieltag, 19.05.1984
Mit seinem Abstaubertor zum 2:1-Sieg (82.) hat sich Hermann Ohlicher für immer einen Platz in der VfB Historie gesichert. Da Verfolger Hamburger SV zu Hause gegen Eintracht Frankfurt 0:2 verliert, kann der VfB nur noch theoretisch vom ersten Platz verdrängt werden.

E – 34. Spieltag, 26.05.1984
Das 0:1 zum Saisonabschluss gegen den Hamburger SV – Torschütze Jürgen Milewski (85.) – ist schnell vergessen. Die erste Meisterschaft des VfB in der Bundesliga ist perfekt. 71.100 Fans im Stadion und später 25.000 Anhänger auf dem Rathaus-Platz feiern den Titel.

Meister
Qualifikation für den Europapokal der Landesmeister

Dienstag, 31.01.1984
Achtelfinale, Rückspiel
Hamburger SV – VfB Stuttgart
3:4 (2:2, 1:1) n.V.

Samstag, 13.03.1984
Viertelfinale
Werder Bremen – VfB Stuttgart
1:0 (0:0)

Spieltag 22–34:

Spieltag	Datum	Gegner	Ergebnis	Zuschauer
22	Di., 20.03.1984	VfB Stuttgart – Bayer 05 Uerdingen	4:0 (2:0)	18.500
23	Sa., 10.03.1984	Borussia Mönchengladbach – VfB Stuttgart	2:0 (0:0)	25.040
24	Fr., 16.03.1984	VfB Stuttgart – Bayer Leverkusen	2:2 (1:0)	18.200
25	Sa., 24.03.1984	1. FC Köln – VfB Stuttgart	2:2 (2:1)	15.000
26	Sa., 31.03.1984	VfB Stuttgart – Arminia Bielefeld	1:0 (0:0)	18.000
27	Sa., 07.04.1984	Bayern München – VfB Stuttgart	2:2 (1:1)	78.000
28	Fr., 13.04.1984	VfB Stuttgart – Fortuna Düsseldorf	6:0 (3:0)	34.900
29	Sa., 21.04.1984	VfL Bochum – VfB Stuttgart	0:1 (0:1)	25.000
30	Fr., 27.04.1984	1. FC Nürnberg – VfB Stuttgart	0:6 (0:3)	18.000
31	Fr., 04.05.1984	VfB Stuttgart – Kickers Offenbach	5:1 (3:0)	36.500
32	Sa., 12.05.1984	VfB Stuttgart – Eintracht Frankfurt	2:2 (2:0)	36.000
33	Sa., 19.05.1984	Werder Bremen – VfB Stuttgart	1:2 (0:0)	38.500
34	Sa., 26.05.1984	VfB Stuttgart – Hamburger SV	0:1 (0:0)	71.000

Bundesliga

Trikot und Sponsor

Spieltag	Paarung	Ergebnis	Zuschauer
01 Sa., 25.08.1984	1. FC Kaiserslautern – VfB Stuttgart	2:1 (2:0)	21.600
02 Di., 28.08.1984	VfB Stuttgart – Eintracht Braunschweig	6:1 (1:0)	22.000
03 Sa., 08.09.1984	Arminia Bielefeld – VfB Stuttgart	2:7 (1:4)	12.000
04 Sa., 15.09.1984	VfB Stuttgart – Werder Bremen	1:3 (1:1)	25.000
05 Sa., 22.09.1984	Bayer 05 Uerdingen – VfB Stuttgart	3:2 (1:1)	15.000
06 Mi., 05.09.1984	VfB Stuttgart – Bayern München	1:3 (0:2)	70.000
07 Sa., 06.10.1984	1. FC Köln – VfB Stuttgart	1:1 (0:0)	17.000
08 Mi., 10.10.1984	VfB Stuttgart – Borussia Dortmund	2:0 (1:0)	18.000
09 Sa., 20.10.1984	VfB Stuttgart – Waldhof Mannheim	3:0 (1:0)	26.000
10 Sa., 27.10.1984	Fortuna Düsseldorf – VfB Stuttgart	2:2 (2:2)	10.000
11 Fr., 02.11.1984	VfB Stuttgart – Eintracht Frankfurt	4:2 (2:1)	27.000
12 Sa., 10.11.1984	FC Schalke 04 – VfB Stuttgart	4:3 (4:0)	25.900
13 Di., 13.11.1984	VfB Stuttgart – Hamburger SV	1:1 (1:0)	36.300
14 Sa., 17.11.1984	Borussia Mönchengladbach – VfB Stuttgart	2:1 (0:1)	18.700
15 Sa., 24.11.1984	VfB Stuttgart – VfL Bochum	1:2 (1:2)	17.400
16 Fr., 30.11.1984	Bayer Leverkusen – VfB Stuttgart	0:2 (0:1)	9.000
17 Sa., 08.12.1984	VfB Stuttgart – Karlsruher SC	5:0 (3:0)	19.000
18 Sa., 02.02.1985	VfB Stuttgart – 1. FC Kaiserslautern	5:0 (4:0)	13.100
19 Sa., 09.02.1985	Eintracht Braunschweig – VfB Stuttgart	3:1 (1:0)	12.000
20 Mi., 27.02.1985	VfB Stuttgart – Arminia Bielefeld	2:0 (1:0)	11.000

Im Fokus

A **3. Spieltag, 08.09.1984**
Bereits am vierten Spieltag setzt der VfB eine Bestmarke. Das 7:2 beim späteren Absteiger Arminia Bielefeld ist der höchste Saisonsieg. Jeweils drei Tore erzielen dabei Karl Allgöwer und Nico Claesen. Das siebte Tor gelingt Thomas Kempe.

B **7. Spieltag, 06.10.1984**
Die Partie beim 1. FC Köln (1:1) beginnt mit zehn Minuten Verspätung. Der VfB hat die Kickstiefel in Stuttgart vergessen. Alois Rehberger, der Hausmeister des Klubheims, reist hinterher und bringt die Schuhe fast pünktlich zum Anpfiff.

C **23. Spieltag, 16.03.1985**
Eine Hälfte glänzt der Meister gegen den FC Bayern München. Durch Tore von Hermann Ohlicher und Karl Allgöwer führt der VfB bereits mit 2:0. Doch die Bayern gewinnen am Ende durch einen von Lothar Matthäus verwandelten Elfmeter (74.) noch mit 3:2.

DFB-Pokal

Freitag, 31.08.1984
1. Runde
VfB Stuttgart – Rot-Weiß Oberhausen
5:4 (2:4)

Dienstag, 20.11.1984
2. Runde
VfL Bochum (A) – VfB Stuttgart
1:2 (0:1)

Samstag, 22.12.1984
Achtelfinale, Hinspiel
VfB Stuttgart – 1. FC Saarbrücken
0:0

Europapokal der Landesmeister

Mittwoch, 19.09.1984
1. Runde, Hinspiel
Lewski Sofia – VfB Stuttgart
1:1 (0:0)

Mittwoch, 03.10.1984
1. Runde, Rückspiel
VfB Stuttgart – Lewski Sofia
2:2 (2:1)

Saison 1984/1985

Abschlusstabelle

Platz	Verein	Spiele	g.	u.	v.	Tore	Diff.	Punkte
1	Bayern München	34	21	8	5	79:38	41	50:18
2	Werder Bremen	34	18	10	6	87:51	36	46:22
3	1. FC Köln	34	18	4	12	69:66	3	40:28
4	Borussia Mönchengladbach	34	15	9	10	77:53	24	39:29
5	Hamburger SV	34	14	9	11	58:49	9	37:31
6	Waldhof Mannheim	34	13	11	10	47:50	-3	37:31
7	Bayer 05 Uerdingen	34	14	8	12	57:52	5	36:32
8	FC Schalke 04	34	13	8	13	63:62	1	34:34
9	VfL Bochum	34	12	10	12	52:54	-2	34:34
10	**VfB Stuttgart**	34	14	5	15	79:59	20	33:35
11	1. FC Kaiserslautern	34	11	11	12	56:60	-4	33:35
12	Eintracht Frankfurt	34	10	12	12	62:67	-5	32:36
13	Bayer Leverkusen	34	9	13	12	52:54	-2	31:37
14	Borussia Dortmund	34	13	4	17	51:65	-14	30:38
15	Fortuna Düsseldorf	34	10	9	15	53:66	-13	29:39
16	Arminia Bielefeld	34	8	13	13	46:61	-15	29:39
17	Karlsruher SC	34	5	12	17	47:88	-41	22:46
18	Eintracht Braunschweig	34	9	2	23	39:79	-40	20:48

Eingesetzte Spieler

Position	Name	Nat.	Geb.datum	Einsätze	Tore
Torhüter	Helmut Roleder	D	09.10.1953	34	–
Abwehr	Guido Buchwald	D	24.01.1961	15	4
Abwehr	Bernd Förster	D	03.05.1956	28	1
Abwehr	Karlheinz Förster	D	25.07.1958	29	2
Abwehr	Thomas Kempe	D	17.03.1960	26	5
Abwehr	Victor Lopes	POR	10.09.1964	2	–
Abwehr	Hans-Peter Makan	D	01.01.1960	15	–
Abwehr	Reiner Maurer	D	16.02.1960	11	–
Abwehr	Günther Schäfer	D	09.06.1962	27	1
Abwehr	Rainer Zietsch	D	21.11.1964	8	–
Mittelfeld	Herbert Briem	D	12.06.1957	2	–
Mittelfeld	Martin Fritz	D	18.08.1966	1	–
Mittelfeld	Rudi Lorch	D	20.01.1956	20	–
Mittelfeld	Andreas Müller	D	13.12.1962	31	2
Mittelfeld	Kurt Niedermayer	D	25.11.1955	19	–
Mittelfeld	Hermann Ohlicher	D	02.11.1949	22	8
Mittelfeld	Asgeir Sigurvinsson	ISL	08.05.1955	16	3
Angriff	Karl Allgöwer	D	05.01.1957	32	19
Angriff	Nicolas Claesen	BEL	01.10.1962	22	10
Angriff	Jürgen Klinsmann	D	30.07.1964	32	15
Angriff	Peter Reichert	D	04.08.1961	31	6
Angriff	Axel Thoma	D	05.09.1964	2	1
Angriff	Jörg Wolff	D	26.11.1962	6	–

				Amtszeit
Trainer	Helmut Benthaus	D	05.06.1935	01.07.1982 – 30.06.1985

D 31. Spieltag, 18.05.1985
Das zwischenzeitliche 1:3 bei Borussia Mönchengladbach ist Jürgen Klinsmanns 15. Saisontor. Nur Karl Allgöwer (19) trifft in dieser Spielzeit häufiger. Die Aufholjagd des VfB kommt aber zu spät. Borussia gewinnt mit 3:2.

E 32. Spieltag, 25.05.1985
Drei Spieltage vor dem Saisonende ist es perfekt: Der VfB verspielt durch eine 1:2-Niederlage beim VfL Bochum die letzte Chance auf das Erreichen eines UEFA-Cup-Platzes.

Mittwoh, 06.02.1985
Achtelfinale, Rückspiel
1. FC Saarbrücken – VfB Stuttgart
5:2 n.E. (2:2, 2:2, 1:1)

264 Statistik

Bundesliga

Trikot und Sponsor

Spieltag	Paarung	Ergebnis	Zuschauer
01 Sa., 10.08.1985	VfB Stuttgart – Borussia Mönchengladbach	0:0	31.000
02 Sa., 17.08.1985	Bayern München – VfB Stuttgart	4:1 (1:1)	45.000
03 Mi., 21.08.1985	Bayer 05 Uerdingen – VfB Stuttgart	1:4 (1:2)	10.000
04 Sa., 31.08.1985	VfB Stuttgart – FC Schalke 04	0:1 (0:0)	24.000
05 Mi., 04.09.1985	Hannover 96 – VfB Stuttgart	1:3 (0:1)	35.000
06 Sa., 07.09.1985	VfB Stuttgart – 1. FC Saarbrücken	3:1 (2:1)	15.600
07 Sa., 14.09.1985	Hamburger SV – VfB Stuttgart	2:0 (1:0)	20.000
08 Sa., 21.09.1985	VfB Stuttgart – 1. FC Köln	5:0 (2:0)	20.000
09 Sa., 28.09.1985	1. FC Nürnberg – VfB Stuttgart	0:1 (0:0)	35.000
10 Sa., 05.10.1985	VfB Stuttgart – Fortuna Düsseldorf	5:0 (2:0)	22.500
11 Mi., 09.10.1985	Waldhof Mannheim – VfB Stuttgart	5:3 (1:2)	25.000
12 Sa., 26.10.1985	VfB Stuttgart – VfL Bochum	0:4 (0:0)	17.000
13 Sa., 02.11.1985	Eintracht Frankfurt – VfB Stuttgart	1:1 (0:0)	12.000
14 Sa., 09.11.1985	VfB Stuttgart – 1. FC Kaiserslautern	2:0 (2:0)	12.500
15 Mi., 20.11.1985	Borussia Dortmund – VfB Stuttgart	2:0 (0:0)	23.000
16 Di., 03.12.1985	VfB Stuttgart – Bayer Leverkusen	2:2 (0:1)	10.000
17 Fr., 29.11.1985	Werder Bremen – VfB Stuttgart	6:0 (3:0)	21.000
18 Sa., 07.12.1985	Borussia Mönchengladbach – VfB Stuttgart	1:1 (0:0)	12.000
19 Sa., 14.12.1985	VfB Stuttgart – Bayern München	0:0	36.000
20 Sa., 25.01.1986	VfB Stuttgart – Bayer 05 Uerdingen	0:2 (0:2)	10.000

Im Fokus

A **1. Spieltag, 10.08.1985**
Nach 45 Minuten ist für Bernd Förster die Partie gegen Borussia Mönchengladbach (0:0) zu Ende. Mehr noch. Es ist das letzte Bundesliga-Spiel des Verteidigers, den eine schwere Knieverletzung zum Karriereende zwingt.

B **22. Spieltag, 08.02.1986**
Wenn der VfB auf Touren kommt, dann richtig. Mit 7:0 schickt Stuttgart Hannover 96 nach Hause. Michael Nushöhr gelingt dabei das Kunststück, einen Hattrick mit drei in Folge verwandelten Elfmetern zu schaffen.

C **25. Spieltag, 01.03.1986**
Maximalen Erfolg hat Otto Baric versprochen. Als Tabellensechster muss er drei Tage nach der 1:2-Niederlage beim 1. FC Köln seinen Hut nehmen. Bis zum Saisonende sitzt Willi Entenmann auf der Trainerbank und führt den VfB noch ins Pokalfinale und in den Europapokal.

DFB-Pokal

Samstag, 24.08.1985
1. Runde
VfB Stuttgart – Eintracht Braunschweig
6:3 (4:1)

Donnerstag, 17.10.1985
2. Runde
1. FC Nürnberg – VfB Stuttgart
0:1 (0:1)

Dienstag, 12.11.1985
Achtelfinale
VfB Stuttgart – Werder Bremen
2:0 (2:0)

Donnerstag, 19.12.1985
Viertelfinale
VfB Stuttgart – FC Schalke 04
6:2 (1:2)

Mittwoch, 26.03.1986
Halbfinale
VfB Stuttgart – Borussia Dortmund
4:1 (1:0)

Samstag, 03.05.1986
Finale
Bayern München – VfB Stuttgart
5:2 (2:0)

Saison 1985/1986

Abschlusstabelle

Platz	Verein	Spiele	g.	u.	v.	Tore	Diff.	Punkte
1	Bayern München	34	21	7	6	82:31	51	49:19
2	Werder Bremen	34	20	9	5	83:41	42	49:19
3	Bayer 05 Uerdingen	34	19	7	8	63:60	3	45:23
4	Borussia Mönchengladbach	34	15	12	7	65:51	14	42:26
5	**VfB Stuttgart**	**34**	**17**	**7**	**10**	**69:45**	**24**	**41:27**
6	Bayer Leverkusen	34	15	10	9	63:51	12	40:28
7	Hamburger SV	34	17	5	12	52:35	17	39:29
8	Waldhof Mannheim	34	11	11	12	41:44	–3	33:35
9	VfL Bochum	34	14	4	16	55:57	–2	32:36
10	FC Schalke 04	34	11	8	15	53:58	–5	30:38
11	1. FC Kaiserslautern	34	10	10	14	49:54	–5	30:38
12	1. FC Nürnberg	34	12	5	17	51:54	–3	29:39
13	1. FC Köln	34	9	11	14	46:59	–13	29:39
14	Fortuna Düsseldorf	34	11	7	16	54:78	–24	29:39
15	Eintracht Frankfurt	34	7	14	13	35:49	–14	28:40
16	Borussia Dortmund	34	10	8	16	49:65	–16	28:40
17	1. FC Saarbrücken	34	6	9	19	39:68	–29	21:47
18	Hannover 96	34	5	8	21	43:92	–49	18:50

Eingesetzte Spieler

Position	Name	Nat.	Geb.datum	Einsätze	Tore
Torhüter	Armin Jäger	D	19.09.1962	7	–
	Helmut Roleder	D	09.10.1953	27	–
Abwehr	Guido Buchwald	D	24.01.1961	32	1
	Bernd Förster	D	03.05.1956	1	–
	Karlheinz Förster	D	25.07.1958	27	1
	Thomas Gomminginger	D	03.03.1966	7	–
	Michael Nushöhr	D	14.08.1962	30	4
	Günther Schäfer	D	09.06.1962	29	1
	Rainer Zietsch	D	21.11.1964	33	1
Mittelfeld	Martin Fritz	D	18.08.1966	6	–
	Jürgen Hartmann	D	27.10.1962	27	1
	Rudi Lorch	D	20.01.1966	3	–
	Andreas Müller	D	13.12.1962	29	2
	Dirk Schlegel	D	14.06.1961	12	–
	Asgeir Sigurvinsson	ISL	08.05.1955	32	9
	Michael Spies	D	09.07.1965	4	1
Angriff	Karl Allgöwer	D	05.01.1957	33	21
	Nicolas Claesen	BEL	01.10.1962	7	1
	Jürgen Klinsmann	D	30.07.1964	33	16
	Predrag Pasic	YUG	18.10.1958	22	5
	Peter Reichert	D	04.08.1961	20	2
	Jörg Wolff	D	26.11.1962	10	2

				Amtszeit	
Trainer	Otto Baric	CRO	19.06.1933	01.07.1985–04.03.1986	
	Willi Entenmann	D	25.09.1943	05.03.1986–30.06.1986	

Spieltage 22–34

Spieltag	22	23	24	25	26	27	28	29	30	31	32	33	34
Datum	Sa., 08.02.1986	Di., 25.02.1986	Di., 01.04.1986	Sa., 01.03.1986	Sa., 08.03.1986	Sa., 15.03.1986	Sa., 22.03.1986	Sa., 29.03.1986	Sa., 05.04.1986	Fr., 11.04.1986	Sa., 19.04.1986	Di., 22.04.1986	Sa., 26.04.1986
Begegnung	VfB Stuttgart – Hannover 96	1. FC Saarbrücken – VfB Stuttgart	VfB Stuttgart – Hamburger SV	1. FC Köln – VfB Stuttgart	VfB Stuttgart – 1. FC Nürnberg	Fortuna Düsseldorf – VfB Stuttgart	VfB Stuttgart – Waldhof Mannheim	VfL Bochum – VfB Stuttgart	VfB Stuttgart – Eintracht Frankfurt	1. FC Kaiserslautern – VfB Stuttgart	VfB Stuttgart – Borussia Dortmund	Bayer Leverkusen – VfB Stuttgart	VfB Stuttgart – Werder Bremen
Ergebnis	7:0 (2:0)	1:1 (1:1)	1:0 (0:0)	2:1 (2:0)	3:1 (1:0)	0:7 (0:2)	3:1 (2:0)	0:2 (0:0)	2:1 (2:0)	2:2 (0:1)	4:0 (2:0)	2:1 (0:1)	2:1 (1:0)
Zuschauer	10.000	7.500	31.600	8.000	15.000	12.000	17.700	8.000	19.000	16.123	16.000	10.700	62.000

Platz 5: Als Pokalfinalist Qualifikation für den Europapokal der Pokalsieger

D – 27. Spieltag, 15.03.1986
Fünf auf einen Streich: Jürgen Klinsmann sorgt fast im Alleingang für den 7:0-Auswärtssieg des VfB bei Fortuna Düsseldorf. Zwischen der 36. und 78. Minute bezwingt er Fortuna-Schlussmann Jörg Schmadtke fünfmal.

E – 34. Spieltag, 26.04.1986
Nach 311 Bundesliga-Spielen und 22 Toren endet die Ära Karlheinz Förster mit der Partie gegen Werder Bremen (2:1). Der Verteidiger wechselt für 3,5 Millionen Mark Ablöse zu Olympique Marseille.

Bundesliga

Trikot und Sponsor

Spieltag	Paarung	Ergebnis	Zuschauer
Fr., 08.08.1986	Waldhof Mannheim – VfB Stuttgart	3:2 (2:1)	32.000
Di., 12.08.1986	VfB Stuttgart – FC 08 Homburg	4:0 (3:0)	17.500
Sa., 23.08.1986	Bayer 05 Uerdingen – VfB Stuttgart	2:2 (1:0)	16.000
Mi., 03.09.1986	VfB Stuttgart – SpVgg Blau-Weiß 90 Berlin	1:1 (1:0)	17.000
Sa., 06.09.1986	VfB Stuttgart – FC Schalke 04	4:0 (2:0)	20.000
Sa., 13.09.1986	Borussia Dortmund – VfB Stuttgart	1:2 (0:1)	36.500
Sa., 20.09.1986	VfB Stuttgart – Fortuna Düsseldorf	3:0 (2:0)	16.000
Sa., 27.09.1986	1. FC Köln – VfB Stuttgart	0:0	12.000
Sa., 04.10.1986	VfB Stuttgart – 1. FC Nürnberg	1:1 (0:1)	29.000
Fr., 10.10.1986	Hamburger SV – VfB Stuttgart	2:0 (2:0)	35.000
Sa., 18.10.1986	VfB Stuttgart – 1. FC Kaiserslautern	1:1 (0:0)	18.000
Sa., 01.11.1986	Borussia Mönchengladbach – VfB Stuttgart	4:0 (1:0)	24.000
Sa., 08.11.1986	VfB Stuttgart – Werder Bremen	4:0 (3:0)	19.000
Sa., 15.11.1986	VfL Bochum – VfB Stuttgart	0:1 (0:0)	15.000
Sa., 22.11.1986	VfB Stuttgart – Eintracht Frankfurt	4:1 (1:0)	18.000
Sa., 29.11.1986	Bayern München – VfB Stuttgart	1:0 (1:0)	45.000
Sa., 06.12.1986	VfB Stuttgart – Bayer Leverkusen	1:0 (0:0)	23.000
So., 08.03.1987	VfB Stuttgart – Waldhof Mannheim	2:1 (0:1)	19.500
Sa., 28.02.1987	FC 08 Homburg – VfB Stuttgart	2:1 (0:0)	8.000
Sa., 14.03.1987	VfB Stuttgart – Bayer 05 Uerdingen	2:0 (0:0)	14.000

Im Fokus

A 1. Spieltag, 08.08.1986
Leo Bunks Einstand im VfB Sturm kann sich trotz 2:3-Niederlage zum Saisonstart beim SV Waldhof Mannheim sehen lassen. Allerdings bleibt es der einzige Treffer des aus Berlin nach Stuttgart gewechselten Angreifers.

B 2. Spieltag, 12.08.1986
Nur für 15 Minuten trägt Michael Spies in dieser Saison das Trikot des VfB. Beim 4:0-Sieg gegen den FC Homburg wird der Angreifer eingewechselt. Es bleibt sein einziger Einsatz. Am Saisonende wechselt Spies zum SSV Ulm 1846.

C 13. Spieltag, 08.11.1986
Beim 4:0-Sieg gegen Werder Bremen steht Eberhard Trautner erstmals im Tor des VfB. Der Schlussmann ist vor Saisonbeginn von den eigenen Amateuren in den Profikader gerückt.

DFB-Pokal

Mittwoch, 27.08.1986
1. Runde
Bayer 05 Uerdingen – VfB Stuttgart
6:4 (3:3, 0:3) n.V.

Europapokal der Pokalsieger

Mittwoch, 17.09.1986
1. Runde, Hinspiel
VfB Stuttgart – Spartak Trnava
1:0 (0:0)

Mittwoch, 01.10.1986
1. Runde, Rückspiel
Spartak Trnava – VfB Stuttgart
0:0 (0:0)

Mittwoch, 22.10.1986
Achtelfinale, Hinspiel
Torpedo Moskau – VfB Stuttgart
2:0 (1:0)

Mittwoch, 05.11.1986
Achtelfinale, Rückspiel
VfB Stuttgart – Torpedo Moskau
3:5 (2:4)

Saison 1986/1987

Spieltage 22-34

Spieltag	Datum	Begegnung	Ergebnis	(Halbzeit)	Zuschauer
22	Sa., 28.03.1987	FC Schalke 04 – VfB Stuttgart	2:1	(1:0)	13.500
23	Sa., 04.04.1987	VfB Stuttgart – Borussia Dortmund	3:0	(1:0)	15.000
24	Sa., 11.04.1987	Fortuna Düsseldorf – VfB Stuttgart	1:0	(1:0)	6.000
25	Mi., 15.04.1987	VfB Stuttgart – 1. FC Köln	5:1	(1:1)	22.000
26	Sa., 25.04.1987	1. FC Nürnberg – VfB Stuttgart	2:1	(1:1)	28.500
27	Sa., 02.05.1987	VfB Stuttgart – Hamburger SV	1:1	(0:0)	29.500
28	Sa., 09.05.1987	1. FC Kaiserslautern – VfB Stuttgart	3:0	(1:0)	24.585
29	Fr., 15.05.1987	VfB Stuttgart – Borussia Mönchengladbach	2:4	(0:1)	20.000
30	Fr., 22.05.1987	Werder Bremen – VfB Stuttgart	1:0	(1:0)	20.500
31	Fr., 29.05.1987	VfB Stuttgart – VfL Bochum	2:4	(2:2)	10.000
32	Fr., 05.06.1987	Eintracht Frankfurt – VfB Stuttgart	3:1	(1:0)	8.200
33	Sa., 13.06.1987	VfB Stuttgart – Bayern München	1:3	(0:2)	40.000
34	Mi., 17.06.1987	Bayer Leverkusen – VfB Stuttgart	4:1	(1:1)	7.500

Platz 12

D 28. Spieltag, 09.05.1987
Mit dem 0:3 beim 1. FC Kaiserslautern beginnt für den VfB bis Saisonende eine Niederlagenserie. Dadurch verspielt der VfB die Chance auf die Qualifikation für den UEFA-Cup.

E 34. Spieltag, 17.06.1987
In der Hinrunde ist der VfB noch Vierter, in der Rückrundentabelle belegt das Team jedoch nur Rang 15. Mit dem 1:4 bei Bayer Leverkusen beendet der VfB die Saison auf einem enttäuschenden zwölften Platz.

Abschlusstabelle

Platz	Verein	Spiele	g.	u.	v.	Tore	Diff.	Punkte
1	Bayern München	34	20	13	1	67:31	36	53:15
2	Hamburger SV	34	19	9	6	69:37	32	47:21
3	Borussia Mönchengladbach	34	18	7	9	74:44	30	43:25
4	Borussia Dortmund	34	15	10	9	70:50	20	40:28
5	Werder Bremen	34	17	6	11	65:54	11	40:28
6	Bayer Leverkusen	34	16	7	11	56:38	18	39:29
7	1. FC Kaiserslautern	34	15	7	12	64:51	13	37:31
8	Bayer 05 Uerdingen	34	12	11	11	51:49	2	35:33
9	1. FC Nürnberg	34	12	11	11	62:62	0	35:33
10	1. FC Köln	34	13	9	12	50:53	–3	35:33
11	VfL Bochum	34	9	14	11	52:44	8	32:36
12	**VfB Stuttgart**	**34**	**13**	**6**	**15**	**55:49**	**6**	**32:36**
13	FC Schalke 04	34	12	8	14	50:58	–8	32:36
14	Waldhof Mannheim	34	10	8	16	52:71	–19	28:40
15	Eintracht Frankfurt	34	8	9	17	42:53	–11	25:43
16	FC 08 Homburg	34	6	9	19	33:79	–46	21:47
17	Fortuna Düsseldorf	34	7	6	21	42:91	–49	20:48
18	SpVgg Blau-Weiß 90 Berlin	34	3	12	19	36:76	–40	18:50

Eingesetzte Spieler

Position	Name	Nat.	Geb.datum	Einsätze	Tore
Torhüter	Eike Immel	D	27.11.1960	33	–
	Eberhard Trautner	D	07.02.1967	1	–
Abwehr	Bertram Beierlorzer	D	31.05.1957	20	–
	Guido Buchwald	D	24.01.1961	33	2
	Thomas Gomminginger	D	03.03.1966	5	–
	Michael Nushöhr	D	14.08.1962	8	–
	Günther Schäfer	D	09.06.1962	29	1
	Alexander Strehmel	D	20.03.1968	16	–
	Rainer Zietsch	D	21.11.1964	31	2
Mittelfeld	Ralf Allgöwer	D	04.04.1964	2	1
	Jürgen Hartmann	D	27.10.1962	25	3
	Andreas Müller	D	13.12.1962	31	4
	Klaus Perfetto	D	13.09.1964	10	1
	Michael Schröder	D	10.11.1959	21	–
	Asgeir Sigurvinsson	ISL	08.05.1955	25	1
	Michael Spies	D	09.07.1965	1	–
Angriff	Karl Allgöwer	D	05.01.1957	21	10
	Leo Bunk	D	23.10.1962	23	1
	Jürgen Klinsmann	D	30.07.1964	32	16
	Andreas Merkle	D	17.04.1962	32	8
	Predrag Pasic	YUG	18.10.1958	24	2
	Stefan Schmitt	D	26.06.1961	14	1

Position	Name	Nat.	Geb.datum	Amtszeit
Trainer	Egon Coordes	D	13.07.1944	01.07.1986 – 30.06.1987

Bundesliga

Trikot und Sponsor

Spieltag	Paarung	Ergebnis	Zuschauer
Sa., 01.08.1987	VfB Stuttgart – FC 08 Homburg	2:1 (1:0)	20.000
Sa., 08.08.1987	1. FC Nürnberg – VfB Stuttgart	0:0	37.500
Sa., 15.08.1987	VfB Stuttgart – Borussia Mönchengladbach	6:0 (2:0)	50.000
Mi., 19.08.1987	Eintracht Frankfurt – VfB Stuttgart	0:2 (0:0)	30.000
Di., 25.08.1987	VfB Stuttgart – 1. FC Köln	0:2 (0:1)	56.000
Mi., 02.09.1987	Werder Bremen – VfB Stuttgart	5:1 (2:0)	27.100
Sa., 05.09.1987	VfB Stuttgart – FC Schalke 04	4:0 (1:0)	21.000
Sa., 12.09.1987	Hannover 96 – VfB Stuttgart	3:3 (2:0)	22.126
Sa., 19.09.1987	VfB Stuttgart – Karlsruher SC	2:2 (2:0)	28.500
Sa., 26.09.1987	1. FC Kaiserslautern – VfB Stuttgart	2:1 (1:0)	18.550
Sa., 03.10.1987	VfB Stuttgart – VfL Bochum	3:0 (1:0)	17.000
Fr., 09.10.1987	Bayer 05 Uerdingen – VfB Stuttgart	2:5 (1:1)	10.000
Sa., 17.10.1987	Hamburger SV – VfB Stuttgart	3:0 (2:0)	18.500
Sa., 31.10.1987	VfB Stuttgart – Bayer Leverkusen	4:1 (2:1)	16.500
Sa., 07.11.1987	Borussia Dortmund – VfB Stuttgart	2:2 (0:1)	24.424
Sa., 14.11.1987	VfB Stuttgart – Bayern München	3:0 (1:0)	70.705
Sa., 21.11.1987	Waldhof Mannheim – VfB Stuttgart	2:1 (2:1)	16.000
Sa., 28.11.1987	FC 08 Homburg – VfB Stuttgart	2:2 (1:1)	8.000
Sa., 05.12.1987	VfB Stuttgart – 1. FC Nürnberg	0:1 (0:1)	27.000
Sa., 20.02.1988	Borussia Mönchengladbach – VfB Stuttgart	0:1 (0:0)	15.500

Im Fokus

A
7. Spieltag, 05.09.1987
Zusammen mit Jürgen Klinsmann bildet Neuzugang Fritz Walter ein kongeniales Sturmduo. Spätestens nach seinen drei Toren beim 4:0 gegen Schalke 04 wird er von den Fans gefeiert. Den vierten Treffer erzielt Klinsmann.

B
8. Spieltag, 12.09.1987
3:3 nach 0:2-Pausenrückstand: Michael Schröder rettet dem VfB bei Hannover 96 mit seinem Ausgleichstor in der 80. Minute einen Punkt.

C
14. Spieltag, 31.10.1987
Aus der eigenen Jugend in den Profikader: Gerhard Poschner wird gleich in seiner ersten Saison neunmal ein- und zweimal ausgewechselt. Beim 4:1 gegen Bayer Leverkusen spielt Poschner durch und vertritt im Mittelfeld den verletzten Asgeir Sigurvinsson.

DFB-Pokal

Freitag, 28.08.1987
1. Runde
1. FC Köln – VfB Stuttgart
3:0 (2:0)

Saison 1987/1988

10.000	23.300	16.000	16.500	25.000	17.000	13.000	15.000	20.000	6.000	15.000	35.000	15.500	
1:1 (0:0)	1:0 (0:0)	3:4 (2:4)	3:1 (1:0)	0:2 (0:1)	3:0 (0:0)	5:1 (3:0)	1:3 (1:1)	5:1 (3:1)	2:1 (1:1)	2:2 (1:1)	2:1 (1:0)	1:1 (1:0)	
1. FC Köln – VfB Stuttgart	VfB Stuttgart – Werder Bremen	FC Schalke 04 – VfB Stuttgart	VfB Stuttgart – Hannover 96	Karlsruher SC – VfB Stuttgart	VfB Stuttgart – 1. FC Kaiserslautern	VfL Bochum – VfB Stuttgart	VfB Stuttgart – Bayer 05 Uerdingen	VfB Stuttgart – Hamburger SV	Bayer Leverkusen – VfB Stuttgart	VfB Stuttgart – Borussia Dortmund	Bayern München – VfB Stuttgart	VfB Stuttgart – Waldhof Mannheim	
Sa., 05.03.1988	Sa., 12.03.1988	Sa., 19.03.1988	Di., 22.03.1988	Sa., 26.03.1988	Sa., 09.04.1988	Sa., 16.04.1988	Sa., 23.04.1988	Sa., 30.04.1988	Di., 10.05.1988	Sa., 07.05.1988	Sa., 14.05.1988	Sa., 21.05.1988	
22	23	24	25	26	27	28	29	30	31	32	33	34	

Platz 4: Qualifikation für den UEFA-Cup

Abschlusstabelle

Platz	Verein	Spiele	g.	u.	v.	Tore	Diff.	Punkte
1	Werder Bremen	34	22	8	4	61:22	39	52:16
2	Bayern München	34	22	4	8	83:45	38	48:20
3	1. FC Köln	34	18	12	4	57:28	29	48:20
4	**VfB Stuttgart**	34	16	8	10	69:49	20	40:28
5	1. FC Nürnberg	34	13	11	10	44:40	4	37:31
6	Hamburger SV	34	13	11	10	63:68	–5	37:31
7	Borussia Mönchengladbach	34	14	5	15	55:53	2	33:35
8	Bayer Leverkusen	34	10	12	12	53:60	–7	32:36
9	Eintracht Frankfurt	34	10	11	13	51:50	1	31:37
10	Hannover 96	34	12	7	15	59:60	–1	31:37
11	Bayer 05 Uerdingen	34	11	9	14	59:61	–2	31:37
12	VfL Bochum	34	10	10	14	47:51	–4	30:38
13	Borussia Dortmund	34	9	11	14	51:54	–3	29:39
14	1. FC Kaiserslautern	34	11	7	16	53:62	–9	29:39
15	Karlsruher SC	34	9	11	14	37:55	–18	29:39
16	Waldhof Mannheim	34	7	14	13	35:50	–15	28:40
17	FC 08 Homburg	34	7	10	17	37:70	–33	24:44
18	FC Schalke 04	34	8	7	19	48:84	–36	23:45

D 16. Spieltag, 14.11.1987
Es ist das Jahrhunderttor: Jürgen Klinsmann erzielt beim fulminanten 3:0-Erfolg des VfB gegen den FC Bayern München mit einem Fallrückzieher das erste Tor. Ein Treffer, von dem alle 70.705 Zuschauer, die im Stadion sind, noch heute schwärmen.

E 25. Spieltag, 22.03.1988
So ein Gegentor kassiert Eike Immel in seiner Karriere nur einmal. Beim 3:1 gegen Hannover trifft Siegfried Reich vom Anstoß weg aus 51 Metern zum zwischenzeitlichen 1:2-Anschlusstreffer.

Eingesetzte Spieler

Position	Name	Nat.	Geb.datum	Einsätze	Tore
Torhüter	Eike Immel	D	27.11.1960	29	–
	Eberhard Trautner	D	07.02.1967	6	–
Abwehr	Bertram Beierlorzer	D	31.05.1957	11	–
	Guido Buchwald	D	24.01.1961	30	1
	Klaus Mirwald	D	11.09.1968	18	1
	Günther Schäfer	D	09.06.1962	28	2
	Alexander Strehmel	D	20.03.1968	26	1
	Rainer Zietsch	D	21.11.1964	26	1
Mittelfeld	Rolf Baumann	D	14.06.1963	3	–
	Maurizio Gaudino	D	12.12.1966	30	2
	Jürgen Hartmann	D	27.10.1962	25	1
	Klaus Perfetto	D	13.09.1964	3	2
	Gerhard Poschner	D	23.09.1969	15	–
	Michael Schröder	D	10.11.1959	25	3
	Rainer Schütterle	D	21.03.1966	32	4
	Asgeir Sigurvinsson	ISL	08.05.1955	16	5
Angriff	Karl Allgöwer	D	05.01.1957	31	9
	Jürgen Klinsmann	D	30.07.1964	34	19
	Andreas Merkle	D	17.04.1962	9	–
	Stefan Schmitt	D	26.06.1961	1	–
	Fritz Walter	D	21.07.1960	33	16

				Amtszeit
Trainer	Arie Haan	NED	16.11.1948	01.07.1987 – 26.03.1990

270 Statistik

Bundesliga

Trikot und Sponsor

Spieltag	Paarung	Ergebnis	Zuschauer
Fr., 22.07.1988	Borussia Dortmund – VfB Stuttgart	1:2 (1:1)	40.193
Fr., 29.07.1988	VfB Stuttgart – Hannover 96	2:1 (1:1)	21.000
Di., 15.11.1988	Bayern München – VfB Stuttgart	3:3 (1:1)	63.000
Sa., 20.08.1988	VfB Stuttgart – Stuttgarter Kickers	4:0 (2:0)	67.940
Fr., 26.08.1988	FC St. Pauli – VfB Stuttgart	2:1 (0:1)	20.000
Sa., 03.09.1988	VfB Stuttgart – 1. FC Köln	2:0 (1:0)	29.000
Sa., 10.09.1988	Bayer 05 Uerdingen – VfB Stuttgart	0:0	20.000
Di., 13.09.1988	VfB Stuttgart – 1. FC Nürnberg	4:0 (0:0)	26.000
Di., 01.11.1988	VfL Bochum – VfB Stuttgart	1:0 (1:0)	26.000
Sa., 08.10.1988	VfB Stuttgart – Eintracht Frankfurt	2:0 (2:0)	19.500
Sa., 22.10.1988	Karlsruher SC – VfB Stuttgart	2:0 (1:0)	35.000
Sa., 29.10.1988	VfB Stuttgart – Waldhof Mannheim	2:0 (0:0)	17.500
Sa., 05.11.1988	VfB Stuttgart – Hamburger SV	4:2 (2:0)	24.300
Sa., 12.11.1988	1. FC Kaiserslautern – VfB Stuttgart	6:1 (1:1)	23.806
Sa., 19.11.1988	VfB Stuttgart – Bayer Leverkusen	0:0	18.000
Sa., 26.11.1988	Borussia Mönchengladbach – VfB Stuttgart	2:2 (1:0)	15.000
Sa., 03.12.1988	VfB Stuttgart – Werder Bremen	3:3 (2:2)	31.700
Sa., 18.02.1989	VfB Stuttgart – Borussia Dortmund	1:3 (0:2)	17.500
Sa., 25.02.1989	Hannover 96 – VfB Stuttgart	2:0 (1:0)	15.805
Sa., 04.03.1989	VfB Stuttgart – Bayern München	1:2 (1:1)	63.000

Im Fokus

A 1. Spieltag, 22.07.1988
Neuzugang Srecko Katanec erzielt in seinem ersten Bundesliga-Spiel für den VfB den 2:1-Siegtreffer in Dortmund. Es folgen 26 Einsätze, aber kein weiterer Treffer. Am Saisonende verlässt der Slowene den VfB in Richtung Sampdoria Genua.

B 4. Spieltag, 20.08.1988
Erstmals überhaupt treffen der VfB und die Stuttgarter Kickers in der Bundesliga aufeinander. Mit 4:0 unterstreicht der VfB, wer die Nummer eins in der Stadt ist. Auch das Rückspiel gewinnt das Team von Trainer Arie Haan mit 2:0.

C 14. Spieltag, 12.11.1988
Nach Maurizio Gaudinos Führungstor (17.) sieht es für den VfB beim 1. FC Kaiserslautern nicht schlecht aus. Doch nach sechs Gegentoren in Folge ist die höchste Saisonniederlage perfekt.

DFB-Pokal

Samstag, 06.08.1988
1. Runde
SV Ottfingen – VfB Stuttgart
0:5 (0:1)

Dienstag, 29.11.1988
2. Runde
VfB Stuttgart – VfL Bochum
3:2 (2:2, 0:1) n.V.

Samstag, 10.12.1988
Achtelfinale
VfB Stuttgart – 1. FC Saarbrücken
2:0 (0:0, 0:0) n.V.

UEFA-Cup

Mittwoch, 07.09.1988
1. Runde, Hinspiel
VfB Stuttgart – Banyasz Tatabanya
2:0 (0:0)

Mittwoch, 05.10.1988
1. Runde, Rückspiel
Banyasz Tatabanya – VfB Stuttgart
2:1 (0:0)

Mittwoch, 26.10.1988
2. Runde, Hinspiel
Dinamo Zagreb – VfB Stuttgart
1:3 (0:3)

Mittwoch, 09.11.1988
2. Runde, Rückspiel
VfB Stuttgart – Dinamo Zagreb
1:1 (0:1)

Mittwoch, 23.11.1988
Achtelfinale, Hinspiel
FC Groningen – VfB Stuttgart
1:3 (0:3)

Mittwoch, 07.12.1988
Achtelfinale, Rückspiel
VfB Stuttgart – FC Groningen
2:0 (1:0)

Mittwoch, 01.03.1989
Viertelfinale, Hinspiel
VfB Stuttgart – Real Sociedad
1:0 (1:0)

Mittwoch, 15.03.1989
Viertelfinale, Rückspiel
Real Sociedad – VfB Stuttgart
3:4 n.E. (1:0, 1:0, 1:0)

Saison 1988/1989

Abschlusstabelle

Platz	Verein	Spiele	g.	u.	v.	Tore	Diff.	Punkte
1	Bayern München	34	19	12	3	67:26	41	50:18
2	1. FC Köln	34	18	9	7	58:30	28	45:23
3	Werder Bremen	34	18	8	8	55:32	23	44:24
4	Hamburger SV	34	17	9	8	60:36	24	43:25
5	**VfB Stuttgart**	**34**	**16**	**7**	**11**	**58:49**	**9**	**39:29**
6	Borussia Mönchengladbach	34	12	14	8	44:43	1	38:30
7	Borussia Dortmund	34	12	13	9	56:40	16	37:31
8	Bayer Leverkusen	34	10	14	10	45:44	1	34:34
9	1. FC Kaiserslautern	34	10	13	11	47:44	3	33:35
10	FC St. Pauli	34	9	14	11	41:42	−1	32:36
11	Karlsruher SC	34	12	8	14	48:51	−3	32:36
12	Waldhof Mannheim	34	10	11	13	43:52	−9	31:37
13	Bayer 05 Uerdingen	34	10	11	13	50:60	−10	31:37
14	1. FC Nürnberg	34	8	10	16	36:54	−18	26:42
15	VfL Bochum	34	9	8	17	37:57	−20	26:42
16	Eintracht Frankfurt	34	8	10	16	30:53	−23	26:42
17	Stuttgarter Kickers	34	10	6	18	41:68	−27	26:42
18	Hannover 96	34	4	11	19	36:71	−35	19:49

Platz 5: Qualifikation für den UEFA-Cup

Eingesetzte Spieler

Position	Name	Nat.	Geb.datum	Einsätze	Tore
Torhüter	Eike Immel	D	27.11.1960	29	–
	Eberhard Trautner	D	07.02.1967	5	–
Abwehr	Guido Buchwald	D	24.01.1961	30	1
	Srecko Katanec	SLO	16.07.1963	26	1
	Klaus Mirwald	D	11.09.1968	7	–
	Günther Schäfer	D	09.06.1962	20	–
	Nils Schmäler	D	10.11.1969	18	–
	Alexander Strehmel	D	20.03.1968	14	1
	Rainer Zietsch	D	21.11.1964	26	1
Mittelfeld	Maurizio Gaudino	D	12.12.1966	30	8
	Jürgen Hartmann	D	27.10.1962	33	2
	Axel Jüptner	D	26.04.1969	2	–
	Gerhard Poschner	D	23.09.1969	17	–
	Michael Schröder	D	10.11.1959	26	1
	Rainer Schütterle	D	21.03.1966	25	1
	Asgeir Sigurvinsson	ISL	08.05.1955	28	3
Angriff	Karl Allgöwer	D	05.01.1957	32	12
	Jürgen Klinsmann	D	30.07.1964	25	13
	Olaf Schmäler	D	10.11.1969	10	–
	Fritz Walter	D	21.07.1960	33	13

				Amtszeit
Trainer	Arie Haan	NED	16.11.1948	01.07.1987 – 26.03.1990

D 20. Spieltag, 04.03.1989
Beim 1:2 gegen den FC Bayern München stehen erstmals die Zwillinge Nils und Olaf Schmäler für den VfB gemeinsam in der Bundesliga auf dem Platz. Beide sind zum Saisonbeginn aus der Jugend von Eintracht Braunschweig an den Neckar gewechselt.

Mittwoch, 29.03.1989
Viertelfinale
VfB Stuttgart – 1. FC Kaiserslautern
4:0 (1:0)

Mittwoch, 05.04.1989
Halbfinale, Hinspiel
VfB Stuttgart – Dynamo Dresden
1:0 (0:0)

Mittwoch, 19.04.1989
Halbfinale, Rückspiel
Dynamo Dresden – VfB Stuttgart
1:1 (0:0)

E 29. Spieltag, 12.05.1989
Dramatik pur im baden-württembergischen Derby: Beim SV Waldhof Mannheim liegt der VfB bereits 1:3 zurück. Mit zwei Toren gelingt Karl Allgöwer der Ausgleich, ehe Jürgen Klinsmann vier Minuten vor Schluss das Siegtor erzielt.

Dienstag, 09.05.1989
Halbfinale
Borussia Dortmund – VfB Stuttgart
2:0 (1:0)

Mittwoch, 03.05.1989
Finale, Hinspiel
SSC Neapel – VfB Stuttgart
2:1 (0:1)

Mittwoch, 17.05.1989
Finale, Rückspiel
VfB Stuttgart – SSC Neapel
3:3 (1:2)

Bundesliga

Zuschauer	Ergebnis	Paarung	Spieltag	
34.000	2:0 (2:0)	VfB Stuttgart – Karlsruher SC	Sa., 29.07.1989	01
33.000	0:0	1. FC Köln – VfB Stuttgart	Mi., 09.08.1989	02
28.000	1:0 (0:0)	VfB Stuttgart – Waldhof Mannheim	Sa., 12.08.1989	03
12.500	1:0 (0:0)	Hamburger SV – VfB Stuttgart	Mi., 16.08.1989	04
31.000	1:1 (1:0)	VfB Stuttgart – Eintracht Frankfurt	Mi., 23.08.1989	05
13.000	2:0 (2:0)	VfL Bochum – VfB Stuttgart	Sa., 26.08.1989	06
13.500	4:2 (2:0)	Fortuna Düsseldorf – VfB Stuttgart	Sa., 02.09.1989	07
16.300	1:0 (1:0)	VfB Stuttgart – Bayer 05 Uerdingen	Sa., 09.09.1989	08
18.917	1:2 (0:1)	1. FC Kaiserslautern – VfB Stuttgart	Sa., 16.09.1989	09
68.000	2:1 (1:0)	VfB Stuttgart – Bayern München	Mi., 20.09.1989	10
12.000	1:1 (1:0)	Bayer Leverkusen – VfB Stuttgart	Sa., 30.09.1989	11
19.000	4:0 (2:0)	VfB Stuttgart – FC St. Pauli	Sa., 07.10.1989	12
18.854	6:1 (2:1)	Werder Bremen – VfB Stuttgart	Fr., 13.10.1989	13
25.000	3:1 (1:1)	VfB Stuttgart – Borussia Dortmund	Sa., 21.10.1989	14
37.000	0:2 (0:1)	1. FC Nürnberg – VfB Stuttgart	Sa., 28.10.1989	15
28.000	4:0 (1:0)	VfB Stuttgart – Borussia Mönchengladbach	Sa., 04.11.1989	16
10.000	4:2 (1:0)	FC 08 Homburg – VfB Stuttgart	Sa., 18.11.1989	17
25.000	1:0 (1:0)	Karlsruher SC – VfB Stuttgart	Sa., 25.11.1989	18
33.200	3:1 (1:0)	VfB Stuttgart – 1. FC Köln	Sa., 02.12.1989	19
10.235	2:1 (1:1)	Waldhof Mannheim – VfB Stuttgart	Sa., 09.12.1989	20

Trikot und Sponsor

Im Fokus

A **14. Spieltag, 21.10.1989**
Der Schatten von Jürgen Klinsmann ist einfach zu übermächtig. Der von den Stuttgarter Kickers zum VfB gewechselte Demir Hotic erzielt in elf Partien drei Tore – eines davon beim 3:1 gegen Dortmund. Ende November wechselt er zum 1. FC Kaiserslautern.

B **15. Spieltag, 28.10.1989**
Beim 2:0 in Nürnberg gelingt dem VfB der dritte Auswärtssieg. Bis Saisonende bleibt das Team anschließend in der Ferne sieglos. Mit nur 7:27 Punkten belegt der VfB in der Auswärtstabelle Platz 17. In der Heimbilanz reicht es mit 29:5 Zählern dagegen zum zweiten Rang.

C **26. Spieltag, 24.03.1990**
Nach der 0:1-Heimniederlage gegen den 1. FC Kaiserslautern ist der UEFA-Cup-Platz in Gefahr – und der VfB handelt. Trainer Arie Haan muss zwei Tage später gehen und wird durch Willi Entenmann ersetzt.

DFB-Pokal

Samstag, 19.08.1989
1. Runde
VfL Wolfsburg – VfB Stuttgart
1:3 (0:3)

Freitag, 23.09.1989
2. Runde
FC Gütersloh – VfB Stuttgart
0:2 (0:0, 0:0) n.V.

Donnerstag, 09.11.1989
Achtelfinale
VfB Stuttgart – Bayern München
3:0 (1:0)

UEFA-Cup

Mittwoch, 13.09.1989
1. Runde, Hinspiel
VfB Stuttgart – Feyenoord Rotterdam
2:0 (1:0)

Mittwoch, 27.09.1989
1. Runde, Rückspiel
Feyenoord Rotterdam – VfB Stuttgart
2:1 (1:0)

Mittwoch, 18.10.1989
2. Runde, Hinspiel
Zenit Leningrad – VfB Stuttgart
0:1 (0:0)

Mittwoch, 01.11.1989
2. Runde, Rückspiel
VfB Stuttgart – Zenit Leningrad
5:0 (4:0)

Mittwoch, 22.11.1989
Achtelfinale, Hinspiel
FC Antwerpen – VfB Stuttgart
1:0 (1:0)

Mittwoch, 06.12.1989
Achtelfinale, Rückspiel
VfB Stuttgart – FC Antwerpen
1:1 (0:0)

Saison 1989/1990

Abschlusstabelle

Platz	Verein	Spiele	g.	u.	v.	Tore	Diff.	Punkte
1	Bayern München	34	19	11	4	64:28	36	49:19
2	1. FC Köln	34	17	9	8	54:44	10	43:25
3	Eintracht Frankfurt	34	15	11	8	61:40	21	41:27
4	Borussia Dortmund	34	15	11	8	51:35	16	41:27
5	Bayer Leverkusen	34	12	15	7	40:32	8	39:29
6	**VfB Stuttgart**	**34**	**15**	**6**	**13**	**53:47**	**6**	**36:32**
7	Werder Bremen	34	10	14	10	49:41	8	34:34
8	1. FC Nürnberg	34	11	11	12	42:46	-4	33:35
9	Fortuna Düsseldorf	34	10	12	12	41:41	0	32:36
10	Karlsruher SC	34	10	12	12	32:39	-7	32:36
11	Hamburger SV	34	13	5	16	39:46	-7	31:37
12	1. FC Kaiserslautern	34	10	11	13	42:55	-13	31:37
13	FC St. Pauli	34	9	13	12	31:46	-15	31:37
14	Bayer 05 Uerdingen	34	10	10	14	41:48	-7	30:38
15	Borussia Mönchengladbach	34	11	8	15	37:45	-8	30:38
16	VfL Bochum	34	11	7	16	44:53	-9	29:39
17	Waldhof Mannheim	34	10	6	18	36:53	-17	26:42
18	FC 08 Homburg	34	8	8	18	33:51	-18	24:44

Eingesetzte Spieler

Position	Name	Nat.	Geb.datum	Einsätze	Tore
Torhüter	Eike Immel	D	27.11.1960	27	–
	Eberhard Trautner	D	07.02.1967	7	–
Abwehr	Guido Buchwald	D	24.01.1961	28	5
	Michael Frontzeck	D	26.03.1964	31	4
	Marco Kurz	D	16.05.1969	1	–
	Günther Schäfer	D	09.06.1962	22	–
	Nils Schmäler	D	10.11.1969	24	1
	Manfred Schnalke	D	09.03.1965	6	1
	Alexander Strehmel	D	20.03.1968	27	–
Mittelfeld	José Horacio Basualdo	ARG	20.06.1963	28	2
	Maurizio Gaudino	D	12.12.1966	27	4
	Jürgen Hartmann	D	27.10.1962	31	2
	Axel Jüptner	D	26.04.1969	15	–
	Gerhard Poschner	D	23.09.1969	14	–
	Asgeir Sigurvinsson	ISL	08.05.1955	23	1
	Karl Allgöwer	D	05.01.1957	32	4
Angriff	Demir Hotic	YUG	09.07.1962	11	3
	Manfred Kastl	D	23.09.1965	18	4
	Peter Rasmussen	DEN	16.05.1967	13	1
	Olaf Schmäler	D	10.11.1069	14	5
	Eyjolfur Sverrisson	ISL	03.08.1968	3	1
	Fritz Walter	D	21.07.1960	31	13

				Amtzeit
Trainer	Arie Haan	NED	16.11.1948	01.07.1987 – 26.03.1990
	Willi Entenmann	D	25.09.1943	26.03.1990 – 19.11.1990

Spieltag	22	23	24	25	26	27	28	29	30	31	32	33	34
Datum	Sa, 24.02.1990	Sa, 03.03.1990	Sa, 10.03.1990	Sa, 17.03.1990	Sa, 24.03.1990	Sa, 31.03.1990	Sa, 07.04.1990	Do, 12.04.1990	Sa, 21.04.1990	Sa, 28.04.1990	Di, 01.05.1990	Sa, 05.05.1990	Sa, 12.05.1990
Spiel	Eintracht Frankfurt – VfB Stuttgart	VfB Stuttgart – VfL Bochum	VfB Stuttgart – Fortuna Düsseldorf	Bayer 05 Uerdingen – VfB Stuttgart	VfB Stuttgart – 1. FC Kaiserslautern	Bayern München – VfB Stuttgart	VfB Stuttgart – Bayer Leverkusen	FC St. Pauli – VfB Stuttgart	VfB Stuttgart – Werder Bremen	Borussia Dortmund – VfB Stuttgart	VfB Stuttgart – 1. FC Nürnberg	Borussia Mönchengladbach – VfB Stuttgart	VfB Stuttgart – FC 08 Homburg
Ergebnis	5:1 (1:0)	1:0 (0:0)	4:0 (3:0)	4:1 (1:0)	0:1 (0:1)	3:1 (1:1)	0:0	0:0	3:1 (2:0)	2:0 (2:0)	4:0 (0:0)	3:1 (1:0)	2:2 (0:1)
Zuschauer	35.500	14.000	16.500	7.000	19.000	47.000	21.000	20.551	24.700	47.293	16.000	25.500	14.200

Platz 6

D 32. Spieltag, 01.05.1990
Eyjolfur Sverrisson ist in der Winterpause vom UMF Tindastoll zum VfB gewechselt. Beim 4:0 gegen den 1. FC Nürnberg wird der Isländer das erste Mal eingesetzt – und erzielt gleich sein erstes Tor.

E 34. Spieltag, 12.05.1990
„Eismeer-Zico" wird er genannt, der Abschied nach 194 Spielen und 38 Toren ist jedoch glanzlos. Beim letzten Auftritt von Asgeir Sigurvinsson in Stuttgart muss sich der VfB gegen Absteiger FC Homburg mit einem 2:2 zufriedengeben.

Dienstag, 12.12.1989
Viertelfinale
Werder Bremen – VfB Stuttgart
3:0 (3:0)

Bundesliga

Trikot und Sponsor

Spieltag	Paarung	Ergebnis	Zuschauer
Mi., 08.08.1990	Borussia Dortmund – VfB Stuttgart	0:3 (0:2)	41.034
Fr., 17.08.1990	VfB Stuttgart – Hertha BSC	4:0 (0:0)	37.000
Sa., 25.08.1990	Bayern München – VfB Stuttgart	2:1 (1:1)	73.153
Sa., 01.09.1990	VfB Stuttgart – 1. FC Nürnberg	2:1 (1:0)	34.000
Fr., 07.09.1990	Bayer 05 Uerdingen – VfB Stuttgart	2:0 (0:0)	9.200
Sa., 15.09.1990	VfB Stuttgart – Bayer Leverkusen	0:2 (0:1)	27.000
Sa., 22.09.1990	FC St. Pauli – VfB Stuttgart	2:2 (2:0)	14.900
Sa., 29.09.1990	VfB Stuttgart – SG Wattenscheid 09	1:4 (1:0)	19.500
Sa., 06.10.1990	VfB Stuttgart – Karlsruher SC	2:2 (1:2)	22.600
Sa., 13.10.1990	1. FC Kaiserslautern – VfB Stuttgart	2:0 (1:0)	32.670
Sa., 20.10.1990	VfB Stuttgart – Fortuna Düsseldorf	1:1 (0:0)	17.400
Fr., 26.10.1990	VfL Bochum – VfB Stuttgart	1:1 (0:0)	17.501
Sa., 10.11.1990	VfB Stuttgart – Werder Bremen	0:1 (0:1)	24.000
Sa., 17.11.1990	Borussia Mönchengladbach – VfB Stuttgart	2:0 (1:0)	12.900
Sa., 24.11.1990	VfB Stuttgart – 1. FC Köln	3:2 (0:1)	35.000
Sa., 08.12.1990	Hamburger SV – VfB Stuttgart	2:0 (0:0)	14.600
So., 16.12.1990	VfB Stuttgart – Eintracht Frankfurt	2:1 (0:0)	19.000
Sa., 23.02.1991	VfB Stuttgart – Borussia Dortmund	7:0 (4:0)	22.000
Sa., 02.03.1991	Hertha BSC – VfB Stuttgart	0:2 (0:1)	13.273
Sa., 09.03.1991	VfB Stuttgart – Bayern München	0:3 (0:1)	68.000

Im Fokus

A 2. Spieltag, 17.08.1990
Mit Guido Buchwald hat der VfB erstmals in der Vereinsgeschichte einen deutschen Weltmeister im Kader. Im ersten Heimspiel nach dem Titelgewinn wird der Verteidiger beim 4:0 gegen Hertha BSC Berlin gefeiert – und er erzielt sogar das Tor zum 2:0.

B 14. Spieltag, 17.11.1990
Die 0:2-Niederlage bei Borussia Mönchengladbach bringt das Fass endgültig zum Überlaufen. Nach zehn sieglosen Partien bittet Willi Entenmann um die Auflösung seines Trainervertrags. Nachfolger wird am 20. November Christoph Daum.

C 15. Spieltag, 24.11.1990
Der erste Gegner unter Christoph Daum heißt ausgerechnet 1. FC Köln. Dort ist der neue VfB Coach im Sommer 1990 entlassen worden. Durch Tore von Ludwig Kögl (53.), Matthias Sammer (55.) und Andreas Buck (69.) macht der VfB aus einem 0:2 noch einen 3:2-Sieg.

DFB-Pokal

Samstag, 04.08.1990
1. Runde
Eintracht Trier – VfB Stuttgart
0:1 (0:0)

Samstag, 03.11.1990
2. Runde
Karlsruher SC – VfB Stuttgart
0:2 (0:1)

Freitag, 30.11.1990
Achtelfinale
SC Preußen Münster – VfB Stuttgart
0:1 (0:0)

Saison 1990/1991

Abschlusstabelle

Platz	Verein	Spiele	g.	u.	v.	Tore	Diff.	Punkte
1	1. FC Kaiserslautern	34	19	10	5	72:45	27	48:20
2	Bayern München	34	18	9	7	74:41	33	45:23
3	Werder Bremen	34	14	14	6	46:29	17	42:26
4	Eintracht Frankfurt	34	15	10	9	63:40	23	40:28
5	Hamburger SV	34	16	8	10	60:38	22	40:28
6	**VfB Stuttgart**	34	14	10	10	57:44	13	38:30
7	1. FC Köln	34	13	11	10	50:43	7	37:31
8	Bayer Leverkusen	34	11	13	10	47:46	1	35:33
9	Borussia Mönchengladbach	34	9	17	8	49:54	−5	35:33
10	Borussia Dortmund	34	10	14	10	46:57	−11	34:34
11	SG Wattenscheid 09	34	9	15	10	42:51	−9	33:35
12	Fortuna Düsseldorf	34	11	10	13	40:49	−9	32:36
13	Karlsruher SC	34	8	15	11	46:52	−6	31:37
14	VfL Bochum	34	9	11	14	50:52	−2	29:39
15	1. FC Nürnberg	34	10	9	15	40:54	−14	29:39
16	FC St. Pauli	34	6	15	13	33:53	−20	27:41
17	Bayer 05 Uerdingen	34	5	13	16	34:54	−20	23:45
18	Hertha BSC	34	3	8	23	37:84	−47	14:54

Eingesetzte Spieler

Position	Name	Nat.	Geb.datum	Einsätze	Tore
Torhüter	Eike Immel	D	27.11.1960	34	–
Abwehr	Guido Buchwald	D	24.01.1961	21	3
Abwehr	Michael Frontzeck	D	26.03.1964	32	5
Abwehr	Jens Keller	D	24.11.1970	1	–
Abwehr	Günther Schäfer	D	09.06.1962	22	–
Abwehr	Nils Schmäler	D	10.11.1969	16	1
Abwehr	Manfred Schnalke	D	09.03.1965	13	–
Abwehr	Uwe Schneider	D	28.08.1971	14	–
Abwehr	Alexander Strehmel	D	20.03.1968	16	1
Mittelfeld	José Horacio Basualdo	ARG	20.06.1963	16	–
Mittelfeld	Andreas Buck	D	29.12.1967	21	1
Mittelfeld	Maurizio Gaudino	D	12.12.1966	18	2
Mittelfeld	Jürgen Hartmann	D	27.10.1962	33	1
Mittelfeld	Axel Jüptner	D	26.04.1969	8	–
Mittelfeld	Jürgen Kramny	D	18.10.1971	4	–
Mittelfeld	Matthias Sammer	D	05.09.1967	30	11
Angriff	Karl Allgöwer	D	05.01.1957	32	8
Angriff	Manfred Kastl	D	23.09.1965	17	2
Angriff	Ludwig Kögl	D	07.03.1966	22	3
Angriff	Peter Rasmussen	DEN	16.05.1967	3	–
Angriff	Olaf Schmäler	D	10.11.1969	5	–
Angriff	Eyjolfur Sverrisson	ISL	03.08.1968	20	5
Angriff	Fritz Walter	D	21.07.1960	26	12

				Amtszeit
Trainer	Willi Entenmann	D	25.09.1943	26.03.1990 – 19.11.1990
Trainer	Christoph Daum	D	24.10.1953	20.11.1990 – 10.12.1993

Spieltage 22–34

Nr.	Datum	Spiel	Ergebnis	Zuschauer
22	Fr., 22.03.1991	VfB Stuttgart – Bayer 05 Uerdingen	3:1 (1:0)	15.000
23	Di., 02.04.1991	Bayer Leverkusen – VfB Stuttgart	0:0	11.000
24	Sa., 06.04.1991	VfB Stuttgart – FC St. Pauli	2:1 (0:0)	19.000
25	Fr., 12.04.1991	SG Wattenscheid 09 – VfB Stuttgart	2:2 (2:2)	5.945
26	Di., 16.04.1991	Karlsruher SC – VfB Stuttgart	0:0	26.000
27	Sa., 20.04.1991	VfB Stuttgart – 1. FC Kaiserslautern	2:2 (1:2)	43.000
28	Sa., 04.05.1991	Fortuna Düsseldorf – VfB Stuttgart	0:4 (0:3)	18.000
29	Fr., 10.05.1991	VfB Stuttgart – VfL Bochum	2:2 (0:0)	15.000
30	Fr., 17.05.1991	Werder Bremen – VfB Stuttgart	0:1 (0:1)	17.023
31	Sa., 25.05.1991	VfB Stuttgart – Borussia Mönchengladbach	1:1 (1:1)	32.000
32	Sa., 01.06.1991	1. FC Köln – VfB Stuttgart	1:6 (0:2)	20.000
33	Sa., 08.06.1991	VfB Stuttgart – Hamburger SV	2:0 (1:0)	41.500
34	Sa., 15.06.1991	Eintracht Frankfurt – VfB Stuttgart	4:0 (3:0)	39.800

Platz 6: Qualifikation für den UEFA-Cup

D 21. Spieltag, 16.03.1991
Beim 1:0-Sieg des VfB in Nürnberg unterläuft Vlado Kasalo ein Eigentor (75.). Der Jugoslawe wird wenig später beim Club entlassen. Er soll mit dem Eigentor das Ergebnis manipuliert und dadurch Spielschulden bei der Mafia beglichen haben.

E 32. Spieltag, 01.06.1991
Zum letzten Mal nimmt Karl Allgöwer Maß. Beim 6:1-Kantersieg in Köln erzielt er sein letztes von insgesamt 129 Bundesliga-Toren für den VfB. Nach 338 Spielen beendet er seine aktive Karriere.

Samstag, 30.03.1991
Viertelfinale
1. FC Köln – VfB Stuttgart
1:0 (0:0, 0:0) n.V.

Bundesliga

Spieltag	Paarung	Ergebnis	Zuschauer
Fr., 02.08.1991	MSV Duisburg – VfB Stuttgart	1:0 (1:0)	22.600
Sa., 10.08.1991	VfB Stuttgart – Karlsruher SC	1:0 (0:0)	30.000
Mi., 14.08.1991	Werder Bremen – VfB Stuttgart	1:1 (0:0)	18.500
Mi., 21.08.1991	VfB Stuttgart – Hansa Rostock	3:0 (1:0)	51.000
Sa., 24.08.1991	Fortuna Düsseldorf – VfB Stuttgart	0:3 (0:1)	9.000
Di., 27.08.1991	VfB Stuttgart – FC Schalke 04	1:0 (1:0)	45.000
Sa., 31.08.1991	Dynamo Dresden – VfB Stuttgart	1:0 (1:0)	17.000
Sa., 07.09.1991	VfB Stuttgart – VfL Bochum	4:1 (3:1)	17.500
Sa., 14.09.1991	1. FC Köln – VfB Stuttgart	1:1 (1:1)	19.000
Sa., 21.09.1991	VfB Stuttgart – 1. FC Kaiserslautern	4:1 (2:1)	35.000
Sa., 28.09.1991	Hamburger SV – VfB Stuttgart	1:1 (1:1)	26.000
Sa., 05.10.1991	VfB Stuttgart – Eintracht Frankfurt	1:2 (1:0)	48.500
Fr., 11.10.1991	1. FC Nürnberg – VfB Stuttgart	4:3 (2:1)	46.000
Sa., 19.10.1991	VfB Stuttgart – Bayern München	3:2 (2:1)	62.300
Sa., 26.10.1991	Borussia Dortmund – VfB Stuttgart	0:0	45.371
Sa., 02.11.1991	VfB Stuttgart – Stuttgarter Kickers	3:1 (1:1)	40.200
Sa., 09.11.1991	SG Wattenscheid 09 – VfB Stuttgart	0:1 (0:1)	19.000
Fr., 15.11.1991	VfB Stuttgart – Borussia Mönchengladbach	1:3 (0:3)	3.200
Sa., 23.11.1991	VfB Stuttgart – Bayer Leverkusen	2:0 (0:0)	21.000
Sa., 30.11.1991	VfB Stuttgart – MSV Duisburg	2:0 (1:0)	17.000
Sa., 07.11.1991	Karlsruher SC – VfB Stuttgart	0:0	18.000
Sa., 14.12.1991	VfB Stuttgart – Werder Bremen	1:1 (0:0)	18.000
Sa., 08.02.1992	Hansa Rostock – VfB Stuttgart	2:0 (1:0)	10.000

Trikot und Sponsor

Im Fokus

A
8. Spieltag, 07.09.1991
Beim 4:1 gegen den VfL Bochum erzielt Fritz Walter drei Treffer. Bis zum Saisonende ist auf den Angreifer Verlass. Insgesamt trifft er 22 Mal ins Schwarze und wird damit auch Bundesliga-Torschützenkönig.

B
10. Spieltag, 21.09.1991
Nach dem 4:1-Heimsieg gegen den Titelverteidiger 1. FC Kaiserslautern übernimmt der VfB erstmals in dieser Saison die Tabellenführung. Zum dritten Mal steht Stuttgart am 38. Spieltag auf Platz eins – und feiert den vierten deutschen Meistertitel.

C
33. Spieltag, 18.04.1992
Zum zweiten Mal in dieser Saison muss Günther Schäfer vom Platz. Beim 0:1 gegen den FC Bayern München sieht der VfB-Verteidiger fünf Minuten vor Schluss nach einer Notbremse Rot. Zuvor ist er beim 1:1 in Hamburg vom Platz geflogen.

DFB-Pokal

Freitag, 16.08.1991
2. Runde
Werder Bremen (A) – VfB Stuttgart
1:5 (1:2)

Mittwoch, 04.09.1991
3. Runde
VfL Wolfsburg – VfB Stuttgart
1:3 (0:1)

Mittwoch, 25.09.1991
Achtelfinale
Freiburger FC – VfB Stuttgart
1:6 (1:4)

UEFA-Cup

Mittwoch, 18.09.1991
1. Runde, Hinspiel
VfB Stuttgart – MSC Pésc
4:1 (4:0)

Mittwoch, 02.10.1991
1. Runde, Rückspiel
MSC Pésc – VfB Stuttgart
2:2 (1:0)

Mittwoch, 23.10.1991
2. Runde, Hinspiel
CA Osasuna – VfB Stuttgart
0:0

Mittwoch, 06.11.1991
2. Runde, Rückspiel
VfB Stuttgart – CA Osasuna
2:3 (0:2)

Saison 1991/1992

Abschlusstabelle

Platz	Verein	Spiele	g.	u.	v.	Tore	Diff.	Punkte
1	**VfB Stuttgart**	38	21	10	7	62:32	30	52:24
2	Borussia Dortmund	38	20	12	6	66:47	19	52:24
3	Eintracht Frankfurt	38	18	14	6	76:41	35	50:26
4	1. FC Köln	38	13	18	7	58:41	17	44:32
5	1. FC Kaiserslautern	38	17	10	11	58:42	16	44:32
6	Bayer Leverkusen	38	15	13	10	53:39	14	43:33
7	1. FC Nürnberg	38	18	7	13	54:51	3	43:33
8	Karlsruher SC	38	16	9	13	48:50	–2	41:35
9	Werder Bremen	38	11	16	11	44:45	–1	38:38
10	Bayern München	38	13	10	15	59:61	–2	36:40
11	FC Schalke 04	38	11	12	15	45:45	0	34:42
12	Hamburger SV	38	9	16	13	32:43	–11	34:42
13	Borussia Mönchengladbach	38	10	14	14	37:49	–12	34:42
14	Dynamo Dresden	38	12	10	16	34:50	–16	34:42
15	VfL Bochum	38	10	13	15	38:55	–17	33:43
16	SG Wattenscheid 09	38	9	14	15	50:60	–10	32:44
17	Stuttgarter Kickers	38	10	11	17	53:64	–11	31:45
18	Hansa Rostock	38	10	11	17	43:55	–12	31:45
19	MSV Duisburg	38	7	16	15	43:55	–12	30:46
20	Fortuna Düsseldorf	38	6	12	20	41:69	–28	24:52

Eingesetzte Spieler

Position	Name	Nat.	Geb.datum	Einsätze	Tore
Torhüter	Eike Immel	D	27.11.1960	38	–
Abwehr	Guido Buchwald	D	24.01.1961	37	5
Abwehr	Slobodan Dubajic	YUG	19.02.1963	38	2
Abwehr	Michael Frontzeck	D	26.03.1964	38	5
Abwehr	Günther Schäfer	D	09.06.1962	28	1
Abwehr	Nils Schmäler	D	10.11.1969	6	–
Abwehr	Thomas Schneider	D	24.11.1972	2	–
Abwehr	Uwe Schneider	D	28.08.1971	33	–
Abwehr	Alexander Strehmel	D	20.03.1968	25	–
Mittelfeld	Andreas Buck	D	29.12.1967	30	1
Mittelfeld	Maurizio Gaudino	D	12.12.1966	38	8
Mittelfeld	Marc Kienle	D	22.10.1972	10	–
Mittelfeld	Jürgen Kramny	D	18.10.1971	10	–
Mittelfeld	Michael Mayer	D	17.10.1970	1	–
Mittelfeld	Matthias Sammer	D	05.09.1967	33	9
Angriff	Manfred Kastl	D	23.09.1965	24	2
Angriff	Ludwig Kögl	D	07.03.1966	16	1
Angriff	Eyjolfur Sverrisson	ISL	03.08.1968	31	3
Angriff	Fritz Walter	D	21.07.1960	38	22

				Amtszeit
Trainer	Christoph Daum	D	24.10.1953	20.11.1990–10.12.1993

Spieltage

Spieltag	Datum	Begegnung	Ergebnis	Zuschauer
24	Sa., 15.02.1992	VfB Stuttgart – Fortuna Düsseldorf	3:1 (1:0)	15.000
25	Sa., 22.02.1992	FC Schalke 04 – VfB Stuttgart	0:1 (0:0)	40.300
26	Sa., 29.02.1992	VfB Stuttgart – Dynamo Dresden	1:1 (1:0)	22.000
27	Sa., 07.03.1992	VfL Bochum – VfB Stuttgart	0:2 (0:0)	13.000
28	Sa., 14.03.1992	VfB Stuttgart – 1. FC Köln	1:0 (1:0)	26.500
29	Sa., 21.03.1992	1. FC Kaiserslautern – VfB Stuttgart	0:0	38.500
30	Sa., 28.03.1992	VfB Stuttgart – Hamburger SV	3:2 (1:1)	25.000
31	Sa., 04.04.1992	Eintracht Frankfurt – VfB Stuttgart	1:1 (0:1)	47.000
32	Sa., 11.04.1992	VfB Stuttgart – 1. FC Nürnberg	2:0 (2:0)	44.000
33	Sa., 18.04.1992	Bayern München – VfB Stuttgart	1:0 (1:0)	65.000
34	Sa., 25.04.1992	VfB Stuttgart – Borussia Dortmund	4:2 (2:1)	68.000
35	Sa., 02.05.1992	Stuttgarter Kickers – VfB Stuttgart	1:3 (0:0)	36.500
36	Sa., 02.05.1992	Borussia Mönchengladbach – VfB Stuttgart	0:1 (0:1)	22.000
37	Sa., 09.05.1992	VfB Stuttgart – SG Wattenscheid 09	1:1 (1:1)	33.500
38	Sa., 16.05.1992	Bayer Leverkusen – VfB Stuttgart	1:2 (1:1)	25.500

Meister: Qualifikation für den Europapokal der Landesmeister

35. Spieltag, 02.05.1992
Auf dem Weg zum Titel wäre der VfB fast über die Stuttgarter Kickers gestolpert. Die „Blauen" führen bis zur 77. Minute, ehe der VfB die Partie – angetrieben von Matthias Sammer – dreht. Die Tore zum 3:1 erzielen Fritz Walter (2) und Michael Frontzeck.

38. Spieltag, 16.05.1992
In der 86. Minute erzielt Guido Buchwald per Kopf das Tor zur Meisterschaft. Zu diesem Zeitpunkt ist der VfB nur noch mit zehn Mann auf dem Platz. Matthias Sammer hat in der 77. Minute die Rote Karte gesehen.

Mittwoch, 30.10.1991
Viertelfinale
Bayer Leverkusen – VfB Stuttgart
1:0 (0:0, 0:0) n.V.

Bundesliga

Spieltag	Paarung	Ergebnis	Zuschauer
01 Sa., 15.08.1992	Hamburger SV – VfB Stuttgart	1:1 (0:0)	32.500
02 Sa., 22.08.1992	VfB Stuttgart – 1. FC Nürnberg	3:0 (2:0)	32.000
03 Di., 25.08.1992	Bayer Leverkusen – VfB Stuttgart	4:0 (2:0)	14.700
04 Sa., 29.08.1992	VfB Stuttgart – Karlsruher SC	2:1 (0:0)	26.000
05 Mi., 02.09.1992	VfL Bochum – VfB Stuttgart	0:0	15.000
06 Sa., 05.09.1992	VfB Stuttgart – FC Schalke 04	1:0 (0:0)	26.000
07 Sa., 19.09.1992	Bayer 05 Uerdingen – VfB Stuttgart	3:3 (0:2)	8.500
08 Sa., 26.09.1992	VfB Stuttgart – 1. FC Kaiserslautern	3:1 (0:0)	32.000
09 So., 04.10.1992	Eintracht Frankfurt – VfB Stuttgart	4:0 (1:0)	28.000
10 Sa., 17.10.1992	VfB Stuttgart – Dynamo Dresden	4:0 (1:0)	19.000
11 Sa., 24.10.1992	1. FC Köln – VfB Stuttgart	3:1 (2:0)	25.000
12 Sa., 31.10.1992	VfB Stuttgart – Bayern München	2:3 (0:0)	55.000
13 Sa., 14.11.1992	SG Wattenscheid 09 – VfB Stuttgart	0:0	6.000
14 Sa., 21.11.1992	VfB Stuttgart – Borussia Dortmund	1:0 (0:0)	28.000
15 Sa., 28.11.1992	Borussia Mönchengladbach – VfB Stuttgart	1:1 (0:0)	15.000
16 Sa., 05.12.1992	VfB Stuttgart – 1. FC Saarbrücken	2:2 (2:1)	18.600
17 Sa., 12.12.1992	Werder Bremen – VfB Stuttgart	1:1 (1:0)	18.921
18 Sa., 20.02.1993	VfB Stuttgart – Hamburger SV	1:1 (1:1)	16.000
19 Sa., 27.02.1993	1. FC Nürnberg – VfB Stuttgart	3:2 (0:2)	29.300
20 Sa., 06.03.1993	VfB Stuttgart – Bayer Leverkusen	0:3 (0:2)	18.700

Trikot und Sponsor

Südmilch

Supercup

Dienstag, 11.08.1992
Hannover 96 – VfB Stuttgart 1:3 (1:2)

Im Fokus

A 2. Spieltag, 22.08.1992
Im ersten Heimspiel der Saison hat der VfB beim 3:0 gegen den 1. FC Nürnberg einen neuen Glücksbringer: Maskottchen Fritzle, ein Alligator mit der Rückennummer 92, wird zum 100-Jahre-Jubiläum ins Leben gerufen.

B 9. Spieltag, 04.10.1992
Vier Tage nach dem mit 1:4 bei Leeds United verlorenen Europapokal-Rückspiel unterliegt der völlig verunsicherte VfB bei Eintracht Frankfurt sang- und klanglos mit 0:4.

C 24. Spieltag, 03.04.1993
Wenige Stunden vor den offiziellen Feierlichkeiten zum 100-Jahre-Jubiläum kassiert der VfB beim 1:2 gegen das damalige Schlusslicht Bayer Uerdingen eine schmerzhafte Heimniederlage.

DFB-Pokal

Mittwoch, 19.08.1992
1. Runde
Sportfreunde Siegen – VfB Stuttgart
0:6 (0:4)

Freitag, 12.09.1992
2. Runde
Hansa Rostock – VfB Stuttgart
2:0 (0:0, 0:0) n.V.

Europapokal der Landesmeister

Mittwoch, 16.09.1992
1. Runde, Hinspiel
VfB Stuttgart – Leeds United
3:0 (0:0)

Mittwoch, 30.09.1992
1. Runde, Rückspiel
Leeds United – VfB Stuttgart
4:1 (2:1), Wertung 3:0

Freitag, 09.10.1992
1. Runde, Entscheidungsspiel
Leeds United – VfB Stuttgart
2:1 (1:1)

Saison 1992/1993

Abschlusstabelle

Platz	Verein	Spiele	g.	u.	v.	Tore	Diff.	Punkte
1	Werder Bremen	34	19	10	5	63:30	33	48:20
2	Bayern München	34	18	11	5	74:45	29	47:21
3	Eintracht Frankfurt	34	15	12	7	56:39	17	42:26
4	Borussia Dortmund	34	18	5	11	61:43	18	41:27
5	Bayer Leverkusen	34	14	12	8	64:45	19	40:28
6	Karlsruher SC	34	14	11	9	60:54	6	39:29
7	VfB Stuttgart	34	12	12	10	56:50	6	36:32
8	1. FC Kaiserslautern	34	13	9	12	50:40	10	35:33
9	Borussia Mönchengladbach	34	13	9	12	59:59	0	35:33
10	FC Schalke 04	34	11	12	11	42:43	−1	34:34
11	Hamburger SV	34	8	15	11	42:44	−2	31:37
12	1. FC Köln	34	12	4	18	41:51	−10	28:40
13	1. FC Nürnberg	34	10	8	16	30:47	−17	28:40
14	SG Wattenscheid 09	34	10	8	16	46:67	−21	28:40
15	Dynamo Dresden	34	7	13	14	32:49	−17	27:41
16	VfL Bochum	34	8	10	16	45:52	−7	26:42
17	Bayer 05 Uerdingen	34	7	10	17	35:64	−29	24:44
18	1. FC Saarbrücken	34	5	13	16	37:71	−34	23:45

Eingesetzte Spieler

Position	Name	Nat.	Geb.datum	Einsätze	Tore
Torhüter	Eike Immel	D	27.11.1960	30	–
	Eberhard Trautner	D	07.02.1967	5	–
Abwehr	Guido Buchwald	D	24.01.1961	33	1
	Slobodan Dubajic	YUG	19.02.1963	32	4
	Michael Frontzeck	D	26.03.1964	32	1
	Günther Schäfer	D	09.06.1962	24	1
	Uwe Schneider	D	28.08.1971	15	–
	Alexander Strehmel	D	20.03.1968	20	2
Mittelfeld	Andreas Buck	D	29.12.1967	31	1
	Maurizio Gaudino	D	12.12.1966	28	6
	André Golke	D	15.08.1964	25	1
	Marc Kienle	D	22.10.1972	6	3
	Thomas Strunz	D	25.04.1968	32	5
Angriff	Adrian Knup	SUI	02.07.1968	26	10
	Ludwig Kögl	D	07.03.1966	30	1
	Eyjolfur Sverrisson	ISL	03.08.1968	32	7
	Fritz Walter	D	21.07.1960	28	13
	Marcus Ziegler	D	10.08.1973	1	–

				Amtszeit
Trainer	Christoph Daum	D	24.10.1953	20.11.1990–10.12.1993

Spieltage 22–34

	22	23	24	25	26	27	28	29	30	31	32	33	34
Zuschauer	19.000	30.200	13.000	34.698	32.000	14.600	23.000	56.000	17.000	42.800	46.000	15.000	52.000
Ergebnis	4:1 (2:0)	1:0 (1:0)	1:2 (1:1)	0:0	2:2 (1:1)	0:0	2:0 (0:0)	5:3 (2:2)	4:1 (0:0)	0:4 (0:2)	3:2 (2:1)	1:4 (0:1)	0:3 (0:0)
Spiel	VfB Stuttgart – VfL Bochum	FC Schalke 04 – VfB Stuttgart	VfB Stuttgart – Bayer 05 Uerdingen	1. FC Kaiserslautern – VfB Stuttgart	VfB Stuttgart – Eintracht Frankfurt	Dynamo Dresden – VfB Stuttgart	VfB Stuttgart – 1. FC Köln	Bayern München – VfB Stuttgart	VfB Stuttgart – SG Wattenscheid 09	Borussia Dortmund – VfB Stuttgart	VfB Stuttgart – Borussia Mönchengladbach	1. FC Saarbrücken – VfB Stuttgart	VfB Stuttgart – Werder Bremen
Datum	Sa., 20.03.1993	Sa., 27.03.1993	Sa., 03.04.1993	Do., 08.04.1993	Sa., 17.04.1993	Sa., 24.04.1993	Di., 27.04.1993	Fr., 30.04.1993	Sa., 08.05.1993	Fr., 14.05.1993	Sa., 22.05.1993	Sa., 29.05.1993	Sa., 05.06.1993

D 29. Spieltag, 30.04.1993
Verrückter Süd-Gipfel: Zweimal holt der VfB beim FC Bayern München durch Eyjolfur Sverrisson (7.) und Maurizio Gaudino (37.) einen Rückstand auf. Doch dann ziehen die Bayern auf 5:2 davon. Das dritte VfB Tor durch Thomas Strunz (63.) ist zu wenig.

E 34. Spieltag, 05.06.1993
Auch nach dieser Saison ist die Meisterschale in Stuttgart – allerdings wird sie nicht dem VfB, sondern Werder Bremen überreicht. Die Hanseaten machen mit dem 3:0-Erfolg im Daimler-Stadion den Titelgewinn perfekt.

Bundesliga

Trikot und Sponsor

Spieltag	Paarung	Ergebnis	Zuschauer
01 So., 08.08.1993	Werder Bremen – VfB Stuttgart	5:1 (2:0)	24.600
02 Sa., 11.09.1993	VfB Stuttgart – VfB Leipzig	0:0	17.500
03 Sa., 21.08.1993	MSV Duisburg – VfB Stuttgart	2:2 (2:1)	19.000
04 So., 29.08.1993	VfB Stuttgart – Bayern München	2:2 (1:2)	53.700
05 Mi., 01.09.1993	SG Wattenscheid 09 – VfB Stuttgart	2:4 (1:0)	6.000
06 Sa., 04.09.1993	VfB Stuttgart – Borussia Dortmund	2:2 (1:0)	33.000
07 Mi., 08.09.1993	Hamburger SV – VfB Stuttgart	3:2 (2:2)	23.353
08 Fr., 17.09.1993	VfB Stuttgart – 1. FC Köln	1:1 (0:1)	22.000
09 Mi., 29.09.1993	Borussia Mönchengladbach – VfB Stuttgart	0:2 (0:1)	21.000
10 Sa., 02.10.1993	VfB Stuttgart – Eintracht Frankfurt	0:2 (0:0)	45.000
11 Sa., 09.10.1993	1. FC Kaiserslautern – VfB Stuttgart	5:0 (3:0)	33.754
12 Sa., 16.10.1993	VfB Stuttgart – 1. FC Nürnberg	1:0 (1:0)	24.000
13 Mi., 10.11.1993	Karlsruher SC – VfB Stuttgart	0:0	31.000
14 Sa., 30.10.1993	VfB Stuttgart – FC Schalke 04	3:0 (1:0)	21.000
15 Sa., 06.11.1993	SC Freiburg – VfB Stuttgart	2:1 (2:1)	15.000
16 Sa., 13.11.1993	VfB Stuttgart – Bayer Leverkusen	1:4 (1:2)	19.000
17 So., 21.11.1993	Dynamo Dresden – VfB Stuttgart	1:0 (0:0)	10.600
18 Sa., 27.11.1993	VfB Stuttgart – Werder Bremen	0:0	17.000
19 Sa., 04.12.1993	VfB Leipzig – VfB Stuttgart	0:0	5.800
20 Fr., 10.12.1993	VfB Stuttgart – MSV Duisburg	4:0 (3:0)	14.000

Im Fokus

A – 1. Spieltag, 08.08.1993
Thomas Berthold wechselt vom FC Bayern München zum VfB Stuttgart. Das erste Spiel ist für den Verteidiger allerdings bereits nach 70 Minuten zu Ende. Berthold sieht die Rote Karte, und Stuttgart verliert beim SV Werder Bremen mit 1:5.

B – 6. Spieltag, 04.09.1993
Carlos Dunga ist der erste Brasilianer im VfB Trikot. Der Spielmacher erzielt mit einem direkten Freistoß zum 2:2-Endstand (90.) gegen Borussia Dortmund sein erstes Bundesliga-Tor.

C – 12. Spieltag, 16.10.1993
Auf den ersten Heimsieg der Saison müssen die Fans lange warten. Dank eines Tors von Adrian Knup (16.) gewinnt der VfB am zwölften Spieltag mit Mühe gegen den 1. FC Nürnberg mit 1:0.

DFB-Pokal

Mittwoch, 25.08.1993
2. Runde
VfB Stuttgart – 1. FC Kaiserslautern
2:6 (2:2, 0:2) n.V.

Saison 1993/1994

Abschlusstabelle

Platz	Verein	Spiele	g.	u.	v.	Tore	Diff.	Punkte
1	Bayern München	34	17	10	7	68:37	31	44:24
2	1. FC Kaiserslautern	34	18	7	9	64:36	28	43:25
3	Bayer Leverkusen	34	14	11	9	60:47	13	39:29
4	Borussia Dortmund	34	15	9	10	49:45	4	39:29
5	Eintracht Frankfurt	34	15	8	11	57:41	16	38:30
6	Karlsruher SC	34	14	10	10	46:43	3	38:30
7	VfB Stuttgart	34	13	11	10	51:43	8	37:31
8	Werder Bremen	34	13	10	11	51:44	7	36:32
9	MSV Duisburg	34	14	8	12	41:52	−11	36:32
10	Borussia Mönchengladbach	34	14	7	13	65:59	6	35:33
11	1. FC Köln	34	14	6	14	49:51	−2	34:34
12	Hamburger SV	34	13	8	13	48:52	−4	34:34
13	Dynamo Dresden	34	10	14	10	33:44	−11	30:34
14	FC Schalke 04	34	10	9	15	38:50	−12	29:39
15	SC Freiburg	34	10	8	16	54:57	−3	28:40
16	1. FC Nürnberg	34	10	8	16	41:55	−14	28:40
17	SG Wattenscheid 09	34	6	11	17	48:70	−22	23:45
18	VfB Leipzig	34	3	11	20	32:69	−37	17:51

Eingesetzte Spieler

Position	Name	Nat.	Geb.datum	Einsätze	Tore
Torhüter	Eike Immel	D	27.11.1960	34	–
Abwehr	Thomas Berthold	D	12.11.1964	31	–
Abwehr	Michael Bochtler	D	15.10.1975	4	–
Abwehr	Guido Buchwald	D	24.01.1961	32	2
Abwehr	Slobodan Dubajic	YUG	19.02.1963	26	1
Abwehr	Jochen Endreß	D	03.11.1972	1	–
Abwehr	Michael Frontzeck	D	26.03.1964	30	1
Abwehr	Torsten Kracht	D	04.10.1967	13	–
Abwehr	Günther Schäfer	D	09.06.1962	8	–
Abwehr	Uwe Schneider	D	28.08.1971	10	–
Abwehr	Alexander Strehmel	D	20.03.1968	13	–
Mittelfeld	Andreas Buck	D	29.12.1967	20	3
Mittelfeld	Carlos Dunga	BRA	31.10.1963	28	4
Mittelfeld	Marc Kienle	D	22.10.1972	23	2
Mittelfeld	Oliver Otto	D	21.11.1972	6	1
Mittelfeld	Thomas Strunz	D	25.04.1968	25	3
Angriff	Thomas Brdaric	D	23.01.1975	10	1
Angriff	Adrian Knup	SUI	02.07.1968	27	10
Angriff	Ludwig Kögl	D	07.03.1966	31	3
Angriff	Axel Kruse	D	28.09.1967	10	–
Angriff	Eyjolfur Sverrisson	ISL	03.08.1968	24	5
Angriff	Fritz Walter	D	21.07.1960	27	13
Angriff	Marcus Ziegler	D	10.08.1973	4	–

				Amtszeit
Trainer	Christoph Daum	D	24.10.1953	20.11.1990 – 10.12.1993
Trainer	Jürgen Röber	D	25.12.1953	15.12.1993 – 25.04.1995

Spieltage 22–34

Spieltag	22	23	24	25	26	27	28	29	30	31	32	33	34
Zuschauer	16.000	41.517	34.000	28.000	26.000	34.049	36.000	38.000	43.000	35.840	38.000	16.400	23.000
Ergebnis	3:0 (0:0)	1:2 (0:0)	4:0 (0:0)	3:1 (1:1)	3:0 (2:0)	0:0	1:1 (1:1)	1:0 (0:0)	3:0 (1:0)	0:1 (0:1)	0:4 (0:1)	1:1 (0:1)	3:0 (2:0)
Begegnung	VfB Stuttgart – SG Wattenscheid 09	Borussia Dortmund – VfB Stuttgart	VfB Stuttgart – Hamburger SV	1. FC Köln – VfB Stuttgart	VfB Stuttgart – Borussia Mönchengladbach	Eintracht Frankfurt – VfB Stuttgart	VfB Stuttgart – 1. FC Kaiserslautern	1. FC Nürnberg – VfB Stuttgart	VfB Stuttgart – Karlsruher SC	FC Schalke 04 – VfB Stuttgart	VfB Stuttgart – SC Freiburg	Bayer Leverkusen – VfB Stuttgart	VfB Stuttgart – Dynamo Dresden
Datum	Fr., 18.02.1994	Di., 08.03.1994	Sa., 05.03.1994	So., 13.03.1994	Sa., 19.03.1994	Sa., 26.03.1994	Do., 31.03.1994	Di., 05.04.1994	Sa., 09.04.1994	Sa., 16.04.1994	Sa., 23.04.1994	Sa., 30.04.1994	Sa., 07.05.1994

D 21. Spieltag, 13.02.1994
Doppeltes Trainer-Debüt: Der neue VfB Coach Jürgen Röber feiert mit dem 3:1-Sieg beim FC Bayern München einen furiosen Einstand. Gleichzeitig vermasselt er damit Franz Beckenbauer die Premiere als Bayern-Trainer.

E 33. Spieltag, 30.04.1994
Eike Immel feiert beim 1:1 in Leverkusen ein besonderes Jubiläum: Der Torhüter des VfB absolviert sein 500. Bundesliga-Spiel.

Bundesliga

Trikot und Sponsor

Spieltag	Paarung	Ergebnis	Zuschauer
Fr., 19.08.1994	VfB Stuttgart – Hamburger SV	2:1 (0:0)	41.000
Di., 23.08.1994	1860 München – VfB Stuttgart	0:2 (0:0)	43.000
Sa., 27.08.1994	VfB Stuttgart – 1. FC Köln	2:2 (2:1)	30.000
Sa., 03.09.1994	1. FC Kaiserslautern – VfB Stuttgart	3:2 (2:1)	36.357
So., 18.09.1994	VfB Stuttgart – Eintracht Frankfurt	4:1 (2:1)	35.000
Sa., 24.09.1994	Borussia Dortmund – VfB Stuttgart	5:0 (3:0)	42.800
Sa., 01.10.1994	Bayer Leverkusen – VfB Stuttgart	3:1 (1:0)	19.100
Sa., 08.10.1994	VfB Stuttgart – Bayer 05 Uerdingen	3:1 (1:0)	18.000
Sa., 15.10.1994	FC Schalke 04 – VfB Stuttgart	1:1 (1:1)	31.590
Sa., 22.10.1994	VfB Stuttgart – Karlsruher SC	4:0 (2:0)	50.000
Sa., 29.10.1994	Bayern München – VfB Stuttgart	2:2 (0:1)	63.000
Fr., 04.11.1994	VfB Stuttgart – Dynamo Dresden	4:2 (1:1)	22.000
Sa., 12.11.1994	Werder Bremen – VfB Stuttgart	4:0 (1:0)	24.423
Sa., 19.11.1994	VfB Stuttgart – VfL Bochum	2:2 (1:1)	16.000
Sa., 26.11.1994	SC Freiburg – VfB Stuttgart	2:0 (0:0)	18.000
Sa., 03.12.1994	VfB Stuttgart – Borussia Mönchengladbach	2:4 (2:0)	38.000
Sa., 10.12.1994	MSV Duisburg – VfB Stuttgart	2:0 (0:0)	16.000
Sa., 18.02.1995	Hamburger SV – VfB Stuttgart	0:2 (0:2)	23.813
Sa., 25.02.1995	VfB Stuttgart – 1860 München	1:1 (1:1)	23.000
So., 05.03.1995	1. FC Köln – VfB Stuttgart	1:0 (0:0)	24.000

Im Fokus

A 2. Spieltag, 23.08.1994
Neuzugang Giovane Elber ist glänzend in die Saison gestartet. Gegen den TSV 1860 München (2:0) erzielt der Brasilianer bereits sein zweites Saisontor, ehe er sich in der 66. Minute den linken Knöchel bricht und ein halbes Jahr ausfällt.

B 11. Spieltag, 29.10.1994
Durch Treffer von Gerhard Poschner (16.) und Marc Kienle (57.) führt der VfB beim FC Bayern München schon mit 2:0. Zum Sieg hat es aber wieder einmal nicht gereicht. Alexander Zickler (64.) und Lothar Matthäus (82.) sorgen für den 2:2-Endstand.

C 19. Spieltag, 25.02.1995
Das Heimspiel gegen TSV München 1860 ist das 500. Bundesliga-Spiel des VfB. Mit dem Sieg klappt es leider nicht. Die Partie endet 1:1. Das Stuttgarter Tor erzielt Axel Kruse (41.).

DFB-Pokal

Sonntag, 14.08.1994
1. Runde
FC Carl Zeiss Jena – VfB Stuttgart
0:2 (0:1)

Samstag, 10.09.1994
2. Runde
SSV Ulm 1846 – VfB Stuttgart
0:1 (0:1)

Dienstag, 08.11.1994
Achtelfinale
Bayern München (A) – VfB Stuttgart
9:8 n.E. (2:2, 2:2, 1:2)

Saison 1994/1995

Abschlusstabelle

Platz	Verein	Spiele	g.	u.	v.	Tore	Diff.	Punkte
1	Borussia Dortmund	34	20	9	5	67:33	34	49:19
2	Werder Bremen	34	20	8	6	70:39	31	48:20
3	SC Freiburg	34	20	6	8	66:44	22	46:22
4	1. FC Kaiserslautern	34	17	12	5	58:41	17	46:22
5	Borussia Mönchengladbach	34	17	9	8	66:41	25	43:25
6	Bayern München	34	15	13	6	55:41	14	43:25
7	Bayer Leverkusen	34	13	10	11	62:51	11	36:32
8	Karlsruher SC	34	11	14	9	51:47	4	36:32
9	Eintracht Frankfurt	34	12	9	13	41:49	−8	33:35
10	1. FC Köln	34	11	10	13	54:54	0	32:36
11	FC Schalke 04	34	10	11	13	48:54	−6	31:37
12	**VfB Stuttgart**	34	10	10	14	52:66	−14	30:38
13	Hamburger SV	34	10	9	15	43:50	−7	29:39
14	1860 München	34	8	11	15	41:57	−16	27:41
15	Bayer 05 Uerdingen	34	7	11	16	37:52	−15	25:43
16	VfL Bochum	34	9	4	21	43:67	−24	22:46
17	MSV Duisburg	34	6	8	20	31:64	−33	20:48
18	Dynamo Dresden	34	4	8	22	33:68	−35	16:52

Eingesetzte Spieler

Position	Name	Nat.	Geb.datum	Einsätze	Tore
Torhüter	Eike Immel	D	27.11.1960	33	–
	Eberhard Trautner	D	07.02.1967	2	–
Abwehr	Thomas Berthold	D	12.11.1964	29	1
	Michael Bochtler	D	15.10.1975	13	1
	Slobodan Dubajic	YUG	19.02.1963	20	–
	Jochen Endreß	D	03.11.1972	5	–
	Franco Foda	D	23.04.1966	33	–
	Frank Posch	D	21.02.1973	1	–
	Günther Schäfer	D	09.06.1962	5	–
	Thomas Schneider	D	24.11.1972	16	2
	Mario Wildmann	D	17.11.1975	4	–
Mittelfeld	Andreas Buck	D	29.12.1967	26	3
	Ante Covic	CRO	31.08.1975	13	2
	Carlos Dunga	BRA	31.10.1963	26	3
	Marc Kienle	D	22.10.1972	28	2
	Michél Mazingu-Dinzey	COD	15.10.1972	14	–
	Gerhard Poschner	D	23.09.1969	32	2
	Thomas Strunz	D	25.04.1968	22	1
Angriff	Fredi Bobic	D	30.10.1971	32	12
	Giovane Elber	BRA	23.07.1972	23	8
	Ludwig Kögl	D	07.03.1966	29	6
	Axel Kruse	D	28.09.1967	27	8
	Sascha Maier	D	02.01.1974	1	–
	Helgi Sigurdsson	ISL	17.09.1974	2	–
	Marcus Ziegler	D	10.08.1973	1	–

				Amtszeit
Trainer	Jürgen Röber	D	25.12.1953	15.12.1993 – 25.04.1995
	Jürgen Sundermann	D	25.01.1940	25.04.1995 – 30.06.1995

D – 27. Spieltag, 21.04.1995
Nach dem dritten sieglosen Spiel muss Jürgen Röber gehen. Vier Tage nach dem enttäuschenden 1:3 im baden-württembergischen Derby beim Karlsruher SC kehrt Jürgen Sundermann zum dritten Mal auf die Trainerbank zurück.

E – 31. Spieltag, 20.05.1995
Mit 0:4 geht der VfB beim VfL Bochum unter – und steckt mitten im Abstiegskampf. Auch unter Jürgen Sundermann sucht der VfB seine Form. Nach nur zwei Siegen aus den letzten sieben Saisonspielen muss der VfB am Ende mit Rang zwölf zufrieden sein.

Bundesliga

Trikot und Sponsor

Spieltag	Paarung	Ergebnis	Zuschauer
01 Fr., 11.08.1995	VfB Stuttgart – KFC Uerdingen 05	0:0	28.000
02 Sa., 19.08.1995	1860 München – VfB Stuttgart	1:1 (1:0)	43.000
03 Mi., 30.08.1995	VfB Stuttgart – SC Freiburg	3:1 (2:1)	48.000
04 Sa., 02.09.1995	1. FC Kaiserslautern – VfB Stuttgart	1:1 (1:0)	35.185
05 Sa., 09.09.1995	VfB Stuttgart – Bayer Leverkusen	1:4 (0:0)	23.000
06 Sa., 16.09.1995	Borussia Dortmund – VfB Stuttgart	6:3 (4:1)	42.000
07 Sa., 23.09.1995	VfB Stuttgart – Borussia Mönchengladbach	5:0 (2:0)	34.000
08 Fr., 29.09.1995	FC St. Pauli – VfB Stuttgart	1:3 (1:2)	20.402
09 Fr., 13.10.1995	Hansa Rostock – VfB Stuttgart	3:3 (2:1)	23.620
10 Sa., 21.10.1995	VfB Stuttgart – Eintracht Frankfurt	3:2 (1:1)	33.000
11 Sa., 28.10.1995	Bayern München – VfB Stuttgart	5:3 (1:0)	63.000
12 Sa., 04.11.1995	VfB Stuttgart – Werder Bremen	1:1 (0:0)	30.000
13 Sa., 11.11.1995	1. FC Köln – VfB Stuttgart	2:2 (0:0)	25.000
14 So., 19.11.1995	VfB Stuttgart – FC Schalke 04	2:2 (1:1)	22.000
15 Fr., 24.11.1995	Fortuna Düsseldorf – VfB Stuttgart	1:2 (1:0)	13.500
16 Sa., 02.12.1995	VfB Stuttgart – Hamburger SV	3:0 (1:0)	35.000
17 Sa., 09.12.1995	Karlsruher SC – VfB Stuttgart	1:2 (0:1)	32.000
18 Di., 19.03.1996	KFC Uerdingen 05 – VfB Stuttgart	3:4 (1:1)	8.450
19 Sa., 17.02.1996	VfB Stuttgart – 1860 München	2:3 (2:2)	25.000
20 Sa., 24.02.1996	SC Freiburg – VfB Stuttgart	2:1 (1:0)	22.500

Im Fokus

A
2. Spieltag, 19.08.1995
Krassimir Balakov übernimmt von Beginn an Verantwortung. Der Neuzugang erzielt beim 1:1 gegen TSV München 1860 sein erstes Bundesliga-Tor. Der Bulgare verwandelt einen an ihm selbst verursachten Foulelfmeter.

B
7. Spieltag, 23.09.1995
Mit einem 5:0-Erfolg gegen Borussia Mönchengladbach feiert der VfB den höchsten Saisonsieg. Die Tore erzielen Fredi Bobic (2), Giovane Elber (2) und Krassimir Balakov.

C
9. Spieltag, 13.10.1995
Frank Verlaat wird schnell zum neuen Abwehrchef des VfB. Der Niederländer, der vom AJ Auxerre nach Stuttgart gewechselt ist, erzielt beim 3:3 gegen Hansa Rostock sein erstes Bundesliga-Tor.

DFB-Pokal

Sonntag, 27.08.1995
1. Runde
SV Sandhausen – VfB Stuttgart
15:14 n.E. (2:2, 2:2, 1:1)

Saison 1995/1996

Abschlusstabelle

Platz	Verein	Spiele	g.	u.	v.	Tore	Diff.	Pkt.
1	Borussia Dortmund	34	19	11	4	76:38	38	68
2	Bayern München	34	19	5	10	66:46	20	62
3	FC Schalke 04	34	14	14	6	45:36	9	56
4	Borussia Mönchengladbach	34	15	8	11	52:51	1	53
5	Hamburger SV	34	12	14	8	52:47	5	50
6	Hansa Rostock	34	13	10	11	47:43	4	49
7	Karlsruher SC	34	12	12	10	53:47	6	48
8	1860 München	34	11	12	11	52:46	6	45
9	Werder Bremen	34	10	14	10	39:42	–3	44
10	**VfB Stuttgart**	34	10	13	11	59:62	–3	43
11	SC Freiburg	34	11	9	14	30:41	–11	42
12	1. FC Köln	34	9	13	12	33:35	–2	40
13	Fortuna Düsseldorf	34	8	16	10	40:47	–7	40
14	Bayer Leverkusen	34	8	14	12	37:38	–1	38
15	FC St. Pauli	34	9	11	14	43:51	–8	38
16	1. FC Kaiserslautern	34	6	18	10	31:37	–6	36
17	Eintracht Frankfurt	34	7	11	16	43:68	–25	32
18	KFC Uerdingen 05	34	5	11	18	33:56	–23	26

Eingesetzte Spieler

Position	Name	Nat.	Geb.datum	Einsätze	Tore
Torhüter	Eberhard Trautner	D	07.02.1967	5	–
Torhüter	Marc Ziegler	D	13.06.1976	29	–
Abwehr	Thomas Berthold	D	12.11.1964	27	–
Abwehr	Michael Bochtler	D	15.10.1975	17	–
Abwehr	Franco Foda	D	23.04.1966	28	–
Abwehr	Marco Grimm	D	16.06.1972	21	–
Abwehr	Hendrik Herzog	D	02.04.1969	30	2
Abwehr	Günther Schäfer	D	09.06.1962	8	–
Abwehr	Thomas Schneider	D	24.11.1972	18	–
Abwehr	Frank Verlaat	NED	05.03.1968	18	1
Mittelfeld	Krassimir Balakov	BUL	29.03.1966	34	7
Mittelfeld	Andreas Buck	D	29.12.1967	19	–
Mittelfeld	Marco Haber	D	21.09.1971	25	2
Mittelfeld	Thorsten Legat	D	07.11.1968	15	–
Mittelfeld	Michael Oelkuch	D	05.02.1973	11	1
Mittelfeld	Gerhard Poschner	D	23.09.1969	28	1
Mittelfeld	Danny Schwarz	D	11.05.1975	9	–
Angriff	Fredi Bobic	D	30.10.1971	26	17
Angriff	Giovane Elber	BRA	23.07.1972	33	16
Angriff	Radoslaw Gilewicz	POL	08.05.1971	23	5
Angriff	Ludwig Kögl	D	07.03.1966	11	–
Angriff	Axel Kruse	D	28.09.1967	27	6
Angriff	Marcus Ziegler	D	10.08.1973	2	–

				Amtszeit
Trainer	Rolf Fringer	AUT	26.01.1957	01.07.1995–13.08.1996

D 33. Spieltag, 11.05.1996
Das 0:3 beim Hamburger SV ist das zehnte sieglose Spiel des VfB in Folge. Am 23. Spieltag steht Stuttgart noch auf Platz fünf, zehn Spieltage später ist der VfB aber nur noch Elfter.

E 34. Spieltag, 18.05.1996
Mit 17 Toren sichert sich Fredi Bobic die Torjägerkanone in der Bundesliga. Im letzten Saisonspiel trifft der Angreifer beim 3:1-Sieg gegen den Karlsruher SC zweimal ins Schwarze. Das dritte Tor erzielt Giovane Elber.

Statistik

Bundesliga

Spieltag	Paarung	Ergebnis	Zuschauer
01 – Sa., 17.08.1996	VfB Stuttgart – FC Schalke 04	4:0 (2:0)	37.000
02 – Di., 17.09.1996	Karlsruher SC – VfB Stuttgart	0:2 (0:1)	33.500
03 – Sa., 24.08.1996	VfB Stuttgart – Werder Bremen	0:0 (0:0)	27.000
04 – Di., 27.08.1996	Hamburger SV – VfB Stuttgart	2:1 (0:1)	31.139
05 – So., 08.09.1996	VfB Stuttgart – 1. FC Köln	0:4 (0:0)	53.000
06 – Sa., 14.09.1996	Borussia Dortmund – VfB Stuttgart	4:0 (0:1)	48.800
07 – Sa., 21.09.1996	VfB Stuttgart – Fortuna Düsseldorf	1:1 (0:0)	37.000
08 – Sa., 28.09.1996	1860 München – VfB Stuttgart	0:2 (1:2)	53.000
09 – Fr., 04.10.1996	VfB Stuttgart – SC Freiburg	2:5 (2:1)	22.000
10 – Sa., 12.10.1996	Hansa Rostock – VfB Stuttgart	4:2 (0:2)	21.000
11 – Fr., 18.10.1996	Bayer Leverkusen – VfB Stuttgart	2:2 (1:0)	53.000
12 – Sa., 26.10.1996	VfB Stuttgart – Borussia Mönchengladbach	0:0 (0:0)	20.725
13 – Sa., 02.11.1996	FC St. Pauli – VfB Stuttgart	5:0 (3:1)	40.000
14 – Sa., 16.11.1996	VfB Stuttgart – VfL Bochum	2:1 (1:1)	22.000
15 – So., 24.11.1996	MSV Duisburg – VfB Stuttgart	3:1 (1:0)	53.000
16 – So., 01.12.1996	VfB Stuttgart – Bayern München	3:1 (1:0)	22.512
17 – Sa., 07.12.1996	Arminia Bielefeld – VfB Stuttgart	1:1 (0:0)	36.200
18 – Sa., 15.02.1997	FC Schalke 04 – VfB Stuttgart	2:0 (2:1)	42.000
19 – Sa., 22.02.1997	VfB Stuttgart – Karlsruher SC	1:0	30.792
20 – Sa., 01.03.1997	Werder Bremen – VfB Stuttgart	1:0	
		2:2	

Trikot und Sponsor

adidas · VfB · Vifit

UI-Cup

Samstag, 29.06.1996
VfB Stuttgart – Aalborg BK 0:1 (0:1)

Samstag, 06.07.1996
FC Cliftonville – VfB Stuttgart 1:4 (0:2)

Samstag, 13.07.1996
VfB Stuttgart – Standard Lüttich 0:2 (0:1)

Samstag, 20.07.1996
Hapoel Haifa – VfB Stuttgart 0:4 (0:1)

Abschlusstabelle
1. Standard Lüttich   4   8:2   10
2. Aalborg BK   4 10:5   9
3. VfB Stuttgart   4   8:4   6
4. Hapoel Haifa   4   7:12 2
5. Cliftonville FC   4   2:12 1

Im Fokus

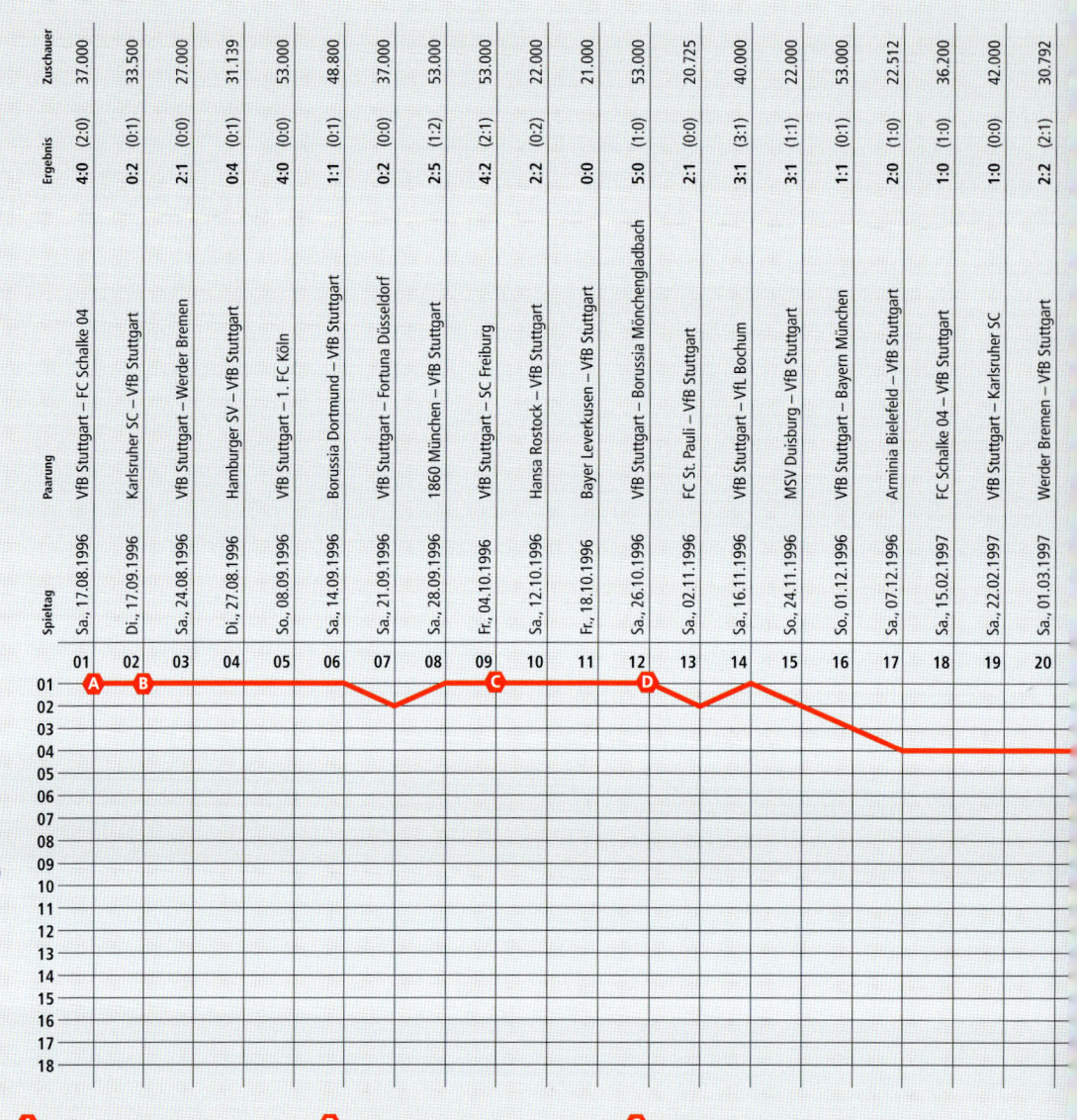

A 1. Spieltag, 17.08.1996
Vier Tage vor dem Saisonstart verlässt Rolf Fringer den VfB. Der bisherige Co-Trainer Joachim Löw übernimmt das VfB Team und feiert beim 4:0 gegen Schalke 04 einen Traumeinstand.

B 2. Spieltag, 17.09.1996
Fünf Siege, ein Unentschieden: Nach sechs Partien führt der VfB souverän die Tabelle an. Nach dem 2:0 in der vom zweiten Spieltag verlegten Partie beim Karlsruher SC wird aus dem Interimstrainer Joachim Löw offiziell der neue Chef-Coach des VfB.

C 9. Spieltag, 04.10.1996
331 Mal hat Günther Schäfer das VfB Trikot getragen. Vor dem 4:2-Erfolg des VfB gegen den SC Freiburg wird der Verteidiger offiziell verabschiedet. Er wechselt kurze Zeit später zu Arminia Bielefeld.

DFB-Pokal

Samstag, 10.08.1996
1. Runde
VfB Stuttgart – Fortuna Köln
4:1 n.E. (0:0, 0:0, 0:0)

Dienstag, 01.10.1996
2. Runde
Hertha BSC – VfB Stuttgart
5:6 n.E. (1:1, 1:1, 1:1)

Mittwoch, 23.10.1996
Achtelfinale
VfB Stuttgart – FSV Zwickau
2:0 (1:0)

Mittwoch, 13.11.1996
Viertelfinale
SC Freiburg – VfB Stuttgart
3:5 n.E. (1:1, 1:1, 0:0)

Mittwoch, 16.04.1997
Halbfinale
VfB Stuttgart – Hamburger SV
2:1 (1:1)

Samstag, 14.06.1997
Finale
VfB Stuttgart – Energie Cottbus
2:0 (1:0)

Saison 1996/1997

	22	23	24	25	26	27	28	29	30	31	32	33	34
Zuschauer	27.000	53.000	15.000	52.000	22.500	30.000	50.000	34.000	35.000	34.393	30.000	63.000	44.000
Ergebnis	1:5 (1:2)	4:1 (2:1)	0:4 (0:0)	1:1 (1:1)	1:1 (0:0)	5:1 (1:0)	1:2 (0:1)	0:1 (0:0)	3:0 (0:0)	2:1 (0:0)	0:2 (0:0)	4:2 (2:1)	4:2 (2:1)
Begegnung	1. FC Köln – VfB Stuttgart	VfB Stuttgart – Borussia Dortmund	Fortuna Düsseldorf – VfB Stuttgart	VfB Stuttgart – 1860 München	SC Freiburg – VfB Stuttgart	VfB Stuttgart – Hansa Rostock	VfB Stuttgart – Bayer Leverkusen	Borussia Mönchengladbach – VfB Stuttgart	VfB Stuttgart – FC St. Pauli	VfL Bochum – VfB Stuttgart	VfB Stuttgart – MSV Duisburg	Bayern München – VfB Stuttgart	VfB Stuttgart – Arminia Bielefeld
Datum	Di., 11.03.1997	Sa., 15.03.1997	Fr., 21.03.1997	Do., 27.03.1997	So., 06.04.1997	Sa., 12.04.1997	So., 20.04.1997	Sa., 26.04.1997	Sa., 03.05.1997	Sa., 10.05.1997	Sa., 17.05.1997	Sa., 24.05.1997	Sa., 31.05.1997

Platz 4: Qualifikation für den Europapokal der Pokalsieger

D – 12. Spieltag, 26.10.1996
Das magische Dreieck verzaubert die Bundesliga. Krassimir Balakov, Giovane Elber und Fredi Bobic erzielen zusammen in dieser Saison 49 Treffer. Beim 5:0 gegen Borussia Mönchengladbach – der höchste Saisonsieg – erzielt das Trio alle Tore.

E – 28. Spieltag, 20.04.1997
Ausgerechnet im Spitzenspiel gegen Bayer Leverkusen fehlen mit Frank Verlaat, Thomas Schneider, Zvonimir Soldo und Thorsten Legat vier Stützen. Der VfB verliert mit 1:2 und verspielt damit auch die letzten Titelchancen.

Abschlusstabelle

Platz	Verein	Spiele	g.	u.	v.	Tore	Diff.	Pkt.
1	Bayern München	34	20	11	3	68:34	34	71
2	Bayer Leverkusen	34	21	6	7	69:41	28	69
3	Borussia Dortmund	34	19	6	9	63:41	22	63
4	**VfB Stuttgart**	34	18	7	9	78:40	38	61
5	VfL Bochum	34	14	11	9	54:51	3	53
6	Karlsruher SC	34	13	10	11	55:44	11	49
7	1860 München	34	13	10	11	56:56	0	49
8	Werder Bremen	34	14	6	14	53:52	1	48
9	MSV Duisburg	34	12	9	13	44:49	–5	45
10	1. FC Köln	34	13	5	16	62:62	0	44
11	Borussia Mönchengladbach	34	12	7	15	46:48	–2	43
12	FC Schalke 04	34	11	10	13	35:40	–5	43
13	Hamburger SV	34	10	11	13	46:60	–14	41
14	Arminia Bielefeld	34	11	7	16	46:54	–8	40
15	Hansa Rostock	34	11	7	16	35:46	–11	40
16	Fortuna Düsseldorf	34	9	6	19	26:57	–31	33
17	SC Freiburg	34	8	5	21	43:67	–24	29
18	FC St. Pauli	34	7	6	21	32:69	–37	27

Eingesetzte Spieler

Position	Name	Nat.	Geb.datum	Einsätze	Tore
Torhüter	Franz Wohlfahrt	AUT	01.07.1964	33	–
Torhüter	Marc Ziegler	D	13.06.1976	1	–
Abwehr	Thomas Berthold	D	12.11.1964	28	2
Abwehr	Jochen Endreß	D	03.11.1972	5	–
Abwehr	Franco Foda	D	23.04.1966	8	–
Abwehr	Marco Grimm	D	16.06.1972	11	–
Abwehr	Hendrik Herzog	D	02.04.1969	14	–
Abwehr	Frank Posch	D	21.02.1973	4	–
Abwehr	Günther Schäfer	D	09.06.1962	1	–
Abwehr	Thomas Schneider	D	24.11.1972	23	3
Abwehr	Zvonimir Soldo	CRO	02.11.1967	27	3
Abwehr	Frank Verlaat	NED	05.03.1968	27	4
Mittelfeld	Krassimir Balakov	BUL	29.03.1966	31	13
Mittelfeld	Andreas Buck	D	29.12.1967	18	1
Mittelfeld	Kristijan Djordjevic	SRB	06.01.1976	5	–
Mittelfeld	Sébastien Fournier	SUI	27.06.1971	11	–
Mittelfeld	Marco Haber	D	21.09.1971	26	1
Mittelfeld	Matthias Hagner	D	15.08.1974	32	9
Mittelfeld	Thorsten Legat	D	07.11.1968	19	–
Mittelfeld	Krisztian Lisztes	HUN	02.07.1976	12	1
Mittelfeld	Michael Oelkuch	D	05.02.1973	1	–
Mittelfeld	Gerhard Poschner	D	23.09.1969	28	1
Mittelfeld	Danny Schwarz	D	11.05.1975	7	1
Angriff	Fredi Bobic	D	30.10.1971	33	19
Angriff	Giovane Elber	BRA	23.07.1972	31	17
Angriff	Radoslaw Gilewicz	POL	08.05.1971	21	1
Angriff	Sreto Ristic	SRB	07.02.1976	7	1

				Amtszeit	
Trainer	Rolf Fringer	AUT	26.01.1957	01.07.1995–13.08.1996	
Trainer	Joachim Löw	D	03.02.1960	14.08.1996–20.05.1998	

Bundesliga

Spieltag	Paarung	Ergebnis	Zuschauer
Fr., 01.08.1997	VfB Stuttgart – 1860 München	1:1 (1:0)	46.000
Di., 05.08.1997	Arminia Bielefeld – VfB Stuttgart	2:1 (0:1)	22.512
Fr., 08.08.1997	VfB Stuttgart – Bayer Leverkusen	1:0 (1:0)	32.000
Sa., 23.08.1997	MSV Duisburg – VfB Stuttgart	0:3 (0:1)	16.000
Sa., 30.08.1997	VfB Stuttgart – Borussia Dortmund	0:0	48.500
So., 14.09.1997	1. FC Kaiserslautern – VfB Stuttgart	4:3 (1:2)	38.000
So., 21.09.1997	VfB Stuttgart – Borussia Mönchengladbach	3:0 (2:0)	42.000
Sa., 27.09.1997	VfL Wolfsburg – VfB Stuttgart	1:0 (0:0)	14.741
So., 05.10.1997	VfB Stuttgart – Hamburger SV	5:2 (1:1)	40.000
Mi., 15.10.1997	Bayern München – VfB Stuttgart	3:3 (1:1)	62.000
Sa., 18.10.1997	VfB Stuttgart – Hertha BSC	4:1 (2:0)	40.000
So., 26.10.1997	1. FC Köln – VfB Stuttgart	4:2 (3:1)	25.500
Sa., 01.11.1997	VfB Stuttgart – Schalke 04	0:0	52.900
So., 09.11.1997	VfL Bochum – VfB Stuttgart	0:2 (0:0)	24.039
Mi., 19.11.1997	VfB Stuttgart – Hansa Rostock	2:1 (1:0)	25.000
Sa., 22.11.1997	VfB Stuttgart – Karlsruher SC	3:0 (2:0)	44.000
Sa., 29.11.1997	Werder Bremen – VfB Stuttgart	2:2 (0:0)	29.200
Sa., 06.12.1997	1860 München – VfB Stuttgart	1:3 (0:1)	24.500
Sa., 13.12.1997	VfB Stuttgart – Arminia Bielefeld	1:0 (0:0)	35.000
Sa., 20.12.1997	Bayer Leverkusen – VfB Stuttgart	6:1 (3:1)	22.500

Trikot und Sponsor

Ligapokal

Dienstag, 22.07.1997
Halbfinale
VfB Stuttgart – Karlsruher SC 3:0 (2:0)

Samstag, 26.07.1997
Finale
Bayern München – VfB Stuttgart 2:0 (0:0)

Im Fokus

A 2. Spieltag, 05.08.1997
Nach dem Abgang von Giovane Elber zum FC Bayern München ruhen die Sturmhoffnungen auf Neuzugang Jonathan Akpoborie. Beim 1:2 in Bielefeld erzielt der Nigerianer sein erstes Saisontor. Insgesamt trifft er zehn Mal.

B 20. Spieltag, 20.12.1997
Ernüchterung vor der Winterpause: Vier Tage vor Weihnachten geht der VfB bei Bayer Leverkusen mit 1:6 unter. Obwohl der VfB als Dritter überwintert, beträgt der Rückstand auf Spitzenreiter 1. FC Kaiserslautern bereits zehn Punkte.

C 30. Spieltag, 11.04.1998
Praktisch mit dem Schlusspfiff beendet Frank Verlaat gegen Schalke 04 ein furioses Spiel mit dem 4:3-Siegtreffer. Der VfB liegt bereits nach zehn Minuten 0:2 zurück. Die weiteren VfB Tore erzielen Jonathan Akpoborie (2) und Gerhard Poschner.

DFB-Pokal

Freitag, 15.08.1997
1. Runde
Borussia M'gladbach (A) – VfB Stuttgart
0:1 (0:1)

Mittwoch, 24.09.1997
2. Runde
VfB Stuttgart – Hertha BSC
2:0 (1:0)

Dienstag, 02.12.1997
Achtelfinale
SSV Ulm 1846 – VfB Stuttgart
1:3 (1:0)

Europapokal der Pokalsieger

Donnerstag, 18.09.1997
1. Runde, Hinspiel
IB Vestmannaeyja – VfB Stuttgart
1:3 (1:2)

Donnerstag, 02.10.1997
1. Runde, Rückspiel
VfB Stuttgart – IB Vestmannaeyja
2:1 (0:0)

Donnerstag, 23.10.1997
Achtelfinale, Hinspiel
Germinal Ekeren – VfB Stuttgart
0:4 (0:1)

Donnerstag, 06.11.1997
Achtelfinale, Rückspiel
VfB Stuttgart – Germinal Ekeren
2:4 (2:2)

Donnerstag, 05.03.1998
Viertelfinale, Hinspiel
Sparta Prag – VfB Stuttgart
1:1 (1:0)

Donnerstag, 19.03.1998
Viertelfinale, Rückspiel
VfB Stuttgart – Sparta Prag
2:0 (1:0)

Saison 1997/1998

Abschlusstabelle

Platz	Verein	Spiele	g.	u.	v.	Tore	Diff.	Pkt.
1	1. FC Kaiserslautern	34	19	11	4	63:39	24	68
2	Bayern München	34	19	9	6	69:37	32	66
3	Bayer Leverkusen	34	14	13	7	66:39	27	55
4	**VfB Stuttgart**	34	14	10	10	55:49	6	52
5	FC Schalke 04	34	13	13	8	38:32	6	52
6	Hansa Rostock	34	14	9	11	54:46	8	51
7	Werder Bremen	34	14	8	12	43:47	−4	50
8	MSV Duisburg	34	11	11	12	43:44	−1	44
9	Hamburger SV	34	11	11	12	38:46	−8	44
10	Borussia Dortmund	34	11	10	13	57:55	2	43
11	Hertha BSC	34	12	7	15	41:53	−12	43
12	VfL Bochum	34	11	8	15	41:49	−8	41
13	1860 München	34	11	8	15	43:54	−11	41
14	VfL Wolfsburg	34	11	6	17	38:54	−16	39
15	Borussia Mönchengladbach	34	9	11	14	54:59	−5	38
16	Karlsruher SC	34	9	11	14	48:60	−12	38
17	1. FC Köln	34	10	6	18	49:64	−15	36
18	Arminia Bielefeld	34	8	8	18	43:56	−13	32

Eingesetzte Spieler

Position	Name	Nat.	Geb.datum	Einsätze	Tore
Torhüter	Franz Wohlfahrt	AUT	01.07.1964	32	–
Torhüter	Marc Ziegler	D	13.06.1976	2	–
Abwehr	Thomas Berthold	D	12.11.1964	31	1
Abwehr	Michael Bochtler	D	15.10.1975	1	–
Abwehr	Jochen Endreß	D	03.11.1972	17	–
Abwehr	Thomas Schneider	D	24.11.1972	18	–
Abwehr	Zvonimir Soldo	CRO	02.11.1967	29	–
Abwehr	Martin Spanring	D	14.10.1969	11	–
Abwehr	Frank Verlaat	NED	05.03.1968	30	1
Abwehr	Murat Yakin	SUI	15.09.1974	23	2
Mittelfeld	Krassimir Balakov	BUL	29.03.1966	31	11
Mittelfeld	Kristijan Djordjevic	SRB	06.01.1976	17	3
Mittelfeld	Marco Haber	D	21.09.1971	26	–
Mittelfeld	Matthias Hagner	D	15.08.1974	21	1
Mittelfeld	Thorsten Legat	D	07.11.1968	5	–
Mittelfeld	Krisztian Lisztes	HUN	02.07.1976	14	2
Mittelfeld	Gerhard Poschner	D	23.09.1969	31	4
Mittelfeld	Florin Valeriu Raducioiu	ROU	17.03.1970	19	4
Mittelfeld	Danny Schwarz	D	11.05.1975	12	–
Mittelfeld	Mitko Stojkovski	MKD	18.12.1972	8	–
Angriff	Jonathan Akpoborie	NGR	20.10.1968	30	10
Angriff	Matthias Becker	D	19.04.1974	8	–
Angriff	Fredi Bobic	D	30.10.1971	29	13
Angriff	Sreto Ristic	SRB	07.02.1976	13	1

				Amtszeit
Trainer: Joachim Löw	D	03.02.1960	14.08.1996 – 20.05.1998	

Spieltage (22–34)

Spieltag	Datum	Spiel	Ergebnis	Zuschauer
22	Sa, 07.02.1998	Borussia Dortmund – VfB Stuttgart	3:1 (3:0)	54.500
23	Sa, 14.02.1998	VfB Stuttgart – 1. FC Kaiserslautern	0:1 (0:0)	53.000
24	Sa, 28.02.1998	Borussia Mönchengladbach – VfB Stuttgart	0:0	24.000
25	So, 08.03.1998	VfB Stuttgart – VfL Wolfsburg	2:1 (0:1)	23.000
26	Sa, 14.03.1998	Hamburger SV – VfB Stuttgart	0:0	30.516
27	So, 22.03.1998	VfB Stuttgart – Bayern München	0:3 (0:2)	53.000
28	Sa, 28.03.1998	Hertha BSC – VfB Stuttgart	3:0 (2:0)	50.396
29	So, 05.04.1998	VfB Stuttgart – 1. FC Köln	1:1 (0:0)	33.000
30	Sa, 11.04.1998	Schalke 04 – VfB Stuttgart	3:4 (2:2)	56.200
31	So, 19.04.1998	VfB Stuttgart – VfL Bochum	2:0 (1:0)	32.000
32	Sa, 25.04.1998	Hansa Rostock – VfB Stuttgart	1:1 (1:0)	24.500
33	Sa, 02.05.1998	Karlsruher SC – VfB Stuttgart	4:2 (1:0)	33.600
34	Sa, 09.05.1998	VfB Stuttgart – Werder Bremen	1:0 (0:0)	53.000

Platz 4: Qualifikation für den UEFA-Cup

33. Spieltag, 02.05.1998
Der im Januar 1998 aus Japan zurückgekehrte Guido Buchwald gewinnt mit seinem neuen Verein Karlsruher SC gegen den VfB mit 4:2. Den Absturz am Saisonende in die Zweitklassigkeit verhindert er damit aber dennoch nicht.

34. Spieltag, 09.05.1998
Kristijan Djordjevic erlöst den VfB. Mit dem 1:0 gegen Werder Bremen (74.) sichert der Mittelfeldspieler am letzten Spieltag einen UEFA-Cup-Platz – unabhängig davon, wie das Europapokal-Finale gegen Chelsea ausgeht.

Dienstag, 16.12.1997
Viertelfinale
KFC Uerdingen 05 – VfB Stuttgart
0:4 (0:1)

Donnerstag, 02.04.1998
Halbfinale, Hinspiel
VfB Stuttgart – Lokomotive Moskau
2:1 (1:1)

Donnerstag, 16.04.1998
Halbfinale, Rückspiel
Lokomotive Moskau – VfB Stuttgart
0:1 (0:1)

Dienstag, 17.02.1998
Halbfinale
Bayern München – VfB Stuttgart
3:0 (3:0)

Mittwoch, 13.05.1998
Finale in Stockholm
VfB Stuttgart – FC Chelsea
0:1 (0:0)

Statistik

Bundesliga

Spieltag	Paarung	Ergebnis	Zuschauer
Fr., 14.08.1998	VfB Stuttgart – Borussia Dortmund	2:1 (2:1)	43.500
Sa., 22.08.1998	FC Schalke 04 – VfB Stuttgart	1:0 (0:0)	48.248
Di., 08.09.1998	VfB Stuttgart – 1. FC Kaiserslautern	4:0 (1:0)	39.000
Fr., 11.09.1998	Eintracht Frankfurt – VfB Stuttgart	1:1 (0:0)	31.500
Sa., 19.09.1998	VfB Stuttgart – 1860 München	0:1 (0:0)	32.000
Sa., 26.09.1998	Borussia Mönchengladbach – VfB Stuttgart	2:3 (2:2)	30.000
So., 04.10.1998	MSV Duisburg – VfB Stuttgart	2:0 (1:0)	12.922
Sa., 17.10.1998	VfB Stuttgart – Hertha BSC	0:0	31.000
Sa., 24.10.1998	1. FC Nürnberg – VfB Stuttgart	2:2 (0:2)	44.000
Sa., 31.10.1998	VfB Stuttgart – VfL Bochum	4:2 (2:1)	22.000
So., 08.11.1998	Bayer Leverkusen – VfB Stuttgart	0:0	22.200
Mi., 11.11.1998	VfB Stuttgart – VfL Wolfsburg	1:2 (1:1)	13.000
Sa., 14.11.1998	Bayern München – VfB Stuttgart	2:0 (0:0)	63.000
Sa., 21.11.1998	VfB Stuttgart – Hansa Rostock	1:1 (1:0)	20.000
Sa., 28.11.1998	SC Freiburg – VfB Stuttgart	2:0 (2:0)	22.500
Sa., 05.12.1998	VfB Stuttgart – Hamburger SV	3:1 (1:1)	32.000
Sa., 12.12.1998	Werder Bremen – VfB Stuttgart	2:2 (2:1)	26.377
Fr., 18.12.1998	Borussia Dortmund – VfB Stuttgart	3:0 (1:0)	61.000
Sa., 20.02.1999	VfB Stuttgart – FC Schalke 04	2:1 (0:0)	26.500
Fr., 26.02.1999	1. FC Kaiserslautern – VfB Stuttgart	1:1 (0:0)	41.500

Trikot und Sponsor

GÖTTINGER GRUPPE

Ligapokal

Samstag, 01.08.1998
1. Runde
VfB Stuttgart – Schalke 04 2:1 (0:1)

Dienstag, 04.08.1998
Halbfinale
VfB Stuttgart – 1. FC Kaiserslautern 3:2 (1:1)

Samstag, 08.08.1998
Finale
Bayern München – VfB Stuttgart 4:0 (3:0)

Im Fokus

A 1. Spieltag, 14.08.1998
Bereits nach 26 Minuten ist für Fredi Bobic das erste Saisonspiel zu Ende. Mit einem Hexenschuss muss der Angreifer frühzeitig vom Platz. Der VfB gewinnt auch ohne den Stürmer zum Bundesliga-Start gegen Borussia Dortmund mit 2:1.

B 11. Spieltag, 08.11.1998
Fünf Bundesliga-Spiele lang schmort Franz Wohlfahrt auf der Bank. Im VfB Tor steht Marc Ziegler. Gegen Bayer Leverkusen darf er aber wieder ran – und muss zur Pause verletzt raus. Vertreten wird er beim 0:0 durch Eberhard Trautner.

C 15. Spieltag, 28.11.1998
Nach einer desolaten Vorstellung verliert der VfB beim SC Freiburg mit 0:2. Als drei Tage später im DFB-Pokal ein 0:3 bei Bayern München folgt, muss Trainer Winfried Schäfer gehen und wird durch Wolfgang Rolff ersetzt.

DFB-Pokal

Samstag, 29.08.1998
1. Runde
VfB Lübeck – VfB Stuttgart
1:2 (1:1)

Dienstag, 22.09.1998
2. Runde
VfB Stuttgart – Eintracht Frankfurt
3:2 (2:0)

Dienstag, 27.10.1998
Achtelfinale
VfB Stuttgart – Borussia Dortmund
3:1 (0:0)

UEFA-Cup

Dienstag, 15.09.1998
1. Runde, Hinspiel
VfB Stuttgart – Feyenoord Rotterdam
1:3 (1:3)

Dienstag, 29.09.1998
1. Runde, Rückspiel
Feyenoord Rotterdam – VfB Stuttgart
0:3 (0:1)

Dienstag, 20.10.1998
2. Runde, Hinspiel
VfB Stuttgart – FC Brügge
1:1 (0:1)

Dienstag, 03.11.1998
2. Runde, Rückspiel
FC Brügge – VfB Stuttgart
3:2 (1:1, 0:0) n.V.

Saison 1998/1999

Abschlusstabelle

Platz	Verein	Spiele	g.	u.	v.	Tore	Diff.	Pkt.
1	Bayern München	34	24	6	4	76:28	48	78
2	Bayer Leverkusen	34	17	12	5	61:30	31	63
3	Hertha BSC	34	18	8	8	59:32	27	62
4	Borussia Dortmund	34	16	9	9	48:34	14	57
5	1. FC Kaiserslautern	34	17	6	11	51:47	4	57
6	VfL Wolfsburg	34	15	10	9	54:49	5	55
7	Hamburger SV	34	13	11	10	47:46	1	50
8	MSV Duisburg	34	13	10	11	48:45	3	49
9	1860 München	34	11	8	15	49:56	−7	41
10	FC Schalke 04	34	10	11	13	41:54	−13	41
11	**VfB Stuttgart**	34	9	12	13	41:48	−7	39
12	SC Freiburg	34	10	9	15	36:44	−8	39
13	Werder Bremen	34	10	8	16	41:47	−6	38
14	Hansa Rostock	34	9	11	14	49:58	−9	38
15	Eintracht Frankfurt	34	9	10	15	44:54	−10	37
16	1. FC Nürnberg	34	7	16	11	40:50	−10	37
17	VfL Bochum	34	7	8	19	40:65	−25	29
18	Borussia Mönchengladbach	34	4	9	21	41:79	−38	21

Eingesetzte Spieler

Position	Name	Nat.	Geb.datum	Einsätze	Tore
Torhüter	Eberhard Trautner	D	07.02.1967	1	–
Torhüter	Franz Wohlfahrt	AUT	01.07.1964	26	–
Torhüter	Marc Ziegler	D	13.06.1976	9	–
Abwehr	Thomas Berthold	D	12.11.1964	22	–
Abwehr	Jochen Endreß	D	03.11.1972	11	–
Abwehr	Jens Keller	D	24.11.1970	24	1
Abwehr	Thomas Kies	D	16.10.1975	3	1
Abwehr	Kai Oswald	D	29.11.1977	5	–
Abwehr	Thomas Schneider	D	24.11.1972	12	1
Abwehr	Zvonimir Soldo	CRO	02.11.1967	29	1
Abwehr	Martin Spanring	D	14.10.1969	12	–
Abwehr	Frank Verlaat	NED	05.03.1968	29	–
Mittelfeld	Krassimir Balakov	BUL	29.03.1966	24	5
Mittelfeld	Alexander Blessin	D	28.05.1973	7	–
Mittelfeld	Bradley Carnell	RSA	21.01.1977	20	1
Mittelfeld	Kristijan Djordjevic	SRB	06.01.1976	23	2
Mittelfeld	Thorsten Legat	D	07.11.1968	1	–
Mittelfeld	Krisztian Lisztes	HUN	02.07.1976	31	2
Mittelfeld	Roberto Pinto	POR	22.08.1978	6	–
Mittelfeld	Gerhard Poschner	D	23.09.1969	11	–
Mittelfeld	Timo Rost	D	29.08.1978	16	1
Mittelfeld	Mitko Stojkovski	MKD	18.12.1972	4	–
Mittelfeld	Pablo Thiam	GUI	03.01.1974	27	2
Mittelfeld	Michael Zeyer	D	09.06.1968	26	–
Angriff	Jonathan Akpoborie	NGR	20.10.1968	28	11
Angriff	Fredi Bobic	D	30.10.1971	28	8
Angriff	Nico Frommer	D	08.04.1978	8	–
Angriff	Ahmed Salah Hosny	EGY	11.07.1979	2	–
Angriff	Sasa Markovic	YUG	17.09.1971	4	1
Angriff	Sreto Ristic	SRB	07.02.1976	24	3

Trainer				Amtszeit
	Winfried Schäfer	D	10.01.1950	01.07.1998–04.12.1998
	Wolfgang Rolff	D	26.12.1959	04.12.1998–31.12.1998
	Rainer Adrion	D	10.12.1953	01.01.1999–02.05.1999
	Ralf Rangnick	D	29.06.1958	03.05.1999–23.02.2001

D – 19. Spieltag, 20.02.1999
Mit Beginn des Jahres übernimmt Rainer Adrion den Trainerposten beim VfB. Als von elf Partien nur zwei gewonnen werden, schwebt der VfB in akuter Abstiegsgefahr. Für Adrion kommt Ralf Rangnick, der eigentlich erst für die neue Saison verpflichtet worden war.

E – 34. Spieltag, 29.05.1999
Durch ein Tor von Fredi Bobic gewinnt der VfB das letzte Saisonspiel gegen Werder Bremen mit 1:0. Es ist der letzte Treffer des Angreifers, der den Verein nach 148 Bundesliga-Spielen und 69 Toren in Richtung Borussia Dortmund verlässt.

Dienstag, 01.12.1998
Viertelfinale
Bayern München – VfB Stuttgart
3:0 (1:0)

292 Statistik

Bundesliga

Spieltag	Paarung	Ergebnis		Zuschauer
01 Sa., 14.08.1999	VfB Stuttgart – Werder Bremen	0:0		33.000
02 Sa., 21.08.1999	Hamburger SV – VfB Stuttgart	3:0	(1:0)	34.487
03 Di., 28.08.1999	VfB Stuttgart – Bayer Leverkusen	1:2	(1:1)	27.000
04 Sa., 11.09.1999	SpVgg Unterhaching – VfB Stuttgart	2:0	(1:0)	10.300
05 Sa., 18.09.1999	VfB Stuttgart – MSV Duisburg	4:2	(2:1)	18.000
06 Fr., 24.09.1999	Bayern München – VfB Stuttgart	0:1	(0:0)	62.000
07 Fr., 01.10.1999	Eintracht Frankfurt – VfB Stuttgart	0:1	(0:0)	30.000
08 So., 17.10.1999	VfB Stuttgart – FC Schalke 04	0:2	(0:0)	35.000
09 Sa., 23.10.1999	Hertha BSC – VfB Stuttgart	1:1	(0:1)	40.219
10 So., 31.10.1999	VfB Stuttgart – 1. FC Kaiserslautern	0:1	(0:1)	37.000
11 Sa., 06.11.1999	VfL Wolfsburg – VfB Stuttgart	0:2	(0:1)	15.668
12 Sa., 20.11.1999	VfB Stuttgart – SSV Ulm 1846	2:0	(0:0)	42.000
13 Fr., 26.11.1999	SC Freiburg – VfB Stuttgart	0:2	(0:1)	25.000
14 Sa., 04.12.1999	VfB Stuttgart – 1860 München	1:3	(0:1)	37.500
15 Sa., 11.12.1999	Borussia Dortmund – VfB Stuttgart	1:1	(1:1)	60.500
16 Di., 14.12.1999	VfB Stuttgart – Hansa Rostock	3:1	(0:0)	14.000
17 Fr., 17.12.1999	Arminia Bielefeld – VfB Stuttgart	1:2	(0:0)	13.071
18 Sa., 05.02.2000	Werder Bremen – VfB Stuttgart	2:1	(2:0)	26.000
19 Mi., 09.02.2000	VfB Stuttgart – Hamburger SV	1:3	(0:0)	17.500
20 Sa., 12.02.2000	Bayer Leverkusen – VfB Stuttgart	1:0	(0:0)	22.500

Trikot und Sponsor

debitel

Im Fokus

A 4. Spieltag, 11.09.1999
Nach dem 0:2 bei der SpVgg Unterhaching steht der VfB mit nur einem Punkt aus vier Partien am Tabellenende. Zudem hat Stuttgart bis dahin durch Zvonimir Soldo (beim 1:2 gegen Leverkusen) nur einen Treffer erzielt.

B 5. Spieltag, 18.09.1999
Achim Hollerieth ersetzt im Tor den verletzten Franz Wohlfahrt. Das 4:2 gegen den MSV Duisburg bleibt das einzige Bundesliga-Spiel seiner Karriere. Im Jahr 2000 wechselt Hollerieth zum SV Waldhof Mannheim.

C 13. Spieltag, 26.11.1999
Neues Gesicht im Tor des VfB: Timo Hildebrand feiert beim 2:0-Sieg in Freiburg seine Bundesliga-Premiere. Insgesamt absolviert der Schlussmann, der von den VfB Amateuren zum Profikader gestoßen ist, in dieser Saison sechs Spiele.

DFB-Pokal

Freitag, 06.08.1999
2. Runde
1. SC Norderstedt – VfB Stuttgart
0:3 (0:2)

Mittwoch, 13.10.1999
3. Runde
Werder Bremen (A) – VfB Stuttgart
0:1 (0:1)

Dienstag, 30.11.1999
Achtelfinale
VfB Stuttgart – 1. FC Köln
4:0 (1:0)

Saison 1999/2000

Abschlusstabelle

Platz	Verein	Spiele	g.	u.	v.	Tore	Diff.	Pkt.
1	Bayern München	34	22	7	5	73:28	45	73
2	Bayer Leverkusen	34	21	10	3	74:36	38	73
3	Hamburger SV	34	16	11	7	63:39	24	59
4	1860 München	34	14	11	9	55:48	7	53
5	1. FC Kaiserslautern	34	15	5	14	54:59	−5	50
6	Hertha BSC	34	13	11	10	39:46	−7	50
7	VfL Wolfsburg	34	12	13	9	51:58	−7	49
8	**VfB Stuttgart**	34	14	6	14	44:47	−3	48
9	Werder Bremen	34	13	8	13	65:52	13	47
10	SpVgg Unterhaching	34	12	8	14	40:42	−2	44
11	Borussia Dortmund	34	9	13	12	41:38	3	40
12	SC Freiburg	34	10	10	14	45:50	−5	40
13	Eintracht Frankfurt*	34	12	5	17	42:44	−2	39
13	FC Schalke 04	34	8	15	11	42:44	−2	39
15	Hansa Rostock	34	8	14	12	44:60	−16	38
16	SSV Ulm 1846	34	9	8	17	36:62	−26	35
17	Arminia Bielefeld	34	7	9	18	40:61	−21	30
18	MSV Duisburg	34	4	10	20	37:71	−34	22

*Eintracht Frankfurt wurden wegen Verstoßes gegen die Lizenzauflagen zwei Punkte abgezogen.

Eingesetzte Spieler

Position	Name	Nat.	Geb.datum	Einsätze	Tore
Torhüter	Timo Hildebrand	D	05.04.1979	6	–
	Achim Hollerieth	D	24.09.1973	1	–
	Franz Wohlfahrt	AUT	01.07.1964	27	–
Abwehr	Thomas Berthold	D	12.11.1964	23	–
	Marcelo José Bordon	BRA	07.01.1976	23	2
	Giuseppe Catizone	ITA	20.09.1977	5	–
	Jochen Endreß	D	03.11.1972	20	1
	Heiko Gerber	D	11.07.1972	29	4
	Jens Keller	D	24.11.1970	24	–
	Thomas Kies	D	16.10.1975	6	–
	Thomas Schneider	D	24.11.1972	22	–
	Zvonimir Soldo	CRO	02.11.1967	31	2
Mittelfeld	Krassimir Balakov	BUL	29.03.1966	30	6
	Bradley Carnell	RSA	21.01.1977	24	1
	Kristijan Djordjevic	SRB	06.01.1976	9	–
	Rüdiger Kauf	D	01.03.1975	2	–
	Krisztian Lisztes	HUN	02.07.1976	29	4
	Roberto Pinto	POR	22.08.1978	27	2
	Pablo Thiam	GUI	03.01.1974	33	3
	Jens Todt	D	05.01.1970	6	–
Angriff	Didi	BRA	24.02.1976	2	–
	Sean Dundee	D	07.12.1972	28	8
	Ioan Viorel Ganea	ROU	10.08.1973	29	7
	Ahmed Salah Hosny	EGY	11.07.1979	16	2
	Pavel Kuka	CZE	19.07.1968	20	1
	Sreto Ristic	SRB	07.02.1976	3	–

				Amtszeit
Trainer	Ralf Rangnick	D	29.06.1958	03.05.1999–23.02.2001

Platz 8: Qualifikation für den UI-Cup

D 28. Spieltag, 08.04.2000
Thomas Berthold trägt bei der 2:5-Heimniederlage gegen den VfL Wolfsburg zum letzten Mal das VfB Trikot. Der Verteidiger absolviert 191 Bundesliga-Spiele für Stuttgart und erzielt dabei vier Treffer.

E 34. Spieltag, 20.05.2000
Beim 3:3 gegen Absteiger Arminia Bielefeld verspielt der VfB die Chance auf einen UEFA-Cup-Platz. Nach Toren von Pablo Thiam (5.), Heiko Gerber (14.) und Ioan Viorel Ganea (38.) hat der VfB bereits 3:0 geführt.

Mittwoch, 22.12.1999
Viertelfinale
Hansa Rostock – VfB Stuttgart
2:1 (2:1)

Spieltag	Datum	Spiel	Ergebnis	Zuschauer
22	Sa., 26.02.2000	MSV Duisburg – VfB Stuttgart	1:3 (1:2)	12.126
23	Sa., 04.03.2000	VfB Stuttgart – Bayern München	2:0 (0:0)	46.500
24	Fr., 10.03.2000	VfB Stuttgart – Eintracht Frankfurt	0:2 (0:0)	25.000
25	Sa., 18.03.2000	FC Schalke 04 – VfB Stuttgart	3:0 (0:0)	33.230
26	Sa., 25.03.2000	VfB Stuttgart – Hertha BSC	1:0 (0:0)	23.000
27	So., 02.04.2000	1. FC Kaiserslautern – VfB Stuttgart	1:2 (1:1)	41.500
28	Sa., 08.04.2000	VfB Stuttgart – VfL Wolfsburg	2:5 (2:2)	21.000
29	Di., 11.04.2000	SSV Ulm 1846 – VfB Stuttgart	1:1 (0:1)	23.000
30	Sa., 15.04.2000	VfB Stuttgart – SC Freiburg	1:0 (0:0)	26.000
31	Sa., 22.04.2000	1860 München – VfB Stuttgart	1:1 (0:0)	36.500
32	Sa., 29.04.2000	VfB Stuttgart – Borussia Dortmund	1:2 (0:1)	45.000
33	Sa., 13.05.2000	Hansa Rostock – VfB Stuttgart	1:4 (0:2)	16.000
34	Sa., 20.05.2000	VfB Stuttgart – Arminia Bielefeld	3:3 (3:1)	23.000

Bundesliga

Trikot und Sponsor

Spieltag	Paarung	Ergebnis	Zuschauer
Sa., 12.08.2000	SC Freiburg – VfB Stuttgart	4:0 (2:0)	25.000
Sa., 19.08.2000	VfB Stuttgart – Bayer Leverkusen	4:1 (2:0)	25.000
Di., 05.09.2000	1. FC Kaiserslautern – VfB Stuttgart	1:0 (1:0)	37.600
Sa., 09.09.2000	VfB Stuttgart – Bayern München	2:1 (1:1)	51.200
So., 17.09.2000	Hertha BSC – VfB Stuttgart	2:0 (0:0)	33.000
Sa., 23.09.2000	VfB Stuttgart – VfL Bochum	1:1 (0:1)	18.000
So., 01.10.2000	VfL Wolfsburg – VfB Stuttgart	2:2 (1:1)	15.400
Sa., 14.10.2000	VfB Stuttgart – Hamburger SV	3:3 (2:2)	26.000
Sa., 21.10.2000	VfB Stuttgart – SpVgg Unterhaching	2:2 (1:2)	17.000
So., 29.10.2000	1. FC Köln – VfB Stuttgart	3:2 (2:2)	32.000
Sa., 04.11.2000	VfB Stuttgart – Hansa Rostock	1:0 (1:0)	19.000
So., 12.11.2000	Energie Cottbus – VfB Stuttgart	2:1 (1:1)	16.300
Fr., 17.11.2000	VfB Stuttgart – 1860 München	2:2 (1:0)	22.000
So., 26.11.2000	Werder Bremen – VfB Stuttgart	1:0 (0:0)	26.200
Sa., 02.12.2000	VfB Stuttgart – Borussia Dortmund	0:2 (0:1)	30.000
Sa., 09.12.2000	Schalke 04 – VfB Stuttgart	2:1 (1:0)	31.300
Di., 12.12.2000	VfB Stuttgart – Eintracht Frankfurt	4:1 (1:1)	15.000
Sa., 16.12.2000	VfB Stuttgart – SC Freiburg	0:0	19.500
So., 28.01.2001	Bayer Leverkusen – VfB Stuttgart	4:0 (0:0)	22.500
Sa., 03.02.2001	VfB Stuttgart – 1. FC Kaiserslautern	6:1 (3:1)	18.000

UI-Cup

2. Runde:
Samstag, 01.07.2000, Hinspiel
Neuchâtel Xamax – VfB Stuttgart 1:6 (0:3)
Sonntag, 09.07.2000, Rückspiel
VfB Stuttgart – Neuchâtel Xamax 4:1 (1:0)

3. Runde:
Samstag, 15.07.2000, Hinspiel
RC Lens – VfB Stuttgart 2:1(1:0)
Samstag, 22.07.2000, Rückspiel
VfB Stuttgart – RC Lens 1:0 (1:0)

Halbfinale:
Mittwoch, 26.07.2000, Hinspiel
VfB Stuttgart – Standard Lüttich 1:1 (0:0)
Mittwoch, 02.08.2000, Rückspiel
Standard Lüttich – VfB Stuttgart 0:1 (0:1)

Finale:
Dienstag, 08.08.2000, Hinspiel
AJ Auxerre – VfB Stuttgart 0:2 (0:1)
Dienstag, 22.08.2000, Rückspiel
VfB Stuttgart – AJ Auxerre 1:1 (1:0)

Im Fokus

A 3. Spieltag, 05.09.2000
In der 71. Minute feiert Alexander Hleb seine Bundesliga-Premiere im VfB Trikot. Bei der 0:1-Niederlage in Kaiserslautern kommt der Neuzugang aus Weißrussland für Thomas Schneider in die Partie. Insgesamt kommt Hleb in seinem ersten Jahr auf sechs Einsätze.

B 10. Spieltag, 29.10.2000
Das letzte Spiel von Gerhard Mayer-Vorfelder als VfB Präsident endet mit einer 2:3-Niederlage in Köln. Einen Tag später wird er zum DFB-Präsidenten gewählt. Neuer Präsident des VfB Stuttgart wird Manfred Haas.

C 20. Spieltag, 03.02.2001
In der Winterpause verpflichtet der VfB als Ersatz für den zu Slavia Prag gewechselten Pavel Kuka den Brasilianer Adhemar. Der Einstand des Stürmers kann sich sehen lassen. Beim 6:1 gegen den 1. FC Kaiserslautern erzielt der Brasilianer drei Tore.

DFB-Pokal

Samstag, 26.08.2000
1. Runde
Wuppertaler SV – VfB Stuttgart
1:3 (0:2)

Mittwoch, 01.11.2000
2. Runde
VfB Stuttgart (A) – VfB Stuttgart
0:3 (0:2)

Mittwoch, 29.11.2000
Achtelfinale
VfB Stuttgart – Hannover 96
2:1 (1:0)

UEFA-Cup

Donnerstag, 14.09.2000
1. Runde, Hinspiel
VfB Stuttgart – Heart of Midlothian
1:0 (0:0)

Donnerstag, 28.09.2000
1. Runde, Rückspiel
Heart of Midlothian – VfB Stuttgart
3:2 (1:1)

Donnerstag, 26.10.2000
2. Runde, Hinspiel
FC Tirol Innsbruck – VfB Stuttgart
1:0 (0:0)

Donnerstag, 09.11.2000
2. Runde, Rückspiel
VfB Stuttgart – FC Tirol Innsbruck
3:1 (3:0)

Donnerstag, 23.11.2000
3. Runde, Hinspiel
Feyenoord Rotterdam – VfB Stuttgart
2:2 (2:1)

Dienstag, 05.12.2000
3. Runde, Rückspiel
VfB Stuttgart – Feyenoord Rotterdam
2:1 (1:0)

Saison 2000/2001

Abschlusstabelle

Platz	Verein	Spiele	g.	u.	v.	Tore	Diff.	Pkt.
1	Bayern München	34	19	6	9	62:37	25	63
2	FC Schalke 04	34	18	8	8	65:35	30	62
3	Borussia Dortmund	34	16	10	8	62:42	20	58
4	Bayer Leverkusen	34	17	6	11	54:40	14	57
5	Hertha BSC	34	18	2	14	58:52	6	56
6	SC Freiburg	34	15	10	9	54:37	17	55
7	Werder Bremen	34	15	8	11	53:48	5	53
8	1. FC Kaiserslautern	34	15	5	14	49:54	−5	50
9	VfL Wolfsburg	34	12	11	11	60:45	15	47
10	1. FC Köln	34	12	10	12	59:52	7	46
11	1860 München	34	12	8	14	43:55	−12	44
12	Hansa Rostock	34	12	7	15	34:47	−13	43
13	Hamburger SV	34	10	11	13	58:58	0	41
14	Energie Cottbus	34	12	3	19	38:52	−14	39
15	**VfB Stuttgart**	**34**	**9**	**11**	**14**	**42:49**	**−7**	**38**
16	SpVgg Unterhaching	34	8	11	15	35:59	−24	35
17	Eintracht Frankfurt	34	10	5	19	41:68	−27	35
18	VfL Bochum	34	7	6	21	30:67	−37	27

Eingesetzte Spieler

Position	Name	Nat.	Geb.datum	Einsätze	Tore
Torhüter	Thomas Ernst	D	23.12.1967	2	–
	Timo Hildebrand	D	05.04.1979	32	–
Abwehr	Stefan Blank	D	10.03.1977	7	–
	Marcelo José Bordon	BRA	07.01.1976	28	–
	Jochen Endreß	D	03.11.1972	10	–
	Heiko Gerber	D	11.07.1972	20	2
	Andreas Hinkel	D	26.03.1982	10	–
	Rui Marques	ANG	03.09.1977	12	–
	Thomas Schneider	D	24.11.1972	18	–
	Zvonimir Soldo	CRO	02.11.1967	28	2
	Timo Wenzel	D	30.11.1977	7	–
Mittelfeld	Krassimir Balakov	BUL	29.03.1966	28	6
	Bradley Carnell	RSA	21.01.1977	20	–
	Kristijan Djordjevic	SRB	06.01.1976	12	–
	Alexander Hleb	BLR	01.05.1981	6	–
	Rüdiger Kauf	D	01.03.1975	12	–
	Krisztian Lisztes	HUN	02.07.1976	23	3
	Silvio Meißner	D	19.01.1973	22	–
	Roberto Pinto	POR	22.08.1978	19	–
	Jochen Seitz	D	11.10.1976	25	1
	Pablo Thiam	GUI	03.01.1974	29	4
	Christian Tiffert	D	18.02.1982	6	–
	Jens Todt	D	05.01.1970	14	–
Angriff	Adhemar	BRA	24.04.1972	11	7
	Sean Dundee	D	07.12.1972	28	6
	Ioan Viorel Ganea	ROU	10.08.1973	32	8
	Ahmed Salah Hosny	EGY	11.07.1979	8	–
	Angelo Vaccaro	ITA	04.10.1981	2	–

					Amtszeit
Trainer	Ralf Rangnick	D	29.06.1958		03.05.1999 – 23.02.2001
	Felix Magath	D	26.07.1953		24.02.2001 – 30.06.2004

D 23. Spieltag, 25.02.2001
Nur einen Tag nach seiner Vorstellung als neuer VfB Trainer sitzt Felix Magath beim 0:0 in Bochum erstmals auf der Bank. Nach dem Aus im UEFA-Cup hat Vorgänger Ralf Rangnick noch im spanischen Vigo seinen Hut genommen.

E 33. Spieltag, 12.05.2001
Krassimir Balakov nimmt Maß und erlöst den VfB von allen Abstiegssorgen. Mit einem direkt verwandelten Freistoß sichert der Bulgare den 1:0-Sieg gegen Schalke 04 und den damit verbundenen vorzeitigen Klassenverbleib.

Mittwoch, 20.12.2000
Viertelfinale
VfB Stuttgart – SC Freiburg
2:1 (1:1, 1:1) n.V.

Mittwoch, 07.02.2001
Halbfinale
VfB Stuttgart – FC Schalke 04
0:3 (0:3)

Donnerstag, 15.02.2001
Achtelfinale, Hinspiel
VfB Stuttgart – Celta Vigo
0:0

Mittwoch, 22.02.2001
Achtelfinale, Rückspiel
Celta Vigo – VfB Stuttgart
2:1 (1:1)

Statistik

Bundesliga

Trikot und Sponsor

Spieltag	Paarung	Ergebnis	Zuschauer
Sa, 28.07.2001	VfB Stuttgart – 1. FC Köln	0:0	25.000
Sa, 04.08.2001	Hamburger SV – VfB Stuttgart	2:0 (1:0)	39.000
Sa, 11.08.2001	VfB Stuttgart – Werder Bremen	0:0	20.000
Sa, 18.08.2001	1. FC Nürnberg – VfB Stuttgart	2:4 (1:1)	40.000
Sa, 08.09.2001	VfB Stuttgart – Hertha BSC	0:0	22.500
Sa, 15.09.2001	VfL Wolfsburg – VfB Stuttgart	0:2 (0:1)	12.500
Sa, 22.09.2001	VfB Stuttgart – Hansa Rostock	2:1 (0:1)	19.500
So, 30.09.2001	Bayern München – VfB Stuttgart	4:0 (2:0)	61.000
Sa, 13.10.2001	VfB Stuttgart – FC Schalke 04	3:0 (1:0)	38.000
Sa, 20.10.2001	Bayer Leverkusen – VfB Stuttgart	4:1 (1:1)	22.500
Sa, 27.10.2001	VfB Stuttgart – FC St. Pauli	2:0 (1:0)	19.000
Sa, 03.11.2001	Borussia Dortmund – VfB Stuttgart	1:0 (0:0)	65.000
Sa, 17.11.2001	VfB Stuttgart – SC Freiburg	3:0 (1:0)	28.000
Sa, 24.11.2001	Energie Cottbus – VfB Stuttgart	0:0	13.800
Sa, 01.12.2001	VfB Stuttgart – Borussia Mönchengladbach	1:1 (0:0)	25.000
So, 16.12.2001	VfB Stuttgart – 1860 München	0:1 (0:0)	20.000
Mi, 19.12.2001	1. FC Kaiserslautern – VfB Stuttgart	2:2 (1:1)	38.500
Sa, 26.01.2002	1. FC Köln – VfB Stuttgart	0:0	28.000
Sa, 02.02.2002	VfB Stuttgart – Hamburger SV	3:0 (2:0)	26.000
Sa, 02.02.2002	Werder Bremen – VfB Stuttgart	1:2 (1:0)	26.000

Im Fokus

A
4. Spieltag, 18.08.2001
Erst im vierten Spiel platzt der Knoten. Nach drei Partien ohne Tor gewinnt der VfB beim 1. FC Nürnberg mit 4:2. Das erste Saisontor erzielt der Rumäne Ioan Viorel Ganea in der vierten Minute.

B
9. Spieltag, 13.10.2001
Im Heimspiel gegen Schalke 04 erzielt Alexander Hleb sein erstes Bundesliga-Tor. Der Weißrusse trifft in der 54. Minute mit einem Rechtsschuss zum 3:0-Endstand.

C
17. Spieltag, 16.12.2001
Fünftes Spiel, erstes Tor: Kevin Kuranyi rettet dem VfB beim 2:2 in Kaiserslautern mit einem Kopfballtor in der 85. Minute einen Punkt. Der Angreifer ist aus der eigenen Jugend in den Profikader aufgerückt.

DFB-Pokal

Sonntag, 26.08.2001
1. Runde
FC Schöneberg 05 – VfB Stuttgart
2:4 (2:0)

Dienstag, 27.11.2001
2. Runde
Hamburger SV – VfB Stuttgart
0:2 (0:1)

Dienstag, 11.12.2001
Achtelfinale
VfB Stuttgart – 1860 München
4:6 n.E. (2:2, 1:1, 0:1)

Saison 2001/2002

Abschlusstabelle

Platz	Verein	Spiele	g.	u.	v.	Tore	Diff.	Pkt.
1	Borussia Dortmund	34	21	7	6	62:33	29	70
2	Bayer Leverkusen	34	21	6	7	77:38	39	69
3	Bayern München	34	20	8	6	65:25	40	68
4	Hertha BSC	34	18	7	9	61:38	23	61
5	FC Schalke 04	34	18	7	9	52:36	16	61
6	Werder Bremen	34	17	5	12	54:43	11	56
7	1. FC Kaiserslautern	34	17	5	12	62:53	9	56
8	VfB Stuttgart	34	13	11	10	47:43	4	50
9	1860 München	34	15	5	14	59:59	0	50
10	VfL Wolfsburg	34	13	7	14	57:49	8	46
11	Hamburger SV	34	10	10	14	51:57	−6	40
12	Borussia Mönchengladbach	34	9	12	13	41:53	−12	39
13	Energie Cottbus	34	9	8	17	36:60	−24	35
14	Hansa Rostock	34	9	7	18	35:54	−19	34
15	1. FC Nürnberg	34	10	4	20	34:57	−23	34
16	SC Freiburg	34	7	9	18	37:64	−27	30
17	1. FC Köln	34	7	8	19	26:61	−35	29
18	FC St. Pauli	34	4	10	20	37:70	−33	22

Eingesetzte Spieler

Position	Name	Nat.	Geb.datum	Einsätze	Tore
Torhüter	Thomas Ernst	D	23.12.1967	3	–
	Timo Hildebrand	D	05.04.1979	31	–
Abwehr	Marcelo José Bordon	BRA	07.01.1976	28	3
	Jochen Endreß	D	03.11.1972	9	1
	Fernando Meira	POR	05.06.1978	14	2
	Heiko Gerber	D	11.07.1972	15	–
	Andreas Hinkel	D	26.03.1982	30	–
	Steffen Kocholl	D	10.05.1983	1	–
	Rui Marques	ANG	03.09.1977	23	–
	Michael Rundio	D	21.01.1983	1	–
	Zvonimir Soldo	CRO	02.11.1967	33	–
	Timo Wenzel	D	30.11.1977	32	1
Mittelfeld	Krassimir Balakov	BUL	29.03.1966	30	4
	Bradley Carnell	RSA	21.01.1977	12	–
	Alexander Hleb	BLR	01.05.1981	32	2
	Silvio Meißner	D	19.01.1973	26	8
	Jochen Seitz	D	11.10.1976	28	2
	Christian Tiffert	D	18.02.1982	27	3
	Jens Todt	D	05.01.1970	19	1
	Robert Vujevic	CRO	26.11.1980	1	–
Angriff	Adhemar	BRA	24.04.1972	28	2
	Marvin Braun	D	11.01.1982	1	–
	Sean Dundee	D	07.12.1972	12	5
	Ioan Viorel Ganea	ROU	10.08.1973	23	10
	Steffen Handschuh	D	26.04.1980	1	1
	Kevin Kuranyi	D	02.03.1982	5	1

				Amtszeit	
Trainer	Felix Magath	D	26.07.1953	24.02.2001 – 30.06.2004	

Platz 8: Qualifikation für den UI-Cup

D – 19. Spieltag, 26.01.2002
In der Winterpause wechselt Fernando Meira von Benfica Lissabon zum VfB. Der Portugiese ist zu diesem Zeitpunkt der teuerste Transfer der Vereinsgeschichte. Im ersten Spiel gewinnt der VfB mit Meira gegen den Hamburger SV mit 3:0.

E – 34. Spieltag, 04.05.2001
Im letzten Saisonspiel erlebt der VfB Stuttgart ein Wechselbad der Gefühle. Dreimal gleicht Kaiserslautern die Führung des VfB aus. Doch in der 73. Minute macht Ioan Viorel Ganea mit dem Tor zum 4:3-Endstand endgültig alles klar.

Spieltag	21	22	23	24	25	26	27	28	29	30	31	32	33	34
Datum	Di., 05.02.2002	Sa., 09.02.2002	Sa., 16.02.2002	Sa., 23.02.2002	Sa., 02.03.2002	So., 10.03.2002	Sa., 16.03.2002	Sa., 23.03.2002	Sa., 30.03.2002	So., 07.04.2002	So., 14.04.2002	So., 21.04.2002	Sa., 27.04.2002	Sa., 04.05.2002
Spiel	VfB Stuttgart – 1. FC Nürnberg	Hertha BSC – VfB Stuttgart	VfB Stuttgart – VfL Wolfsburg	Hansa Rostock – VfB Stuttgart	VfB Stuttgart – Bayern München	FC Schalke 04 – VfB Stuttgart	VfB Stuttgart – Bayer Leverkusen	FC St. Pauli – VfB Stuttgart	VfB Stuttgart – Borussia Dortmund	SC Freiburg – VfB Stuttgart	VfB Stuttgart – Energie Cottbus	Borussia Mönchengladbach – VfB Stuttgart	1860 München – VfB Stuttgart	VfB Stuttgart – 1. FC Kaiserslautern
Ergebnis	2:3 (1:2)	2:0 (2:0)	2:1 (1:0)	1:1 (1:0)	0:2 (0:2)	2:1 (0:0)	0:2 (0:2)	1:2 (0:0)	3:2 (2:0)	0:2 (0:0)	0:0	2:2 (0:0)	3:3 (0:2)	4:3 (1:1)
Zuschauer	21.000	25.325	16.000	15.000	54.200	60.700	25.000	20.600	33.000	25.000	21.000	29.000	18.000	34.000

Statistik

Bundesliga

Spieltag	Paarung	Ergebnis	Zuschauer
Sa., 10.08.2002	VfB Stuttgart – 1. FC Kaiserslautern	1:1 (1:0)	23.000
Sa., 17.08.2002	Hertha BSC – VfB Stuttgart	1:1 (0:1)	49.200
Sa., 24.08.2002	Borussia Dortmund – VfB Stuttgart	3:1 (1:0)	66.000
Mi., 11.09.2002	VfB Stuttgart – FC Schalke 04	1:1 (1:0)	26.500
Sa., 14.09.2002	Borussia Mönchengladbach – VfB Stuttgart	1:1 (0:0)	27.700
So., 22.09.2002	VfB Stuttgart – Arminia Bielefeld	3:0 (1:0)	17.500
Sa., 28.09.2002	Hamburger SV – VfB Stuttgart	3:2 (2:2)	36.700
So., 06.10.2002	VfB Stuttgart – 1860 München	4:1 (0:1)	23.000
So., 20.10.2002	1. FC Nürnberg – VfB Stuttgart	1:2 (1:0)	23.000
Sa., 26.10.2002	VfB Stuttgart – Energie Cottbus	0:0	23.000
Sa., 02.11.2002	Bayer Leverkusen – VfB Stuttgart	0:1 (0:1)	22.500
Sa., 09.11.2002	VfB Stuttgart – VfL Bochum	3:2 (0:0)	21.000
Sa., 16.11.2002	Hansa Rostock – VfB Stuttgart	1:1 (1:0)	13.800
Sa., 23.11.2002	VfB Stuttgart – Hannover 96	3:0 (1:0)	46.000
So., 01.12.2002	Werder Bremen – VfB Stuttgart	3:1 (1:0)	28.000
Sa., 07.12.2002	VfB Stuttgart – Bayern München	0:3 (0:2)	53.700
So., 15.12.2002	VfL Wolfsburg – VfB Stuttgart	1:2 (0:1)	20.000
Sa., 25.01.2003	1. FC Kaiserslautern – VfB Stuttgart	1:2 (1:1)	36.700
Sa., 01.02.2003	VfB Stuttgart – Hertha BSC	3:1 (1:0)	23.000
So., 09.02.2003	VfB Stuttgart – Borussia Dortmund	1:0 (0:0)	43.000

Trikot und Sponsor

debitel

UI-Cup

2. Runde:
Sonntag, 07.07.2002, Hinspiel
VfB Stuttgart – Sporting Lokeren 2:0 (1:0)
Samstag, 13.07.2002, Rückspiel
Sporting Lokeren – VfB Stuttgart 0:1 (0:0)

3. Runde:
Samstag, 20.07.2002, Hinspiel
VfB Stuttgart – AC Perugia 3:1 (0:1)
Samstag, 27.07.2002, Rückspiel
AC Perugia – VfB Stuttgart 2:1 (0:0)

Halbfinale:
Mittwoch, 31.07.2002, Hinspiel
VfB Stuttgart – NK Slaven Belupo 2:1 (1:0)
Mittwoch, 07.08.2002, Rückspiel
NK Slaven Belupo – VfB Stuttgart 0:1 (0:1)

Finale:
Dienstag, 13.08.2002, Hinspiel
OSC Lille – VfB Stuttgart 1:0 (1:0)
Dienstag, 27.08.2002, Rückspiel
VfB Stuttgart – OSC Lille 2:0 (0:0)

Im Fokus

Ⓐ 6. Spieltag, 22.09.2002
Drei Tore, ein Torschütze: Für das 3:0 gegen Arminia Bielefeld sorgt Kevin Kuranyi im Alleingang. Der Stürmer ist während der gesamten Saison der treffsicherste Angreifer und erzielt insgesamt 15 Tore.

Ⓑ 13. Spieltag, 16.11.2002
Sechs Gelbe Karten, zwei Platzverweise: Das Kartenfestival an der Ostsee endet für Fernando Meira vorzeitig. Der Portugiese sieht die Rote Karte (61.). Am Ende entführt der VfB beim 1:1 gegen Hansa Rostock zumindest einen Punkt.

Ⓒ 17. Spieltag, 15.12.2002
Sportlich schließt der VfB nach dem 2:1-Sieg beim VfL Wolfsburg die Vorrunde als Fünfter durchaus erfolgreich ab. Aber nach internen Differenzen wird vier Tage später Manager Rolf Rüssmann entlassen.

DFB-Pokal

Samstag, 31.08.2002
1. Runde
SC Paderborn 07 – VfB Stuttgart
1:4 (0:0)

Mittwoch, 06.11.2002
2. Runde
Bayer Leverkusen – VfB Stuttgart
3:0 (0:0)

UEFA-Cup

Donnerstag, 19.09.2002
1. Runde, Hinspiel
VfB Stuttgart – FK Ventspils
4:1 (3:0)

Donnerstag, 03.10.2002
1. Runde, Rückspiel
FK Ventspils – VfB Stuttgart
1:4 (1:1)

Donnerstag, 31.10.2002
2. Runde, Hinspiel
Ferencvaros Budapest – VfB Stuttgart
0:0

Dienstag, 12.11.2002
2. Runde, Rückspiel
VfB Stuttgart – Ferencvaros Budapest
2:0 (0:0)

Donnerstag, 28.11.2002
3. Runde, Hinspiel
FC Brügge – VfB Stuttgart
1:2 (1:0)

Donnerstag, 12.12.2002
3. Runde, Rückspiel
VfB Stuttgart – FC Brügge
1:0 (0:0)

Saison 2002/2003

Abschlusstabelle

Platz	Verein	Spiele	g.	u.	v.	Tore	Diff.	Pkt.
1	Bayern München	34	23	6	5	70:25	45	75
2	**VfB Stuttgart**	34	17	8	9	53:39	14	59
3	Borussia Dortmund	34	15	13	6	51:27	24	58
4	Hamburger SV	34	15	11	8	46:36	10	56
5	Hertha BSC	34	16	6	12	52:43	9	54
6	Werder Bremen	34	16	4	14	51:50	1	52
7	FC Schalke 04	34	12	13	9	46:40	6	49
8	VfL Wolfsburg	34	13	7	14	39:42	–3	46
9	VfL Bochum	34	12	9	13	55:56	–1	45
10	1860 München	34	12	9	13	44:52	–8	45
11	Hannover 96	34	12	7	15	47:57	–10	43
12	Borussia Mönchengladbach	34	11	9	14	43:45	–2	42
13	Hansa Rostock	34	11	8	15	35:41	–6	41
14	1. FC Kaiserslautern	34	10	10	14	40:42	–2	40
15	Bayer Leverkusen	34	11	7	16	47:56	–9	40
16	Arminia Bielefeld	34	8	12	14	35:46	–11	36
17	1. FC Nürnberg	34	8	6	20	33:60	–27	30
18	Energie Cottbus	34	7	9	18	34:64	–30	30

Eingesetzte Spieler

Position	Name	Nat.	Geb.datum	Einsätze	Tore
Torhüter	Thomas Ernst	D	23.12.1967	14	–
	Timo Hildebrand	D	05.04.1979	20	–
Abwehr	Marcelo José Bordon	BRA	07.01.1976	26	2
	Steffen Dangelmayr	D	09.09.1978	5	–
	Fernando Meira	POR	05.06.1978	31	1
	Heiko Gerber	D	11.07.1972	28	–
	Andreas Hinkel	D	26.03.1982	33	–
	Rui Marques	ANG	03.09.1977	12	–
	Michael Rundio	D	21.01.1983	3	–
	Thomas Schneider	D	24.11.1972	4	1
	Zvonimir Soldo	CRO	02.11.1967	28	1
	Timo Wenzel	D	30.11.1977	18	–
Mittelfeld	Krassimir Balakov	BUL	29.03.1966	28	2
	Bradley Carnell	RSA	21.01.1977	6	–
	Horst Heldt	D	09.12.1969	4	1
	Alexander Hleb	BLR	01.05.1981	34	4
	Silvio Meißner	D	19.01.1973	28	4
	Jochen Seitz	D	11.10.1976	21	1
	Christian Tiffert	D	18.02.1982	18	–
	Jens Todt	D	05.01.1970	3	–
Angriff	Ioannis Amanatidis	GRE	03.12.1981	27	5
	Sean Dundee	D	07.12.1972	9	6
	Ioan Viorel Ganea	ROU	10.08.1973	23	9
	Kevin Kuranyi	D	02.03.1982	32	15

				Amtszeit	
Trainer	Felix Magath	D	26.07.1953	24.02.2001 – 30.06.2004	

D — 27. Spieltag, 05.04.2003
In der Winterpause verpflichtet der VfB Horst Heldt von Sturm Graz. Bis Saisonende kommt er viermal zum Einsatz. Beim wichtigen 3:2-Erfolg in Cottbus verwandelt Heldt einen Eckball direkt zur 2:1-Führung.

E — 34. Spieltag, 24.05.2003
Mit 2:0 besiegt der VfB im letzten Saisonspiel den VfL Wolfsburg und qualifiziert sich überraschend als Vize-Meister direkt für die Champions League. Die Treffer erzielen Kevin Kuranyi (12.) und in seinem letzten VfB Spiel Krassimir Balakov (23.).

Platz 2: Qualifikation für die Champions League

Donnerstag, 20.02.2003
Achtelfinale, Hinspiel
Celtic Glasgow – VfB Stuttgart
3:1 (2:1)

Donnerstag 27.02.2003
Achtelfinale, Rückspiel
VfB Stuttgart – Celtic Glasgow
3:2 (1:2)

Statistik

Bundesliga

Spieltag	Paarung	Ergebnis	Zuschauer
01	So, 03.08.2003 — Hansa Rostock – VfB Stuttgart	0:2 (0:0)	26.000
02	So, 10.08.2003 — VfB Stuttgart – Hertha BSC	0:0	35.000
03	Sa, 16.08.2003 — Borussia Mönchengladbach – VfB Stuttgart	0:1 (0:1)	30.700
04	Sa, 23.08.2003 — VfB Stuttgart – 1. FC Kaiserslautern	2:0 (2:0)	34.000
05	Sa, 13.09.2003 — FC Schalke 04 – VfB Stuttgart	0:0	61.300
06	Sa, 20.09.2003 — VfB Stuttgart – Borussia Dortmund	1:0 (0:0)	53.000
07	Sa, 27.09.2003 — 1860 München – VfB Stuttgart	0:3 (0:2)	38.000
08	Sa, 04.10.2003 — VfB Stuttgart – 1. FC Köln	0:0	52.000
09	Sa, 18.10.2003 — Werder Bremen – VfB Stuttgart	1:3 (0:2)	41.100
10	Sa, 25.10.2003 — VfB Stuttgart – VfL Wolfsburg	1:0 (0:0)	35.000
11	Sa, 01.11.2003 — VfB Stuttgart – SC Freiburg	4:1 (1:1)	54.100
12	Sa, 08.11.2003 — Eintracht Frankfurt – VfB Stuttgart	0:2 (0:1)	26.000
13	Sa, 22.11.2003 — VfB Stuttgart – Hannover 96	3:1 (1:0)	36.000
14	Sa, 29.11.2003 — VfL Bochum – VfB Stuttgart	0:0	31.100
15	Sa, 06.12.2003 — VfB Stuttgart – Hamburger SV	0:0	41.000
16	Sa, 13.12.2003 — Bayern München – VfB Stuttgart	1:0 (0:0)	63.000
17	Mi, 17.12.2003 — VfB Stuttgart – Bayer Leverkusen	2:3 (0:2)	47.000
18	Sa, 31.01.2004 — VfB Stuttgart – Hansa Rostock	2:0 (0:0)	42.000
19	So, 08.02.2004 — Hertha BSC – VfB Stuttgart	1:0 (0:0)	39.200
20	Sa, 14.02.2004 — VfB Stuttgart – Borussia Mönchengladbach	1:1 (1:0)	33.500

Trikot und Sponsor

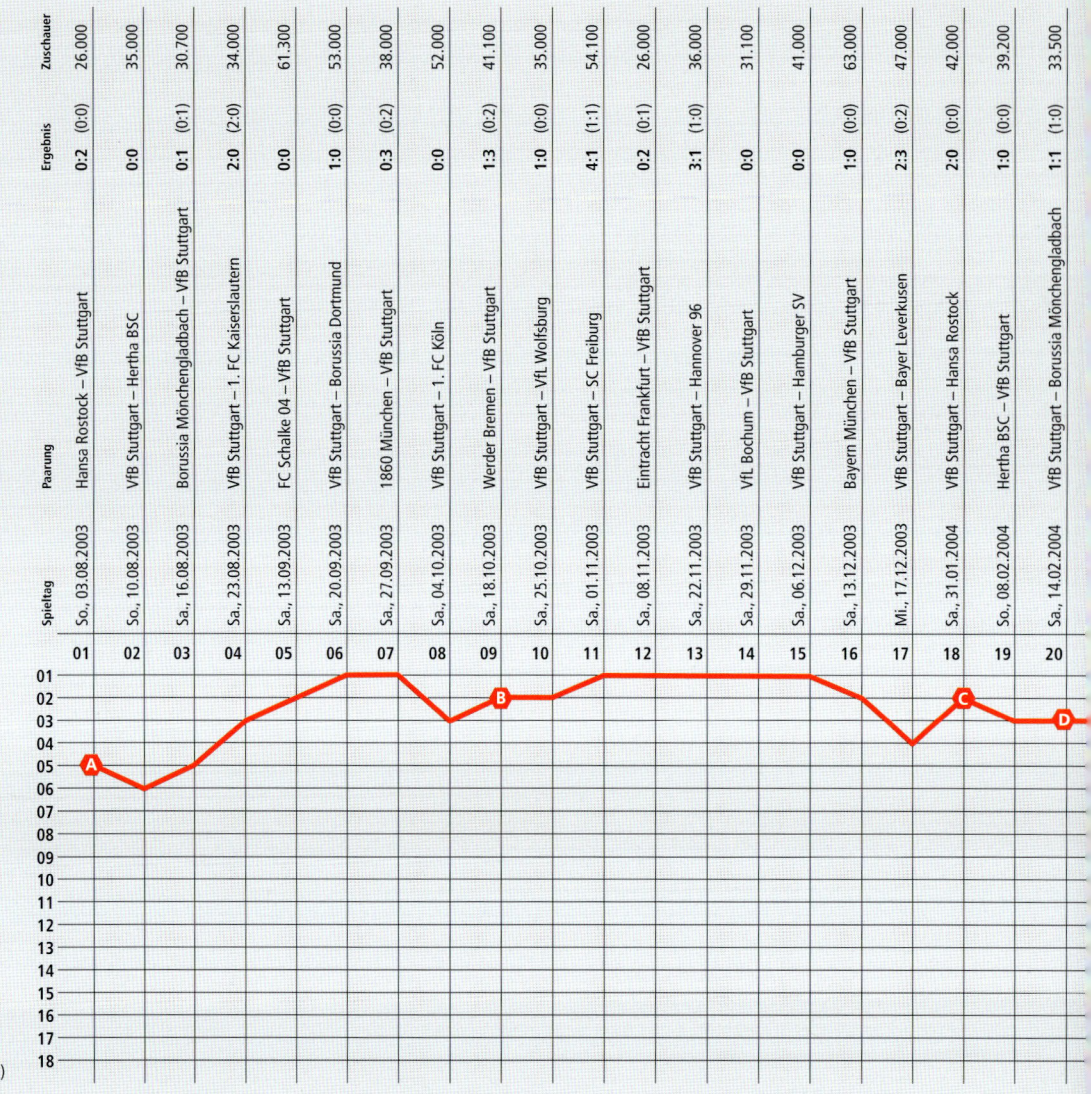

debitel

Ligapokal

Montag, 21.07.2003
Halbfinale
VfB Stuttgart – Borussia Dortmund 0:1 (0:1)

Im Fokus

A 1. Spieltag, 03.08.2003
Philipp Lahms Bundesliga-Karriere beginnt beim Spiel des VfB in Rostock. In der 76. Minute wird der vom FC Bayern München ausgeliehene Verteidiger eingewechselt – und startet anschließend auf der linken Abwehrseite durch.

B 9. Spieltag, 18.10.2003
Erst im neunten Saisonspiel muss VfB Torhüter Timo Hildebrand das erste Mal hinter sich greifen. Der Bremer Angelos Charisteas verkürzt durch einen umstrittenen Treffer auf 1:2. Am Ende gewinnt der VfB allerdings souverän mit 3:1.

C 18. Spieltag, 31.01.2004
Zum Rückrunden-Start gibt es zwei neue Gesichter im VfB Kader: Marco Streller und Hakan Yakin wechseln beide vom FC Basel an den Neckar. Streller feiert gleich im ersten Spiel des Jahres gegen Hansa Rostock (2:0) sein Debüt.

DFB-Pokal

Samstag, 30.08.2003
1. Runde
Bayer Leverkusen (A) – VfB Stuttgart
0:4 (0:1)

Dienstag, 28.10.2003
2. Runde
Wacker Burghausen – VfB Stuttgart
0:1 (0:0)

Dienstag, 02.12.2003
Achtelfinale
Borussia M'gladbach – VfB Stuttgart
4:2 (0:1)

Champions League

Dienstag, 16.09.2003
1. Spieltag, Gruppe E
Glasgow Rangers – VfB Stuttgart
2:1 (0:1)

Mittwoch, 01.10.2003
2. Spieltag, Gruppe E
VfB Stuttgart – Manchester United
2:1 (0:0)

Mittwoch, 22.10.2003
3. Spieltag, Gruppe E
VfB Stuttgart – Panathinaikos Athen
2:0 (2:0)

Dienstag, 04.11.2003
4. Spieltag, Gruppe E
Panathinaikos Athen – VfB Stuttgart
1:3 (0:0)

Mittwoch, 26.11.2003
5. Spieltag, Gruppe E
VfB Stuttgart – Glasgow Rangers
1:0 (1:0)

Dienstag, 09.12.2003
6. Spieltag, Gruppe E
Manchester United – VfB Stuttgart
2:0 (1:0)

Saison 2003/2004

Abschlusstabelle

Platz	Verein	Spiele	g.	u.	v.	Tore	Diff.	Pkt.
1	Werder Bremen	34	22	8	4	79:38	41	74
2	Bayern München	34	20	8	6	70:39	31	68
3	Bayer Leverkusen	34	19	8	7	73:39	34	65
4	**VfB Stuttgart**	**34**	**18**	**10**	**6**	**52:24**	**28**	**64**
5	VfL Bochum	34	15	11	8	57:39	18	56
6	Borussia Dortmund	34	16	7	11	59:48	11	55
7	FC Schalke 04	34	13	11	10	49:42	7	50
8	Hamburger SV	34	14	7	13	47:60	−13	49
9	Hansa Rostock	34	12	8	14	55:54	1	44
10	VfL Wolfsburg	34	13	3	18	56:61	−5	42
11	Borussia Mönchengladbach	34	10	9	15	40:49	−9	39
12	Hertha BSC	34	9	12	13	42:59	−17	39
13	SC Freiburg	34	10	8	16	42:67	−25	38
14	Hannover 96	34	9	10	15	49:63	−14	37
15	1. FC Kaiserslautern	34	11	6	17	39:62	−23	36
16	Eintracht Frankfurt	34	9	5	20	36:53	−17	32
17	1860 München	34	8	8	18	32:55	−23	32
18	1. FC Köln	34	6	5	23	32:57	−25	23

Platz 4: Qualifikation für den UEFA-Cup

Eingesetzte Spieler

Position	Name	Nat.	Geb.datum	Einsätze	Tore
Torhüter	Timo Hildebrand	D	05.04.1979	34	–
Abwehr	Marcelo José Bordon	BRA	07.01.1976	24	4
	Fernando Meira	POR	05.06.1978	32	1
	Heiko Gerber	D	11.07.1972	19	1
	Andreas Hinkel	D	26.03.1982	28	–
	Markus Husterer	D	16.06.1983	2	–
	Philipp Lahm	D	11.11.1983	31	1
	Zvonimir Soldo	CRO	02.11.1967	33	4
	Timo Wenzel	D	30.11.1977	8	–
	Boris Zivkovic	CRO	15.11.1975	12	–
Mittelfeld	Serge Branco	CMR	11.10.1980	3	–
	Emanuel Adrian Centurion	ARG	25.08.1982	5	–
	Horst Heldt	D	09.12.1969	31	1
	Alexander Hleb	BLR	01.05.1981	31	5
	Silvio Meißner	D	19.01.1973	26	5
	Christian Tiffert	D	18.02.1982	27	2
	Jurica Vranjes	CRO	31.01.1980	22	–
	Hakan Yakin	SUI	22.02.1977	8	–
Angriff	Ioannis Amanatidis	GRE	03.12.1981	8	1
	Cacau	BRA	27.03.1981	16	4
	Mario Gomez	D	10.07.1985	1	–
	Kevin Kuranyi	D	02.03.1982	33	11
	Marco Streller	SUI	18.06.1981	13	3
	Imre Szabics	HUN	22.03.1981	26	9

				Amtszeit
Trainer	Felix Magath	D	26.07.1953	24.02.2001 – 30.06.2004

D 20. Spieltag, 14.02.2004
Das Heimspiel gegen Borussia Mönchengladbach ist für Felix Magath das 100. Bundesliga-Spiel als VfB Trainer. Auf dem Platz hält sich die Stimmung in Grenzen. Der VfB muss mit einem 1:1 zufrieden sein.

E 34. Spieltag, 22.05.2004
Auf der Zielgeraden verspielt der VfB die erneute Qualifikation für die Champions League. Im direkten Duell am letzten Spieltag verliert Stuttgart bei Bayer Leverkusen mit 0:2. Die Partie ist zudem Felix Magaths letztes Spiel als VfB Coach.

Abschlusstabelle Gruppe E
1. Manchester United 6 13:2 15
2. VfB Stuttgart 6 9:6 12
3. Panathinaikos 6 5:13 4
4. Glasgow Rangers 6 4:10 4

Mittwoch, 25.02.2004
Achtelfinale, Hinspiel
VfB Stuttgart – FC Chelsea
0:1 (0:1)

Dienstag, 09.03.2004
Achtelfinale, Rückspiel
FC Chelsea – VfB Stuttgart
0:0

Statistik

Bundesliga

Spieltag	Paarung	Datum	Ergebnis	Zuschauer
01	VfB Stuttgart – 1. FSV Mainz 05	So, 08.08.2004	4:2 (2:0)	45.000
02	1. FC Nürnberg – VfB Stuttgart	Sa, 14.08.2004	1:1 (1:1)	41.400
03	1. FC Kaiserslautern – VfB Stuttgart	Sa, 28.08.2004	2:3 (2:1)	37.800
04	VfB Stuttgart – Hamburger SV	Sa, 11.09.2004	2:0 (1:0)	44.000
05	Hertha BSC – VfB Stuttgart	So, 19.09.2004	0:0	45.300
06	VfB Stuttgart – Bayer Leverkusen	Sa, 25.09.2004	3:0 (2:0)	35.000
07	Arminia Bielefeld – VfB Stuttgart	So, 03.10.2004	0:2 (0:1)	22.700
08	VfB Stuttgart – Borussia Dortmund	Sa, 16.10.2004	2:0 (0:0)	48.000
09	SC Freiburg – VfB Stuttgart	So, 24.10.2004	2:0 (1:0)	25.000
10	VfB Stuttgart – Werder Bremen	Mi, 27.10.2004	1:2 (1:0)	41.000
11	FC Schalke 04 – VfB Stuttgart	Sa, 30.10.2004	3:2 (3:2)	61.500
12	VfB Stuttgart – Hansa Rostock	So, 07.11.2004	4:0 (2:0)	46.000
13	VfL Wolfsburg – VfB Stuttgart	Sa, 13.11.2004	3:0 (1:0)	29.100
14	VfB Stuttgart – Borussia Mönchengladbach	Sa, 20.11.2004	1:0 (0:0)	46.000
15	Hannover 96 – VfB Stuttgart	So, 28.11.2004	0:0	33.600
16	VfB Stuttgart – VfL Bochum	Sa, 04.12.2004	5:2 (2:1)	35.000
17	Bayern München – VfB Stuttgart	Sa, 11.12.2004	2:2 (0:1)	63.000
18	1. FSV Mainz 05 – VfB Stuttgart	Sa, 22.01.2005	2:3 (1:0)	20.300
19	VfB Stuttgart – 1. FC Nürnberg	Sa, 29.01.2005	2:4 (0:2)	47.800
20	VfB Stuttgart – 1. FC Kaiserslautern	Sa, 05.02.2005	1:1 (1:0)	32.000

Trikot und Sponsor

debitel

Ligapokal

Donnerstag, 22.07.2004
Vorrunde
VfB Stuttgart – VfL Bochum 3:0 (2:0)

Donnerstag, 29.07.2004
Halbfinale
Werder Bremen – VfB Stuttgart 2:0 (1:0)

Im Fokus

A 3. Spieltag, 28.08.2004
Mit einem Dreierpack sorgt Kevin Kuranyi im Alleingang für den 3:2-Erfolg beim 1. FC Kaiserslautern. Der Siegtreffer gelingt ihm in der 81. Minute. Insgesamt ist Kuranyi in dieser Saison mit 13 Toren der treffsicherste VfB Angreifer.

B 5. Spieltag, 19.09.2004
Als Vertragsamateur schnuppert Mario Gomez beim 0:0 gegen Hertha BSC erstmals Bundesliga-Luft. Das Stürmer-Talent wird im Laufe der Saison insgesamt acht Mal eingewechselt.

C 11. Spieltag, 30.10.2004
Nur neun Minuten steht Emanuel Centurion in dieser Saison für den VfB auf dem Platz. Beim 2:3 in Schalke wird der Argentinier in der 81. Minute eingewechselt. In der Winterpause wird Centurion an CA Velez Sarsfield ausgeliehen.

DFB-Pokal

Samstag, 21.08.2004
1. Runde
TuS Mayen – VfB Stuttgart
0:6 (0:4)

Mittwoch, 22.09.2004
2. Runde
Rot-Weiß Oberhausen – VfB Stuttgart
0:2 (0:0)

Mittwoch, 10.11.2004
Achtelfinale
Bayern München – VfB Stuttgart
3:0 (1:0)

UEFA-Cup

Donnerstag, 16.09.2004
1. Runde, Hinspiel
Ujpest Budapest – VfB Stuttgart
1:3 (0:2)

Donnerstag, 30.09.2004
1. Runde, Rückspiel
VfB Stuttgart – Ujpest Budapest
4:0 (1:0)

Donnerstag, 21.10.2004
1. Spieltag, Gruppe G
SK Beveren – VfB Stuttgart
1:5 (0:2)

Donnerstag, 04.11.2004
2. Spieltag, Gruppe G
VfB Stuttgart – Benfica Lissabon
3:0 (1:0)

Donnerstag, 25.11.2004
3. Spieltag, Gruppe G
SC Heerenveen – VfB Stuttgart
1:0 (0:0)

Mittwoch, 15.12.2004
5. Spieltag, Gruppe G
VfB Stuttgart – Dinamo Zagreb
2:1 (1:0)

Saison 2004/2005

Abschlusstabelle

Platz	Verein	Spiele	g.	u.	v.	Tore	Diff.	Pkt.
1	Bayern München	34	24	5	5	75:33	42	77
2	FC Schalke 04	34	20	3	11	56:46	10	63
3	Werder Bremen	34	18	5	11	68:37	31	59
4	Hertha BSC	34	15	13	6	59:31	28	58
5	**VfB Stuttgart**	34	17	7	10	54:40	14	58
6	Bayer Leverkusen	34	16	9	9	65:44	21	57
7	Borussia Dortmund	34	15	10	9	47:44	3	55
8	Hamburger SV	34	16	3	15	55:50	5	51
9	VfL Wolfsburg	34	15	3	16	49:51	−2	48
10	Hannover 96	34	13	6	15	34:36	−2	45
11	1. FSV Mainz 05	34	12	7	15	50:55	−5	43
12	1. FC Kaiserslautern	34	12	6	16	43:52	−9	42
13	Arminia Bielefeld	34	11	7	16	37:49	−12	40
14	1. FC Nürnberg	34	10	8	16	55:63	−8	38
15	Borussia Mönchengladbach	34	8	12	14	35:51	−16	36
16	VfL Bochum	34	9	8	17	47:68	−21	35
17	Hansa Rostock	34	7	9	18	31:65	−34	30
18	SC Freiburg	34	3	9	22	30:75	−45	18

Eingesetzte Spieler

Position	Name	Nat.	Geb.datum	Einsätze	Tore
Torhüter	Timo Hildebrand	D	05.04.1979	34	–
Abwehr	Markus Babbel	D	08.09.1972	32	2
Abwehr	Matthieu Delpierre	FRA	26.04.1981	10	1
Abwehr	Fernando Meira	POR	05.06.1978	16	1
Abwehr	Heiko Gerber	D	11.07.1972	11	–
Abwehr	Andreas Hinkel	D	26.03.1982	29	1
Abwehr	Philipp Lahm	D	11.11.1983	22	1
Abwehr	Zvonimir Soldo	CRO	02.11.1967	32	2
Abwehr	Martin Stranzl	AUT	16.06.1980	29	1
Abwehr	Boris Zivkovic	CRO	15.11.1975	11	–
Mittelfeld	Emanuel Adrian Centurion	ARG	25.08.1982	1	–
Mittelfeld	Elson	BRA	16.11.1981	3	–
Mittelfeld	Christian Gentner	D	14.08.1985	1	–
Mittelfeld	Horst Heldt	D	09.12.1969	19	1
Mittelfeld	Alexander Hleb	BLR	01.05.1981	34	2
Mittelfeld	Silvio Meißner	D	19.01.1973	28	9
Mittelfeld	Christian Tiffert	D	18.02.1982	30	1
Mittelfeld	Jurica Vranjes	CRO	31.01.1980	17	–
Mittelfeld	Hakan Yakin	SUI	22.02.1977	1	–
Angriff	Cacau	BRA	27.03.1981	32	12
Angriff	Mario Gomez	D	10.07.1985	8	–
Angriff	Kevin Kuranyi	D	02.03.1982	29	13
Angriff	Marco Streller	SUI	18.06.1981	8	–
Angriff	Imre Szabics	HUN	22.03.1981	23	5

				Amtszeit
Trainer	Matthias Sammer	D	05.09.1967	01.07.2004–03.06.2005

Platz 5: Qualifikation für den UEFA-Cup

D 26. Spieltag, 20.03.2005
Der erst kurz vor Saisonbeginn verpflichtete Markus Babbel ist von Beginn an eine wichtige Säule der VfB Abwehr – und er erzielt Tore. Beim 1:0-Sieg gegen den SC Freiburg gelingt Babbel einer seiner zwei Saisontreffer.

E 29. Spieltag, 16.04.2005
Das Ende aller Titelträume: Der VfB verliert beim Tabellenvorletzten Hansa Rostock mit 1:2, sammelt in den verbleibenden Partien anschließend nur noch vier Punkte und rutscht bis zum Saisonende auf Rang fünf ab.

Abschlusstabelle Gruppe D:
1. VfB Stuttgart 4 10:3 9
2. Benfica Lissabon 4 9:5 9
3. SC Heerenveen 4 6:6 7
4. Dinamo Zagreb 4 9:7 4
5. SK Beveren 4 2:15 0

Mittwoch, 16.02.2005
3. Runde, Hinspiel
FC Parma – VfB Stuttgart
0:0

Donnerstag, 24.02.2005
3. Runde, Rückspiel
VfB Stuttgart – FC Parma
0:2 (0:0, 0:0; 0:0) n.V.

Bundesliga

Spieltag	Paarung	Ergebnis	Zuschauer
Sa., 06.08.2005	MSV Duisburg – VfB Stuttgart	1:1 (1:1)	28.400
So., 14.08.2005	VfB Stuttgart – 1. FC Köln	2:3 (0:1)	49.000
Sa., 27.08.2005	Werder Bremen – VfB Stuttgart	1:1 (1:0)	38.400
Sa., 10.09.2005	VfB Stuttgart – Arminia Bielefeld	1:1 (0:0)	34.000
Sa., 17.09.2005	1. FSV Mainz 05 – VfB Stuttgart	1:2 (0:0)	20.300
Mi., 21.09.2005	VfB Stuttgart – Hamburger SV	1:2 (0:1)	34.000
So., 25.09.2005	VfB Stuttgart – 1. FC Kaiserslautern	1:0 (1:0)	35.000
So., 02.10.2005	Borussia Dortmund – VfB Stuttgart	0:0	73.100
Sa., 15.10.2005	VfB Stuttgart – Borussia Mönchengladbach	1:1 (0:1)	45.000
So., 23.10.2005	Bayer Leverkusen – VfB Stuttgart	1:1 (0:0)	22.500
Sa., 29.10.2005	VfB Stuttgart – Hertha BSC	3:3 (0:1)	40.000
So., 06.11.2005	1. FC Nürnberg – VfB Stuttgart	0:1 (0:1)	25.900
So., 20.11.2005	VfB Stuttgart – Hannover 96	2:2 (1:0)	36.000
So., 27.11.2005	Eintracht Frankfurt – VfB Stuttgart	1:1 (1:0)	41.500
Sa., 03.12.2005	VfB Stuttgart – Bayern München	0:0	55.000
Sa., 10.12.2005	VfL Wolfsburg – VfB Stuttgart	0:1 (0:0)	23.700
Sa., 17.12.2005	VfB Stuttgart – FC Schalke 04	2:0 (0:0)	48.000
Sa., 28.01.2006	VfB Stuttgart – MSV Duisburg	0:1 (0:1)	31.000
Sa., 04.02.2006	1. FC Köln – VfB Stuttgart	0:0	47.500
Mi., 08.02.2006	VfB Stuttgart – Werder Bremen	0:0	30.000

Trikot und Sponsor

EnBW

Ligapokal

Samstag, 23.07.2005
Hertha BSC – VfB Stuttgart 3:4 n.E. (0:0)

Dienstag, 26.07.2005
Bayern München – VfB Stuttgart 1:2 (1:1)

Dienstag, 02.08.2005
VfB Stuttgart – FC Schalke 04 0:1 (0:1)

Im Fokus

A
13. Spieltag, 20.11.2005
Jon Dahl Tomassons Einstand im VfB Sturm ist vielversprechend. Der dänische Superstar vom AC Mailand erzielt beim 2:2 in Hannover beide VfB Tore. Insgesamt trifft er in dieser Saison acht Mal ins Schwarze.

B
20. Spieltag, 08.02.2006
Auch im dritten Spiel des Jahres bleibt der VfB beim 0:0 gegen Werder Bremen ohne Sieg und vor allem auch ohne Tor. Giovanni Trapattoni muss einen Tag später gehen und wird durch Armin Veh ersetzt.

C
27. Spieltag, 25.03.2006
Daniel Bierofka ist der große Pechvogel der Saison. Der Mittelfeldspieler hat sich im Sommer im Trainingslager den Knöchel gebrochen. Beim 0:2 gegen Bayer Leverkusen feiert er in der 68. Minute sein Comeback. Es ist sein einziger Saisoneinsatz.

DFB-Pokal

Sonntag, 21.08.2005
1. Runde
TSG Hoffenheim – VfB Stuttgart
3:4 (2:2, 2:1) n.V.

Mittwoch, 26.10.2005
2. Runde
Hansa Rostock – VfB Stuttgart
3:2 (3:1)

UEFA-Cup

Donnerstag, 15.09.2005
1. Runde, Hinspiel
VfB Stuttgart – NK Domzale
2:0 (1:0)

Donnerstag, 29.09.2005
1. Runde, Rückspiel
NK Domzale – VfB Stuttgart
1:0 (1:0)

Donnerstag, 20.10.2005
1. Spieltag, Gruppe G
Stade Rennes – VfB Stuttgart
0:2 (0:0)

Donnerstag, 03.11.2005
2. Spieltag, Gruppe G
VfB Stuttgart – Schachtjor Donezk
0:2 (0:1)

Donnerstag, 24.11.2005
3. Spieltag, Gruppe G
PAOK Saloniki – VfB Stuttgart
1:2 (0:0)

Mittwoch, 14.12.2005
5. Spieltag, Gruppe G
VfB Stuttgart – Rapid Bukarest
2:1 (2:0)

Saison 2005/2006

Abschlusstabelle

Platz	Verein	Spiele	g.	u.	v.	Tore	Diff.	Pkt.
1	Bayern München	34	22	9	3	67:32	35	75
2	Werder Bremen	34	21	7	6	79:37	42	70
3	Hamburger SV	34	21	5	8	53:30	23	68
4	FC Schalke 04	34	16	13	5	47:31	16	61
5	Bayer Leverkusen	34	14	10	10	64:49	15	52
6	Hertha BSC	34	12	12	10	52:48	4	48
7	Borussia Dortmund	34	11	13	10	45:42	3	46
8	1. FC Nürnberg	34	12	8	14	49:51	–2	44
9	**VfB Stuttgart**	**34**	**9**	**16**	**9**	**37:39**	**–2**	**43**
10	Borussia Mönchengladbach	34	10	12	12	42:50	–8	42
11	1. FSV Mainz 05	34	9	11	14	46:47	–1	38
12	Hannover 96	34	7	17	10	43:47	–4	38
13	Arminia Bielefeld	34	10	7	17	32:47	–15	37
14	Eintracht Frankfurt	34	9	9	16	42:51	–9	36
15	VfL Wolfsburg	34	7	13	14	33:55	–22	34
16	1. FC Kaiserslautern	34	8	9	17	47:71	–24	33
17	1. FC Köln	34	7	9	18	49:71	–22	30
18	MSV Duisburg	34	5	12	17	34:63	–29	27

Eingesetzte Spieler

Position	Name	Nat.	Geb.datum	Einsätze	Tore
Torhüter	Dirk Heinen	D	03.12.1970	3	–
	Timo Hildebrand	D	05.04.1979	31	–
Abwehr	Markus Babbel	D	08.09.1972	12	–
	Andreas Beck	D	13.03.1987	5	–
	Matthieu Delpierre	FRA	26.04.1981	29	–
	Fernando Meira	POR	05.06.1978	32	–
	Heiko Gerber	D	11.07.1972	10	–
	Andreas Hinkel	D	26.03.1982	26	–
	Ludovic Magnin	SUI	20.04.1979	25	1
	Zvonimir Soldo	CRO	02.11.1967	31	–
	Martin Stranzl	AUT	16.06.1980	15	–
Mittelfeld	Daniel Bierofka	D	07.02.1979	1	–
	Mario Carevic	CRO	29.03.1982	6	–
	Christian Gentner	D	14.08.1985	23	1
	Thomas Hitzlsperger	D	05.04.1982	26	2
	Silvio Meißner	D	19.01.1973	25	2
	Christian Tiffert	D	18.02.1982	28	3
Angriff	Cacau	BRA	27.03.1981	20	4
	Mario Gomez	D	10.07.1985	30	6
	Jesper Grønkjær	DEN	12.08.1977	25	–
	Danijel Ljuboja	SRB	04.09.1978	26	8
	Marco Streller	SUI	18.06.1981	7	1
	Jon Dahl Tomasson	DEN	29.08.1976	26	8

				Amtszeit	
Trainer	Giovanni Trapattoni	ITA	17.03.1939	01.07.2005 – 09.02.2006	
	Armin Veh	D	01.02.1961	10.02.2006 – 22.11.2008	

	22	23	24	25	26	27	28	29	30	31	32	33	34
Zuschauer	28.000	51.800	30.600	45.000	45.600	32.000	51.400	35.000	36.300	56.000	69.000	31.000	61.500
Ergebnis	2:1	0:2	1:1	0:0	1:1	0:2	2:0	1:0	3:3	0:2	3:1	2:1	3:2
	(1:1)	(0:1)	(1:0)		(0:0)	(0:1)	(0:0)	(0:0)	(2:0)	(0:0)	(2:1)	(1:1)	(0:1)
Spiel	VfB Stuttgart – 1. FSV Mainz 05	Hamburger SV – VfB Stuttgart	1. FC Kaiserslautern – VfB Stuttgart	VfB Stuttgart – Borussia Dortmund	Borussia Mönchengladbach – VfB Stuttgart	VfB Stuttgart – Bayer Leverkusen	Hertha BSC – VfB Stuttgart	VfB Stuttgart – 1. FC Nürnberg	Hannover 96 – VfB Stuttgart	VfB Stuttgart – Eintracht Frankfurt	Bayern München – VfB Stuttgart	VfB Stuttgart – VfL Wolfsburg	FC Schalke 04 – VfB Stuttgart
Datum	So., 19.02.2006	So., 26.02.2006	Di., 07.03.2006	Sa., 11.03.2006	Sa., 18.03.2006	Sa., 25.03.2006	Sa., 01.04.2006	Sa., 08.04.2006	So., 16.04.2006	Sa., 22.04.2006	Mi., 03.05.2006	Sa., 06.05.2006	Sa., 13.05.2006

Platz 9

30. Spieltag, 16.04.2006
Das 3:3 bei Hannover 96 ist das 16. Unentschieden des VfB in der Saison – und es steht bis zum Schluss auf des Messers Schneide. Erst durch Tore von Thomas Hitzlsperger (77.) und Jon Dahl Tomasson (82.) rettet der VfB einen Punkt.

33. Spieltag, 06.05.2006
Mit einem 2:1-Heimsieg gegen den VfL Wolfsburg wird Zvonimir Soldo in Stuttgart standesgemäß verabschiedet. Der Kroate steht in 301 Bundesliga-Spielen für den VfB auf dem Platz, in vielen davon als Kapitän.

Abschlusstabelle Gruppe G:
1. Rapid Bukarest 4 5:2 9
2. Schachtjor Donezk 4 4:1 9
3. VfB Stuttgart 4 6:4 9
4. PAOK Saloniki 4 6:5 3
5. Stade Rennes 4 1:10 0

Donnerstag, 16.02.2006
3. Runde, Hinspiel
VfB Stuttgart – FC Middlesbrough
1:2 (0:1)

Donnerstag, 23.02.2006
3. Runde, Rückspiel
FC Middlesbrough – VfB Stuttgart
0:1 (0:1)

Bundesliga

Spieltag	Datum	Paarung	Ergebnis	Zuschauer
01	Sa, 12.08.2006	VfB Stuttgart – 1. FC Nürnberg	0:3 (0:2)	39.000
02	So, 20.08.2006	Arminia Bielefeld – VfB Stuttgart	2:3 (0:1)	22.100
03	Sa, 26.08.2006	VfB Stuttgart – Borussia Dortmund	1:3 (1:2)	44.000
04	Sa, 16.09.2006	Werder Bremen – VfB Stuttgart	2:3 (2:1)	39.700
05	Sa, 23.09.2006	VfB Stuttgart – Eintracht Frankfurt	1:1 (0:0)	41.000
06	So, 01.10.2006	Hertha BSC – VfB Stuttgart	2:2 (2:1)	48.600
07	Sa, 14.10.2006	VfB Stuttgart – Bayer Leverkusen	3:0 (1:0)	35.000
08	Sa, 21.10.2006	VfL Wolfsburg – VfB Stuttgart	1:1 (1:1)	21.900
09	So, 29.10.2006	VfB Stuttgart – FC Schalke 04	3:0 (1:0)	53.000
10	Sa, 04.11.2006	Alemannia Aachen – VfB Stuttgart	2:4 (1:2)	20.300
11	Di, 07.11.2006	VfB Stuttgart – Hamburger SV	2:0 (0:0)	44.000
12	So, 12.11.2006	Hannover 96 – VfB Stuttgart	1:2 (1:0)	28.800
13	Sa, 18.11.2006	Bayern München – VfB Stuttgart	2:1 (2:1)	69.000
14	So, 26.11.2006	VfB Stuttgart – Borussia Mönchengladbach	1:0 (1:0)	53.000
15	Fr, 01.12.2006	1. FSV Mainz 05 – VfB Stuttgart	0:0	20.300
16	Sa, 09.12.2006	VfB Stuttgart – VfL Bochum	1:0 (0:0)	48.000
17	Sa, 16.12.2006	Energie Cottbus – VfB Stuttgart	0:0	13.700
18	Sa, 27.01.2007	1. FC Nürnberg – VfB Stuttgart	4:1 (1:1)	35.100
19	Di, 30.01.2007	VfB Stuttgart – Arminia Bielefeld	3:2 (1:1)	23.000
20	So, 04.02.2007	Borussia Dortmund – VfB Stuttgart	0:1 (0:0)	63.600

Trikot und Sponsor

EnBW

Im Fokus

A 1. Spieltag, 12.08.2006
Der Weg zum Titel beginnt mit der Übernahme der Roten Laterne. Denn der VfB verpatzt den Saisonstart. Am ersten Spieltag verliert der VfB gegen den 1. FC Nürnberg mit 0:3 und ist das erste Schlusslicht der neuen Saison.

B 9. Spieltag, 29.10.2006
Der VfB stürmt im Hurrastil Richtung Spitze. Beim 3:0 gegen Schalke 04 erzielen Sami Khedira (2) und Serdar Tasci die Stuttgarter Treffer. Für Khedira sind es die ersten beiden Bundesliga-Tore überhaupt.

C 12. Spieltag, 12.11.2006
Durch einen 2:1-Erfolg bei Hannover 96 übernimmt der VfB erstmals die Tabellenführung. Die Treffer erzielen Thomas Hitzlsperger (49.) und Cacau (54.). In der Schlussphase sieht Hitzlsperger die Gelb-Rote Karte.

DFB-Pokal

Samstag, 09.09.2006
1. Runde
Alemannia Aachen II – VfB Stuttgart
0:4 (0:1)

Dienstag, 24.10.2006
2. Runde
SV Babelsberg 03 – VfB Stuttgart
2:4 (2:1)

Dienstag, 19.12.2006
Achtelfinale
VfL Bochum – VfB Stuttgart
1:4 (0:1)

Mittwoch, 28.02.2007
Viertelfinale
VfB Stuttgart – Hertha BSC
2:0 (1:0)

Mittwoch, 18.04.2007
Halbfinale
VfL Wolfsburg – VfB Stuttgart
0:1 (0:1)

Samstag, 26.05.2007
Finale
VfB Stuttgart – 1. FC Nürnberg
2:3 (2:2, 1:1) n.V.

Saison 2006/2007

Spielverlauf

Spieltag	Datum	Begegnung	Ergebnis	Zuschauer
21	Sa, 10.02.2007	VfB Stuttgart – Werder Bremen	4:1 (3:1)	56.500
22	Fr, 16.02.2007	Eintracht Frankfurt – VfB Stuttgart	0:4 (0:3)	46.000
23	Fr, 23.02.2007	VfB Stuttgart – Hertha BSC	0:0	44.000
24	Sa, 03.03.2007	Bayer Leverkusen – VfB Stuttgart	3:1 (2:0)	22.500
25	Sa, 10.03.2007	VfB Stuttgart – VfL Wolfsburg	0:0	44.000
26	Sa, 17.03.2007	FC Schalke 04 – VfB Stuttgart	1:0 (0:0)	61.500
27	Sa, 31.03.2007	VfB Stuttgart – Alemannia Aachen	3:1 (1:0)	43.000
28	Sa, 07.04.2007	Hamburger SV – VfB Stuttgart	2:4 (0:3)	57.000
29	Sa, 14.04.2007	VfB Stuttgart – Hannover 96	2:1 (1:0)	53.000
30	Sa, 21.04.2007	Borussia Mönchengladbach – VfB Stuttgart	2:0 (2:0)	56.000
31	Sa, 28.04.2007	VfB Stuttgart – Bayern München	0:1 (0:0)	48.000
32	Sa, 05.05.2007	Borussia Mönchengladbach – 1. FSV Mainz 05	2:0 (1:0)	56.000
33	Sa, 12.05.2007	VfL Bochum – VfB Stuttgart	2:3 (2:1)	31.300
34	Sa, 19.05.2007	VfB Stuttgart – Energie Cottbus	2:1 (1:1)	56.000

Meister: Qualifikation für die Champions League

33. Spieltag, 12.05.2007
Am Ende hält Torhüter Timo Hildebrand den 3:2-Sieg beim VfL Bochum mit einer Glanztat fest. Der VfB profitiert zudem von den Patzern der Konkurrenten und übernimmt die Tabellenführung. Die Meisterschaft ist greifbar nahe.

34. Spieltag, 19.05.2007
Aus einem 0:1 machen Thomas Hitzlsperger (27.) und Sami Khedira (63.) einen 2:1-Sieg gegen Cottbus und stürzen damit den VfB und seine Fans in einen weiß-roten Jubelrausch. Die fünfte deutsche Meisterschaft ist perfekt.

Abschlusstabelle

Platz	Verein	Spiele	g.	u.	v.	Tore	Diff.	Pkt.
1	**VfB Stuttgart**	**34**	**21**	**7**	**6**	**61:37**	**24**	**70**
2	FC Schalke 04	34	21	5	8	53:32	21	68
3	Werder Bremen	34	20	6	8	76:40	36	66
4	Bayern München	34	18	6	10	55:40	15	60
5	Bayer Leverkusen	34	15	6	13	54:49	5	51
6	1. FC Nürnberg	34	11	15	8	43:32	11	48
7	Hamburger SV	34	10	15	9	43:37	6	45
8	VfL Bochum	34	13	6	15	49:50	−1	45
9	Borussia Dortmund	34	12	8	14	41:43	−2	44
10	Hertha BSC	34	12	8	14	50:55	−5	44
11	Hannover 96	34	12	8	14	41:50	−9	44
12	Arminia Bielefeld	34	11	9	14	47:49	−2	42
13	Energie Cottbus	34	11	8	15	38:49	−11	41
14	Eintracht Frankfurt	34	9	13	12	46:58	−12	40
15	VfL Wolfsburg	34	8	13	13	37:45	−8	37
16	1. FSV Mainz 05	34	8	10	16	34:57	−23	34
17	Alemannia Aachen	34	9	7	18	46:70	−24	34
18	Borussia Mönchengladbach	34	6	8	20	23:44	−21	26

Eingesetzte Spieler

Position	Name	Nat.	Geb.datum	Einsätze	Tore
Torhüter	Timo Hildebrand	D	05.04.1979	33	–
Torhüter	Michael Langer	AUT	06.01.1985	1	–
Abwehr	Markus Babbel	D	08.09.1972	2	–
Abwehr	Andreas Beck	D	13.03.1987	4	–
Abwehr	Arthur Boka	CIV	02.04.1983	19	1
Abwehr	Matthieu Delpierre	FRA	26.04.1981	33	–
Abwehr	Fernando Meira	POR	05.06.1978	20	3
Abwehr	Ludovic Magnin	SUI	20.04.1979	22	1
Abwehr	Bernd Nehrig	D	28.09.1986	1	–
Abwehr	Ricardo Osorio	MEX	30.03.1980	27	1
Abwehr	Serdar Tasci	D	24.04.1987	26	2
Mittelfeld	Daniel Bierofka	D	07.02.1979	12	–
Mittelfeld	Antonio da Silva	BRA	13.06.1978	28	–
Mittelfeld	Christian Gentner	D	14.08.1985	15	–
Mittelfeld	Roberto Hilbert	D	16.10.1984	34	7
Mittelfeld	Thomas Hitzlsperger	D	05.04.1982	30	7
Mittelfeld	Sami Khedira	D	04.04.1987	22	4
Mittelfeld	Silvio Meißner	D	19.01.1973	1	–
Mittelfeld	Pavel Pardo	MEX	26.07.1976	33	1
Angriff	Cacau	BRA	27.03.1981	32	13
Angriff	Alexander Farnerud	SWE	01.05.1984	9	–
Angriff	Mario Gomez	D	10.07.1985	25	14
Angriff	Benjamin Lauth	D	04.08.1981	11	1
Angriff	Marco Streller	SUI	18.06.1981	27	5
Angriff	Jon Dahl Tomasson	DEN	29.08.1976	4	–

				Amtszeit
Trainer	Armin Veh	D	01.02.1961	10.02.2006 – 22.11.2008

308 Statistik

Bundesliga

Spieltag	Paarung	Ergebnis	Zuschauer
01 Fr., 10.08.2007	VfB Stuttgart – FC Schalke 04	2:2 (0:1)	57.500
02 Sa., 18.08.2007	Hertha BSC – VfB Stuttgart	3:1 (0:1)	46.700
03 Sa., 25.08.2007	VfB Stuttgart – MSV Duisburg	1:0 (1:0)	45.000
04 So., 02.09.2007	Karlsruher SC – VfB Stuttgart	1:0 (0:0)	27.800
05 Sa., 15.09.2007	VfB Stuttgart – Energie Cottbus	3:0 (0:0)	41.000
06 Sa., 22.09.2007	Werder Bremen – VfB Stuttgart	4:1 (3:1)	39.300
07 Mi., 26.09.2007	VfB Stuttgart – VfL Bochum	1:0 (0:0)	34.000
08 Sa., 29.09.2007	Hansa Rostock – VfB Stuttgart	2:1 (2:0)	19.000
09 Sa., 06.10.2007	VfB Stuttgart – Hannover 96	0:2 (0:1)	49.000
10 Sa., 20.10.2007	Hamburger SV – VfB Stuttgart	4:1 (3:0)	57.000
11 Sa., 27.10.2007	VfB Stuttgart – Bayer Leverkusen	1:0 (0:0)	51.000
12 Sa., 03.11.2007	1. FC Nürnberg – VfB Stuttgart	0:1 (0:1)	45.600
13 Sa., 10.11.2007	VfB Stuttgart – Bayern München	3:1 (3:0)	55.600
14 Sa., 24.11.2007	Eintracht Frankfurt – VfB Stuttgart	1:4 (1:1)	51.500
15 Sa., 01.12.2007	VfB Stuttgart – Borussia Dortmund	1:2 (1:1)	55.000
16 Sa., 08.12.2007	VfB Stuttgart – VfL Wolfsburg	3:1 (1:0)	55.800
17 Sa., 15.12.2007	Arminia Bielefeld – VfB Stuttgart	2:0 (0:0)	20.600
18 So., 03.02.2008	FC Schalke 04 – VfB Stuttgart	4:1 (1:0)	61.500
19 Sa., 09.02.2008	VfB Stuttgart – Hertha BSC	1:3 (1:2)	50.000
20 Sa., 16.02.2008	MSV Duisburg – VfB Stuttgart	2:3 (0:2)	21.600

Trikot und Sponsor

EnBW

Im Fokus

A 5. Spieltag, 15.09.2007
Nur elf Spiele absolviert Ewerthon für den VfB. Der Brasilianer kommt im Sommer von Real Saragossa. Seinen einzigen Treffer für Stuttgart erzielt er beim 3:0 gegen Energie Cottbus. In der Winterpause wechselt er zu Espanyol Barcelona.

B 19. Spieltag, 09.02.2008
Premiere für Sven Ulreich: Bei der 1:3-Heimniederlage gegen Hertha BSC steht das Torwart-Talent erstmals in der Bundesliga zwischen den Pfosten. Insgesamt bestreitet Ulreich im ersten Jahr elf Spiele.

C 23. Spieltag, 08.03.2008
Bis zum 2:2 hält Werder Bremen mit, danach brennt der VfB beim 6:3-Erfolg ein Feuerwerk ab – allen voran der dreifache Torschütze Mario Gomez. Die weiteren VfB Tore erzielen Cacau (2) und der Bremer Per Mertesacker per Eigentor.

DFB-Pokal

Samstag, 04.08.2007
1. Runde
SV Wehen Wiesbaden – VfB Stuttgart
1:2 (0:0)

Mittwoch, 31.10.2007
2. Runde
VfB Stuttgart – SC Paderborn 07
3:2 (2:2, 2:0) n.V.

Mittwoch, 30.01.2008
Achtelfinale
Werder Bremen II – VfB Stuttgart
2:3 (0:3)

Champions League

Mittwoch, 19.09.2007
1. Spieltag, Gruppe E
Glasgow Rangers – VfB Stuttgart
2:1 (0:0)

Dienstag, 02.10.2007
2. Spieltag, Gruppe E
VfB Stuttgart – FC Barcelona
0:2 (0:0)

Dienstag, 23.10.2007
3. Spieltag, Gruppe E
VfB Stuttgart – Olympique Lyon
0:2 (0:0)

Mittwoch, 07.11.2007
4. Spieltag, Gruppe E
Olympique Lyon – VfB Stuttgart
4:2 (3:1)

Dienstag, 27.11.2007
5. Spieltag, Gruppe E
VfB Stuttgart – Glasgow Rangers
3:2 (1:1)

Mittwoch, 12.12.2007
6. Spieltag, Gruppe E
FC Barcelona – VfB Stuttgart
3:1 (1:1)

Saison 2007/2008

Abschlusstabelle

Platz	Verein	Spiele	g.	u.	v.	Tore	Diff.	Pkt.
1	Bayern München	34	22	10	2	68:21	47	76
2	Werder Bremen	34	20	6	8	75:45	30	66
3	FC Schalke 04	34	18	10	6	55:32	23	64
4	Hamburger SV	34	14	12	8	47:26	21	54
5	VfL Wolfsburg	34	15	9	10	58:46	12	54
6	**VfB Stuttgart**	**34**	**16**	**4**	**14**	**57:57**	**0**	**52**
7	Bayer Leverkusen	34	15	6	13	57:40	17	51
8	Hannover 96	34	13	10	11	54:56	–2	49
9	Eintracht Frankfurt	34	12	10	12	43:50	–7	46
10	Hertha BSC	34	12	8	14	39:44	–5	44
11	Karlsruher SC	34	11	10	13	38:53	–15	43
12	VfL Bochum	34	10	11	13	48:54	–6	41
13	Borussia Dortmund	34	10	10	14	50:62	–12	40
14	Energie Cottbus	34	9	9	16	35:56	–21	36
15	Arminia Bielefeld	34	8	10	16	35:60	–25	34
16	1. FC Nürnberg	34	7	10	17	35:51	–16	31
17	Hansa Rostock	34	8	6	20	30:52	–22	30
18	MSV Duisburg	34	8	5	21	36:55	–19	29

Eingesetzte Spieler

Position	Name	Nat.	Geb.datum	Einsätze	Tore
Torhüter	Raphael Schäfer	D	30.01.1979	23	–
	Sven Ulreich	D	03.08.1988	11	–
Abwehr	Andreas Beck	D	13.03.1987	18	1
	Arthur Boka	CIV	02.04.1983	17	–
	Matthieu Delpierre	FRA	26.04.1981	22	–
	Fernando Meira	POR	05.06.1978	28	3
	Ludovic Magnin	SUI	20.04.1979	27	–
	Ricardo Osorio	MEX	30.03.1980	22	–
	Marco Pischorn	D	01.01.1986	4	–
	David Pisot	D	06.07.1987	1	–
	Serdar Tasci	D	24.04.1987	21	1
Mittelfeld	Yildiray Bastürk	TUR	24.12.1978	26	4
	Antonio da Silva	BRA	13.06.1978	20	3
	Roberto Hilbert	D	16.10.1984	32	4
	Thomas Hitzlsperger	D	05.04.1982	25	5
	Sami Khedira	D	04.04.1987	24	1
	Silvio Meißner	D	19.01.1973	8	–
	Pavel Pardo	MEX	26.07.1976	29	2
	Peter Perchtold	D	02.09.1984	2	–
	Julian Schuster	D	15.04.1985	2	–
	Christian Träsch	D	01.09.1987	1	–
Angriff	Cacau	BRA	27.03.1981	27	9
	Ewerthon	BRA	10.06.1981	11	1
	Alexander Farnerud	SWE	01.05.1984	11	–
	Manuel Fischer	D	19.09.1989	2	1
	Mario Gomez	D	10.07.1985	25	19
	Ciprian Marica	ROU	02.10.1985	28	2
	Sergiu Marian Radu	ROU	10.08.1977	2	–

				Amtszeit	
Trainer	Armin Veh	D	01.02.1961	10.02.2006 – 22.11.2008	

Spielverlauf (Spieltage 21–34)

Spieltag	Datum	Begegnung	Ergebnis (HZ)	Zuschauer
21	Sa., 23.02.2008	VfB Stuttgart – Karlsruher SC	3:1 (2:0)	55.000
22	Di., 11.03.2008	Energie Cottbus – VfB Stuttgart	0:1 (0:1)	13.200
23	Sa., 08.03.2008	VfB Stuttgart – Werder Bremen	6:3 (2:1)	55.000
24	Sa., 15.03.2008	VfL Bochum – VfB Stuttgart	1:1 (1:0)	25.100
25	Sa., 22.03.2008	VfB Stuttgart – Hansa Rostock	4:1 (0:0)	48.000
26	So., 30.03.2008	Hannover 96 – VfB Stuttgart	0:0	45.200
27	Sa., 05.04.2008	VfB Stuttgart – Hamburger SV	1:0 (1:0)	55.800
28	So., 13.04.2008	Bayer Leverkusen – VfB Stuttgart	3:0 (2:0)	22.500
29	Mi., 16.04.2008	VfB Stuttgart – 1. FC Nürnberg	3:0 (3:0)	45.000
30	So., 27.04.2008	Bayern München – VfB Stuttgart	4:1 (1:1)	69.000
31	Sa., 03.05.2008	VfB Stuttgart – Eintracht Frankfurt	4:1 (3:0)	55.800
32	Di., 06.05.2008	Borussia Dortmund – VfB Stuttgart	3:2 (1:0)	64.400
33	Sa., 10.05.2008	VfL Wolfsburg – VfB Stuttgart	4:0 (2:0)	28.000
34	Sa., 17.05.2008	VfB Stuttgart – Arminia Bielefeld	2:2 (0:1)	55.500

Platz 6: Qualifikation für den UEFA-Cup

D 27. Spieltag, 05.04.2008
Nach dem 1:0-Sieg gegen den Hamburger SV ist der VfB erstmals in der Saison Fünfter und träumt wieder von der Champions League. Den Siegtreffer erzielt Roberto Hilbert (20.).

E 34. Spieltag, 17.05.2008
Auch im dritten Spiel in Folge bleibt der VfB sieglos. Nach dem 2:2 gegen Arminia Bielefeld rutscht der entthronte Meister auf Rang sechs ab. Mario Gomez schraubt mit einem weiteren Treffer sein Torkonto auf insgesamt 19.

Dienstag, 26.02.2008
Viertelfinale
VfB Stuttgart – FC Carl Zeiss Jena
6:7 n.E. (2:2, 1:1, 0:1)

Abschlusstabelle Gruppe E:
1. FC Barcelona   6   12:3   14
2. Olympique Lyon   6   11:10   10
3. Glasgow Rangers   6   7:9   7
4. VfB Stuttgart   6   7:15   3

Bundesliga

Spieltag	Paarung	Ergebnis	Zuschauer
So., 17.08.2008	Borussia Mönchengladbach – VfB Stuttgart	1:3 (0:3)	47.000
Sa., 23.08.2008	VfB Stuttgart – Bayer Leverkusen	0:2 (0:1)	48.000
So., 31.08.2008	VfB Stuttgart – Hannover 96	2:0 (2:0)	41.000
Sa., 13.09.2008	TSG Hoffenheim – VfB Stuttgart	0:0	26.300
So., 21.09.2008	VfB Stuttgart – Karlsruher SC	3:1 (1:1)	55.000
Sa., 27.09.2008	Borussia Dortmund – VfB Stuttgart	3:0 (2:0)	71.200
Sa., 04.10.2008	VfB Stuttgart – Werder Bremen	4:1 (2:0)	55.000
Sa., 18.10.2008	Hertha BSC – VfB Stuttgart	2:1 (1:0)	42.300
So., 26.10.2008	VfB Stuttgart – VfL Bochum	2:0 (0:0)	43.000
Mi., 29.10.2008	Hamburger SV – VfB Stuttgart	2:0 (1:0)	52.000
Sa., 01.11.2008	VfB Stuttgart – 1. FC Köln	1:3 (0:1)	55.000
So., 09.11.2008	Eintracht Frankfurt – VfB Stuttgart	2:2 (1:0)	51.000
Sa., 15.11.2008	VfB Stuttgart – Arminia Bielefeld	0:0	52.000
Sa., 22.11.2008	VfL Wolfsburg – VfB Stuttgart	4:1 (0:0)	26.900
So., 30.11.2008	VfB Stuttgart – FC Schalke 04	2:0 (0:0)	55.800
Sa., 06.12.2008	Energie Cottbus – VfB Stuttgart	0:3 (0:1)	13.500
Sa., 13.12.2008	VfB Stuttgart – Bayern München	2:2 (1:0)	55.900
Sa., 31.01.2009	VfB Stuttgart – Borussia Mönchengladbach	2:0 (0:0)	41.300
Sa., 07.02.2009	Bayer Leverkusen – VfB Stuttgart	2:4 (0:1)	33.000
Sa., 14.02.2009	Hannover 96 – VfB Stuttgart	3:3 (2:2)	31.100

Trikot und Sponsor

EnBW

Qualifikation UEFA-Cup

Donnerstag, 14.08.2008
Qualifikation, 2. Runde, Hinspiel
VfB Stuttgart – FC ETO Györ 2:1 (2:1)

Donnerstag, 28.08.2008
Qualifikation, 2. Runde, Rückspiel
FC ETO Györ – VfB Stuttgart 1:4 (0:2)

Im Fokus

A 1. Spieltag, 17.08.2008
Der VfB geht mit einer neuen Nummer 1 in die Saison: Jens Lehmann wechselt vom FC Arsenal nach Stuttgart. Auf ihn ist nicht nur im ersten Spiel in Mönchengladbach (3:1) Verlass. Als einziger Spieler bestreitet er alle 34 Bundesliga-Partien.

B 14. Spieltag, 22.11.2008
Nach dem 1:4 beim VfL Wolfsburg muss Meistertrainer Armin Veh gehen. Nachfolger wird Markus Babbel, der den VfB von Platz elf noch auf Rang drei führt. Hinter Wolfsburg ist der VfB die zweitbeste Rückrunden-Mannschaft.

C 15. Spieltag, 30.11.2008
Beim 2:0-Sieg gegen den FC Schalke 04 bestreitet Pavel Pardo sein letztes Bundesliga-Spiel für den VfB. Der Mexikaner trägt 71 Mal das Trikot mit dem Brustring und wechselt in der Winterpause zu CF America.

DFB-Pokal

Sonntag, 10.08.2008
1. Runde
FC Hansa Lüneburg – VfB Stuttgart
0:5 (0:2)

Mittwoch 24.09.2008
2. Runde
VfB Stuttgart – Arminia Bielefeld
2:0 (1:0)

Dienstag, 27.01.2009
Achtelfinale
VfB Stuttgart – Bayern München
1:5 (0:3)

UEFA-Cup

Donnerstag, 18.09.2008
1. Runde, Hinspiel
Cherno More Varna – VfB Stuttgart
1:2 (1:0)

Donnerstag, 02.10.2008
1. Runde, Rückspiel
VfB Stuttgart – Cherno More Varna
2:2 (0:0)

Donnerstag, 23.10.2008
1. Spieltag, Gruppe C
FC Sevilla – VfB Stuttgart
2:0 (1:0)

Donnerstag, 06.11.2008
2. Spieltag, Gruppe C
VfB Stuttgart – Partizan Belgrad
2:0 (0:0)

Donnerstag, 27.11.2008
3. Spieltag, Gruppe C
Sampdoria Genua – VfB Stuttgart
1:1 (1:1)

Donnerstag, 18.12.2008
5. Spieltag, Gruppe C
VfB Stuttgart – Standard Lüttich
3:0 (1:0)

Saison 2008/2009

Abschlusstabelle

Platz	Verein	Spiele	g.	u.	v.	Tore	Diff.	Pkt.
1	VfL Wolfsburg	34	21	6	7	80:41	39	69
2	Bayern München	34	20	7	7	71:42	29	67
3	**VfB Stuttgart**	34	19	7	8	63:43	20	64
4	Hertha BSC	34	19	6	9	48:41	7	63
5	Hamburger SV	34	19	4	11	49:47	2	61
6	Borussia Dortmund	34	15	14	5	60:37	23	59
7	TSG Hoffenheim	34	15	10	9	63:49	14	55
8	FC Schalke 04	34	14	8	12	47:35	12	50
9	Bayer Leverkusen	34	14	7	13	59:46	13	49
10	Werder Bremen	34	12	9	13	64:50	14	45
11	Hannover 96	34	10	10	14	49:69	–20	40
12	1. FC Köln	34	11	6	17	35:50	–15	39
13	Eintracht Frankfurt	34	8	9	17	39:60	–21	33
14	VfL Bochum	34	7	11	16	39:55	–16	32
15	Borussia Mönchengladbach	34	8	7	19	39:62	–23	31
16	Energie Cottbus	34	8	6	20	30:57	–27	30
17	Karlsruher SC	34	8	5	21	30:54	–24	29
18	Arminia Bielefeld	34	4	16	14	29:56	–27	28

Eingesetzte Spieler

Position	Name	Nat.	Geb.datum	Einsätze	Tore
Torhüter	Jens Lehmann	D	10.11.1969	34	–
Abwehr	Arthur Boka	CIV	02.04.1983	18	–
Abwehr	Khalid Boulahrouz	NED	28.12.1981	21	–
Abwehr	Matthieu Delpierre	FRA	26.04.1981	22	1
Abwehr	Marijan Kovacevic	CRO	31.08.1973	1	–
Abwehr	Ludovic Magnin	SUI	20.04.1979	23	–
Abwehr	Georg Niedermeier	D	26.02.1986	5	–
Abwehr	Ricardo Osorio	MEX	30.03.1980	17	–
Abwehr	Serdar Tasci	D	24.04.1987	27	1
Mittelfeld	Yildiray Bastürk	TUR	24.12.1978	4	–
Mittelfeld	Elson	BRA	16.11.1981	17	2
Mittelfeld	Timo Gebhart	D	12.04.1989	11	–
Mittelfeld	Roberto Hilbert	D	16.10.1984	31	3
Mittelfeld	Thomas Hitzlsperger	D	05.04.1982	32	5
Mittelfeld	Sami Khedira	D	04.04.1987	27	7
Mittelfeld	Martin Lanig	D	11.07.1984	26	4
Mittelfeld	Georges Mandjeck	CMR	09.12.1988	3	–
Mittelfeld	Pavel Pardo	MEX	26.07.1976	9	1
Mittelfeld	Sebastian Rudy	D	28.02.1990	2	–
Mittelfeld	Jan Simak	CZE	13.10.1978	20	2
Mittelfeld	Christian Träsch	D	01.09.1987	19	1
Angriff	Cacau	D*	27.03.1981	25	7
Angriff	Manuel Fischer	D	19.09.1989	1	–
Angriff	Mario Gomez	D	10.07.1985	32	24
Angriff	Danijel Ljuboja	SRB	04.09.1978	3	–
Angriff	Ciprian Marica	ROU	02.10.1985	27	4
Angriff	Julian Schieber	D	13.02.1989	12	–

* Seit Februar 2009 deutscher Staatsbürger.

Trainer				Amtszeit
Trainer	Armin Veh	D	01.02.1961	10.02.2006–22.11.2008
Trainer	Markus Babbel	D	08.09.1972	23.11.2008–06.12.2009

Spieltage (Rückrunde)

Spieltag	Datum	Begegnung	Ergebnis	Zuschauer
21	Sa., 21.02.2009	VfB Stuttgart – TSG Hoffenheim	3:3 (2:2)	54.000
22	So., 01.03.2009	Karlsruher SC – VfB Stuttgart	0:2 (0:0)	29.300
23	Sa., 07.03.2009	VfB Stuttgart – Borussia Dortmund	2:1 (1:0)	55.800
24	So., 15.03.2009	Werder Bremen – VfB Stuttgart	4:0 (1:0)	39.300
25	Sa., 21.03.2009	VfB Stuttgart – Hertha BSC	2:0 (0:0)	50.000
26	Sa., 04.04.2009	VfL Bochum – VfB Stuttgart	1:2 (0:0)	24.700
27	So., 12.04.2009	VfB Stuttgart – Hamburger SV	1:0 (0:0)	55.700
28	Sa., 18.04.2009	1. FC Köln – VfB Stuttgart	0:3 (0:1)	50.000
29	Sa., 25.04.2009	VfB Stuttgart – Eintracht Frankfurt	2:0 (1:0)	55.000
30	Sa., 02.05.2009	Arminia Bielefeld – VfB Stuttgart	2:2 (1:2)	25.800
31	Sa., 09.05.2009	VfB Stuttgart – VfL Wolfsburg	4:1 (2:1)	55.700
32	Mi., 13.05.2009	FC Schalke 04 – VfB Stuttgart	1:2 (1:1)	61.700
33	Sa., 16.05.2009	VfB Stuttgart – Energie Cottbus	2:0 (1:0)	55.500
34	Sa., 23.05.2009	Bayern München – VfB Stuttgart	2:1 (1:0)	69.000

Platz 3: Qualifikation für die Champions League

D 22. Spieltag, 01.03.2009
In der Winterpause verstärkt Georg Niedermaier vom FC Bayern München den VfB Kader. Der Verteidiger steht beim 2:0-Erfolg gegen den Karlsruher SC erstmals für den VfB von Beginn an auf dem Platz.

E 34. Spieltag, 23.05.2009
Das letzte Saisontor erzielt Mario Gomez beim 1:2 gegen Bayern München. Der VfB Angreifer schraubt sein Torkonto damit auf beeindruckende 24 Treffer. Es ist allerdings sein letzter Treffer für Stuttgart. Er wechselt in der Sommerpause zum FC Bayern.

Abschlusstabelle Gruppe C:
1. Standard Lüttich 4 5:3 9
2. VfB Stuttgart 4 6:3 7
3. Sampdoria Genua 4 4:5 7
4. FC Sevilla 4 5:2 6
5. FK Partizan Belgrad 4 1:8 0

Mittwoch, 18.02.2009
3. Runde, Hinspiel
Zenit St. Petersburg – VfB Stuttgart
2:1 (2:1)

Donnerstag, 26.02.2009
3. Runde, Rückspiel
VfB Stuttgart – Zenit St. Petersburg
1:2 (0:1)

312 Statistik

Bundesliga

Trikot und Sponsor

Spieltag	Paarung	Ergebnis	Zuschauer
Fr, 07.08.2009	VfL Wolfsburg – VfB Stuttgart	2:0 (0:0)	30.000
Sa, 15.08.2009	VfB Stuttgart – SC Freiburg	4:2 (0:0)	41.500
Sa, 22.08.2009	Borussia Dortmund – VfB Stuttgart	1:1 (1:0)	72.100
Sa, 29.08.2009	VfB Stuttgart – 1. FC Nürnberg	0:0	42.000
Sa, 12.09.2009	Hamburger SV – VfB Stuttgart	3:1 (1:0)	57.000
Sa, 19.09.2009	VfB Stuttgart – 1. FC Köln	0:2 (0:1)	41.000
Sa, 26.09.2009	Eintracht Frankfurt – VfB Stuttgart	0:3 (0:2)	49.800
So, 04.10.2009	VfB Stuttgart – Werder Bremen	0:2 (0:1)	42.000
Sa, 17.10.2009	VfB Stuttgart – FC Schalke 04	1:2 (0:1)	42.000
Sa, 24.10.2009	Hannover 96 – VfB Stuttgart	1:0 (1:0)	34.400
Sa, 31.10.2009	VfB Stuttgart – Bayern München	0:0	42.000
Sa, 07.11.2009	Borussia Mönchengladbach – VfB Stuttgart	0:0	47.100
Sa, 21.11.2009	VfB Stuttgart – Hertha BSC	1:1 (0:0)	39.000
So, 29.11.2009	Bayer Leverkusen – VfB Stuttgart	4:0 (2:0)	30.200
Sa, 05.12.2009	VfB Stuttgart – VfL Bochum	1:1 (0:0)	40.000
So, 13.12.2009	1. FSV Mainz 05 – VfB Stuttgart	1:1 (0:1)	20.300
Sa, 19.12.2009	VfB Stuttgart – TSG Hoffenheim	3:1 (1:1)	41.000
Sa, 16.01.2010	VfB Stuttgart – VfL Wolfsburg	3:1 (1:1)	37.000
Fr, 22.01.2010	SC Freiburg – VfB Stuttgart	0:1 (0:1)	23.900
So, 31.01.2010	VfB Stuttgart – Borussia Dortmund	4:1 (1:0)	42.000

Qualifikation Champions League

Dienstag, 18.08.2009
Play-Off, Hinspiel
FC Timisoara – VfB Stuttgart 0:2 (0:2)

Mittwoch, 26.08.2009
Play-Off, Rückspiel
VfB Stuttgart – FC Timisoara 0:0

Im Fokus

A
15. Spieltag, 05.12.2009
Christian Fuchs besiegelt mit seinem Freistoßtor in der 89. Minute das Schicksal von Markus Babbel. Nach dem enttäuschenden 1:1 gegen den VfL Bochum wird der VfB Coach entlassen. Nachfolger wird der Schweizer Christian Gross.

B
16. Spieltag, 13.12.2009
Der VfB führt beim FSV Mainz 05 nach einem frühen Tor von Pavel Pogrebnyak (11.) mit 1:0, ehe Jens Lehmann im Strafraum mit dem Ball im Arm Aristide Bancé auf den Fuß tritt. Lehmann sieht Rot, und Mainz erzielt das glückliche 1:1.

C
19. Spieltag, 22.01.2010
Der 1:0-Erfolg beim SC Freiburg ist Thomas Hitzlspergers letzter Auftritt im VfB Trikot. „The hammer" erzielt in 125 Bundesliga-Partien für den VfB 20 Treffer und wechselt Ende Januar 2010 zu Lazio Rom.

DFB-Pokal

Samstag, 01.08.2009
1. Runde
SG Sonnenhof Großaspach – VfB Stuttgart
1:4 (1:0) 0:3 (0:1)

Mittwoch, 23.09.2009
2. Runde
VfB Lübeck – VfB Stuttgart
1:3 (1:1, 1:0) n.V.

Dienstag, 27.10.2009
Achtelfinale
SpVgg Greuther Fürth – VfB Stuttgart
1:0 (1:0)

Champions League

Mittwoch, 16.09.2009
1. Spieltag, Gruppe G
VfB Stuttgart – Glasgow Rangers
1:1 (1:0)

Dienstag, 29.09.2009
2. Spieltag, Gruppe G
Unirea Urziceni – VfB Stuttgart
1:1 (0:1)

Dienstag, 20.10.2009
3. Spieltag, Gruppe G
VfB Stuttgart – FC Sevilla
1:3 (0:1)

Mittwoch, 04.11.2009
4. Spieltag, Gruppe G
FC Sevilla – VfB Stuttgart
1:1 (1:0)

Dienstag, 24.11.2009
5. Spieltag, Gruppe G
Glasgow Rangers – VfB Stuttgart
0:2 (0:1)

Mittwoch, 09.12.2009
6. Spieltag, Gruppe G
VfB Stuttgart – Unirea Urziceni
3:1 (3:0)

Saison 2009/2010

Abschlusstabelle

Platz	Verein	Spiele	g.	u.	v.	Tore	Diff.	Pkt.
1	Bayern München	34	20	10	4	72:31	41	70
2	FC Schalke 04	34	19	8	7	53:31	22	65
3	Werder Bremen	34	17	10	7	71:40	31	61
4	Bayer Leverkusen	34	15	14	5	65:38	27	59
5	Borussia Dortmund	34	16	9	9	54:42	12	57
6	**VfB Stuttgart**	**34**	**15**	**10**	**9**	**51:41**	**10**	**55**
7	Hamburger SV	34	13	13	8	56:41	15	52
8	VfL Wolfsburg	34	14	8	12	64:58	6	50
9	1. FSV Mainz 05	34	12	11	11	36:42	–6	47
10	Eintracht Frankfurt	34	12	10	12	47:54	–7	46
11	TSG Hoffenheim	34	11	9	14	44:42	2	42
12	Borussia Mönchengladbach	34	10	9	15	43:60	–17	39
13	1. FC Köln	34	9	11	14	33:42	–9	38
14	SC Freiburg	34	9	8	17	35:59	–24	35
15	Hannover 96	34	9	6	19	43:67	–24	33
16	1. FC Nürnberg	34	8	7	19	32:58	–26	31
17	VfL Bochum	34	6	10	18	33:64	–31	28
18	Hertha BSC	34	5	9	20	34:56	–22	24

Eingesetzte Spieler

Position	Name	Nat.	Geb.datum	Einsätze	Tore
Torhüter	Jens Lehmann	D	10.11.1969	31	–
Torhüter	Sven Ulreich	D	03.08.1988	4	–
Abwehr	Arthur Boka	CIV	02.04.1983	14	–
Abwehr	Khalid Boulahrouz	NED	28.12.1981	6	–
Abwehr	Stefano Celozzi	D	02.11.1988	21	–
Abwehr	Matthieu Delpierre	FRA	26.04.1981	27	–
Abwehr	Ludovic Magnin	SUI	20.04.1979	6	–
Abwehr	Cristian Molinaro	ITA	30.07.1983	17	–
Abwehr	Georg Niedermeier	D	26.02.1986	12	1
Abwehr	Ricardo Osorio	MEX	30.03.1980	7	–
Abwehr	Serdar Tasci	D	24.04.1987	27	2
Mittelfeld	Yildiray Bastürk	TUR	24.12.1978	1	–
Mittelfeld	Elson	BRA	16.11.1981	11	2
Mittelfeld	Timo Gebhart	D	12.04.1989	28	2
Mittelfeld	Roberto Hilbert	D	16.10.1984	23	2
Mittelfeld	Thomas Hitzlsperger	D	05.04.1982	12	1
Mittelfeld	Alexander Hleb	BLR	01.05.1981	27	–
Mittelfeld	Sami Khedira	D	04.04.1987	25	2
Mittelfeld	Zdravko Kuzmanovic	SRB	22.09.1987	26	3
Mittelfeld	Martin Lanig	D	11.07.1984	1	–
Mittelfeld	Sebastian Rudy	D	28.02.1990	13	–
Mittelfeld	Jan Simak	CZE	13.10.1978	2	–
Mittelfeld	Christian Träsch	D	01.09.1987	29	3
Mittelfeld	Clemens Walch	AUT	10.07.1987	2	–
Angriff	Cacau	D	25.03.1981	25	13
Angriff	Ciprian Marica	ROU	02.10.1985	25	10
Angriff	Pavel Pogrebnyak	RUS	08.11.1983	28	6
Angriff	Julian Schieber	D	13.02.1989	19	3

	Name	Nat.	Geb.datum	Amtszeit	
Trainer	Markus Babbel	D	08.09.1972	23.11.2008 – 06.12.2009	
Trainer	Christian Gross	SUI	14.08.1954	06.12.2009 – 13.10.2010	

Spielverlauf (Spieltage 21–34)

Spieltag	Datum	Begegnung	Ergebnis	Zuschauer
21	Sa., 06.02.2010	1. FC Nürnberg – VfB Stuttgart	1:2 (0:1)	40.400
22	Sa., 13.02.2010	VfB Stuttgart – Hamburger SV	1:3 (0:1)	41.500
23	Sa., 20.02.2010	1. FC Köln – VfB Stuttgart	1:5 (1:3)	45.500
24	Sa., 27.02.2010	VfB Stuttgart – Eintracht Frankfurt	2:1 (2:1)	41.000
25	Sa., 06.03.2010	Werder Bremen – VfB Stuttgart	2:2 (0:2)	36.700
26	Fr., 12.03.2010	FC Schalke 04 – VfB Stuttgart	2:1 (0:0)	61.700
27	Sa., 20.03.2010	VfB Stuttgart – Hannover 96	2:0 (1:0)	41.000
28	Sa., 27.03.2010	Bayern München – VfB Stuttgart	1:2 (1:1)	69.000
29	Sa., 03.04.2010	VfB Stuttgart – Borussia Mönchengladbach	2:1 (0:1)	42.000
30	Sa., 10.04.2010	Hertha BSC – VfB Stuttgart	0:1 (0:0)	26.900
31	Sa., 17.04.2010	VfB Stuttgart – Bayer Leverkusen	2:1 (1:1)	41.500
32	Fr., 23.04.2010	VfL Bochum – VfB Stuttgart	0:2 (0:2)	25.400
33	Sa., 01.05.2010	VfB Stuttgart – 1. FSV Mainz 05	2:2 (0:0)	41.600
34	Sa., 08.05.2010	TSG Hoffenheim – VfB Stuttgart	1:1 (1:1)	30.200

Platz 6: Qualifikation für die Europa League

D – 31. Spieltag, 17.04.2010
In der Winterpause verstärkt sich der VfB mit Cristian Molinaro. Der Italiener absolviert alle 17 Rückrunden-Partien. Seine vielleicht beste Leistung zeigt er beim 2:1 gegen Bayer Leverkusen, als er das 1:1 von Cacau perfekt vorbereitet.

E – 34. Spieltag, 08.05.2010
Mit einem 1:1 bei der TSG Hoffenheim beendet der VfB eine Saison mit zwei Gesichtern. Nach einem enttäuschenden Start ist Stuttgart das beste Rückrunden-Team und sammelt 39 Zähler – zwei mehr als Meister München.

Abschlusstabelle Gruppe G

1. FC Sevilla	6	11:4	13
2. VfB Stuttgart	6	9:7	9
3. FC Unirea	6	8:8	8
4. Rangers FC	6	4:13	2

Dienstag, 23.02.2010
Achtelfinale, Hinspiel
VfB Stuttgart – FC Barcelona
1:1 (1:0)

Mittwoch, 17.03.2010
Achtelfinale, Rückspiel
FC Barcelona – VfB Stuttgart
4:0 (2:0)

Statistik

Bundesliga

Spieltag	Paarung	Ergebnis	Zuschauer
So, 22.08.2010	1. FSV Mainz 05 – VfB Stuttgart	2:0 (1:0)	20.300
So, 29.08.2010	VfB Stuttgart – Borussia Dortmund	1:3 (0:3)	40.500
Sa, 11.09.2010	SC Freiburg – VfB Stuttgart	2:1 (0:1)	23.000
Sa, 18.09.2010	VfB Stuttgart – Borussia Mönchengladbach	7:0 (2:0)	39.500
Mi, 22.09.2010	1. FC Nürnberg – VfB Stuttgart	2:1 (1:0)	37.800
Sa, 25.09.2010	VfB Stuttgart – Bayer Leverkusen	1:4 (0:2)	38.300
So, 03.10.2010	VfB Stuttgart – Eintracht Frankfurt	1:2 (0:1)	44.000
Sa, 16.10.2010	FC Schalke 04 – VfB Stuttgart	2:2 (1:1)	61.700
So, 24.10.2010	VfB Stuttgart – FC St. Pauli	2:0 (1:0)	40.000
Sa, 30.10.2010	VfL Wolfsburg – VfB Stuttgart	2:0 (1:0)	29.000
So, 07.11.2010	VfB Stuttgart – Werder Bremen	6:0 (3:0)	39.500
Sa, 13.11.2010	1. FC Kaiserslautern – VfB Stuttgart	3:3 (0:2)	46.900
So, 21.11.2010	VfB Stuttgart – 1. FC Köln	0:1 (0:0)	39.500
Sa, 27.11.2010	Hamburger SV – VfB Stuttgart	4:2 (3:1)	53.100
Sa, 04.12.2010	VfB Stuttgart – TSG Hoffenheim	1:1 (1:1)	36.800
Fr, 10.12.2010	Hannover 96 – VfB Stuttgart	2:1 (1:0)	36.300
So, 19.12.2010	VfB Stuttgart – Bayern München	3:5 (0:3)	40.500
Sa, 15.01.2011	VfB Stuttgart – 1. FSV Mainz 05	1:0 (0:0)	33.500
Sa, 22.01.2011	Borussia Dortmund – VfB Stuttgart	1:1 (1:0)	80.700
So, 30.01.2011	VfB Stuttgart – SC Freiburg	0:1 (0:1)	38.600

Trikot und Sponsor

GAZI

Qualifikation Europa League

Donnerstag, 29.07.2010
Qualifikation 3. Runde, Hinspiel
Molde FK – VfB Stuttgart
2:3 (0:1)

Donnerstag, 05.08.2010
Qualifikation 3. Runde, Rückspiel
VfB Stuttgart – Molde FK 2:2 (0:1)

Donnerstag, 19.08.2010
Qualifikation Play-Off, Hinspiel
Slovan Bratislava – VfB Stuttgart 0:1 (0:0)

Donnerstag, 26.08.2010
Qualifikation Play-Off, Rückspiel
VfB Stuttgart – Slovan Bratislava 2:2 (0:1)

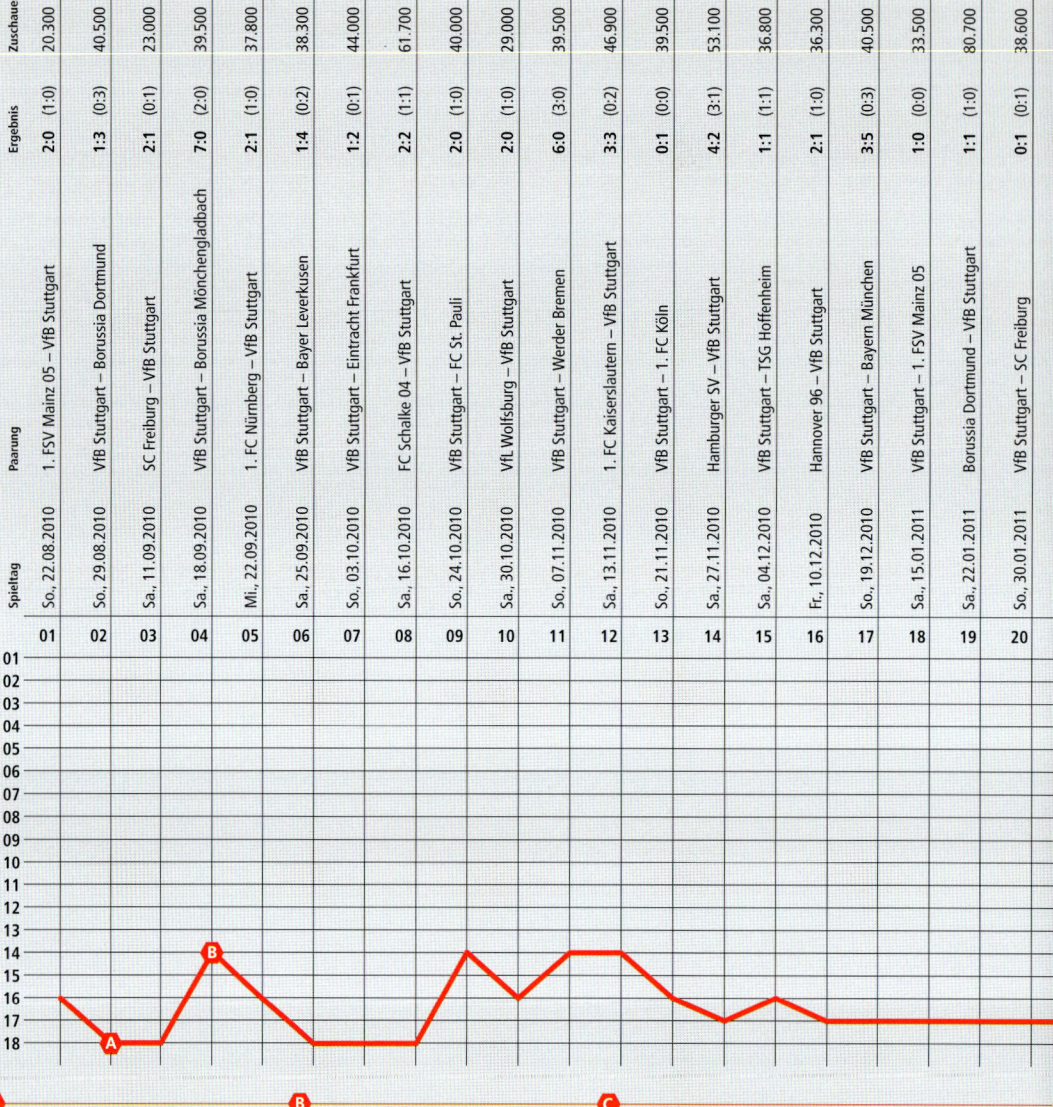

Im Fokus

A 2. Spieltag, 29.08.2010
Bereits am zweiten Spieltag übernimmt der VfB erstmals die Rote Laterne des Tabellenletzten. Bei der 1:3-Heimniederlage gegen Borussia Dortmund erzielt Cacau das einzige VfB Tor (69.).

B 4. Spieltag, 18.09.2010
Beim 7:0 gegen Mönchengladbach feiert der VfB den ersten Saisonsieg mit einem Schützenfest. Die Tore erzielen Pavel Pogrebnyak (3), Georg Niedermaier, Matthieu Delpierre, Zdravko Kuzmanovic und Ciprian Marica.

C 23. Spieltag, 20.02.2011
In der Winterpause verpflichtet der VfB mit Shinji Okazaki erstmals überhaupt einen Japaner. Beim 2:4 in Leverkusen feiert Okazaki sein Debüt. Insgesamt bestreitet er bis zum Saisonende zwölf Spiele und erzielt zwei Tore.

DFB-Pokal

Samstag, 14.08.2010
1. Runde
SV Babelsberg 04 – VfB Stuttgart
1:2 (1:2)

Mittwoch, 27.10.2010
2. Runde
Chemnitzer FC – VfB Stuttgart
1:3 (1:1, 0:0) n.V.

Mittwoch, 22.12.2010
Achtelfinale
VfB Stuttgart – Bayern München
3:6 (2:2)

Europa League

Donnerstag, 16.09.2010
1. Spieltag, Gruppe H
VfB Stuttgart – Young Boys Bern
3:0 (1:0)

Donnerstag, 30.09.2010
2. Spieltag, Gruppe H
Odense BK – VfB Stuttgart
1:2 (0:0)

Donnerstag, 21.10.2010
3. Spieltag, Gruppe H
VfB Stuttgart – FC Getafe
1:0 (1:0)

Donnerstag, 04.11.2010
4. Spieltag, Gruppe H
FC Getafe – VfB Stuttgart
0:3 (0:1)

Mittwoch, 01.12.2010
5. Spieltag, Gruppe H
Young Boys Bern – VfB Stuttgart
4:2 (1:0)

Donnerstag, 16.12.2010
6. Spieltag, Gruppe H
VfB Stuttgart – Odense BK
5:1 (1:0)

Saison 2010/2011

Match results (Spieltage 21-34)

Spieltag	Datum	Begegnung	Ergebnis	Zuschauer
21	Sa, 05.02.2011	Borussia Mönchengladbach – VfB Stuttgart	2:3 (2:0)	39.100
22	Sa, 12.02.2011	VfB Stuttgart – 1. FC Nürnberg	1:4 (1:2)	38.000
23	So, 20.02.2011	Bayer Leverkusen – VfB Stuttgart	4:2 (2:1)	28.900
24	So, 27.02.2011	Eintracht Frankfurt – VfB Stuttgart	0:2 (0:0)	47.400
25	Sa, 05.03.2011	VfB Stuttgart – FC Schalke 04	1:0 (1:0)	39.000
26	So, 13.03.2011	FC St. Pauli – VfB Stuttgart	1:2 (1:1)	24.100
27	So, 20.03.2011	VfB Stuttgart – VfL Wolfsburg	1:1 (0:1)	39.000
28	Sa, 02.04.2011	Werder Bremen – VfB Stuttgart	1:1 (1:1)	40.500
29	Sa, 09.04.2011	VfB Stuttgart – 1. FC Kaiserslautern	2:4 (2:1)	39.000
30	Sa, 16.04.2011	1. FC Köln – VfB Stuttgart	1:3 (0:0)	50.000
31	Sa, 23.04.2011	VfB Stuttgart – Hamburger SV	3:0 (1:0)	39.000
32	Sa, 30.04.2011	TSG Hoffenheim – VfB Stuttgart	1:2 (1:0)	30.200
33	Sa, 07.05.2011	VfB Stuttgart – Hannover 96	2:1 (0:0)	39.000
34	Sa, 14.05.2011	Bayern München – VfB Stuttgart	2:1 (1:1)	69.000

Abschlusstabelle

Platz	Verein	Spiele	g.	u.	v.	Tore	Diff.	Pkt.
1	Borussia Dortmund	34	23	6	5	67:22	45	75
2	Bayer Leverkusen	34	20	8	6	64:44	20	68
3	Bayern München	34	19	8	7	81:40	41	65
4	Hannover 96	34	19	3	12	49:45	4	60
5	1. FSV Mainz 05	34	18	4	12	52:39	13	58
6	1. FC Nürnberg	34	13	8	13	47:45	2	47
7	1. FC Kaiserslautern	34	13	7	14	48:51	–3	46
8	Hamburger SV	34	12	9	13	46:52	–6	45
9	SC Freiburg	34	13	5	16	41:50	–9	44
10	1. FC Köln	34	13	5	16	47:62	–15	44
11	TSG Hoffenheim	34	11	10	13	50:50	0	43
12	**VfB Stuttgart**	34	12	6	16	60:59	1	42
13	Werder Bremen	34	10	11	13	47:61	–14	41
14	FC Schalke 04	34	11	7	16	38:44	–6	40
15	VfL Wolfsburg	34	9	11	14	43:48	–5	38
16	Borussia Mönchengladbach	34	10	6	18	48:65	–17	36
17	Eintracht Frankfurt	34	9	7	18	31:49	–18	34
18	FC St. Pauli	34	8	5	21	35:68	–33	29

Platz 12

D — 33. Spieltag, 07.05.2011
Der VfB entledigt sich mit einer Siegesserie im Bundesliga-Schlussspurt aller Abstiegssorgen. Das 2:1 gegen Hannover 96 ist der vierte Erfolg hintereinander und führt das Team auf Rang elf – die beste Saisonplatzierung.

E — 34. Spieltag, 14.05.2011
Im letzten Saisonspiel verliert der VfB den Südgipfel beim FC Bayern München mit 1:2. Shinji Okazaki hat Stuttgart zwar in Führung gebracht (24.), doch die Bayern drehen die Partie noch. Der VfB rutscht so in der Abschlusstabelle auf Rang zwölf.

Eingesetzte Spieler

Position	Name	Nat.	Geb.datum	Einsätze	Tore
Torhüter	Sven Ulreich	D	03.08.1988	34	–
Abwehr	Ermin Bicakcic	D	24.01.1990	1	–
Abwehr	Arthur Boka	CIV	02.04.1983	23	2
Abwehr	Khalid Boulahrouz	NED	28.12.1981	16	–
Abwehr	Stefano Celozzi	D	02.11.1988	7	–
Abwehr	Philipp Degen	SUI	15.02.1983	5	–
Abwehr	Matthieu Delpierre	FRA	26.04.1981	18	1
Abwehr	Cristian Molinaro	ITA	30.07.1983	27	–
Abwehr	Georg Niedermeier	D	26.02.1986	29	5
Abwehr	Serdar Tasci	D	24.04.1987	26	–
Mittelfeld	Johan Audel	FRA	12.12.1983	3	–
Mittelfeld	Mamadou Bah	GUI	25.04.1988	2	–
Mittelfeld	Mauro Camoranesi	ITA	04.10.1976	7	–
Mittelfeld	Daniel Didavi	D	21.02.1990	8	–
Mittelfeld	Elson	BRA	16.11.1981	3	–
Mittelfeld	Patrick Funk	D	11.02.1990	9	1
Mittelfeld	Timo Gebhart	D	12.04.1989	25	2
Mittelfeld	Christian Gentner	D	14.08.1985	31	5
Mittelfeld	Tamas Hajnal	HUN	15.03.1981	12	3
Mittelfeld	Zdravko Kuzmanovic	SRB	22.09.1987	32	9
Mittelfeld	Christian Träsch	D	01.09.1987	34	1
Angriff	Cacau	D	27.03.1981	27	8
Angriff	Martin Harnik	AUT	10.06.1987	32	9
Angriff	Ciprian Marica	ROU	02.10.1985	13	3
Angriff	Shinji Okazaki	JPN	16.04.1986	12	2
Angriff	Pavel Pogrebnyak	RUS	08.11.1983	26	8
Angriff	Sven Schipplock	D	08.11.1988	12	1

Trainer — Amtszeit

Name	Nat.	Geb.datum	Amtszeit
Christian Gross	SUI	14.08.1954	06.12.2009 – 13.10.2010
Jens Keller	D	24.11.1970	13.10.2010 – 11.12.2010
Bruno Labbadia	D	08.02.1966	seit 12.12.2010

Abschlusstabelle Gruppe H:
1. VfB Stuttgart 6 16:6 15
2. Young Boys Bern 6 10:10 9
3. FC Getafe 6 4:8 7
4. Odense BK 6 8:14 4

Donnerstag, 17.02.2011
Zwischenrunde, Hinspiel
Benfica Lissabon – VfB Stuttgart
2:1 (0:1)

Donnerstag, 24.02.2011
Zwischenrunde, Rückspiel
VfB Stuttgart – Benfica Lissabon
0:2 (0:1)

Statistik

Bundesliga

Spieltag	Paarung	Ergebnis	Zuschauer
Sa., 06.08.2011	VfB Stuttgart – FC Schalke 04	3:0 (1:0)	60.000
Sa., 13.08.2011	Borussia Mönchengladbach – VfB Stuttgart	1:1 (0:0)	48.000
Sa., 20.08.2011	VfB Stuttgart – Bayer Leverkusen	0:1 (0:1)	53.000
Fr., 26.08.2011	Hertha BSC – VfB Stuttgart	1:0 (0:0)	52.200
Sa., 10.09.2011	VfB Stuttgart – Hannover 96	3:0 (1:0)	53.000
Fr., 16.09.2011	SC Freiburg – VfB Stuttgart	1:2 (0:1)	24.000
Fr., 23.09.2011	VfB Stuttgart – Hamburger SV	1:2 (1:0)	55.700
Fr., 30.09.2011	1. FC Kaiserslautern – VfB Stuttgart	0:2 (0:0)	46.200
Sa., 15.10.2011	VfB Stuttgart – TSG Hoffenheim	2:0 (0:0)	55.000
Sa., 22.10.2011	1. FC Nürnberg – VfB Stuttgart	2:2 (1:0)	46.500
Sa., 29.10.2011	VfB Stuttgart – Borussia Dortmund	1:1 (1:1)	60.000
Fr., 04.11.2011	1. FSV Mainz 05 – VfB Stuttgart	3:1 (0:0)	34.000
So., 20.11.2011	VfB Stuttgart – FC Augsburg	2:1 (1:0)	60.000
So., 27.11.2011	Werder Bremen – VfB Stuttgart	2:0 (0:0)	40.800
Sa., 03.12.2011	VfB Stuttgart – 1. FC Köln	2:2 (2:1)	56.300
So., 11.12.2011	VfB Stuttgart – Bayern München	1:2 (1:1)	60.400
Sa., 17.12.2011	VfL Wolfsburg – VfB Stuttgart	1:0 (0:0)	25.900
Sa., 21.01.2012	FC Schalke 04 – VfB Stuttgart	3:1 (1:0)	61.700
So., 29.01.2012	VfB Stuttgart – Borussia Mönchengladbach	0:3 (0:1)	53.600
Sa., 04.02.2012	Bayer Leverkusen – VfB Stuttgart	2:2 (1:1)	27.900

Trikot und Sponsor

GAZİ

Im Fokus

A 16. Spieltag, 11.12.2011
Ausgerechnet Mario Gomez: Der ehemalige VfB Angreifer erzielt beim 2:1-Sieg des FC Bayern München beide Treffer (13., 57.). Christian Gentner hat den VfB bereits in der sechsten Minute in Führung gebracht.

B 21. Spieltag, 11.02.2012
Eine österreichische Gala in der Mercedes-Benz Arena: Beim 5:0 gegen Hertha BSC erzielt Martin Harnik drei Tore, darunter mit dem 4:0 einen Treffer Marke „Tor des Monats". Erstmals trägt der Japaner Gotoku Sakai das VfB Trikot.

C 28. Spieltag, 30.03.2012
Das 4:4 zwischen Borussia Dortmund und dem VfB ist eine Partie für die Geschichtsbücher. Die Torfolge: 1:0 Shinji Kagawa (33.), 2:0 Jakub Blaszczykowski (49.), 2:1 Vedad Ibisevic (71.), 2:2 Julian Schieber (76.), 2:3 Julian Schieber (79.), 3:3 Mats Hummels (81.), 4:3 Ivan Perisic (87.), 4:4 Christian Gentner (90.+2).

DFB-Pokal

Freitag, 29.07.2011
1. Runde
SV Wehen Wiesbaden – VfB Stuttgart
1:2 (1:1)

Mittwoch, 26.10.2011
2. Runde
VfB Stuttgart – FSV Frankfurt
3:0 (2:0)

Mittwoch, 21.12.2011
Achtelfinale
VfB Stuttgart – Hamburger SV
2:1 (1:0)

Saison 2011/2012

Matchday Table (Spieltage 21-34)

Spieltag	Datum	Spiel	Ergebnis	Zuschauer
21	Sa., 11.02.2012	VfB Stuttgart – Hertha BSC	5:0 (4:0)	45.000
22	So., 19.02.2012	Hannover 96 – VfB Stuttgart	4:2 (2:0)	37.800
23	Sa., 25.02.2012	VfB Stuttgart – SC Freiburg	4:1 (2:1)	46.000
24	Sa., 03.03.2012	Hamburger SV – VfB Stuttgart	0:4 (0:2)	55.300
25	Fr., 09.03.2012	VfB Stuttgart – 1. FC Kaiserslautern	0:0	50.100
26	Fr., 16.03.2012	TSG Hoffenheim – VfB Stuttgart	1:2 (0:2)	30.200
27	So., 25.03.2012	VfB Stuttgart – 1. FC Nürnberg	1:0 (0:0)	55.800
28	Fr., 30.03.2012	Borussia Dortmund – VfB Stuttgart	4:4 (1:0)	80.700
29	Sa., 07.04.2012	VfB Stuttgart – 1. FSV Mainz 05	4:1 (1:1)	55.100
30	Di., 10.04.2012	FC Augsburg – VfB Stuttgart	1:3 (1:2)	30.600
31	Fr., 13.04.2012	VfB Stuttgart – Werder Bremen	4:1 (2:1)	59.000
32	Sa., 21.04.2012	1. FC Köln – VfB Stuttgart	1:1 (0:0)	50.000
33	Sa., 28.04.2012	Bayern München – VfB Stuttgart	2:0 (1:0)	69.000
34	Sa., 05.05.2012	VfB Stuttgart – VfL Wolfsburg	3:2 (0:1)	58.500

Platz 6: Qualifikation für die Europa League

D. 30. Spieltag, 10.04.2012
Beim Auswärtssieg in Augsburg sorgt Vedad Ibisevec für den Schlusspunkt. Das 3:1 ist das achte Tor des Bosniers, der in der Winterpause von der TSG Hoffenheim zum VfB gewechselt ist.

E. 34. Spieltag, 05.05.2012
Auch zum Saisonfinale bietet der VfB ein Spektakel. Beim 3:2 gegen den VfL Wolfsburg liegt das Team von Trainer Bruno Labbadia bereits 0:2 zurück. Cacau (73.), Maza (77.) und Ibrahima Traoré (79.) drehen die Partie innerhalb von sechs Minuten.

Mittwoch, 08.02.2012
Viertelfinale
VfB Stuttgart – Bayern München
0:2 (0:1)

Abschlusstabelle

Platz	Verein	Spiele	g.	u.	v.	Tore	Diff.	Pkt.
1	Borussia Dortmund	34	25	6	3	80:25	55	81
2	Bayern München	34	23	4	7	77:22	55	73
3	FC Schalke 04	34	20	4	10	74:44	30	64
4	Borussia Mönchengladbach	34	17	9	8	49:24	25	60
5	Bayer Leverkusen	34	15	9	10	52:44	8	54
6	**VfB Stuttgart**	34	15	8	11	63:46	17	53
7	Hannover 96	34	12	12	10	41:45	−4	48
8	VfL Wolfsburg	34	13	5	16	47:60	−13	44
9	Werder Bremen	34	11	9	14	49:58	−9	42
10	1. FC Nürnberg	34	12	6	16	38:49	−11	42
11	TSG Hoffenheim	34	10	11	13	41:47	−6	41
12	SC Freiburg	34	10	10	14	45:61	−16	40
13	1. FSV Mainz 05	34	9	12	13	47:51	−4	39
14	FC Augsburg	34	8	14	12	36:49	−13	38
15	Hamburger SV	34	8	12	14	35:57	−22	36
16	Hertha BSC	34	7	10	17	38:64	−26	31
17	1. FC Köln	34	8	6	20	39:75	−36	30
18	1. FC Kaiserslautern	34	4	11	19	24:54	−30	23

Eingesetzte Spieler

Position	Name	Nat.	Geb.datum	Einsätze	Tore
Torhüter	Sven Ulreich	D	03.08.1988	34	–
Abwehr	Arthur Boka	CIV	02.04.1983	13	–
Abwehr	Khalid Boulahrouz	NED	28.12.1981	21	2
Abwehr	Stefano Celozzi	D	02.11.1988	2	–
Abwehr	Matthieu Delpierre	FRA	26.04.1981	1	–
Abwehr	Maza	MEX	20.10.1981	26	2
Abwehr	Cristian Molinaro	ITA	30.07.1983	23	–
Abwehr	Georg Niedermeier	D	26.02.1986	17	–
Abwehr	Antonio Rüdiger	D	03.03.1993	1	–
Abwehr	Gotoku Sakai	JPN	14.03.1991	14	–
Abwehr	Serdar Tasci	D	24.04.1987	28	3
Mittelfeld	Mamadou Bah	GUI	25.04.1988	3	–
Mittelfeld	Timo Gebhart	D	12.04.1989	12	–
Mittelfeld	Christian Gentner	D	14.08.1985	28	5
Mittelfeld	Tamas Hajnal	HUN	15.03.1981	33	1
Mittelfeld	Raphael Holzhauser	AUT	16.02.1993	2	–
Mittelfeld	Zdravko Kuzmanovic	SRB	22.09.1987	26	5
Mittelfeld	William Kvist	DEN	24.02.1985	33	–
Mittelfeld	Ibrahima Traoré	GUI	21.04.1988	12	1
Angriff	Cacau	D	27.03.1981	33	8
Angriff	Martin Harnik	AUT	10.06.1987	34	17
Angriff	Christoph Hemlein	D	16.12.1990	3	–
Angriff	Vedad Ibisevic	BIH	06.08.1984	15	8
Angriff	Shinji Okazaki	JPN	16.04.1986	26	7
Angriff	Pavel Pogrebnyak	RUS	08.11.1983	14	1
Angriff	Julian Schieber	D	13.02.1989	18	3

				Amtszeit	
Trainer	Bruno Labbadia	D	08.02.1966	seit 12.12.2010	

Statistik

Bundesliga

Spieltag	Paarung	Ergebnis	Zuschauer
01 · So, 26.08.2012	VfB Stuttgart – VfL Wolfsburg	0:1 (0:0)	48.280
02 · So, 02.09.2012	Bayern München – VfB Stuttgart	6:1 (3:1)	71.000
03 · Sa, 15.09.2012	VfB Stuttgart – Fortuna Düsseldorf	0:0	55.039
04 · So, 23.09.2012	Werder Bremen – VfB Stuttgart	2:2 (2:0)	40.172
05 · Mi, 26.09.2012	VfB Stuttgart – 1899 Hoffenheim	0:3 (0:1)	41.720
06 · Sa, 29.09.2012	1. FC Nürnberg – VfB Stuttgart	0:2 (0:1)	43.018
07 · Sa, 06.10.2012	VfB Stuttgart – Bayer Leverkusen	2:2 (1:1)	47.400
08 · Sa, 20.10.2012	Hamburger SV – VfB Stuttgart	0:1 (0:1)	53.121
09 · Sa, 27.10.2012	VfB Stuttgart – Eintracht Frankfurt	2:1 (1:0)	54.840
10 · Sa, 03.11.2012	Borussia Dortmund – VfB Stuttgart	0:0	80.645
11 · Sa, 10.11.2012	VfB Stuttgart – Hannover 96	2:4 (2:0)	50.600
12 · Sa, 17.11.2012	Borussia Mönchengladbach – VfB Stuttgart	1:2 (1:1)	52.120
13 · Sa, 24.11.2012	SC Freiburg – VfB Stuttgart	3:0 (1:0)	24.000
14 · Mi, 28.11.2012	VfB Stuttgart – FC Augsburg	2:1 (1:1)	38.940
15 · Sa, 01.12.2012	SpVgg Greuther Fürth – VfB Stuttgart	0:1 (0:1)	17.443
16 · Sa, 08.12.2012	VfB Stuttgart – FC Schalke 04	3:1 (2:1)	55.880
17 · Sa, 15.12.2012	1. FSV Mainz 05 – VfB Stuttgart	3:1 (0:0)	31.376
18 · Sa, 19.01.2013	VfL Wolfsburg – VfB Stuttgart	2:0 (0:0)	24.125
19 · So, 27.01.2013	VfB Stuttgart – Bayern München	0:2 (0:0)	60.441
20 · Sa, 02.02.2013	Fortuna Düsseldorf – VfB Stuttgart	3:1 (2:0)	44.153

Trikot und Sponsor

Puma / Mercedes-Benz Bank

Qualifikation Europa League

Mittwoch, 22.08.2012
Qualifikation, Hinspiel
VfB Stuttgart – Dynamo Moskau
2:0 (0:0)

Dienstag, 28.08.2012
Qualifikation, Rückspiel
Dynamo Moskau – VfB Stuttgart
1:1 (0:1)

Im Fokus

A 2. Spieltag, 02.09.2012
Der VfB zeigt bei Bayern München eine halbe Stunde lang eine starke Leistung und führt durch Martin Harnik mit 1:0 (25.). Doch innerhalb von 19 Minuten erzielt der FCB sechs Treffer. Der Fehlstart des VfB als Tabellenletzter ist perfekt.

B 6. Spieltag, 29.09.2012
Aufatmen beim VfB: Das Warten auf den ersten Saisonsieg in der Bundesliga hat am sechsten Spieltag ein Ende. Vedad Ibisevic (1.) und Martin Harnik (75.) machen den 2:0-Sieg beim 1. FC Nürnberg perfekt.

C 16. Spieltag, 08.12.2012
Nur 42 Stunden nach dem 0:1 in der Europa League gegen Molde FK feierte der VfB einen fulminanten 3:1-Erfolg gegen Schalke 04 und klettert auf Platz sechs – die beste Platzierung in der Saison.

DFB-Pokal

Samstag, 18.08.2012
1. Runde
SV Falkensee-Finkenkrug – VfB Stuttgart 0:5 (0:2)

Mittwoch, 31.10.2012
2. Runde
VfB Stuttgart – FC St. Pauli
3:0 (3:0)

Mittwoch, 19.12.2012
Achtelfinale
VfB Stuttgart – 1. FC Köln
2:1 (2:0)

Dienstag, 26.02.2013
Viertelfinale
VfB Stuttgart – VfL Bochum
2:0 (1:0)

Europa League

Donnerstag, 20.09.2012
1. Spieltag, Gruppe E
VfB Stuttgart – Steaua Bukarest
2:2 (1:1)

Donnerstag, 04.10.2012
2. Spieltag, Gruppe E
Molde FK – VfB Stuttgart
2:0 (0:0)

Donnerstag, 25.10.2012
3. Spieltag, Gruppe E
VfB Stuttgart – FC Kopenhagen
0:0

Donnerstag, 08.11.2012
4. Spieltag, Gruppe E
FC Kopenhagen – VfB Stuttgart
0:2 (0:0)

Donnerstag, 22.11.2012
5. Spieltag, Gruppe E
Steaua Bukarest – VfB Stuttgart
1:5 (0:4)

Donnerstag, 06.12.2012
6. Spieltag, Gruppe E
VfB Stuttgart – Molde FK
0:1 (0:1)

Abschlusstabelle Gruppe E:
1. Steaua Bukarest 6 9:9 11
2. VfB Stuttgart 6 9:6 8
3. FC Kopenhagen 6 5:6 8
4. Molde FK 6 6:8 6

Saison 2012/2013

Spieltag	21	22	23	24	25	26	27	28	29	30	31	32	33	34
Datum	Sa., 09.02.2013	So., 17.02.2013	Sa., 23.02.2013	Sa., 02.03.2013	So., 10.03.2013	So., 17.03.2013	Sa., 30.03.2013	So., 07.04.2013	So., 14.04.2013	So., 21.04.2013	Sa., 27.04.2013	So., 04.05.2013	Sa., 11.05.2013	Sa., 18.05.2013
Paarung	VfB Stuttgart – Werder Bremen	1899 Hoffenheim – VfB Stuttgart	VfB Stuttgart – 1. FC Nürnberg	Bayer Leverkusen – VfB Stuttgart	VfB Stuttgart – Hamburger SV	Eintracht Frankfurt – VfB Stuttgart	VfB Stuttgart – Borussia Dortmund	Hannover 96 – VfB Stuttgart	VfB Stuttgart – Borussia Mönchengladbach	VfB Stuttgart – SC Freiburg	FC Augsburg – VfB Stuttgart	VfB Stuttgart – SpVgg Greuther Fürth	FC Schalke 04 – VfB Stuttgart	VfB Stuttgart – 1. FSV Mainz 05
Ergebnis	1:4 (0:1)	0:1 (0:1)	1:1 (0:0)	2:1 (0:1)	0:1 (0:0)	1:2 (1:0)	1:2 (0:1)	0:0	2:0 (2:0)	2:1 (1:0)	3:0 (0:0)	0:2 (0:0)	1:2 (0:1)	2:2 (2:2)
Zuschauer	41.200	28.750	46.570	27.058	47.100	50.600	60.000	46.000	53.430	50.600	30.660	48.300	61.673	51.020

Abschlusstabelle

Platz	Verein	Spiele	g.	u.	v.	Tore	Diff.	Pkt.
1	Bayern München	34	29	4	1	98:18	80	91
2	Borussia Dortmund	34	19	9	6	81:42	39	66
3	Bayer Leverkusen	34	19	8	7	65:39	26	65
4	FC Schalke 04	34	16	7	11	58:50	8	55
5	SC Freiburg	34	14	9	11	45:40	5	51
6	Eintracht Frankfurt	34	14	9	11	49:46	3	51
7	Hamburger SV	34	14	6	14	42:53	–11	48
8	Borussia Mönchengladbach	34	12	11	11	45:49	–4	47
9	Hannover 96	34	13	6	15	60:62	–2	45
10	1. FC Nürnberg	34	11	11	12	39:47	–8	44
11	VfL Wolfsburg	34	10	13	11	47:52	–5	43
12	**VfB Stuttgart**	**34**	**12**	**7**	**15**	**37:55**	**–18**	**43**
13	1. FSV Mainz 05	34	10	12	12	42:44	–2	42
14	Werder Bremen	34	8	10	16	50:66	–16	34
15	FC Augsburg	34	8	9	17	33:51	–18	33
16	TSG Hoffenheim	34	8	7	19	42:67	–25	31
17	Fortuna Düsseldorf	34	7	9	18	39:57	–18	30
18	SpVgg Greuther Fürth	34	4	9	21	26:60	–34	21

Platz 12 – Als Pokalfinalist Qualifikation für die Europa League

D. 23. Spieltag, 23.02.2013
Bundesliga-Premiere für Alexandru Maxim: Der Rumäne kommt in der Winterpause von Pandurii Targu Jiu zum VfB und wird schnell zum Antreiber und Abräumer im Mittelfeld in einem. Er hat maßgeblichen Anteil am Pokalfinaleinzug.

E. 34. Spieltag, 18.05.2013
Die Generalprobe des VfB für das Pokalfinale gelingt nur bedingt: am Ende einer recht munteren Partie gegen den FSV Mainz lautet das Ergebnis 2:2. Dazu passend trennt beide Teams in der Abschlusstabelle auch nur ein Punkt.

Mittwoch, 17.04.2013
Halbfinale
VfB Stuttgart – SC Freiburg
2:1 (2:1)

Samstag, 01.06.2013
Finale
FC Bayern München – VfB Stuttgart
3:2 (1:0)

Donnerstag, 14.02.2013
Zwischenrunde, Hinspiel
VfB Stuttgart – KRC Genk 1:1 (1:0)

Donnerstag, 07.03.2013
Achtelfinale, Hinspiel
VfB Stuttgart – Lazio Rom 0:2 (0:1)

Donnerstag, 21.02.2013
Zwischenrunde, Rückspiel
KRC Genk – VfB Stuttgart 0:2 (0:1)

Donnerstag, 14.03.2013
Achtelfinale, Rückspiel
Lazio Rom – VfB Stuttgart 3:1 (2:0)

Eingesetzte Spieler

Position	Name	Nat.	Geb.datum	Einsätze	Tore
Torhüter	Sven Ulreich	D	03.08.1988	34	–
Abwehr	Arthur Boka	CIV	02.04.1983	25	1
Abwehr	Felipe Lopes	BRA	07.08.1987	3	–
Abwehr	Tim Hoogland	D	11.06.1985	4	–
Abwehr	Maza	MEX	20.10.1981	14	–
Abwehr	Cristian Molinaro	ITA	30.07.1983	25	–
Abwehr	Georg Niedermeier	D	26.02.1986	27	1
Abwehr	Benedikt Röcker	D	19.11.1989	2	–
Abwehr	Antonio Rüdiger	D	03.03.1993	16	–
Abwehr	Gotoku Sakai	JPN	14.03.1991	27	–
Abwehr	Serdar Tasci	D	24.04.1987	25	–
Mittelfeld	Mamadou Bah	GUI	24.04.1988	1	–
Mittelfeld	Daniel Didavi	D	21.02.1990	3	–
Mittelfeld	Christian Gentner	D	14.08.1985	34	5
Mittelfeld	Tamas Hajnal	HUN	15.03.1981	13	–
Mittelfeld	Raphael Holzhauser	AUT	16.02.1993	21	–
Mittelfeld	Zdravko Kuzmanovic	SRB	22.09.1987	12	–
Mittelfeld	Alexandru Maxim	RUM	08.07.1990	11	1
Mittelfeld	William Kvist	DEN	24.02.1985	23	–
Mittelfeld	Tunay Torun	TUR	21.04.1990	9	–
Mittelfeld	Ibrahima Traoré	GUI	21.04.1988	32	3
Mittelfeld	Soufian Benyamina	D	02.03.1990	2	–
Angriff	Cacau	D	27.03.1981	5	1
Angriff	Martin Harnik	AUT	10.06.1987	30	6
Angriff	Vedad Ibisevic	BIH	06.08.1984	30	15
Angriff	Federico Macheda	ITA	22.08.1991	14	–
Angriff	Shinji Okazaki	JPN	16.04.1986	25	1

Position	Name	Nat.	Geb.datum	Amtszeit
Trainer	Bruno Labbadia	D	08.02.1966	seit 12.12.2010

Hartnäckig

Wut zur Lücke – oder: die Schatzsucher des VfB

Die Historie des VfB Stuttgart ist ein Schwergewicht. Zusammen genommen knapp sechs Kilogramm. Alles drin, was zählt. Zumindest alle Zahlen. Das Fotoalbum des ehemaligen VfB Spielers Erwin Haaga aus den 40er-Jahren ist ein Museumsstück. Für die Rechercheure dieses Buches war es so etwas wie eine Schatzkiste. Wie so viele andere Fundstücke, die zusammengetragen wurden, um 120 Jahre VfB möglichst detailgetreu zu rekonstruieren. Jede Quelle zählte: Zeitungsartikel, Fotos, Vereinsnachrichten, *Wochenschau*-Aufnahmen – vor allem aber die Interviews mit Zeitzeugen. Das Ziel war einfach und doch so schwer: Möglichst lückenlos sollte die erste umfassende Chronik sein, die vom VfB herausgegeben wird. Das haben wir geschafft. Mit der kleinen Einschränkung „möglichst", weil Geschichte gnadenlos ist und Erinnerungen verblassen, wenn Originaldokumente nicht mehr zu haben sind. Es gibt Lücken, die selbst mit enormem Aufwand heute nicht mehr zu schließen sind. Aber Sie dürfen sicher sein, dass alle Anstrengungen unternommen worden sind. Es wurden auch einige Daten und Fakten zu Tage gefördert, mit denen gar niemand gerechnet hatte. Getrieben von einer Liebe zum Detail und unerschütterlicher Hartnäckigkeit hat sich eine Mannschaft zusammengefunden, die das Vergangene nicht nur offensiv aufgearbeitet, sondern auch ebenso aufbereitet hat. Harald Jordan, Leiter der Historischen Abteilung des VfB, Jens Marschall von der Presseabteilung und Michael Thiem aus der Redaktion von KircherBurkhardt Stuttgart haben Berichte, Magazine, Bücher und Zeitschriften gewälzt, durchwühlten die Archive, sammelten Filmschnipsel und trafen sich mit vielen ehemaligen Spielern. Geschichte, die hautnah erlebt wurde, erzählt sich eben besser. Ein Verein lebt auch nicht nur von den Ergebnissen, sondern von den Menschen. Elf davon, jeder mit dem Prädikat „Legende" versehen, haben wir stellvertretend herausgegriffen, Matthias Hangst hat neun von ihnen fotografiert. Wir konnten dabei entdecken, dass im VfB viel Größe und viele Größen stecken.

Impressum

Bildnachweis:
Fotoagentur Baumann, Herbert Rudel, Matthias Hangst, VfB Archiv, Frank Schemmann, Staatsarchiv Ludwigsburg, Polizeiakten StAL F 215 Bü 489

ISBN 978-3-492-05615-1

© Piper Verlag GmbH, München 2013

Herausgeber: VfB Stuttgart 1893 e.V.

Konzept/Gestaltung/Redaktion:
KircherBurkhardt GmbH
Rotebühlstrasse 81, 70178 Stuttgart
www.kircher-burkhardt.com

Redaktionelle Begleitung:
Anton Hunger, publicita

Bildbearbeitung:
Günther Piltz Reproduktionen

Technische Koordination/Lektorat:
Piper Verlag GmbH

Druck/Bindung:
Kösel GmbH & Co. KG
Printed in Germany

www.piper.de